JN410964

풍속통의

風俗通義

Comprehensive Meaning of Custom and Habits (Feng Su Tong Yi)

지은이 **응소**(應劭, 약 153~196) 자는 중원(仲瑗 : 仲遠 혹은 仲援)으로 동한시대의 학자였다. 여남군(汝南郡) 남돈현(南頓縣 : 지금의 河南省 項城縣) 사람으로, 효렴(孝廉), 낭중(郎中), 태산태수(泰山太守)를 지냈으며 말년에 원소(袁紹)에게 기탁했다가 업(鄴) 땅에서 죽었다. 응소는 일평생 저술활동에 매진해 『풍속통의』를 비롯해 『중한집서(中漢輯敍)』, 『한관의(漢官儀)』, 『예의고사(禮儀故事)』 등 모두 11종 136편의 글을 썼는데, 현재 『한관의』와 『풍속통의』가 남아 있다. 응소는 양한(兩漢)의 전장(典章)제도에 대해 특히 잘 알고 있었고, 한대(漢代)의 조정 제도와 백관의식(百官儀式)이 사라지지 않은 것은 바로 그의 공로라고 할 수 있다.

옮긴이 **이민숙**(李玟淑) 중국 문언소설과 필기문헌을 전공했다. 한국외국어대학교에서 「기윤의 『열미초당필기』 연구」로 박사학위를 받았으며, 현재 한국외국어대학교에서 강의하고 있다. 쓰고 옮긴 책으로는 『한자콘서트』, 『열미초당필기』, 『태평광기』, 『우초신지』가 있고, 기윤과 『열미초당필기』에 관련된 연구논문이 있다.

옮긴이 **김명신**(金明信) 중국 백화소설과 협의문화를 전공했다. 고려대학교에서 「청대 협의애정소설의 연구」로 박사학위를 받았으며, 현재 한양대학교 수행인문학연구소 연구교수로 있다. 쓰고 옮긴 책으로는 『중국어이야기』, 『아녀영웅전』, 『조선시대 중국 고전소설의 출판본과 번역본 연구』가 있고 이외에도 청대 소설과 중국 영화에 관한 연구논문이 있다.

옮긴이 **정민경**(鄭暋暻) 중국 문언소설과 필기문헌을 전공했다. 중국사회과학원에서 「단성식의 『유양잡조』 연구」로 박사학위를 받았으며 현재 이화여자대학교에서 강의하고 있다. 쓰고 옮긴 책으로는 『태평광기』, 『청 모종강본 삼국지』(상, 하), 『우초신지』, 『명대 여성작가총서』 등이 있고 이외에도 중국소설과 명대 출판문화, 여성문학에 관한 연구논문이 있다.

옮긴이 **이연희**(李娟熙) 중국 신화와 위진남북조소설을 전공했다. 중국사회과학원에서 「육조지괴의 상상력과 서사연구」로 박사학위를 받았으며, 현재 서울여자대학교 중어중문학과 초빙강의교수로 재직 중이다. 연구논문으로는 「육조 지괴 속에 보이는 변신의 상상력」, 「낯설음에 대한 유혹—지괴의 타자성」, 「중국 신화의 정치화—반고, 반호 신화를 중심으로」 등이 있으며, 그 외에 중국 문화에 관한 연구논문이 있다.

풍속통의風俗通義 (상)

1판 1쇄 인쇄 2015년 9월 10일 **1판 1쇄 발행** 2015년 9월 15일

지은이 응소 **옮긴이** 이민숙 · 김명신 · 정민경 · 이연희 **펴낸이** 박성모 **펴낸곳** 소명출판
등록 제13-522호 **주소** 서울시 서초구 서초중앙로6길 15, 1층
전화 02-585-7840 **팩스** 02-585-7848
전자우편 somyong@korea.com **홈페이지** www.somyong.co.kr

979-11-5905-004-6 94820 값 38,000원
979-11-5905-003-9 (세트)

이 번역도서는 2009년 정부재원(교육인적자원부 학술연구조성사업비)으로 한국연구재단의 지원에 의하여 연구되었음.

풍속통의 (상)

風俗通義

응소 지음
이민숙 · 김명신 · 정민경 · 이연희 옮김

일러두기

1. 본 번역은 오수평(吳樹平), 『풍속통의교석(風俗通義校釋)』(天津人民出版社, 1980)을 저본으로 삼아 번역한다.
2. 본 번역은 왕리기(王利器)의 『풍속통의교주(風俗通義校注)』(中華書局, 1981)를 참고한다.
3. 『풍속통의』는 다음의 원칙을 따라 번역한다.

① 주석가는 다음과 같은 약칭을 사용한다.
【吳】→ 오수평(吳樹平)의 주
【王】→ 왕리기(王利器)의 주
【譯註】→ 본 번역 팀의 주

② 각주에 쓰인 판본의 약칭은 다음과 같다.
명각본(明刻本) : 『풍속통의십권부노씨습보일권(風俗通義十卷附盧氏拾補一卷)』본
초본(抄本) : 청(清)나라 주균(朱筠)의 『풍속통의교정(風俗通義校正)』본
오본(吳本) : 오관(吳琯)의 『고금일사(古今逸史)』본
유편본(遺編本) : 호유신(胡維新)의 『양경유편(兩京遺編)』본
하본(何本) : 하윤중(何允中)의 『광한위총서(廣漢魏叢書)』본
정본(程本) : 정영(程榮)의 『한위총서(漢魏叢書)』본
호본(胡本) : 호문환(胡文煥)의 『격치총서(格致叢書)』본
낭본(郎本) : 낭벽금(朗璧金)의 『당책감본(堂策甘本)』
강희본(康熙本) : 강희 연간(康熙年間) 옥사한(玉士漢)의 『비서입일종(秘書廿一種)』본
도광본(道光本) : 도광 연간(道光年間) 광주(廣州) 희문과재본(喜聞過齋本)

③ 본 번역은 직역을 위주로 하고 직역으로 문맥이 통하지 않을 경우에는 본래 뜻이 벗어나지 않는 범위 내에서 의역한다. 그리고 원문에는 없지만 내용 전개상 부연 설명이 필요한 부분은 [ ]를 넣어 보충한다.
예) 무릇 음악은 천지의 정화이고 [국가의 흥망성쇠를] 얻는 것과 잃는 것의 관건이다.

④ 본 번역에서 언급되는 인명, 지명, 서명 등의 고유명사는 모두 우리말 발음으로 표기하고, 권별로 처음에만 괄호 안에 한자를 넣어주고, 그 뒤로는 가급적 생략한다.
예) 항산(恒山), 『예기(禮記)』 등등

⑤ 각주에 인용한 참고문헌의 경우 원문을 밝혀둔다.
예) 『예기』에 다음 말이 있다. "왕은 천지에 제사를 지내고, 제후는 산천에 제사를 지내며, 공경대부는 오사에 제사를 지내고 선비나 서민들은 그 조상에게 제사를 지낸다(『禮』 : 王者祭天地, 諸侯祭山川, 卿・大夫祭五祀, 士・庶人祭其先)."

⑥ 각주에서는 표제어를 제시한다. 각주의 내용이 길 경우 "~"를 이용해 어디부터 어디까지에 관련된 주석인지를 밝히고, 원문은 필요한 경우에만 단다.
예) 제후는~제사지낼 뿐이다 : 원문은 '제후불과기망야(諸侯不過其望也)'이다.

⑦ 근안(謹按)은 응소의 의견이므로 한 줄 띄어서 표시한다.

⑧ 책 이름은 『』, 작품명은 「」로 표기한다.

⑨ 원문과 번역문의 부호는 통일을 원칙으로 한다.

역자 서문

1.

『풍속통의(風俗通義)』는 동한(東漢)의 학자인 응소(應劭)가 편찬한 책으로, 지리, 종교, 민속, 명물(名物), 전례(典禮), 악기(樂器) 등 다양한 분야의 내용이 상세히 기술되어 있다. 따라서 출판 당시에는 여러 방면에 지대한 영향을 끼칠 것으로 생각되었으나 그다지 크게 유행하지는 못했다. 그러다 송대(宋代)에 와서 『풍속통의』는 차츰 『태평환우기(太平寰宇記)』, 『태평어람(太平御覽)』 등을 비롯한 필기(筆記)와 지괴소설류에 다량 인용되면서부터 고유의 가치를 인정받게 되었다.

뿐만 아니라 『풍속통의』는 우리나라에 아주 일찍부터 알려졌는데, 특히 고대 음악과 악기의 유래와 역사를 연구하는데 많은 영향을 끼쳤다. 『삼국사기(三國史記)』에서 금(琴)의 제도를 고찰하면서 『풍속통의』 「성음

(聲音)」편을 다량 인용한 것으로 보아 이미 삼국시대에 알려지기 시작했음을 알 수 있다. 또한 『고려사(高麗史)』 권10 「선종(宣宗)」편에도 그 서명이 나와 있기에 오래전에 우리나라에 전해진 것으로 추정된다.

따라서 본 번역서의 출간은 중국 고대의 민속, 종교사상의 변화, 음악, 전례 등에 대한 이해도를 높일 수 있을 뿐만 아니라 한대 문화에 대한 새로운 관심과 연구를 집중시키는 계기가 될 것이다.

2.

응소(應劭 : 151? 혹은 153?~204)는 자가 중원(仲遠)이며, 여남군(汝南郡) 남돈현(南頓縣 : 지금의 河南省 項城縣) 사람이다. 응소는 어려서부터 책 읽기를 좋아해 여러 분야의 책을 다양하게 읽었다. 그는 영제(靈帝 : 168~188) 때에 효렴(孝廉)에 천거되었고, 중평(中平) 6년(189)에 태산태수(泰山太守)에 임명되었다. 그러나 흥평(興平) 원년(196)에 조조(曹操)의 복수를 두려워하여 익주목(益州牧)인 원소(袁紹)에게 의지해 살다가 업(鄴) 땅에서 죽었다. 오수평(吳樹平)의 고증에 의하면 『풍속통의』는 응소가 태산태수 시절에 집필하기 시작하여 원소의 참모시절에 탈고한 것으로, 대략 10여 년에 걸쳐 기록된 작품이다. 사대부 가문에서 자란 그는 가학(家學)에 따라 철저한 유가 교육을 받으며 성장하였고 이러한 성장 과정은 136편에 달하는 그의 저서에도 영향을 미쳤다. 대표 저서로는 『한의(漢儀)』·『한조의박(漢朝議駁)』·『한관의(漢官儀)』·『한관예의고사(漢官禮儀故事)』 및 『중한집서(中漢輯敍)』 등이 있다. 이 작품들은 대체로 조정의 행정·예법 및 전장 제도에 관한 것으로, 경세치용(經世致用)을 중시하는 그의 학술사상이 잘 반영되어 있는데, 『풍속통의』도 마찬가지이다. 그럼에도 불구하고 응소는 『풍속통의』에 동한 문화 전반에 관한 다양하고 심도 있는 내용을 수록함으로써 학술사에서 홀시할 수 없는 작가로 자리매김했다.

3.

동한시기 대표적인 학술사상서인 『풍속통의』는 『풍속통(風俗通)』이라고도 한다. 『수서(隋書)·경적지(經籍志)』와 『신당서(新唐書)·예문지(藝文志)』·『구당서(舊唐書)·경적지(經籍志)』에 따르면 『풍속통의』는 원래 31권이었으나 현재에는 총 10권과 일문(佚文)만 남아 있다. 『사고전서(四庫全書)·자부(子部)·잡가류(雜家類)』에 수록된 『풍속통의』는 목록학상의 분류에서 알 수 있듯이 동한 사회의 풍속, 장례, 제사, 음악, 민간전설 및 역사지리 등 다양한 분야의 기록을 담고 있다.

『풍속통의·서』에서는 '풍'과 '속'에 대해서 다음과 같이 서술하고 있다.

> 풍(風)이란 날씨에 따뜻함과 차가움이 있고, 지세에 험준함과 평탄함이 있으며, 샘에 수질 좋은 것과 나쁜 것이 있고, 초목에 부드러운 것과 강한 것이 있는 것을 말한다. 속(俗)이란 혈기를 지닌 생명체 즉 사람이 만물을 본떠 살아가는 것이다. 따라서 말과 노랫소리가 다르고, 춤추고 노래 부르는 동작이 다르며, 혹자는 정직하고 혹자는 사악하며, 혹자는 선하고 혹자는 음란한 것을 말한다. (風者, 天氣有寒煖, 地形有險易, 水泉有美惡, 草木有剛柔也. 俗者, 含血之類, 像之而生. 故言語歌謳異聲, 鼓舞動作殊形, 或直或邪, 或善或淫也).

이를 통해 볼 때 '풍'은 인력이 닿지 않는 자연환경을, '속'은 인간에 의해 이루어진 언어, 소리, 선과 악 등을 의미한다. 따라서 『풍속통의』는 인간을 둘러싼 지리환경과 그 안에서 발생하는 모든 삶의 현상들을 범주화한 것임을 알 수 있다. 권10에 기록된 오악(五嶽)에는 그 위치와 절기마다 행해진 제사 등을 언급하여 자연환경과 그 속에 녹아든 인간의 삶을 간명하게 드러내고 있다.

『풍속통의』는 당시의 『백호통의(白虎通義)』, 『논형(論衡)』과 많이 비교된다. 『풍속통의』에 기록된 전례(典禮)의 경우 『백호통의』와 유사하고, 악습을 바로 잡는 논리는 『논형』과 유사하기 때문이다. 그러나 『풍속통의』에는 기존의 사상서나 역사서에서 제외되어 왔던 음악이나 민간전설, 명물제도(名物制度) 등에 대한 기록이 상세하게 기술되어 있다는 점에서 이들 책과 변별된다. 예를 들어 「성음(聲音)」에는 오음(五音)의 기원, 30여 종에 달하는 악기의 명칭과 유래, 제작자, 악기의 제작 방식 및 특징에 관련된 이야기를 상세하게 서술하고 있어 중국 음악사 연구에 중요한 자료가 되고 있다. 이런 점에서 『풍속통의』는 사상이나 역사 한 분야에 국한된 것이 아닌 동한 사회 및 문화 전반을 아우르는 아주 중요한 작품이라 하겠다.

4.

『풍속통의』에 내포된 문화, 학술적 가치는 심원한 반면 기존의 연구는 매우 미흡하다. 뿐만 아니라 한대(漢代) 사회와 문화를 아우르는 풍부하고도 다양한 방면의 내용들이 언급되어 있음에도 불구하고 한대 다른 문헌들에 비해 그 가치를 제대로 인정받지 못했다. 따라서 본 번역본의 출간은 다음과 같은 의의가 있다.

첫째, 동한 시기 문화의 변화와 발전을 연구하는데 새로운 방법론을 제시할 수 있다. 유학이 국교인 상황에서 『백호통의』는 사상적인 측면에서, 사마천의 『사기』나 반고의 『한서』는 역사적인 측면에서 주목을 받았다면 『풍속통의』는 지괴 소설뿐만 아니라 『수경주』, 『태평환우기』 및 필기류 등에 다량 인용될 정도로 고대의 문화와 민속적인 내용을 수록하고 있다. 따라서 『풍속통의』의 번역을 통해 한대 문화의 다양성과 그 가치 및 후대 중국문화에 끼친 영향력을 조명할 수 있는 새로운 방법론을 제시할 것이다.

둘째, 음악, 지리, 종교, 민속 등 다양한 분야의 학제간의 연구를 장려할 수 있다. 『풍속통의』는 악기, 지리, 명물 제도, 전례 등 풍부한 내용을 상세하게 기술하고 있어 동한 문화의 다양성을 엿볼 수 있고 나아가 해당 분야의 많은 연구자들에게 심도 있는 연구 자료를 제공해 줄 수 있다. 우리나라의 경우 『풍속통의』의 번역본이 없음에도 불구하고 국내 고대 악기사 연구에 있어 필수 참고 자료이다. 이런 상황에 비추어 볼 때 『풍속통의』의 번역은 학제간 연구를 장려하는 동시에 국내 연구자들에게도 풍부한 자료를 제공할 것이다.

셋째, 중국 소설사 연구에 기초 자료로 제공될 수 있다. 한대(漢代)까지 혼용되던 문사(文史)는 육조시대에 분리되기 시작했고, 나아가 소설이라는 새로운 장르가 출현하는 계기가 되었다. 기존의 『풍속통의』와 지괴에 대한 연구는 주로 고사간의 영향관계나 제재 인용에 집중된 채, 서사나 종교사상 등에 대한 전면적인 연구는 이루어지지 않은 상황이다. 민간전설이나 풍속 등을 집중적으로 기록한 『풍속통의』가 지괴에 미친 영향은 고사나 제재와의 관련성을 넘어 중국 소설 기원의 문제와 맞닿아 있다고 할 수 있다. 이런 의미에서 『풍속통의』는 중국 소설의 기원 및 발전을 연구하는데 충실한 기초 자료로 활용될 것이다.

5.

『풍속통의』는 본문 10권과 상당한 분량의 일문으로 구성되어 있다. 여기서는 각각의 내용을 간단하게 소개하고자 한다.

권1 황패(皇霸)편은 삼황(三皇)에서부터 육국(六國)에 이르는 선진의 역사를 기술하면서 여러 학설들을 종합하는 동시에 자신의 독창적인 견해를 드러내고 있다.

권2 정실(正失)편은 후기(后夔)는 다리가 하나였다는 설부터 시작하여 당시 전해오는 이야기에 대한 허실을 바로잡아 사람들에게 진실을 알려주고자 했다.

권3 건례(愆禮)편은 잘못된 예절에 대해 서술했는데, 예절에 어긋난 일과 더불어 너무 지나친 예절도 경계의 대상으로 삼았다.

권4 과예(過譽)편은 지나친 칭찬에 대해 서술했는데, 명예와 명성을 얻기 위해 잘못된 행동을 하는 경우를 열거하면서 당시 사대부들의 지나친 칭찬 행위를 비판하고 있다.

권5 십반(十反)편은 태수(太守), 종정(宗正), 상(相), 빙사(聘士) 등 다양한 지위에 있는 관리들이 인사 추천, 관리 등용, 퇴직 등의 상황에 직면했을 때 대처하는 상반된 처세 방식에 대해 열거하면서 동한 시기 관리 사회의 모순을 풍자하고 있다.

권6 성음(聲音)편은 음악의 효용, 역대 왕조의 음악, 각종 악기의 유래와 의미, 제작자와 모습에 대해 서술하는 동시에, 음악이 주는 폐해와 음률을 바로잡고 올바른 소리를 구분해내는 방법을 서술하고 있다.

권7 궁통(窮通)편은 공자(孔子), 맹자(孟子)부터 진번(陳蕃)에 이르기까지 당시 명사들이 곤경에 처했던 사례들을 열거하면서 이들이 그 역경을 극복하고, 어떻게 원래의 위치로 복귀했는지의 과정을 서술하고 있다.

권8 사전(祀典)편은 사신(祀神), 직신(稷神), 풍백(風伯), 우사(雨祀) 등 농경 관련 신들에게 올리는 제례, 납제(臘祭), 조제(祖祭), 거를 죽여 문에 걸고 역병을 막는 풍습 등 고대 민간 풍속과 관련된 제례를 서술하고 있다.

권9 괴신(怪神)편은 제사 지낼 대상이 아닌데 제사 지내는 경우, 괴이한 것을 보고 놀라 병을 자초하는 경우, 개가 변괴를 일으키는 경우 등 기이한 이야기를 서술하면서 인간의 나약함을 귀신과 연관 짓고 있다.

권10 산택(山澤)편은 명산대천(名山大川)에 대해 서술했는데, 오악(五嶽)과 사독(四瀆)을 시작으로 동한시기 까지 존재하는 언덕과 하천의 종류와 모습 그리고 분포 상황에 대해 전문적으로 기술하고 있다.

일문(佚文)편은 전편의 내용 중에서 누락된 부분과 성씨(姓氏)를 모아놓은 것이다.

이외에도, 부록 중에 사거인의 제사(謝居仁題辭), 이과의 제사(李果題辭), 정보의 발문(丁黼跋), 황정감의 발문(黃廷鑑跋), 『사고전서총목(四庫全書總目)·풍속통의제요(風俗通義提要)』, 『풍속통의』를 교정하며 서문을 쓰다(校風俗通義題序), 『풍속통의』편목고(風俗通義篇目攷) 등을 번역하여 당시 사람들의 『풍속통의』에 대한 인식과 후대 사람들의 평가를 알 수 있게 했다.

6.

처음에는 낯설기만 했던 한대(漢代)의 문장을 접하며 꾸준히 번역을 해온 지도 거의 6년이 되어간다. 턱 없이 부족한 시간이지만 그래도 6년 정도 되니 이제 제법 익숙해졌다. 원문의 뜻에 더욱 가까이 다가가기 위해 읽고 또 읽고 수정하는 과정만 벌써 몇 년째, 그렇게 보고 또 보며 매달렸지만 번역은 여전히 부족한 점이 남아있다. 하지만 그 어찌할 수 없는 빈틈들을 이제는 더 이상 붙들고 있을 수 없어 손에서 내려놓는다. 아직 세상에 내어 보이기에는 모자란 점이 많지만 여러 독자 선생님들의 질정(叱正)과 애정 어린 비판을 기다린다.

그동안 역자들은 각자 바쁜 시간 속에서도 서로 의지하고 이해하며 이 책의 번역을 미천하게나마 끝마칠 수 있었다. 부족한 작업이지만 한대의 다양한 풍속, 사상, 음악, 민속 등을 알 수 있어서 그것만으로도 참 소중한 시간이었다. 앞으로도 이를 바탕으로 더 좋은 연구 성과가 나오기를 기대한다. 마지막으로 이 책이 출판되기까지 번역문의 교정과 어려운 벽자(僻字)들을 만드느라 애쓰신 소명출판사 관계자 여러분께도 다시 한 번 감사의 말씀을 드린다.

풍속통의 (상)__차례

풍속통의 전체 차례

풍속통의

풍속통의교석서(風俗通義校釋序)

1

『풍속통의』의 작자 응소(應劭)는 자가 중원(仲瑗)이며 동한(東漢)의 여남군(汝南郡) 남돈현(南頓縣 : 지금의 河南省 項城縣) 사람이다. 그는 대대로 현달한 관료 집안에서 태어났다. 4대조 응순(應順)은 화제(和帝 : 劉肇 79~105) 때 하남윤(河南尹)과 장작대장(將作大匠)을 지냈으며, 증조부 응첩(應疊)은 관직이 강하태수(江夏太守)에 이르렀다. 조부 응침(應郴)은 일찍이 무릉태수(武陵太守)에 배수되었고 부친 응봉(應奉)은 무릉태수, 종사중랑(從事中郎), 사례교위(司隸校尉)를 역임했다.

응소는 선대의 권세를 등에 업고 영제(靈帝 : 劉宏 168~189) 초에 군(郡)에서 효렴(孝廉)으로 추천되었고 희평(熹平) 2년(173)에 낭중(郎中)이 되었다. 거기장군(車騎將軍) 하묘(何苗)의 보좌관에 추천되었으며 또한 소현(蕭縣 : 安

徽省 北端 소재의 현) 현령을 지냈다. 중평(中平) 6년(189)에 5개월간 영릉현령(營陵縣令)으로 있다가 곧이어 태산태수(泰山太守)에 발탁되었다. 초평(初平) 2년(192)에 황건족(黃巾族) 30만 대군이 태산군(泰山郡)을 공격해오자 응소는 유혈진압을 감행하여 농민기의군에게 좌절을 안겨주었다. 흥평(興平) 원년(194)에 조조(曹操)의 부친 조숭(曹嵩)과 동생 조덕(曹德)이 낭야군(琅邪郡)에서 태산군 경내로 들어오자, 응소는 태산군으로 군대를 보내 그들을 환영하고 보호하려 했다. 그러나 그들을 만나기도 전에 도겸(陶謙)이 비밀리에 기마병 수천 명을 보내 조씨(曹氏) 부자를 살해했다. 응소는 조조의 문책이 두려운 나머지 관직을 버리고 기주목(冀州牧) 원소(袁紹)에게로 달아났다. 흥평 2년(196)에 응소는 원소의 군모교위(軍謀校尉)에 임명되었다. 그 이후로 응소는 기주를 떠난 적이 없으며 업(鄴) 땅에서 죽었다. 『후한서(後漢書)·응소전(應劭傳)』에는 그의 사망년도에 대한 어떠한 단서도 남아 있지 않다. 다만 『삼국지(三國志)·무제기(武帝紀)』의 배송지(裴松之) 주(注)에 따르면 『위진세어(魏晉世語)』에서 "후에 태조가 기주를 평정했을 때 응소는 이미 죽고 없었다(後太祖定冀州, 劭時已死)"라고 밝히고 있는데, 이것이 응소의 사망년도를 고증할 수 있는 유일한 자료이다. 조조가 기주를 평정했을 때가 헌제(獻帝) 건안(建安) 9년(204) 8~9월이라고 본다면 응소는 그 이전에 죽은 것이 틀림없다.

응소는 일평생 저술 활동에 매진했다. 응소는 『풍속통의』 이외에도 『중한집서(中漢輯敘)』, 『한관의(漢官儀)』, 『예의고사(禮儀故事)』 등 모두 11종 136편의 글을 썼고, 『한서(漢書)』를 집해(集解)한 적도 있다. 이 저서들의 내용을 볼 때 응소는 특별히 양한(兩漢)의 전장(典章) 제도에 대해 잘 알고 있었고, 바로 이 점에서 후인들도 그를 추숭하며 한대의 "조정의 제도와 백관의식(百官儀式)이 사라지지 않은 것은 응소가 기록을 남겼기 때문이다"라고 인정했다.

2

응소가 살았던 영제, 헌제 때는 봉건 정권의 부패가 극에 달했을 때였다. 중평 원년(184)에 장각(張角)을 영수로 한 황건(黃巾) 농민대기의(農民大起義)가 일어났고, 기타 크고 작은 농민 기의군이 잇달아 봉기했다. 지주계급 내부의 각각의 정치세력은 농민 기의군을 진압해야 한다는 절실한 공통 목표가 있기는 했지만, 각자 자신의 세력을 넓히고 공고히 하기 위해 피차간에 잦은 충돌을 일으켰다. 따라서 국가 최고 권력의 상징인 황제는 공권력을 완전히 잃어버렸다. 응소는 서문에서 당시의 시대상황을 다음 몇 마디로 개괄하고 있다.

> 왕실은 크게 무너지고 천하는 사분오열되었으며, 변란은 그칠 기미가 브이지 않고 살아남은 백성들은 거의 없다[王室大壞, 九州幅裂, 亂靡有定, 生民無幾].

나라가 이 같은 국면에 처하자 통치계급 내에서도 동한의 정권을 위기에서 구해내려는 인사가 적지 않게 나왔는데, 응소 역시 그 가운데 한 명이었다. 그는 태산군 내의 지주 무장 세력을 규합하여 황건군을 진압하는 동시에 『풍속통의』를 썼다. 『풍속통의』의 요지에 대해 응소는 이렇게 해석하고 있다.

> 세간에 유행하는 잘못된 풍속을 통찰하여 의리에 맞게 일을 처리하는 것을 말한다[言通於流俗之過謬, 而事該之於義理也].

이것은 봉건 정통 사상을 통해 풍속을 바로잡고 상하층 사람들의 마음을 "모두 바른 길로 돌아가게 하고자 한 것이다[咸歸於正]." 즉 그의 입장에서 보면 "정치의 요체란 풍토를 변별하여 습속을 바로잡는 것이 최고이다[爲政之要, 辯風正俗最其上也].” 그래서 그는 사물의 이름을 바로잡고 세속의 잘못을 해석하여 날로 첨예해지는 사회모순을 완화하고 동한의 봉건 통치 질서를 안정시키려는 꿈을 꿨다.

당연히 역사의 발전은 사람의 뜻대로 되지 않는다. 응소는 사회의 풍속을 봉건 정통 사상의 규범 속으로 끌어들이지도 못했고 또한 무너져 가는 동한 정권을 회복시키지도 못했다. 이런 의미에서 『풍속통의』가 사회에 끼친 영향력은 미미하다고 할 수 있다. 그러나 역사적 각도에서 『풍속통의』를 연구한다면 이 책의 가치는 홀시할 수 없다. 동한 사회의 풍속에 관련된 많은 기록은 당시 사회의 모순을 잘 드러내고 있다. 또한 일부 문장에서는 통치 계급의 「과예(過譽)」, 「건례(愆禮)」 등의 행동을 적고 있는데, 이것은 봉건 제도의 허위와 부패 상황을 반영하고 있다. 악기에 관련된 기록은 각종 악기의 제작자와 구조를 기술하고 있어 악기사(樂器史) 연구에서 구하기 힘든 중요한 자료이다. 산천호수에 관련된 기록은 중국의 역사 지리를 연구할 때 참고자료가 된다. 단편적인 신기하고 괴이한 고사는 후일 유명한 지괴소설인 『수신기(搜神記)』의 소재가 되었으며 일부 고사는 이야기 전체가 인용되기도 했다. 범엽(范曄)은 이 책을 다음과 같이 평가했다.

“[응소의] 문장은 전아하지 않지만 후세 사람들은 그의 폭넓은 견문에 탄복할 것이다[文雖不典, 後世服其洽聞].”

우리가 『풍속통의』 전체를 통독한다면 응소가 정말 박학다식한 사람이고, 본서에서 언급하고 있는 범위가 정말 넓다는 것을 알게 될 것이다. 또한 다양한 각도에서 당시 사회생활상과 문화사상의 면모를 드러내고 있고 풍부한 사료를 제공하고 있어, 틀림없이 사람들의 주목을 받게 될 것이다.

3

현전하는 『풍속통의』는 오관(吳琯)의 『고금일사(古今逸史)』본 등 일부만이 4권본이고, 대다수는 10권본이다. 그러나 이 역시 완정본은 아니다. 『수서(隋書)·경적지(經籍志)』에 따르면 『풍속통의』는 전체 31권으로, 「녹(錄)」 1권이 포함되어 있고 양대(梁代) 때는 30권이었다고 주를 달고 있다. [唐代 馬總의] 『의림(意林)』에 기록된 권수 역시 『수서·경적지』와 마찬가지이다. 그러나 『구당서(舊唐書)·경적지(經籍志)』와 『신당서(新唐書)·예문지(藝文志)』에서는 모두 30권으로 기록되어 있다. 그러나 이 두 기록은 결코 모순된 것이 아니다. 즉 31권본은 31권 안에 「녹」이 포함되어 있고, 30권본은 「녹」을 밖으로 뺐기 때문이다.

송(宋)나라 신종(神宗) 원풍 연간(元豊年間, 1078~1085)에 소송(蘇頌)이 민·관에 전해오는 두 판본을 상호 교감하면서 10권으로 편찬하고, 동시에 「교풍속통의제서(校風俗通義題序)」를 썼다. 「교풍속통의제서」를 보면 현전하는 10편의 순서와 다르다. 즉 「황패(皇霸)」1권만이 권1로 같고, 「정실(正失)」권2는 권6, 「건례(愆禮)」권3은 권8, 「과예(過譽)」권4는 권7, 「십반(十反)」권5는 권9, 「성음(聲音)」권6은 권13, 「궁통(窮通)」권7은 권15, 「사전(祀典)」권8은 권20, 「괴신(怪神)」권9는 권31, 「산택(山澤)」권10은 권24로 되어 있다.

소송의 기록에 따르면 나머지 20권은 「심정(心政)」, 「그제(古制)」, 「음교(陰教)」, 「변혹(辨惑)」, 「석당(析當)」, 「서도(恕度)」, 「가호(嘉號)」, 「휘칭(徽稱)」, 「정우(情遇)」, 「성씨(姓氏)」, 「휘편(諱篇)」, 「석기(釋忌)」, 「집사(輯事)」, 「복요(服妖)」, 「상제(喪祭)」, 「궁실(宮室)」, 「시정(市井)」, 「수기(數紀)」, 「신진(新秦)」, 「옥법(獄法)」이다. 그 가운데 「휘칭(徽稱)」, 「정우(情遇)」, 「석기(釋忌)」 3권은 육심원(陸心源)의 『의고당집(儀顧堂集)·풍속통의편목고(風俗通義篇目考)』에는 「예칭(穢稱)」, 「시우(恃遇)」, 「석망(釋忘)」으로 되어 있고, 나머지 17권은 편명이 모두 같다. 이 20권은 원서의 목차에는 있지만, 소송 역시 이에 대해 설명하지 않고 있고, 기타 서적에서도 다루고 있지 않아 지금으로서는 알아볼 길이 없다.

4

『풍속통의』가 세상에 나온 이래로 남조(南朝)의 양대(梁代)와 이씨(李氏) 당대(唐代) 두 조대에서는 『풍속통의』가 일실되지 않았다. 양대 유중용(庾仲容)은 『자초(子鈔)』에서 『풍속통의』의 문장을 많이 발췌해 싣고 있으며 당대 마총의 『의림』에서도 『풍속통의』의 문장을 예를 들어 설명하고 있다.

송(宋)나라 태종(太宗) 태평 흥국 연간(太平興國年間, 976~983)에 이방(李昉) 등의 사람들이 칙명을 받들고 『태평어람(太平御覽)』을 편찬할 때도 『풍속통의』의 문장을 대량으로 초록했는데, 이로 보건대 송대 초기까지는 『풍속통의』가 완전한 형태로 존재했음을 알 수 있다. 이로부터 1세기가 지나 소송이 『풍속통의』를 교감할 때 이미 책의 반이 일실되어 10권만 남게 되었으며, 이것이 오늘날 우리가 보는 10권본이다.

현재 남아있는 최초의 판각본은 원대(元代) 대덕본(大德本)이다. 대덕본에는 가정(嘉定) 10년(1218) 정보(丁黼, ?~1236 : 南宋의 名臣)의 발문(跋文)이 실려 있는데, 그 내용은 다음과 같다.

"내가 여항(餘杭)에 있을 때 회계(會稽) 사람 진정경(陳正卿)에게 『풍속통의』를 빌렸다. 진정경은 중서(中書) 서연자(徐淵子)에게서 얻은 듯한데, 잘못되고 어그러진 부분이 너무 많아 거의 읽을 수가 없었다."

후에 정보는 서로 다른 두 판본을 참고하고 교감해서 겨우 읽을 수 있게 되자 이를 판각하여 세상에 내 놓았다. 그러나 정보의 판각본 역시 원대에 와서 희귀본이 되었다. 현전 대덕본의 부록으로 있는 원대(元代)

이과(李果)·사거인(謝居仁)의 제사(題辭)와 희귀본이었던 정보의 『풍속통의』 판각본을 합쳐 무석(無錫)의 학관에서 간행했는데, 이것이 바로 현재 볼 수 있는 원대 대덕본이다.

명·청대에 와서 『풍속통의』 판각본이 쏟아져 나왔지만, 판본 계통으로 볼 때 모두 『대덕본』을 저본으로 하고 있다. 여러 판본과 『대덕본』을 비교해보면 전반적으로 그 수준이 대덕본에 미치지 못한다. 이런 점을 고려해 『풍속통의』를 교감할 때 북경도서관(北京圖書館)에 소장된 원대 대덕본을 저본으로 하고 늦게 나온 판각본과 초록본을 대조 검토했다. 이에 관련된 자세한 상황은 서례(敍例)를 참조해서 보면 된다.

『풍속통의』를 교감하고 주석을 달고 모으는 과정에서 사수청(吳樹靑) 선생이 많은 도움을 주었다. 또한 그가 쓴 『풍속통의교감기(風俗通義校勘記)』는 많은 뛰어난 견해를 담고 있기에 선생의 동의하에 그 내용의 일부를 인용했다. 양백준(楊伯峻) 선생은 내가 주석을 달 때 직면했던 문제에 대해 많은 중요한 단서를 제공해주었다. 위련과(魏連科) 선생은 고생을 마다하지 않고 원고를 통독하면서 많은 중요한 의견을 내놓았다. 복유의(卜維義)와 이치중(李致忠) 선생은 나를 도와 일실된 자료를 수집하고 도서를 빌리는 등 열정적으로 나를 도와주었다. 미국 브리지포트 대학(University of Bridgeport, 橋港)의 오위평(吳衛平) 교수는 1만 리 밖에서도 내게 많은 자료를 보내 주었고, 계공(啓功) 선생도 본서에 제자(題字)를 써주었다. 따라서 『풍속통의교석』은 여러 선생과 동료의 노력이 응집된 것이다. 이 자리에서 그들에게 진심으로 사의를 표하는 바이다. 천학비재(淺學菲才)로 인해 있을 수 있는 실수 등에 대해서는 독자 제현의 질정을 바라는 바이다.

오수평

1978년 1월 북경에서

서례(叙例)

一. 세상에 전해오는 『풍속통의』의 판각본과 초본은 다음 10여 종이 있다.

① 원대(元代) 대덕연간 무석에서 판각한 판본(줄여 『대덕본(大德本)』이라 함)은 책 앞에 사거인(謝居仁)·이과(李果)의 제사(題辭)가 있고, 책 뒤에 정보(丁黼)·황정감(黃廷鑑)의 발문(跋文)이 있다. 북경국가도서관에 소장되어 있다.

② 원대에 판각한 『잔본(殘本)』(줄여 『잔본』이라 함)은 「과예」에서부터 「산택」까지 7권이 남아 있고 책 뒤에 정보의 발문이 있다. 누군가 『잔본』을 송대 판본이라 했으나 나진상(羅振常)의 『선본서소견록(善本書所見錄)』에서는 원대 판본으로 보고 있다. 북경대학교 도서관에 소장되어 있다.

③ 명대에 판각한 단행본(줄여 『명각본(明刻本)』이라 함)은 북경국가도서관에 소장되어 있다.

④ 명대에 초록한 판본(줄여 『초본(抄本)』이라 함)은 북경국가도서관에 소장

되어 있다.

⑤ 명대 오관(吳琯)의 『고금일사(古今逸史)』본(줄여 『오본(吳本)』이라 함)은 「황패」, 「성음」, 「사전」, 「산택」 4권 있고 나머지 6권은 빼고 판각하지 않았다. 북경대학교도서관에 소장되어 있다.

⑥ 명대 호유신(胡維新)의 『양경유편(兩京遺編)』본(줄여 『유편본』이라 함)은 북경국가도서관에 소장되어 있다.

⑦ 명대 하윤중(何允中)의 『광한위총서(廣漢魏叢書)』본(줄여 『하본(何本)』이라 함)은 중화서국도서관에 소장되어 있다.

⑧ 명대 정영(程榮)의 『한위총서(漢魏叢書)』본(줄여 『정본(程本)』이라 함)은 북경국가도서관에 소장되어 있다.

⑨ 명대 호문환(胡文煥)의 『격치총서(格致叢書)』본(줄여 『호본(胡本)』이라 함)은 북경대학교도서관에 소장되어 있다.

⑩ 명대 낭벽금(郎璧金)의 당책함(堂策檻)에서 판각한 판본(줄여 『낭본(郎本)』이라 함)은 북경국가도서관에 소장되어 있다.

⑪ 청대 강희 연간(康熙年間, 1522~1566) 왕사한(汪士漢)의 『비서입일종(秘書卄一種)』본(줄여 『강희본(康熙本)』이라 함)은 4권만 수록되어 있고 『오본』과 같다. 북경국가도서관에 소장되어 있다.

⑫ 청대 『사고전서(四庫全書)』본은 북경국가도서관에 소장되어 있다.

⑬ 청대 도광 연간(道光年間, 1820~1850) 광주(廣州)의 희문과재(喜聞過齋)에서 판각한 판본(줄여 『도광본』이라 함)은 북경대학교도서관에 소장되어 있다.

⑭ 1919년 상해(上海) 소엽산방(掃葉山房)에서 석인(石印)한 『백자전서(百子全書)』본은 북경국가도서관에 소장되어 있다.

본서의 교감은 원대 『대덕본』을 저본으로 하고 상술한 기타 판본들을 비교, 교감했다. 저본은 오류가 없고 기타 판본에서 명확히 오류가 보이는 경우에는 일률적으로 교감기에 쓰지 않았다. 그러나 기타 판본에도 참고할 만한 가치가 있는 이문(異文)이 있는 경우에는 지적해내었다. 저본에 보이는 오류와 빠진 부분의 경우는 교감할 때 다른 처리 방법을 취했다. 즉 증거가 만족스러울 경우는 바로 교정하고 교감기에도 원본에는 이렇게 되어 있는데 지금 이렇게 고친다 하고 그 정확한 이유를 설명했다. 이렇게 해서도 교감이 잘못된 경우가 있다면 독자들의 질정을 바란다. 응당 바르게 고쳐야겠지만 또 증거가 부족하다고 느끼면 바로 원문에 손을 대지 않고 교감기 내에서 그 의견을 피력했다. 이문(異文)의 경우 시비를 단정하기 어려울 때는 개인적 의견을 피력하고 글자의 같고 다른 점에 대해서만 설명하고 단정 짓지는 않았다.

二. 본서의 교감은 판본의 상호 비교 이외에도 유서(類書)와 기타 고서에 수록된 단편적 기록이나 관련 내용을 인용하고 최대한 많이 수집해 같고 다른 점을 비교, 교감했다.

三. 본서에 대해 교감을 한 적이 있는 전대 학자들 예를 들어 노문초(盧文弨)·손이앙(孫詒讓)·주균(朱筠) 등은 많든 적든 모두 성과를 내놓았다. 『풍속통의』의 교감기에서 제가들의 견해를 받아들이는 동시에 그 출처를 명확히 밝혔다.

四. 당·송·명 3대의 유서와 기타 서목에는 조목마다 많은 일문이 보존되어 있는데, 그 자료의 가치는 현존 10권의 범위를 넘어선다. 이에 일찍부터 사람들의 주목을 불러 일으켜 전대흔(錢大昕)·손지조(孫志祖)·노문초·주균·장용(臧庸)·엄가균·장주(張澍)·유전손(繆荃孫)·왕인준(王仁俊)·고회삼(顧懷三)·서우란(徐友蘭)·진한장(陳漢章) 등이 모두 앞뒤로 일문을 집록한 적이 있다. 각 제가의 공력이 일정하지 않고 또 모은 일문의 수량도 현격하게 달라 같은 조(條) 내에서도 출입이 있다. 글자의 오류를 줄이기 위해 본서에서 수집한 일문은 모두 검토를 했고 전대 학자들이 이미 인용한 유서에서도 적게나마 빠져있는 일문을 찾아냈다. 또 전대 학자들이 인용하지 않았던 유서와 기타 서적 내에서도 약간의 새로운 일문을 찾아냈다. 이렇게 일문을 모으고 수집하는데 많은 시간과 공력을 들였음에도 완벽하게 일문을 모았다고 말하기 어렵기에 후학들의 노력을 기대해본다.

五. 동일한 조목의 일문은 종종 여러 서적에서 보이는 경우가 있는데, 이때는 저록이 비교적 완벽한 것을 골랐고 문미에 출처도 명확하게 밝혀두었다. 기타 서적에서 인용된 것 중에 취할 만한 것이 있으면 주석내에 설명을 덧붙여 두었다.

六. 일문의 순서는 내용에 따라 27개의 항목으로 분류했다. 각 조의 일문은 원서의 한 편에 속하는데, 일부는 추정 가능하고 일부는 고찰이 불가능한 것도 있다. 따라서 각 조의 일문이 분류된 항목에 반드시 적합하다고 할 수 없으며, 또 일부는 기타 조목과 함께 두어서 안 되는 경우도 있다. 그런 일문은 26번째 항목에 넣었다.

七. 27번째 항목은 「성씨편」 일문으로, 성씨의 필획에 따라 순서를 정했다.

서(序)

옛날에 공자(孔子)[1]가 죽고 난 뒤에 뜻 깊은 말[2]이 사라지고 70제자가 죽고 난 뒤에 큰 도리[大義]가 어그러졌다.[3] 다시 전국시대가 되자 합종책과 연횡책[4]이 일고 호오는 사람에 따라 달라졌으며[5] 진위 구분도 분분해

---

1 공자(孔子) : 원문은 '중니(仲尼)'로, 공자의 자이다. 공자의 사적은 『사기(史記) · 공자세가(孔子世家)』와 『논어(論語)』에 상세히 나와 있다.【吳】

2 뜻 깊은 말 : 원문은 '미언(微言)'이다. 『한서(漢書) · 예문지(藝文志)』 안사고(顔師古)의 주에 따르면 "뜻이 깊고 오묘한 말이다[精微要妙之言]."【吳】

3 70제자가 죽고 난 뒤에 큰 도리[大義]가 어그러졌다 : 『사기 · 공자세가』에 보면 "공자는 시서예악으로 가르쳤는데, 그 제자가 3천 명 정도 되었다. 그 가운데 육예에 통달한 자가 72명이다[孔子以詩書禮樂教, 弟子蓋三千焉. 身通六藝者七十有二人]"라고 되어 있다. 여기서는 정수로 70이라고 말한 것이다.【吳】

4 합종책과 연횡책 : 전국시대 7국이 취했던 투쟁 전략을 말한다. 당시 진(秦)나라는 국력이 날로 강성해지고 6국의 힘은 점점 약해졌다. "합종이란 약소국들이 힘을 합쳐 하나의 강대국을 공격하는 것을 말하고 연횡이란 하나의 강대국을 섬겨서 약소국들을 공격하는 것을 말한다[從者合衆弱以攻一强, 而横者事一强以攻衆弱]."(『한비자(韓非子) · 오두(五蠹)』) 연횡책의 대표 인물은 장의(張儀)이고 합종책의 대표적 인물은 장의보다 늦게 나온 소진(蘇秦)이다. 마왕퇴(馬王堆) 한묘(漢墓)에서 나온 백서

졌다. 그리하여 『춘추(春秋)』는 『좌씨전(左氏傳)』·『공양전(公羊傳)』·『곡량전(穀梁傳)』·『추씨전(鄒氏傳)』·『협씨전(夾氏傳)』 5가(家)로 나뉘고,[6] 『시경』은 『제시(齊詩)』·『노시(魯詩)』·『한시(韓詩)』·『모시(毛詩)』 4가로 나뉘었으며,[7] 『역경(易經)』 해설서도 여러 종류가 나왔다.[8] 또한 제자백가[9]의 학설까지 뒤섞이게 되어[10] 무슨 설을 따라야 할지 모르게 되었다. 한나라가 일어나자 유학자들은 다투어[11] 서로 뜻[12]을 끌어대고 모아 글의 장

(帛書) 『전국종횡가서(戰國從橫家書)』 참고.【吳】

5 달라졌으며: 원문은 '수(殊)'이다.【吳】

6 『춘추(春秋)』는~5가(家)로 나뉘고: 이에 대한 자세한 내용은 『한서·예문지』에 보인다.【吳】

7 『시경』은~4가로 나뉘었으며: 이에 대한 자세한 내용은 『사기』와 『한서·유림전(儒林傳)』에 나온다.【吳】

8 『역경(易經)』 해설서도 여러 종류가 나왔다: 『한서·예문지』에 다음 문장이 있다. "진나라 시황제가 분서갱유를 일으킨 뒤에 『역경』은 점복서가 되었고 이것을 전하는 사람들도 계속 나왔다. 한나라 흥성 이후 전하(田何)가 『역경』을 전수받아 정리했다. 선제(宣帝), 원제(元帝)에 이르러 시수(施讎), 맹희(孟喜), 양구하(梁丘賀), 경방(京房)을 학관의 『역경』 박사로 두었으며, 또한 민간에는 비직(費直), 고상(高相) 2가의 『역경』 해설서가 있었다[及秦燔書, 而『易』爲筮卜之事, 傳者不絶. 漢興, 田何傳之. 訖於宣·元, 有施·孟·梁丘·京氏列於學官, 而民間有費·高二家之說]." 이 구절에 근거해 보면 『역경』의 해설서에는 6가(家)가 있다.【吳】
옛날에~나왔다: '석중니몰이미언궐(昔仲尼沒而微言闕)'부터 '『역』유수가지전(『易』有數家之傳)'까지는 모두 『한서·예문지』에 나오는 말이다.【吳】

9 제자백가: 『한서·예문지·제자략(諸子略)』에 보면, "제자 10가 가운데 볼 만한 것은 9가일 따름이다[諸子十家, 其可觀者, 九家而已]"라고 했는데, 10가는 바로 유가(儒家), 도가(道家), 음양가(陰陽家), 법가(法家), 명가(名家), 묵가(墨家), 종횡가(縱橫家), 잡가(雜家), 소설가(小說家)이다. 10가 가운데 소설가를 빼고 9가라 불렀다. 『한서·무기찬(武紀贊)』에 보면, "파출백가(罷黜百家)"라는 말이 있는데, 이에 대해 안사고는 "백가는 제자들의 온갖 학설을 말한다[百家謂諸子雜說]"라고 주를 달고 있다.【王】

10 뒤섞이게 되어: 원문은 '효란(殽亂)'이다. '효'는 『하본(何本)』과 『낭본(郎本)』에는 '산(散)'으로 되어 있는데, 이것은 잘못된 것이다. 제자백가의 말이 '뒤섞여 난무하게 되었다'고는 말할 수 있지만, '흩어졌다[散亂]'고는 말할 수 없다. 『한서·예문지』에는 "제자백가의 학설까지 뒤섞이게 되어"라고 되어 있고, 양웅(揚雄)의 『법언(法言)』에는 "제자백가의 '많은 말이 뒤섞여[諸子衆言淆亂]'"라고 되어 있는데, 모두 이를 증명하고 있다. '효(殽)'는 '효(淆)'와 같으며 뒤섞이다[雜]의 뜻이다.【吳】

11 다투어: 원문은 '경(競)'이다. '경' 자 아래에 다음 원주(原註)가 달려 있다. "다른 판본에는 '경(竟)'으로 적혀 있다[一本作'竟']." 【吳】

12 뜻: 원문은 '의(誼)'로, '의(義)'와 통한다.【吳】

구(章句)에만 치우쳐 경전을 해석했으며[13] [하나의 유가 경전에 대한] 가법(家法)이 대여섯 개로 나뉘어졌는데, 모두 문장을 분석하고[14] 자구(字句)를 명확하게 따지느라[15] 더욱더 본의에서 멀어졌다. 문장가[16]들은 한데 뒤섞여[17] 뜻을 풀이하고 주를 달아 설명하고[18] 반박해,[19] 그 저서가 쌓여 구릉처럼 높아졌으니 더욱 많아졌다고 할 수 있다.[20] 게다가 그 말이 민간

---

13 글의 장구(章句)에만 치우쳐 경전을 해석했으며 : 한대에 유가 경전을 해석하는 방법으로 두 가지가 있었는데, 바로 장구학(章句學)과 훈고학(訓詁學)이다. 장구학이란 글의 장과 구에만 치우쳐 경전의 뜻을 해석하는 것으로, 『한서 · 예문지』에 따르면 『상서(尙書)』에는 『구양장구(歐陽章句)』, 『하후장구(夏侯章句)』가 있고 『춘추』에는 『공양장구』, 『곡양장구』 등이 있다. 『한서 · 하후승전(夏侯勝專)』에 다음 말이 있다. "하후승의 백부의 아들인 하후건(夏侯建)은 자가 장경(長卿)으로, 어려서부터 하후승과 구양고 두 사람을 스승으로 받들고 그 주위에서 보고 들었다. 또 오경에 능통한 유학자들과 『상서』의 출입에 대해 묻다가 글의 장과 구를 끌어들여 문장을 짓고 수식했다. 이에 하후승이 그를 비난하며, '하후건이 말하는 장구는 보잘것없는 유학자들이 하는 일로, 유학의 큰 도를 파괴하는 일이다.'라고 하자, 하후건도 '하후승의 학문이 너무 소략해 대적하기 힘들다'고 비난했다[勝從父子建字長卿, 自師事勝及歐陽高, 左右採獲. 又從五經諸儒問與『尙書』相出入者, 牽引以次章句, 具文飾說. 勝非之曰 : '建所謂章句小儒, 破碎大道.' 建亦非勝爲學疏略, 難以應敵]." 장구학의 폐단은 여기에서 볼 수 있다.【吳】

14 분석하고 : 원문은 '석(析)'이다.【吳】

15 명확하게 따지느라 : 원문은 '변사(便辭)'이다. 『상서 · 요전(堯典)』에는 "각 관료의 직무를 분별하여 밝히다[平章百姓]"란 말이 있고, 『사기 · 오제본기(五帝本紀)』에는 "백관들의 직무를 명백히 밝히다[便章百姓]"란 말이 있으며, 『사기색은(史記索隱)』에는 "금문에서는 '변장(辯章)'이라 되어 있다[今文作'辯章']"고 되어 있는데, 이로보아 '변(便)'과 '변(辯)'이 통함을 알 수 있다. 『설문해자(說文解字)』에 보면, "변(辯)은 다스리다(治)"라고 되어 있다.【吳】

16 문장가 : 원문은 '철문(綴文)'이다. '문사를 모으다'의 뜻으로, '글을 짓는 것[屬文]'을 말한다.【吳】

17 한데 뒤섞여 : 원문은 '잡습용린(雜襲龍鱗)'이다. 『한서 · 괴통전(蒯通傳)』에 "천하의 선비들이 구름처럼 몰려들어 한데 뒤섞여 있다[天下之士雲合霧集, 魚鱗雜襲]"라는 문장이 있는데, 이에 대해 안사고는 다음 주를 달고 있다. "잡습(雜襲)은 잡답(雜沓)으로, 서로 뒤섞여 쌓여 있음을 말한다[雜襲猶雜沓, 言相雜而累積]." '잡습용린(雜襲龍鱗)'과 '어린잡습(魚鱗雜襲)'은 뜻이 같다.【吳】

18 설명하고 : 원문은 '설(說)'이다.【吳】

19 반박해 : 원문은 '난(難)'이다.【吳】

20 그 저서가~더욱 많아졌다고 할 수 있다 : 『한서 · 유림전찬』에 보면 다음과 같다. "무제가 오경박사를 두고 제자들을 양성하며, 인재 선발의 규정을 정하고 사책(射策

에까지 돌아 사람들 사이에서 공공연히 전해져, 잘못된 것이 습관[21]처럼 되어 본 모습을 찾을 수가 없게 되었다.

지금 왕실은 크게 무너지고 천하는 사분오열되었으며,[22] 변란은 그칠 기미가 보이지 않고[23] 살아남은 백성들은 거의 없다. 이에 사사로이 후배[24]들이 더욱 미혹될까 걱정되어, 없는 재주로 여러분이 알고 있는 것을 예로 들어[25] 동류를 모으는 방법으로[26] 모두 31권의 책[27]으로 만들고, 『풍속통의』라 이름 지었다. 『풍속통의』는 세간에 유행하는 잘못된 풍속을 통찰하여[28] 의리에 맞게[29] 일을 처리하는 것을 말한다. 풍(風)이란 날씨에 따뜻함과 차가움이 있고, 지세에 험준함과 평탄함[30] 이 있으며, 샘

: 시험 과목 중의 하나)을 실시해 봉록을 권장한 이래로, 원시연간(元始年間)에 이르기까지 1백 년 남짓 되자, 이를 업으로 하는 사람이 점점 많아지고 지엽적으로 공부하는 사람도 많아져 「경(經)」 하나에 견해가 1백여만 언이나 되었으며 대사(大師)들도 1천여 명이나 되었다[自武帝立五經博士, 開弟子員, 設科射策, 勸以利祿, 訖於元始, 百有餘年, 傳業者浸盛, 支葉蕃盛, 一經說至百餘萬言, 大師衆至千餘人."【吳】

21 습관 : 원문은 '관(貫)'으로, '관(慣)'과 통한다.【吳】

22 사분오열되었으며 : 원문은 '폭렬(幅裂)'이다.【吳】

23 변란은 그칠 기미가 보이지 않고 : 원문은 '난미유정(亂靡有定)'으로, 『시경 · 소아(小雅) · 절남산(節南山)』에 보인다.【吳】

24 후배 : 원문은 '후진(後進)'이다.【吳】

25 여러분이 알고 있는 것을 예로 들어 : 원문은 '거이소지(擧爾所知)'로, 원래는 공자가 중궁(仲弓)의 질문에 대답했을 때 사용했던 말로, 『논어 · 자로(子路)』에 보인다.【吳】

26 동류를 모으는 방법으로 : 원문은 '방이유취(方以類聚)'로, 『역경 · 계사(繫辭)』에 보인다. 여기서 '방(方)'은 방법, 길을 말한다.【吳】

27 모두 31권의 책 : 원문은 '범삼십일권(凡三十一卷)'이다. 이 구절은 원래 '범일십권(凡一十卷)'이라 되어 있고, 『정본(程本)』에는 '범십일권(凡十一卷)'이라 되어 있는데, 모두 잘못된 것이다. 『수서 · 경적지』에는 "『풍속통의』 31권"이라 하면서 "「녹(錄)」 1권, 응소 지음, 양대(梁代)에는 30권이었다"고 되어 있다. 『구당서 · 경적지』와 『신당서 · 예문지』에는 모두 30권으로 되어 있는데, 『수서 · 경적지』는 「녹」 1편을 합쳐 계산했고, 『구당서』와 『신당서』는 「녹」 1편을 합치지 않은 것 같다. 『의림』의 목록에는 '31권'으로 되어 있는데, 지금 이에 근거해 고친다.【吳】

28 통찰하여 : 원문은 '통(通)'으로 훤히 알고 있음을 말한다.【吳】

29 맞게 : 원문은 '해(該)'로, '갖추다'의 뜻이다.【吳】

30 험준함과 평탄함 : 원문은 '험이(險易)'이다. 『태평어람(太平御覽)』 권602에는 '음양(陰陽)'으로 되어 있다.【吳】

에 수질 좋은 것과 나쁜 것이 있고, 초목에 부드러운 것과 강한 것이 있는 것을 말한다. 속(俗)이란 혈기를 지닌 생명체 즉 사람이 만물을 본떠 살아가는 것이다.[31] 따라서 말과 노랫소리가 다르고, 춤추고 노래 부르는 동작이 다르며, 혹자는 정직하고 혹자는 사악하며, 혹자는 선하고 혹자는 음란한 것을 말한다. 이에 성인이 나와서 속을 바로잡으면 모두 바른 길로 돌아가지만, 성인이 사라지면 본래의 속으로 돌아간다.

『상서』에 다음 말이 있다.

"천자는 순수(巡守)[32]를 나갔다가 태산(泰山)[33]에 이르면 제후들을 접견하고[34] 1백 세 된 노인을 만나고, 대사(大師)[35]를 시켜 시를 채집해 진상하게 해서 백성들의 풍속을 살폈다.[36]"

---

31 만물을 본떠 살아가는 것이다 : 원문은 '상지이생(像之而生)'이다. 『태평어람』에는 '상이생지(象而生之)'라고 되어 있다.【吳】

32 순수(巡守) : 『낭본』에는 '수(狩)'라고 되어 있는데, 두 글자는 통한다. 『맹자(孟子)·양혜왕(梁惠王)』에 다음 말이 있다. "천자가 제후에게 가는 것을 순수라고 한다. 순수라는 것은 지키고 있는 곳을 돌아보는 것을 말한다[天子適諸侯曰巡狩. 巡狩者, 巡所守也]." 『백호통의(白虎通義)·순수』를 보면 다음과 같다. "왕이 순수를 나가는 것은 왜 인가? '순(巡)'은 '돌아다니다'의 뜻이고, '수(狩)'는 '기르다'의 뜻으로, 왕이 천하를 위해 돌아다니면서 백성들을 살피는 것이다. 도덕이 잘 시행되는 태평성대이지만, 왕은 먼 곳과 가까운 곳이 똑같이 교화되지 않을까, 깊숙하고 숨겨진 곳이 각각 제자리를 잡지 못했을까 염려한다. 따라서 왕은 반드시 직접 돌아다니며, 삼가 백성들을 지극히 아끼고 받든다[王者所以巡狩者何? 巡者, 循也, 守者, 牧也, 爲天下巡行守牧民也. 道德太平, 恐遠近不同化, 幽隱不得所者. 故必親自行之, 謹敬重民之至也]."【吳】

33 태산(泰山) : 원문은 '대종(岱宗)'으로, 태산을 말한다. 『풍속통의』의 「산택(山澤)·오악(五嶽)」에 잘 설명되어 있다.【吳】

34 접견하고 : 원문은 '근(覲)'으로 '만나다'의 뜻이다.【吳】

35 대사(大師) : '대(大)'는 '태(太)'와 통한다. 대사는 악관(樂官)의 우두머리이다.【吳】

36 천자는~살폈다 : 『상서·요전』에 다음 말이 있다. "그 해 2월에 동쪽으로 순수를 나갔는데, 태산에 이르면 장작을 불태워 하늘에 제사 지내고[柴祭], 지위에 따라 산천에다 망제(望祭)를 지낸 후 동쪽 제후들을 만났다[歲二月, 東巡狩, 至于岱宗, 柴, 望秩于山川, 肆覲東后]." 여기서 인용하고 있는 『상서』는 바로 『상서대전(尙書大傳)』을 가리킨다. 『백호통의·순수』에서도 『상서대전』을 인용하여 다음과 같이 말하고 있다. "제후를 접견하고 1백 세 된 노인이 있는지를 물어보고, 태사로 하여금 시를 채집해 진상케 해서 백성들의 풍속을 살폈다[見諸侯, 問百年, 太師陳詩, 以觀民風俗]." 여기서 기재하고 있는 순수 제도는 『예기(禮記)·왕제(王制)』와 『설원(說苑)·수문

이에 『효경(孝經)』에서는 "풍속을 바꾸기에 음악보다 나은 것은 없고[37]" 경전에서는 "1백 리마다 풍이 다르고 1천 리마다 속이 다르며, 집집마다 법도도 다르고, 사람마다 의복도 다르다[38]"고 했다. 이를 통해 볼 때 정치의 요체란 풍토를 변별하여 습속을 바로잡는 것이 최고이다.

주대(周代)와 진대(秦代) 두 조대에서는 일찍이[39] 매년 8월이면 유헌사(輶軒使)[40]를 파견하여 방언[41]을 채집해[42] 돌아와 [황제께] 아뢴 뒤 그 문서를

(修文)』에도 보인다.【吳】

37 풍속을 바꾸기에 음악보다 나은 것은 없고: 이 구절은 『효경·광요도(廣要道)』장에 보인다.【吳】

38 1백 리마다 풍이 다르고~사람마다 의복도 다르다: 『한서·왕길전(王吉傳)』에 왕길의 상소가 실려 있다. "그런 까닭에 1백 리마다 풍속이 다르고, 1천 리마다 풍속이 다르며, 집집마다 법도도 다르고, 사람마다 의복도 다르다. 속임수가 생겨나고 형벌도 끝없이 생겨나니, 순수함이 날로 없어지고 은혜로움이 점점 옅어지는 것이다[是以百里不同風, 千里不同俗, 戶異政, 人殊服. 詐僞萌生, 刑罰亡極, 質樸日銷, 恩愛寖薄]." 이를 통해 볼 때 '1백 리마다 풍속이 다르다'라는 말은 한대의 유행어였음을 알 수 있다.【吳】

39 일찍이: 원문은 '상(常)'이다. 『사류부(事類賦)』 권5에도 마찬가지로 '상(常)'이라 되어 있고, 『북당서초(北堂書鈔)』 권40과 『태평어람』 권602에는 모두 '상(嘗)'이라 되어 있는데, 두 글자는 통한다. 『기찬연해(記纂淵海)』 권33과 『해록쇄사(海錄碎事)』 권12에는 '제(帝)'라 되어 있는데, 이것은 잘못된 것이다.【吳】

40 유헌사(輶軒使): 『문선(文選)·오도부(吳都賦)』에 "가벼운 수레 어지러이 달리고[輶軒蓼擾]"라는 문장이 있는데, 유연림(劉淵林)은 이에 대해 "'유(輶)'는 '경(輕)'이다"라고 주를 달고 있다. 유헌은 가벼운 수레를 말한다. 『화양국지(華陽國志)』 권10에 다음 문장이 있다. "고대에는 천자가 부리는 유헌사가 있었다. 한나라가 일어난 이래로 유향(劉向)의 무리들이 그 관직 이름만 듣고 그 직무에 대해서는 자세히 몰랐다. 오직 임여와 엄군평만이 이를 알고 말했다. '유헌사는 전국의 시문을 살피고, 온 천하의 같은 점과 다른 점을 두루 알았으며, 온천하의 음운을 맡아 다스려 고대광실에 사는 임금으로 하여금 천하의 풍속을 알게 했다'[古者天子有輶軒之使. 自漢興以來, 劉向之徒但聞其官, 不詳其職. 惟閭與嚴君平知之, 曰:'此使考八方之風雅, 通九州之異同, 主海內之音韻, 使人主居高堂知天下之風俗也']."

41 방언: 원문은 '이대방언(異代方言)'이다. '대'는 『사류부』 권5, 『태평어람』 권25, 『천중기(天中記)』에 모두 '속(俗)'으로 되어 있다. 『방언(方言)』에 보면, "계새(慽鰓), 건도(乾都), 구(耇), 혁(革), 노(老)는 모두 남초(南楚)·강(江)·상(湘) 지역에서 쓰는 방언이다[慽鰓, 乾都, 耇, 革, 老也, 皆南楚·江·湘之間代語也]"라는 문장이 있는데, 곽박(郭璞)은 이에 대해 "대개 다른 말로 서로 바꾸는 것을 대라고 한다[凡以異語相易謂之代也]"고 주를 달고 있다.【吳】

42 채집해: 원문은 '구(求)'이다. 『문선·삼월삼일곡수시서(三月三日曲水詩序)』의 이선

비부(祕府)에 보관하게 했다.[43] 그러나 진(秦)나라[44]가 망하자 산실되고 버려져[45] 이 책을 볼 수 있는 사람이 없었다. 단지 촉군(蜀郡) 사람 엄군평(嚴君平)[46]만이 1천 자 남짓 가지고 있었고, 임여옹유(林閭翁孺)[47]만이 그 개략적인[48] 내용을 알고 있었다. 양웅이 이 책을 좋아해 천하의 효렴,[49] 호위

(李善) 주, 『태평어람』 권25·권602·권779, 『천중기』 권5에는 모두 '채(采)'로 되어 있는데, 의미상 이것이 좀 낫다. 또 『문선·칠명(七命)』의 이선 주, 『초학기(初學記)』 권20, 『북당서초』 권40, 『백공육첩(白孔六帖)』 권35, 『해록쇄사』에는 모두 '채(採)'로 되어 있는데, '채(采)'와 통한다.【吳】

43 비부(祕府)에 보관하게 했다: 원문은 '장어비실(藏於祕室)'이다. 이 구절은 『초학기』에는 '영장비실(永藏祕室)'이라 되어 있다.【吳】

44 진(秦)나라: 원문은 '영씨(嬴氏)'로, 진나라는 영씨 성의 나라이다.【吳】

45 산실되고 버려져: 원문은 '유탈루기(遺脫漏棄)'이다. 이 구절은 『태평어람』 권602에는 '유기태진(遺棄殆盡)'이라 되어 있다.【吳】

46 엄군평(嚴君平): 성도(成都)에서 점을 치고 살았으며, 노자(老子)와 장자(莊子)를 숭상했다. 양웅이 젊었을 때 그를 따라 공부했다. 저서로는 『노자지귀(老子指歸)』가 있는데, 일실되었다. 그의 사적은 『한서·왕공량공포전(王貢兩龔鮑傳)』과 『화양국지』 권10에 자세히 나와 있다. 『한서』 안사고의 주에서는 『삼보결록(三輔決錄)』을 인용하면서, 엄군평의 이름은 존(尊)이고, 군평은 자(字)라고 하고 있다.【吳】

47 임여옹유(林閭翁孺): 『화양국지』 권10과 권12에 따르면, "임여는 자가 공유이고 임공 사람이다[林閭字公孺, 臨邛人]"라고 되어 있다. '공(公)'과 '옹(翁)'은 통한다. 이에 근거하면 임(林)은 성이고, 여(閭)는 이름이고 공유는 자이다. 사수청 선생은 다음과 같이 말하고 있다. "양웅의 「답유흠서(答劉歆書)」와 응소는 모두 엄군평과 임여옹유를 함께 예로 들면서, 모두 자(字)로 보고 있다. 전역(錢繹)은 『방언전소(方言箋疏)』에서 『광운(廣韻)』을 인용해 임여씨(林閭氏)는 영씨(嬴氏) 성에서 나왔다고 했고, 『문장지(文章志)』에도 역시 후한시대에 임여옹유란 사람이 있는데 박학다식하고 글을 잘 썼다고 되어 있다. 『화양국지』에서는 임여의 자는 공유라고 했는데, 이는 임을 성으로, 여를 이름으로 보고 있는 것이다. 이는 잘못된 것이다."【吳】

48 개략적인: 원문은 '경개(梗概)'이다. 『후한서·두독전(杜篤傳)』에 다음 문장이 있다. "신이 말씀드리고자 하는 내용을 폐하께서 이미 알고 계시니, 그 대체적인 것만을 간략하게 말씀드리고 구체적으로 말하지 않겠습니다[臣所欲言, 陛下已知, 故略其梗概, 不敢具陳]." 여기서 이현(李賢)은 "경개는 조략하다의 뜻이다[梗概, 猶粗略也]"라고 주를 달고 있다.【吳】

49 효렴: 『한서·무제기(武帝紀)』에 보면, "원광(元光) 원년(B.C.134) 겨울 11월에 군국(郡國)에 각각 효와 렴 1인씩을 천거하라는 영을 처음 내렸다[元光元年冬十一月, 初令郡國擧孝廉各一人]"는 말이 있고, 원삭(元朔: 漢 武帝의 세 번째 연호) 원년(B.C.128)에 담당관리가 올린 상소에 다음 말이 있다. "지금 조서를 내려 선제의 유업을 밝히고, 태수[二千石: 太守의 俸祿]에게 효렴을 천거하게 해 백성들을 교화시키고 풍속을 바꾸십시오. 효자를 천거하지 않으면 황제의 명을 받들지 않는 것이니 마

병졸[50]과 함께 모여 사실을 두루 조사하고[51] 조목에 따라 주를 달며 27년 뒤에[52] 비로소 정리를 했는데, 모두 9천 자 정도 되었다. 그 밝히고 있는 바가 『이아(爾雅)』만큼 크고[53] 화려하지는 않지만, 장송(張竦)[54]은 이 책을 하늘에 걸려 있는 해, 달과 함께 [세상에서] 사라지지[55] 않을 책이라

땅히 불경죄로 논해야 합니다. 청렴함을 살피지 않으면 그 소임을 다하지 않은 것이니 면직시켜 마땅하옵니다[今詔書昭先帝聖緒, 令二千石擧孝廉, 所以化元元, 移風易俗也. 不擧孝, 不奉詔, 當以不敬論. 不察廉, 不勝任也, 當免]." 안사고의 주에 따르면, "효는 부모를 잘 섬기는 사람을 말하고, 염은 청렴하면서도 품행이 바른 사람을 말한다[孝謂善事父母者, 廉謂淸潔有廉隅者]." 양한(兩漢)시대에는 효렴이 인재선발 과목 중 하나였는데, 효렴에 천거된 사람은 종종 낭(郎)에 임명되었다. 동한시대에 특히 정계에 진출하려는 자는 반드시 거쳐야 할 길이 되었다.【吳】

50 호위병졸 : 원문은 '위졸(衛卒)'이다. 『후한서·백관지(百官志)』에서 유소(劉昭)는 『한관의』의 다음 구절을 인용해 주를 달고 있다. "백성들은 23살이 되면 정(正)이 되었다. 1년 뒤에 위사가 되고, 1년 뒤에 재관(材官 : 騎兵)·기사(騎士 : 步兵)가 되어 활쏘기와 말 타고 달리기, 전투와 진법 등의 훈련을 받았다[民年二十三爲正. 一歲以爲衛士, 一歲爲材官·騎士, 習射御騎馳戰陣]."【吳】

51 두루 조사하고 : 원문은 '주장(周章)'이다.【吳】

52 뒤에 : 원문은 '이(爾)'이다. 유기(劉淇)는 『조자변략(助字辨略)』 권3에서 이 문장을 인용하면서 다음 주를 달고 있다. "여기 '이(爾)' 자는 '사(斯)'를 말하는데, '뒤에[然後]'의 뜻이다. '이' 자는 '차(此)'로 풀이되기 때문에 '사(斯)'로 인신된 것이다[此'爾'云, 猶云斯也, 然後也. '爾'旣訓'此', 故得轉爲'斯'也]."【吳】

53 크고 : 원문은 '굉(閎)'이다. 『태평어람』 권602에서는 '굉(宏)'으로 인용되어 있는데, 이 두 글자는 통한다.【吳】

54 장송(張竦) : 장창(張敞)의 손자로, 왕망(王莽) 때 관직이 군수(郡守)까지 이르렀는데, 『한서·장창전(張敞傳)』의 부록에 사적이 실려 있다.【吳】

55 사라지지 : 원문은 '간(刊)'이다. 엄가균이 집록한 『전한문(全漢文)』 권52에 양웅의 「답유흠서」가 실려 있는데, 다음과 같다. "일찍이 선대의 유헌사들이 올렸던 서적들이 모두 주(周)왕실과 진(秦)왕실에 소장되어 있다고 들었습니다. 그러나 두 나라가 망하면서 없어져 이를 본 사람이 없었습니다. 오직 촉 땅 사람 엄군평과 임공 사람 임여옹유만이 훈고에 심취하여 유헌사가 아뢰었던 말들을 여전히 보고 있었습니다. 옹유와 저는 외가 쪽 친척이고, 또 엄군평은 본인의 실수 때문에 저와 개인적 친분을 맺게 되어 젊어서부터 저와 함께 했는데, 엄군평이 1천 자 남짓을 가지고 있었고, 옹유가 그 대략적인 내용을 알고 있었습니다[嘗聞先代輶軒之使奏籍之書, 皆藏於周秦之室. 及其破也, 遺棄無見之者. 獨蜀人有嚴君平·臨邛林閭翁孺者, 深好訓詁, 獨見輶軒之使所奏言. 翁孺與雄外家牽連之親, 又君平過誤有以私遇, 少而與雄也, 君平財有千言耳, 翁孺梗槪之法略有]." 또 이렇게 말했다. "천하의 상계(上計), 효렴 및 내군의 위졸이 모이면, 저는 항상 3촌 짜리 모필(毛筆)을 들고 광택이 나는 4척의 흰 비단을 들고 가서 방언을 물었습니다. 그리고 돌아와서는 순서에 따라 기록해 꼼꼼하게 모

생각했다.

사실 나는 무지 몽매한 사람이라 책을 쓸[56] 능력도 없으니, 어찌 감히 이 사람보다 뛰어날 수 있겠는가! 그저 책 한 권[57] 남겨서 이를 잘 설명하고자 할 따름이다. 옛날에 어떤 사람이 제(齊)나라 왕을 위해 그림을 그릴 때 왕이 무엇을 그릴 때가 가장 어렵고, 무엇을 그릴 때가 가장 쉬운지를 물었다. 그러자 그 사람이 이렇게 대답했다.

"개나 말을 그릴 때가 가장 어렵고, 귀신을 그릴 때가 가장 쉽습니다. 개나 말은 하루 종일 사람 앞에 있기 때문에 똑같이 그리지 않으면 안 되고, 똑같이 그려야 하기 때문에 가장 어렵습니다. 그러나 귀신은 형체가 없고, 형체가 없으니 보이지 않고, 보이지 않으니 그리기가 쉽습니다.[58]"

지금 『풍속통의』의 내용이 속세의 말이라 비록 천근하기는 하나, 현자나 우자(愚者) 모두가 의론하는 대상이라, 개나 말을 그려야 하는 것만큼 어렵다. 게다가 지금 시의적절하다고 여겨지는 사건사고를 한데 아울렀는데, 공자께서 "허물이 있으면 다른 사람이 반드시 알아챈다[59]"고 하

아두고 궁금한 점을 물었습니다. 장백송은 제가 지은 부(賦)는 좋아하지 않았지만 그래도 제가 뛰어나다고는 생각했습니다. 또한 늘 저와 이야기할 때면 제 부친과 선조들이 경전을 좋아했다며 제게 이런 글을 지으라고 했습니다. 제가 완성된 책을 보여주자 장백송이 말했습니다. '이 책은 하늘에 걸려 있는 해, 달과 함께 사라지지 않을 책이네'[天下上計・孝廉及內郡衛卒會者, 雄常把三寸弱翰, 齎油素四尺, 以問其異語. 歸卽以鉛摘次之於槧, 詳悉集之, 燕其疑. 張伯松不好雄賦頌之文, 然亦有以奇之. 常爲雄道, 言其父及其先君憙典訓, 屬雄此篇目. 頗示其成者, 伯松曰:'是懸諸日月不刊之書也']." 응소는 바로 이것을 저본으로 한 것이다.【吳】

56 책을 쓸: 원문은 '술연(述演)'이다.【吳】

57 책 한 권: 원문은 '술작(述作)'이다. 『논어・술이(述而)』에 보면, "공자가 말하기를, '나는 전해오는 것을 쓸 뿐 새로 쓰지는 않았다'[子曰:'述而不作']"라는 문장이 있는데, 술(述)은 기술하다의 의미이고, '작(作)'은 창작한다는 의미이다.【吳】

58 개나 말을 그릴 때가 가장 어렵고~보이지 않으니 그리기가 쉽습니다:『한비자・외저설좌상(外儲說左上)』에도 보이는데, 글자가 조금 다르다.『회남자・범론훈(氾論訓)』에 다음 말이 있다. "무릇 지금의 도공들은 귀신은 그리기를 좋아하고 개나 말은 그리기를 싫어한다고 하던데, 왜인가? 귀신은 세상에 보이지 않고, 개나 말은 날마다 볼 수 있기 때문이다[今夫圖工好畵鬼魅而憎圖狗馬者, 何也? 鬼魅不世出, 而狗馬可日見也]."【吳】

셨으니, 여러 뛰어난 성현께서 자세히 읽고 이 책의 허물을 알아차주기를 바랄 뿐이다.

昔仲尼沒而微言闕, 七十子喪而大義乖. 重遭戰國, 約從連橫, 好惡殊心, 眞僞紛爭. 故『春秋』分爲五, 『詩』分爲四, 『易』有數家之傳. 並以諸子百家之言, 紛然殽亂, 莫知所從. 漢興, 儒者競復, 比誼會意, 爲之章句, 家有五六, 皆析文便辭, 彌以馳遠. 綴文之士, 雜襲龍鱗, 訓註說難, 轉相陵高, 積如丘山, 可謂繁富者矣. 而至於俗間行語, 衆所共傳, 積非習貫, 莫能原察.

今王室大壞, 九州幅裂, 亂靡有定, 生民無幾. 私懼後進益以迷昧, 聊以不才, 擧爾所知, 方以類聚, 凡三十一卷, 謂之『風俗通義』. 言通於流俗之過謬, 而事該之於義理也. 風者, 天氣有寒煖, 地形有險易, 水泉有美惡, 草木有剛柔也. 俗者, 含血之類, 像之而生. 故言語歌謳異聲, 鼓舞動作殊形, 或直或邪, 或善或淫也. 聖人作而均齊之, 咸歸於正, 聖人廢則還其本俗.

『尙書』: "天子巡守, 至於岱宗, 覲諸侯, 見百年, 命大師陳詩, 以觀民風俗." 『孝經』曰: "移風易俗, 莫善於樂." 傳曰: "百里不同風, 千里不同俗, 戶異政, 人殊服." 由此言之, 爲政之要, 辯風正俗最其上也. 周秦常以歲八月遣輶軒之使, 求異代方言, 還奏籍之, 藏於秘室. 及嬴氏之亡, 遺脫漏棄, 無見之者. 蜀人嚴君平有千餘言, 林閭翁孺才有梗概之法. 揚雄好之, 天下孝廉·衛卒交會, 周章質問, 以次注續, 二十七年, 爾乃治正, 凡九千字. 其所發明, 猶未若『爾雅』之閎麗也, 張竦以爲懸諸日月不刊之書.

予實頑闇, 無能述演, 豈敢比隆於斯人哉! 顧惟述作之功, 故聊光啓之耳. 昔客爲齊王畫者, 王問畫孰最難, 孰最易. 曰: "犬馬最難, 鬼魅最

59 허물이~알아챈다: 이 문장은 『논어·술이』에 보인다.【吳】

易. 犬馬旦暮在人之前, 不類不可, 類之故難. 鬼魅無形, 無形者不見, 不見故易." 今俗語雖云浮淺, 然賢愚所共咨論, 有似犬馬, 其爲難矣. 並綜事宜於今者, 孔子稱: "幸苟有過, 人必知之." 俾諸明哲幸詳覽焉.

풍속통의 권1

황패(皇霸)

본 편에서는 삼황(三皇)에서부터 육국(六國)에 이르는 선진의 역사를 기술하면서 여러 학설을 종합하는 동시에 응소의 독창적인 견해를 드러내고 있다. 기존의 의견이나 전설을 배제한 채 복희(伏羲), 신농(神農), 수인(燧人)을 삼황으로 보았고, 황제(黃帝), 전욱(顓頊), 제곡(帝嚳), 당요(唐堯), 우순(虞舜)을 오제로 보았다. 나아가 춘추 오패와 육국의 역사에 대해 기술하고 있다.

무릇 천지가 개벽하고 만물이 생겨날[1] 당시에는 경전[2]에 적힌 글이나 믿을 만한 근거가 있어서 지금을 미루어 태고를 살피고[3] 밝은 현실에서

1 생겨날: 원문은 '맹육(萌毓)'이다. '육'은 '육(育)'과 같다.【吳】

2 경전: 원문은 '전예(典藝)'이다.【吳】

3 지금을 미루어 태고를 살피고: 원문은 '자소소이본명명(自昭昭而本冥冥)'이다. 이 구절은 밝은 현실로부터 어두운 태고시대를 탐구해야 함을 말한다. 『회남자(淮南子)·인간훈(人間訓)』에 보면, "사람이 밝은 것을 통해 어두운 것을 알 수 있으면 거의 통한다[人能由昭昭於冥冥, 則幾於通矣]"란 말이 있다. 『한서(漢書)·외척전(外戚傳)』에

시작해 어두운 곳을 탐구할[4] 수가 없었다. 그래서 그 일을 살펴 논리를 세우거나, 시비를 감독하고 득실[5]을 종합해야 하는데, 말이 그렇지 여간 어려운 일이 아니었다. 그래서 『역경(易經)』에서 삼황(三皇)의 일을 기록하고 『상서(尙書)』에서 요순(堯舜)의 일을 서술함에 오직 하늘만을 위대하다 여기고 요임금만이 그 큰 하늘을 본받아, 공적이 크고 위대해졌으며 문물제도가 환히 빛나게 되었다[6]. 그래서 그 이후로 전적의 기록이 분명해지기 시작했으나, 담론을 세울 때 사람마다 다르고 글을 지을 때 가법마다 차이가 있었기에 양주(楊朱)[7]는 갈림길에서 울었고,[8] 묵적(墨翟)은 흰 명

무제(武帝)의 다음 부(賦)가 실려 있다. "저 밝은 것에서 나아가 어두운 곳으로 가리라[去彼昭昭, 就冥冥兮]." 이를 통해 볼 때 이 말은 한대 사람들이 평상시에 잘 사용했음을 알 수 있다.【吳】

4 탐구할 : 원문은 '심(審)'이다.【吳】

5 득실 : 원문은 '상의(詳矣)'이다. 사수청(史樹靑) 선생이 말했다. "'의(矣)'는 '실(失)'의 오기인 것 같다. '상실'과 '시비'가 서로 대구가 되어야 문장이 된다['矣'疑是'失'字之譌, '詳失'與'是非'相對爲文]." 이 말이 맞다. '의'는 '실'의 형태상의 오기이다.【吳】

6 오직 하늘만을~빛나게 되었다. : 이 문장은 『논어(論語)·태백(泰伯)』에 나오는 말이다. "공자께서 말씀하셨다. '크도다! 요의 임금됨이여! 위대하도다! 오직 하늘만이 클 수 있나니, 요는 큰 하늘을 본받았도다. 넓도다! 백성들이 그 덕을 일컬을 수 없을 만큼. 위대하구나 요의 공적이여! 빛나도다 그의 문물제도여'[子曰 : '大哉! 堯之爲君也! 巍巍乎! 唯天爲大, 唯堯則之. 蕩蕩乎! 民無能名焉. 巍巍乎其有成功也! 煥乎其有文章']." 여기서 '문장'이란 예의제도를 말한다.【吳】

7 양주(楊朱) : 양자(楊子)라고도 불리며 전국(戰國)시대 위(魏)나라 사람으로, '자기의 삶을 귀하게 여기고 자신을 중히 여긴다[貴生重己]'와 '본성을 온전하게 해서 천진함을 보호하고, 외물 때문에 몸을 구속해서는 안 된다[全性葆眞, 不以物累形]'고 주장하며 묵자(墨子)의 겸애설(兼愛說)과 유가의 윤리사상을 반대했다. 『풍속통의·십반(十反)』 서(序)의 주 참고.【吳】

8 양주(楊朱)는 갈림길에서 울었고 : 원문은 '양주곡어기로(楊朱哭於岐路)'이다. 『열자(列子)·설부(說符)』에 보면 다음과 같다. 양자의 이웃 사람이 양 한 마리를 잃어버리자, 자신의 친구들을 데리고 오고, 또 양자의 하인에게 함께 양을 쫓아가자고 청했다. 양자가 말했다. '아! 양 한 마리 없어졌는데, 이렇게 많은 사람들이 쫓아 뭐하오?' 이웃 사람이 말했다. '갈림길이 많아서요.' 나중에 양을 잃어버린 사람이 돌아오기에 양을 찾았냐고 묻자, 그 사람이 '놓쳤습니다.'라고 했다. 양자가 '어째서 놓쳤소?'하고 묻자, '갈림길에 또 갈림길이 나왔습니다. 어디로 가야할지 몰라 그냥 돌아왔습니다.'라고 했다. 그러자 양자는 근심스레 안색이 바뀌더니 잠시 동안 아무 말도 않고 종일토록 웃지 않았다[楊子之鄰人亡羊, 旣率其黨, 又請楊子之豎追之. 楊子曰 : '嘻! 亡一羊, 何追者之衆?' 鄰人曰 : '多岐路.' 旣反, 問獲羊乎? 曰 : '亡之矣.' 曰 : '奚亡之?' 曰 : '岐路之

주실을 보고 통곡했던[9] 것이다. 그런 까닭에 위로는 삼황에서부터 아래로는 육국(六國)에 이르기까지 그 역사를 갖춰 기록하고 이를 일러 「황패」라 한다.

蓋天地剖分, 萬物萌毓, 非有典藝之文, 堅基可據, 推當今以覽太古, 自昭昭而本冥冥. 乃欲審其事而建其論, 董其是非而綜其詳矣, 言也實爲難哉. 故『易』紀三皇, 『書』敍唐虞, 惟天爲大, 唯堯則之, 巍巍其有成功, 煥乎其有文章. 自是以來, 載籍昭晳, 然而立談者人異, 綴文者家舛, 斯乃楊朱哭於歧路, 墨翟悲於練素者也. 是以上述三皇, 下記六國, 備其終始曰「皇霸」.

中, 又有岐焉. 吾不知所之, 所以反也.' 楊子慼然變色, 不言移時, 不笑竟日'].” 『여씨춘추(呂氏春秋)·의사(疑似)』편과 가의(賈誼)의 『신서(新書)·심미(審微)』에는 모두 묵자가 갈림길을 보고 울었다고 되어 있는데, 전해오는 말이 다르다.【吳】

9 묵적(墨翟)은 흰 명주실을 보고 통곡했던 : 원문은 '묵적비어연소(墨翟悲於練素)'이다. 『낭본(郎本)』에는 '연소(練素)'라 되어 있지만, 『정본(程本)』에는 '사소(絲素)'라 되어 있다. 『낭본』의 미주(眉注)에 따르면, “속세에 전해오는 판본에는 '사소(絲素)'라 되어 있으나, 지금 송대(宋代) 판본을 따른다[俗本作'絲素', 今從宋本]”고 되어 있다. 『묵자(墨子)·소염(所染)』에 다음 말이 있다. “묵적은 사람들이 실을 물들이는 것을 보고 감탄하여 말했다. '청색으로 물들이면 푸르게 되고, 황색으로 물들이면 누르스름하게 되는구나'[墨子見練絲而嘆曰 : '染於蒼則蒼, 染於黃則黃'].” 『논형(論衡)·예증(藝增)』에 다음 말이 있다. “묵자는 흰 명주실을 보고 울었고 양자는 갈림길에서 울었는데, 이것은 아마도 사물의 본질을 상하게 해서 사물이 그 실질에서 벗어날까 슬퍼한 것이다[墨子哭於練絲, 楊子哭於岐道, 蓋傷其本, 悲離其實也].” 『회남자·설림훈(說林訓)』에도 이 일이 실려 있다.【吳】

삼황(三皇)[1]

『춘추운두추(春秋運斗樞)』에 다음 말이 있다.

"복희(伏羲) · 여와(女媧) · 신농(神農)이 삼황이다. '황(皇)'은 '하늘[天]'로, 하늘이 말을 하지 않아도 사계절은 가고, 만물은 생장한다.[2] 삼황은 옷소매를 늘어뜨리고 팔짱을 낀 채 아무것도 하지 않지만, 그가 말을 하면[3] 백

1 삼황(三皇) : '삼황'의 명칭은 『여씨춘추 · 금색(禁塞)』에 처음 보이는데, "위로는 삼황오제의 공적을 말하여 그들의 기분을 유쾌하게 하고[上稱三皇五帝之業, 以愉其意]"이다. '삼황'의 명칭은 또한 「귀공(貴公)」, 「용중(用衆)」, 「효행(孝行)」에도 보인다. 『잠부론(潛夫論) · 오덕지(五德志)』에도 다음 말이 있다. "세상에 삼황오제에 대해 전해오는데, 대개 복희, 신농을 이황(二皇)이라고 하고, 나머지 한명은 수인 혹은 축융, 혹은 여와라고 한다. 그 옳고 그름은 아직 알 수 없다[世傳三皇五帝, 多以伏羲, 神農爲二皇, 其一者或曰燧人, 或曰祝融, 或曰女媧. 其是與非, 未可知也]."【吳】

2 하늘이~생장한다 : 이 말은 『논어 · 양화(陽貨)』에 보인다. "공자께서 말씀하셨다. '하늘이 무슨 말을 하더냐? 계절이 가고 만물이 생장하지만 하늘이 무슨 말을 하더냐?[天何言哉? 四時行焉, 百物生焉, 天何言哉?]" 이 세 구절은 『논어』에서 나온 것이다.【吳】

3 말을 하면 : 원문은 '설언(設言)'이다. 『태평어람(太平御覽)』 권77에는 '근(謹)'이라 인용되어 있다. 내 생각에 원문은 잘못되지 않았다. 『공양전(公羊傳) · 양공(襄公) 29

성들은 그 뜻을 어기지 않았다. 이는 마치 황천(皇天 : 上帝)이 있어서 도덕이 그윽하게 빛나는[4] 것과 같았기에 '황(皇)'[5]이라고 했다. '황'은 '정중앙[中]이요', '빛나다[光]', '크다[弘]'의 뜻이다. 삼황은 큰 뜻을 품고[6] 정도를 걸으며, 남녀를 구분해 내고 올바른 품성을 펼쳐 보이며,[7] 치세의 도를 받들고 이를 널리 시행하여 빛나도록 했다. 또한 삼황은 천문을 읽어내고 땅을 구획했으며,[8] 천하의 백성들을 신묘하게 변화시켜 그윽하게 통하게

년』 하휴(何休)의 주에 "공자께서 말씀하셨다. '삼황이 말을 하면 백성들은 삼황의 뜻을 어기지 않았다'[孔子曰 : 三皇設言民不違]"라는 문장이 있는데, 이것이 바로 그 증거이다.【吳】

4 그윽하게 빛나는 : 원문은 '현박(玄泊)'으로, 조용히 아무것도 하지 않는 것을 말한다.【吳】

5 황(皇) : 『백호통의(白虎通義) · 호편(號篇)』에 다음 문장이 있다. "그를 일러 황이라 부르는데, 황은 번쩍번쩍 빛이 나 아무도 그를 거스를 수 없다는 뜻이다. 대부 한 명을 성가시게 하거나 사(士) 한 명을 괴롭혀 천하를 수고롭게 한다면 황이 될 수 없고, 어리석은 백성들조차 괴롭히지 않아야만 황이 될 수 있다[號之爲皇者, 煌煌人莫違也. 煩一夫擾一士以勞天下, 不爲皇也, 不擾匹夫匹婦故爲皇]." 이 문장은 '황'의 뜻을 해석하는 데 도움이 된다.【吳】

6 큰 뜻을 품고 : 원문은 '함홍(含弘)'이다. 『태평어람』 권77에는 '합원(合元)'으로 인용되어 있고, 권76에는 『춘추운두추』의 문장을 똑같이 인용하고 있는 반면, 『초학기(初學記)』 권9에서는 『춘추운두추』를 인용하면서 '합천(合天)'이라 하고 있다. 생각건대 '합(合)'은 '함(含)'의 형태상의 오기이다. '원(元)'은 송 태조(宋太祖)의 부친 홍은(弘殷)의 이름을 피휘해 고친 것인데, '원(元)'이 다시 '천(天)'으로 잘못 쓰였다. 『신론(新論) · 왕패(王霸)』에 다음 말이 있다. "무릇 왕도의 주인은 그 덕이 하늘의 이치를 다 거느릴 수 있어야한다[夫王道之主, 其德能載, 包含以統乾元也]." 이것이 바로 '함홍'의 뜻이다.

7 남녀를~펼쳐 보이며 : 원문은 '개음포강(開陰布綱)'이다. 이 구절은 원래 '개음양포강(開陰陽布剛)'이라 되어 있었다. 『오본(吳本)』에서는 다음 구의 '상(上)' 자가 '정(正)' 자로 되어 있는데, 이 구절과 붙여서 읽고 있다. [劉師培는] 『좌암집(左盦集)』의 「풍속통의서후(風俗通義書後)」에서 '개음양, 포강유(開陰陽, 布剛柔)'라고 그쳐야 한다고 말하고 있다. 『태평어람』 권77에는 '개음포강'이라 되어 있으나, 『태평어람』 권76과 『초학기』 권9에서는 모두 『춘추운두추』의 내용을 그대로 인용하고 있다. 그래서 지금 이에 근거해 고친다.【吳】

8 천문을 읽어내고 땅을 구획했으며 : 원문은 '지천화지(指天畫地)'이다. 『사기(史記) · 위기무안후열전(魏其武安侯列傳)』에 무안후의 "하늘을 우러러 해, 달, 별자리를 점치지 않고, 머리를 숙여 땅을 구획하지 않는다[不仰視天而俯畫地]"라는 말이 있고, 『사기집해(史記集解)』에서는 장안(張晏)의 다음 말을 인용하고 있다. "하늘을 살핀다는 것은 해, 달, 별자리를 점친다는 것이다. 땅을 구획한다는 것은 땅의 위치를 나누는 것이다[視天, 占三光也. 畫地, 知分野所在也]." 여기서 '지천(指天)'은 곧 '시천(視

했으니, 그 성덕은 비할 데 없이 훌륭하고[9] 그 공적은 이루 다[10] 헤아릴 길이 없다."

『예호시기(禮號謚記)』에 다음 말이 있다.

"삼황은 복희 · 축융(祝融) · 신농이다."

『함문가(含文嘉)』에 다음 말[11]이 있다.

"삼황은 복희, 수인(燧人), 신농이다. '복(伏)'은 '만들다[別]', '변화시키다[變]'의 뜻이고, '희(戲)'는 '받들다[獻]', '모범으로 삼다[法]'의 뜻이다. 복희는 처음으로 팔괘(八卦)를 만들어내어 천하를 변화시키고, 천하에서는 이를 법칙으로 삼았는데, 모두 그 공헌에 감복하여 그를 받들었기 때문에 복희라고 했다.[12] 수인은 처음으로 나무에 구멍을 뚫고 불씨를 얻어 날 것을 익혀 먹

天)'을 말한다.【吳】

9 그 성덕은 비할 데 없이 훌륭하고 : 원문은 '황황성미(煌煌盛美)'이다. 『문선(文選) · 경복전부(景福殿賦)』에 보면, "눈처럼 밝게 빛나고, 태양처럼 붉게 빛나는[皓皓旰旰, 丹彩煌煌]"이라는 문장이 있는데, 이선은 다음과 같이 주를 달고 있다. "호호(皓皓) · 황황(煌煌)은 모두 밝고 성한 모양을 말한다[皓皓 · 煌煌, 皆盛貌]."【吳】

10 이루 다 : 원문은 '승(勝)'으로, '진(盡)'의 뜻이다. 『백호통의 · 호편』에 다음 문장이 있다. "'황'은 무엇을 의미하는가? 역시 호칭이다. '황'은 '군주', '아름답다', '크다'의 뜻이다. 황은 하늘과 사람의 총체이자, 아름다운 것과 큰 것을 겸비한 인물을 지칭하는 호칭이다. 당시는 시대가 순박했기 때문에 그를 총칭해서 불렀다[皇者何謂也? 亦號也. 皇, 君也, 美也, 大也. 天人之總, 美大之稱也. 時質故總稱之也]." 이것과 서로 참고할 만하다.【吳】

11 말 : 원문은 '기(記)'이나, '설(說)'로 해야 한다. 앞의 문장 '『춘추운두추』설', '『예호시기』설' 그리고 다음 문장인 '『상서대전』설' 등도 같은 예이다.【吳】

12 복희는~했다 : 『백호통의 · 호편』에 다음 문장이 있다. "옛날에 아직 삼강육기가 있지 않았을 때 백성들은 단지 제 어미만을 알 뿐 제 아비를 알지 못했다. 그들은 또한 제 몸의 앞은 가릴 줄 알았으나, 뒤는 가릴 줄 몰랐다. 그들은 코를 골며 잤고, 숨을 헐떡이며 다녔다. 그들은 배가 고프면 음식을 찾아다니고 배가 부르면 남은 음식을 버렸다. 그들은 털이 붙은 채로 피가 묻은 채로 먹었으며 생가죽과 갈대로 옷을 해 입었다. 이에 이르러 복희는 하늘을 우러러 천문을 살폈고, 땅을 굽어보며 그 결을 살폈다. 또 그는 남편과 아내를 맺어주고, 오행을 바로잡아서 인간의 도리를 처음 정했다. 팔괘를 그려서 천하를 다스리자, 천하가 그에게 감복하고 교화되었기 때문에 그를 일러 복희라고 했다[古之時未有三綱六紀, 民人但知其母, 不知其父. 能覆前而不能覆後. 臥之詓詓, 行之吁吁. 飢則求食, 飽則棄餘. 茹毛飲血, 而衣皮葦. 於是伏羲仰觀象於天, 俯察法於地. 因夫婦, 正五行, 始定人道. 畫八卦以治下, 下伏而化之, 故謂之伏羲也]."【吳】

게 해 사람들로 하여금 더 이상[13] 배앓이를 하지 않게 했고, 또한 사람들을 금수와 구분해내어, 하늘의 뜻을 완성시켰기 때문에 수인이라고 불렀다.[14] 신농에서 '신(神)'은 '믿고 따르다[信]'의 뜻이고, '농(農)'은 '크고 두텁다[濃]'의 뜻이다. 신농은 처음으로 쟁기를 만들고 백성들에게 경작하는 방법을 가르쳐 주어 의식(衣食)을 풍족하게 만들었는데, 그의 은덕이 마치 신령이 있는 것처럼 크고 두터웠기 때문에 신농이라고 했다.[15]"

『상서대전』에 다음 말이 있다.

"수인은 수황(遂皇)이고, 복희는 희황(戲皇)이며, 신농은 농황(農皇)이다. 수인은 화(火)를 근간으로 했는데, 화는 바로 태양[16]이다. 태양을 받들었기 때문에 수황을 하늘에 기탁했다. 복희는 인사(人事)를 근간으로 했기 때문에 희황을 사람에 기탁했다. 대개 하늘은 사람의 뜻이 아니면 따르

13 더 이상 : 원문은 '복(復)'이다. 『초학기』 권9, 『예문유취(藝文類聚)』 권11, 『태평어람』 권 78에서 인용하고 있는 『예함문가(禮含文嘉)』에는 모두 '복(復)' 자가 없다. 『군서습보(羣書拾補)』에서는 "'복' 자는 쓸데없이 들어간 글자이다['復'字衍]."라고 했다. 생각건대, '복' 자가 있든 없든 간에 문장의 뜻은 모두 쉽게 알 수 있다.【吳】

14 수인은~불렀다 : 『한비자(韓非子) · 오두(五蠹)』에 다음 문장이 있다. "상고시대에 백성들은 과일, 열매, 조개를 먹었는데, 비린내와 악취가 나고 배와 위장을 상하게 해서 백성들이 자주 아팠다. 한 성인이 나타나 나무에 구멍을 뚫고 불씨를 얻어 날것을 익혀먹게 하자 백성들이 기뻐하며 그에게 천하의 왕 노릇을 하게 하면서 그를 수인씨라 불렀다[上古之世, 民食果蓏蚌蛤, 腥臊惡臭, 而傷害腹胃, 民多疾病. 有聖人作, 鑽木取火, 以化腥臊, 而民悅之, 使王天下, 號之曰燧人氏]."【吳】

15 신농은~신농이라고 했다 : 『백호통의 · 호편』에 다음 문장이 있다. "그를 신농이라 하는데 왜인가? 옛날 백성들은 모두 금수를 날로 먹었다. 신농의 시대에 이르러 사람들의 수가 많아지고 금수의 수가 부족해지자, 신농은 하늘의 시간에 의지하고 땅의 이로움을 구분해내서 쟁기와 보습을 만들고 백성들에게 농사짓는 법을 가르쳐 주었다. 그는 그들을 신묘하게 변화시켜 백성들에게 제자리를 찾아주었기 때문에 신농이라 불리게 되었다[謂之神農何? 古之人民皆食禽獸肉. 至於神農 人民衆多 禽獸不足, 神農因天之時, 分地之利, 制耒耜, 教民耕作. 神而化之, 使民宜之, 故謂之神農也]."【吳】

16 태양 : 원문은 '태양(太陽)'이다. 여기서 '태(太)'는 쓸데없이 들어간 글자이다. 『태평어람』 권77에는 없고, 권78에서는 『상서대전』의 내용과 같고 『백호통의 · 오행(五行)』에는 "화는 양(陽)이다[火者, 陽也]"라고 되어 있다. 『고미서(古微書)』 권10에 보면 『춘추감정부(春秋感精符)』의 다음 내용이 실려 있다. "화는 양의 정기이다[火者, 陽之精也]." 이상의 예를 볼 때 '태(太)' 자는 쓸데없이 들어간 글자임을 알 수 있다. 다음 문장인 '양존(陽尊)'은 "화는 양이다[火, 陽也]"의 문장 바로 다음에 와야 말이 된다.【吳】

지[17] 않고, 사람은 하늘의 뜻이 아니면 [그 뜻을] 이루지 못한다. 신농은 땅의 힘에 의지해[18] 곡식[19]과 야채[20]를 심었기 때문에 농황을 땅에 기탁했다. 이렇게 해서 천지인의 도가 다 갖춰지게 되고 삼통(三統)과 오행(五行)[21]의 법칙이 일어나게 되었다.

내가 삼가 『역경』을 살펴보니 다음과 같았다.[22]

"옛날에 복희씨가 천하에서 왕 노릇할 때 고개를 들어 하늘의 천문을 관찰하고, 머리를 숙여 땅의 법칙을 관찰해서 처음으로 팔괘를 만들어내

---

17 따르지 : 원문은 '인(因)'이다.【吳】

18 신농은 땅의 힘에 의지해 : 원문은 '신농실지력(神農悉地力)'이다. 『군서습보』에는 신농 다음에 '이지기(以地紀)' 세 글자를 추가하면서, "본래 이 세 글자는 없다. 금본 『상서대전・약설(略說)』에 위 문장과 같은 예가 있어 여기서 보충해 넣는다[本無此三字, 今『大傳略說有, 與上文一例, 玆補入』]"라고 말하고 있다. 마땅히 이를 근거로 '이지기(以地紀)' 세 글자를 보충하면, '실지력(悉地力)'은 또 다른 하나의 구절이 된다.【吳】

19 곡식 : 원문은 '형(檕)'으로, 원래 '형(槩)'으로 잘못 적혀 있었다. '형(檕)'은 바로 '곡(穀)' 자이다. 「사신후비(史晨後碑)」에 '왕가곡(王家穀)'으로 되어 있는데, '곡' 자는 바로 '형'으로 써어야 한다. 『태평어람』에는 '곡(穀)' 자로 되어 있는데, '곡(穀)'의 이체자이다.【吳】

20 야채 : 원문은 '소(疏)'이다. 『풍속통의교정(風俗通義校正)』에는 "'소(疏)'는 '소(蔬)' 자와 통하고, 가차자이다['疏', 通'蔬', 假借字也]"라고 되어 있다.【吳】

21 삼통(三統)과 오행(五行) : 『후한서(後漢書)・낭의전(郎顗傳)』에 보면 "천도는 멀지 않았고, 삼통과 오행은 다시 돌아온다[天道不遠, 三五復返]"란 문장이 있는데, 이에 대해 이현(李賢)은 송균(宋均)의 다음 문장을 인용해 주를 달고 있다. "삼은 삼정이고, 오는 오행이다. 삼정과 오행은 왕이 조대를 바꿀 때 모이는 것이다[三, 三正也, 五, 五行也. 三正五行, 王者改代之際會也]." 여기서 말하는 '삼정'이란 즉 삼대 하(夏), 상(商), 주(周)의 역법이다. 하나라는 인월(寅月)을 세우고 정월을 한 해의 시작으로 하는 인통(人統)이고, 상나라는 축월(丑月)을 세우고, 12월을 한 해의 시작으로 하는 지통(地統)이며, 주나라는 자월(子月)을 세우고 11월을 한 해의 시작으로 하는 천통(天統)이기 때문에 삼정은 또 삼통(三統)이라고도 한다. 여기서 말하는 오행은 수(水), 화(火), 목(木), 금(金), 토(土)를 말한다. 한대의 통치자들은 역사가 바로 삼정과 오행을 주기로 다시 시작되어 순환한다고 생각했으며, 또한 그에 상응하는 전장제도(典章制度)와 정책을 가지고 있었는데, 이것은 일종의 형이상학적 역사순환론이다.【吳】

22 내가~같았다 : 다음 문장은 『역경・계사(繫辭)』에 보이는데, 서로 글자가 조금 다르다.【吳】

어, 신명의 덕에 통하게 되었고, 만물의 현상을 분류해내게 되었다. 그는 또한 노끈을 엮어서 그물을 만들어 사냥을 하고[23] 물고기를 잡았다. 복희씨가 죽고 난 뒤에 신농씨가 즉위했다. 신농씨는 나무를 깎아서 보습을 만들고 나무를 주물러 쟁기를 만들었는데, 이렇게 그는 보습과 쟁기의 이로움으로 천하를 가르쳤으며, 대낮에는 시장을 열어 천하의 백성들을 모이게 했다. 신농씨는 변화에 능통해서[24] 백성들을 게으르지 않게 하고 그들을 신묘하게 변화시켜 백성들에게 제자리를 찾아주었다."

여기서는 복희와 신농만을 서술하고 있고 수인은 언급하고 있지 않다. 수인의 공은 축융이나 여와보다는 위이므로, 만물이 생겨나면 저절로 크게 드러난다. 『상서대전』의 뜻은 바로 이것에 가깝다.

『春秋運斗樞』說:"伏羲·女媧·神農, 是三皇也. '皇'者'天', 天不言, 四時行焉, 百物生焉. 三皇垂拱無爲, 設言而民不違. 道德玄泊, 有似皇天, 故稱曰'皇'. '皇'者, '中'也, '光'也, '弘'也. 含弘履中, 開陰布綱, 上含皇極, 其施光明. 指天畫地, 神化潛通, 煌煌盛美, 不可勝量."『禮號謚記』說:"伏羲·祝融·神農."『含文嘉』記:"伏戲, 燧人, 神農. '伏'者, '別'也, '變'也, '戲'者, '獻'也, '法'也. 伏羲始別八卦, 以變化天下, 天下法則, 咸伏貢獻, 故曰伏羲也. 燧人始鑽木取火, 炮生爲熟, 令人無復腹疾, 有異於禽獸, 遂天之意, 故曰遂人也. 神農, '神'者, '信'也, '農'者, '濃'也. 始作耒耜, 教民耕種, 美其衣食, 德濃厚若神, 故爲神農也."『尚書大傳』說:"遂人爲遂皇, 伏羲爲戲皇, 神農爲農皇也. 遂人以火紀, 火, 太陽也. 陽尊, 故託遂皇於天. 伏羲以人事紀, 故託戲皇於人. 蓋天非人

23 사냥을 하고: 원문은 '전(田)'이다.【吳】

24 변화에 능통해서: 원문은 '통기변(通其變)'이다. 『역경·계사』에 다음 문장이 있다. "신농씨가 죽자, 황제, 요, 순이 일어나 변화에 능통해서 백성을 게으르지 않게 하고, 그들을 신묘하게 변화시켜 백성들에게 제자리를 찾아주었다[神農氏沒, 黃帝·堯·舜氏作, 通其變, 使民不倦, 神而化之, 使民宜之]." 여기서 신농씨를 '통기변'에 연결해 운운한 것은 응소가 잘못 기록한 것이다.【吳】

不因, 人非天不成也. 神農悉地力, 種穀疏, 故託農皇於地. 天地人之道備, 而三五之運興矣.

謹案『易』稱: “古者伏羲氏之王天下也, 仰則觀象於天, 俯則觀法於地, 始作八卦, 以通神明之德, 以類萬物之情. 結繩爲網罟, 以田以漁. 伏羲氏沒, 神農氏作. 斲木爲耜, 揉木爲耒, 耒耜之利, 以敎天下, 日中爲市, 致天下之民. 通其變, 使民不倦, 神而化之, 使民宜之.” 唯獨敘二皇, 不及遂人. 遂人功重於祝融·女媧, 文明大見. 『大傳』之義, 斯近之矣.

오제(五帝)[1]

『역전(易傳)』·『예기(禮記)』·『춘추(春秋)』·『국어(國語)』·『태사공기(太史公記)』[2]에 다음 말이 있다.

"황제(黃帝)·전욱(顓頊)·제곡(帝嚳)·제요(帝堯)·제순(帝舜)이 오제이다."[3]

1 오제(五帝) : 오제에 관한 한대(漢代) 사람들의 견해는 한 가지가 아니었다. 『풍속통의』의 견해 이외에도 『예기·월령(月令)』, 『회남자·천문훈(天文訓)』과 『한서·위상전(魏相傳)』에서 위상이 올린 상주문에는 태호(太皥), 염제(炎帝), 황제, 소호(少皥), 전욱이 오제로 되어 있다. 공안국(孔安國)의 『상서서(尙書序)』에는 소호, 전욱, 고신(高辛), 당요(唐堯), 우순(虞舜)이 오제로 되어 있고, 정현(鄭玄)은 『중후칙성도(中侯勅省圖)』에서 "덕(德)이 오제의 별자리에 부합하는 사람을 제라고 한다(五帝座星者稱帝)"고 주를 달면서 황제, 금천씨(金天氏), 고양씨(高陽氏), 고신씨(高辛氏), 도당씨(陶唐氏), 유우씨(有虞氏)를 오제로 보고 있다. 실제로는 여섯 사람인데 오제라 칭한 것은 이들이 모두 오제의 별자리에 부합하는 인물이기 때문이다.【吳】

2 『태사공기(太史公記)』: 『사기』를 말한다. 『사기』는 본래 정해진 이름이 없어서 『한서·예문지』에서는 태사공(太史公) 130편이라고 했고, 『풍속통의·정실(正失)』에는 『태사기(太史記)』라고 했다. 그러다 『수서(隋書)·경적지(經籍志)』에 와서 정식으로 『사기』라 불리게 되었다.【吳】

3 황제(黃帝)~오제이다 : 이 문장은 『사기·오제본기(五帝本紀)』에 보인다.【吳】

내가 삼가 『역경』과 『상서대전』을 살펴보니 다음과 같았다.

"하늘이 오제를 세워 보좌하게 했는데, 사계절 동안 널리 베풀고 법도를 잘 살피면서, 봄과 여름에는 상으로 다스리고 가을과 겨울에는 형벌로 다스렸다. 오제는 덕행에 따라 형벌을 내리면서 하늘을 본받았는데,[4] 이는 그들이 천도를 움직이면서 사람들의 행동거지[5]를 세심하게 살폈다[6]는 말이다. 황제는 처음으로 관모와 면류관을 만들고 사람들에게 옷을 입게 했다. 또 위에는 대들보를 얹고 아래에는 처마를 놓아 비바람을 피하게 했고, 예의와 문사, 법률과 제도를 만들고 나라를 일으켜 위업을 세웠다.

'황(黃)'은 '광명[光]'이요 '두텁다[厚]'의 뜻이다. 황은 치우침 없이 잘 어울리는 색[7]으로, 황제의 은덕이 사계절에 골고루 퍼져[8] 땅과 공적이 같

---

4 오제는~하늘을 본받았는데 : 『염철론(鹽鐵論)·조성(詔聖)』에 다음 문장이 있다. "문학(文學)이 말했다 : 봄과 여름은 만물을 낳고 기르는 계절이니, 성인이 이를 본받아 영(令)을 만들었습니다. 가을과 겨울은 만물이 죽고 저장되는 계절이니 성인들이 이를 본받아 법을 만들었습니다. 그래서 '영'은 곧 '가르침'으로, 이것으로 백성들을 이끌었습니다. '법'은 '형벌'로, 이것으로 사람들이 사나워지고 난폭해지는 것을 막았습니다[春夏生長, 聖人象而爲令. 秋冬殺藏, 聖人則而爲法. 故'令'者, '教'也, 所以導民人. '法'者, '刑罰'也, 所以禁强暴也]."【吳】

5 행동거지 : 원문은 '착(錯)'이다. 『태평어람』 권77에는 '조(措)'로 되어 있는데, 이 두 글자는 통한다.【吳】

6 세심하게 살폈다 : 원문은 '심체(審諦)'이다. 『독단(獨斷)』(蔡邕 作) 권상에 다음 말이 있다. "제란 살핀다는 뜻으로, 제는 천도를 움직이면서 하늘을 받들어 사람들의 행동거지를 면밀히 살핀다[帝者, 諦也, 能行天道, 事天審諦]." 『태평어람』 권77에는 『한관의(漢官儀)』의 다음 문장을 인용하고 있다. "황은 대제(大帝)로 그 성덕이 비할 데 없이 훌륭함을 말하고, 제는 덕행에 따라 형벌을 내리면서 하늘을 본받았는데, 이것은 천도를 움직이면서 사람들의 행동거지를 세심하게 살폈음을 말하는 것이다. 즉 제가 하늘을 아버지, 땅을 어머니로 삼아 천하의 주인노릇을 했음을 알 수 있다[皇者大帝, 言其煌煌盛美, 帝者德象天地, 言其能行天道, 擧措審諦. 父天母地, 爲天下主]."【吳】

7 치우침 없이 잘 어울리는 색 : 원문은 '중화지색(中和之色)'이다. 『좌전(左傳)·소공(昭公) 12년』에 보면, "황색은 중간색이다[黃, 中之色也]"가 있고, 『백호통의·호편』에 다음 문장이 있다. "황은 치우침 없이 잘 어울리는 색[中和之色]으로, 타고난 성질 때문에 오랜 시간이 흘러도 바뀌지 않는다. 황제는 처음으로 제도를 만들어 그 공정함[中和]을 얻어 오래도록 존속되었기 때문에 황제라고 불렀다[黃者, 中和之色, 自然之性, 萬世不易. 黃帝始作制度, 得其中和, 萬世常存, 故稱黃帝也]."【吳】

기 때문에, 황색을 앞에 두어 다른 것과 구별했다. '전(顓)'은 '오로지하다[專]'의 뜻이고, '욱(頊)'은 '진중하다[信]', '신중하다[慤]'[9]의 뜻이다. 즉 전욱이 황제의 문물을 계승하면서 황제에 대한 믿음과 자신의 성실함으로 문물을 바꾸어[10] 천하를 교화[11]시켰기 때문에 모두 그의 고귀한 품성을 귀하게 여겼다는 말이다. '곡(嚳)'은 '고찰하다[考]', '이루다[成]'의 뜻이다. 즉 법도를 고찰하고 밝히니 도덕이 더없이 좋아져 술의 진한 향[12]처럼 널리 퍼졌다는 의미이다.[13] '요(堯)'는 '높다[高]', '풍요롭다[饒]'의 뜻이다. 즉 요임금의 많고 뛰어난 치적은 최고로 빛이 난다는 말이다.[14] '순(舜)'은 '실천하다[推]',[15] '따르다[循]'의 뜻이다. 즉 요임금의 도덕을 실천하고[16] 그가 남

8 퍼져 : 원문은 '시(施)'이다. '시' 자는 원래 없었는데, 지금 『태평어람』에 근거해 보충한다.【吳】

9 신중하다 : 원문은 '각야(慤也)'이다. 원래 이 두 글자는 없었으나 『태평어람』에 근거해 지금 보충한다. 그래야 다음 문장 '모두 그의 고귀한 품성을 귀하게 여겼다[皆貴貞慤也]'와 이어져 말이 된다. 『백호통의·호편』에 보면, "'전'은 '오로지하다', '욱'은 '바로잡다'의 뜻이다. 전욱은 오로지 하늘과 사람의 도를 바로잡을 수 있었기 때문에 전욱이라 불리게 되었다[顓者, 專也, 頊者, 正也. 能專正天人之道, 故謂之顓頊]."【吳】

10 전욱이~바꾸어 : 이 구절은 원래 '언기승역문지이질[言其承易文之以質]'로 되어 있다. 응소는 황제가 관모와 면류관을 만들고 사람들에게 옷을 입게 해주었으며, 예의와 문사, 법률과 제도를 만들었다고 했는데, 이것이 바로 '문(文)'이다. 또한 전욱이 황제의 뒤를 이어 신실함을 귀히 여겼는데, 이것이 바로 '질(質)'이다. 황제에서부터 전욱까지 신실함으로 문(文)을 바꾸어 나갔음을 말한다. '문역(文易)' 두 글자는 도치되어 있는데, 이렇게 하면 뜻이 통하지 않는다. 따라서 지금 『태평어람』에 근거해 바로잡는다.【吳】

11 교화 : 원문은 '몽(蒙)'이다. 『태평어람』에는 '준(遵)'으로 되어 있다.【吳】

12 술의 진한 향 : 원문은 '곡(嚳)'으로, '혹(酷)'과 통한다. 『설문해자(說文解字)』에 "'혹'은 술맛이 아주 진한 것을 말한다['酷', 酒厚味也]."라는 문장이 있다.【吳】

13 '곡(嚳)'은~의미이다 : 『백호통의·호편』에 보면 다음 문장이 있는데, 『풍속통의』에서 풀이하고 있는 '곡(嚳)'과는 좀 다르다. "왜 제곡으로 불리는가? '곡'은 '더 없이 빼어나다'의 뜻이다. 말하자면 그는 도덕을 널리 시행하여 더 없이 훌륭하게 했다는 뜻이다[謂之帝嚳者何? 嚳者, 極也. 言其能施行, 窮極道德也]."【吳】

14 '요(堯)'는~말이다 : 『백호통의·호편』에 보면 다음 문장이 있다. "왜 요라 부르는가? '요'는 '높고 까마득하다'의 뜻으로, 그의 지극히 높은 모습은 맑고 고원하며, 넓고 그윽하다. 그래서 요는 많은 성인 중의 주인이요, 많은 왕 중의 어른이다[謂之堯者何? 堯猶嶢嶢也, 至高之貌, 淸妙高遠, 優游博衍. 衆聖之主, 百王之長也]."【吳】

15 실천하다 : 원문은 '추(推)'이다. 사수청선생이 말했다. "노문초(盧文弨)는 '추(推)'는 '준

긴 유업을 받들어 따랐다는 뜻이다."

『易傳』·『禮記』·『春秋』·『國語』·『太史公記』: "黃帝·顓頊·帝嚳·帝堯·帝舜是五帝也."

謹按『易』·『尙書大傳』: "天立五帝以爲相, 四時施生, 法度明察, 春夏慶賞, 秋冬刑罰. 帝者任德設刑, 以則象之, 言其能行天道, 擧錯審諦. 黃帝始制冠冕, 垂衣裳. 上棟下宇, 以避風雨, 禮文法度, 興事創業.

(准)'이 되어야 한다고 했고, 『태평어람』에는 '회(淮)'로 되어 있는데, 이것은 '준(准)'의 오기(교석자는 『태평어람』 권77에 따라 '준(准)'으로 했고, 『의림(意林)』, 『북당서초(北堂書鈔)』 권5에도 그렇게 인용되어있다)로, '준(准, zhǔn)'의 음이 '순(舜, shùn)'에 가깝다. 진수기(陳壽祺)의 『상서대전·정본(定本)』에 따르면 '준(准)'·'순(循, xún)'은 '순(舜)'과 음이 가깝고, '추(推, tuī)'와는 음이 먼데, 이에 근거해 볼 때 금본 『풍속통의』의 글자가 잘못되었다. 유사배(劉師培)는 『백호통보석(白虎通補釋)』에서 『풍속통의』의 '추(推)' 자는 '준(准)'의 오기라고 했고, 또 손지조(孫志祖)도 『독서좌록(讀書脞錄)』 권4 「순유추의(舜有推意)」조에서 '준과 순은 음이 가깝기는 하지만, 도덕을 널리 실천하다[推行道德]'가 문맥상 더 분명하다. 만약 '준행(准行)'이라 썼다면 글이 예스럽지 않다. 『백호통의·호편』에서 '순은 곧 천(僢)으로, 요임금의 도를 널리 실천해 이어나갈 수 있음을 말하는 것이다[舜猶僢也, 言能推行堯道而行之]'라고 했는데, 바로 '추'의 뜻을 증명할 수 있다. 또 『광아(廣雅)·석고(釋詁)』 삼(三)에서 '순은 추이다[蕣, 推也]'고 하는데, '순(蕣)'은 순(舜)의 옛날 글자이다. 이를 통해 볼 때 '추'는 '준'이 아님을 알 수 있다"라고 했다. 생각건대 손지조의 말이 옳고, 왕념손(王念孫)의 『광아소증(廣雅疏證)』에서도 손지조와 같은 말을 하고 있다. 『설문해자』에 따르면, '춘은 추'이고[春, 推也], 『설문통훈정성(說文通訓定聲)』에도 '춘·추는 쌍성이다[春·推雙聲]'라고 되어 있는데, '춘'과 '추' 두 글자는 전주자이다. 따라서 노문초, 진기수, 유사배 세 사람의 말은 모두 틀렸다." 생각건대 '추' 자로 '순' 자를 풀이하면 뜻과 음을 모두 풀 수 있기 때문에 여러 책에 근거해 '추'를 '준'으로 고칠 필요가 없다.【吳】

16 요임금의 도덕을 실천하고: 원문은 '추행도덕(推行道德)'이다. 이 네 글자는 본래 '최고명야(最高明也)' 아래에 들어가 있었으나, 지금 『태평어람』에 근거해 바로 고친다. 『의림』에서도 다음과 같이 인용하고 있다. "'순'은 '따르다', '받들다'의 뜻으로, 순이 요임금의 덕행을 따르고 그가 남긴 유업을 받들었다는 뜻이다[舜, 准也, 脩也, 言准德行, 脩堯之緖]." 비록 글자의 오기는 다소 있지만, '추행도덕(推行道德)' 네 글자가 여기에 있음을 보여주고 있다. 이 네 글자는 앞 문장에 이어 "'순'은 '실천하다[舜者, 推也]'"의 구체적인 내용을 서술한 것이다. 만약 원본대로 했다면 문장의 의미가 서로 연결되지 않았을 것이다.【吳】

‘黃’者, ‘光’也, ‘厚’也. 中和之色, 德施四季, 與地同功, 故先黃以別之也. ‘顓’者, ‘專’也, ‘頊’者, ‘信’也, ‘慤也’. 言其承文易之以質, 使天下蒙化, 皆貴貞慤也. ‘嚳’者, ‘考’也, ‘成’也. 言其考明法度, 醇美嚳然, 若酒之芬香也. ‘堯’者, ‘高’也, ‘饒’也. 言其隆興煥炳, 最高明也. ‘舜’者, ‘推’也, ‘循’也. 言其推行道德, 循堯緒也.”

삼왕(三王)

『예호시기』에 다음 말이 있다.

"하(夏)나라 우(禹)임금 · 은(殷)나라 탕왕(湯王) · 주(周)나라 무왕(武王)이 바로 삼왕이다."

『상서』에 다음 말이 있다.

"문왕(文王)이 만든 형벌로 이들을 처벌하고 용서하지 말라."[1]

『시경』에 다음 말이 있다.

"하늘에서 천명을 내리시어, 이 문왕에게 명하셨네."[2]

"문왕이 천명을 받들어, 이와 같은 무공을 세우셨네."[3]

"문왕을 본받으면 온 나라가 믿고 따르리라."[4]

---

1 문왕(文王)이~용서하지 말라 : 이 문장은 『상서 · 강고(康誥)』에 보인다.【吳】

2 하늘에서~명하셨네 : 이 구절은 『시경 · 대아(大雅) · 대명(大明)』에 보인다.【吳】

3 문왕이~세우셨네 : 이 구절은 『시경 · 대아 · 문왕유성(文王有聲)』에 보인다.【吳】

4 문왕을~믿고 따르리라 : 원문은 '의형문왕, 만국작부(儀刑文王, 萬國作孚)'이다. 여기서 '국(國)'은 금본 『시경 · 대아 · 문왕』에는 '방(邦)'으로 되어 있다. '의형(儀刑)'은

『춘추』에 다음 말이 있다.

"왕이라 함은 누구를 말하는가? 문왕을 말합니다."[5]

내가 『역경』을 살펴보니 다음과 같았다.

"탕왕과 무왕이 혁명을 일으켰다."[6]

『상서』에 다음 말이 있다.

"무왕은 전차[7] 3백 대[8]와 날랜 병사[9] 8백 명으로 목(牧)의 들판[10]에서 주왕(紂王)을 사로잡았다.[11] 오직 13년 되던 해에[12] 무왕께서 기자(箕子)를

'본받다'의 뜻이고, '부(孚)'는 '믿다'의 뜻이다. 이 두 구절은 문왕을 본받으면 온 나라가 믿고 따르게 됨을 말하고 있다.【吳】

5 왕이라 함은~문왕을 말합니다: 이 문장은 『공양전·은공 원년(隱公元年)』에 보인다.【吳】

6 탕왕과 무왕이 혁명을 일으켰다: 이 문장은 『역경·혁괘단전(革卦彖傳)』에 보인다.【吳】

7 전차: 원문은 '융거(戎車)'이다.【吳】

8 무왕은 전차 3백 대: 『상서·목서서(牧誓序)』에 나온다.【吳】

9 날랜 병사: 원문은 '호분(虎賁)'이다. 호랑이처럼 날래고 용맹한 병사를 말한다. 『상서·목서서』에 '호분삼백인(虎賁三百人)'이라 되어 있는데, 『풍속통의』에서 인용하고 있는 것과 다르다. 『맹자(孟子)·진심(盡心)』에 맹자의 다음 말이 실려 있다. "무왕이 은나라를 칠 때 혁거(革車) 3백 대와 날랜 병사 3천 명으로 했다[武王之伐殷也, 革車三百兩, 虎賁三千人]." 『풍속통의·정실(正失)』에 「송균이 호랑이에게 장강을 건너가게 하다[宋均令虎渡江]」조에서 『상서』를 인용하여 역시 '호분삼천인(虎賁三千人)'이라 하고 있는데, '8백'을 '3천'으로 잘못 표기한 것 같다.【吳】

10 목(牧)의 들판: 원문은 '어목지야(於牧之野)'이다. '목(牧)'은 간혹 '목(坶)'으로 된 곳도 있다. 『설문해자』에 따르면, 다음과 같다. "목은 조가(朝歌) 남쪽 70리(里)에 있는 땅이다[坶, 朝歌南七十里地]." 또한 『주서(周書)』에 따르면, "무왕이 목야에서 주왕(紂王)과 싸웠다[武王與紂戰于坶野]"고 되어 있다. 옛 땅은 지금의 하남성(河南省) 기현(淇縣) 경내에 있다.【吳】

11 주왕(紂王)을 사로잡았다: 원문은 '금주(擒紂)'이다. 『상서·홍범서(洪範序)』에 보면, "무왕이 은나라를 이기고 수(受: 紂王의 이름)를 죽였다[武三勝殷, 殺受]"가 있고, 『사기·은본기(殷本紀)』에도 다음 문장이 있다. "무왕이 제후들을 이끌고 주왕을 쳤다. 갑자일에 주왕의 군대가 패배하자, 주왕은 성으로 달아나 녹대(鹿臺)로 올라가더니 보석으로 장식한 옷을 입고 불 속으로 몸을 던져 죽었다. 무왕은 마침내 주왕의 목을 잘라 백기에 매달았다[武王率諸侯伐紂. 甲子日紂兵敗, 紂走入, 登鹿臺, 衣其寶玉衣, 赴火而死. 周武王遂斬其頭, 縣之白旗]." 이 두 군데에서는 모두 주왕을 생포했다는 말은 없다. 주왕을 생포했다는 기록이 『죽서기년(竹書紀年)』에 있는데, 다음과 같다. "무왕은 남선지대에서 제신(帝辛) 수(受)를 사로잡았다[王親禽帝受辛於南單之

찾아가셨다."[13]

『시경』에 다음 말이 있다.

"저 무왕을 도와 상나라를 물리치셨네."[14]

"은나라를 물리쳐서 살인을 멈추게 하고 무공을 세우셨네."[15]

이로 보건대 왕은 무왕이 확실하다. 『논어』에 다음 말이 있다.

"문왕은 은나라를 배신한 나라들을 이끌면서도 은나라를 받들어 모셨다."[16]

臺]." 또 『한비자 · 초견진(初見秦)』에는 다음 문장이 있다. "옛날에 주왕이 천자로 있을 때 장차 천하의 군사 1백만을 이끌고 …… 무왕과 난을 치렀다. 무왕이 흰색 갑옷을 입은 군사 3천을 이끌고 하루 동안 싸워 주왕의 나라를 격파한 뒤에, 주왕을 사로잡고 그 땅을 차지하고 백성을 얻었다[昔者紂爲天子, 將率天下甲兵百萬 …… 以與周武王爲難. 武王將素甲三千, 戰一日而破紂之國, 禽其身, 據其地而有其民]."【吳】

12 오직 13년 되던 해에 : 원문은 '유십유삼사(惟十有三祀)'이다. 『이아(爾雅) · 석천(釋天)』에 다음 문장이 나온다. "하나라 때는 세(歲), 상나라 때는 기(祀), 주나라 때는 년(年), 당우시대에는 재(載)라 했다[夏曰歲, 商曰祀, 周曰年, 唐虞曰載]." 『상서 · 정독(正讀)』에 다음이 보인다. "문왕이 천명을 받은 지 13년째 되던 해, 무왕이 즉위한 지 4년 되던 해[文王受命之十三祀, 武王卽位之四年也]."【吳】

13 기자(箕子)를 찾아가셨다 : 원문은 '왕방우기자(王訪于箕子)'이다. 이 문장은 『상서 · 홍범』에 나온다. 『사기 · 송미자세가색은(宋微子世家索隱)』에 다음 문장이 있다. "마융(馬融) · 왕숙(王肅)은 기자를 주왕의 제부(諸父)라 생각했고, 복건(服虔) · 두예(杜預)는 기자를 주왕의 서형(庶兄)이라 생각했다[馬融 · 王肅以箕子爲紂之諸父, 服虔 · 杜預以爲紂之庶兄]."【吳】

14 저 무왕을 도와 상나라를 물리치셨네 : 원문은 '양피무왕, 습벌대상(亮彼武王, 襲伐大商)'이다. 이 두 구절은 『시경 · 대아 · 대명』에 보인다. '양(亮)'은 금본 『시경』에는 '량(涼)'으로 되어 있다. 『경전석문(經典釋文)』에 다음 문장이 있다. "『한시(韓詩)』에는 '양(亮)'으로 되어 있으며 '돕다(相)'라고 되어 있고, 모형(毛亨)의 『모씨전(毛氏傳)』에는 '양(涼)'은 '돕다[佐]'이다[『韓詩』作'亮', 云'相'也. 『毛亨傳』'涼', '佐'也]라고 되어 있다." 이것으로 보아 '양(亮)'과 '양(涼)'은 뜻이 같다. '습(襲)'은 금본 『시경』에는 '사(肆)'로 되어 있다.【吳】

15 은나라를 물리쳐서~무공을 세우셨네 : 원문은 '승은알유, 기정무공(勝殷遏劉, 耆定武功)'이다. 두 구절은 『시경 · 주송(周頌) · 무(武)』에 보인다. '알(遏)'은 '멈추다[止]', '유(劉)'는 '죽이다[殺]', '기(耆)'는 '이루다[致]'의 뜻이다. '무(武)'는 금본 『시경』에는 '이(爾)'로 되어 있다.【吳】

16 문왕은~은나라를 받들어 모셨다 : 『논어 · 태백(泰伯)』에 공자의 다음 말이 실려 있다. "문왕은 천하의 3분의 2를 가졌으면서도 은나라를 받들어 모셨으니, 주나라의 덕은 가히 지덕(至德)이라 할 수 있다[三分天下有其二, 以服事殷, 周之德, 其可謂至德也已矣]." 다음 문장에 나오는 '경전에서 문왕을 찬미한 것은[經美文王]' 등의 구절은 바로 이것을 가리킨다.【吳】

이 당시 문왕은 신하의 신분이었으니, 어떻게 삼왕의 반열에 들어갈 수 있겠는가! 경전에서 문왕이 천하의 3분의 2를 가졌다고 찬미한 것은 왕업의 조짐이 여기에서 시작되었기 때문이다. 속유(俗儒)와 초학자들은 널리 살피지 못하고 논쟁을 일삼다가 결국 이를 가지고 다투게 되었다. 대왕(大王)과 왕계(王季)는 모두 사후 추증된 시호이니[17] 어찌 능히 왕이라 일컬을 수 있겠는가?

'우(禹)'는 '보좌하다(輔)'의 의미로, 우임금은 순임금의 뒤를 이어 그를 보좌하고 많은 업적을 쌓고 싶어 했다. 요임금 이전에 왕이 된 자들은[18] 자손들이 그 땅에 기반을 두고 일어나서 공덕이 점점 커졌기 때문에[19] [조상들을 추존하는] 시호를 만들어낸 것이다.[20] 순임금과 우임금은 본래 평민 출신이지만 품행을 닦아[21] 천하에 이름을 떨치고 천자의 자리에까지 올랐다. 다시 [순임금과 우임금의] 시호를 만들어 그들을 추존한다 해도[22] 이름으로 알려진 것보다 못하기에[23] 이름이 그대로 불리게 된 것이다.

---

17 대왕(大王)과 왕계(王季)는 모두 사후 추증된 시호이니 : 『사기 · 주본기(周本紀)』에 다음 말이 있다. "[무왕은] 고공단보를 태왕에 추존하고 공계를 왕계에 추존했는데, 대개 왕의 조짐이 태왕에서부터 일어났기 때문이다(追尊古公爲太王, 公季爲王季, 蓋王瑞自太王興)."【吳】

18 요임금 이전에 왕이 된 자들은 : 원문은 '자요이상왕자야(自堯以上王者也)'이다. 『군서습보』에 보면 "'야(也)'는 쓸데없이 들어간 글자이다('也'字衍)"라고 되어 있고, 『태평어람』 권77에는 '야(也)'가 없다.【吳】

19 공덕이 점점 커졌기 때문에 : 원문은 '공덕침성(功德浸盛)'이다. '침(浸)'은 '점차 발전하다'의 뜻이다.【吳】

20 시호를 만들어낸 것이다 : 원문은 '고조미론(故造美論)'이다. '논(論)'은 『군서습보』에는 '시(謚)'로 고쳐져 있고, 『태평어람』에도 '시(謚)'로 되어 있어, 지금 이에 근거해 고친다.【吳】

21 품행을 닦아 : 원문은 '지행(砥行)'이다. '지(砥)'는 칼을 가는 숫돌을 가리키며, '지행'은 품행을 갈고 닦는다는 뜻이다.【吳】

22 다시~추존한다 해도 : 원문은 '경제(更制)'이다. 『군서습보』에는 '제시(制謚)'로 고쳐져 있고, 『태평어람』에도 '제시'로 인용되고 있는데, 문장의 의미상 이것이 더 낫다.【吳】

23 알려진 것보다 못하기에 : 원문은 '불여(不如)'이다. '여(如)'는 원래 '지(知)'로 잘못 기록되어 있었다. 『사고전서(四庫全書)』본에는 '여(如)'로 되어 있고, 『태평어람』에서도 같은 문장이 인용되어 있다. 지금 이에 근거하여 고친다.【吳】

『경전』에 다음 문장이 있다.

"한 홀아비가 민간에 살고 있는데, 우순(虞舜)이라 합니다."[24]

"모두 우(禹)라고 말했다. 우가 물과 땅을 다스렸다."[25]

이 두 문장이 바로 그 예이다.

'탕(湯)'은 '제거하다[攘]', '창성하다[昌]'의 뜻이다. 즉 법도에 맞지 않는 것을 없애고 박(亳) 땅에 도읍을 정한 뒤 상나라를 세우고 왕도를 이루어 천하가 번성하자[26] 문·무왕의 도가 이로써 모두 뛰어나게 되었다. 무릇 국정을 장악하고 있는 사람을 왕이라 하고, 권력의 이해관계를 마음대로 할 수 있는[27] 사람을 왕이라 하며, 생사권을 통제할 수 있는 사람을 왕이라 한다.[28] 곧 '왕(王)'은 '가다[往]'라는 뜻으로, 천하의 사람들이 귀의하는 곳이다.[29]

---

24 한 홀아비가~우순(虞舜)이라 합니다: 원문은 '유환재하왈우순(有鰥在下, 曰虞舜)'이다. 이 두 구는『상서·요전(堯典)』에 보인다. 공안국(孔安國)의『상서정의』에 따르면 '아내가 없는 사람을 홀아비라 부른다[無妻曰鰥]'고 되어 있다.【吳】

25 모두~다스렸다: 원문은 '첨왈백우, 우평수토(僉曰伯禹, 禹平水土)'이다.『상서·요전』에 다음 문장이 있다. "순임금이 말했다 '자! 사방의 제후들에게 알리노니, 노력하여 요임금의 업적을 번성하게 할 자가 있으면 백규(百揆: 정무를 총괄하는 관리로 요순시대에만 있었음. 오늘날의 총리직에 해당)의 자리에 두어 정사를 보좌케 하여 백성들에게 은혜를 베풀겠노라!' 그러자 모두가 '사공(司空) 우가 그런 사람입니다'라고 말했다. 그러자 순임금이 말했다. '옳지! 자! 우여. 그대가 물과 땅을 잘 다스렸으니, 원컨대 이 일도 힘써 잘 하거라'[舜曰:'咨四岳, 有能奮庸熙帝之載, 使宅百揆, 亮采惠疇!' 僉曰:'伯禹作司空.' 帝曰:'兪咨禹. 汝平水土, 惟時懋哉!']" 또『여형(呂刑: 西周 法典)』에 다음 말이 있다. "우가 물과 땅을 다스렸으며, 주로 산천에 이름을 붙였다[禹平水土, 主名山川]." 응소는 바로 이 문장을 인용했다.【吳】

26 번성하자: 원문은 '치성(熾盛)'이다. '성(盛)'은『군서습보』에는 '창(昌)'이라 고쳐져 있고,『태평어람』에도 '창(昌)'이라 되어 있다.【吳】

27 권력의 이해관계를 마음대로 할 수 있는: 원문은 '능제할(能制割)'이다.『전국책(戰國策)·진책(秦策)』에는 '전이해(專利害)'라 되어 있고,『사기·범수열전(范雎列傳)』에는 '능이해(能利害)'라 되어 있다.【吳】

28 무릇~왕이라 한다: 이 세 구절은 범수가 진(秦)나라 소왕(昭王)과 이야기할 때 했던 말로,『사기』본전(本傳)에 보인다.【吳】

29 왕(王)은~곳이다: 원문은 '왕자, 왕야, 위천하소귀왕야(王者, 往也, 爲天下所歸往也)'이다.『태평어람』에는 '위(爲)' 자가 없다.『곡량전(穀梁傳)·장공(莊公) 3년』에 다음이 보인다. "왕은 천하의 사람들이 귀의하는 곳이다[王者, 民之所歸往也]."『한시외전

『禮號謚記』說 : “夏禹・殷湯・周武王是三王也.” 『尙書』說 : “文王作罰, 刑茲無赦.” 『詩』說 : “有命自天, 命此文王.” “文王受命, 有此武功.” “儀刑文王, 萬國作孚.” 『春秋』說 : “王者孰謂? 謂文王也.”

謹案『易』稱 : “湯武革命.” 『尙書』: “武王戎車三百兩, 虎賁八百人, 擒紂於牧之野.” “惟十有三祀, 王訪于箕子.” 『詩』云 : “亮彼武王, 襲伐大商.” “勝殷遏劉, 耆定武功.” 由是言之, 武王審矣. 『論語』: “文王率殷之叛國, 以服事殷.” 時尙臣屬, 何緣便得列三王哉! 經美文王三分天下有其二, 王業始兆於此耳. 俗儒新生不能採綜, 多共辨論, 至於訟鬩. 大王・王季皆見追號, 豈可復謂已王乎?

‘禹’者, ‘輔’也, 輔續舜後, 庶績洪茂. 自堯以上王者也, 子孫據國而起, 功德浸盛, 故造美論. 舜・禹本以白衣砥行顯名, 升爲天子. 雖復更制, 不如名著, 故因名焉. 『經』曰 : “有鰥在下, 曰虞舜.”, ‘僉曰伯禹. 禹平水土.” 是也.

‘湯’者, ‘攘’也, ‘昌’也. 言其攘除不軌, 改亳爲商, 成就王道, 天下熾盛, 文武皆以其所長. 夫擅國之謂王, 能制割之謂王, 制殺生之威之謂王. ‘王’者, ‘往’也, 爲天下所歸往也.

(韓詩外傳)』 권5에 다음이 보인다. “‘왕’은 ‘가다’의 뜻으로, 천하의 사람들이 모여드는 곳을 ‘왕’이라 부른다[王者, 往也, 天下往之謂王].” 『설문해자』에는 “왕은 천하의 사람들이 귀의하는 곳이다[王, 天下所歸往也]”가 있다.【王】

오백(五伯)[1]

『춘추』에 다음 말이 있다.[2]

"제(齊)나라 환공(桓公)·진(晉)나라 문공(文公)·진(秦)나라 목공(繆公)·송(宋)나라 양공(襄公)·초(楚)나라 장왕(莊王)이 춘추오패[3]이다."

---

1 오백(五伯):『호본(胡本)』에는 '오패(五霸)'로 되어 있고, 그 이하도 마찬가지이다. '백'과 '패' 두 글자는 통한다.【吳】

2 『춘추』에~있다: 원문은 '『춘추』설(『春秋』說)'이다. 이것은 한나라 사람이 풀이한 『춘추』의 또 다른 견해가 틀림없다.【吳】

3 춘추오패: 춘추오패에 대한 견해는 역대로 달랐다. 『맹자·고자장구(告子章句)』의 조기(趙岐) 주, 『여씨춘추·당무(當務)』의 고유(高誘) 주, 그리고 『백호통의·호편』에서 인용한 '혹자의 말[或說]'은 모두 이 견해를 따르고 있다. 『순자(荀子)·왕패(王霸)』에서는 제나라 환공·진(晉)나라 문공·초나라 장왕·오(吳)나라 합려(闔閭)·월(越)나라 구천(勾踐)을 춘추오패로 보고 있다. 『백호통의·호편』에서 인용하고 있는 '혹자의 말'에서는 제나라 환공, 진(晉)나라 문공, 진(秦)나라 목공, 초나라 장왕, 오나라 합려를 오패로 보고 있다. 『여씨춘추·선기(先己)』의 고유 주와 『백호통의·호편』과 『풍속통의』에서는 곤오씨(昆吾氏)·대팽씨(大彭氏)·시위씨(豕韋氏)·제나라 환공·진(晉)나라 문공을 춘추오패로 보고 있다.【吳】

내가 삼가 『춘추좌씨전』을 살펴보니 다음과 같았다.

"하나라 왕[4] 태강(太康)[5]이 향락에 빠져 민생을 돌보지 않자[6] 제후들이 참람했다. 이에 곤오씨(昆吾氏)[7]가 맹주가 되어 명을 따르지 않는 제후를 베어죽이고, 주나라 왕실을 받들었다. 은나라가 쇠하자 대팽씨(大彭氏)·시위씨(豕韋氏)[8]가 다시 곤오씨의 뒤를 이어 일어났는데, 이른바 왕도가

---

4 하나라 왕 : 원문은 '하후(夏后)'로, 하나라를 가리킨다. 『한비자·오두』에 보면, "지금 하후씨의 세상에서 하던 대로 나무로 집을 짓고 나뭇가지를 비벼 불을 피우는 자가 있다면[今有搆木鉆燧於夏后氏之世者]"이란 문장이 있다.【吳】
고적에서는 하나라의 왕들을 '후(后)', '하후(夏后)', '하후씨(夏后氏)'라 부르기도 했다.【譯註】

5 태강(太康) : 하나라 우임금의 손자이자 계(啓)의 아들이다. 『사기·하본기(夏本紀)』에 보면 다음 구절이 있다. "하나라의 왕 계가 죽자, 그의 아들 태강이 왕의 자리에 올랐다[夏后帝啓崩, 子帝太康立]."【吳】

6 민생을 돌보지 않자 : 원문은 '불수민사(不脩民事)'이다. '수(脩)'는 원래 '순(循)'으로 되어 있는데, 글자의 형태가 비슷해서 잘못 적은 것이다. '불수민사'는 상용어로 『좌전·양공(襄公) 4년』에 보면, 후예(后羿)가 "민생을 돌보지 않다[不脩民事]"라는 구절이 바로 그 증거이다. 『상서·오자지가서(五子之歌序)』에 다음 말이 있다. "태강이 하는 일 없이 자리만 차지하고 앉아서 놀고 즐기다 군왕으로서의 덕을 잃자 백성들은 모두 딴 마음을 먹었다. 태강이 무절제하게 놀면서 낙수의 경계로 사냥을 나가서 백 일이 되어도 돌아오지 않자, 유궁국의 후예(后羿)가 백성들이 견디지 못함을 이유로 그를 황하에서 막았다[太康尸位以逸豫, 滅厥德, 黎民咸貳. 乃盤遊無度, 畋于有洛之表, 十旬弗反, 有窮后羿因民弗忍, 距于河]." 여기에 실려 있는 '하후태강(夏后太康)의 문장은 금본 『좌전』에는 보이지 않는다.【吳】

7 곤오씨(昆吾氏) : 『국어(國語)·정어(鄭語)』에 "곤오는 하나라의 백이다[昆吾爲夏伯矣]"라는 문장이 있는데, 이에 대해 위소(韋昭)는 이렇게 주를 달고 있다. "곤오는 축융(祝融)의 손자이자 육종(陸終)의 첫째 아들이다. 이름은 번(樊)이고 성은 기씨(己氏)이며 곤오에 봉해졌다. 그래서 곤오를 위(衛)라 하는 것이다. 그 뒤 하나라가 쇠락하자 곤오는 하나라의 백이 되어 옛날 허(許)나라로 옮겨갔다. 『좌전·소공(昭公) 12년·전(傳)』에는 '초나라 시조인 백부 곤오는 옛 허나라에서 살았다'고 되어 있다[昆吾, 祝融之孫, 陸終第一子. 名樊, 爲己姓, 封於昆吾. 昆吾, 衛是也. 其後夏衰, 昆吾爲夏伯, 遷於舊許. 「傳」曰 : '楚之皇祖伯父昆吾, 舊許是宅']." 『사기·초세가정의(楚世家正義)』에서는 『괄지지(括地志)』의 다음 문장을 인용하고 있다. "복양현(濮陽縣)은 옛날 곤오국으로, 곤오의 옛 성은 복양현 서쪽 30리에 위치해 있다[濮陽縣, 古昆吾國也, 昆吾故城在縣西三十里]."【吳】

8 대팽씨(大彭氏)·시위씨(豕韋氏) : 『국어·정어』에 "대팽씨·시위씨는 상(商)나라의 백이었다[大彭·豕韋爲商伯矣]"라는 문장이 있는데, 이에 대해 위소는 다음과 같이 주를 달았다. "대팽은 육종의 셋째 아들로, 이름은 전(籛)이고 성은 팽(彭)이며 대팽

폐하자 패업(霸業)이 일어났다는 것이다. 제나라 환공은 제후들을 아홉 번 규합하여 주나라 양왕(襄王)의 천자로서의 지위를 바로잡았고[9] 주 왕실을 받들어[10] 초나라의 죄를 따져 묻고 청모(菁茅)를 진상케 했다.[11] 진

(大彭)에 봉해졌다. 그래서 그를 팽조(彭祖), 팽성(彭城)이라 하는 것이다. 시위씨는 팽성의 한 분파로 시위에 봉해졌다. 은나라의 국력이 쇠퇴하자 두 사람이 잇달아 상나라의 백이 되었다[大彭, 陸終之三子曰籛, 爲彭姓, 封於大彭. 謂之彭祖, 彭城是也. 豕韋, 彭城之別, 封於豕韋者也. 殷衰, 二國相繼爲商伯."【吳】

9 제나라 환공은~바로잡았고: 원문은 '제환구합일광(齊桓九合一匡)'이다. 『사기·제태공세가(齊太公世家)』에 다음 문장이 있다. "환공이 말했다. ……'과인은 전쟁을 위한 회맹 세 번과 평화를 위한 회맹 여섯 번으로 제후들을 아홉 번 규합하고, 이로써 단박에 천하를 바로잡았소'[桓公稱曰 ……'寡人兵車之會三, 乘車之會六, 九合諸侯, 一匡天下']." 『사기정의(史記正義)』에 다음 문장이 있다. "『좌전』에 보면 '노나라 장공(莊公) 13년(B.C.681)에 송나라의 내란을 평정하기 위해 북행(北杏)에서 만났고, 희공(僖公) 4년(B.C.652)에 채(蔡)나라를 치고 드디어 초나라를 정벌했다. 희공 6년(B.C.654)에 정나라를 치고 신성(新城)을 포위했다'고 되어 있다['『左傳』云魯莊十三年, 會北杏以平宋亂, 僖四年, 侵蔡, 遂伐楚. 六年, 伐鄭, 圍新城也']." 또 다음 문장이 있다. "노나라 장공 14년(B.C.678)에 견(鄄) 땅에서 만나고, 장공 15년에 다시 견에서 만났고, 16년에 유(幽) 땅에서 동맹을 맺었다. 희공 5년(B.C.655)에 수지(首止)에서 만났고, 희공 8년에 조(洮) 땅에서 만났으며, 희공 9년에 규구(葵丘)에서 만난 것이 바로 그것이다[魯莊十四年, 會於鄄, 十五年, 又會鄄, 十六年, 同盟於幽. 僖五年, 會首止, 八年, 盟於洮, 九年, 會葵丘是也]." 즉 전쟁을 위한 회맹 세 번과 평화를 위한 회맹 여섯 번이 바로 '아홉 번의 만남[九合]'이 된다. 『국어·제어(齊語)』 위소의 주와 『논어정의(論語正義)·헌문(憲問)』에서 유보남(劉寶楠)이 인용하고 있는 범영(范甯)의 '구합'은 이 견해와 약간 차이가 있다. '광(匡)'은 '바로잡다'의 뜻이다. '일광'은 주나라 양왕이 천자로서의 지위를 확립했음을 가리킨다.【吳】

10 받들어: 원문은 '솔성(率成)'이다. 『좌전·선공(宣公) 12년』에 보면 다음 문장이 있다. "옛날에 주나라 평왕(平王)이 우리 선군(先君) 진(晉)나라 문후(文侯)에게 '정나라와 함께 주 왕실을 보좌하여 왕명이 폐기되는 일이 없도록 하라'라고 명하셨는데, 지금 정나라가 왕명을 받들지 않습니다[昔平王命我先君文侯曰: '與鄭夾輔周室, 毋廢王命, 今鄭不率']." 이에 대해 두예가 "솔(率)은 받들다는 뜻이다[率, 遵也]"라고 주를 달고 있다.【王】

11 청모(菁茅)를 진상케 했다: 원문은 '복청모지공(復青茅之貢)'이다. '청(青)'은 『정본(程本)』에서는 '포(包)'로 되어 있다. 생각건대 '청(菁)'으로 고쳐야 맞다. 『상서·우공(禹貢)』에 보면, "청모를 상자에 싸서[包匭菁茅]"가 있고, 『곡량전·희공 4년』에 "청모를 진상하지 않으니[菁茅之貢不至]"가 있는데, 모두 그 증거이다. '청모'는 가시가 있는 띠 풀로 제사 때 사용하기 위해[제사용 술을 거르는 데 사용함] 상자에 싸서 보관했다. 환공의 "주 왕실을 받들어 초나라의 죄를 따져 묻고 청모를 진상케 했다"는 이 일은 『좌전·희공 4년』에 보인다.【吳】

나라 문공은 천토(踐土)에서 회맹하고[12] 조빙지례(朝聘之禮)[13]를 만들었으며, 주나라 양왕을 받아들이고 자대(子帶)를 주살함으로써[14] 천자를 받들어 모셨다. 그래서 공자는 '백성들이 오늘에 이르도록 관중의 은혜를 받고 있다'[15]라고 찬미했고, 또 '제나라 환공은 정도를 걸으면서 술수를 부리지 않았고, 진나라 문공은 술수를 부리면서 정도를 걷지 않았다'[16]라고 했던 것이다. 그러나 공자는 나머지 세 나라에 대해서는 한마디도 칭찬하지 않았다. 또한 진나라 목공은 정(鄭)나라(燭之武)의 간언을 받아들여 [杞子, 逢孫, 楊孫에게] 정나라를 수비하게 한 뒤 돌아갔고,[17] 건숙(蹇叔)의 계책

12 진나라 문공은 천토(踐土)에서 회맹하고 : '천토(踐土)'는 춘추시대 정나라의 땅으로 지금의 하남성(河南省) 형택현(滎澤縣) 서북쪽에 천토대(踐土臺)가 있다. 이 일은 『좌전·희공 28년』과 『국어·주어(周語)』에 자세히 보인다.【吳】

13 조빙지례(朝聘之禮) : '조빙지례'는 고대 제후들이 직접 가거나 아니면 사신을 보내 정기적으로 천자를 알현하는 것을 가리킨다. 춘추시대에는 패주(覇主)가 정권을 가지고 있었기 때문에 제후들이 패주를 알현했다. 『예기·왕제(王制)』에 다음 문장이 있다. "제후는 해마다 대부를 보내 천자를 알현했고, 3년에 한 번 경(卿)을 보내 천자를 알현했으며, 5년에 한 번 자신이 직접 가서 천자를 알현했다[諸侯之於天子也, 比年一小聘, 三年一大聘, 五年一朝]." 이에 대해 정현은 이렇게 주를 달고 있다 "비년(比年)은 매년이란 뜻이고, 소빙(小聘)은 대부를 보내 알현하는 것이고, 대빙(大聘)은 경(卿)을 보내 알현하는 것을 말하며, 조(朝)는 제후 자신이 직접 가서 천자를 알현하는 것이다. 그러나 여기서의 대빙과 조는 진(晉)나라 문공(文公) 때 제정한 것이다[比年, 每歲也. 小聘, 使大夫, 大聘, 使卿, 朝, 則君自行. 然此大聘與朝, 晉文霸時所制也]."【譯註】

14 양왕을 받아들이고 자대(子帶)를 주살함으로써 : 원문은 '납양극대(納襄剋帶)'이다. '양(襄)'은 주나라 양왕(襄王)을 가리키고 '대(帶)'는 양왕의 동생 자대를 가리킨다. 『좌전』에 따르면, 노(魯)나라 희공(僖公) 24년에 주나라 양왕은 자대의 난으로 출거하여 정나라에 머물면서 간사보(簡師父)를 진(晉)나라로 보내 자신의 위급함을 알렸다. 이듬해 진나라 문공은 출병했고 3월에 양번(陽樊)에 주둔했다. 우사(右師)를 보내 [자대가 머무르고 있는] 온(溫) 땅을 포위하고 좌사(左師)를 보내 양왕을 맞이하게 했다. 4월 3일에 양왕은 왕성(王城 : 洛邑)으로 들어가, 온 땅에서 사로잡은 자대를 습성(隰城)으로 끌고 가 주살하게 했다. '납양극대'는 바로 이것을 두고 하는 말이다. 이 사건은 『국어』「주어」와 「진어(晉語)」, 『사기·진세가(晉世家)』에도 보인다.【吳】

15 백성들이~관중의 은혜를 받고 있다 : 이 말은 원래 공자가 관중(管仲)을 찬미할 때 사용했던 말로, 『논어·헌문』편에 보인다.【吳】

16 제나라 환공은~않았다 : 『논어·헌문』에는 이 두 구절이 앞뒤로 바뀌어 실려 있다.【吳】

17 진나라 목공은~돌아갔고 : 원문은 '목공수정감언, 치수이거(繆公受鄭甘言, 置戍而

을 거스르다 효산(殽山)[18]에서 대패했다.[19] 또한 목공은 현신(賢臣) 백리해

去)'이다. '수(戍)'는 원래 '융(戎)'으로 잘못되어 있어서 『좌전』에 근거해 지금 고친다. 노나라 희공 30년에 진(晉)나라 문공과 진(秦)나라 목공이 정나라를 포위하자, 정나라의 대부 촉지무(燭之武)가 목공을 설득했다. 그러자 목공은 정나라와 맹약한 뒤 귀국하면서 기자, 봉손, 양손을 남겨 정나라를 지키게 했다. '감언'이란 바로 촉지무의 말을 가리키고, '치수(置戍)'는 기자 등 3인을 남겨 정나라를 지키게 한 것을 가리킨다.【吳】

18 효산(殽山) : 원문은 '효(殽)'이다. 효산은 지금의 하남성(河南省) 낙녕현(洛寧縣) 북쪽에 위치해 있다.【吳】

19 건숙(蹇叔)의 계책을 거스르다 효산(殽山)에서 대패했다 : 원문은 '목공위황발지계, 이우효지패(繆公違黃髮之計, 而遇殽之敗)'이다. 이 사건은 『좌전·희공 32년』에 실려 있다. "기자가 정나라에서 사람을 보내 진나라에 알렸다. '정나라에서 제게 도성 북문의 열쇠를 관리하게 했습니다. 만일 비밀리에 출병하면 정나라를 취할 수 있을 것입니다.' 목공이 대부 건숙을 찾아가 [이 일을] 상의하자 건숙이 말했다. '군사를 수고롭게 하여 멀리 떨어진 나라를 습격해 성공했다는 말을 들은 적이 없습니다. 군사가 지치고 병력이 다한 뒤 원주(遠主 : 먼 나라의 군주)가 방비하면 불가하지 않겠습니까! 우리 군사의 움직임을 정나라에서도 알아챌 것입니다. 애를 쓰고도 소득이 없으면 틀림없이 역심을 품을 것입니다. 또한 1천 리를 행군하는데 그 누가 모를 리 있겠습니까!' 목공은 [건숙의 말을 듣지 않고] 맹명(孟明), 서걸(西乞), 백을(白乙)을 불러 군사를 이끌고 동문 밖에서 출병하게 했다. 그러자 건숙이 울면서 말했다. '맹자(孟子 : 孟明)야! 나는 대군이 출병하는 모습을 보지만 회군하는 모습은 보지 못할 것이다.' 그러자 목공이 사람을 보내 건숙에게 말했다. '그대가 무엇을 안다고 그러시오! 그대가 중수(中壽 : 80세 혹은 그 이상의 노인)에 죽었다면 그대의 무덤 앞에 심은 나무 둘레가 한 아름은 되었을 것이오.' 건숙의 아들이 함께 출병하게 되자 건숙이 그를 전송하면서 울었다. '진(晉)나라는 반드시 효산에서 우리 군대를 저지할 것이다. 효산에 두 개의 능이 있는데 남쪽에 있는 능은 하후(夏后) 고(皐 : 桀王의 조부)의 묘이고, 북쪽에 있는 능은 주나라 문왕이 비바람을 피했던 곳이다. 너희들은 틀림없이 그 사이에서 죽을 것이고, 내가 너의 뼈를 거둘 것이다.' 진나라의 군사가 드디어 동쪽으로 출병했다[杞子自鄭使告於秦, 曰 : '鄭人使我掌其北門之管. 若潛師以來, 國可得也.' 穆公訪諸蹇叔, 蹇叔曰 : '勞師以襲遠, 非所聞也. 師勞力竭, 遠主備之, 無乃不可乎! 師之所爲, 鄭必知之. 勤而無所, 必有悖心. 且行千里, 其誰不知!' 召孟明·西乞·白乙, 使出師於東門之外. 蹇叔哭之, 曰 : '孟子! 吾見師之出, 而不見其入也.' 公使謂之曰 : '爾何知! 中壽爾墓之木拱矣.' 蹇叔之子與師, 哭而送之, 曰 : '晉人禦師必於殽. 殽有二陵焉, 其南陵, 夏后皐之墓也, 其北陵, 文王之所辟風雨也. 必死是間, 余收爾骨焉.' 秦師遂東]." 이듬해 여름 4월 14일(辛巳日) 진(晉)나라는 "효산에서 진군을 대파하고 백리맹명시(百里孟明視 : 百里奚의 아들), 서걸출(西乞朮), 백을병(白乙丙)을 잡아 돌아갔다[敗秦師於殽, 獲百里孟明視·西乞朮·白乙丙以歸]." 여기서 '목공위황발지계, 이우효지패(繆公違黃髮之計, 而遇殽之敗)'는 바로 이 사건을 가리킨다. '황발'은 사람이 늙으면 머리카락이 흰색에서 황색으로 바뀌는데, 여기서는 노인을 대신

(百里奚)를 죽이고[20] 자거씨(子車氏)의 세 아들[奄息, 仲行, 鍼虎]을 순사(殉死)하게 했기 때문에 『시경』의 「황조(黃鳥)」가 지어지고,[21] 시호가 '목(繆)'이라 불리게 되었다.[22] 송나라 양공은 자신의 도량과 능력을 헤아리지 않은 채, 명예를 바라다가 현실을 살피지 못했는데,[23] 여섯 마리의 물새와 다

하는 말로 사용되었고, 또한 건숙을 지칭하고 있다.【吳】

20 현신(賢臣) 백리해(百里奚)를 죽이고 : 『사기 · 상군열전(商君列傳)』에 보면, "오고대부(五羖大夫)가 죽자 진나라의 모든 이가 울었다[五羖大夫死, 秦國男女流涕]"가 있고, 「몽염열전(蒙恬列傳)」에 보면, 옛날에 진(秦)나라 목공이 [진나라의 현인 세 명을 죽이고] "백리해에게 죄를 물었지만 이것은 그의 죄가 아니다[罪百里奚, 而非其罪也]"라는 문장이 있다. 이 두 곳에서는 모두 백리해의 피살에 대해 언급하지 않고 있는 반면, 응소는 "현신 백리해를 죽였다"고 말하고 있는데, 틀림없이 다른 근거가 있을 것이다.【吳】

오고대부(五羖大夫) : 백리해를 가리킨다. 『사기 · 진본기(秦本紀)』에 따르면 백리해는 본래 진(晉)나라의 포로였는데, 진(秦)나라 목공의 부인이 시집올 때 시종으로 함께 진(秦)나라로 왔다. 백리해는 진나라에서 완(宛) 땅으로 도망치다가 초나라의 신분이 낮은 사람에게 붙잡혔다. 목공은 그가 어질다는 명성을 듣고 초나라에 사람을 보내 이렇게 말했다. "내 부인을 따라 온 백리해가 여기에 있는데, 검은 숫양 가죽 다섯 장으로 몸값을 치르기를 청합니다[吾媵臣百里奚在焉, 請以五羖羊皮贖之]." 이에 초나라 사람은 마침내 허락하고 그를 주었다. 오고대부라는 말은 바로 여기에서 나왔다.【譯註】

21 자거씨(子車氏)의 세 아들을~지어지고 : 『좌전 · 문공(文公) 6년』에 보면, "진백(秦伯) 임호(任好)가 죽자 자거씨의 세 아들 엄식, 중행, 침호가 목공을 따라 죽었는데, 이들은 모두 진 나라의 뛰어난 인물이었다. 이에 진나라 사람들이 그들의 죽음을 애도하며 「황조」를 지었다[秦伯任好卒, 以子車氏之三子奄息 · 仲行 · 鍼虎爲殉, 皆秦之良也. 國人哀之, 爲之賦「黃鳥」]." '임호(任好)'는 목공의 이름이다. 「황조」는 『시경 · 진풍(秦風)』에 보인다.【吳】

22 시호가 '목(繆)'이라 불리게 되었다 : 원문은 '고시왈목(故謚曰繆)'이다. 여기서 '목'은 '끌고 들어가다, 목 졸라 죽이다'의 뜻으로, 즉 진나라 목공은 죽을 때도 뛰어난 인물을 따라 죽게 만들었기 때문에 그를 폄하하여 이런 시호가 붙여진 것이다.【譯註】

23 송나라 양공은~살피지 못했는데 : 원문은 '양공부도덕능력, 모명이부종실(襄公不度德量力, 慕名而不綜實)'이다. 『좌전』에 따르면, 노나라 희공 17년에 제나라 환공(桓公)이 죽었다. 희공 18년에 송나라 양공이 제후들을 이끌고 제나라를 쳤다. 희공 19년에 등선공(滕宣公)을 포로로 잡고 조(曹)나라를 포위했다. 21년에 "송나라가 녹상(鹿上)에서 회맹한 뒤, 제후들의 맹주가 되겠다고 초나라에 알리자, 초나라에서 이를 허락했다. 이에 공자 목이(目夷)가 말했다. '작은 나라가 맹주를 다투는 것은 곧 화가 된다. 송나라는 장차 망할 것이다! 운이 좋으면 싸우다가 패할 것이다.' …… 가을, 제후들은 우(盂) 땅에서 양공을 만났다. 자어(子魚)가 말했다. '장차 화가 여기에

섯 개의 운석[24]이 먼저 그 조짐을 드러내더니 전군이 전멸하고 몸을 다쳐 결국 세상의 비웃음거리[25]가 되었다. 초나라 장왕은 스스로 왕이라 부르며[26] 제후이면서 천자의 뜻을 마음대로 재단했고, 주나라의 경내에서 열병식을 하고 구정(九鼎)의 크기와 무게를 물었다.[27] 또한 장왕은 자

있을 것인져! 군주의 욕심이 지나치니 제후들이 어찌 이것을 견뎌내겠는가?' 그러고 나서 초나라가 양공을 인질로 잡고 송나라를 쳤다. 그해 겨울, 제후들이 박(薄) 땅에서 회합한 뒤 양공을 풀어주었다. 이에 자어가 말했다. '화가 아직 다 끝나지 않았다. 군주를 징계하기에는 아직 부족하다'[宋人爲鹿上之盟, 以求諸侯於楚, 楚人許之. 公子目夷曰:'小國爭盟, 禍也. 宋其亡乎! 幸而後霸.' …… 秋, 諸侯會宋公於盂. 子魚曰: '禍其在此乎! 君欲已甚, 其何以堪之?' 於是楚執宋公以伐宋. 冬, 會於薄以釋之. 子魚曰:'禍猶未也. 未足以懲君']." 희공 22년 양공이 정나라를 치자 초나라가 송나라를 쳐서 정나라를 구해냈다. 양공은 대사마(大司馬:固)의 간언을 듣지 않고 홍수(泓水)에서 초나라와 싸우다가 결국 패해 달아나면서 허벅지를 다쳤다. 이 구절은 바로 이상의 사건을 말한 것이다.【吳】

24 여섯 마리의 물새와 다섯 개의 운석: 원문은 '육역오석(六鶂五石)'이다. '역(鶂)'은 『하본』에는 '익(鷁)'으로 되어 있는데, 두 글자는 같다. '역'은 물새의 일종으로 해오라기와 비슷하게 생겼으며 높이 날 수 있다. 『좌전·희공 16년』에 따르면, "봄에 송나라에 돌 다섯 개가 떨어졌는데, 바로 운석이었다. 또 물새 여섯 마리가 뒤로 날아 송나라 도성 위를 지나갔는데, 이는 바람 때문이었다[春, 隕石於宋五, 隕星也. 六鷁退飛過宋都, 風也]." 『한서·오행지(五行志)』에서는 동중서(董仲舒)와 유향의 말을 인용하여 '물새 여섯 마리와 운석 다섯 개'를 "송나라 양공이 맹주가 되려하나 절로 패할 것이라는 가르침을 나타내는 징조이다[象宋襄公欲行伯道將自敗之戒]"라고 견강부회했다. 또 유흠의 말을 인용해 '물새 여섯 마리가 뒤로 날아 송나라 도성 위를 날아간 것은' "송나라 양공이 미련하게 [맹주가 될 만한 사람이] 자기 밖에 없다고 여기고 신하의 의견을 수용하지 않은 채 사마자어(司馬子魚)의 간언을 거스르며 초나라와 맹주의 자리를 놓고 다투다가 6년 뒤에 초나라에 사로잡혔는데, 물새 여섯 마리의 숫자 6과 맞아 떨어진다[象宋襄公區霿自用, 不容臣下, 逆司馬子魚之諫, 而與楚爭盟, 後六年爲楚所執, 應六鷁之數]"고 견강부회했다. '여섯 마리의 물새와 다섯 개의 운석'에 대한 『풍속통의』의 해석 역시 이러한 유심주의(唯心主義)의 재앙설에 근거한 것이다.【吳】

25 비웃음거리: 원문은 '육소(僇笑)'로, '육'은 '욕보이다[辱]'의 뜻이다.【吳】

26 스스로 왕이라 부르며: 원문은 '참호(僭號)'이다. 초나라는 본래 자작(子爵)의 신분이었으나, 장왕 때 스스로 왕이라 불렀기 때문에 '참호'라고 했다.【吳】
자작(子爵): 고대 5대 작위 가운데의 하나이다. 5대 작위는 공(公), 후(侯), 백(伯), 자(子), 남(南)이다. 『좌전』에 따르면 초나라의 왕은 '초자(楚子)'라 불렀고, 오(吳)나라의 왕은 '오자(吳子)'라 불렀다.【譯註】

27 주나라의 경내에서~물었다: 『좌전·선공(宣公) 3년』에 따르면, "초자(楚子:楚莊王)가 육혼(陸渾) 땅의 융족(戎族)을 치고 낙수(雒水)에 도착한 뒤 주나라의 경내에서

신의 힘을 믿고 마음대로 분을 떨치다가 거의 송나라를 멸망시켜, 백성들이 서로 자식을 바꿔 잡아먹고 해골을 잘라 땔감으로 만들어 밥을 지어먹게 했으니[28] 그 화가 아주 컸다. 이 세 나라는 모두 쇠락한 주 왕실을 일으키고 끊어진 왕통을 이어나가며[29] 주 왕실[30]을 받든 공적이 없었다. 세상에 이 사실을 기록하는 자들이 사건의 본말을 자세히 살피지도 않고 죽간과 비단에 적어 놓는 바람에 춘추오패의 공이 똑같아졌고, 또한 후배들을 미혹시키고[31] 잘못된 길로 이끌었으니, 이 어찌 어리석지 않은가!

'백(伯)'은 '우두머리[長]'요, '명백하다[白]'의 뜻이다. 즉 이것은 그들이 모두 다섯 나라의 제후를 지냈고, 공적이 명백하다는 것을 말한다. 어떤 사

열병식을 가졌다. 주나라 정왕(定王)이 왕손만(王孫滿)을 보내 장왕을 의로하자, 장왕이 구정의 크기와 무게를 물었다[楚子伐陸渾之戎, 遂至於雒, 觀兵於周疆. 定王使王孫滿勞楚子, 楚子問鼎之大小輕重焉]." 여기서 정(鼎)은 국가권력의 상징이기 때문에, 두예는 '정에 대해 물은 것'에 대해 "주나라를 핍박하여 천하를 손에 넣고자 하는 뜻을 드러낸 것이다['問鼎'云 : '示欲偪周取天下']"라고 주를 달았던 것이다.【吳】

28 서로 자식을 바꿔 잡아먹고~밥을 지어먹게 했으니 : 원문은 '역자석해(易子析骸)'이다. 노나라 선공(宣公) 14년 9월 초나라 장왕이 송나라를 포위했다. 이듬해 신숙시(申叔時)의 계책을 따라 송나라에 집을 짓고 군대를 해산시켜 농사를 짓게 해 송나라를 떠날 뜻이 없음을 보여주었다. 송나라 사람들은 이를 두려워한 나머지 화원(華元)을 시켜 밤에 초나라 군영으로 잠입하게 했다. 화원은 자반(子反 : 楚나라의 主將)의 침상으로 올라가 그를 깨우며 말했다. "우리 왕께서 저를 보내 송나라의 어려운 사정을 알리게 하셨소. '폐읍(敝邑)은 서로 자식을 바꿔 잡아먹고 해골을 잘라 불을 때 밥을 지어 먹고 있습니다'[寡君使元以病告, 曰 : '敝邑易子而食, 析骸以爨']." 이것은 『좌전』과 『공양전』에 보인다.【吳】

29 쇠락한 주 왕실을~이어나가며 : 원문은 '흥미계절(興微繼絶)'이다. 『논어 · 요왈(堯曰)』에 "망한 왕손의 나라를 일으키고, 끊어진 왕통을 이어나가며[興滅國, 繼絶世]"라는 문장이 있다.【譯註】

30 주 왕실 : 원문은 '왕가(王家)'이다. '실(室)'은 원래 '가(家)'로 되어 있었는데, 『오본(吳本)』·『유편본(遺編本)』·『정본』·『낭본』·『명각본』·『초본』·『강희본』·『도광본』에는 모두 '실'로 되어 있다. 지금 이에 근거해 고친다.【吳】

31 미혹시키고 : 원문은 '혹(或)'이다. 사수청 선생의 말에 따르면, "'혹(或)'은 '혹(惑)'의 가차자가 틀림없다. 『설문해자』에 따르면 '혹(惑)'은 '난(亂)'이다. 옛날에는 '혹(或)' 자를 '혹(惑)' 자로 많이 사용했다['或'當是'惑'之借字. 『說文』 : "'惑', '亂'也." 古多借'或'爲'惑']"고 되어 있다.【吳】

람이 "'패(覇)'는 '손에 쥐다(把)', '순수하지 않다(駁)'[32]의 뜻이다"라고 말했는데, 이것은 그들이 천자의 정권을 손에 쥐고[33] 제후들을 규합하여 회맹했음을 의미한다.[34] 환공이 관중에게 물었다.

"나는 어떤 왕인가?"

그러자 관중이 대답했다.

"적(狄)이 위(衛)나라를 곤경에 빠뜨렸을 때는 군대를 돌리고 구해주지 않다가, 위나라가 멸망하기를 기다렸다가 가서 존속시켜주었으니, 이것은 어진 행동이기는 하지만 그 뜻이 순수하지 않으니, 공께서는 패주(覇主)입니다."[35]

---

32 순수하지 않다: 원문은 '박(駮)'으로, '박(駮)'은 '박(駁)'으로 읽어야 한다.【吳】

33 천자의 정권을 손에 쥐고: 원문은 '언파지천자정령(言把持天子政令)'이다. 『군서습보』에 따르면, "『의림』에는 '언기파지천하지정(言其把持天下之政)'이라 되어 있고, 원각본에는 '자(子)'가 '하(下)'로 되어 있다. 『좌전정의(左傳正義)』에서는 강성(康成)의 '언파지왕자지정교(言把持王者之政教)'를 싣고 있는데, '천자(天子)'로 하는 것이 맞다(『意林』作'言其把持天下之政', 元刻'子'亦作'下'. 按『左傳正義』載康成說云: '言把持王者之政教' 則作'天子'是)"고 되어 있다. 내가 근거한 『원본(元本)』에는 '천자(天子)'로 되어 있다.【吳】

34 제후들을 규합하여 회맹했음을 의미한다: 원문은 '규솔동맹야(糾率同盟也)'이다. 『백호통의·호편』에서는 '패(覇)'를 다음과 같이 풀이하고 있다. "옛날에 삼왕(三王)의 도가 무너지자 춘추오패가 그 정권을 존속시키고 제후들을 거느리고 천자를 알현했는데, 천하의 교화를 바로잡고 중국을 다시 일으키고 오랑캐들을 물리쳤기 때문에 '패'라 불렀다(昔三王之道衰, 五覇存其政, 帥諸侯朝天子, 正天下之化, 興復中國, 攘除夷狄, 故謂之'覇'也)." 또 다음과 같이 말했다. "패(覇)는 곧 '백(伯)'으로, 방백(方伯)의 직책을 수행하면서 제후들을 모아 천자를 알현해서 군신의 도리가 무너지지 않았다. 그래서 성인들도 그들과 함께 하여 명왕(明王)의 법도가 펼쳐지지 않은 적이 없었다. '패'는 '핍박하다', '쥐고 흔들다'로, 즉 제후들을 으르고 협박하며 천자의 왕권을 손에 쥐고 흔들었다(覇者, 伯也, 行方伯之職, 會諸侯朝天子, 不失人臣之義. 故聖人與之, 非明王之法不張. 覇猶迫也, 把也, 迫脅諸侯, 把持王政)." 이것과 더불어 서로 참고할 만하다.【吳】

35 적(狄)이～패주(覇主)입니다: 『순자·왕패』에 다음 말이 있다. "순수하게 도의를 생각하고 현인을 등용하는 사람은 왕이라 할 수 있고, 불순하게 의리와 실리를 모두 챙기는 사람은 패주라 할 수 있다(粹而王, 駁而覇)." 『태평어람』 권536에서 『상서중후(尙書中侯)』의 말을 다음과 같이 인용하고 있다. "그 해 2월 환공이 동관(東館)에 있으면서 이렇게 탄식했다. '아! 관중. 짐이 듣건대 옛날 패왕들은 태산(太山)에서 봉선제를 올리면서 자신들의 공을 기록한 기호석(紀號石)을 세우고 그 위상을 드러

무릇 삼통(三統)이라는 것은 천지인의 시작이자 도의 핵심이요. 오행(五行)은 만물의 근본이다. 도는 삼통으로 인해 일어나고 덕은 오행으로 인해 완성된다. 그래서 삼황, 오제, 삼왕, 오백은 지극한 도에서 멀지 않았다. 삼통과 오행은 둥근 고리[36]가 순환하는 것처럼 반복하여 돌아오고 구정의 귀와 맞아떨어지며, 다했다가도 다시 근본으로 돌아오고 끝났다가도 다시 시작된다.[37]

『春秋』說 : "齊桓 · 晉文 · 秦繆 · 宋襄 · 楚莊是五伯也."

謹按『春秋左氏傳』: "夏后太康, 娛於耽樂, 不脩民事, 諸侯僭差. 於是昆吾氏乃爲盟主, 誅不從命, 以尊王室. 及殷之衰也, 大彭氏 · 豕韋氏復續其緒, 所謂王道廢而霸業興者也. 齊桓九合一匡, 率成王室, 責彊楚之罪, 復靑茅之貢. 晉文爲踐土之會, 修朝聘之禮, 納襄剋帶, 翼戴天子. 孔子稱 : '民到于今受其賜', 又曰 : '齊桓正而不譎, 晉文譎而不正.'" 至於三國, 旣無歎譽一言. 而繆公受鄭甘言, 置戍而去, 違黃髮之

내었다고 하던데, 지금 과인은 어떤 왕으로 알려져 있나?' 그러자 관자(管子 : 管仲)가 말했다. '위나라가 적(狄)에게 곤욕을 당할 때 군대를 멈추고 구해주지 않다가, 위나라가 멸망하기를 기다렸다가 가서 위나라를 존속시켜주었는데, 이것은 어진 행동이기는 하지만 순수하지 않으니, 패주(霸主)라 할 수 있습니다'[維歲二月, 侯(桓公)在東館, 嘆曰 : '於戲仲父. 寡人聞古霸王封太山, 刻石紀號, 立顯象, 今寡人名爲何君?' 管子曰 : '衛困於狄, 按兵須滅乃存之, 仁不純, 名爲霸君']." 적이 위나라를 멸망시키고 위나라 의공(懿公)을 살해했는데, 이 일은 노나라 민공(閔公) 2년 겨울 12월에 발생했다. 희공 2년 봄이 되어서야 제나라 환공은 비로소 제후들을 이끌고 가서 초구(楚丘)에 성을 쌓고 위나라로 봉한 뒤 문공(文公) 훼(燬)를 왕으로 세웠다. 이 사건은 『좌전』과 『사기 · 위강공세가(衛康公世家)』에 자세하게 나와 있다.【吳】

36 둥근 고리 : 원문은 '연환(連鐶)'이다. '환(鐶)'은 바로 '환(環)'이다.【吳】

37 다했다가도~시작된다 : 원문은 '궁즉반본, 종즉복시야(窮則反本, 終則復始也)'이다. 『태평어람』 권76에서는 『일주서(逸周書)』에 근거해 "삼왕의 도는 둥근 고리처럼 도는데, 다 돌았다 싶으면 다시 시작하고, 끝나는가 싶으면 다시 근본으로 돌아온다[三王之統, 若循連環, 周則復始, 窮則反本]"라고 했고, 『사기 · 고조본기(高祖本紀)』에서는 태사공이 "삼왕의 도는 순환하듯이 끝났는가 싶으면 다시 시작된다[三王之道, 若循環, 終而復始]"라고 했는데, 이것은 응소의 역사관과 같다.【吳】

計, 而遇殽之敗. 殺賢臣百里奚, 以子車氏爲殉, 『詩』「黃鳥」之所爲作, 故諡曰'繆'. 襄公不度德量力, 慕名而不綜實, 六鷁五石, 先著其異, 覆軍殘身, 終爲僇笑. 莊王僭號, 自下摩上, 觀兵京師, 問鼎輕重. 恃彊肆忿, 幾亡宋國, 易子析骸, 厥禍亦巨. 皆無興微繼絶, 尊事王室之功. 世之紀事者不詳察其本末, 至書於竹帛, 同之伯功, 或誤後生, 豈不暗乎!

'伯'者, '長'也, '白'也. 言其咸建五長, 功實明白. 或曰 : "'霸'者, '把'也, '駮'也", 言把持天子政令, 糾率同盟也. 桓公問管仲 : "吾何君也?" 對曰 : "狄困於衛, 復兵不救, 須滅乃往存之, 仁不純, 爲霸君也." 蓋三統者, 天地人之始, 道之大綱也, 五行者, 品物之宗也. 道以三興, 德以五成. 故三皇・五帝・三王・五伯, 至道不遠. 三五復反, 譬若循連鐶, 順鼎耳, 窮則反本, 終則復始也.

육국(六國)

초나라의 조상은 전욱(顓頊)으로부터 나왔다. 그 후손 육종(陸終)[1]은 여궤(女潰)라 불리는 귀방씨(鬼方氏)[2]의 여자에게 장가들었다. 여궤는 임신한 지 3년이 되도록 아이를 낳지 못하다가, 왼쪽 옆구리를 가르니 그곳에서 세 명의 아이가 나왔고, 오른쪽 옆구리를 가르니 역시 세 명의 아이가 나왔다. 그 여섯째가 계련(季連)인데, 성이 미씨(芈氏)이다.[3] 그 후손 가운

1 육종(陸終) : 『사기 · 초세가(楚世家)』에 따르면, 황제(黃帝)가 창의(昌意)를 낳고, 창의는 전욱을 낳고, 전욱은 칭(稱)을 낳고, 칭은 권장(卷章)을 낳고, 권장은 중려(重黎) · 오회(吳回)를 낳고, 오회는 육종을 낳았다고 한다.【吳】

2 귀방씨(鬼方氏) : 고대 종족의 하나이다. 귀방씨는 혼이(混夷) · 훈육(獯鬻) · 험윤(玁狁) · 흉노(匈奴)와 같은 계통의 종족으로, 주로 지금의 섬서(陝西) · 감숙(甘肅) 일대에서 활동했고, 간혹 그 서쪽으로 활동무대를 옮기기도 했다.【吳】

3 성이 미씨(芈氏)이다 : 원문은 '시위미(是爲芈)'이다. '시(是)'는 '씨(氏)'와 같다. 『사기 · 초세가』에 다음 말이 있다. "육종은 아들 여섯을 낳았는데, 모두 배를 갈라 낳았다. 큰 아들은 곤오이고, 둘째는 참호, 셋째는 팽조, 넷째는 회인, 다섯째는 조성, 여섯째는 계련이다. 계련의 성은 미씨로, 초나라는 바로 그의 후손이다[陸終生子六

데 육웅(鬻熊)이란 자가 있었는데, 자식을 대하듯 주나라 문왕을 섬겨 그의 스승이 되었다.[4] 주나라 성왕(成王)은 문왕과 무왕 때 공을 세운 자를 선발하여 [논공행상을 할 때] 웅역(熊繹)을 초 땅에 봉하고 자작(子爵)과 남작(男爵)의 지위와 봉토를 하사했으며,[5] 그로부터 10대 후에 왕이라 불리기 시작했다.[6] 회왕(懷王)이 간신 상관대부(上官大夫) 근상(靳尙)과 영윤(令尹) 자란(子蘭)을 신임하고[7] 충신을 배척하자, 굴원(屈原)은 「이소부(離騷賦)」를 짓

人, 坼剖而產焉. 其長一曰昆吾, 二曰參胡, 三曰彭祖, 四曰會人, 五曰曹姓, 六曰季連. 羋姓, 楚其後也.]" 이 내용은 『세본(世本)·제계(帝繫)』에도 보인다.【吳】

4 그 후손 가운데~그의 스승이 되었다: 원문은 '기후유육웅자위문왕사(其後有鬻熊子爲文王師)'이다. 여기서 '자(子)'는 '아들'의 뜻이 아니다. 문헌에 따르면, 육웅은 90세에 문왕을 만나 그의 스승이 되었다고 한다. 따라서 여기서 '자(子)'는 아들이 아니라 '자식을 대하듯' 혹은 '자애롭다'의 의미로 사용되어야 옳다.【譯註】

5 주나라 성왕(成王)은~하사했으며: 『사기·초세가』에 다음 문장이 보인다. "주나라 문왕 때 계련의 후예로 육웅(鬻熊)이라는 자가 있었다. 육웅은 자식을 대하듯 문왕을 모셨으나 일찍 죽었다. 그의 아들은 웅려(熊麗)이고, 웅려는 웅광(熊狂)을 낳고, 웅광은 웅역(熊繹)을 낳았다. 웅역은 성왕 때에 성왕이 문왕과 무왕 때 공을 세운 후손들을 뽑아 논공행상할 때 초만(楚蠻)에 봉해지고 자작과 남작의 지위와 봉토를 하사받았다. 웅역은 미씨(羋氏)로 단양(丹陽)에서 살았다[周文王之時, 季連之苗裔曰鬻熊. 鬻熊子事文王, 蚤卒. 其子曰熊麗, 熊麗生熊狂, 熊狂生熊繹. 熊繹當成王之時, 擧文武勤勞之後嗣, 而封熊繹於楚蠻, 封以子男之田. 姓羋氏, 居丹陽.]" '채(采)'는 경대부(卿大夫)에게 분봉했던 토지이다. 『한서·형법지(刑法志)』의 안사고(顔師古) 주에 따르면, "채는 관(官)이다. 관직에 따라 분배된 토지에서 이익을 취했기 때문에 생겨난 명칭이다[采, 官也. 因官食地, 故曰采地.]" '채지(采地)'는 곧 '채(采)'이다. 또한 『공양전·양공(襄公) 15년』에 달린 하휴(何休)의 주에 따르면 다음과 같다. "이른바 '채'라는 것은 분봉 받은 토지와 백성을 소유하는 것이 아니라 그 땅에서 나오는 조세를 취하는 것이다[所謂'采'者, 不得有其土地人民, 采取其租稅爾.]"【吳】

6 그로부터 10대 후에 왕이라 불리기 시작했다: 원문은 '기십세칭왕(其十世稱王)'이다. 초나라가 왕이라 칭한 것은 초나라 무왕(武王) 웅통(熊通) 때부터이다. 『사기』에 따르면 웅역에서부터 웅통 때까지는 10대가 넘는다. 여기서 '십세칭왕'이라 한 것은 분명 다른 근거가 있다.【吳】

7 회왕(懷王)이~신임하고: 『군서습보』에 따르면 '회왕(懷王)' 두 글자 다음에 "'신임(信任)' 두 글자가 있어야 맞다[當有'信任'二字]"라고 적혀 있다. 여기서는 기술된 초나라 회왕의 사건은 글자가 빠지고 누락되었기 때문에 '상관(上官)·자란(子蘭)의 사건'으로 잘못 되었다. 빠진 글자는 '신임(信任)' 두 글자 혹은 '신임'과 뜻이 가까운 글자이다. '자란(子蘭)'은 원래 '자간(子簡)'으로 잘못 적혀 있었으나, 『오본』·『정본』·『낭본』에 '자란'으로 되어 있어 지금 이에 근거하여 고친다. '상관'은 상관대부 근상을 말하고 '자란'은 초나라 회왕의 아들 경양왕(頃襄王)의 동생 영윤 자란을 말한다.

고 스스로 멱라수(汨羅水)에 몸을 던져 죽었다.[8] 회왕은 장의(張儀)에게 속아 진(秦)나라에서 객사했다.[9] 초나라는 부초(負芻)대에 와서 진(秦)나라에게 멸망당했다. 이에 초나라 백성들이 멸망을 슬퍼하며 이렇게 말했다.

"초나라에 비록 세 집뿐이라 해도 진나라를 멸망시킬 나라는 분명 초나라이다."[10]

전욱에서부터 부초까지 모두 64대 1616년이었다.

연(燕)나라 소공(召公) 석(奭)은 주나라와 동성[姬氏]이다.[11] 무왕이 주왕(紂

『사기·초세가』에 다음 문장이 있다. "회왕은 충신을 구별할 줄 몰랐기 때문에 안으로는 정수(鄭袖: 회왕의 애첩)에게 미혹되고 밖으로는 장의에게 속아 굴평(屈平: 屈原)을 멀리하고 상관대부와 영윤 자란을 신임했다[懷王以不知忠臣之分, 故內惑於鄭袖, 外欺於張儀, 疏屈平而信上官大夫·令尹子蘭]."【吳】

8 스스로 멱라수(汨羅水)에 몸을 던져 죽었다: 원문은 '자투멱라수(自投汨羅水)'이다. 『군서습보』에 따르면, '수(水)' 자는 "『정본』에서는 '왕(王)'으로 되어 있는데 '왕' 자는 다음 구절에 붙어야 맞다[『程本』作'王', 屬下句是]"고 되어 있다. 『낭본』을 살펴보니 역시 '왕(王)'으로 되어 있다. 『사기·굴원열전집해(屈原列傳集解)』에서는 응소의 다음 말에 근거해 "멱수(汨水)가 나(羅) 땅에 있기 때문에 멱라라 불렀다[汨水在羅, 故曰汨羅也]"고 되어 있다. 이 물은 지금의 호남성(湖南省) 동북쪽에 있다. 두 개의 발원지가 있는데, 동쪽 발원지는 강서성(江西省) 수수현(修水縣) 경내에서 나오고, 서쪽 발원지는 평강현(平江縣) 동북쪽 경내에 있는데, 두 물줄기가 평강현 서쪽에서 합쳐져 상음현(湘陰縣) 뇌석산(磊石山)으로 흘러와 동정호(洞庭湖)로 들어간다.【吳】

9 회왕은~객사했다: 초나라 회왕 16년에 진나라가 제(齊)나라를 정벌하려 하자 초나라와 제나라가 합종책을 벌였다. 이에 진(秦)나라 혜왕(惠王)이 장의를 보내 초나라를 설득했다. "왕께서 저를 위해 관문을 닫고 제나라와 단교하고, 지금 사신을 보내 저를 따라 서쪽으로 가면, 지난날 진나라에 의해 쪼개졌던 초나라의 상오(商於) 땅 6백 리를 취하실 수 있습니다[王爲儀閉關而絶齊, 今使使者從儀西取故秦所分楚商於之地六百里]." 회왕은 장의의 말을 듣고 제나라와 단교했지만, 역시 진나라로부터 땅을 받지 못했다. 회왕은 이에 화가나 진나라를 쳤지만 크게 패했다. 회왕 30년에 진나라 소왕(昭王)이 초나라 회왕에게 편지를 보내 무관(武關)에서 회맹하기로 약속했다. 회왕은 약속 장소로 갔다가 결국 진 땅에 구류되어 진나라에서 죽었다. 이 일은 『사기·초세가』에 자세히 나와 있다.【吳】

10 초나라에~초나라이다: 이 두 구절은 초나라에 세 집만 남아 있다 하더라도 틀림없이 진나라를 멸망시켰을 것이라는 것을 말하는데, 초나라 사람들이 진나라에 품고 있는 원한이 깊다는 것을 나타내는 것이다.【吳】

11 연(燕)나라 소공(召公) 석(奭)은~동성이다: 『사기·연소공세가(燕召公世家)』에 따르면 다음과 같다. "소공 석은 주나라와 동성으로, 성은 희씨이다[召公奭與周同姓, 姓

王)을 멸망시키고 소공을 연(燕) 땅[12]에 봉했다. 주나라 성왕 때 소공은 안으로는 삼공(三公)에 거하고 밖으로는 이백(二伯)이 되어 섬현(陜縣) 서쪽 지방을 다스렸다.[13] 농사철이 되자 소공은 백성들의 수고를 중히 여겨[14] 공관[15]에 머무르지 않고, 당(棠)나무 아래에서 지내면서[16] 송사를 듣고 옥사를 처리했는데, 백성들이 각자 그 적절한 자리를 얻게 되었다. 소공은 90여 세까지 살다가 죽었다.[17] 후세 사람들이 그의 미덕을 그리워하며 당나무를 아껴 감히 베어내지 않았으니, 이로부터 『시경』의 「감당(甘棠)」[18]

姬氏].”【吳】

12 연(燕) 땅: 『사기 · 연소공세가』에 따르면 '연'은 '북연(北燕)'이다. 북연은 희씨(姬氏) 성의 나라로 진(晉)나라 북쪽에 위치해 있다. 그 밖에 남연(南燕)이 있는데, 길씨(姞氏) 성의 나라로 정나라와 위나라 사이에 위치해 있다.【吳】

13 주나라 성왕 때~다스렸다: 『사기 · 연소공세가』에 보면 다음과 같다. “성왕 때 소공은 삼공(三公)이 되어 섬현의 서쪽 지역을 관장하게 되었고, 섬현의 동쪽은 주공이 맡아 다스렸다[其在成王時, 召公爲三公, 自陝以西, 召公主之, 自陝以東, 周公主之].” 『사기집해』에서 하휴의 다음 말을 인용했다. “섬은 지금의 홍농군 섬현인 것 같다[陝者, 蓋今弘農陝縣是也].” 옛 땅은 지금의 하남성 섬현에 있다.【吳】

14 백성들의 수고를 중히 여겨: 원문은 '중위소번로(重爲所煩勞)'이다. 『군서습보』에 따르면, “'소(所)'는 쓸데없이 들어간 글자이다['所'字衍]”라고 되어 있다.【吳】

15 공관: 원문은 '향정(鄕亭)'이다. 한나라 제도에 따르면 1백 호마다 1리(里)를 두었고, 10리마다 1정(亭)을 두었으며 10정마다 1향(鄕)을 두었다. 또한 각 정마다 행인들이 쉬어갈 수 있게 공관 한 채씩을 지어놓았는데, 이것을 '향정'이라 한다. 『한서 · 조충국전(趙充國傳)』에 다음 문장이 있다. “향정을 수리하고 도랑을 쳤다[繕鄕亭, 浚溝渠].” 북위(北魏) 가사협(賈思勰)의 「제민요술서(齊民要術序)」에 보면 다음 문장이 있다. “몸소 농사일에 힘써 논두렁길을 왔다 갔다 하며 향정에 머물면서 편히 쉬는 날이 드물었다[躬勤農桑, 出入阡陌, 止舍鄕亭, 稀有安居].”【譯註】

16 당(棠) 나무 아래에서 지내면서: 이 구절은 『문선 · 위송공수초원왕묘교(爲宋公修楚元王墓教)』의 이선(李善) 주에는 '지감당수지하(止甘棠樹之下)'라 인용되어 있다. '당(棠)'은 교목(喬木)의 일종으로, 적색 감당수와 흰색 감당수 두 종류가 있다. 적색 감당수는 나뭇결이 단단하고 열매는 떫고 맛이 없다. 흰색 감당수는 바로 감당(甘棠)나무로 당리(棠梨)라고도 한다. 열매는 배와 비슷하게 생겼지만 작고, 달고 신맛이 나며 먹을 수 있다. 고대에는 관청이나 공원묘지에 많이 심었다.【吳】

17 소공은 90여 세까지 살다가 죽었다: 『논형 · 기수(氣壽)』에 보면, “소공은 주공의 형이다. 강왕 때에 와서 태보(太保)가 되었으며 1백 세 남짓 살았다[邵公, 周公之兄也. 至康王之時, 尙爲太保, 出入百有餘歲矣]”고 되어 있다. 또 전하는 말에 따르면, “소공은 180세이다[邵公百八十]”고 되어 있는데, 이것은 모두 전해오는 말이다.【吳】

18 「감당(甘棠)」: 『시경 · 소남(召南)』에 보인다.【吳】

이 지어지게 되었다. 소공부터 9대를 거쳐 [惠侯대에 와서] 후(侯)로 불리기 시작했고,[19] 혜후부터 8대를 거쳐 [莊公대에 와서] 공(公)으로 칭해지기 시작했다.[20] 그로부터 10대 뒤에 [易王대에 와서] 왕으로 칭해지기 시작했으며[21] 희왕(喜王)대에 와서 진(秦)나라에게 멸망당했다. 연나라는 밖으로는 만(蠻)·맥(貊) 등의 오랑캐에게 곤욕을 치르고[22] 안으로는 제(齊)나라와 진(晉)나라의 협박을 받으며[23] 강국 사이에 끼어 험난하게 사느라 가장 세력이 약했고, 멸망 직전까지 간 경우가 여러 차례였다. 그런데도 8~9백 년 동안 사직을 보존하고 제사를 올렸으며[24] 희씨 성의 나라들 가운데 가장 뒤에 멸망했는데, 뛰어난 선조들이 남긴 위업이 아니었더라면 어찌 그럴 수 있겠는가!

한(韓)나라의 조상은 주나라와 동성[姬氏]이다. 무자(武子)가 진(晉)나라 헌공(獻公)을 섬기면서 한원(韓原)[25]에 봉해져, 봉토의 이름을 따라서 한씨(韓氏)가 되었다. 한궐(韓厥)은 점쟁이의 점괘에 따라서 조성계(趙成季)의 공을 말해 조씨의 고아[趙武]에게 집안을 잇게 하고 정영(程嬰)의 뜻을 이루게 해주어[26] 진(晉)나라의 이름난 경(卿)이 되었는데,[27] 이것은 하늘이 그를

19 소공부터~시작했고 : 『사기·연소공세가』에 따르면, "소공 이하 9대를 내려오면 혜후에 이른다. 연나라 혜후는 주나라 여왕(厲王)이 체(彘) 땅으로 도망치고 공화정이 실시되던 때에 후(侯)로 불리기 시작했다[自召公已下九世至惠侯. 燕惠侯當周厲王奔彘, 共和之時]."【吳】

20 혜후부터~시작했다 : 연나라 혜후 이하 8대를 내려오면 장공(莊公)에 이르는데, 장공 때에 와서 비로소 공(公)으로 칭해지기 시작했다.【吳】

21 그로부터~시작했으며 : 원문은 '십세칭왕(十世稱王)'이다. 『사기·연소공세가』에 따르면 연나라 역왕(易王) 때에 비로소 왕으로 불리기 시작했으며, 장공에서부터 역왕 때까지는 모두 20대이다. 여기서 이 문장은 잘못된 것이다.【吳】

22 연나라는~곤욕을 치르고 : 이 구절부터 '어찌 그럴 수 있겠는가[豈其然乎]'까지는 『사기·연소공세가』의 찬어(贊語)에 근거한 말로, 문자에 약간의 출입이 있다.【吳】

23 협박을 받으며 : 원문은 '착(窄)'이다.【吳】

24 제사를 올렸으며 : 원문은 '혈식(血食)'이다. '혈식'은 귀신들이 제사를 받았음을 말한다. 즉 제사 때 제물을 사용했기 때문에 '혈식'이라 불렀다.【吳】

25 한원(韓原) : 옛 땅은 지금의 섬서성(陝西省) 한성현(韓城縣)에 있다.【吳】

도운 것이다. 그 4대[景侯]에 와서 비로소 조(趙)나라·위(魏)나라와 함께 제후의 반열에 오르게 되었다.[28] 그로부터 5대를 거쳐 [宣惠王대에 와서] 왕

---

26 한궐(韓厥)은~정영(程嬰)의 뜻을 이루게 해주어:『사기·한세가(韓世家)』에 다음 문장이 있다. "한궐. 진(晉)나라 경공(景公) 3년에 진의 사구(司寇) 도안고(屠岸賈)가 장차 난을 일으켜 영공(靈公)의 적인 조순(趙盾)을 죽이려 했다. 그때 조순은 이미 죽고 없었기 때문에 그의 아들 조삭(趙朔)을 죽이려 했다. 한궐은 도안고를 말렸지만, 도안고가 자신의 말을 듣지 않자 조삭에게 그 사실을 알리며 도망가게 했다. 그러자 조삭이 말했다. '그대가 틀림없이 우리 집안의 제사를 끊이지 않게 해줄 수 있다면, 내 죽어도 여한이 없소.' 이에 한궐이 그렇게 하겠다고 했다. 도안고가 조씨를 죽일 때 한궐은 병을 핑계로 나아가지 않았다. 정영과 공손저구(公孫杵臼)가 조씨의 고아 조무를 숨겨 주었는데, 한궐은 이 사실을 알고 있었다. …… 진나라 경공 17년 경공이 병이나 점을 쳐 보니 대업(大業: 조씨의 선조 皐陶)이 뜻을 이루지 못해[즉 제사가 단절됨을 의미] 재앙을 내린 것이라고 했다. 이에 한궐이 조성계의 공을 찬양하며 지금에 와서 제사를 지낼 후손이 없다고 말해 경공의 마음을 움직이게 만들었다. 경공이 말했다. '세상에 아직 그의 후손이 있는가?' 한궐이 이에 조무를 고해 올렸다. 이에 조씨의 옛 땅과 봉읍을 돌려주고 조씨 집안의 제사를 이어가도록 했다[韓厥. 晉景公之三年, 晉司寇屠岸賈將作亂, 誅靈公之賊趙盾. 趙盾已死矣, 欲誅其子趙朔. 韓厥止賈, 賈不聽, 厥告趙朔令亡. 朔曰:'子必能不絶趙祀, 死不恨矣.' 韓厥許之. 及賈誅趙氏, 厥稱疾不出. 程嬰·公孫杵臼之藏趙孤趙武也, 厥知之. …… 晉景公十七年, 病, 卜大業之不遂者爲祟. 韓厥稱趙成季之功, 今後無祀, 以感景公. 景公問曰:'尙有世乎?' 厥於是言趙武. 而復與故趙氏田邑, 續趙氏祀."「조세가(趙世家)」의 기록이 비교적 상세하다. 또한『설원(說苑)·복은(復恩)』에도 보이고,『좌전』에도 실려 있는데, 이와는 다르다.【吳】

27 진(晉)나라의 이름난 경(卿)이 되었는데: 원문은 '위진명경(爲晉名卿)'이다.『좌전·성공(成公) 3년』에 보면, "12월 갑술일에 진(晉)나라가 6군을 편성했다. 한궐, 조괄(趙括), 공삭(鞏朔), 한천(韓穿), 순추(荀騅), 조전(趙旃)이 모두 경(卿)이 되었는데, 안지전(鞍之戰)에서의 공로를 치하한 것이다[十二月甲戌, 晉作六軍. 韓厥·趙括·鞏朔·韓穿·荀騅·趙旃皆爲卿, 賞鞍之戰也]"고 되어 있고, 또『좌전·성공 6년』에는 "한헌자가 장차 신임 중군이 되었다[韓獻子將新中軍]"라고 되어 있는데, '헌자(獻子)'는 바로 한궐이다. '장신중군'은 즉 장군이 되었다는 뜻이고, 장군 역시 경(卿)이다. 당시에는 경과 장군을 구분하지 않았는데, 평상시에는 경이었다가 전시에는 한 군을 통솔했기 때문에 장군이라고 칭했다.【吳】

28 그 4대에 와서~제후의 반열에 오르게 되었다:『사기·한세가』에 따르면, 한궐이 선자(宣子)를 낳고, 선자가 정자(貞子)를 낳았으며, 정자가 간자를 낳고, 간자가 장자(莊子)를 낳았다. 장자가 강자(康子)를 낳고 강자가 무자(武子)를 낳았으며 무자가 경후 건(虔)을 낳았다. 경후 건 6년에야 비로소 조나라·위나라와 함께 제후의 반열에 오르게 되었다. 경후 건은 한궐의 7대손이다. 여기서 '4대에 와서' 조나라·위나라와 제후의 반열에 올랐다고 하고 있는데, 응소가 잘못 고증한 것이다.【吳】

이라 불리기 시작하다가[29] 한왕 안(安)대에 와서 진나라에게 멸망당했다.

위(魏)나라의 조상은 필공(畢公) 희고(姬高)의 후예이다. 필공은 주나라와 동성이다. 무왕이 주왕(紂王)을 멸한 후에 희고를 필(畢) 땅[30]에 봉했기 때문에, 봉토의 이름을 따라서 필씨(畢氏)가 되었다. 그 후손 가운데 필간(畢萬)이라는 자가 진(晉)나라 헌공을 섬겼다. 헌공은 위나라를 쳐서 멸망시킨 뒤 필만을 그곳의 대부로 봉했다.[31] 복언(卜偃)[32]이 말했다.

"필만의 후예는 틀림없이 크게 될 것이다. '만(萬)'이란 꽉 찬 숫자이고,[33] '위(魏)'는 높고 큰 이름이다.[34] 천자에게는 억조창생이 있고, 제후에

29 그로부터 5대를 거쳐~시작하다가 : 『사기 · 한세가』에 따르면, 한나라 경후 이하 열후(列侯), 문후(文侯), 애후(哀侯), 의후(懿侯), 소후(昭侯)를 거쳐 선혜왕에 이르러서야 왕이라 불리기 시작했으니 모두 6대 동안 왕이라 불렸다. 여기서 '오세칭왕(五世稱王)'이라 했는데, 다른 책을 근거한 것 같다. 『한세가색은(韓世家索隱)』에 따르면, "『죽서기년(竹書紀年)』에는 문후가 없고, 『계본(系本)』에는 열후가 없다[『紀年』無文侯, 『系本』無列侯]"고 되어 있는데, 조대의 수가 『풍속통의』와 같다.【吳】

30 필(畢) 땅 : 옛 땅은 지금의 섬서성(陝西省) 함양시(咸陽市) 서북쪽에 위치해 있다.【吳】

31 헌공은~봉했다 : 『사기 · 위세가(魏世家)』에 보면 다음과 같다. 진(晉)나라 헌공 "16년에 조숙(趙夙)은 어(御)가 되고, 필만은 우(右)가 되어 곽(霍), 경(耿), 위(魏)를 쳐서 멸망시켰다. 헌공은 조숙을 경 땅의 대부로 봉하고, 필만을 위 땅의 대부로 봉했다[十六年, 趙夙爲御, 畢萬爲右, 以伐霍 · 耿 · 魏, 滅之. 以耿封趙夙, 以魏封畢萬 爲大夫]." 『사기정의』에 따르면, 정현은 『시보(詩譜)』에서 이렇게 말했다. "의는 희씨 성의 나라로, 무왕이 주왕을 친 다음에 봉했다[魏, 姬姓之國, 武王伐紂而封焉]." 위나라의 옛 땅은 지금의 산서성(山西省) 예성현(芮城縣)에 있다.【吳】

32 복언(卜偃) : 『사기 · 위세가색은』에 따르면, "복언은 진나라의 점을 관장하는 대부 곽언이다[晉掌卜大夫郭偃也]."【吳】

33 만(萬)이란 꽉 찬 숫자이고 : 원문은 '영수(盈數)'이다. 『좌전 · 민공 원년(閔公元年)』조에 공영달의 다음 소(疏)가 달려 있다. "계산법에 따라 1부터 1만까지는 10단위마다 이름을 바꾸고, 1만 이후부터는 1만, 1십만, 1백만, 1천만이라 칭하며, 1만만부터 억이라 부르기 시작했다. 이를 따라 계산하면 모두 만이 제일 큰 수가 된다. 따라서 만이 되면 숫자가 꽉 찬다[以算法從一至萬, 每十則改名, 至萬以後稱一萬 · 十萬 · 百萬 · 千萬, 萬萬始名億. 從是以往, 皆以萬爲極. 是至萬則數滿也]."【吳】

34 위(魏)는 높고 큰 이름이다 : 원문은 '위, 대명야(魏, 大名也)'이다. 『회남자 · 숙진훈(俶眞訓)』에서 고유는 "높고 큰 것을 위궐이라 한다[巍巍高大, 故曰魏闕]"고 주를 달면서, '위(魏)' 자를 '외(巍)'로 풀고 있다. '외(巍)' 자가 '높고 크다'라는 뜻이기 때문에 여기서 '위는 높고 큰 이름이다[魏, 大名也]'라고 했다.

게는 만민이 있다. 지금 이름이 크고 또한 꽉 찬 수를 따른 까닭에 백성이 많이 모이게 될 것이니 역시 좋지 않은가!"[35]

그 6대손[文侯 都]에 와서야 제후의 반열에 올랐고,[36] 문후의 손자[惠王]에 와서야 왕이라 칭해졌으며,[37] 위왕 가(假)대에 와서 진나라에게 멸망당했다.

조(趙)나라의 조상은 진(秦)나라와 같은 조상이다. 그 후손 조보(造父)는[38] 주나라 목왕(穆王) 때에 화류(驊騮), 녹이(騄耳)[39] 등의 준마를 부려, [목왕을

35 지금 이름이 크고~역시 좋지 않은가 : 필만을 위 땅의 대부로 봉했는데, 이것은 바로 위(魏) 자가 영수(盈數)를 따르고 있는 것이다. 복언은 바로 이것을 나라를 세우고 만백성을 얻을 징조로 보았던 것이다.【吳】

36 그 6대손에~올랐고 : 원문은 '기육세칭후(其六世稱侯)'이다. 『사기·위세가』에 따르면, 위나라 문후 도(都) 22년에 제후의 반열에 올랐는데, 도는 필만의 10대손이다. 『세본』과 『잠부론(潛夫論)·지씨성(志氏姓)』의 기록 역시 『풍속통의』와 다르다.【吳】

37 문후의 손자에 와서야 왕이라 칭해졌으며 : 문후는 무후(武侯)를 낳았고 무후는 혜왕(惠王)을 낳았다. 위나라는 혜왕 때부터 왕이라 칭해졌다.【吳】

38 조(趙)나라의 조상은~그 후손 조보(造父)는 : 『사기·조세가』에 따르면 다음과 같다. "조씨의 선조는 진나라와 같은 조상이다. 중연(中衍 : 사람 얼굴에 새의 몸을 한 은나라 초기 인물)대에 와서 은나라 왕 대무(大戊)의 마부가 되었다. 그의 후손 비렴(蜚廉)은 두 아들을 두었는데, 그 가운데 한 명이 악래(惡來)이다. 악래는 주왕(紂王)을 섬기다가 주나라 사람들에게 살해되었는데, 그의 후손이 바로 진(秦)나라의 선조이다. 악래에게는 계승(季勝)이라는 동생이 있는데, 그 후손이 바로 조(趙)나라의 선조이다. 계승은 맹증(孟增)을 낳았고, 맹증은 주나라 성왕의 총애를 받았는데, 그가 바로 택고랑(宅皐狼)이다. 택고랑은 형보(衡父)를 낳았고, 형보는 조보(造父)를 낳았다[趙氏之先, 與秦共祖. 至中衍, 爲帝大戊御. 其後世蜚廉有子二人, 而命其一子曰惡來. 事紂, 爲周所殺, 其後爲秦. 惡來弟曰季勝, 其後爲趙. 季勝生孟增, 孟增幸於周成王, 是爲宅皐狼. 皐狼生衡父, 衡父生造父]." 이 일은 「진본기(秦本紀)」에도 보인다.【吳】
택고랑(宅皐狼) : 맹증이 고랑(皐狼)에 살았다고 해서 붙여진 이름으로, 고랑은 지금의 산서성(山西省) 이석현(離石縣) 서북쪽에 있다.【譯註】

39 화류(驊騮), 녹이(騄耳) : 화류와 녹이는 모두 목왕의 팔준마 가운데의 하나이다. 『사기·진본기집해』에 보면, 곽박(郭璞)의 다음 주가 있다. '화류'는 "색깔이 화려하면서도 붉다. 지금의 명마인 표마(驃馬) 가운데 붉은 것이 극류(騝騮)이다. 유(騮)는 붉은 말이다[色如華而赤. 今名馬驃赤者爲騝騮. 騮, 馬赤也]." 또 '녹이(騄耳)'에 대해 다음 주를 달고 있다. "『죽서기년』에 따르면 '[주나라 목왕 8년 봄에] 북당(北唐 : 고대 서북쪽에 거주했던 소수민족)의 왕이 와서 가라말[驪馬] 한 마리를 바쳤는데, 이 말이 녹이를 낳았다'['紀年』云北唐之君來見以一驪馬, 是生騄耳]." 살펴보니 『목천자전(穆

모시고] 서쪽으로 가 서왕모(西王母)를 알현하고[40] 동쪽으로 가 서언왕(徐偃王)을 멸망시켰으며[41] 하루에 천 리 길을 달렸다. 목왕은 조보의 공로를 생각하여 그에게 조성(趙城)[42]을 하사했는데, 봉토의 이름을 따서 조씨가 되었다. 아들 숙대(叔帶) 때 처음 주나라를 떠나 진(晉)나라로 가 진을 섬겼다.[43] 그 뒤 간자(簡子)[44] 대에 와서는 토지가 다른 제후들보다 많았으

天子傳)』, 『열자(列子)·주목왕』에는 모두 '녹이(綠耳)'로 되어 있다. 팔준마는 털의 색깔에 따라 이름을 지었기 때문에 '녹(騄)'은 마땅히 '녹(綠)'이 되어야 한다.【吳】

40 그 후손 조보(造父)는~서왕모(西王母)를 알현하고: 『목천자전』 권1에 따르면 다음과 같다. "천자의 마부로는 조보, 삼백, 경소, 작급이 있다[天子之御, 造父·三百·耿翛·芍及]." 『수경(水經)·하수주(河水注)』에 보면 다음과 같다. "도림 골짜기에 있는 과보산은 너비와 둘레가 3백 길 정도 되는데, 그곳에 야생마가 많았다. 조보는 이곳에서 화류, 녹이, 도려 등의 준마를 얻어 주나라 목왕에게 바쳤다. 목왕은 그에게 말을 몰게 하여 서왕모를 만났다[桃林塞之夸父山廣圓三百仞, 其中多野馬. 造父於此得驊騮·綠耳·盜驪之乘以獻. 周穆王使之馭以見西王母]."【吳】

41 동쪽으로 가 서언왕(徐偃王)을 멸망시켰으며: 원문은 '동멸서언왕(東滅徐偃王)'이다. 『박물지(博物志)』 권8에서 『서언왕지(徐偃王志)』의 다음 말을 인용하고 있다. "서군(徐君)의 궁인이 아이를 가졌는데, 알을 낳았다. 서군은 이를 불길하다고 생각하여 그 알을 물가에 버렸다. 혼자 사는 한 과부의 개 곡창(鵠蒼)이 마침 물가에서 사냥을 하다가 이 알을 보고 입에 물고 돌아왔다. 과부는 기이한 일도 다 있다고 생각하여 알을 품었더니 아이가 나왔다. 태어날 때 아이가 엎어져 있었기 때문에 '언(偃)'이라 이름 지었다. 서군의 궁에서 이 소식을 듣고 다시 아이를 잡아 데리고 왔다. 언은 장성한 뒤 어질고 지혜로웠기 때문에 서군의 뒤를 이어 서(徐)나라의 왕이 되었다. …… 스스로 하늘의 상서로운 조짐을 얻었다고 생각하고 마침내 자신의 이름을 호로 삼고 스스로 서언왕이라 불렀다[徐君宮人娠而生卵, 以爲不祥, 棄之水濱. 獨孤母有犬, 名曰鵠蒼, 獵於水濱, 得所棄卵, 銜以來歸. 獨孤母以爲異, 覆煖之, 遂蚶成兒. 生時正偃, 故以爲名. 徐君宮中聞之, 乃更錄取. 長而仁智, 襲君徐國. …… 以己得天瑞, 遂因名爲號, 自稱徐偃王]." 『사기·진본기』에는 다음과 같다. "조보는 말을 잘 다루어 주나라 목왕에게 총애를 받았다. 목왕은 기·온려·화류·녹이라는 준마 네 필을 얻어 서쪽으로 순행을 나갔다가 그 즐거움에 돌아오는 것을 잊었다. 서언왕이 난을 일으키자 조보는 목왕을 위해 멈추지 않고 말을 몰아 빨리 주나라로 돌아왔는데, 하루에 천 리 길을 달려와 난을 평정했다[造父以善御幸於周繆王. 得驥·溫驪·驊騮·騄耳之駟, 西巡狩, 樂而忘歸. 徐偃王作亂, 造父爲繆王御, 長驅歸周, 一日千里以救亂]."【吳】

42 조성(趙城): 옛 땅은 지금의 산서성(山西省) 조성현(趙城縣) 서남쪽에 있다.【吳】

43 아들 숙대(叔帶) 때~진을 섬겼다: 원문은 '자숙대시거주사진(子叔帶始去周事晉)'이다. '거(去)'는 원래 '생(生)'이라 잘못되어 있었다. 『사기·조세가』를 보면 다음과 같다. "조보 이후 6대손인 엄보(奄父)는 자가 공중(公仲)으로, 주나라 선왕(宣王)이 융을 정벌할 때 그의 말을 몰았다. 천무(千畝)의 전쟁에서 엄보가 선왕을 구해냈다. 엄보

며 권력이 진(晉)나라 군주보다 셌다. 간자가 병이 나 닷새 동안 다른 사람들을 알아보지 못하자, 대부들은 두려운 나머지 의원 편작(扁鵲)[45]을 불러 간자의 병을 살펴보게 했다. 편작이 나오자 동안우(董安于)[46]가 간자의 병세에 대해 물으니, 편작이 말했다.

"혈맥이 안정되어 있으니 놀라지 마십시오.[47] 옛날 진(秦)나라 목공(穆公)이 이와 같은 병을 앓았는데, 이레 만에 깨어났습니다. 깨어난 날에 공손지(公孫支)[48]와 자여(子輿)[49]에게 이렇게 말했다고 합니다.

'내가 상제가 사는 곳에 갔는데, 아주 즐거웠다. 내가 그곳에 오래 머문 것은 배울 것이 있어서이다. 상제께서 내게 이렇게 말씀하셨다.

'진(晉)나라에 장차[50] 큰 난리가 나 5대 동안 나라가 편치 않을 것이다. 그 후예가 장차 패주(覇主)가 될 것이나 채 늙기 전에 죽을 것이다. 패주

가 숙대를 낳았다. 숙대 때 주나라 유왕(幽王)이 무도하게 굴자 숙대는 주나라를 떠나 진나라로 가서 문후(文侯)를 섬겼다. 이렇게 해서 조씨 가문은 진나라에 세워지게 되었다[自造父已下六世至奄父, 曰公仲, 周宣王時伐戎, 爲御. 及千畝戰, 奄父脫宣王. 奄父生叔帶. 叔帶之時, 周幽王無道, 去周事晉, 事晉文侯. 始建趙氏于晉國]." 지금 이에 근거하여 고쳤다. 『사고전서(四庫全書)』본에는 진작에 '거(去)' 자로 고쳐져 있다.【吳】
천무(千畝)의 전쟁 : 『사기 · 주본기』에 따르면 주나라 선왕이 천무에서 융족과 전쟁을 벌였는데, 이때 대패했다고 한다.【譯註】

44 간자(簡子) : 조경숙(趙景叔)의 아들 조앙(趙鞅)을 말한다.【吳】

45 편작(扁鵲) : 『사기』 본전에 사적이 상세히 나와 있다.【吳】

46 동안우(董安于) : 조나라 간자(簡子)의 가신이다.【吳】

47 혈맥이 안정되어 있으니 놀라지 마십시오 : 이 두 구는 간자의 혈맥이 안정되어 있어 놀랄 필요 없다는 말이다.【吳】

48 공손지(公孫支) : 『사기 · 이사전(李斯傳)』에 보면 진(晉)나라 목공이 널리 선비들을 초빙하자, "비표와 공손지가 진나라에서 왔다[來丕豹 · 公孫支於晉]"고 되어 있다. 『사기색은』에 보면 다음과 같다. "공손지는 바로 자상으로, 진(秦)나라 대부이다. 진(晉)나라에서 왔다고는 하나 그 출신지에 대해서는 알려진 바가 없다[公孫支, 所謂子桑也, 是秦大夫. 而云自晉來, 亦未見所出]." 『사기정의』에 따르면 『괄지지』에서 다음과 같이 말했다. "공손지는 기주 사람으로 진(晉)나라를 떠돌다가 후에 진(秦)나라로 왔다[公孫支, 岐州人, 游晉, 後歸秦]."【吳】

49 자여(子輿) : 진(秦)나라 대부이다.【吳】

50 장차 : 원문은 '차(且)'이다. 『사기 · 조세가』에는 '장(將)'으로 되어 있는데, 두 글자는 뜻이 같다.【吳】

의 아들은 장차 귀국의 남녀를 구별 없게 할 것이다.'

공손지가 이를 적어 숨겨두었는데, 진(秦)나라의 참어[51]가 여기서 나왔습니다. 무릇[52] 헌공(獻公) 때의 변란,[53] 문공(文公)이 패주(霸主)가 된 것 그리고 양공(襄公)이 효산(殽山)[54]에서 진(秦)나라 군대를 대파하고 돌아와서 음욕에 빠진[55] 일은 그대도 들은 것입니다. 지금 주군(主君)의 병은 목공과 같은 병입니다. 3일이 지나지 않아 병은 틀림없이 나을[56] 것이며 병이 나으면 틀림없이[57] 말씀이 있을 것입니다."

이틀하고 반나절이 지나자 간자가 깨어나 대부들에게 이렇게 말했다.

"내가 상제가 사는 곳에 갔는데[58] 즐거웠소.[59] 나는 하늘의 한가운데[60]

---

51 참어 : 원문은 '책(策)'이다. 『사기·편작전(扁鵲傳)』에는 '책'으로 되어 있으나 「조세가」에는 '참(讖)'으로 되어 있다.【吳】

52 무릇 : 원문은 '부(夫)'이다. 『사기·편작전』에도 '부'로 되어 있으나, 「조세가」에는 '의(矣)'라 되어 있는데, 이렇게 되면 앞 구절에 붙여서 읽어야 한다.【吳】

53 헌공(獻公) 때의 변란 : 이것은 『좌전』「장공(莊公) 28년」과 「희공(僖公) 4년」, 『국어(國語)·진어(晉語)』, 『사기·진세가(晉世家)』에 자세하게 나와 있다.【吳】

54 효산(殽山) : 원문은 '효(殽)'로, 효산(殽山)이다. 효산은 지금의 하남성(河南省) 낙녕현(洛寧縣) 서북쪽에 위치해 있는데, 서쪽으로는 섬현(陝縣)과 접해 있고 동쪽으로는 민지현(澠池縣)과 잇닿아 있다.【吳】

55 양공(襄公)이~음욕에 빠진 : 원문은 '이양공지패진사어효이귀종음(而襄公之敗秦師於殽而歸縱淫)'이다. '지(之)' 자는 『군서습보』에는 "쓸데없는 글자[衍]"라고 되어 있다. 진(晉)나라 양공 원년에 양공은 효산에서 진(秦)나라 군대를 대파하고 진(秦)나라의 맹명시(孟明視 : 百里奚의 아들), 서걸출(西乞朮), 백을병(白乙丙)을 포로로 사로잡았다. 양공의 어머니 문영(文嬴)이 세 장수를 진(秦)나라에 돌려보낼 것을 청하자 양공은 이를 허락했다. 이 일은 『좌전·희공 33년』, 『사기』「진본기」와 「진세가(晉世家)」에 상세히 나와 있다.【吳】

56 나을 : 원문은 '간(間)'이다. 『방언(方言)』에 보면 다음과 같다. "'차(差)', '간(間)', '지(知)'는 '낫다'의 뜻이다. 남초(南楚)에서는 병이 나은 사람을 일러 '차(差)', 혹은 '간(間)', 혹은 '지(知)'라 했다(差·間·知, 愈也. 南楚病愈者謂之差, 或謂之間, 或謂之知)."【吳】

57 병이 나으면 틀림없이 : 원문은 '간필(間必)'이다. 이 두 글자는 원래 빠져 있었는데, 의미가 불완전하여 지금 『사기』「조세가」와 「편작전」, 『논형·기요(紀妖)』에 근거해 보충한다.【吳】

58 갔는데 : 원문은 '지(之)'이다.【吳】

59 즐거웠소 : 원문은 '낙(樂)'이다. 『사기』와 『논형』에 보면 '낙' 자 앞에 '심(甚)' 자가 있다.【吳】

에서 여러 신과 노닐면서 광악(廣樂)[61]에 맞춰 여러 번 연주하고 춤을 췄는데,[62] 그것은 삼대(三代)의 음악과는 달랐지만 그 소리가 내 마음을 흔들어 놓았소. 곰 한 마리가 나를 잡으려고 하자 상제가 내게 활을 쏘게 해서,[63] 내가 그 곰을 명중시켜 죽였소. 큰 곰 한 마리가 내게 다가오기에 내가 다시 활을 쏘아 명중시켜 큰 곰도 죽였소. 이를 본 상제가 몹시 기뻐하면서 내게 대나무 상자 두 개를 주셨는데, 모두 보조 상자가 달려 있었소. 또 한 아이[64]가 상제의 곁에 있었소. 상제께서 내게 적견(翟犬) 한 마리를 주시면서[65] '네 아들이 장성하거든 주거라' 하셨소. 그리고 또 이렇게 말씀하셨소.

'진(晉)나라는 장차 쇠하다가 10대[66] 뒤에 멸망할 것이다. 영씨(嬴氏) 성

---

60 하늘의 한가운데 : 원문은 '균천(鈞天)'이다. 『회남자·천문훈』에 따르면, 하늘에는 구야(九野 : 아홉 방위의 하늘)가 있는데, 하늘의 중앙은 균천, 동쪽은 창천(蒼天), 동북쪽은 변천(變天), 북쪽은 현천(玄天), 서북쪽은 유천(幽天), 서쪽은 호천(顥天), 서남쪽은 주천(朱天), 남쪽은 염천(炎天), 동남쪽은 양천(陽天)이라 불렀다.【吳】

61 광악(廣樂) : '광악' 다음에 원래 '우(于)' 자가 있는데, 이것은 쓸데없이 들어간 글자로, 지금 『사기』와 『논형』에 근거하여 없앤다. '광악(廣樂)'은 악곡명이다. 『열자·주목왕』을 보면 다음과 같다. "왕은 청도, 자미, 균천, 광악을 상제의 거처라 생각했다[王實以爲淸都·紫微·鈞天·廣樂, 帝之所居]." 여기서도 '광악'은 악곡명으로 사용되지 않았다.【吳】
앞서 본 것처럼 『열자·주목왕』에서 '균천'과 '광악'이 궁전 이름으로 사용되었지만, 후세에 오면서 '균천'과 '광악'은 하늘의 음악으로 풀이되고 있다. 문맥상 악곡명으로 보는 것이 옳다.【譯註】

62 여러 번~췄는데 : 원문은 '구주만무(九奏萬儛)'이다. 여기서 '구주(九奏)'에서 '구'는 여러 번을 말하는 것이고 '만무(萬儛)'에서 '만' 역시 여러 번을 지칭하는 말로, 『시경』에서 말하는 '만무(萬儛)'와는 다른 것이다. '무(儛)'는 '무(舞)'와 같다.【吳】

63 상제가 내게 활을 쏘게 해서 : 원문은 '사지(射之)'이다. 『군서습보』에 따르면 '사(射)' 자 앞에 '제명아(帝命我)' 세 글자가 더 있다. 『사기』, 『논형』의 「기요」와 「기괴(奇怪)」에도 모두 세 글자가 있어 이에 근거하여 보충한다.【吳】

64 아이 : 원문은 '아(兒)'로, 조나라 양자(襄子) 무휼(毋卹)을 가리킨다.【吳】

65 상제께서~주시면서 : 원문은 '제속아적견(帝屬我翟犬)'이다. '제(帝)' 자는 원래 없었으나, 『사고전서』본에는 '제(帝)'가 있다. 또한 『사기』, 『논형·기요』에도 '제' 자가 있어 지금 이에 근거하여 보충한다.【吳】

66 10대 : 원문은 '십세(十世)'이다. 『논형·기요』에도 '십세'라 되어 있으나, 『사기』에는 '칠세(七世)'라 되어 있다. 생각건대 '칠세(七世)'라 해야 옳다. 조나라 간자는 진(晉)

을 가진 사람이 장차 강대해져 범괴(范魁)의 서쪽에서 주나라를 치겠지만,[67] 역시 그 땅을 차지하지는 못할 것이다.'"

동안우는 이 말을 적어 숨겨두었다. 그러고 나서 동안우가 편작의 말을 간자에게 고하자, 간자[68]는 편작에게 4만 무(畝)의 땅을 하사했다.

다른 날 간자가 외출했을 때 어떤 사람이 길을 막았다. 시종들이 물러나라고[69] 해도 물러가지 않자 시종들은 칼로 그를 베려 했다. 그러자 길을 막던 사람이 말했다.

"나는 주군을 배알할 일이 있소."[70]

시종이 그 말을 간자에게 아뢰었다. 그러자 간자가 그를 불러 말했다.

"아! 내가 전에 그대를 본적이 있는데, 진짜구나."[71]

길을 막던 사람이 말했다.

나라 정공(定公) 11년에 병이 났고, 정공(靜公) 2년에 위(魏)·한(韓)·조(趙)나라가 진(晉)을 멸망시키고 그 땅을 삼분하였다. 중간에 출공(出公)·애공(哀公)·유공(幽公)·열공(烈公)·효공(孝公)을 거쳤는데, 정공(定公)과 정공(靜公)을 포함하면 모두 7대가 된다.【吳】

67 영씨(嬴氏) 성을 가진 사람이~치겠지만: 『사기·조세가정의』에 따르면, "영씨는 조나라의 성이다. 주나라 사람은 바로 위를 말한다. 진(晉)나라가 멸망한 뒤에 [조나라는] 조나라 성후(成侯, ?~B.C.350) 3년에 위나라를 정벌하고 도비(都鄙: 封地) 73곳을 취했는데 바로 이것을 말한다. 가규(賈逵)는 '작은 언덕을 괴라 했다'고 되어 있다[嬴, 趙姓也. 周人, 謂衛也. 晉亡之後, 趙成侯三年伐衛, 取都鄙七十三是也. 賈逵云'小阜曰魁'也]." 범괴(范魁)는 조나라 땅으로 그 위치는 자세하지 않다.【吳】

68 간자: '간자' 두 글자는 『사기』와 『논형·기요』에 중복되어 나오는데, 의미상 다음 구절에 붙여 읽어야 한다.【吳】

69 물러나라고: 원문은 '벽(辟)'이다.【吳】

70 나는 주군을 배알할 일이 있소: 원문은 '오욕유알어주군(吾欲有謁於主君)'이다. '욕유(欲有)'는 원래 '유욕(有欲)'으로 잘못되어 있었다. 지금 『사기』와 『논형·기요』에 근거해 바로 고친다.【吳】

71 진짜구나: 원문은 '석(晰)'이다. 『사기·조세가색은』에 보면, "간자가 길을 막던 사람을 보더니 이내 깨달으며 말했다. '아! 내가 전에 꿈에서 본 적이 있는데, 알고 보니 이름이 자석이구나'[簡子見當道者, 乃寤曰: '譆! 是吾前夢所見, 知其名曰子晰者']"라고 되어 있는데, 내가 보기에 '석(晰)'은 '분명하다'의 뜻이다. 이 구절은 내가 꿈에서 그대를 본 것이 진짜구나라는 뜻이다. 따라서 '자석(子晰)'은 길을 막아섰던 사람의 이름이 아니다.【吳】

"원컨대 아뢸 말씀이 있으니, 좌우를 물리쳐 주십시오."

이에 간자가 사람들을 물리치자 그가 말했다.

"주군께서 병이 나셨을 때 신은 상제의 곁에 있었습니다."

간자가 말했다.

"그래. 그대가 나를 보았을 때 내가 무엇을 하고 있었는가?"

그가 말했다.

"상제의 명으로 주군이 곰과 큰 곰을 쏘았는데, 모두 죽었습니다."

간자가 말했다.

"그것은 또한 무엇을 말하는 것인가?"

그가 말했다.

"진나라에 장차 큰 난리가 일어나면 주군이 처음으로 피해를 입게 될 것입니다. 그래서 상제께서 주군께 두 상경(上卿)[72]을 죽이게 했는데,[73] 무릇 곰과 큰 곰[74]은 바로 그 조상을 의미합니다."

간자가 말했다.

"상제께서 내게 보조 상자가 달려있는 대나무 상자 두 개를 주셨는데, 이것은 무슨 뜻인가?"

그가 말했다.

"주군의 아들이 장차 적(翟) 땅에서 두 나라[75]를 쳐서 이길 것인데, 모두 아들과 성이 같습니다."

간자가 말했다.

"내가 보니 한 아이가 상제 옆에 서 있고, 상제는 내게 적견 한 마리

72 두 상경(上卿) : 원문은 '이경(二卿)'으로 범씨(范氏)와 중행씨(中行氏)를 가리킨다.【吳】

73 상제께서~죽이게 했는데 : 원문은 '제령주군멸이경(帝令主君滅二卿)'이다. 여기서 '군(君)'은 원래 빠져 있는데, 앞 문장 '제령주군사웅비(帝令主君司熊羆)'에 따르면 마땅히 있어야 한다. 또한『사기』,『논형 · 기요』에도 모두 '군(君)' 자가 있어 지금 이에 근거해 보충한다.【吳】

74 곰과 큰 곰 : 원문은 '웅비(熊羆)'로 범씨(氾氏)와 중행씨(中行氏)의 토템이다.【吳】

75 두 나라 : 원문은 '이국(二國)'으로 대씨(代氏)와 지씨(智氏)의 나라이다.【吳】

를 주시면서[76] '네 아들이 장성하거든 이 개를 주어라'하셨는데, 무릇 아이에게 적견을 주라한 것은 무엇을 말하는 것인가?"

그가 말했다.

"아이는 바로 주군의 아들이고, 적견은 대(代)나라의 선조입니다. 주군의 아들은 아마 틀림없이 대나라를 취할 것입니다. 또한 주군의 후손은 장차 정치개혁을 할 것이고 호복을 입을 것이며 적 땅에서 두 나라를 합병할 것입니다."[77]

간자가 그의 이름을 물으며 그를 초징하여 벼슬을 주려 했다. 그러나 그 사람은 "신은 야인으로, 상제의 명을 전할 뿐입니다"라고 하더니 온데 간 데 없이 사라졌다. 그로부터 얼마 지나지 않아 범씨(范氏)와 중행씨(中行氏)가 난을 일으키자 간자가 그들을 죽였는데,[78] 곰과 큰 곰이 그 조짐이었다.[79]

간자가 죽자 무휼(無卹)이 왕위에 올랐으니, 그가 바로 양자(襄子)이다.

지백(智伯)이 양자를 공격하자 양자는 달아나[80] 진양(晉陽)[81]을 고수했다.

---

76 주시면서 : 원문은 '속(屬)'이다. 『사기』와 『논형・기요』에 따르면 '속' 자 앞에 '제(帝)' 자가 있다.【吳】

77 적 땅에서 두 나라를 합병할 것입니다 : 원문은 '병이국어적(並二國於翟)'이다. 『사기・조세가정의』에 따르면 다음과 같다. "무령왕은 중산국의 영토를 침략하여 영가에 이르렀고, 서쪽으로는 호 땅을 침략하여 누번・유중에 이르렀는데, 바로 이것을 말한다[武靈王略中山地至寧葭, 西略胡地至樓煩・楡中是也]." 이 사건은 조나라 무령왕 20년에 일어난 일이다.【吳】

78 범씨(范氏)와 중행씨(中行氏)가~죽였는데 : 원문은 '범중행작란, 간자멸지(范中行作亂, 簡子滅之)'이다. 『사기・조세가』에 따르면, 진(晉)나라 정공(定公) 14년에 범씨와 중행씨가 난을 일으켰다. 18년 간자가 조가읍(朝歌邑)에서 이들을 포위하자 중행문자(中行文子 : 中行寅)는 한단(邯鄲)으로 달아났다. 21년 간자가 한단을 함락시키자 중행문자는 백인읍(柏人邑)으로 달아났다. 간자가 다시 백인읍을 포위하자 중행문자와 범소자(范昭子)는 제나라로 도망쳤다. 그리하여 조나라는 한단읍과 백인읍을 차지하게 되었고, 범씨와 중행씨의 나머지 읍들도 진나라에 귀속되었다.【吳】

79 곰과 큰 곰이 그 조짐이었다 : 원문은 '차웅비지효응야(此熊羆之效應也)'이다. '비(羆)' 자는 원래 빠져 있다. 그런데 이 구절이 바로 앞 구절 '제령주군멸이경, 부웅비개기조(帝令主君滅二卿, 夫熊羆皆其祖)'에 따라 나오는 것이기 때문에 '비(羆)' 자가 있어야 한다. 그래서 지금 보충한다.【吳】

원과(原過)가 양자를 따라가다가 후에 왕택(王澤)[82]에 이르러서 세 사람을 만났는데, 세 사람은 허리띠 위로는 보였지만, 허리띠 아래로는 보이지 않았다.[83] 이들은 원과에게 두 마디짜리 대나무를 주었는데, 가운데가 뚫려 있지 않았다. 세 사람이 말했다.[84]

"우리 대신에 이것을 조무휼(趙無恤 : 趙襄子)에게 전해주시오."

원과는 진양에 도착해 그 사실을 양자에게 고했다. 양자가 3일 동안 재계한 뒤에[85] 직접 대나무를 가르자 붉은색 글씨가 나왔다.

"무휼아! 나는 곽태산(霍太山)[86] 양후(陽侯)의 천사[87]이니라. 3월 병술일

---

80 양자는 달아나 : 원문은 '양자분지(襄子奔之)'이다. 『군서습보』에 따르면 '지(之)' 자는 "쓸데없이 들어간 글자[衍]"이다. 살펴보니 『사기 · 조세가』에는 없으며 다음 구와 한 문장으로 읽어야 한다. 『논형 · 기요』에도 '지' 자가 없다.【吳】

81 진양(晉陽) : 중국 역사상 산서 지방에 두 개의 진양성(晉陽城)이 있다. 여기서의 진양성은 바로 춘추시대 조씨(趙氏)가 세운 진양성을 말한다.【譯註】

82 왕택(王澤) : 『사기 · 조세가정의』에 따르면 『괄지지』에 다음 말이 있다. "왕택은 강주 정평현 남쪽으로 7리 떨어진 곳에 있다[王澤在絳州正平縣南七里也]." 정평현(正平縣)의 옛 땅은 지금의 산서성 신강현(新絳縣) 서남쪽에 위치해 있다.【吳】

83 세 사람은~보이지 않았다 : 원문은 '자대이상가견, 자대이하불가견(子帶以上可見, 自帶以下不可見)'이다. 이 두 구절은 원래 '자대이상불가견(自帶以上不可見)'이라 되어 있었는데, 지금 『사기 · 조세가』와 『논형 · 기요』에 근거해 교정 보충한다.【吳】

84 말했다 : 원문은 '왈(曰)'이다. '왈' 자는 원래 없었는데 지금 『사기 · 조세가』와 『논형 · 기요』에 근거해 보충한다.【吳】

85 양자가 3일 동안 재계한 뒤에 : 원문은 '재삼일(齋三日)'이다. 이 구절은 『사기 · 조세가』와 『논형 · 기요』에는 '양자제삼일(襄子齊三日)'이라 되어 있는데, 이에 근거해 '양자(襄子)' 두 글자를 넣는 것이 맞다.【吳】

86 곽태산(霍太山) : 『수경 · 분수주(汾水注)』에 따르면 다음과 같다. 당성(唐城)은 "요(堯)임금 때의 수도이다. 동쪽은 체(彘) 땅으로부터 10리 떨어져 있다. 분수는 다시 남쪽으로 흘러 들어가 체수(彘水)와 합해진다. 체수는 동북쪽 태악산(太岳山)에서 발원하는데, 「우공(禹貢)」에서 말하는 악양(岳陽)이고, 이것이 바로 곽태산이다[堯所都也. 東去彘十里. 汾水又南與彘水合. 水出東北太岳山, 「禹貢」所謂岳陽也, 卽所謂霍太山矣]." 【吳】

87 양후(陽侯)의 천사 : 원문은 '양후대리(陽侯大吏)'이다. 『사기 · 조세가』와 『수경 · 분수주』에는 '산(山)' 자가 두 개이고, '대리(大吏)'는 '천사(天使)'로 되어 있다. 생각건대 '천사'로 해야 옳다. 『수경 · 동과수주(洞過水注)』에 따르면 다음과 같다. "원과수 서쪽 언덕에 원과의 사당이 있다. 원과는 도의를 품고 신령의 뜻에 따라 사는 사람이라, 천사의 글을 받았는데, …… 그런 까닭에 여기서 물 이름을 따서 이름을 지었

에 우리들은 그대로 하여금 돌아가[88] 지씨를 멸망하게 할 것이다. 너 역시 우리를 위해 백읍(百邑)[89]에 사당을 세워 준다면[90] 우리들은 네게 임호(林胡)의 땅[91]을 주겠노라. 후대에 장차 굳세고 용맹스런 왕[92]이 나타날 것이다. 그는 검붉은 피부에 용의 얼굴을 하고 새 부리 같은[93] 입을 가졌다. 또한 수염과 눈썹, 구레나룻을 가졌고, 넓고 큰 가슴[94]에 하체는 길고[95] 상체는 우람하며[96] 옷깃[97]을 왼쪽으로 하고 갑옷을 입고 말을 타고 있을 것이다. 하종(河宗)[98]과 휴혼(休溷) 그리고 맥(貉) 땅까지[99] 전부 차지

다[原過水西阜上有原過祠. 懷道協靈, 受書天使, …… 故水取名]."【吳】

88 돌아가 : 원문은 '반(反)'이다. '반' 자는 원래는 '급(及)' 자로 잘못되어 있었는데, 지금 『사기·조세가』와 『수경·분수주』에 근거해 고친다.【吳】

89 백읍(百邑) : 지명이다. 북위(北魏) 때에는 관부(觀阜)라 불렸고, 지금은 관퇴봉(觀䭔阜峯)이라 불리는데, 산서성 곽현(霍縣) 곽산(霍山) 북쪽에 위치해 있다.【吳】

90 너 역시 우리를 위해 백읍(百邑)에 사당을 세워 준다면 : 원문은 '역립아우백읍(亦立我于百邑)'이다. '우(于)' 자는 원래 '삼(三)' 자로 되어 있었다. 『사기·조세가』에 따르면 "너 역시 우리를 위해 백읍에 사당을 세워다오[女亦立我百邑]"라고 되어 있다. 『논형·기요』에는 다음과 같다. "너 역시 우리를 위해 백읍에서 제사를 지내다오[汝亦祀我百邑]." 『수경·분수주』에는 "너 역시 우리를 위해 백읍에 사당을 지어다오[汝亦立我於百邑]"라 되어 있고, 또 아래 문장에서 "마침내 백읍에서 세 신에게 제사를 올렸다[遂祀三神於百邑]"라고 되어 있다. 이를 통해 볼 때 모두 '삼백읍(三百邑)'이라 말하지 않는데, '삼(三)'은 '우(于)' 자를 잘못 쓴 것으로 지금 고친다.【吳】

91 임호(林胡)의 땅 : 지금의 내몽고(內蒙古) 호화호특시(呼和浩特市) 부근에 있다.【吳】

92 굳세고 용맹스런 왕 : 원문은 '항왕(伉王)'으로, '항(伉)'은 '강하다'는 뜻이다. 여기서 '항왕'은 바로 조(趙)나라 무령왕(武靈王)을 말한다.【吳】

93 새 부리 같은 : 원문은 '조주(鳥噣)'이다. '주(噣)'는 원래 '촉(屬)'으로 잘못되어 있었다. 『사기·조세가』에 "또한 굳세고 용맹스러운 왕이 나타날 것인데, 검붉은 피부에 용의 얼굴을 하고 새 부리 같은 입을 가졌다[且有伉王, 赤黑, 龍面而鳥噣]"고 되어 있는데, 지금 이를 근거로 고친다.【吳】

94 가슴 : 원문은 '흉(匈)'으로, '흉(胸)'과 같다.【吳】

95 길고 : 원문은 '수(修)'이다.【吳】

96 우람하며 : 원문은 '풍(馮)'이다.【吳】

97 옷깃 : 원문은 '임(任)'이다. 『사기·조세가』에 따르면 '임(衽)'으로 되어 있는데, 두 글자는 통한다. '좌임(左任)'은 바로 오랑캐의 옷차림을 말한다. 이 구절은 굳세고 용맹스러운 왕이 호복을 입고 갑옷을 걸친 채 말을 타는 것을 말한다.【吳】

98 하종(河宗) : 원래는 '하실(河室)'이라 잘못되어 있었다. 지금 『사기·조세가』에 근거해 고친다. 『사기정의』에 보면 다음과 같다. "『목천자전』에 보면 '하종(河宗)의 자손 배국(鄘國)의 서(絮)'라고 되어 있다. 생각건대 하종은 용문하(龍門河)의 상류인 남주

할 것이며, 남쪽으로는 진(晉)나라의 다른 성읍[100]을 치고 북쪽으로는 흑고(黑姑)[101]를 멸망시킬 것이다."

양자는 재배하고 삼신(三神 : 원과가 만난 세 사람)의 영을 받았다. 지백(智伯)·한(韓)·위(魏) 세 나라[102]가 진양을 공격해서 1년 동안 분수(汾水)의 물을 끌어다 성에 들이붓자, 물에 잠기지 않은 성벽이 24척[103]뿐 이었다. 성안에는 솥을 걸어둔 채 밥을 지었으며 자식을 바꾸어 잡아먹었다. 장맹담(張孟談)[104]은 밤에 성을 빠져 나와 한나라와 위나라를 만났고, 한나라와 위나라는 도리어 조나라와 모의해 지씨(智氏 : 智伯)를 멸망시키고 그 땅을 함께 나누어 가졌다.[105] 그리하여 조나라는 북쪽으로는 대(代)나라를 가지게 되었고, 남쪽으로는 지씨[106]를 합병했다. 이에 백읍에 삼신의 사당을 지어 제사를 올리고 원과에게 곽태산의 제사를 주관하게 했다. 무령왕(武靈王)대에 와서 결국 호복을 입고 말을 타고 활을 쏘며 땅을 1천리나 넓혔다. 천왕(遷王 : 幽繆王) 대에 와서 진(秦)나라의 반간계를 믿고 훌륭한 장수 이목(李牧)을 죽이고 조괄(趙括)을 임용했다가[107] 결국 진(秦)나라

(嵐州)와 승주(勝州)의 땅이다[『穆天子傳』云 : '河宗之子孫鄘栢絮.' 按蓋在龍門河之上流, 嵐·勝二州之地也]."【吳】

99 하종(河宗)과 휴혼(休溷) 그리고 맥(貉) 땅까지 : 이곳은 모두 오랑캐의 땅이다.【吳】

100 진(晉)나라의 다른 성읍 : 원문은 '진별(晉別)'이다. 즉 진나라의 다른 성읍인 한나라와 위나라의 읍을 말한다.【吳】

101 흑고(黑姑) : 『사가 · 조세가정의』에 따르면, "역시 오랑캐가 세운 나라이다[亦戎國]."【吳】

102 지백(智伯)·한(韓)·위(魏) 세 나라 : 원문은 '삼국(三國)'이다.【吳】

103 24척 : 원문은 '삼판(三板)'이다. 옛날에는 8척을 1판이라 했다.【吳】

104 장맹담(張孟談) : 생졸년대는 불분명하다. 사마천은 부친 사마담(司馬談)을 피휘하여 '장맹동(張孟同)'이라고 했다. 전국시대 조(趙)나라 양자(襄子)의 가신이다.【譯註】

105 장맹담(張孟談)은~나누어 가졌다 : 이 일은 『전국책(戰國策) · 조책(趙策)』의 기록이 비교적 상세하다.【吳】

106 지씨 : 원문은 '지씨(智氏)'이다. 원래는 '지산(智山)'으로 잘못되어 있었는데, 지금 『사기 · 조세가』에 근거해 고친다.【吳】

107 천왕(遷王) 대에 와서~임용했다가 : 조나라 천왕(遷王) 7년에 진(秦)나라의 왕전(王翦)이 조나라를 공격하자, 이목(李牧)이 이를 막았다. 진나라는 천왕의 총신 곽개(郭開)에게 반간계를 사용하게 해 이목이 반란을 도모한다고 무고했다. 그러자 천왕은 결국 이목을 죽이고 대신 조총(趙葱)과 안취(顔聚)를 장수로 삼았다. 이 일은 『전국

에게 멸망당했다. 다음과 같은 동요가 있다.

"조나라는 울고 진나라는 웃네. 믿기지 않거든 땅에 난 농작물을 보소."[108]

진완(陳完)은 자가 경중(敬仲)으로, 진(陳)나라 여공(厲公)[109]의 아들이다. 처음에 의씨(懿氏)[110]가 점을 쳐 [딸을] 경중에게 시집보냈는데, 점괘는 다음과 같았다.

"이것을 두고 '봉황 두 마리[111]가 함께 날아올라, 끼룩 끼룩 사이좋게 우네'라고 하는 것이네. 규씨(嬀氏)[112]의 후손이 장차 강씨(姜氏)[113]의 나라

책·조책』과 『사기·이목열전(李牧列傳)』에 보인다. 여기서 조괄이 이목의 자리를 대신했다고 하는데, 이는 역사 사실과 다르다. 조나라 효성왕(孝成王) 6년에 조괄은 일찍이 염파(廉頗) 대신 장수가 되었지 이목을 대신한 적은 없다. 『찰이(札迻)』를 보면 다음과 같다. "『응씨본』에서 어쩌면 '총(葱)'이 '총(總)'으로 되었을 수도 있는데, '총(總)'은 민간에서는 '총(摠)'으로 썼다. '총(摠)'은 '괄(括)'과 형태가 비슷하기 때문에 잘못해서 '괄' 자로 된 것 같다. 이것은 전사(傳寫)하면서 실수한 것이지 중원(仲遠: 應劭)의 잘못이 아니다[疑『應氏本』'葱'或作'總', '總'俗作'摠'. 與'括'形近, 因誤而爲'括'. 此傳寫之失, 非仲遠之誤也]."【吳】

108 조나라는 울고~농작물을 보소: 『사기·조세가』에 보면, 조나라 천왕 "6년에 나라에 큰 기근이 들자 백성들이 '조나라는 울고 진나라는 웃네. 믿기지 않거든 땅에 난 농작물을 보소'라고 했다[六年, 大饑, 民譌言曰: '趙爲號, 秦爲笑. 以爲不信, 視地之生毛']."고 되어 있다. 이 말은 조나라 사람들은 통곡하고 진나라 사람들은 그 재앙을 즐겼는데, 만약 믿기지 않으면 땅에 난 농작물이 어떤지 한번 살펴보라는 뜻이다. 범녕(范寧)의 『곡양전집해(穀梁傳集解)·정공 원년(定公元年)』에 보면 '무릇 땅에서 자라나는 것을 모라 한다[凡地之所生謂之毛]'고 되어 있다.【吳】

109 여공(厲公): 『사기·전경중완세가(田敬仲完世家)』에 따르면, "여공은 진나라 문공의 작은 아들이다[厲公者, 陳文公少子也]."

110 의씨(懿氏): 오수평은 진(陳)나라의 대부(大夫)라고 보고 있으나, 『사기·진기세가(陳紀世家)』에 따르면 제나라의 대부 의중(懿仲)을 말한다.【王】

111 봉황 두 마리: 원문은 '봉황(鳳凰)'이다. 수컷을 '봉', 암컷을 '황'이라 한다. 봉황 암수 두 마리가 사이좋게 울어댄다는 것은 사이좋은 진완(陳完) 부부를 상징하는 것이다.【吳】

112 규씨(嬀氏): 진(陳)나라를 말한다. 진나라는 규씨 성이다. 『사기·진세가(陳世家)』에 따르면 다음과 같다. "진나라 호공(胡公) 만(滿)은 순임금의 후예이다. 옛날 순임금이 평민으로 있을 때 요임금이 두 딸을 처로 주고 규예(嬀汭)에서 살게 했다. 그래서 그 후손들이 땅의 이름을 성으로 삼아 성이 규씨가 되었다[陳胡公滿者, 虞帝舜之後也. 昔舜爲庶人時, 堯妻之二女, 居於嬀汭. 其後因爲氏姓, 姓嬀氏]."【吳】

113 강씨(姜氏): 제나라를 말한다. 제나라는 강씨 성의 나라이다.【吳】

에서 성장하리라. 그 5대손[114]은 장차 크게 창성하여 정경(正卿)과 어깨를 나란히 할 것이라네. 8대손[115] 이후로 그와 더불어 힘을 견줄[116] 자 없으리라."

주나라 태사(太史)가 『역경』으로 [진완에 대해] 점친 적이 있는데, 관괘(觀卦)에서 비괘(否卦)로 변하는 점괘가 나오자,[117] 이렇게 말했다.

"이것을 두고 '나라의 광영을 살피니 군주의 상빈(上賓)이 될' 괘라는 것입니다.[118] 이 괘로 보아 이 아이는 진(陳)나라를 대신해 나라를 차지할 것입니다! 그러나 그것은 이 나라가 아니라 다른 나라입니다. 그 시기도 자기 대가 아니라 그 자손 대에 가서 나라를 세울 것입니다.[119] 그 빛은 멀리 떨어진 다른 곳에서 빛날 것입니다."[120]

---

114 5대손 : 원문은 '오세(五世)'이다. 5대손은 전걸(田乞)이다. 전걸은 제나라 경공(景公)의 대부가 되어 민심을 얻었다. 후에 유자(孺子) 다(荼)를 죽이고 제나라 도공(悼公) 양생(陽生)을 세웠으며 스스로 재상이 되어 정권을 전횡했는데, 전걸 때에 그 집안이 창성했음을 알 수 있다. 『사기 · 전경중완세가』에 자세히 보인다.【吳】

115 8대손 : 원문은 '팔세(八世)'로, 전장자(田莊子)를 가리킨다. 전장자는 제나라 선공 때 재상을 지냈으며, 그의 아들 태공화(太公和)는 제나라의 후(侯)가 되었다.【吳】

116 힘을 견줄 : 원문은 '경(京)'이다.【吳】

117 관괘(觀卦)에서 비괘(否卦)로 변하는 점괘가 나오자 : 원문은 '우관지비(遇觀之否)'이다. 『논형 · 복서(卜筮)』에 "거북점을 점치는 것[卜]을 봉(逢)이라 하고, 시초점을 치는 것을 우(遇)라 한다[卜曰逢, 筮曰遇]"라는 구절이 있다. 관괘는 곤(坤)이 하괘이고 손(巽)이 상괘이며[坤下巽上], 비괘는 곤이 하괘이고 건이 상괘[坤下乾上]로, 관괘와 비괘는 사효(四爻)만 다르니, 즉 관괘의 육사효(六四爻)가 비괘의 육사효로 변했음을 알 수 있다.

118 이것을 두고~괘라는 것입니다 : 이 두 구절은 『역경 · 관괘』 육사효사(六四爻辭)이다. 『좌전 · 장공(莊公) 22년』 공영달의 소에 따르면 다음과 같다. "점괘를 말하자면, 다른 나라로 가 국가의 빛나는 통치 업적을 살피니, 국인의 사람 가운데 군왕의 빈객이 되기에 이로운 이가 있다[謂所爲筮者, 觀他人有國之光榮也. 此有國人之人, 利用爲賓客於王朝也]."

119 그러나~나라를 세울 것입니다 : 이 몇 구절은 앞서 나온 두 효사(爻辭)에 대한 해석이다. 『사기 · 진세가정의』에 보면 다음과 같다. "육사효가 변했는데 내괘는 중국이고, 외괘는 이국이다[六四變內卦爲中國, 外卦爲異國]." 또 "내괘는 자신이고, 외괘는 자손이다. 그 변화가 외괘에 있기 때문에 자손 대에 변화가 있음을 알 수 있다[內卦爲身, 外卦爲子孫. 變在外, 故知在子孫也]"라고 했다.

120 그 빛은~다른 곳에서 빛날 것입니다 : 『좌전 · 장공 22년』 공영달의 소에 따르면 다

진나라 여공이 채(蔡)나라 사람에게 살해되어[121] 나라 안이 어지러워지자, 진완은 제나라로 달아났다. 제나라 환공[122]이 진완을 경(卿)에 임명하려 하자, 그가 사양하며 말했다.

"떠돌이 신세인 제가 다행히 왕의 도움을 받았습니다. 관용의 정치 아래에서 군주의 가르침을 익히지[123] 못한 것까지 사면 받아 각종 죄를 면하고 부담을 덜었습니다. 이는 모두 왕의 은혜로, 저는 이미 왕께 많은 것을 받았습니다. 그런데 또 어찌 감히[124] 높은 자리를 탐내어 관부의 비방을 불러일으키겠습니까?[125] 『시경』에 이르기를, '멀고 먼 곳에서 수레 타고 왔더니, 내게 활주며 부르시네. 어찌 가고 싶지 않을까마는, 내 친구들이 두렵다네'[126]라고 했습니다."

그리하여 환공은 그를 공정(工正)[127]으로 삼았다. 환공과 함께 술을 마

음과 같다. "『역경』에서 '나라의 광명을 살펴본다'고 했는데, 이에 '광'의 뜻을 풀이하면 다음과 같다. 빛은 여기에 있는데 저 멀리 다른 사물을 비춘다는 것은 멀리 떨어진 다른 사물 위에서부터 빛이 생겨나는 것을 말한다[『易』稱'觀國之光', 故解'其光'義. 言光在此處, 遠照於他物, 從他物之上而有明耀者也]."

121 진나라 여공이 채(蔡)나라 사람에게 살해되어 : 원문은 '여공위채소멸살(厲公爲蔡所滅殺)'이다. 『군서습보』에 따르면 '멸(滅)' 자는 "잘못 들어간 글자이다[衍]." 『사기·전경중완세가』에 따르면, "여공은 즉위한 뒤에 채나라 여자를 아내로 갖이했다. 그녀가 채나라 남자와 간음하면서 수차례 채나라로 돌아가자 여공도 여러 번 채나라로 갔다. 환공의 작은 아들 임(林)은 여공이 자신의 아버지와 형을 죽인 것에 원한을 품고 있다가 결국 채나라 사람을 시켜 여공을 유혹하여 죽였다[厲公旣立, 娶蔡女. 蔡女淫於蔡人, 數歸, 厲公亦數如蔡. 桓公之少子林怨厲公殺其父與兄, 乃令蔡人誘厲公而殺之]."【吳】

122 제나라 환공 : 원문은 '제후(齊侯)'이다.【吳】

123 익히지 : 원문은 '한(閑)'이다.【吳】

124 어찌 감히 : 원문은 '감(敢)'이다.【吳】

125 불러일으키겠습니까 : 원문은 '속(速)'이다.【吳】

126 멀고 먼 곳에서~두렵다네 : 『좌전·장공(莊公) 22년』 두예는 다음 주를 달고 있다. "일실된 『시경』의 한 구절이다. 교교(翹翹)는 먼 모양을 말한다. 옛날에는 선비를 초빙할 때 활을 주었다. 즉 비록 명예가 욕심나기는 하지만 친구들에게 질책당할까 두렵다는 뜻이다[逸『詩』也. 翹翹, 遠貌. 古者聘士以弓. 言雖貪顯命, 懼爲朋友所譏責]."【吳】

127 공정(工正) : '정(正)'은 '우두머리'이다. 따라서 '공정'은 백공(百工)을 관리하는 장관으로, 한대(漢代)의 장작대장(將作大匠 : 將作監이라고도 하며, 궁실이나 성곽 및 능을 짓는 일을 맡아보았음)과 유사하다.【吳】

실 때 환공이 흥에 겨워 말했다.

"불을 밝혀 계속 마십시다."[128]

그러자 진완이 사양하며 말했다.

"저는 낮에 술 마시는 것만 알 뿐 밤까지 술 마시는 것은 아직 모르니,[129] 감히 명을 받들 수가 없습니다. 또한 군자는 '술로써 예를 완성시킬 때는 지나치게 마시지 않는 것을 의(義)라 하고, 군주와 함께 술을 마시며 예를 완성시킬 때는 지나치게 술을 받지 않는 것을 인(仁)이라 한다'고 했습니다."

환공이 그를 가상히 여기며 날로 아끼고 존경해, 진완의 위치는 고씨(高氏 : 高昭子)와 국씨(國氏 : 國惠子)[130]에 견줄 만했다. 그는 전(田) 땅을 봉지로 받았기 때문에 성이 전씨(田氏)가 되었다.

진완의 6대손 전성(田成)은 간공(簡公)을 죽였으며, 그의 3대손 전화(田和)는 강공(康公)을 해상(海上)으로 쫓아내고 그에게 성 하나를 봉지로 주어 태공(太公)[131] 이하 조상들의 제사를 받들게 했다. 후에 위(魏)나라 문후(文侯)가 주나라 천자와 제후들에게 사신을 보내 전화를 주 왕실 제후의 반열에[132] 올릴 것을 주청했다.[133] 그 손자가 제나라 위왕(威王)이다. 건왕(建

---

128 환공과 함께~계속 마십시다 : 원문은 '음환공주, 낙, 공왈이화(飮桓公酒, 樂, 公曰以火)'이다. '왈(曰)' 자는 원래 없었으나, 『군서습보』에 근거해 보충한다. 『좌전 · 장공 22년』에 따르면 "환공이 술을 마시면서 흥에 겨워 말했다. '불을 밝혀 계속 마십시다[飮桓公酒, 樂, 公曰 : '以火繼之']." 여기서 '공(公)' 자가 있어야 문장의 뜻이 완전해지기에 지금 이에 근거해 보충한다.【吳】

129 저는~모르니 : 원문은 '신복기주, 신복기야(臣卜其晝, 臣卜其夜)'이다. 여기서 '복주복야(卜晝卜夜)'는 원래 하루 종일이란 뜻이나, 후에는 무절제하게 술을 마시는 것을 형용하는 말로 사용되었다.【譯註】

130 고씨(高氏)와 국씨(國氏) : 원문은 '고국(高國)'이다. 『좌전 · 희공(僖公) 12년』에 보면 다음과 같다. 주나라 왕이 "상경의 예로 관중을 대접하려 하자 관중이 사양하며 말했다. '신은 천한 관리입니다. [신의 나라에는] 천자가 임명한 두 분의 상경 국씨와 고씨가 있습니다'[臣賤有司也. 有天子之二守國高在]." 이에 대해 두예는 "국자와 고자는 천자의 명을 받아 제나라의 수신(守臣)이 되었으며, 모두 상경이다[國子 · 高子, 天子所命, 爲齊守臣, 皆上卿也]"고 주를 달고 있다.【吳】

131 태공(太公) : 제나라 태공 여상(呂尙)을 말한다.【吳】

王)대에 와서 건왕은 후승(后勝)의 계책을 들었고, 또한 빈객들은 대부분 진(秦)나라의 뇌물을 받아서 건왕에게 진나라를 알현할 것을 권했다. 이에 제나라가 전열을 채 정비하기도 전에 진나라 병사들은 단번에[134] 임치(臨菑)로 들어왔으며, 백성들은 감히 저항하지 못했다. 결국 건왕이 공(共) 땅[135] 으로 보내지자, 백성들은 "소나무인가? 잣나무인가? 건왕을 공 땅에 머물게[136] 한 이가 빈객들인가?"라고 노래하며 건왕이 빈객들을 등용할 때 자세히 살피지 않은 것을[137] 한스럽게 생각했다.[138]

내가 삼가 『전국책』과 『태사공기』를 살펴보니 다음과 같았다.[139]

---

132 주 왕실 제후의 반열에 : 원문은 '열어주실(列於周室)'이다. '열(列)' 자 아래에 원래 '언(言)' 자가 있는데, 이것은 잘못 들어간 글자이다. 『사기·전경중완세가』에 보던 "위나라 문후는 이에 사신을 보내 주나라 천자와 제후에게 말해 제나라의 재상 전화를 제후로 올릴 것을 주청했는데, 천자가 이를 허락했다. 강공 19년에 전화는 제나라 후(侯)에 올라 주왕실의 제후국이 되었으며, 이때를 그 원년으로 삼았다[魏文侯乃使使言周天子及諸侯, 請立齊相田和爲諸侯, 周天子許之. 康公之十九年, 田和立爲齊侯, 列於周室, 紀元年]"는 문장이 있는데, 이것을 증거로 삼아 지금 '언(言)' 자는 뺀다.【吳】

133 후에 위(魏)나라 문후(文侯)가~주청했다 : 『군서습보』에 보면 이 구절 다음에 '전화를 세워 제후로 삼자고 주청했다[請立田和爲諸侯]"라는 일곱 글자가 있고, 또 '일곱 자는 빠져 있었는데 대개 『사기』의 문장에 근거해 보충한다[七字脫, 約『史記』文補]" 라고 함께 밝히고 있다.【吳】

134 단번에 : 원문은 '평보(平步)'이다. 『사기·전경중완세가』에는 '졸(卒)'로 되어 있고, 『사고전서』본에도 이미 '졸'로 고쳐져 있다.【吳】

135 공(共) 땅: 옛 땅은 지금의 하남성 휘현(輝縣)에 있다.【吳】

136 머물게 : 원문은 '망(亡)'이다. 『전국책·제책(齊策)』과 『사기·전경중완세가』에는 '주(住)' 자로 되어 있고, 『사고전서』본에는 이미 그렇게 고쳐져 있다. 『전국책』에 따르면 진(秦)나라 왕은 건왕(建王)을 공(公) 땅의 소나무와 잣나무 사이에 살게 했다고 되어 있다. 여기서 제나라 사람들은 건왕이 공 땅의 송백 사이에 살게 되었고, 건왕을 망국의 군주로 내몬 것이 그들 유세객에 있음을 의문의 어투로 대답한 것이다.【吳】

137 자세히 살피지 않은 것을 : 원문은 '불상(不詳)'이다. 『사기·전경중완세가색은』에 따르면 "왕이 빈객들을 자세히 살피지 않아 그들의 선악 여부를 몰랐음을 말하는 것이다[謂不詳審用客, 不知其善否也]"고 되어 있다.【吳】

138 한스럽게 생각했다 : 원문은 '질(疾)'이다.【吳】

139 내가~같았다 : 여기서 인용된 문장은 가의(賈誼)의 「과진론(過秦論)」에서 나왔는데, 『사기』의 「진시황본기(秦始皇本紀)」와 「진섭세가(陳涉世家)」의 찬어(贊語)에도 실려 있다.【吳】

진(秦) 나라 효공(孝公)은 효산과 함곡관(函谷關)[140]의 견고함에 기대어 옹주(雍州) 땅을 지켰고 군주와 신하는 모두 힘을 합하여[141] 주 왕실을 엿보면서 천하를 석권하고 온 천하[142]를 손에 넣을 마음을 가지고 있었다. 이때 상군(商君)[143]이 효공을 보좌하여 안으로는 법과 제도를 세우고 농사일과 베 짜기에 힘쓰며 방어 준비를 하고, 밖으로는 맹장과 날랜 용사들을 믿고 한가로이 기회를 엿보면서 서하(西河)를 공격하여 그 성을 평정했다.[144] 남쪽으로 한중(漢中)을 병합하고[145] 서쪽으로 파(巴)와 촉(蜀)을 취했으며,[146] 동쪽으로 기름진 땅을 떼어 받고 요새 지역의 군(郡)을 거둬들였다. 그러자 제후들은 두려움에 떨면서 회맹하고 [진나라를 칠] 모의를 하며 자리와 보물을 아끼지 않고 천하의 선비들을 불러 모았다. 이때 제나라에는 맹상군(孟嘗君)이 있었고, 조나라에는 평원군(平原君)이 있었으며, 초나라에는 춘신군(春申君), 위(魏)나라에는 신릉군(信陵君)이 있었다.[147] 무릇

140 함곡관(函谷關) : 원문은 '함(函)'이다.【吳】

141 모두 힘을 합하여 : 원문은 '육력(戮力)'이다.【吳】

142 온 천하 : 원문은 '팔황(八荒)'으로, '팔극(八極)'을 말한다. 『설원 · 변물(辨物)』에 다음 문장이 있다. "팔황의 안에 사해가 있고, 사해의 안에 구주가 있으며, 천자는 그 가운데인 중주에 거하면서 팔방을 다스린다[八荒之內有四海, 四海之內有九州, 天子處中州而制八方耳]."【吳】

143 상군(商君) : 공손앙(公孫鞅)으로, 『사기』에 전(傳)이 있다.【吳】

144 서하(西河)를 공격하여 그 성을 평정했다 : 진(秦)나라 혜왕(惠王) 8년(B.C.330)에 진나라는 위나라의 하서(河西) 땅을 빼앗았다.【吳】

145 남쪽으로 한중(漢中)을 병합하고 : 원문은 '남병한중(南並漢中)'이다. 진(秦)나라 혜왕 후원(後元) 13년(B.C.312)에 서장(庶長) 장(章)이 초나라의 한중(漢中)을 공격해 땅 6백 리를 빼앗아 한중군(漢中郡)으로 두었다.【吳】
여기서 후원(後元)은 경원(更元)의 오기이다. 후원은 한 나라 무제의 연호로, 오수평이 잘못 적은 것이다.【譯註】
서장(庶長) : 춘추시대 진(秦)나라의 관명으로, 군사 일을 맡아보았는데 그 지위가 경(卿)에 해당했다. 상앙이 변법(變法)을 시행할 때 20등급의 관직을 두었는데, 10~18등급까지가 서장(庶長) 1등급에 해당했다.【譯註】

146 서쪽으로 파(巴)와 촉(蜀)을 취했으며 : 원문은 '서정파촉(西定巴蜀)'이다. 진나라 혜왕 후원 9년(B.C.316)에 사마착(司馬錯)이 촉나라를 쳐서 멸망시켰다.【吳】

147 제나라에는~있었다 : 맹상군은 제나라 공자 전문(田文)을 말하고, 평원군은 조나라의 공자 조승(趙勝)을 말한다. 춘신군은 초나라의 집정귀족 황헐(黃歇)을 말하고 신

이 네 공자는 모두 총명하고 지혜로웠으며, 충성스럽고 믿음직스러웠고, 너그럽고 온후하면서도 다른 사람들을 아낄 줄 알았다.[148] 이들은 한·위(魏)·연·조·송·위(衛)·중산(中山)의 무리를 하나로 합쳤다. 그 뒤로 영월(甯越)[149]·소진(蘇秦)[150]·두혁(杜赫)[151] 같은 이들이 사공자를 위해 계획을 짰고, 진진(陳軫)[152]·소활(召滑)[153]·악의(樂毅)[154] 같은 이들이 사공자의 뜻을 널리 알렸으며, 오기(吳起)·손빈(孫臏)·염파(廉頗)[155] 같은 이들이

릉군은 위나라 공자 위무기(魏無忌)를 말한다. 이 네 사람은 『사기』에 모두 전(傳)이 있다.【吳】

148 너그럽고~아낄 줄 알았다 : 원문은 '관후애인(寬厚愛人)'이다. 위 구절의 예로 보아 '후(厚)' 자 아래에 '이(而)' 자가 있어야 맞다. 『사기』의 「진시황본기」와 「진섭세가」에 실린 「과진론」과 『문선·과진론』에 모두 '이(而)' 자가 있다. 『사고전서』본에는 이미 들어가 있다.【吳】

149 영월(甯越) : 『문선·과진론』의 이선의 주에 따르면 다음과 같다. "영월은 조나라 사람이다[甯越, 趙人也]."【吳】

150 소진(蘇秦) : 『사기·소진열전(蘇秦列傳)』에 따르면 동주(東周) 낙양(洛陽) 사람이다. 연나라 소왕(昭王)이 곽외(郭隗)를 스승으로 받든 지 3년 뒤에 소진은 "주나라를 섬기다가 연나라로 돌아왔다[從周歸燕]."(『설원·군도(君道)』에 보인다) 그는 일평생 소왕을 위해 반간계를 썼다. 『사기』에 적혀 있는 소진과 관련된 기록은 모두 뒤죽박죽이기 때문에 그에 관한 행적은 『전국종횡가서(戰國從橫家書)』를 참고하면 된다.【吳】
『전국종횡가서』 : 1973년 장사(長沙) 마왕퇴(馬王堆) 3호굴에서 백서(帛書)가 나왔는데, 그 가운데 한 권이 금본 『전국책』과 비슷해, 후에 정리를 거친 뒤 『전국종횡가서』라 명명했다. 이 책은 모두 27편으로 이루어져 있고, 그 가운데 11편의 내용과 글자가 금본 『전국책』과 대체적으로 같다.【譯註】

151 두혁(杜赫) : 『여씨춘추·무대(務大)』에 "두혁은 천하를 안정시키기 위해 주나라 소문군을 설득했다[杜赫以安天下說周昭文君]"고 적혀 있다. 이에 대해 고유는 "두혁은 주나라 사람으로, 두백의 후손이다[杜赫, 周人, 杜伯之後也]"라고 주를 달고 있다.【吳】

152 진진(陳軫) : 『전국책·초책(楚策)』에 "진진은 하나라 사람으로, 삼진의 일을 잘 알았다[陳軫, 夏人也, 習於三晉之事]"고 되어 있는데, 진진은 먼저 진(秦)나라를 섬겼다가 후에 초나라를 섬겼다. 『사기·장의열전(張儀列傳)』에 그 일이 부록으로 실려 있고 『전국종횡가서·소진위진진장(蘇秦謂陳軫章)』에도 그 일이 대충 적혀 있다.【吳】

153 소활(召滑) : 초나라 사람이다. 일찍이 초나라 회왕(懷王)이 월(越)나라에 있을 때 소활을 등용했다. 『사기·감무열전(甘茂列傳)』에 그 일이 언급되어 있다.【吳】

154 악의(樂毅) : 먼저 조(趙)나라와 위나라를 섬기다가 후에 연나라로 가, 연나라 소왕의 아경(亞卿)이 되었다. 그의 사적은 『사기』에 실려 있다.【吳】
아경(亞卿) : 주나라 제도에 따르면 경(卿)은 상·중·하 세 등급으로 나뉘는데, 그 가운데 중경(中卿)을 아경이라고 한다.【譯註】

이들의 병사를 다스렸다. 일찍이 진나라의 10배가 넘는 땅과 백만 대군을 이끌고 진나라를 공격하니, 진나라 사람들은 이때 함곡관의 관문을 열고 나와 적을 맞이했다. 그러자 6국의 병사들은 모두 달아나 숨고 감히 진격하지 못했다. 이렇게 진나라는 화살을 없애거나[156] 화살촉을 잃어버리는 낭비도 없었지만, 관동(關東)[157]은 이미 곤경에 빠졌다. 그리하여 합종책이 붕괴되고 맹약이 깨지자, 6국은 다투어 땅을 떼어 진나라에게 바쳤으며 진나라는 남아 있는 힘으로 그들의 약점을 제압했다.

시황제(始皇帝)는 6대[158]가 남긴 공적[159]을 계승하고 긴 말채찍[160]을 휘두르며[161] 천하를 제압하고, 서주와 동주[162]를 삼키고 제후들을 꾸짖었다. 또한 지존의 자리에 올라 천지사방[163]을 다스리고 '제(帝)' 자와 '황(皇)' 자를 합쳐 황제라 부르면서[164] 사해(四海)에 위엄을 떨쳤다. 당시 이 일을

155 오기(吳起)・손빈(孫臏)・염파(廉頗) : 세 사람은 『사기』에 그 전(傳)이 보인다.【吳】

156 화살을 없애거나 : 원문은 '일시(一矢)'이다. '일(一)' 자는 『사고전서』본에는 '망(亡)' 자로 되어 있다. 생각건대 '망' 자로 해야 맞는데, 그래야 '망시(亡矢)'와 '유촉(遺鏃)'이 서로 대를 이루어 문장이 되기 때문이다. 『사기』와 『문선』에 실린 「과진론」에는 '망' 자로 되어 있다.【吳】

157 관동(關東) : 함곡관 동쪽 땅으로, "진나라 효공(孝公) 이래로 주 왕실이 날로 쇠하자 제후들이 합병하려 했으니, 관동은 바로 육국이다[自孝公以來, 周室卑微, 諸侯想兼, 關東爲六國]." 『사기・이사열전(李斯列傳)』에 보인다.【譯註】

158 6대 : 진나라의 효공・혜문왕(惠文王 : 惠王)・무왕(武王)・소왕(昭王)・효문왕(孝文王)・장양왕(莊襄王)을 말한다.【吳】

159 남긴 공적 : 원문은 '유렬(遺烈)'로, 전대의 사람들이 남긴 업적을 말한다.【譯註】

160 말채찍 : 원문은 '책(策)'이다. 『설문해자』에 보면 "책은 말채찍이다[策, 馬箠也]"라 되어 있다.【吳】

161 휘두르며 : 원문은 '항(抗)'이다. 『사기』와 『문선』에 실린 「과진론」에는 '진(振)' 자로 되어 있다.【吳】

162 서주와 동주 : 원문은 '이주(二周)'이다.【吳】

163 천지사방 : 원문은 '육합(六合)'이다.【吳】

164 제(帝) 자와 황(皇) 자를 합쳐 황제라 부르면서 : 원문은 '겸제황(兼帝皇)'이다. 『사기・진시황본기』에 보면, 승상 왕관(王綰), 어사대부(御史大夫) 풍겁(馮劫), 정위(廷尉) 이사(李斯) 등이 황제의 호칭에 대해 논의하면서 "'고대에는 천황, 지황, 태황이 있었는데, 그 가운데 태황이 가장 존귀했습니다. 신 등은 죽기를 무릅쓰고 존귀한 호칭을 올리니, 왕을 태황이라 하십시오[古有天皇, 有地皇, 有泰皇, 泰皇最貴. 臣等昧死上尊號, 王爲泰皇]'라고 하자 시황이 말했다. '태(泰) 자는 빼고 황(皇) 자는 그대로

두고 의론하던 사람들은 초나라가 굴원을 멀리하고 위(魏)나라가 공자 무기(無忌)를 등용하지 않아 나라가 쇠약해져 결국 멸망하게 되었다고 한스러워했다. 진(秦)나라는 이미 다한 천운과 쇠미한 국력[165]으로 천하를 통일했다가[166] 한나라에게 멸망당했다. 대개 하늘이 무너뜨리려는 것을 누가 능히 지켜낼 수 있겠는가?[167] 설령 이윤(伊尹)[168]이 정사를 돌보고 맹분(孟賁)과 하육(夏育)[169]이 군대를 지휘한다 하더라도 아무 보탬이 되지 않는다. 또한 날랜 병사와 좋은 지략이 뒤섞여 연이어 나오니 일이 잘못되어도[170] 역시 잘못을 털어내고 계몽할 수 있었다. 그래서 진시황은 관중

두고, 상고시대의 제(帝)라는 호칭을 채용하여 황제라 부를 것이다[去'泰', 著'皇', 采上古'帝'位號, 號曰'皇帝'].'" 따라서 여기서 '제와 황자를 합친 것이다[兼帝皇]'라고 한 것이다.【吳】

165 다한 천운과 쇠미한 국력 : 오수평의 교석에 따르면 이 문장은 원래 '우약지극, 운진전지소조(愚弱之極, 運震電之蕭條)'로 되어 있는데, '우약지극운, 진전지소조(愚弱之極運, 震電之蕭條)'로 고쳐야 그 의미가 통한다. 왕리기(王利器)의 『풍속통의교주(風俗通義校注)』에도 이렇게 되어 있다. '진전(震電)'은 수레가 움직일 때 나는 커다란 소리로, 여기서는 군사의 힘 즉 국력을 의미하고, '소조(蕭條)'는 정치나 경제 상황이 좋지 않아 나라의 힘이 쇠약해진 것을 의미한다.【譯註】

166 통일했다가 : 원문은 '혼일(混壹)'이다. '혼(混)'은 '합하다'는 뜻으로, '혼일(混一)'은 곧 통일하다는 의미이다.【吳】

167 하늘이 무너뜨리려는 것을 누가 능히 지켜낼 수 있겠는가 : 원문은 '천지소괴, 수능지지(天之所壞, 誰能枝之)'이다. '지(枝)' 자는 『오본』과 『유편본』에는 '지(支)' 자로 되어 있는데, 두 글자는 서로 통한다. 『좌전·정공 원년(定公元年)』에 보면 "하늘이 무너뜨리려는 것을 막을 수 없다[天之所壞, 不可支也]"가 있고, 일실된 『시경』에도 이 구절이 있는데, 바로 이것을 근거한 것이다.【吳】

168 이윤(伊尹) : 원문은 '아형(阿衡)'이다. 『시경·상송(商頌)·장발(長發)』에 보면, "그가 곧 아형으로, 상왕을 도와 나라를 바로잡았네[實維阿衡, 實左右商王]"가 있는데 모형은 『모씨전』에서 "아형은 이윤이다[阿衡, 伊尹也]"라고 쓰고 있다.【吳】

169 맹분(孟賁)과 하육(夏育) : 원문은 '분육(賁育)'이다. 맹분과 하육으로, 고대의 날랜 병사이다. 『한서·사마상여전(司馬相如傳)』에 따르면, "힘은 오획(烏獲)이 최고이고, 민첩성은 경기(慶忌)가 최고이며, 용기는 맹분과 하육이 으뜸이다[力稱烏獲, 捷言慶忌, 勇期賁育]"라고 되어 있다.【吳】

오획(烏獲)은 전국시대의 장사(壯士)로, 임비(任鄙)·맹열(孟說)과 함께 그 이름을 날렸으며, 경기(慶忌)는 오나라 요왕(寮王)의 아들로, 말이 돗 따라잡을 정도로 빨리 뛰었다고 한다.【譯註】

170 잘못되어도 : 원문은 '좌육(挫衄)'으로, 실패하다 혹은 좌절하다의 뜻이다.【吳】

(關中)의 견고함과 천 리에 이어져 있는 철옹성[171]이 자손들을 만대 후까지도 제왕이 되게 할 위업[172]이라 스스로 여겼다. 그래서 마침내 난폭하게 굴면서[173] 악습을 행하고 자기 멋대로 하며 선비들을 구덩이에 묻고 책을 불살라[174] 백성들[175]을 어리석게 만들고 온갖 사치를 부리며 거리낌 없이 행동했다. 또한 끊이지 않는[176] 노역[177]으로 그 폐해가 천하에

---

171 천 리에 이어져 있는 철옹성 : 『사기 · 유후세가(留侯世家)』에 보면, 다음 문장이 있다. "무릇 관중 지역은 왼쪽에 효산과 함곡관이 있고, 오른쪽에는 농산과 촉산이 있으며, …… 이곳을 일러 천 리의 철옹성이요 천부의 지역이라 하는 것입니다[夫關中左肴 · 函, 右隴 · 蜀, …… 此所謂金城千里, 天府之國也]."【譯註】

172 자손들을 만대 후까지도 제왕이 되게 할 위업 : 『사기 · 진시황본기』에 따르면, 진시황 26년에 "장양왕(莊襄王)을 태상황(太上皇)에 추존하면서 다음 명을 내렸다. '짐이 듣건대 태고에는 호는 있었으나 시호는 없었으며 중고에는 호가 있었고 죽으면 행적에 따라 시호를 지었다고 한다. 이와 같다면 자식이 아버지를 논하고 신하가 군주를 논하는 것이니 이것은 심히 말이 되지 않기에 짐은 이것을 받아들이지 않겠다. 오늘 이후로 시호를 제정하는 법을 없애노라. 짐은 시황제라 칭하고 후세에는 셈을 하여 2세, 3세, 만세에 이르기까지 길이 전하거라'[追尊莊襄王爲太上皇. 制曰 : 朕聞太古有號無謚, 中古有號, 死而以行爲謚. 如此, 則子議父, 臣議君也, 甚無謂, 朕弗取焉. 自今已來, 除謚法. 朕爲始皇帝, 後世以計數, 二世三世至于萬世, 傳之無窮]." 진시황의 '자손들을 만대 후까지도 제왕이 되게 할 위업[子孫帝王萬世之業]'이란 바로 이것을 가리킨다.【吳】

173 난폭하게 굴면서 : 『순자(荀子) · 비십이자(非十二子)』에 보면 다음 구절이 있다. "성정에 내맡기고 난폭하게 굴면서 금수처럼 행동한다[縱性情, 安恣睢, 禽獸行]."【吳】

174 선비들을 구덩이에 묻고 책을 불살라 : 원문은 '갱유번서(坑儒燔書)'이다. 진시황 34년에 승상 이사의 건의에 따라 박사관(博士官)의 직무를 수행하는 것도 아닌데 『시경』과 『서경』 및 제자백가의 저서들을 가지고 있으면 모두 수(守 : 郡의 장관) · 위(尉)에 보내 모두 소각하고, 감히 짝을 지어 『시경』과 『서경』을 말하는 자가 있으면 기시형(棄市刑)에 쳐하라고 명을 내렸다. 영을 내린 지 30일이 지나도록 소각해야 할 책을 소각하지 않으면 경형(黥刑)에 처하고 매일 아침 일찍 일어나 성벽을 쌓는 성단(城旦)의 벌을 내렸다. 그래서 소각되지 않은 책은 의약이나 점복 식목에 관련된 책뿐이었다. 이듬해 어사를 보내 유생들을 심문해 '비방'과 '요사스런 말로 백성들을 혼란시킨다[妖言以亂黔首]'라는 죄로 함양(咸陽)에 구덩이를 파고 460여 명의 사람을 생매장했다. 여기서 말하는 '갱유번서'는 『사기 · 진시황본기』에 자세히 나와 있다.【吳】

수(守) : 진대(秦代) 군(郡)의 장관으로, 한대(漢代)의 태수(太守)에 해당한다.【譯註】

175 백성들 : 원문은 '검수(黔首)'이다. 『사기 · 진시황본기』에 따르면, 진시황 26년에 "이름을 바꾸어 백성을 '검수'라고 불렀다[更名民曰'黔首']." 『집해』에서는 응소의 말을 인용해 "검(黔)은 또한 려(黎)로, 검다[黑]의 뜻이다[黔亦黎, 黑也]"라고 했다.【吳】

퍼졌고 그 난리가 만(蠻)과 맥(貊) 땅까지 이어졌다. 이로 인해 진나라는 2세에 가서 제사가 끊어지고 한나라가 일어나는 계기를 만들어주었다. 한(漢)나라 고조(高祖)가 제위에 오르자[178] 온 천하가 안정되었다. 세종(世宗)[179]은 오랑캐를 물리쳐 땅을 넓혔고[180] 예학을 존숭하여 널리 퍼뜨렸으며 법도를 정비하여 모든 왕의 으뜸이 되었다.

楚之先出自帝顓頊. 其裔孫曰陸終, 娶于鬼方氏, 是謂女潰. 蓋孕而三年不育, 啓其左脅, 三人出焉, 啓其右脅, 三人又出焉. 其六曰季連, 是爲芈. 其後有鬻熊子爲文王師. 成王擧文·武懃勞, 而封熊繹於楚, 食子男之采, 其十世稱王. 懷王佞臣上官·子蘭, 斥遠忠臣, 屈原作「離騷」之賦, 自投汨羅水. 因爲張儀所欺, 客死於秦. 到王負芻, 遂爲秦所滅. 百姓哀之, 爲之語曰: "楚雖三戶, 亡秦必楚." 自顓頊至負芻六十四世, 凡千六百一十六載.

燕召公奭與周同姓. 武王滅紂, 封召公於燕. 成王時入據三公, 出爲

---

176 끊이지 않는: 원문은 '불염(不饜)'이다. 여기서 '염(饜)'은 만족하다, 배부르다의 뜻이다.【吳】

177 노역: 원문은 '역역(力役)'이다. 진대(秦代) 농민들은 23세부터 56세까지 경수(更戍)의 노역을 섰다. 『사기·진시황본기』에서 말하고 있는 '수자리 살거나 수송하는 일[戍漕轉作事]'이 모두 노역이다.【吳】

178 제위에 오르자: 원문은 '천조(踐祚)'이다. '조(祚)' 자는 『군서습보』에 따르면 "'조(阼)'가 되어야 맞고, 아래도 마찬가지이다[當作'阼', 下並同]"라고 되어 있다. 『예기·곡례하(曲禮下)』에 "천자가 즉위하여 제사에 임할 때[踐阼臨祭祀]"라는 문장이 있는데, 공영달은 다음과 같이 소를 달고 있다. "천(踐)은 이(履)이고 조(阼)는 주인의 자리를 말한다. 천자가 제사를 올릴 때 계단을 올라가 주인의 자리에서 제사를 주관했기 때문에 '천조'라고 했다[踐, 履也, 阼, 主人階也. 天子祭祀升阼堦, 履主階行事, 故云踐阼也]." 옛날 대전 앞에 있던 양쪽 계단에 중간 길이 없었기 때문에 동쪽 계단을 천자의 자리로 삼았다. 이로 인해 새 임금이 왕위를 계승하는 것을 일러 '천조'라고 했다.【吳】

179 세종(世宗): 한나라 무제의 묘호(廟號)이다.【吳】

180 오랑캐를 물리쳐 땅을 넓혔고: 원문은 '양이경(攘夷境)'이다. 『군서습보』에 '이(夷)' 자 아래에 "'벽' 자 한 글자가 빠진 것 같다[疑脫一'辟'字]"고 되어 있다.【吳】

二伯, 自陝以西, 召公主之. 當農桑之時, 重爲所煩勞, 不舍鄕亭, 止于棠樹之下, 聽訟決獄, 百姓各得其所. 壽百九十餘乃卒. 後人思其德美, 愛其樹而不敢伐, 『詩・甘棠』之所作也. 九世稱侯, 八世稱公. 十世稱王, 到王喜爲秦所滅. 燕外迫蠻・貊, 內笮齊・晉, 崎嶇彊國之間, 最爲弱小, 幾滅者數矣. 然社稷血食者八九百載, 於姬姓獨後亡, 非盛德之遺烈, 豈其然乎!

韓之先與周同姓. 武子事晉獻公, 封於韓原, 因以爲姓. 韓厥因卜者之繇, 陳成季之功, 紹趙氏之孤, 建程嬰之義, 爲晉名卿, 實天所相. 其四代始與趙・魏俱得列爲諸侯矣. 五世稱王, 到王安爲秦所滅.

魏之先畢公高之後也. 畢公與周同姓. 武王滅紂, 封高於畢, 因以爲姓. 其裔孫曰畢萬, 事晉獻公. 獻公伐魏, 滅之, 以封萬. 卜偃曰 : "畢萬之後必大. '萬', 盈數, '魏', 大名也. 天子曰兆民, 諸侯曰萬民. 今名之大, 以從盈數, 以是有衆, 不亦宜乎!" 其六世稱侯, 侯之孫稱王, 到王假, 爲秦所滅.

趙之先與秦同祖. 其裔孫曰造父, 於周穆王爲御驊騮・騄耳之乘, 西謁西王母, 東滅徐偃王, 日馳千里. 帝念其功, 賜以趙城, 因以爲姓. 子叔帶始去周事晉. 其後簡子地過於諸侯, 權重於晉君. 簡子疾, 五日不知人, 大夫皆懼, 呼醫扁鵲視之. 出, 董安于問, 扁鵲曰 : "血脈治也, 勿怪. 昔秦穆公嘗如此, 七日而寤. 寤之日, 告公孫支與子輿曰 : '我之帝所甚樂. 吾所以久者, 適有學也.' 帝告我 : '晉國且大亂, 五世不安. 其後將霸, 未老而死. 霸者之子且令國男女無別.' 公孫支書而藏之, 秦策於是出. 夫獻公之亂, 文公之霸, 而襄公之敗秦師於殽, 而歸縱淫, 此子之所聞. 今主君之病與之同. 不出三日, 病必間, 間必有言也." 居二日半, 簡子寤, 語大夫曰 : "我之帝所, 樂. 與百神游於鈞天, 廣樂九奏萬儛, 不類三代之樂, 其聲動心. 有一熊欲援我, 射之, 中熊死. 有羆來, 我又射之, 中羆死. 帝甚嘉之, 賜我二笥, 皆有副. 吾見兒在帝側. 帝屬我翟犬曰 : '及汝子之壯也, 以賜之.' 帝告我 : '晉國且衰, 十世而亡. 嬴姓將大敗周人於范魁之西, 亦不能有也.'" 董安于受言而藏之. 以扁鵲之言告簡子, 賜扁鵲田四萬畝.

他日, 簡子出, 有人當道. 辟之不去, 從者將刃. 當道者曰 : "吾欲有謁於主君." 從者以聞. 簡子召之, 曰 : "嘻! 吾有所見子晰也!" 當道者曰 : "屏左右, 願有以謁." 簡子屛人, 當道者曰 : "主君之病, 臣在帝側." 簡子曰 : "然. 子之見我何爲?" 當道者曰 : "帝令主君射熊羆, 皆死." 簡子曰 : "是且何也?" 當道者曰 : "晉國且大難, 主君首之. 帝令主君滅二卿, 夫熊羆皆其祖也." 簡子曰 : "帝賜我二笥皆有副, 何也?' 當道者曰 : "主君之子, 將剋二國於翟, 皆子姓也." 簡子曰 : "吾見兒在帝側, 屬我一翟犬, 曰 : '及汝子之長以賜之.' 夫兒何說以賜翟犬?" 當道者曰 : "兒, 主君之子也, 翟犬, 代之先也. 主君之子, 其必有代. 及主君之後嗣, 且有革政而胡服, 並二國於翟." 簡子問其姓而延之以官. 當道者曰 : "臣野人, 致帝命耳." 遂不見. 無幾, 范 · 中行作亂, 簡子滅之, 比熊羆之效應也.

簡子卒, 無卹立, 是爲襄子. 智伯攻襄子, 襄子奔之, 保晉陽. 原過從, 後, 至王澤, 見三人, 自帶以上可見, 自帶以下不可見. 與原過竹二節, 莫通. 曰 : "爲我以是遺趙無恤." 原過旣至, 以告襄子. 齋三日, 親自剖竹, 有朱書曰 : "無恤! 余霍太山陽侯大吏. 三月丙戌, 余將使汝反滅智氏. 亦立我于百邑, 余將使賜若林胡之地. 至于後世, 且有伉王. 赤黑, 龍面鳥噣. 鬒眉髭髯, 大膺大匈, 脩下而馮上, 左任介乘. 奄有河宗, 至于休溷諸貉, 南伐晉別, 北滅黑姑." 襄子再拜, 受三神之令. 三國攻晉陽, 歲餘, 乃以汾水灌其城, 城不沒者三板. 城中懸釜而炊, 易子而食. 張孟談乃夜出見韓 · 魏, 韓 · 魏反與合謀而滅智氏, 共分其地. 於是趙北有代, 南並智氏. 遂祀三神於百邑, 使原過主霍太山. 至武靈王, 竟胡服騎射, 辟地千里. 到王遷, 信秦反間之言, 殺其良將李牧而任趙括, 遂爲所滅. 此童謠曰 : “趙爲號, 秦爲笑. 以爲不信, 視地上生毛.”

陳完字敬仲, 陳厲公之子也. 初, 懿氏卜妻之, 其繇曰 : 是謂‘鳳凰于飛, 和鳴鏘鏘.’ 有嬀之後, 將育于姜. 五世其昌, 並于正卿. 八世之後, 莫之與京.” 周史有以『周易』筮之, 遇觀之否, 曰 : “是謂觀國之光, 利用賓于王. 此其代陳有國乎! 不在此, 其在異國. 非此其身, 在其子孫. 光遠而自他有耀者也.”

厲公爲蔡所滅殺, 國內亂, 完奔于齊. 齊侯以爲卿, 辭曰 : “羈旅之臣, 幸若獲宥. 及於寬政, 赦其不閑敎訓, 而免諸罪戾, 弛於負擔. 君之惠也, 所獲多矣. 敢辱高位, 以速官謗? 『詩』云 : ‘翹翹車乘, 招我以弓. 豈不欲往, 畏我友朋.’” 使爲工正. 飮桓公酒, 樂, 公曰 : “以火.” 辭曰 : “臣卜其晝, 未卜其夜, 不敢. 君子曰 : ‘酒以成禮, 弗繼以淫, 義也, 以君成禮, 弗納於淫, 仁也.’” 桓公嘉之, 愛敬日新, 位比高・國. 始食田采, 姓田氏焉.

六世田成殺簡公, 其三世曰和, 遷康公於海上, 食一城, 以祠太公以下. 後魏文侯乃使使言周天子及諸侯, 列於周室. 其孫曰威王. 到王建, 用后勝之計, 又賓客多受秦金, 勸王朝秦. 不脩戰備, 秦兵平步入臨菑, 民無敢格者. 遷王建於共, 國人歌之曰 : “松耶? 柏耶? 亡建共者客耶?” 疾建用客之不詳也.

謹案『戰國策』・『太史公記』: 秦孝公據殽・函之固, 擁雍州之地, 君臣戮力, 以窺周室, 有席卷天下, 囊括八荒之意. 當是之時, 商君佐之, 內立法度, 務耕織, 脩守戰之備, 外恃猛將銳卒, 因間伺隙, 略定西河之城. 南並漢中, 西定巴・蜀, 東割膏腴之壤, 收要害之郡. 諸侯恐懼, 會盟而謀, 不愛尊爵重寶, 以致天下之士. 當此之時, 齊有孟嘗, 趙有平原, 楚有春申, 魏有信陵. 夫四豪者, 皆明智而忠信, 寬厚愛人. 兼韓・魏・燕・趙・宋・衛・中山之衆. 其後復有甯越・蘇秦・杜赫之屬爲之謀, 陳軫・召滑・樂毅之徒通其意, 吳起・孫臏・廉頗之屬制其兵. 嘗以十倍之地, 百萬之軍攻秦, 秦人開關延敵. 六國之師遁逃而不敢進. 秦無一矢遺鏃之費, 而關東已困. 於是從散約敗, 爭割地而賂秦, 秦有餘力而制其弊.

及至始皇, 承六世之遺烈, 抗長策而御宇內, 呑二周而叱諸侯. 履至尊而制六合, 兼帝皇而威四海. 于時議者恨楚之疏遠屈原, 魏不用公子無忌, 故國削以至於亡. 秦因愚弱之極運, 震電之蕭條, 混壹海內, 爲漢驅除. 蓋乘天之所壞, 誰能枝之? 雖阿衡宰政, 賁・育馭戎, 何益於事. 且有彊兵良謀, 雜襲繼踵, 每輒挫衂, 亦足以祛蔽啓蒙矣. 始皇自以關中之固, 金城千里, 子孫帝王萬世之業也. 遂恣睢舊習, 矯任其私知, 坑儒燔書, 以愚其黔首, 窮奢肆欲. 力役無饜, 毒流諸夏, 亂延蠻・貊. 由是二世絶祀, 以成大漢之資. 高祖踐祚, 四海乂安. 世宗攘夷境, 崇演禮學, 制度文章, 冠於百王矣.

풍속통의 권2*

정실(正失)

본 편에서는 당시에 전해오는 이야기의 허실을 바로잡아 사람들에게 진실을 알려주고자 했다. 악정(樂正) 후기(后夔)가 외다리였다는 이야기, 정씨(丁氏) 집안의 우물 이야기, 태산(泰山)에서 봉(封) 제사를 지내고 양보(梁父)에서 선(禪) 제사를 지낸 이야기, 섭현(葉縣) 현령의 사당, 연(燕)나라 태자(太子) 단(丹), 효문제(孝文帝) 등 11조의 이야기에서 그 오류와 진실을 밝히고 있다.

공자(孔子)가 말했다.

"사람들이 그를 좋아해도 반드시 직접 살펴봐야 하고, 사람들이 그를 싫어해도 반드시 직접 살펴봐야 한다."[1]

---

* 권2 : 소송(蘇頌, 1020~1101)은 다음과 같이 말했다. "「정실」 권2는 『자츠(子抄)』에서는 권6으로 적고 있다[「正失」第二, 『子抄』云 : '第六']."【王】

1 사람들이~살펴봐야 한다 : 『논어(論語)·위령공(衛靈公)』에 다음 말이 있다. "공자

맹가(孟軻 : 孟子)가 말했다.

"요(堯)·순(舜)의 미덕은 이루 다 셀 수 없이 많고, 걸(桀)과 주(紂)의 악행 역시 셀 수 없이 많다."[2]

전해지는 말은 본래의 뜻을 잃어버리기 쉽고 그림 위의 그림자[3]는 본래의 형체를 잃기 쉬우며, 여러 사람의 입은 무쇠라도 녹일 수 있고 험담이 쌓이고 쌓이면 뼈도 녹일 수 있으니,[4] 오래되었구나, 그 잘못됨이여! 그런 까닭에 악정 후기가 외다리리라는 이야기가 생겨났고[5] 진(晉)나라의 군대가 기해년에 강을 건넜는데 돼지 세 마리가 건넌다는 문장이 생기게 되었다.[6] 무릇 성현과 같은 지혜가 아니라면 누가 원래대로 해석할

가 말했다. '사람들이 그를 미워해도 반드시 직접 살펴야 하고, 사람들이 그를 좋아해도 반드시 직접 살펴야 한다'[子曰 : '衆惡之, 必察焉, 衆好之, 必察焉']." 응소(應劭)는 이 말을 인용한 것이다.【吳】

2 요(堯)·순(舜)의 미덕은~많다 : 금본 『맹자(孟子)』에는 이 말이 없다. 현존하는 선진(先秦)과 양한(兩漢)의 저작에는 맹가의 이 말이 모두 실려 있지 않지만 당대(唐代) 유지기(劉知幾)의 『사통(史通)·의고(疑古)』에는 수록되어 있다. 『열자(列子)·양주(楊朱)』에 다음 말이 있다. "양주가 말했다. '천하의 미명은 순·우·주공·공자에게 돌리고 천하의 악명은 걸·주에게 돌린다'[楊朱曰 : '天下之美, 歸之舜·禹·周·孔, 天下之惡, 歸之桀·紂']." 바로 이 의미와 같다.【吳】

3 그림자 : 원문은 '경(景)'으로 '영(影)'과 통한다. 이 구절은 『안씨가훈(顔氏家訓)·서증(書證)』에서는 맹자의 말로 수록되어 있다.【吳】

4 여러 사람의 입은~있으니 : 『사기(史記)·장의열전(張儀列傳)』에 다음 말이 있다. "여러 사람의 입은 무쇠도 녹일 수 있고 헐뜯는 말이 쌓이면 뼈도 녹일 수 있다[衆口鑠金, 積毁消骨]." 『사기·추양열전(鄒陽列傳)』, 『한서(漢書)·중산정왕전(中山靖王傳)』, 『한서·추양전(鄒陽傳)』에도 같은 내용이 있다.【王】

5 악정 후기가~생겨났고 : 원문은 '악정후기유일족지론(樂正后夔有一足之論)'으로 악정은 악관의 우두머리이다. '후기유일족지론(后夔有一足之論)'은 다음 편에 상세히 나와 있다.【吳】

6 진(晉)나라의 군대가~생기게 되었다 : 『여씨춘추(呂氏春秋)·찰전(察傳)』에 다음 말이 있다. "자하가 진나라에 가는 길에 위나라를 지나가다가 역사책을 읽던 어떤 사람이 '진나라의 군대가 삼시에 강을 건넌다'라고 말했다. 자하가 말했다. '아닙니다. 기해입니다. 무릇 기와 삼이 비슷하고 시와 해가 유사하기 때문입니다.' 진나라의 진영에 도착해 물었더니 '진나라의 군대가 기해에 강을 건넜다'라고 했다[子夏之晉過衛, 有讀史記者曰 : '晉師三豕涉河.' 子夏曰 : '非也. 是己亥也. 夫己與三相近, 豕與亥相似.' 至於晉師而問之, 則曰'晉師己亥涉河'也]." 이 일은 『공자가어(孔子家語)·칠십이제자해(七十二弟子解)』에도 보인다.【吳】

수 있겠는가?

『논어』에 다음 말이 있다.

"명분이 올바르지 않으면 말이 순조롭게 되지 않는다."[7]

『역경(易經)』에 다음 말이 있다.

"터럭만큼의 잘못이라도 천 리의 차이가 난다."[8]

그러므로 잘못된 것을 바로잡는 것을 「정실」이라고 한다.

孔子曰: "衆善焉, 必察之, 衆惡焉, 必察之." 孟軻云: "堯·舜不勝其美, 桀·紂不勝其惡." 傳言失指, 圖景失形, 衆口鑠金, 積毁消骨, 久矣其患之也! 是故樂正后夔有一足之論, 晉師己亥渡河有三豕之文. 非夫大聖至明, 孰能原析之乎? 『論語』: "名不正則言不順." 『易』稱: "失之毫釐, 差以千里." 故糾其謬曰「正失」也.

---

7 명분이~되지 않는다: 원문은 '명불정즉언불순(名不正則言不順)'이다. 『논어·자로(子路)』에 보인다.【吳】

8 터럭만큼의 잘못이라도 천 리의 차이가 난다: 원문은 '실지호리, 차이천리(失之毫釐, 差以千里)'이다. 금본 『역경』에는 보이지 않는다. 『한서·동방삭전(東方朔傳)』에서 『역경』을 인용하면서 이 문장을 수록하고 있고, 안사고(顔師古)의 주(注)에는 『역경』 위서(緯書)의 말이라고 했다.【吳】

악정 후기는 외다리[樂正后夔一足]

세상에 다음 말이 있다.

"기(夔)[1]는 비록 외다리였지만 전심전력하였기에 그의 음악은 막힘이 없고 음률의 조화를 이루었다."

내가 삼가 『여씨춘추』를 살펴보니 다음과 같았다.[2]

"노(魯)나라 애공(哀公)이 공자에게 물었다.

'악정 기는 다리가 하나였다고 하던데, 정말이오?'

공자가 말했다.

'옛날에 순임금은 기를 악정으로 삼아 비로소 육률(六律)[3]을 바로잡고

---

1 기(夔):『한서 · 동방삭전(東方朔傳)』에 다음 말이 있다. "자하는 태상이다[子夏爲太常]." 응소의 말에 주석을 달아 다음과 같이 인용하고 있다. "자하가 바로 기이다. 기는 음악을 잘 알아서 태상이 될 수 있었다[子夏當爲夔. 夔知樂, 故可以爲太常]."【王】

2 내가~같았다:『여씨춘추 · 찰전』에 나온다.【吳】

3 육률(六律): 황종(黃鍾), 대족(大族), 고세(姑洗), 유빈(蕤賓), 이칙(夷則), 무역(無射)

오성(五聲)[4]을 고르게 하여 그것으로써 팔풍(八風)을 화합하게 하니[5] 천하가 잘 따랐습니다. 중려(重黎)[6]가 또 음을 다스릴 수 있는 자를 천거하려고 하자 순임금은 이렇게 말했습니다.

'무릇 음악은 천지의 정화이고 [국가의 흥망성쇠를] 얻는 것과 잃는 것의 관건[7]이므로 오직 성인만이 음악의 근본을 조화롭게 할 수 있소. 기가 음악을 조화롭게 할 수 있어서 천하를 태평하게 했으니,[8] 기와 같은 자는 한 사람만 있어도 충분하오.'[9] 그러므로 기가 일족(一足)이라는 말은 걸어 다니는[10] 다리가 하나라는 게 아닙니다."

을 가리킨다. 양은 율(律)이고 음은 여(呂)인데 '육률'로 육률과 육려를 포괄한다.【吳】

4 오성(五聲) : 오음인 궁(宮), 상(商), 각(角), 치(徵), 우(羽)를 가리킨다.【吳】

5 화합하게 하니 : 원문은 '통(通)'으로 화합한다는 뜻이다. 『여씨춘추・유시(有始)』에 다음 말이 있다. "무엇을 팔풍이라 하는가? 동북은 염풍이고 동방은 도풍이며 동남은 훈풍이고 남방은 거풍이며 서남은 처풍이고 서방은 요풍이고 서북은 여풍이며 북방은 한풍이다[何謂八風? 東北曰炎風, 東方曰滔風, 東南曰熏風, 南方曰巨風, 西南曰淒風, 西方曰飂風, 西北曰厲風, 北方曰寒風]."【吳】

6 중려(重黎) : 중려(重棃)라고도 쓴다. 전욱(顓頊) 고양씨(高陽氏)의 후손으로 제곡(帝嚳) 고신씨(高辛氏)를 위해 화정(火正)에 거하면서 커다란 공로를 세웠고 축융(祝融 : 불을 맡은 신)으로 임명되었다.【譯註】

7 관건 : 원문은 '절(節)'로 관건이라는 뜻이다. 음악의 흥폐는 국가의 흥망성쇠의 관건이다.【吳】

8 태평하게 했으니 : 원문은 '평(平)'으로 『여씨춘추』에 따르면 이 글자 위에는 '이(以)' 자가 있다.【吳】

9 기와 같은 자는~충분하오 : 이 구절은 『여씨춘추』에서는 '기와 같은 사람은 하나로도 충분합니다[若夔者, 一而足矣]'라고 되어 있다. 기는 순임금시대의 악관으로 『상서(尙書)・요전(堯典)』을 참고.【吳】

10 걸어 다니는 : 원문은 '행(行)'으로 『여씨춘추』, 『한비자(韓非子)・외저설좌(外儲說左)』에는 모두 '야(也)'로 되어 있다. 후기가 외다리라는 설은 『논형(論衡)・서허(書虛)』에도 보인다. 『산해경(山海經)』에 따르면 다음과 같다. "동해에 유파산이 있다. 그곳에 소처럼 생긴 짐승이 있는데 푸른색 몸에 뿔이 없고 외발로 걸어 다닐 수 있다. 물속을 드나들 때면 비바람이 일고 눈빛은 일월과 같고 그 소리는 우레와 같고 이름을 기라고 한다. 황제가 기의 가죽으로 북을 만들어 두드리니 그 소리가 5백 리까지 들렸다[東海之內有流波之山. 有獸狀如牛, 蒼色無角, 一足能走. 出入水則必風雨, 目光如日月, 其聲如雷, 其名曰夔. 黃帝以其皮冒鼓, 聲聞五百里]." 『장자(莊子)・추수(秋水)』에도 다음 내용이 있다. "기가 노래기에게 말했다. '나는 다리 하나로 뛰어다닐 수 있습니다[夔謂蚿曰 : '吾以一足趻踔而行']." 『장자일문(莊子佚文)』에도 다음 내

俗說夔一足而用精專, 故能調暢於音樂.

謹按『呂氏春秋』: "魯哀公問於孔子 : '樂正夔一足, 信乎?' 孔子曰 : '昔者, 舜以夔爲樂正, 始治六律, 和均五聲, 以通八風, 而天下服. 重黎又薦能爲音者, 舜曰 : "夫樂天地之精, 得失之節, 故唯聖人爲能和樂之本. 夔能和之, 平天下, 若夔一足矣." 故曰夔一足, 非一足行.'"

용이 있다. "성씨의 소가 밤에 도망치다가 기 옆을 지나다가 멈추고 그에게 물었다. '나는 네 다리로도 잘 뛰지 못하는데, 그대는 다리가 하나인데도 어떻게 그렇게 잘 뛰시오?'기가 말했다. '나는 다리 하나로도 너의 왕 노릇을 할 수 있다'[聲氏之牛夜亡而過夔, 止而問焉 : '我有足動而不善, 子一足而超踴, 何以然?' 夔曰 : '以吾一足王于子矣']." 이상의 내용으로 보아 후기가 외다리라는 설은 신화전설로부터 나온 것임을 알 수 있다.【吳】

정씨가 집에서 우물을 파다가 사람 하나를 얻다

[丁氏家穿井得一人]

세상에 다음 말이 있다.

"정씨(丁氏)가 집에서 우물을 파다가 사람 하나를 얻었다."

내가 삼가 『여씨춘추』를 살펴보니 다음과 같았다.[1]

"송(宋)나라 정씨는 [집에] 우물이 없어 항상 누군가를 시켜 밖에서 물을 길어 왔다.[2] 그러다 직접 우물을 파고 나서 기뻐하며 사람들[3]에게 말했다.

'내가 우물을 파고 나서 한 사람을 얻었다.'

그 말이 전해져서 송나라 임금의 귀까지 들어갔다. 송나라 임금이 그

1 내가~같았다: 『여씨춘추 · 찰전』에 보인다.【吳】

2 물을 길어 왔다: 원문은 '개급(漑汲)'이다. 물을 길어와 땅에 뿌리다의 뜻이다.【吳】

3 사람들: 원문은 '인(人)'으로 원래 '지(之)'로 되어 있었으나 지금 『여씨춘추』에 의거해 고친다.【吳】

이유를 묻자 정씨가 대답했다.

"부릴 사람 한 명을 얻은 것이지, 우물에서 사람 한 명이 나온 게 아닙니다."[4]

俗說丁氏家穿井, 得一人於井中也.

謹按『呂氏春秋』: "宋丁氏無井, 常一人溉汲於外. 及自穿井, 喜而告人: '吾穿井得一人.' 傳之, 聞於宋君. 公問其故, 對曰: '得一人之使, 非得一人於井中也'."

4 부릴~아닙니다: 우물에서 사람을 얻은 이야기는 『논형 · 서허(書虛)』와 『자화자(子華子) · 양성서거문(陽城胥渠問)』에도 나와 있다.【吳】

태산에서 봉 제사를 지내고 양보에서 선 제사를 지내다

[封泰山禪梁父]

세상에 다음 말이 있다.

대종(岱宗 : 泰山)에 있는 금 상자 안의 옥책으로 사람의 수명[1]을 알 수 있다. 무제(武帝)[2]가 옥책을 들춰보다가 [자신의 수명이] 18년임을 알고는 80이라 거꾸로 읽었는데[3] 그 후에 과연 [80세까지] 장수했다.[4] 무제가 옥새를

1 수명 : 원문은 '수단(脩短)'으로, '수(脩)'는 『기찬연해(記纂淵海)』 권77에는 '장(長)'이라 되어 있다. 『박물지(博物志)』에 다음 말이 있다. "태산은 천손이라고도 하는데 천제의 손자라는 말이다. 주로 사람의 혼백을 부르는 일을 한다. 동방에서 만물이 처음 만들어졌기 때문에 인명의 길고 짧음을 안다.[泰山一日天孫, 言爲天帝之孫也. 主召人魂魄. 東方萬物之始成, 故知人生命之長短]." 『풍속통의』에서 기록한 것과 동일한 종류의 미신 전설이다.【吳】

2 무제(武帝) : 한나라 무제 유철(劉徹)이다. 원봉 원년(元封元年, B.C.110)에 일찍이 태산에서 봉선 의식을 거행하여 신선이 되기를 구한 적이 있다.【譯註】

3 80이라 거꾸로 읽었는데 : 원문은 '인독왈팔십(因讀曰八十)'이다. 『의림(意林)』 『초학기(初學記)』 권9, 『태평어람(太平御覽)』 권39와 권536, 『비요전집(備要前集)』 권5에

꺼내 돌에 찍자 비로소 조짐이 드러났는데,[5] 봉거도위(奉車都尉)[6] 곽자후(霍子侯)[7]가 인장 자국을 지우자 그 조짐이 사라졌다. 무제는 그 일을 꺼림칙하게 여겨 곽자후를 죽였다.[8] 「봉선서(封禪書)」에 다음 내용이 있다.

"황제(黃帝)가 태산에 올라 봉 제사를 지내니 용이 수염을 드리우며 내려와 황제를 영접했습니다. 황제가 [용에] 올라타자 여러 신하와 후궁 중에 뒤따라 올라탄 자가 70여 명이었습니다. 저만 홀로 올라타지 못해, 용의 수염을 잡았는데 [그 바람에 용의] 수염이 뽑히고 황제의 활도 떨어졌습니다.[9] 저와 백성들은 황제를 우러러 바라보았지만 되돌아오게 할 수 없었기에 그 활을 껴안고 대성통곡했고, 후대에 이에 근거하여 [그 활을] 오호궁(烏號弓)이라 불렀습니다."[10]

서는 '인(因)' 자 다음에 모두 '도(倒)' 자가 있고 『북당서초(北堂書鈔)』 권91, 『초학기』 권5에서도 '도(到)'를 쓰고 있다. 생각하건대 마땅히 이에 의거해 '도(倒)' 자를 보충해야 한다.【吳】

4 그 후에~장수했다 : 원문은 '기후과용기장(其後果用耆長)'이다. 이 문장은 『초학기』 권5, 『태평어람』 권39에 모두 '기후과수장팔십(其後果壽長八十)'이라고 되어있다.【吳】

5 비로소 조짐이 드러났는데 : 원문은 '재유조짐(裁有兆朕)'이다. 이 문장은 『사기·봉선서색은(封禪書索隱)』의 『풍속통의』와 『신론(新論)』의 '재유짐조('財有朕兆')라는 말을 인용한 것이다. 살펴보건대 '재(裁)'와 '재(財)'는 옛날에 '재(才)' 자와 통했다. '조짐(兆朕)'은 또한 '짐조(朕兆)'를 말하는 것이다. 조는 갈라지는 것이고 짐은 틈이다. 모두 지극히 작은 것으로, 사물이 발전하는 가운데 나타나는 징조를 비유한다.【吳】

6 봉거도위(奉車都尉) : 『한서·백관공경표(百官公卿表)』에 다음 기록이 있다. "봉거도위는 황제의 마차와 작은 수레를 관장하고 부마도위(駙馬都尉)는 황제의 호송수레를 관장한다. 모두 무제 때 처음 설치된 것으로 녹봉은 2천 석에 이른다[奉車都尉掌御乘輿車, 駙馬都尉掌駙馬. 皆武帝初置, 秩比二千石]."【吳】

7 곽자후(霍子侯) : 곽선(霍嬗)의 자(字)로 곽거병(霍去病)의 아들이다.【吳】

8 곽자후를 죽였다 : 원문은 '역살거지(亦殺去之)'이다. 이 문장은 『사기·봉선서색은』에서는 『풍속통의』와 『신론』에 근거해 '고살지(故殺之)'라 쓰고 있다.【吳】

9 용의 수염을~떨어졌습니다 : 이 두 문장은 『사기·봉선서』에서는 "이에 모두 용의 수염을 잡았는데, 용의 수염이 뽑히고 땅으로 떨어지면서 황제의 활도 같이 떨어졌다[乃悉持龍髯, 龍髯拔, 墮, 墮黃帝之弓]"라고 쓰고 있다.【吳】

10 저와 백성들은~불렀습니다 : 『풍속통의』에서 언급한 『사기·봉선서』의 말을 간략하게 인용한 것이다. 그 사적이 『논형·도허(道虛)』에도 보인다. 『회남자(淮南子)·원도훈(原道訓)』 고유(高誘)의 주에는 다음과 같다. "황제는 형산의 정호에서 솥을 주조하고 득도하여 신선이 되어 용을 타고 하늘로 올라갔다. 신하가 활을 당겨 용을

효무황제(孝武皇帝 : 漢 武帝) 때 제나라 사람 공손경(公孫卿)[11]이 말했다.
"한(漢)나라의 성군은 고조(高祖 : 劉邦)의 손자에서 나올 것인데 지금 마침 황제(黃帝)께서 승천한 날이니 성주(聖主 : 武帝) 또한 마땅히 [태산에 올라] 봉 제사를 지내셔야 신선이 될 수 있습니다."[12]

내가 삼가 『상서(尙書)』와 『예기(禮記)』를 살펴보니 다음과 같았다.[13]
"천자가 순행을 하다가 그 해 2월에 대종[즉 태산]에 이르렀다."
공자가 말했다.
"태산에서 봉 제사를 지내고 양보에서 선 제사를 지낸 사람의 숫자는 72명이다."[14]
대개 왕은 천명을 받으면 성을 바꾸고 제도를 고쳤고 세상이 태평해지고 공을 쌓으면 봉 제사와 선 제사를 지내 하늘에 태평성세를 고했다.[15] 그러므로 굳이 대종에서 봉선제를 지내는 까닭은 [대종이] 만물이

쏘았지만 황제를 내려오게 할 수는 없었다. '오(烏)'는 어(於)의 뜻이다. '호(號)'는 통곡한다는 뜻이다. 이에 활을 껴안고 통곡했다고 해서 이 활을 오호궁이라 이름 지은 것이다[黃帝鑄鼎於荊山鼎湖, 得道而仙, 乘龍而上. 其臣援弓射龍, 欲下黃帝不能也. '烏', 於也. '號', 呼也. 於是抱弓而號, 因名其弓爲烏號之弓也]." 이는 모두 방사가 꾸며낸 말에서 나온 것이다.【吳】

11 공손경(公孫卿) : 제(齊)나라의 방사이다. 그에 대한 사적은 『사기 · 봉선서』에 상세히 나와 있다.【譯註】

12 효무황제(孝武皇帝) 때~있습니다 : 이 문장은 『사기 · 봉선서』에 상세히 나와 있다.【吳】

13 내가~같았다 : 이 문장은 『상서 · 요전(堯典)』와 『예기 · 왕제(王制)』에 보인다.【吳】

14 공자가~72명이다 : 『사기 · 봉선서』에 다음 말이 있다. "관중이 말했다. '옛날 태산에서 봉 제사를 올리고 양보에서 선 제사를 지낸 자가 72명인데 제[夷吾]가 기억하는 사람은 12명입니다[管仲曰 : '古者封泰山, 禪梁父者七十二家, 而夷吾所記者十有二焉].'" 『사기정의(史記正義)』에서는 『한시외전(韓詩外傳)』의 다음 말을 인용했다. "공자가 태산에 올라 살펴보니 역성혁명을 일으켜 왕이 된 자가 70여 명이고 왕이 되지 못한 자는 수만이었다[孔子升泰山, 觀易姓而王可得而數者七十餘人, 不得而數者萬數也]." 『후한서(後漢書) · 제사지(祭祀志)』 유소(劉昭)의 주에는 허신(許愼)의 「설문해자서(說文解字序)」의 다음 말도 인용하고 있다. "태산에 봉 제사를 지낸 자가 72대나 되었다[封於泰山者七十有二代]." 태산에서 봉 제사를 지내고 양보에서 선 제사를 지낸 72가에 관한 설은 춘추(春秋)시대부터 한대(漢代)까지 유행하던 얘기임을 알 수 있다.【吳】

15 대개~고했다 : 원문은 '개왕자수명, 역성개제, 응천하태평, 공성봉선, 이고평야[蓋王

시작되는[16] 곳이고 음양의 교대가 일어나는 곳이기 때문이다. 구름이 돌에 부딪혀 생겨나와 조금씩 모여[17] 순식간에[18] 온 세상에 비를 내리게 하는 것은 오직[19] 태산만이 그렇게 할 수 있을 뿐이다! 봉 제사를 지낼 때는 1장 2척[20] 높이의 기호석을 세우고 다음 말을 새겨[21] 넣었다.

者受命, 易姓改制, 應天下太平, 功成封禪, 以告平也)'이다. 이 몇 구절에는 빠진 문장이 있고, '천(天)' 자는 중복된 글자가 틀림없다. 『풍속통의 · 산택(山澤)』에 '개제응천(改制應天)'이라는 구가 있는데 이것이 그 증거이다. 또 '고(告)' 자 아래에는 '태(太)' 자가 있어야 맞다. 『백호통의(白虎通義) · 봉선(封禪)』에 다음 말이 있다. "역성혁명을 일으켜 제위에 오른 왕이 반드시 태산에 올라 봉 제사를 지내는 이유는 무엇인가? [하늘에] 알린다는 의미이다. 처음 천명을 받은 날 이래로 제도를 바꾸어 하늘의 부름에 응하고 세상이 태평해지고 공업을 쌓았기에 봉선제를 올려 태평함을 고하는 것이다[王者易姓而起, 必升封泰山何? 報告之義也. 始受命之日, 改制應天, 天下太平, 功成封禪, 以告太平也]." 이것으로 증명할 수 있다. '이고태평(以告太平)'은 바로 '천하태평(天下太平)'과 서로 연결된다. 이 문장들은 마땅히 "대개 왕은 천명을 받으면 성을 바꾸고 제도를 고치고 하늘의 부름에 응했고 세상이 태평해지고 공을 쌓으면 봉선제를 올려 태평성세를 고했다[蓋王者受命易姓, 改制應天, 天下太平, 功成封禪, 以告太平也]"라고 써야 한다.【吳】

16 시작되는 : 원문은 '종(宗)'이다. '종'은 『태평어람』 권536에는 '시(始)'라 쓰고 있는데, 이것이 맞다. 이 두 문장은 오탈자가 매우 많은데 『풍속통의 · 산택』에는 대종(岱宗)을 다음과 같이 해석하고 있다. "대는 시작한다는 뜻이다. 종은 주관한다는 뜻이다. 만물이 비롯되고 음양의 교차가 일어나는 곳이기 때문이다. 구름이 돌에 부딪쳐 나와 조금씩 모여 순식간에 온 세상에 비를 내리는 것은 오직 태산뿐이다[岱者, 始也. 宗者, 長也. 萬物之始, 陰陽交代. 雲觸石而出, 膚寸而合, 不崇朝而徧雨天下, 其惟泰山乎]." 마땅히 이에 근거하여 교정했다.【吳】

17 돌에 부딪혀 생겨나와 조금씩 모여 : 원문은 '촉석이출, 부촌이합(觸石而出, 膚寸而合)'이다. 이 말은 『공양전(公羊傳) · 희공(僖公) 31년』에 근거한 것이다. 하휴(何休)가 다음과 같이 주를 달고 있다. "손을 옆으로 펼친 길이를 부라 하고 손가락 한 마디의 길이를 촌이라 했다. 그것이 석문에 부딪혀 생겨났지만 조금씩이라도 모이지 않는 게 없음을 말한다[側手爲膚, 案指爲寸. 言其觸石理而出, 無有膚寸而不合]."【吳】

18 순식간에 : 원문은 '불숭조(不崇朝)'이다. 『회남자 · 범론훈(氾論訓)』 고유의 주에 다음 말이 있다. "숭은 끝나다의 뜻이다. 해가 떠올라 아침 식사할 때까지를 종조라고 한다[崇, 終也. 日旦至食時爲終朝]." '불숭조(不崇朝)'는 그 시간이 짧음을 말한다.【吳】

19 오직 : 원문은 '유(唯)'이다. '유(唯)' 자 위에는 『북당서초』 권91에서는 '기(其)' 자를 쓰고 있고 『태평어람』 권536에서는 '기' 자가 없다.【吳】

20 1장 2척 : 원문은 '일장이적(一丈二赤)'이다. '적(赤)' 자는 『낭본(郎本)』, 『사고전서(四庫全書)』본에는 '척(尺)'이라 쓰고 있어 이에 근거해 고친다. '일장이적(一丈二赤)'은 『후한서 · 제사지』 유소의 주에는 '이장일척(二丈一尺)'이라 쓰고 있고 『한서 · 무제기(武帝紀)』 안사고(顔師古)의 주에는 응소의 말을 인용하여 '삼장일척(三丈一尺)'이

"예로써 하늘을 섬기고 의로써 자신을 세우며 효로써 아버지를 섬기고 인으로써 백성을 다스려라. 그리하면 천지 사방[22]에 군현이 되지 않는 곳이 없고[23] 사방의 오랑캐들이 모두 와서 공물을 바치고 벼슬을 청한다.[24] 하늘과 더불어 다함이 없고[25] 백성들은 많이 늘어나게 되고 하늘의 복록을 영원토록 얻게 된다."[26]

제사를 지낼 때는 정화수를 올리고 살아있는 물고기를 바친다.[27] 제단의 넓이는 12장이고 높이는 3척이며[28] 계단은 3층이다. 군이 그 위에서

라 하고 있다. 생각하건대 원문이 잘못된 게 아니다. 『의림』과 『북당서초』에서는 '일장이척(一丈二尺)'이라 쓰고 있고 『태평어람』에서는 '장이척(丈二尺)'이라 쓰고 있다. 『후한서·제사지』 유소의 주에는 응소가 『한관(漢官)』데 마제백(馬第伯)의 「봉선의기(封禪儀記)」를 인용하여 '기호석의 높이는 1장 2척이다[紀號石高丈二尺]'라고 명백히 말하고 있다.【吳】

21 새겨 : 원문은 '극(剋)'이다. '극(剋)'은 『의림』, 『북당서초』, 『태평어람』에는 모두 '각(刻)'이라 쓰고 있는데 두 글자는 똑같은 것이다.【吳】

22 사방 : 원문은 '사수(四守)'이다. '수(守)'는 『의림』에 '방(方)'이라 쓰고 있다. 『후한서·제사지』 유소의 주와 『북당서초』에는 '해(海)'라 쓰고 있다. 생각건대 '수'는 잘못된 게 아니다. 『한서·무제기』 안사고의 주에서 응소의 말과 『통지(通志)·예략(禮略)』을 인용하고 있는데, 모두 '수'라 되어 있다. '사수(四守)'는 사방을 말하는 것이다.【吳】

23 군현이 되지 않는 곳이 없고 : 원문은 '막불위군현(莫不爲郡縣)'이다. 이 문장은 『북당서초』에는 똑같이 쓰고 있고 『의림』에는 "막불수복(莫不蓚服)"이라 쓰고 있다.【吳】

24 공물을 바치고 벼슬을 청한다 : 원문은 '공직(貢職)'이다.【譯註】

25 하늘과 더불어 다함이 없고 : 원문은 '여천무극(與天無極)'이다. 원래 '천(天)' 자 다음에 '하(下)' 자가 있었는데 이는 쓸데없이 들어간 글자이기에 지금 『후한서·제사지』 유소의 주와 『북당서초』에 의거해 삭제한다.【吳】

26 백성들은~얻게 된다 : 여기 새겨진 글은 『한서·무제기』 안사고의 주에 인용된 응소의 말과 약간 다르다.【吳】

27 제사를 지낼 때는~바친다 : 『순자(荀子)·예론(禮論)』에 다음 글이 있다. "대향(大饗 : 선조를 合祭하는 것)제를 지낼 때 맹물 담은 술잔을 위에 놓고, 생선을 제기에 담고, 양념하지 않은 탕을 먼저 올리는 것은 음식의 근본을 귀히 여겼기 때문이다[大饗尙玄尊, 俎生魚, 先大羹, 貴飮食之本也]." 양경(楊倞)의 주에 따르면 "현은 물이다[玄, 酒水也]." 옛사람은 봉선제를 올릴 때 근본을 숭상했으므로 정화수[玄酒]를 가지고 제사를 지냈다.【吳】

28 높이는 3척이며 : 원문은 '고삼척(高三尺)'이다. 『한서·무제기』 안사고의 주에서 인용한 응소의 말과 『문헌통고(文獻通考)·교사고(郊社考)』 17에는 '고이장(高二丈)'이라 되어 있다.【吳】

봉 제사를 드리는 것은[29] [높은 것을] 더욱 높게 했음을 드러내기 위해서이다. 또 돌에 자신의 이름과 선왕의 존호를 새겨 넣은 기호석으로 자신[30]의 공적을 드러냈다. 혹자는 금니(金泥)를 은줄에다 바르고 그것을 찍어서 봉인했다고 한다.[31] 아래로 내려가서 양보에서 선 제사를 지낼 때면[32] 예사지주(禮祠地主 : 漢 武帝)[33]는 제사에 필요한 희생물을 죽임으로써 [넓은 것을] 더욱 넓혔음을 드러냈다. 선 제사는 제단을 쌓아 제사 드리면 마땅히 하늘에서 내리는 것이 있음을 말한다.[34] 삼황(三皇)이 역역(繹繹)에서 선

---

29 굳이 그 위에서 봉 제사를 드리는 것은 : 원문은 '필어기상(必於其上)'이다. 『한서 · 무제기』 안사고의 주에 따르면 응소는 '봉(封)'이라 했다.【吳】

30 자신 : 원문은 '기(己)'이다. 『의림』에서는 '기(己)'를 '공(功)'이라 쓰고 있다.【吳】

31 그것을~봉인했다고 한다 : 원문은 '인지새(印之璽)'이다. 이 문장은 『군서습보』에는 '봉지이인새(封之以印璽)'라고 고쳐져 있고 아울러 "예전에는 '인지새'라 잘못 쓰여 있었으나 지금 『백호통의』에 의거해 고친다[舊作'印之璽'譌, 今依白虎通改]"라고 쓰고 있다. 『태평어람』 권682에서 인용한 『한관의(漢官儀)』를 살펴보면 다음과 같다. "공자가 말했다. '태산에서 봉 제사를 지내고 양보의 기슭에서 선 제사를 지내 왕이 된 자는 모두 72명이다'라고 했다. 전에서 말했다. '봉은 금니(金泥 : 수은이나 금가루를 섞어 만든 인주)를 은줄[銀繩]에 바르고 그것을 찍어 도장으로 사용하는 것이고,' 새는 베푼다, 믿는다는 뜻이다. 옛날에는 존귀한 자와 비천한 자가 함께 사용했다[孔子稱 : '封泰山禪梁父可得而數七十有二. 傳曰 : '封者以金泥銀繩, 印之以璽.' 璽, 施也, 信也. 古者尊卑共之]." 이에 근거하여 '인지새'는 마땅히 '인지이새(印之以璽)'라 써야 한다. 여기 위아래 문장은 모두 네 글자로 한 문장을 이루고 있다. 따라서 '이(以)' 자를 넣어야 위아래 문장과도 맞아 떨어진다.【吳】

32 굳이 그 위에서~선 제사를 지낼 때면 : 『백호통의 · 봉선』에 다음 내용이 있다. 태산에서 봉 제사를 지내는데 "굳이 왜 그 위[산의 정상]에서 제사를 지내는가? 높은 데서 높은 곳을 향해 고하니, 비슷한 부류끼리 상응하는 것이다. 그런 까닭에 태산에 올라 봉 제사를 지내는 일은 그 높음을 더욱 높이는 것이고 아래로 내려와 양보 기슭에서 선 제사를 지내는 것은 두터움을 더욱 두텁게 하는 일이다. 두 제사에 모두 돌에 자신의 이름과 선왕의 존호를 새겨 넣는 것은 자신의 공적을 드러냄으로써 [후세 사람들로 하여금] 스스로 본받도록 하기 위함이다[必於其上何? 因高告高, 順其類也. 故升封者, 增高也, 下禪梁甫之基, 廣厚也. 皆刻石紀號者, 著己之功迹以自効也]." 또 다음과 같이 말했다. "어떤 사람은 봉인할 때 금니를 은줄에다 발라 찍어서 했다고 하고, 또 어떤 사람은 석니(石泥 : 진흙과 돌가루를 섞어 만든 고대의 인주)를 금줄에 발라 찍어 봉인했다고 한다[或曰封者金泥銀繩, 或曰石泥金繩, 封之以印璽]."【吳】

33 예사지주(禮祠地主) : 『사기 · 효무본기(孝武本紀)』에는 무제를 '예사팔신(禮祠八神)', 혹은 '지주'라고 하고 있는데, 이는 팔신의 하나이다.【吳】

34 선 제사는~말한다 : 흙을 쌓는 것을 '단(壇)'이라고 하고, 흙을 정리하는 것을 '선(墠)'

제사를 지내며 자신의 공적을 밝히고 떠나간 뒤에, 덕이 있는 자가 그 자리에 와서 살게 되었다. 역역이라는 것은 지적할 바가 없는 것이다.[35] 오제(五帝)가 정정(亭亭)에서[36] 선 제사를 지낸 것은 덕이 삼황에게 미치지 못했기 때문이다. 정정이란 명산으로 스스로 성인에게 선 제사를 지내는 대상이 되었다. 삼왕(三王)은 양보산에서 선 제사를 지냈는데 '양(梁)'은 '믿는다(信)'는 뜻이고, '보(父)'는 '아들답다(子)'의 뜻이므로[37] 부자가 서로 믿고 함께 하는 것처럼 천지의 도를 믿고 따른다는 것을 의미한다.[38]

효무황제는 봉 제사를 드릴 때 넓이 1장 2척, 높이 9척의 단을 세웠고 그 아래에 옥 문서와 비서[39]를 두었다. 장강(長江)과 회수(淮水) 사이에서

이라 한다. 『백호통의·봉선』에는 "선이라는 것은 공적을 밝혀 널리 전하는 것을 말한다[言禪者, 明以成功相傳也]"라고 했다. 『후한서·제사지』 유소의 주에는 원굉(袁宏)의 다음 말을 인용하고 있다. "조대의 흥성함을 밝히는 것을 선이라고 한다[明其代興則謂之禪]." 비록 이 해석과 같지는 않지만 모두 선양의 의미에 귀결된다.【吳】

35 삼황(三皇)이~것이다 : 『백호통의·봉선』에 다음 글이 있다. "삼황이 역역산에서 선 제사를 지내 자신의 공적을 밝히고 떠나간 뒤에 덕이 있는 자가 그 자리에 와서 살게 되었다. 역역이라는 것은 끝이 없다는 의미이다[三皇禪於繹繹之山, 明已成功而去. 有德者居之. 繹繹者, 無窮之義也]."【吳】

36 정정(亭亭)에서 : 원문은 '어정정[於亭亭]'이다. '어(於)'는 원래 '자(子)'로 쓰여 있었으나 옳지 않다. 이 두 문장은 잘못된 것이다. 『사기·봉선서 색은』에는 응소의 다음 말을 인용하고 있다. 정정(亭亭)은 "거평현의 북쪽 10여 리에 있다[在鉅平北十餘里]." 『사기집해(史記集解)』에는 복건(服虔)의 다음 말을 인용하고 있다. "정정산은 모음현에 있다[亭亭山在牟陰]." 『사기정의』에는 「괄지지(括地志)」의 다음 말을 인용하고 있다. "정정산은 연주 박성현 서남쪽 30리에 있다[亭亭山在兗州博城縣西南三十里也]." 이것은 전설 속의 산 이름으로 각각의 설은 모두 근거로 삼기에는 부족하다. 『백호통의·봉선』에 다음 말이 있다. "오제는 정정산에서 선 제사를 지냈다. 정정은 제도가 잘 갖추어지고 도덕이 분명하게 드러난다는 뜻이다[五帝禪於亭亭之山. 亭亭者, 制度審諟, 道德著明也]."【吳】

37 양(梁)은~뜻이므로 : 원문은 '양자신, 보자자(梁者信, 父者子)'이다. '양자신(梁者信)'은 원래 '양(梁)' 자가 없었으나 지금 『군서습보』에 근거해 보충한다. '보자자(父者子)'는 잘못된 문장이다.【吳】

38 삼왕(三王)은~의미한다 : 『백호통의·봉선』에 다음 글이 있다. "삼왕은 양보산에서 선 제사를 지냈다. 양은 믿는다는 뜻이고 보는 보좌한다는 뜻이다. 천지의 도를 믿고 보좌하여 실행해 나간다는 뜻이다[三王禪於梁甫之山者. 梁者, 信也, 甫者, 輔也. 信輔天地之道而行之也]." 이 말은 『풍속통의』와 약간 차이가 있다.【吳】

39 비서 : 원문은 '서비(書祕)'이다. 원래 '비서(祕書)'라 되어 있었는데 지금 『사기·봉선

나는 일모삼척(一茅三脊)[40]으로 신의 자리를 만들고 오색토(五色土)[41]로 더하고 섞어 봉 제사를 지내면서 먼 곳의 기이한 길짐승과 날짐승 및 흰 꿩을 마련했고[42] 외뿔소, 무소, 코끼리 등도 보탰다.[43] 그 축문에서 다음과 같이 말했다.[44]

"하늘이 천자에게 하늘과 신책(神策)을 내려주시어 일월이 한 바퀴 돌면 역수(曆數)는 다시금 새롭게 시작합니다.[45] 천자는 태일(泰一)[46]께 삼가 경배하옵니다."

그날 밤은 유성처럼 광채가 났고 낮에는 흰 구름이 제단 중에서 피어올랐다. 이에 무제는 문상(汶上)에 명당을 세우고 제후들에게 각각 저택을 짓게 했다. 무제는 수레를 몰아 전후로 다섯 번 문상에 가서 제사를[47] 지내고 원정(元鼎) 6년에 봉 제사를 드렸기 때문에 원봉(元封)이라 연호를

서』와 『후한서·제사지』에 의거해 교정했다.【吳】

40 일모삼척(一茅三脊):『사기·효무본기집해(孝武本紀集解)』에는 맹강(孟康)의 "소위 영모이다[所謂靈茅也]"라는 말을 인용하고 있다.『역경·대과괘(大過卦)』에는 "깔개로 흰 띠 풀을 사용한다[藉用白茅]"라고 했다.『석문(釋文)』에 "마융(馬融)이 이르길, '자리 아래에 까는 것을 깔개라고 한다'[馬云:'在下曰藉']"라고 했다.【吳】

41 오색토(五色土): 옛날 제왕이 제단을 쌓을 적에 사용하는 오색의 다른 흙이다. 한(漢)나라 채옹(蔡邕)의『독단(獨斷)』에 다음 말이 있다. "천자의 태사(太社: 천자가 백성의 복을 위해 만든 토지신에게 제사 지내는 장소)는 오색토로 제단을 만든다[天子大社, 以五色土爲壇]."【譯註】

42 마련했고: 원문은 '종(縱)'으로 '마련하다[置]'의 의미로 사용되었다.【譯註】

43 외뿔소, 무소, 코끼리 등도 보탰다:『사기』의「효무본기」와「봉선서」에서는 모두 무제가 태산에서 봉 제사를 지내고 사당을 만들었지만, 이때 코뿔소와 코끼리 등을 사용하지 않았다고 기록하고 있는데, 이는『풍속통의』에 기록된 것과 다르다.【吳】

44 그 축문에서~말했다: 원문은 '기향왈(其享曰)'이다.『군서습보』에는 '기(其)' 자 아래에 '찬(贊)' 자가 더 있다.『사기·봉선서』에도 있다.【吳】

45 하늘이~시작합니다:『사기·오제본기색은(五帝本紀索隱)』에는 "신책이라는 것은 신의 점괘이다. 황제는 시초점을 쳐서 역법을 예측했다[神策者, 神蓍也. 黃帝得蓍以推算歷數]"라고 쓰고 했다.【吳】

46 태일(泰一): 원문은 '태령(泰靈)'이다.『사기·봉선서』에는 '태일'이라 쓰고 있다.【吳】

47 다섯 번~제사를:『한서·무제기』에 따르면 원봉 원년(元封元年, B.C.110) 4월에 한 번, 원봉 2년 4월에 한 번, 태초 원년(太初元年, B.C.104) 10월에 한 번, 태초 3년 4월에 한 번, 정화(征和) 4년(89) 3월에 한 번 있었다.【吳】

고쳤다. [이때] 무제의 나이 이미 47세가 넘었으니 무슨 까닭으로 18년을 더 살 수 있었겠는가! 말한 대로라면 신명과 화복은 반드시 징험이 있어야 하는데 권세가 있을 때 [숫자를] 거꾸로 읽었다고 해서 어찌 죽음을 연장할 수 있겠는가! 봉거도위 곽자후는 참승의 농신(弄臣)[48]으로 봉제사에 관여하지도 않았는데 무슨 까닭으로 돌에서 인장 자국을 지워 그 조짐을 사라지게 했겠는가? 곽자후가 급병으로 죽자 무제는 한없이 애통해했다.[49] 또 무제가 신선과 바둑을 두다가 바둑알이 돌 가운데 박혔고 말발굽 자국이 지금도 남아 있다고 하는데 이처럼 허망한 것은 한두 가지가 아니다.

나는 헛된 명성 덕에 동악(東嶽)[50]을 대신 맡아[51] 외람되게도 6년 동안

---

48 농신(弄臣): '농신(弄臣)'은 원래 '상하신(上下臣)'이라 되어 있었으나 『군서습보』에는 "잘못 들어간 것 같다[疑衍]"라고 했다. 『찰이(札迻)』에 다음 문장이 있다. "노문초(盧文弨)가 잘못 교정한 것이다. '참승상하신(驂乘上下臣)'은 마땅히 '참승농신(驂乘弄臣)'이라 써야 한다. 이것은 봉거도위 곽자후가 어린 나이에도 황제의 농신처럼 좌우에서 모셨음을 말하는 것이다. '농'은 간혹 '잡(卡: 오수평의 주에는 上下라 되어 있음)'이라고도 쓴다. 대체로 구본에는 속체로 적기도 하는데, 전사하는 과정에서 또 두 글자로 잘못 나누어 결국 뜻이 통하지 않게 되었다[盧校非也. '驂乘上下臣', 當作'驂乘弄臣', 此言奉車子侯年少以恩澤侍左右如弄臣也. '弄', 俗書或作'卡'. 蓋舊本偶作俗體, 展轉傳寫, 又誤分爲二, 遂不可通." 생각건대 '농'이라 써야 옳고 '농신'은 상용어이다. 『한서·신도가전(申屠嘉傳)』에 따르면 무제는 등통(鄧通)을 '농신'이라 칭했다.【吳】

49 한없이 애통해했다: 원문은 '도척무이(悼惕無已)'이다. 『사고전서』본에는 '이(已)' 자 아래에 '하운무제살지호(何云武帝殺之乎)' 7자가 더 들어가 있다. 이 세 문장에는 틀림없이 오탈자가 있다. 『군서습보』에는 "'지(止)'를 '정(正)' 자로 써야지 곽자후가 혼자 병으로 급사한 것이지 무제가 죽인 것이 아님을 의미하게 된다['止'當作'正', 言子侯自以暴病死, 非武帝所殺也]"라고 했다. 만약 『군서습보』에 따른다면 마땅히 "무슨 까닭에 돌에서 인장 자국을 지웠겠는가! 급병으로 죽은 것이다[何因滅印沒石! 乃止暴病而死]"라고 읽어야 한다. '도척(悼惕)'은 근심으로 괴로워한다는 뜻이다. '도척'이란 단어로 무제가 곽자후를 죽였다는 속설을 판별할 수 있는데 곽자후가 급사하자 무제가 계속 상심했다는 것은 무제가 곽자후를 죽인 것이 아님을 밝힌 것이다.【吳】

50 동악(東嶽): 태산(泰山)의 다른 명칭이다. 응소는 일찍이 태산태수(泰山太守)를 역임했다.【譯註】

51 대신 맡아: 원문은 '승핍(承乏)'이다. '승핍'은 모자란 것을 대신한다는 뜻이다. 이 문장은 관원이 부족해 자신이 대신 그 자리를 맡아 태산군(泰山郡)을 다스렸음을 말한다.【吳】

소찬을 먹고[52] 여러 번 제사를 올렸다.[53] 그러다 한번은 태산에 올라간 적이 있는 장로와 현인에게 물었더니, 인장 자국이나 각문이 모호하여 알기가 어렵고 금 상자, 옥 문서, 시초점을 친 일은 더더욱 없다고 했다. 『춘추』에서 전해들은 이야기는 직접 보는 것만 못하다고 했으니[54] 직접 본 사람[55]이 이것을 명확히 살펴야 한다. 전에서 말했다.

"오제(五帝)와 같은 성현은 어떻게 돌아가셨는가, 삼왕과 같은 인자는 어떻게 돌아가셨는가, 오백(五伯)과 같은 현인은 어떻게 돌아가셨는가!"[56]

모두 1백 년을 채우지도 못하고 돌아가셨다.[57] 『시경』에 다음 말이 있다.

"삼후(三后)는 하늘에 계신다네."[58]

---

52 외람되게도 6년 동안 소찬을 먹고 : 원문은 '첨소육재(忝素六載)'이다. '첨'은 외람되다는 뜻이다. '첨소(忝素)'는 곧 『시경(詩經)·위풍(魏風)·벌단(伐檀)』에 나오는 '소찬(素餐 : 공적 없이 나라의 녹을 받는 것)'의 의미이다. 응소는 태산군 태수에 임명되어 6년을 지냈다.【吳】

53 올렸다 : 원문은 '경(經)'이다. '경'은 원래 '빙(聘)'이라 잘못되어 있었다. 『의림』에서 '경(經)'이라 쓰고 있어, 지금 이에 근거해 고친다. '사(祠)'는 『의림』에서는 '사(祀)'라 쓰고 있다.【吳】

54 『춘추』에서~했으니 : 『공양전·은공 원년(隱公元年)』에는 다음 글이 있다. "보이는 것도 기이한 말이고 들리는 것도 기이한 말이며 전해오는 말도 기이한 말이다[所見異辭, 所聞異辭, 所傳聞異辭]." 응소가 인용한 『춘추』의 말은 이에 근거한 것이다.【吳】

55 직접 본 사람 : 원문은 '견지인(見之人)'이다. '견지인'은 『군서습보』에는 '친견지인(親見之人)'이라 쓰고 있어 이에 근거해 고친다.【吳】

56 오제(五帝)와 같은 성현은~돌아가셨는가! : 『전국책(戰國策)·진책(秦策)』에는 범수(范雎)의 다음 말이 실려 있다. "오제와 같은 성현도 돌아가셨고 삼왕과 같이 어진 분도 돌아가셨습니다. 오패와 같이 현명한 분도 돌아가셨고 오획과 같은 장사도 죽었습니다. 맹분과 하육과 같이 용감한 사람도 죽었습니다. 죽는다는 것은 누구도 피할 수 없는 것입니다[五帝之聖而死, 三王之仁而死. 五霸之賢而死, 烏獲之力而死. 奔·育之勇焉而死. 死者, 人之所必不免也]." 이 말은 『사기·범수전(范雎傳)』에도 보이는데 글자가 약간 다르다.【吳】

57 모두 1백 년을 채우지도 못하고 돌아가셨다 : 『열자·양주』에 다음 내용이 있다. "양주가 '1백 년을 수명의 끝이라 하는데 1백 년을 산 자는 1천 명 가운데 한 명도 없다'라고 했다[楊朱曰 : '百年壽之大齊, 得百年者千無一焉.']." 『논형·기수(氣壽)』에 다음 말이 있다. "건강하고 약하고 요절하고 장수하는 데 1백 년을 기준으로 삼았다[彊弱夭壽以百爲數]." 「고시십구수(古詩十九首)」에도 다음 말이 있다. "사람들은 1백 년도 살지 못하면서 늘 1천 년의 근심을 안고 사네[人生不滿百, 常懷千歲憂]." 이를 통해 볼 때 옛날 사람들은 1백 살을 수명의 한계로 보고 있음을 알 수 있다.【吳】

『논어』에 다음 말이 있다.

"옛날에 모두 돌아가셨다."[59]

『태사기』에 다음 말이 있다.

"황제는 교산(橋山)에 장사지냈다."[60]

용을 타고 승천한다는 게 어찌 괴이하지 아니한가! 오호궁(烏號弓)은 나뭇가지가 무성한 뽕나무 숲에 까마귀가 앉자 가지가 땅으로 늘어졌다가 까마귀가 막 날아오를 때 뒤쪽에서[61] 나뭇가지가 튕겨 오르는 바람에 까마귀가 맞아 죽었다. 이에 그 나뭇가지를 가져다가 활을 만들고 오호라고 이름 지었을 따름이다.[62]

---

58 삼후(三后)는~계신다네 : 『시경 · 대아(大雅) · 무(武)』에 보인다. '삼후(三后)'는 주(周)나라의 고공단보(古公亶父), 계력(季歷), 문왕(文王)을 가리킨다.【吳】
여기서 오수평은 『시경』의 편명을 「무」로 보았는데, 사실은 「하무(下武)」이다.【譯註】

59 옛날에 모두 돌아가셨다 : 원문은 '고개몰(古皆沒)'이다. 『논어 · 안연(顔淵)』에는 "옛날부터 모두 돌아가셨다[自古皆有死]"라고 했는데 곧 응소는 이것을 근거로 삼았다. 『사고전서』본에는 이미 『논어』에 의거해 억지로 고쳤다.【吳】

60 황제는 교산(橋山)에 장사지냈다 : 『사기 · 오제본기』에 다음 말이 있다. "황제가 붕어하자 교산에서 장사지냈다[黃帝崩, 葬橋山]." 『사기정의』에는 『괄지지』의 다음 말을 인용하고 있다. "황제의 능은 영주 나천현 동쪽 80리 자오산에 있다. 「지리지(地理志)」에는 상군 양주현 교산의 남쪽에 황제의 무덤이 있다고 한다[黃帝陵在寧州羅川縣東八十里子午山. 「地理志」云上郡陽周縣橋山南有黃帝冢]." 한대(漢代)의 양주(陽周)는 수대(隋代)에 나천(羅川)으로 바뀌었다. 그러나 이것은 전설일 따름이다.【吳】

61 뒤쪽에서 : 원문은 '종후(從後)'이다. '종후'는 원래 '후종(後從)'이라 잘못되어 있었다. 지금 『태평어람』 권347과 권920에 의거해 고친다.【吳】

62 이에~이름 지었을 따름이다 : 원문은 '취이위궁, 인명오호이(取以爲弓, 因名烏號耳)'이다. 『회남자 · 원도훈』 고유의 주에 다음 말이 있다. "오호궁은 재질이 단단한 뽕나무가 있었는데 까마귀가 그 위에 앉아 쉬다 날아가려 하자 가지가 아래로 휘어졌다가 다시 튕겨 올라오면서 까마귀를 쳐서 까마귀가 가지 따라 움직였다. 그래서 까마귀가 감히 날지 못하고 그 위에서 울어댔다. 그 가지를 베어 활을 만들었기 때문에 오호궁이라고 하는 것이다[烏號, 桑柘其材堅勁, 烏峙其上, 及其將飛, 枝必橈下, 勁能復(起), 巢(應作摷)烏隨之. 烏不敢飛, 號呼其上. 伐其枝以爲弓, 因曰烏號之弓也]." 사수청 선생이 말했다. "응소의 이 책은 오로지 세시 풍속의 의심스러운 면을 반박하기 위해 지은 것이다. 앞 문장은 원래 효무제(孝武帝) 때 제(齊)나라 사람 공손경(公孫卿)이 말한 '한나라의 성인은 고조(高祖)의 자손 중에 있다'라는 일을 수록한 것으로 금본 '내가 삼가 살펴보니[謹按]' 중에는 없는 내용이다. 이를 통해서 '인명오호이(因名烏號耳)'라는 문장 다음에 빠진 문장이 있음을 알 수 있다[應劭此書專爲駁正

俗說岱宗上有金篋玉策, 能知人年壽脩短. 武帝探策得十八, 因讀曰八十, 其後果用耆長. 武帝出璽印石, 裁有兆朕, 奉車子侯卽沒其印, 乃止. 武帝畏惡, 亦殺去之. 「封禪書」說 : "黃帝升封泰山, 於是有龍垂胡髯下迎黃帝. 黃帝上騎, 羣臣後宮從者七十餘人. 小臣獨不得上, 乃悉持龍髯, 拔墮黃帝之弓. 小臣百姓仰望黃帝不能復, 乃抱其弓而號, 故後世因曰烏號弓." 孝武皇帝時, 齊人公孫卿言 : "漢之聖者在高祖之孫, 今歷正値黃帝之日, 聖主亦當上封, 則能神仙矣."

謹按『尙書』·『禮』: "天子巡守, 歲二月至于岱宗." 孔子稱 : "封泰山, 禪梁父, 可得而數七十有二." 蓋王者受命, 易姓改制, 應天下太平, 功成封禪, 以告平也. 所以必於岱宗者, 長萬物之宗, 陰陽交代. 觸石而出, 膚寸而合, 不崇朝徧雨天下, 唯泰山乎! 封者立石高一丈二赤, 刻之曰 : "事天以禮, 立身以義, 事父以孝, 成民以仁. 四守之內, 莫不爲郡縣, 四夷八蠻, 咸來貢職. 與天無極, 人民蕃息, 天祿永得." 祭上玄尊, 而俎生魚. 壇廣十二丈, 高三尺, 階三等. 必於其上, 示增高也. 刻石紀號, 著己績也. 或曰金泥銀繩, 印之璽. 下禪梁父, 禮祠地主, 去事之殺, 示增廣也. 禪謂壇墠當有所與也. 三皇禪於繹繹, 明已功成而去, 德者居之. 繹繹者, 無所指斥也. 五帝禪於亭亭, 德不及於皇. 亭亭名山, 其身禪于聖人. 三王禪於梁父, '梁'者'信', '父'者'子', 言父子相信與也.

孝武皇帝封廣丈二尺, 高九尺, 其下有玉牒書, 書祕. 江·淮間一茅三脊爲神藉, 五色土益雜封, 縱遠方奇獸飛禽及白雉, 加祠兕牛犀象之屬. 其享曰 : "天增授皇帝泰元神筴, 周而復始. 皇帝敬拜泰靈." 其夜有光如流星, 晝有白雲起封中. 於是作明堂汶上, 令諸侯各治邸. 車駕前後五至祠, 以元鼎六年告封, 改爲元封, 武帝已年四十七矣, 何緣反更得十八也! 就若所云, 明神禍福必有徵應, 權時倒讀, 焉能誕招期乎! 奉

時俗嫌疑而作. 上文原錄孝武帝時齊人公孫卿言'漢之聖者在高祖之孫'一事, 今本'謹按'中無之. 知'因名烏號耳'句下必有脫文]."【吳】

車子侯驂乘弄臣, 不預封事, 何因操印沒石乃止? 暴病而死, 悼惕無已. 又言武帝與仙人對博, 碁沒石中, 馬蹄迹處于今尙存, 虛妄若此, 非一事也.

予以空僞承乏東嶽, 忝素六載, 數經祈祠. 咨問長老賢通上泰山考云, 謂璽處刻石文昧難知也, 殊無有金篋玉牒探籌之事. 『春秋』以爲傳聞不如親見, 見之人斯爲審矣. 傳曰 : “五帝聖焉死, 三王仁焉死, 五伯智焉死!” 其隕落崩薨之日, 不能咸至百年. 『詩』云 : “三后在天.” 『論語』曰 : “古皆沒.” 『太史記』 : “黃帝葬於橋山.” 騎龍升天, 豈不怪乎! 烏號弓者, 柘桑之林, 枝條暢茂, 烏登其上, 下垂著地. 烏適飛去, 從後撥殺. 取以爲弓, 因名烏號耳.

섭현 현령의 사당[葉令祠]

세상에 다음 말이 있다.

효명제(孝明帝 : 漢 明帝) 때 하동(河東) 사람 상서랑(尙書郎)[1] 왕교(王喬)[2]가 섭현 현령으로 자리를 옮겼다.[3] 왕교는 신선술을 가지고 있어 매월 보름

---

1 상서랑(尙書郎) : 『한관의』에 다음 말이 있다. "상서랑은 처음에 삼서(三署)에서 낭을 선발해 상서대에 가서 시험을 본다. 낭이 비면 5명이 시험을 보는데 먼저 전주를 시험 봤다. 처음에 대에 들어가면 낭중이라고 하고 1년이 되면 시랑이라고 칭한다[尙書郎初從三署郎選, 詣尙書臺試. 每一郎缺, 則試五人, 先試箋奏. 初入臺稱郎中, 滿歲稱侍郎." 다음 말도 있다. "상서랑은 처음 상서대에 들어가면 수상서랑이라고 칭하고, 1년이 되면 상서 낭중이라고 칭하며 3년이 되면 시랑이라 칭한다[尙書郎初上詣臺稱守尙書郎, 滿歲稱尙書郎中, 三年稱侍郎."【吳】
삼서(三署) : 한나라의 오관서(五官署)·좌서(左署)·우서(右署)를 가리킨다.【譯註】

2 왕교(王喬) : 그 사적이 『후한서』 본전에 상세하게 나와 있다.【吳】
왕교 : 신선이다. 『열선전(列仙傳)』에 따르면 옛날 신선 왕자교(王子喬)의 화신이라고 한다.【譯註】

3 섭현 현령으로 자리를 옮겼다 : 원문은 '천위섭령(遷爲葉令)'이다. '섭(葉)'은 『예문유취』 권50, 『초학기』 권14, 『태평어람』 권697, 『고금합벽사류비요(古今合璧事類備要)·전집(前集)』 권23, 『사문유취(事文類聚)·전집(前集)』 권51에는 모두 '업(鄴)'이

이면 항상 대조(臺朝)에 왔다.[4] 효명제는 그가 자주 오는데 마차가 없는 것을 이상하게 여겨[5] 몰래 태사를 시켜 살펴보게 했다. 그랬더니 그가 도착할 때 항상 오리 한 쌍이 동남쪽에서 날아온다[6]는 말을 들었다. 그리하여 몰래 살피다가 오리를 보고 그물을 펼쳤는데[7] 신발 한 쌍만 있었을 뿐이었다.[8] 상방을 시켜 알아보니[9] 영평(永平) 4년(61) 상서에게 하사한

라 쓰고 있고 『수신기(搜神記)』 권1에도 마찬가지이다. '섭현(葉縣)'은 한나라 남양군(南陽郡)에 속하고 옛 땅은 지금의 하남성(河南省) 섭현 경내에 있다.【吳】

4 매월 보름이면 항상 대조(臺朝)에 왔다 : 원문은 '매월삭상예대조(每月朔常詣臺朝)'이다. 『태평환우기(太平寰宇記)』 권8 「여주섭현(汝州葉縣)」하(下), 『태평어람』 권919, 『천중기(天中記)』 권34에 따르면 '삭(朔)' 자 아래에 모두 '망(望)' 자가 있다. 『열선전습유(列仙傳拾遺)』를 인용하고 있는 『후한서·왕교전(王喬傳)』과 『태평광기(太平廣記)』 권6에서는 마찬가지이다. '상(常)' 자 아래에는 『태평어람』에서는 '자현(自縣)' 두 글자를 인용하고 있는데 『왕교전』, 『수신기』 권1도 마찬가지이다. '조(朝)' 자 아래에는 『예문유취』 권78, 『북당서초』 권78에서는 모두 '명제(明帝)' 두 글자를 인용하고 있다. '대조(臺朝)'는 상서대(尙書臺)를 말한다. 『한관의』에 다음 말이 있다. "처음에 진대에는 소부(少府)에서 파견한 관리 4명이 궁전에서 서신을 관리했으므로 상서(尙書)라고 부른다. '상(尙)'은 '주(主 : 주관한다)'의 의미로 한나라는 진나라를 본받아 그대로 [상서를] 두었다. 그러므로 상서는 중대(中臺)로, 알자(謁者)는 외대(外臺)로, 어사는 헌대(憲臺)로 하고 이를 삼대라 했다[初, 秦代少府遣吏四人在殿中, 主發書, 故號尙書. 尙, 猶主也, 漢因秦置之. 故尙書爲中臺, 謁者爲外臺, 御史爲憲臺, 謂之三臺]."【吳】

5 효명제는~이상하게 여겨 : 원문은 '제괴기래수이무차기(帝怪其來數而無車騎)'이다. '래(來)' 자는 원래 빠져 있었다. 『태평환우기』, 『예문유취』 권50과 권78, 『북당서초』, 『태평어람』 권266과 권662, 권697, 권919, 『천중기』에는 모두 '래' 자가 있어서 지금 이에 근거해 보충했다. '삭(數)'은 '자주'의 뜻이다.【吳】

6 항상 오리 한 쌍이 동남쪽에서 날아온다 : 원문은 '상유쌍부종동남비래(常有雙鳧從東南飛來)'이다. '동(東)'은 원래 빠져 있었는데, 지금 『태평환우기』, 『예문유취』, 『북당서초』, 『태평어람』, 『천중기』에 의거해 보충한다. 『왕교전』, 『수신기』, 『태평광기』에도 '동' 자가 있다.【吳】

7 그물을 펼쳤는데 : 원문은 '거라(擧羅)'이다. '나(羅)' 자 아래에는 『태평환우기』, 『태평어람』 권919, 『천중기』에 따르면 '장지(張之)' 두 글자가 있다.【吳】

8 신발 한 쌍만 있었을 뿐이었다 : 원문은 '단득일쌍석이(但得一雙舃耳)'이다. '쌍(雙)'은 『북당서초』, 『태평어람』 권919에 똑같이 인용하고 있다. 『태평환우기』, 『예문유취』 권50과 권78, 『태평어람』 권697, 『천중기』에는 '척(隻)'이라 되어 있고 『왕교전』에도 마찬가지이다. 『태평어람』 권662에는 이 글자가 없다. 『광운(廣韻)』에는 "석은 신발이다[舃, 履也]"라고 했다. 최표(崔豹)의 『고금주(古今注)』에는 "석은 나무를 신발 아래에 대고 초를 매겨 말렸기 때문에 진흙이 묻거나 젖을까 걱정하지 않아도 된다[舃

신발이었다.[10] 매번 조회 때 섭현의 문[11]에 있는 북은 치지 않아도 저절로 소리가 나 도성에 울려 퍼졌다. 후에 하늘에서 옥으로 된 관이 청사(廳事)[12] 앞에 떨어지자 관리들에게 들어가 보라고 했지만 결국 관을 움직일 수 없었다. 왕교가 말했다. "천제께서 나를 부르실 모양이다." 그는 목욕재계하고 옷을 갈아입고 관 안에 누워 곧장 뚜껑을 덮었다. 밤에[13] 성의 동쪽에서 장사지내자 흙이 저절로 무덤을 이루었다. 현에 있는 소들이 모두 땀을 흘리고 혀를 내밀었지만[14] 아무도 그 까닭을 몰랐다.[15] 백성들이 사당을 세우고[16] 섭군사(葉君祠)라 불렀다. 주목(州牧)의 관리들이[17]

以木置履下, 乾臘不畏泥溼也"라고 했다.【吳】

9 상방을 시켜 알아보니 : 원문은 '사상방식시(使尙方識視)'이다. '사(使)' 자 앞에는『태평환우기』에서는 '조(詔)' 자가 있고 또 '식(識)'은 '험(驗)'으로 되어 있다.『태평어람』권919,『천중기』에는 '진(診)'이라 인용하고 있다. '상방(尙方)'은 한나라 소부의 속관에는 상방령(尙方令)과 상방승(尙方丞)이 있는데, 황실에서 쓰는 칼과 노리개 등의 기물을 관리 제작했다. 한나라 말엽에는 중상방(中尙方), 좌상방(左尙方), 우상방(右尙方) 셋으로 나뉘었다.【吳】

10 영평(永平) 4년(61) 상서에게 하사한 신발이었다 : 원문은 '사년중소사상서관속리야(四年中所賜尙書官屬履也)'이다. '사(四)' 자 앞에는『예문유취』권78,『북당서초』,『태평어람』권662에 따르면 모두 '내(乃)' 자가 있다.『태평환우기』,『태평어람』권919,『천중기』에는 '즉(則)' 자가 쓰여 있다.『사고전서(四庫全書)』본에는 이미 '즉(則)' 자를 보충하고 있다.【吳】

11 섭현의 문 : 원문은 '섭문(葉門)'이다. '문(門)' 자 아래에는『태평환우기』,『예문유취』권87,『태평어람』권662,『천중기』에 따르면 '하(下)' 자가 있다.【吳】

12 청사(廳事) : 즉 청사(聽事)로 관부가 일을 처리하는 곳이다.【吳】

13 밤에 : 원문은 '야(夜)'이다. '야(夜)'는『군서습보』에는 '석(昔)'이라 고쳐져 있다.『북당서초』에 따르면 '야'라 쓰여 있고『태평어람』권551, 권556에는 '석'이라 되어 있으며「왕교전」,『태평광기』에도 마찬가지이다.【吳】

14 현에 있는 소들이~혀를 내밀었지만 : 원문은 '현중우개류한토설(縣中牛皆流汗吐舌)'이다.『북당서초』권92,『태평어람』권556에 따르면 '현(縣)' 자 위에 '기석(其夕)' 두 글자가 있고「왕교전」,『태평광기』도 마찬가지이다.【吳】

15 아무도 그 까닭을 몰랐다 : 원문은 '이인무지자(而人無知者)'이다. '지(知)' 자 다음에는『예문유취』권78,『태평어람』권556에서는 모두 '지(之)' 자가 있다.【吳】

16 백성들이 사당을 세우고 : 원문은 '백성위립사(百姓爲立祠)'이다. 이 문장은 원래 빠져 있었으나 지금『예문유취』권78,『태평어람』권662에 의거해 보충했다. 이 문장이 있어야 문장의 의미가 비로소 다음 문장과 연결된다.【吳】

17 주목(州牧)의 관리들이 : 원문은 '목수(牧守)'이다. 주(州)의 관리를 '목(牧)'이라 하고

반열에 따라서 먼저 참배했다. 관리와 백성이 기도하면 뜻대로 되지 않은 적이 없었다. 또 사당에 저촉되는 일을 하면 즉각 화를 입었다. 명제가 그 북을 가져다가 도정(都亭)에 놓아두었더니[18] 더 이상 소리가 나지 않고 '섭'이라는 소리만 났다.[19] 태사(太史)가 살펴보다가 상서문(上西門)[20] 위에서 별점을 쳐 상서로운 기운을 살폈다. 태사가 이 현령은 바로 신선 왕교라 말했다.

내가 삼가 『춘추좌씨전(春秋左氏傳)』을 살펴보니 다음과 같았다.[21]

섭공(葉公) 자고(子高)는 성이 심(沈)이고 이름은 제량(諸梁)인데 옛날에는 영(令)을 공이라고 했다.[22] 섭공은 사직에 충성하고 만민을 긍휼히 여겨 방성(方城)[23] 밖의 사람들도 기뻐하지 않는 자가 없었다. 백공승(白公勝)이 난을 일으켜[24] 영윤(令尹) 자서(子西)와 사마(司馬) 자기(子期)를 죽이고[25] 병

군(郡)의 관리를 '수(守)'라 한다.【譯註】

18 도정(都亭)에 놓아두었더니 : 원문은 '치도정하(置都亭下)'이다. 『통감(通鑑)·한기(漢紀)』 55에 따르면 가후(賈詡)는 "집금오가 되어 도정후에 봉해졌다[爲執金吾, 封都亭侯]"라고 되어 있다. 호삼성(胡三省)의 주에는 "무릇 군, 국, 현, 도의 관할 소재지에는 모두 도정이 있다[凡郡·國·縣·道治所, 皆有都亭]"라고 되어 있다.【吳】

19 '섭'이라는 소리만 났다 : 원문은 '단운'섭'(但云'葉')'이다. 이 세 글자는 『왕교전』에는 없다. 『군서습보』에 다음 말이 있다. "전대흔(錢大昕)은 세 글자가 쓸데없는 것이라고 했고 『후한서·방술전(方術傳)』에는 '더 이상 소리가 나지 않았다'라고 했다[錢云三字衍, 後漢書方術傳云'略無復聲焉']." 사수청 선생은 "'섭'은 북소리를 말하는 것이다. 위 문장은 '더 이상 소리가 나지 않았다'라 한 것이고 아래 문장은 바로 그 소리가 둥둥 울리는 것을 말하는 것이다['葉'言鼓之聲音, 上句云'略無音聲', 下句正言其聲葉也]"라고 했다.【吳】

20 상서문(上西門) : 낙양(洛陽)성에는 12개의 문이 있다. 한 방향에 3개의 문이 있는데 서쪽 북문을 '상서문'이라고 한다.【吳】

21 내가~같았다 : 『좌전(左傳)·애공(哀公) 16년』에 보인다.【吳】

22 옛날에는 영(令)을 공이라고 했다 : 원문은 '고자영왈공(古者令曰公)'이다. 이 문장은 덧붙여진 문장이다. 원래 독자를 위해 주석을 달았는데 돌려보고 베껴 쓰고 관각하다가 본문에 끼어들어간 것이다.【吳】

23 방성(方城) : 춘추시기 초(楚)나라에 지어진 장성이다. 북쪽은 지금의 하남성(河南省) 방성현 북쪽으로부터 시작하고 남쪽은 지금의 필양현(泌陽縣) 동북쪽에 이른다. 전국시대에 또 개축하여 초나라는 방성에 의지하여 북쪽 경계를 수비했다.【吳】

사를 가지고 혜왕(惠王)을 위협했다. 섭공이 섭현으로부터 들어가[26] 북문에 이르자 어떤 사람이 그를 보고 물었다.

"그대는 어찌 투구를 쓰지 않습니까? 백성들은 그대를 자애로운 부모와 같이 봅니다. 도적의 화살에 그대가 상하기라도 한다면 이것은 백성을 절망하게 하는 것입니다. 그대는 어찌 투구를 쓰지 않으십니까?"

이에 섭공이 투구를 쓰고 나아갔다. 또 한 사람을 만났는데 그가 말했다.

"왜 투구를 쓰셨습니까? 사람들은 한 해의 수확물을 기다리듯이[27] 날마다 그대가 [오기를] 바랍니다.[28] 백성들이 그대의 얼굴을 보면 안심하게[29] 될 것이고, 또 백성들[30]은 [자신들이] 죽지 않으리라는 사실을 알게 되면 또한 분발할 것입니다.[31] 장차 나라를 돌면서 그대를 드러내야 하

---

24 백공승(白公勝)이 난을 일으켜 : 원문은 '백공승작난(白公勝作亂)'이다. '백(白)'은 초(楚)나라의 읍 이름이다. 옛 지역은 지금의 하남성 식현(息縣) 동쪽의 백성(白城)에 있다. '백공승(白公勝)'은 초평왕(楚平王)의 태자 건(建)의 아들로 백(白) 지역에 봉해졌다. 그 일이 『좌전』, 『사기 · 초세가(楚世家)』에 상세하게 나와 있다.【吳】

25 영윤(令尹) 자서(子西)와 사마(司馬) 자기(子期)를 죽이고 : 원문은 '살자서 · 자기(殺子西 · 子期)'이다. '살(殺)' 자는 원래 없었는데, 『좌전』(권59, 哀公 16년)의 "[백공승이] 가을 7월에 자서와 자기를 조정에서 죽이고 혜왕을 협박했다[秋七月, 殺子西 · 子期于朝, 而劫惠王]"라는 문장에 의거해 보충했다.【吳】

26 섭공이 섭현으로부터 들어가 : 원문은 '섭공자섭이입(葉公自葉而入)'이다. 『회남자 · 도응훈(道應訓)』에는 다음과 같이 말하고 있다. "9일에 섭공이 [섭현으로] 들어갔다[九日葉公入]."【吳】

27 사람들은 한 해의 수확물을 기다리듯이 : 원문은 '국인망군여망세언(國人望君如望歲焉)'이다. 『좌전』 두예(杜預)의 주에 "세는 한 해의 수확물이다[歲, 年穀也]"라고 되어 있다.【吳】

28 날마다~바랍니다 : 원문은 '일일이기(日日以幾)'이다. '일일(日日)'은 『좌전』에는 '일월(日月)'이라고 되어 있다. 『경전석문(經典釋文)』에 "'기(幾)'는 본래 간혹 '기(冀)'라고도 쓴다['幾'本或作'冀']"라고 했다. 날마다 섭공이 오기를 바라는 것이다.【吳】

29 안심하게 : 원문은 '애(艾)'로, '예(乂)'라고 읽고 '편안하다[安]'는 의미이다. 『사기 · 봉선서』에 다음 말이 있다. "나라가 편안하니 백성들이 병이 없다[方內艾安, 民人靡疾]." 곧 그 예이다.【吳】

30 백성들 : 원문은 '인(人)'으로, 『좌전』에는 '민(民)'이라 되어 있다.【吳】

31 또한 분발할 것입니다 : 원문은 '기역무유분심(其亦無有奮心)'이다. '무(無)'는 『좌전』에서는 '부(夫)'라 되어 있다. 『군서습보』에 다음 말이 있다. "'무유(無有)'는 없는 게 없음을 말한다. 옛사람들이 종종 '무유' 두 글자가 있어야 한다고 말하면서 『좌

는 판에[32] 되레 자신의 얼굴을 가려 백성을 절망하게 한다면 심한 처사가 아니겠습니까?"

이에 섭공이 투구를 벗고 나가서[33] 사람들과 함께 백공을 공격했다. 백공은 산으로 달아나 죽고[34] 석걸(石乞)[35]은 산 채로 삶겨졌다. 섭공은 돌아가 혜왕을 맞이하고 소송을 엄격하게 처리했으며 물러나서 섭현에서 노년을 보냈다. 그가 죽자 섭현 사람들은 그를 추모하여 사당을 세웠다. 그는 백성들에게 법을 잘 시행했고, 또 노고를 아끼지 않고 나라를 안정시켰는데, 이 두 가지 일은 제사를 지낼 때 으뜸으로 치는 바이다.[36] 이것은 춘추시대의 일로 어찌 효명제 시대에 가깝겠는가!

『주서(周書)』에 다음 내용이 있다.

영왕(靈王)의 태자 진(晉)은 어릴 때부터 성덕을 갖추었고 총명하고 박학했는데[37] 사광(師曠)이 그와 말을 나누고도 발설할 수 없었다. 태자 진

씨』가 옳다고 할 필요가 없다고 생각했는데, 이것은 잘못된 것이다('無有', 言無不有也, 古人語往往有之, 不必以『左氏』爲是, 此爲謬).”【吳】

32 장차~하는 판에 : 원문은 '유장정군이순어국(猶將旌君以徇於國)'이다. '정(旌)'은 나타내다의 뜻이고, '순(徇)'은 행동으로 드러낸다는 뜻이다.【吳】

33 이에 섭공이 투구를 벗고 나가서 : 원문은 '내면주이진지(乃免胄而進之)'이다. 『군서습보』에는 '지(之)' 자가 "덧붙여진 것이다(衍)"라고 했는데, 『좌전』에는 그 글자가 없다.【吳】

34 백공은 산으로 달아나 죽고 : 원문은 '백공분산이서(白公奔山而逝)'이다. 이 문장은 원래 '백공(白公)' 두 글자가 빠져 있었으나 지금 『좌전』에 의거해 보충했다. '서(逝)'는 『좌전』에는 '액(縊 : 목매다)'이라 되어 있다. 『유편본(遺編本)』, 『낭본(郎本)』, 『명각본(明刻本)』, 『초본(抄本)』, 『도광본(道光本)』에도 '액'이라 쓰여 있다.【吳】

35 석걸(石乞) : 백공승의 무리이다.【譯註】

36 제사를 지낼 때 으뜸으로 치는 바이다 : 원문은 '고사전지소선야(固祠典之所先也)'이다. 『예기 · 제법(祭法)』에 다음 말이 있다. "무릇 성왕이 제사를 제정함에 있어서 백성들에게 법을 잘 시행한 자에게 제사 지내고, 목숨을 바쳐 나랏일에 힘쓴 자에게 제사 지내고, 노고를 아끼지 않고 국가를 안정시킨 자에게 제사 지내며, 큰 재해를 막아낸 자에게 제사 지내고, 큰 환난을 막아낸 자에게 제사 지내게 했다(夫聖王之制祭祀也, 法施於民則祀之, 以死勤事則祀之, 以勞定國則祀之, 能禦大災則祀之, 能捍大患則祀之)."【吳】

37 영왕(靈王)의 태자 진(晉)은~박학했는데 : 이 세 문장은 금본 『일주서(逸周書)』에는 실려 있지 않고 이미 없어졌다. 『잠부론(潛夫論) · 씨성(氏姓)』에 다음 말이 있다. "주영왕의 태자 진은 어려서 성덕을 갖추었고 총명하고 박학했으며 온유하고 공손

은 15세가 되었을 때 심사숙고하다가 물었다.

"나는 대사께서 사람의 수명을 알 수 있다고 들었소."[38]

사광이 대답했다.

"그대의 얼굴색은 붉으면서도 하얗고 그대의 목소리는 맑지만[39] 얼굴색만 보면 장수하지 못합니다."[40]

진이 말했다.

"그렇군요. 나는 3년 후에 장차 하늘의 상빈이 될 것이니 그대는 삼가 말하지 마시오. 화가 그대에게 미치리라."

그 후에 태자는 정말 죽었다. 공자가 그 일을 듣고 말했다.

"애석하구나! 나의 왕이 돌아가셨다!"

후세에는 그가 자신의 죽음을 예지했기 때문에 그가 바로 신선 왕자교였다고 전한다. 어떤 사람이 신선에 대해 묻자 양웅은 이렇게 생각했다. 복희(虙犧), 신농(神農), 황제(黃帝), 요(堯), 순(舜)이 이미 죽었고[41] 문왕(文王)은 필에 묻혀 있고[42] 공자는 노성의 북쪽에 묻혀 있는데[43] 유독 그들

하며 후덕하고 민첩했다[周靈王之太子晉, 幼有成德, 聰明博達, 溫恭敦敏]."【吳】

38 나는~들었소: '대(大)'는 『잠부론』에는 '태(太)'라 되어 있는데 두 글자는 같은 의미이다. 『일주서 · 태자진(太子晉)』과 『잠부론』에는 '단장(短長)' 두 글자가 서로 바뀌어 있다.【吳】

39 그대의 얼굴색은~맑지만: 원문은 '여색적백, 여성청(女色赤白, 女聲淸)'이다. 이 두 문장은 『일주서』에서는 "그대의 목소리는 맑고 촉촉하며 그대의 얼굴색은 붉고 희구나[女聲淸汗, 女色赤白]"라고 했다. 『잠부론』에도 '청(淸)' 자 아래에 '한(汗)' 자가 있다. '여(女)'는 '여(汝)'와 같은 뜻이다.【吳】

40 얼굴색만 보면 장수하지 못합니다: 원문은 '여색불수(女色不壽)'이다. '여(女)'는 『일주서』와 『잠부론』에는 '화(火)'라고 쓰여 있다.【吳】

41 양웅은~이미 죽었고: 이 문장은 『법언(法言) · 군자(君子)』에 보이는데, 글자가 약간 다르다.【吳】

42 문왕(文王)은 필에 묻혀 있고: 원문은 '문왕장필(文王葬畢)'이다. 『사기 · 주본기집해(周本紀集解)』에는 마융(馬融)의 다음 말을 인용하고 있다. "필은 문왕의 묘지 이름이다[畢, 文王墓地名也]." 『사기정의』에는 『괄지지』의 다음 말을 인용하고 있다. "주 문왕의 묘는 옹주 만년현 서남쪽 28리 떨어진 필원에 있다[周文王墓在雍州萬年縣西南二十八里畢原上也]." 이것은 단지 전설일 따름이다.【吳】
오수평의 주에 '필원'의 '필' 자가 빠져 있어 이에 원문을 대조하여 교정한다.【譯註】

이라고 자신들의 죽음을 안타까워하지 않았겠는가! [그들은 죽음이] 사람이 감당할 수 있는 바가 아님을 안 것이다. 삶이여! 삶이여! 명성이 살아 있어도 실제로는 죽었다는 것이 두렵구나.

천자[漢 明帝][44]는 하늘의 위엄을 두려워해서 하늘의 조짐을 살피기 위해 상서문(上西門) 성 위로 사람을 보내 별자리를 살펴보게 했다.[45] 근자에 태사시(太史寺)에서는 승(丞)에게 이를 직접 관찰하게 했다.[46] 영대(靈臺)는 낙양(洛陽)의 남쪽에 위치하는데[47] 어떻게 따로 궁궐 가운데에 세웠겠는가![48] [하늘의 조짐을 이해하는 데] 어떤 득실이 있을까 해서 이 이야기를

---

43 공자는~있는데 : 원문은 '공자장노성지북(孔子葬魯城之北)'이다. 『공자가어·종기해(終記解)』에 따르면 공자는 노성(魯城)의 북쪽 사수(泗水)가에 장사지냈다고 한다.【吳】

44 천자 : 원문은 '국가(國家)'이다. 한나라 사람들은 천자를 국가라고 칭한다. 『속한서(續漢書)·제사지(祭祀志)』의 주석에서 인용한 「봉선의기(封禪儀記)」의 기록에 따르면 "천자는 노고를 아끼지 않는다[國家不勞]", "천자는 듣지 않는다[國家不聽]"이라 되어 있는데 모두 천자를 뜻하는 말이다.【譯註】

45 상서문(上西門) 성 위로~살펴보게 했다 : 원문은 '고어상서문성상후망(故於上西門城上候望)'이다. 『낙양가람기서(洛陽伽藍記序)』에 다음 말이 있다. "창합문은 한나라 때 상서문이라고 했다. 그 위에 동으로 만든 선기옥형(璇璣玉衡 : 아름다운 구슬로 장식한 천문측량기로 혼천의와 같은 것임)이 있어, 이것으로 칠정(七政)을 관찰했다[閶闔門, 漢曰上西門. 上有銅璇璣玉衡, 以齊七政]."【吳】
칠정(七政) : 춘(春), 추(秋), 동(冬), 하(夏), 천문(天文), 지리(地理), 인도(人道)를 가리킨다.【譯註】

46 근자에~관찰하게 했다 : 원문은 '근태사시, 영승궁친(近太史寺, 令丞躬親)'이다. 『후한서·백관지(百官志)』에 다음 말이 있다. "태사령 1인의 녹봉은 6백 석이다. 본주에 따르면, 천문역법을 관장한다. 무릇 한 해가 끝나면 새해의 달력을 상주했다. 무릇 나라의 관혼상제가 있으면 길일 및 금기일을 맡아 상주했다. 무릇 나라의 길흉사가 있으면 맡아 기록했다. 보좌관 한 명을 두었다[太史令一人, 六百石. 本注曰 : 掌天時星曆. 凡歲將終, 奏新年曆. 凡國祭祀喪娶之事, 掌奏良日及時節禁忌. 凡國有瑞應災異, 掌記之. 丞一人]."【吳】

47 영대(靈臺)는 낙양(洛陽)의 남쪽에 위치하는데 : 원문은 '영대위국지양(靈臺位國之陽)'이다. '영대'는 곧 후세의 기상청이다. 『후한서·광무기(光武紀)』 이현(李賢)의 주에는 「한궁각소(漢宮閣疏)」를 인용해 다음과 같이 말하고 있다. "영대는 높이가 3장이고 문이 12개이다. 천자는 영대라 했고 제후는 관대라 했다[靈臺高三丈, 十二門. 天子曰靈臺, 諸侯曰觀臺]." 『문선(文選)·한거부(閒居賦)』 이선(李善)의 주에서 육기(陸機)의 「낙양기(洛陽記)」를 인용해 다음과 같이 말하고 있다. "영대는 낙양의 남쪽에 있는데 성에서 3리 떨어져 있다[靈臺在洛陽南, 去城三里]." 남쪽은 양이므로 여기서 '위국지양(位國之陽)'이라고 말한 것이다.【吳】

참고한 것이다. 어찌 날아가는 오리 한 마리를 관찰하고자 하여 그곳에 영대를 건설했겠는가! 세상의 잘못된 점을 바로잡아야 하는 것이 어찌 이 한 가지 일뿐이겠는가!

俗說孝明帝時, 尙書郎河東王喬遷爲葉令. 喬有神術, 每月朔常詣臺朝. 帝怪其來數而無車騎, 密令太史候望. 言其臨至時, 常有雙鳧從東南飛來. 因伏伺, 見鳧, 擧羅, 但得一雙舄耳. 使尙方識視, 四年中所賜尙書官屬履也. 每當朝時, 葉門鼓不擊自鳴, 聞於京師. 後天下一玉棺於廳事前, 令臣吏試入, 終不動搖. 喬曰 : "天帝獨欲召我." 沐浴服飾, 寢其中, 蓋便立覆. 宿夜葬於城東, 土自成墳. 縣中牛皆流汗吐舌, 而人無知者. 百姓爲立祠, 號葉君祠. 牧守班錄, 皆先謁拜. 吏民祈禱, 無不如意. 若有違犯, 立得禍. 明帝迎取其鼓, 置都亭下, 略無音聲, 但云'葉'. 太史候望, 在上西門上, 遂以占星辰, 省察氣祥. 言此令卽僊人王喬者也.

謹按『春秋左氏傳』: 葉公子高, 姓沈名諸梁, 古者令曰公. 忠於社稷, 惠恤萬民, 方城之外, 莫不欣戴. 白公勝作亂, 殺子西・子期, 劫惠王以兵. 葉公自葉而入, 至于北門, 或遇之曰 : "君胡不胄? 國人望君如望慈父母焉. 盜賊之矢若傷君, 是絶民望也. 若之何不胄?" 乃胄而進. 又遇一人曰 : "何爲胄? 國人望君如望歲焉, 日日以幾. 若見君面, 是得艾也, 人知不死, 其亦無有奮心. 猶將旌君以徇於國, 而又掩面以絶民望, 不亦甚乎?" 乃免胄而進之, 與國人攻白公. 白公奔山而逝, 生烹石乞. 迎反

---

48 어떻게 따로 궁궐 가운데에 세웠겠는가 : 원문은 '별안재궁중(別安在宮中)'이다. 이 문장은 원래 '지안별재궁중(之安別在宮中)'이라 잘못 쓰여 있었다. 『군서습보』에는 '지안(之安)' 두 글자를 '우(又)'라 고쳐 놓았다. 생각건대 '지(之)' 자는 위에 붙여야 하는데 잘못 들어간 것이고 '안별(安別)'은 거꾸로 쓰인 것이어서 문자의 의미가 통하지 않게 되어 지금 문장의 의미에 맞게 고친다. 『사고전서』본에서는 억지로 '기속별재성상(其屬別在城上)'이라 고쳐 놓았다.【吳】

惠王, 整肅官司, 退而老於葉. 及其終也, 葉人追思而立祠. 功施於民, 以勞定國, 兼玆二事, 固祠典之所先也. 此乃春秋之時, 何有近孝明乎!

『周書』稱: "靈王太子晉, 幼有盛德, 聰明博達, 師曠與言, 弗能尙也. 晉年十五, 顧而問曰: '吾聞大師能知人年之短長也.' 師曠對曰: '女色赤白, 女聲淸, 女色不壽.' 晉曰: '然! 吾後三年將上賓於天, 女愼無言. 禍將及女.' 其後太子果死. 孔子聞之曰: '惜夫! 殺吾君也!'" 後世以其自豫知其死, 傳稱王子喬仙. 或人問仙, 楊雄以爲虙犧·神農·黃帝·堯·舜殞落, 文王葬畢, 孔子葬魯城之北, 獨不愛其死乎! 知非人之所能也. 生乎! 生乎! 吾恐名生而實死也.

國家畏天之威, 思求譴告, 故於上西門城上候望. 近太史寺, 令丞躬親. 靈臺位國之陽, 別安在宮中! 懼有得失, 故參之也. 何有伺一飛鳧, 遂建其處乎! 世之矯誣, 豈一事哉!

연나라 태자 단[燕太子丹][1]

연(燕)나라 태자 단(丹)이 하늘을 우러러 탄식하자[2] 하늘에서 곡식으로 된 비가 내리고 까마귀의 머리가 하얗게 변했다. 또 말 머리에서 뿔이 돋아났고 부엌에 있던 나무 인형에 사람의 다리가 생겨났고[3] 우물가에

1 연나라 태자 단 : 원제목은 '연태자단앙탄, 천위우속, 오백두. 마생각, 주중목상생육족, 정상주목도도독[燕太子丹仰嘆, 天爲雨粟, 烏白頭. 馬生角, 廚中木象生肉足, 井上株木跳度瀆]'이라 되어 있는데, 각 편의 표제에 의거해 보면 마땅히 연태자 단(燕太子丹)이라 해야 한다. 지금 보이는 표제는 아래 문장인 속설 가운데에 포함되는 것이다.【吳】
전체 목차와 오수평의 주에 근거하여 제목을 바로잡고 원래의 내용은 본문에 포함시켜 번역한다.【譯註】

2 우러러 탄식하자 : 원문은 '앙탄(仰嘆)'이다. 본래 이 두 글자가 없었는데 『태평어람』 권840에 근거해 보충한다.【吳】

3 부엌에 있던~생겨났고 : 원문은 '주중목상생육족(廚中木象生肉足)'이다. 이 문장은 원래 '주인생해족(廚人生害足)'이라 되어 있었다. 『군서습보』에는 '주중저생육(廚中杵生肉)'이라 고쳐져 있고 아울러 이렇게 말하고 있다. "『태평어람』 권762에 근거하여 교정하고 『태평어람』에는 '여러 번 그러했다'라고 되어 있지만 이 네 글자는 잘못된 것 같다[據『御覽』七百六十二改正, 『御覽』下有'是數然' 四字疑誤]." 『찰이(札

있던 나무가 꿈틀대더니 도랑을 건너갔다.

세상에 다음 말이 있다.

연나라 태자 단이 진(秦) 나라에 인질로 잡혀 있을 때 진시황(秦始皇)이 그를 죽이고자 했다. 진시황은 상서로운 조짐이 보이면 살려주겠다고 말했다. 단은 신령의 보호 아래 하늘의 감응을 받아 결국 풀려나[4] 귀국하게 되었다.[5]

逡)』에는 다음 구절이 있다. "생각건대 노문초(盧文弨)의 교정은 크게 잘못된 것으로 여기는 마땅히 '주중목상생육족(廚中木象生肉足)'이라 해야 한다. 『태평어람』에서는 오직 '중(中)', '육(肉)' 두 글자가 금본의 잘못된 것을 그쳐 놓았다. 『간륵자서(干祿字書)』에는 "육은 속자로 '육(宍)'으로 쓴다"라고 되어 있는데 '육' 자는 '해(害)'와 형태가 비슷하다. '시(是)'는 '족(足)'의 오기이고 '수연야(雖然也)' 글자는 쓸데없는 표현이다. 『논형·감허편(感虛篇)』에는 다음과 같은 진왕의 맹세가 실려 있다. "해가 중천에 있을 때 하늘에서 곡식으로 된 비가 내리고 까마귀의 머리가 하얗게 되고 말머리에서 뿔이 돋아나고 부엌에 있는 나무 인형에 사람 다리가 생겨나면 돌아갈 수 있으리라." 이 문장은 응소가 말한 것과 똑같은 내용이다. '목상(木象)'은 나무를 깎아서 만든 인형이다. 인형은 나무로 다리를 만들기 때문에 지금 사람의 다리가 생긴다면 이라고 맹세한 것이다. 『태평어람』에는 '저생육(杵生肉)'이라 되어 있지만 의미가 통하지 않는다. 노문초가 그것을 따랐지만 잘못된 것이다[按盧校大誤, 此當作'廚中木象生肉足'. 『御覽』惟'中'·'肉'二字足正今本之誤. 『干祿字書』:'肉, 俗作宍.' 與'害'形近. '是'卽'足'之誤, '雖然也'三字衍. 『論衡·感虛篇』載秦王誓云:'使日再中, 天雨粟, 烏白頭, 馬生角, 廚中木象生肉足, 乃得歸.' 與仲遠所說正同. 木象' 卽刻木爲象人. 象人以木爲足, 今故誓使生肉足也. 『御覽』作'杵生肉', 卽不可通. 盧從之, 傎矣]." 지금 『찰이』의 설에 근거하여 고친다. 『논형·시응(是應)』을 살펴보니 '주문상생육족(廚門象生肉足)'이라 쓰여 있고 『사기·자객열전색은(刺客列傳索隱)』에서는 『풍속통의』 및 『논형』을 인용하여 '구문목오생육족(廐門木烏生肉足)'이라 되어 있는데, 그중에 옳고 그른 게 섞여 있으니 각각의 글자는 『풍속통의』의 빠지고 잘못된 부분을 교정하는 근거로 삼을 수 있다.【吳】

4 풀려나: 원문은 '견(遣)'이다. '견'은 원래 '건(建)'이라 되어 있었으나 지금 『군서습보』에 의거해 고친다.[吳]

5 연나라 태자 단이~귀국하게 되었다: 『연단자』에는 다음과 같이 되어 있다. "연나라 태자 단이 진나라에 인질로 있을 때 진왕이 그를 무례하게 대하여 [단이] 기분이 좋지 않아 연나라에 돌아가고자 했다. 진왕이 들어주지 않고 속이며 말했다. '까마귀의 머리가 하얗게 되고 말의 머리에 뿔이 생기면 귀국하게 해 주겠소.' 단이 하늘을 우러러 탄식하니 까마귀는 곧 머리가 하얗게 되고 말의 머리에는 뿔이 생겼다. 진왕이 어쩔 수 없어서 단을 보내주었다. [그 후 진왕은] 기관을 설치한 다리를 만들어 단을 함정에 빠뜨리고자 했다. 단은 다리를 건넜지만 기관은 작동되지 않았다. 밤에 산해관에 도착했는데 산해관의 문이 아직 열리지 않았다. 단이 닭의 울음소리를 내

내가 삼가 『태사기』를 살펴보니 다음과 같았다.

연나라 태자 단이 진나라에 인질[6]로 잡혀 있을 때 진시황이 그를 더욱 불손하게 대하자 단은 그가 원망스러웠지만[7] 돌아갈 수 없었다. 단이 귀국하여 용사 형가(荊軻)와 진무양(秦武陽)[8]을 불러들이고 번오기(樊於期)[9] 장군의 목을 상자에 담고 진왕에게 독항(督亢)[10]의 지도를 구해 바쳤다. 그러자 진왕이 크게 기뻐하고 예의를 차리며 그들을 만났다. 변고는 [대전의] 두 기둥 사이에서 일어났지만 [진시황을 암살하려는] 일은 실패하고 형가는 그 자리에서 죽었다. 진시황이 크게 노하여 군대를 일으켜 연나라를 정벌했다. 연나라 왕이 달아나 요동(遼東)을 지키다가 [진나라에] 사신을 보내어 태자 단의 목을 베어 진나라에 사죄했지만 연나라도 끝내는 멸망했다. 단은 죽음이 두려워 도망갔지만 자기 부친에게 죽음을 당해 수족이 다 잘렸는데[11] 그가 어찌 곡식으로 된 비를 내릴 수 있었으며 그 나머지는 운운해서 무엇하리! 원래 이런 얘기가 생긴 이유는 단이 정말 선비를 좋아하고 인색하지 않았기 때문이다. 그래서 민간에서 떠도는 자

자 닭들이 모두 울어서 마침내 도망쳐 [연나라로] 돌아갔다[燕太子丹爲質於秦, 秦王遇之無禮, 不得意, 欲求歸. 秦王不聽, 謬言 : '令烏白頭, 馬生角, 乃可許耳.' 丹仰天嘆, 烏卽白頭, 馬生角. 秦王不得已而遣之. 爲機發之橋, 欲陷丹. 丹過之, 橋爲不發. 夜到關, 關門未開. 丹爲鷄鳴, 衆鷄皆鳴, 遂得逃歸." 『박물지(博物志)』에 기록된 바도 대략 똑같은 내용이다. 후세에 첨가한 말이 갈수록 많아졌음을 알 수 있다.【吳】

6 인질 : 원문은 '질(質)'이다. 본래 '여(與)'라고 잘못 기록되어 있었고 『군서습보』에는 '유(留)'라고 고쳐져 있었다. 『사기』를 살펴보니 '질(質)'이라 되어 있어 이에 근거하여 고친다.【吳】

7 원망스러웠지만 : 원문은 '공(恐)'이다. 『사기』에는 '원(怨)'이라 되어 있다.【吳】

8 진무양(秦武陽) : '무(武)'는 『사기』에는 '무(舞)'로 되어 있다.【吳】

9 번오기(樊於期) : 본래 진나라의 장군으로 진시황에게 죄를 지어 연 나라로 도망쳤다. 연나라 태자 단이 그를 받아 들여 번오기는 연에 머물렀다. 형가가 번오기의 목을 얻어 진왕에게 바치면서 기회를 보아 진왕을 죽이고자 계획했다. 번오기가 그 소식을 듣고 마침내 스스로 자결했다.【吳】

10 독항(督亢) : 연나라 남쪽 경계의 비옥한 땅으로 옛 땅이 지금의 하남성 역현(易縣)의 동남쪽에 있다.【吳】

11 수족이 다 잘렸는데 : 원문은 '수족비절(手足圮絶)'이다. 『설문해자(說文解字)』에 다음 말이 있다. "비(圮)는 '훼손된다'는 뜻이다[圮, 毁也]."【吳】

질구레한 이야기를 수식하여[12] 만들어 냈을 따름이다.

燕太子丹仰嘆, 天爲雨粟, 烏白頭. 馬生角, 廚中木象生肉足, 井上株木跳度瀆.

俗說燕太子丹爲質於秦, 始皇執欲殺之. 言能致此瑞者, 可得生活. 丹有神靈, 天爲感應, 於是遣使歸國.

謹按『太史記』: 燕太子丹質秦, 始皇遇之益不善, 丹恐而亡歸. 歸求勇士荊軻・秦武陽, 函樊於期之首, 貢督亢之地圖. 秦王大悅, 禮而見之. 變起兩楹之間, 事敗而荊軻立死. 始皇大怒, 乃益發兵伐燕. 燕王走保遼東, 使使斬丹以謝秦, 燕亦遂滅. 丹畏死逃歸耳, 自爲其父所戮, 手足圯絶, 安在其能使雨粟其餘云云乎! 原其所以有玆語者, 丹實好士, 無所愛恡也. 故閭閻小論飭成之耳.

12 수식하여 : 원문은 '칙성(飭成)'이다. 『군서습보』에 다음 말이 있다. "마땅히 '식(飾)'이라고 써야 한다[當爲'飾']." 생각건대 '칙(飭)'은 교묘하게 수식한다는 뜻이다. 『전국책・진책(秦策)』에 다음 말이 있다. "문인과 책사들이 교묘한 말로 [제후들에게] 유세했다[文士幷飭]." '칙성(飭成)'은 공교롭게 수식하여 만든다는 뜻이다. 문장의 의미가 명료하니 글자를 고칠 필요가 없다.【吳】

효문제(孝文帝)

효성황제(孝成皇帝 : 漢 成帝)는 『시경』과 『서경(書經)』을 좋아하고 고금에 통달했으며, 한가할[1] 때는 조정의 예법과 절차를 익혀 한나라의 법도를 특히 잘 알았다. 성제는 늘[2] 중루교위(中壘校尉) 유향(劉向)을 보며 말했다.[3]

"세상에 효문황제(孝文皇帝 : 文帝)에 대해 전해지는 이야기가 많은데 어릴 적에는 군대에서 자랐고 장성해서는 큰 식견이 있게 되었지만 아버지가 계신 곳을 알지 못해 날마다 대(代) 땅의 동문 밖에서 제사를 올렸다고 하오. 고조께서 여러 번 꿈에서 한 아이가 자기에게 제사 지내는 것을 보고 나서 사신을 대(代) 땅에 보내어 찾게 해서 결국 문제를 만나 대왕(代王)으로 세웠다하오. 후에 도성으로 불러들여 도착했지만[4] 약속

1 한가할 : '한(閑)'은 원래 '간(間)'이라 잘못 쓰여 있었는데 지금 『군서습보』에 의거하여 고친다.【吳】

2 늘 : 원문은 '상(常)'이다. '상'은 '상(嘗)' 자와 통한다.【吳】

3 말했다 : 원문은 '왈(曰)'이다. '왈'은 원래 '이(以)' 자라 쓰여 있었지만 잘못된 것이다. 문장의 의미에 의거해 고친다.【吳】

시간보다 늦게 와 천자로 즉위하지 못하고 해가 다시 중천에 뜨고 나서야 천자로 즉위했다하오. 문제는 천자로 즉위하고 나서 몸소 근검절약하고 상소문 주머니를 모아 정전의 휘장으로 삼고[5] 항상 명광궁(明光宮)[6]에 기거하며 정사를 돌보았다하오. 또한 황태후 박씨(薄氏)를 위해 삼년상을 치를 때 상례에 따라 여막에 거하면서 흙을 베개 삼고 지내다가 큰 병이 나고 나서야 후궁의 아들은 삼년상을 행할 수 없음을 알게 되었다하오. 그리하여 제도를 바꿔 36일 동안 복상했다하오. 문제가 천하를 다스리고 나서야 나라는 태평성세가 되었고 재판을 받은 자는 겨우 3백 명[7]이었으며, 쌀값은 한 되에 1전이었다[8]고 하는데 이런 일이 있었소?"[9]

---

4 후에 도성으로 불러들여 도착했지만: 원문은 '급후징도(及後徵到)'이다. '후(後)'는 『예문유취』 권1과 『초학기』 권1에는 모두 '피(被)'라 쓰고 있고 또 한결같이 '도(到)' 자가 없다.【吳】

5 상소문 주머니를 모아 정전의 휘장으로 삼고: 원문은 '집상서낭이위전견유(集上書囊以爲前殿帷)'이다. 『한서 · 고제기(高帝紀)』에 다음 글이 있다. 7년 "2월에 장안에 도착했다. 소하가 미앙궁을 지으며 동궐, 북궐, 정전, 무기고, 커다란 창고를 세웠다(二月, 至長安. 蕭何治未央宮, 立東闕 · 北闕 · 前殿 · 武庫 · 大倉)." 『잠브론 · 부치(浮侈)』에 다음 글이 있다. "효문제는 몸소 검고 두터운 비단을 입고 발에는 가죽신을 신고 가죽 검을 차고 상소문의 주머니를 모아 궁전의 휘장으로 삼았다(孝文帝躬衣弋綈, 足履革舃, 以韋帶劍, 集上書囊以爲殿帷)."【吳】

6 명광궁(明光宮): 한나라에는 두 개의 명광궁이 있었다. 하나는 북궁(北宮)에 있고 하나는 감천궁(甘泉宮)에 있다. 후자(감천궁에 있는 명광궁)는 무제(武帝) 태초(太初) 4년(B.C.101)에 지어진 것이고 여기서는 전자(북궁)를 가리킨다.【吳】

7 3백 명: 원문은 '삼백인(三百人)'으로 되어 있으나 '삼인(三人)'이라 써야 옳고 이하도 마찬가지이다. 『태평어람』 권14에는 '삼인(三人)'이라 쓰여 있다. 『논형 · 예증(藝增)』에 다음 글이 있다. "광무황제 때에 낭중으로 있던 여남 사람 분광이 상소를 올렸다. '효문황제 때에는 명광궁에 살았는데, 천하에서 재판을 받은 사람이 세 사람뿐이었습니다.' 이는 문제를 찬양하면서 그의 공적을 진술한 것이다. 광무황제가 말했다. '효문황제 때에 명광궁에 거하지 않았으며 세 사람만 단죄하지는 않았을 것이다(光武皇帝之時, 郎中汝南賁光上書言 : '孝文皇帝時, 居明光宮, 天下斷獄三人.' 頌美文帝, 陳其效實. 光武皇帝曰 : '孝文時不居明光宮, 斷獄不三人')." 여기에서 말한 '삼백인'은 적은 수가 아니다. 『초학기』 권2, 『천중기』 권3에는 '이인(二人)'이라 쓰고 있다. '이(二)' 자는 비록 잘못된 것이지만 또한 '삼인'이 옳음을 증명할 수 있다.【吳】

8 쌀값은 한 되에 1전이었다: 원문은 '속승일전(粟升一錢)'이다. '속(粟)'은 『초학기』, 『태평어람』 권88에 모두 '미(米)'라 되어 있다. '승(升)'은 『태평어람』에는 똑같이 인용되어 있고 『초학기』, 『천중기』에는 '두(斗)'라 되어 있다. 생각건대 '두(斗)'라 쓴 것

유향[10]이 대답했다.

"모두 그렇지는 않습니다.[11] 한나라 고조 3년에 위왕표(魏王豹)[12]가 한나라를 배반하고 초나라에 붙자[13] 한나라는 대장군 한신(韓信)을 보내 위왕표의 애첩 박부인(薄夫人)을 쳐서 사로잡아 낙양(雒陽)의 직조실[14]에 보내게 했습니다. 한나라 왕은 박희(薄姬 : 薄夫人)를 보고 후궁으로 삼아 총애하고 문제를 낳았습니다.[15] 2년 뒤에 왕자로 삼고 항상 궁궐에 기거하게 하면서 군에 버리지도 않고 대국의 동문에서 제사를 올리게 했습니다. 고황후(高皇后) 8년 후9월[16] 기유일 밤에 미앙궁에서 취임하고 정전

이 옳고 이하도 마찬가지이다. 『북당서초』 권156에는 환담(桓譚) 「신론(新論)」을 인용하여 "세속에서 말하기를, '한 문제가 몸소 근검절약을 하자 천하가 교화되었다. 이렇게 해서 곳간을 채우고 부유하게 되어 곡식 한 석이 몇 전밖에 되지 않았다[世俗咸曰 : '漢文帝躬儉約, 天下化之. 故致充實殷富, 穀石數錢']"라고 했다. 『한서 · 식화지(食貨志)』에도 선제(宣帝)가 즉위하여 "세수가 풍부해지고 곡식은 한 석에 5전이었다[歲數豊穰, 穀至石五錢]"고 되어 있는데, 이것은 '한 말에 1전[斗一錢]'이라는 가격과 비슷하다.【吳】

9 이런 일이 있었소 : 원문은 '유차사불(有此事不)'이다. '불(不)'은 『초학기』, 『천중기』에서는 '부(否)'라 쓰고 있는데 두 글자는 같은 의미이다.【吳】

10 유향 : 원문은 '향(向)'이다. '향'은 원래 '동(同)'이라 잘못 쓰여 있었다. 지금 『낭본』, 『백자전서(百子全書)』본, 『사고전서』본에 의거하여 고친다. 『초학기』 권1, 『태평어람』 권88에는 모두 제대로 적혀 있다.【吳】

11 모두 그렇지는 않습니다 : 원래는 이 구절 뒤에 '근안(謹按)'이 붙어 있으나 본 역주팀은 오수평의 주와 문맥에 근거해 삭제하고 번역한다.【譯註】
'근안'에서 말하고 있는 것은 원래 행을 바꾸어 조판하는 것인데 아래는 모두 유향의 말이므로 행을 바꾸어서는 안 된다. 또 '근안' 두 글자는 후대인이 마음대로 갖다 붙인 것 같다.【吳】

12 위왕표(魏王豹) : 위표(魏豹)이다. 원래 위(魏)나라의 공자로 위나라 왕 위구(魏咎)의 동생이다. 위구가 패망한 이후 스스로 위나라 왕이 되었다.【譯註】

13 위왕표(魏王豹)가~붙자 : 원문은 '위왕표반한부초(魏王豹叛漢附楚)'이다. 이 일은 『한서 · 위표전(魏豹傳)』에 자세히 나와 있다.【吳】

14 직조실 : 원문은 '직실(織室)'로 『한서 · 오행지(五行志)』의 안사고 주에는 "베를 짜는 방이다[織作之室]"라고 되어 있다.【吳】

15 한나라 왕은~낳았습니다 : 이 일은 『사기 · 외척세가(外戚世家)』와 『한서 · 외척전(外戚傳)』에 자세히 나와 있다.【吳】

16 후9월 : 원문은 '후구월(後九月)'이다. 곧 윤달 9월이다. 당시에는 10월을 한 해의 처음으로 삼았으므로 9월이 되면 한 해가 끝나는데 윤달은 한 해의 마지막 달에 둔다.【吳】

앞에 행차하여 사면령을 내렸습니다. 문제가 즉위할 때는 어두운 밤이라 해가 다시 중천에 떠있을 리가 없습니다. 문제는 비록 근검절약했지만 미앙궁의 전전은 너무 사치스러웠습니다. 다섯 가지 색깔로 채색을 했고 모두 화려하게 서까래와 옥으로 장식된 기와[17]로 장식했으며 창문과 난간은 모두 황금으로 장식했으니, 그 상황에서 상소문 주머니로 장막을 삼을 수는 없었습니다. 사치스러움과 검소함과 아름다움과 추함은 서로 나란히 할 수 없는 것입니다. 또 문제는 후원 7년[18] 6월 기해일에 미앙궁에서 붕어하셨는데 생전에 늘 선실(宣室)[19]에서 정사를 보면서 명광궁에

17 옥으로 장식된 기와 : 원문은 '벽당(璧璫)'이다. '벽(璧)'은 원래 '벽(壁)'이라 잘못 씌어 있어 지금 『군서습보』에 의거하여 고친다. 『한서·사마상여전(司馬相如傳)』에는 "화려한 서까래와 옥으로 장식된 기와에 황제가 다니는 수레 길은 쭉 이어져 있네[華榱璧璫, 輦道纚屬]"라고 되어 있다. 안사고의 주에 따르면 다음과 같다. "최는 서까래이다. 화는 조각하고 그림 그려 넣은 것을 말한다. 벽당은 옥으로 만든 서까래로 당은 이른바 선재(璇題 : 옥으로 장식한 서까래), 옥제(玉題 : 옥으로 장식한 서까래)이다. 일설에는 옥으로 장식한 기와를 당이라 한다[榱, 椽也. 華謂彫畫之也. 璧璫, 以玉爲椽頭, 當卽所謂璇題玉題者也. 一曰以玉飾瓦之當也]."【吳】

18 7년 : 원문은 '원년(元年)'이다. '원년'은 '칠년(七年)'이라 써야 맞다. 『한서·외척전』에 의거하면 한왕(漢王) 4년에 박희가 문제를 낳았고 8세에 대왕(代王)으로 옹립되었다. 이 내용은 「문제기(文帝紀)」에 기록된 한나라 고조 11년에 대왕(代王)으로 옹립되었다는 내용과 합치된다. 또 『사기·외척세가』와 『한서·문제기』에 의하면 대왕은 17년 동안 대왕으로 있다가 천자가 되었는데 그때의 나이 24세였다. 『사기·여태후본기(呂太后本紀)』와 『한서·문제기』에는 문제가 23년 동안 재위했다가 죽었고 신찬(臣瓚)의 주에도 그렇게 되어 있으며 『풍속통의』의 아래 문장과도 부합된다. 이로부터 문제는 47년을 살았음을 알 수 있다. 문제 전원 연간(前元年間, B.C.179~164)은 모두 16년인데 만약 후원 연간(後元年間, B.C.163~157)에 죽었다면 단지 40세를 산 것으로 『사기』, 『한서』와도 모순된다. 『사기·효문본기(孝文本紀)』에는 "후원 7년 6월 기해일에 황제가 미앙궁에서 붕어했다[後七年六月己亥, 帝崩於未央宮]"라고 명확하게 기록하고 있는데, 『한서·문제기』에도 같은 내용이 적혀 있다. '원년(元年)'은 '칠년'의 오기가 틀림없다.【吳】

19 선실(宣室) : 『한서·가의전(賈誼傳)』에는 다음 내용이 있다. "문제가 가의를 생각해서 그를 초빙했다. 가의가 도착하여 알현하니 황제께서 바야흐로 제사 지낸 고기를 받고 선실에 앉아 있었다[文帝思誼, 徵之. 至, 入見, 上方受釐, 坐宣室]." 안사고의 주에는 소림(蘇林)의 다음 말을 인용하고 있다. "선실은 미앙궁 앞에 있는 정실이다[宣室, 未央前正室也]." 『사기·가의전색은(賈誼傳索隱)』에서는 「삼보고사(三輔故事)」를 인용하여 "선실은 미앙전의 북쪽에 있다[宣室在未央殿北]"라고 말했다.【吳】

기거하지 않았습니다. 황태후 박씨가 효경(孝景) 2년 4월 임자일에 돌아가지자 남릉(南陵)[20]에서 장사지냈습니다. 문제는 앞서 황태후 박씨가 돌아가시자 태후를 위해 삼년상을 행하지 못했습니다. 문제가 한나라의 법도를 준수하며 나라의 기틀을 세운 시기는 연이은 전쟁의 뒤이고 백성들이 막 전쟁의 고통에서 벗어난 뒤였습니다. 그래서 문제는 마땅히 진(秦)나라의 남은 정치를 정리하고[21] 형벌을 경감하고 백성들의 일을 줄여주어,[22] 백성들과 함께 쉬었습니다. 또한 근검절약을 실천하고자 하여 먼저 적전(籍田)을 개간하고[23] 몸소 농사일과 잠업을 권면하며[24] 백성들의 근본에 힘썼습니다. 즉위한 지 10여 년이 되자 오곡이 풍성하게 익어 백성들은 만족했고 창고는 가득차서 넘칠 정도로 쌓여 있었습니다. 그러나 문제는 본래 황로(黃老)의 말을 믿고 유가 학술을 그다지 좋아하지 않아 정치를 행함에 청정무위를 숭상했습니다. 그런 까닭에 예악을 가르치는 학교를 세우지 않아 풍속이 크게 교화될 수는 없었지만, 진실로 따뜻하고 배부르고 풍족했으니[25] 이른바 안정된 국가라 할 수 있습니다. 그 후 흉노가 여러 번 변방을 침범하고 어지럽혔습니다. 선우(單于)가 더 깊숙

---

20 남릉(南陵) : 『사기 · 외척세가정의(外戚世家正義)』에는 『괄지지』의 다음 말을 인용하고 있다. "남릉의 옛 현은 옹주(雍州) 만년현(萬年縣) 동남쪽 24리에 있다. 한나라 남릉현은 본래 박태후(薄太后)의 능읍으로 능은 동북쪽에 있는데 현에서 6리 떨어져 있다[南陵故縣在雍州萬年縣東南二十四里. 漢南陵縣本薄太后陵邑, 陵在東北, 去縣六里]."【吳】

21 문제는 마땅히 진(秦)나라의 남은 정치를 정리하고 : 원문은 '문제의인수진여정교(文帝宜因修秦餘政教)'이다. '의인(宜因)'은 『군서습보』에 따르면 "전대흔(錢大昕)은 도치된 것 같다[錢疑倒]"라고 했다.【吳】

22 일을 줄여 주어 : 원문은 '사소(事少)'로 『군서습보』에 따르면 "또한 도치된 것이다[亦倒]"라고 했다.【吳】

23 적전(籍田)을 개간하고 : 원문은 '개적전(開籍田)'이다. 문제(文帝) 3년(B.C.177) 봄 정월 정해일(丁亥日)에 조서를 내려 적전(籍田)을 개간했다[吳]
적전: 고대 길례(吉禮)의 일종으로 음력 정월에 천자가 제후들을 이끌고 친히 밭을 가는 전례를 행했다.【譯註】

24 몸소 농사일과 잠업을 권면하며 : 원문은 '궁권농경상(躬勸農耕桑)'이다. 『군서습보』에서는 '경(耕)'을 잘못 들어간 문장으로 보고 있다.【吳】

25 풍족했으니 : 원문은 '급(給)'이다.【吳】

이 들어와 노략질하면서 북지도위(北地都尉)를 살해하고[26] 관리와 백성을 죽였으며, 노약자를 포로로 삼고[27] 가축을 약탈하고 재산을 불살랐습니다. 정찰병들이 감천(甘泉)까지 들어오자 봉화를 올려 장안(長安)에 알리니, 도성에서 놀라 근심하고 분노하지 않는 사람이 없었습니다. 이때 장안에서 재관, 기사 10여 만군을 대대적으로 뽑았고[28] 황제는 승상 관영(灌嬰)을 보내어 흉노를 치게 하고 문제 자신도 병사를 일으켜 태원(太原)과 대군(代郡)에 도착했습니다. 이로부터 북쪽 변방에 군대를 주둔시켜 전쟁을 대비하고 흉노를 방어할 준비를 했지만, 전쟁은 끊이지 않았고 [군수물자를] 계속[29] 수송하느라 낭비가 심했습니다. 게다가 작황이 좋지 않아[30] 백성들은 굶주리게 되었는데 작황이 좋을 때에 일찍이[31] 곡식 1석에 5백 전으로 사들였는데, 이때에는 한 되 값이 1전도 되지 않았습니다.[32] 전임

---

26 선우(單于)가~살해하고: 문제(文帝) 14년(B.C.189) 겨울에 흉노가 조나(朝那)와 북새(北塞)를 공격하여 북지도위(北地都尉) 손앙(孫卬)을 죽였다. 이 일은 『사기·효문제본기』에 보인다. '북지(北地)'는 진(秦)나라 때 설치한 군(郡)으로 서한(西漢)에서 세습했고 관할소재지는 마령(馬領)인데 지금의 감숙성(甘肅省) 환현(環縣)의 동남쪽이다.【吳】

27 포로로 삼고: 원문은 '계로(係虜)'이다. '계(係)'는 '계(系)' 자와 같다.【吳】

28 이때 장안에서~뽑았고: 『한관의』에 다음 내용이 있다. "고조(高祖)가 천하의 군국에 명하여 궁궐에 쇠뇌가 벌어지도록 밟을 수 있는 힘센 자와 재주 있는 용맹한 자를 선발하여 경거, 기사, 재관, 누선으로 삼았다. 항상 입추 이후에 강론하고 과시를 치렀는데 각각 정원이 있었다. 평지에서는 거기를 등용했고 산과 언덕에는 재관(材官: 勇士)을 등용했으며 물에서는 누선을 등용했다(高祖命天下郡國選能引闕蹶張材力武猛者, 以爲輕車·騎士·材官·樓船. 常以立秋後講肄課試, 各有員數. 平地用車騎, 山阻用材官, 水泉用樓船.")【吳】

29 계속: 원문은 '낙역(駱驛)'이다. 『호본(胡本)』, 『낭본』, 『도광본(道光本)』에는 모두 '낙역(絡繹)'이라 되어 있는데 같은 글자이다. 『태평어람』 권88에는 '소요(騷擾)'다고 되어 있다. '낙역(駱驛)'은 끊어지지 않고 이어져 있는 모양이다.【吳】

30 게다가 작황이 좋지 않아: 원문은 '인이년세곡부등(因以年歲穀不登)'이다. '세(歲)' 자 아래에는 원래 '곡(穀)' 자가 있었으나 지금 『태평어람』 권88에 의거하여 삭제한다. '인(因)'은 게다가의 의미이다. 『논어·선진(先進)』에는 "게다가 기근까지 들면[因之以饑饉]"이라고 했는데 바로 그 예이다.【吳】

31 일찍이: 원문은 '상(常)'이다. 『태평어람』 권88에는 '상(嘗)'이라 씌어 있는데 두 글자는 통한다.【吳】

32 이때에는 한 되 값이 1전도 되지 않았습니다: 원문은 '시불승일전(時不升一錢)'이다. '시불(時不)'은 『태평어람』 권88에는 '비일(非一)'이라 쓰여 있다.【吳】

대조(待詔) 가연지(賈捐之)[33]가 효원황제(孝元皇帝 : 漢 元帝)에게 말했습니다.

'태종(太宗 : 漢 文帝)시절에 백성들은 40세까지만 세금을 냈고 재판을 받은 자가 4백 여 명에 불과합니다.'

살펴보니 태종 때 백성들은 누차 범죄를 저질렀고, 치적도 중종(中宗)[34] 때보다 낫지 않았으며 지절(地節)[35] 원년(B.C.69)에 재판을 받은 사람이 4만 7천여 명이었습니다. 만약 가연지의 말대로라면 이는 실제와는 다르고, 전대의 옥사만 하더라도 모두 1만여 건에 이르니 3백 명밖에 되지 않을 리가 없습니다. 문제가 즉위한 23년 동안 일식이 있었고[36] 지진이 수차례 일어나 백성들의 가옥이 훼손되었습니다. 관동(關東) 29개의 산은 같은 날에 무너지고 홍수가 일어나[37] 황하가 무너져 산조(酸棗)까지 물이 넘쳐흐르고[38] 큰 바람이 마을을 무너뜨리고 복숭아와 배만 한 우박이 떨어

---

33 가연지(賈捐之) : 자(字)는 군방(君房)이고 가의의 증손자이다. 『한서 · 가연지전(賈捐之傳)』에는 가연지의 다음 말이 실려 있다. "효문황제 대에 와서 중국이 아직 안정되지 않은 것을 걱정하여 전쟁을 멈추고 문치를 시행했다. 그리하여 사건은 수백 개밖에 되지 않았으며, 백성들은 40세까지만 세금을 내었고, 장정들은 3년에 한 번 부역을 하게 되었다[至孝文皇帝, 閔中國未安, 偃武行文. 則斷獄數百, 民賦四十, 丁男三年而一事]." 『한서 · 형법지(刑法志)』에 다음 말이 있다. 문제가 "형벌을 크게 줄여 재판을 받은 자가 4백 명에 불과했는데, 형벌 제도는 있었지만 쓰지 않는 풍조가 있었기 때문이다[刑罰大省, 至於斷獄四百, 有刑錯之風]."【吳】

34 중종(中宗) : 『한서 · 평제기(平帝紀)』에 따르면 원시(元始) 4년(4)에 선제(宣帝)의 묘호를 중종(中宗)이라 추존했는데 유향이 성제(成帝)에게 대답할 때 중종이라 칭하지 않은 것은 응소가 글을 쓸 때 소홀했기 때문이다.【吳】

35 지절(地節) : 한나라 선제의 연호이다.【譯註】

36 문제가~있었고 : 문제 2년(B.C.178) 11월 계묘일, 문제 3년(B.C.177) 10월 정유일, 11월 정묘일, 후원(後元) 4년(B.C.160) 4월 병인일, 후원 7년(B.C.157) 정월 신미일에 일식이 있었다. 이 일은 『한서 · 오행지』에 보인다.【吳】

37 관동(關東)~일어나 : 『한서 · 문제기』에 다음 말이 있다. 2년 "4월, 제 땅과 초 땅에 지진이 일어나고 29일에 산이 같은 날에 붕괴되고 홍수가 났다[四月, 齊 · 楚地震, 二十九山同日崩, 大水潰出]." 또 "5년 봄 2월에 지진이 일어났다[五年春二月, 地震]."【吳】

38 황하가 무너져~넘쳐흐르고 : 『사기 · 하거서(河渠書)』에 다음 내용이 있다. "한나라가 흥한 지 39년이 되었는데 효문제 때에 황하가 무너져 산조까지 물이 넘치고 동쪽으로 금제까지 무너지자 동군에서 군사를 크게 일으켜 그것을 막았다[漢興三十九年, 孝文帝河決酸棗 , 東潰金隄, 於是東郡大興卒塞之]." '산조(酸棗)'는 진류군(陳留郡)에 속한 현으로, 옛 땅은 지금의 하남성 연진현(延津縣)의 북쪽에 있다.【吳】

졌는데[39] 심한 경우는[40] 두께가 3척[41]이나 되었습니다. 개와 말과 사람들은 모두 뿔이 생겨나고[42] 큰 눈이 내렸으며 메뚜기의 피해가 있었습니다.[43] 그러자 문제가 조서를 내려 말했습니다.

'근래 음양이 조화롭지 않고 일식이 일어나며 작황이 좋지 않고 한발과 메뚜기 떼로 인해 큰 기근이 닥쳤다. 괴상한 운기(雲氣)가 천지에 나타나 재앙이 만백성들에게 미치고 있으니, 승상과 어사는 백성들의 위급함을 돕도록 논의하시오.'[44]

이 일로 미루어 볼 때 [문제의 치세는] 중종의 치세에 미치지 못하는 것 같고[45] 태평시대였다고도 할 수 없습니다."

황제께서 다음과 같이 말씀하셨다.

"내가 조정에 가서 정치를 할 때 어떻게 호령하면 좋겠소?"

---

39 복숭아와 배만 한 우박이 떨어졌는데 : 원문은 '우박여도리(雨雹如桃李)'이다. 『초학기』 권2와 『태평어람』 권14에는 '우(雨)' 자 위에 모두 '후원년(後元年)' 세 글자가 있다. 『사문유취·전집(前集)』 권4에는 억지로 '한문제후원년(漢文帝後元年)' 여섯 자를 덧붙이고 있다.【吳】

40 심한 경우는 : 원문은 '심(深)'이다.【譯註】

41 3척 : 원문은 '삼척(三尺)'이다. '삼(三)'은 『태평어람』에 똑같이 인용되어 있고 『초학기』에는 '이(二)'라 쓰고 있다.【吳】

42 개와 말과 사람들은 모두 뿔이 생겨나고 : 『한서·오행지』에 다음 기록이 있다. "문제 후원 5년 6월에 제와 옹 땅의 성문 밖에 있는 개의 머리에 뿔이 돋아났다[文帝後五年六月, 齊·雍城門外有狗生角]." 또 "12년에 오(吳) 땅에 있는 말 머리에 뿔이 났는데, 뿔이 귀 앞쪽에 나 있어 제물로 보내졌다[十二年, 有馬生角於吳, 角在耳前, 上鄉]."【吳】

43 큰 눈이 내렸으며 메뚜기의 피해가 있었습니다 : 『한서·오행지』에는 다음 기록이 있다. "문제 4년 6월에 비와 눈이 많이 내렸다[文帝四年六月, 大雨雪]." 「문제기(文帝紀)」에는 다음 기록도 있다. 후원 7년 "여름 4월에 큰 가뭄이 들고 메뚜기의 폐해가 있었다[夏四月, 大旱, 蝗]."【吳】

44 근래~논의하시오 : 이것은 문제 후원 연간 때의 조서로 『한서·문제기』에 기록된 바와 『풍속통의』의 문장은 약간 다르다.【吳】

45 중종의 치세에 미치지 못하는 것 같고 : 원문은 '사불급중종지세(似不及中宗之世)'이다. '사(似)'는 원래 '이(以)'라 잘못되어 있었다. 『유편본(遺編本)』, 『낭본』, 『도광본』에 '사'라 되어 있어 지금 이에 근거해 고친다. '중종(中宗)'은 원래 '태종(太宗)'이라 되어 있었으나 잘못된 것으로, 지금 문장의 의미에 근거하여 고친다.【吳】

유향이 채 대답도 하기 전에 황제가 유향에게 말했다.

"교위(校尉)께서는 황제의 사부로 연세도 있고 견문이 넓으며 또 친히 선제를 섬겨 삼대의 득실을 두루 겪었소. 일의 좋고 나쁨에 상관없이 들어 아는 바가 있으면 숨기는 바 없이 말하시오."

유향이 말했다.

"문제 때는 정치에 약간의 과실이 있기는 했지만 그래도 모두 사소한 잘못들입니다.[46] 일찍이 황제께서 어거를 타고 낭서(郎署)를 지나가다가 중랑(中郎) 풍당(馮唐)에게 조나라 장수 염파(廉頗)[47]와 마복(馬服)[48]에 대해 물었습니다. 그러자 풍당이 말했습니다.

'지금은 이 두 사람이 있다 해도 등용해서는 안 됩니다.'

황제가 어거를 이끌고 궁중으로 돌아와 풍당을 불러 책망했습니다. 그러자 풍당이 머리를 조아리며 말했습니다.[49]

'조부께 듣기를, 염파와 이목(李牧)이 변방의 장수로 있을 때 시조(市租)[50]는 모두 막부(莫府)[51]로 날랐는데, 조나라 왕은 그 돈이 얼마나 되는

---

46 모두 사소한 잘못들입니다 : 원문은 '개소위회린소자야(皆所謂悔悋小疵耶)'이다. '야(耶)'는 『군서습보』에는 '이(耳)'라 되어 있는 것 같다. 생각건대 '야(耶)'는 '야(邪)'와 같다. 왕인지(王引之)의 『경전석사(經傳釋詞)』 권4에 다음 말이 있다. "'야(也)'는 '야(邪)'와 같은 뜻으로, 두 글자는 통용될 수 있다['也'與'邪'同義, 故二字可以互用]."【吳】

47 염파(廉頗) : 『군서습보』에 다음 말이 있다. "두 글자는 쓸데없는 말로, 염파는 변방의 장수가 된 적이 없다[二字衍, 頗未嘗爲邊將]." 생각건대 『사기·풍당전(馮唐傳)』에는 풍당이 "저의 대부께서 이목이 조나라의 장수로 변방에 기거한다고 했습니다[臣大父言李牧爲趙將居邊]"라는 말을 거론하고 있지만 또한 이목만을 말한 것이지 염파를 언급하지 않고 있다. 『한서』에도 마찬가지이다.【吳】

48 마복(馬服) : '마복'은 『태평어람』 권88에는 '이목(李牧)'이라 쓰고 있어 이에 근거해 고친다. 아래에는 모두 염파와 이목을 말하고 있을 뿐 마복은 언급하지 않고 있다. 『사기』와 『한서·풍당전』에서도 마찬가지이다. '마복'은 마복군(馬服君) 조사(趙奢)로 조(趙)나라 혜문왕(惠文王)의 장수이다. 이 일은 『사기·염파인상여열전(廉頗藺相如列傳)』에 상세히 나와 있다. 『사기』에 의하면 풍당은 효로 이름이 나서 중랑서장(中郎署長)이 되었다. 『사기집해』에는 응소의 "여기서는 효자랑이라고 했다[此云孝子郎]"라는 말을 인용해 쓰고 있다.【吳】

49 풍당이 머리를 조아리며 말했습니다 : 원문은 '당돈수진언(唐頓首陳言)'이다. 이 문장은 원래 '당(唐)' 자가 없었으나 문장의 의미상 있는 것이 맞아 지금 보충했다.【吳】

지 묻지 않으셨습니다. 그리고는 날마다 소를 잡고 술을 걸러[52] 사대부의 공로를 치하하여 상을 내리는 데는 남다른 까닭이 있다[53]고 하셨는데, 조나라 왕은 이렇게 해서 위엄과 명성을 세울 수 있었습니다. 지금 신이 삼가 듣건대 운중태수(雲中太守) 위상(魏尙)은 변방의 훌륭한 장수라고 합니다. 흉노가 자주 변방을 침범해 도적질을 하면 위상이 흉노를 추격하는데, 이때 관리와 사대부들이 앞다투어 사력을 다해 전진에 서서 싸우기를 좋아했습니다. 참수한 자에게 상공(上功)을 주는데, 수급에 오차가 생겨 하급관리로 좌천되었다가 위상은 결국 죄를 짓게 되었습니다.[54] 그런 까닭에 비록 염파와 이목을 얻는다고 해도 등용할 수 없다고 말씀드린 것입니다.'

하동태수(河東太守) 계포(季布)[55]가 군을 잘 다스린다는 소문이 있어 그를 불러 어사대부로 삼고자 했습니다. 그러나 신하들이 그가 주사가 있다[56]고 비방해 결국 그가 등용되지 않자, 계포는 이를 보고 떠나면서 스

---

50 시조(市租) : 시장에서 받는 물품세를 말한다.【譯註】

51 막부(莫府) : '막(莫)'은 『낭본』에는 '막(幕)'이라 쓰여 있는데, 두 글자는 같은 의미이다.【吳】

52 걸러 : 원문은 '쇄(灑)'이다. '쇄(灑)'는 '시(釃)' 자와 통한다. 『설문해자』에는 "시는 술을 거르는 것이다[釃, 下酒也]"라고 했다. 하주(下酒)는 곧 술 찌꺼기를 걸러내 맑게 하는 것이다.【吳】

53 상을 내리는 데는 남다른 까닭이 있다 : 원문은 '상이유고(賞異有故)'이다. '유(有)' 자 아래에 『군서습보』에 따르면 "아래에 빠진 글자가 있는 것 같다[下疑脫]"고 하면서 '고(故)'를 유 자 아래에 이어서 읽었다. 이에 따르면 마땅히 '상이유고(賞異有故)'라고 읽어야 하는데, '고'는 오늘날 원인에 해당하는 것으로 여기서는 이목이 헛되이 상을 받지 않았음을 말하고 있다. '상이유(賞異有)'는 『사고전서』본에서 억지로 '상이재(賞異材)'로 고쳤다.【吳】

54 참수한 자에게~짓게 되었습니다 : 『사기』와 『한서』의 「풍당전」에 다음 내용이 있다. "위상이 논공행상할 때 수급이 6개 차이나자 황제의 사신이 그의 관직을 빼앗고 벌을 주었다[尙坐上功首虜差六級, 陛下之吏, 削其爵, 罰作之.]"【吳】

55 계포(季布) : 초(楚)나라 사람이다. 한나라 고조 때 낭중(郎中)이 되었고 혜제(惠帝) 때 중랑장(中郎將)이 되었으며 문제 때 하동군수(河東郡守)에 임명되었다. 『사기』와 『한서』에 그 전이 있다.【吳】

56 주사가 있다 : 원문은 '사주(使酒)'이다. 『한서·계포전(季布傳)』 안사고의 주에는 응소의 다음 말을 인용했다. "사주는 주정을 하는 것이다[使酒, 酗酒也]." 곧 술 때문에

스로 이렇게 진언했습니다.

'저는 운 좋게 하동에서 벼슬을 맡고 있었는데, 아무 까닭 없이 부름을 받았습니다. 이 사람들 가운데 틀림없이 제가 나라를 망쳐 폐하를 기만하고 있다고 생각하는 사람도 있고[57] 제가 이미 도성에 왔는데도 등용되지 않고 있으니 이 사람 가운데 또 누군가는 신을 모함할 것입니다. 지금 한 사람의 말 때문에 등용되고, 한 사람의 말로 물러나게 된다면, 저는 이것 때문에 천하의 사람들이 조정이 부족하다고 여길까 두렵습니다.'

황제는 이를 부끄럽게 생각하고 계포를 관리로 파견했습니다. 태중대부(太中大夫) 등통(鄧通)[58]이 아부하기 위해 고름[59]을 빨아 총애를 받게 되었고, 황제는 그를 지친(至親)으로까지 여겨 촉군(蜀郡)의 동산(銅山)을 하사해 돈을 주조하도록 했습니다.[60] 이에 등통은 사사로이 부를 축적해 그 부가 왕과 봉군(封君)[61]에 비견됐습니다. 또한 문제는 미행[62]을 나갔다가

제멋대로 하는 것이다.【吳】

57 이 사람들 가운데~생각하는 사람도 있고 : 원문은 '차인필유이신기국자(此人必有以臣欺國者)'이다. '유(有)' 자는 원래 없었는데, 『사기』와 『한서』에 모두 '유' 자가 있어 지금 그에 의거하여 보충했다.【吳】

58 등통(鄧通) : 촉군(蜀郡) 남안(南安) 사람으로 이 일은 『사기』와 『한서』의 「영행전(佞幸傳)」에 상세하게 나와 있다.[吳]

59 고름 : 원문은 '양농즙(瘍膿汁)'이다. 『군서습보』에는 "세 글자는 멋대로 넣은 것 같다[三字疑妄增]"라고 했는데 『태평어람』 권88에는 이 글자가 없다.【吳】

60 태중대부(太中大夫) 등통(鄧通)이~주조하도록 했습니다 : 『사기 · 영행전』에 다음 내용이 있다. "황제께서 관상을 잘 보는 자에게 등통의 관상을 보게 하니 '굶어죽을 팔자입니다'라고 했다. 문제가 말했다. '등통을 부자로 만드느냐는 내 손에 달려 있는데, 어찌 그를 빈한하다고 하는가?'이에 등통에게 촉엄도(蜀嚴道)의 동산(銅山)을 하사하고 직접 돈을 주조하게 해서 등통의 돈이 천하에 퍼지게 되었다[上使善相者相通, 曰'當貧餓死'. 文帝曰 : '能富通者在我也, 何謂貧乎?' 於是賜鄧通蜀嚴道銅山, 得自鑄錢, 鄧氏錢布天下]." 『사기정의』에서 『전보(錢譜)』를 인용하여 말했다. "등통전의 1문(文) 1양(兩)이라 했는데 한나라의 사수전(四銖錢)에 해당한다[文字稱兩, 同漢四銖文]."【吳】

61 봉군(封君) : '봉군'이라는 글자는 『북당서초』 권20에는 없고 『태평어람』 권88에는 '방군(邦君)'이라 되어 있다. 『한서 · 식화지(食貨志)』 안사고의 주에는 이렇게 되어 있다. "봉군은 봉읍을 받는 자로 공주 및 열후에 속하는 사람을 말한다[封君, 受封邑者, 謂公主及列侯之屬也]."【吳】

여러 번 그의 집에 행차했습니다. 문제는 대국에서 털옷을 입고 털모자를 쓰고[63] 준마를 타고 시중(侍中)·근신(近臣)·상시(常侍)·기문(期門)[64]·무기(武騎)와 함께 점대(漸臺)[65] 아래에서 사냥을 했는데, 말을 달리며 여우와 토끼를 쏘고 꿩을 잡고[66] 돼지를 잡았습니다. 이때 대조(待詔) 가산(賈山)[67]이 자주 군국의 현인과 관리들을 따라 사냥 나가서는 안 되고, 자주 이 사람들에게 명예를 더해주어 누리고 거머쥐게[68] 해서도 안 된다고 간

62 미행 : 제왕이 출궁할 때 사람들이 알아보지 못하게 하는 것을 '미행(微行)'이라 한다.【吳】

63 털옷을 입고 털모자를 쓰고 : 원문은 '대복의계, 습전모(代服衣罽, 襲氈帽)'으로 '대복(代服)'은 호복(胡服)이다. '계(罽)'는 '계(綱)'와 같다. 『설문해자』에는 "계는 서쪽 오랑캐의 모포이다(綱, 西胡毳布也)"라고 되어 있다. 이 두 문장은 『태평어람』 권88에서는 '의계습전(衣罽襲旃)'이라 되어 있다.【吳】

64 기문(期門) : 『한서』의 「백관공경표(百官公卿表)」와 「지리지(地理志)」를 따르면 '기문(期門)'은 관직명으로 황제의 시종인데 녹봉은 낭(郎)과 같고 정원은 없다. 한나라 초기에 천수(天水), 농서(隴西), 안정(安定), 북지(北地), 상군(上郡), 서하(西河) 6군의 명문자제 중에 작전에 뛰어나고 활쏘기 잘 하는 자를 우림(羽林)과 기문(期門)으로 선발했고 그 가운데 재주와 힘이 있는 자는 관리가 되었는데, 명장의 대부분이 그 가운데서 나왔다. 『한서·동방삭전(東方朔傳)』에 다음 말이 있다. 무제(武帝) 건원(建元) 3년에 미행으로 사냥을 나갔다가 "8, 9월 중에 시중, 상시, 무기 및 대조와 농서, 북지의 명문자제 중에 말을 타고 활을 쏠 수 있는 자들이 궁전 문 앞에서 기다렸다. 따라서 기문의 명칭은 여기에서 시작된 것이다(八九月中, 與侍中·常侍·武騎及待詔·隴西·北地良家子能騎射者期諸殿門. 故有期門之號自此始."【吳】

65 점대(漸臺) : 『한서·교사지(郊祀志)』에 다음 말이 있다. 무제가 "건장궁을 지었는데, 규모는 문이 1천 개고 방이 1만 개였다. 전전의 규모는 미앙궁보다 컸다. 그 동쪽에 봉궐이 있는데 높이가 20여 장이 되었다. 그 서쪽에는 상중이 있는데, 수십 리나 되었으며 호랑이 우리가 있다. 그 북쪽에는 커다란 연못을 만들고 그 안에 점대를 세웠는데 높이가 20여 장이나 되었으며, 태액이라 이름 지었다(作建章宮, 度爲千門萬戶. 前殿度高未央. 其東則鳳闕, 高二十餘丈. 其西則商中, 數十裏虎圈. 其北治大池, 漸臺高二十餘丈, 名曰泰液." 안사고의 주에는 "점은 스며든다는 뜻이다. 누대가 연못 가운데에 있어 물이 스며들기 때문에 점대라고 한 것이다(漸, 浸也. 臺在池中, 爲水所浸, 故曰漸臺)"라고 했다.【吳】

66 잡고 : 원문은 '과(果)'로 죽음에 이르게 하는 것이다.【吳】

67 가산(賈山) : 영천(潁川) 사람으로 일찍이 영음후(潁陰侯)의 급사(給事)를 지낸 적이 있다. 『한서』에 그의 전(傳)이 있다. 가산은 문제(文帝)에게 사냥을 중지하도록 간언했는데, 본전에 실린 「지언(至言)」에 보인다.【吳】

68 거머쥐게 : 원문은 '여(與)'로 『사고전서』본에는 '거(擧)'라 되어 있고 『군서습보』에는 '거(擧)'라 되어 있다. 생각건대'여(與)'는 '거(擧)'의 뜻이다. 『한비자·초견진(初見

언했습니다. 태중대부(太中大夫) 가의(賈誼) 역시 수차례 사냥을 그만둘 것을 진언했습니다.[69] 이때 가의와 등통은 모두 시중으로 같은 자리에 있었지만, 가의는 등통의 사람됨을 싫어해 수차례 조정에서 그를 비난했습니다. 그리하여 문제는 가의를 멀리하다가 결국 그를 장사태부(長沙太傅)로 내보냈습니다. 가의는 관직을 제수받고 속으로 편치 않아 했습니다. 그러다가 상수(湘水)를 건널 때 결국 굴원(屈原)을 조문하는 글을 써서 던지며 말했습니다.

'재주 없는 사람[70]이 존귀해지고 아첨꾼이 뜻을 얻었네.'

이로써 굴원이 참소 당한[71] 것을 애도하고 또한 등통 등에게 참소당한 것을 스스로 가슴 아파했습니다."

성제가 말했다.

"세상에 누가 효선황제(孝宣皇帝 : 漢 宣帝)의 치세와 비교할 만합니까?"

유향이 말했다.

"중종(中宗 : 宣帝) 때는 정교가 밝고 법령이 행해졌으며 변방이 안정되었고 사방 오랑캐와도 잘 지냈습니다. 선우는 변방을 두드리며 귀순했고[72] 천하는 부유했으며 백성들은 즐거워했으니 그 치세는 태종시절보다 나았습니다. 또한 흉노가 복종하고 사방의 오랑캐들과 화친했습니다."

秦)』에 다음 말이 있다. "이러한 것들을 가지고 천하를 거머쥔다면 천하는 더불어 차지한다 해도 충분하지 않을 것입니다[以此與天下, 天下不足兼而有也]." 이것이 그 예로 글자를 굳이 고칠 필요 없다.【吳】

69 진언했습니다 : 원문은 '진(陳)'으로 『군서습보』에는 "마땅히 간으로 써야 한다[當作諫]"라고 했다. 이 일은 가의의 「치안책(治安策)」에 보인다.【吳】

70 재주 없는 사람 : 원문은 '탑용(闒茸)'이다. 『문선』 가의의 「조굴원문(吊屈原文)」 이선의 주에는 호광(胡廣)의 다음 말을 인용했다. "탑용(闒茸)은 재주가 없는 사람이다[闒茸, 不才之人]."【吳】

71 당한 : 원문은 '이(離)'이다.【吳】

72 선우는 변방을 두드리며 귀순했고 : 『사기・태사공자서(太史公自序)』에는 태사공의 다음 말을 기록하고 있다. "은택이 미치지 않은 곳이 없었고 풍속이 다른 해외에서 거듭 통역하며 변방을 두드렸다[澤流罔極, 海外殊俗, 重譯款塞]." 『사기집해』에는 응소의 다음 말을 인용하고 있다. "관은 두드리는 것이다. 모두 요새의 문을 두드리며 와서 복종하는 것이다[款, 叩也. 皆叩塞門來服從也]."【吳】

황제가 말했다.

"후대 사람들은 모두 문제가 세상을 다스릴 때는 태평성대에 가까웠고, 그 덕은 주(周)나라 성왕(成王)과 비할 만하다고 말하는데 이 말은 어디로부터 생겨난 것이오?"

유향이 대답했다.

"간관들에게서 생겨났습니다. 문제께서는 간관을 예우하면서 그들의 마음을 상하지 않게 하셨습니다. 고관이든 하급관리든 그들이 오면 부드러운 낯빛으로 조용히 말씀하셨습니다. 또 문제께서는 수레를 멈추고 경청하시고는 그 말을 받아들일 수 있으면 좋다 하시고, 받아들일 수 없으면 웃으실 따름이었습니다. 그리하여 간관들은 대부분 문제를 찬양하게 되었고, 후대 사람들은 전해오는 문장을 보고 그렇다고 여겼습니다. 세상의 칭찬과 비방은 진실을 얻어 들을 수 없고 그 사실을 살피는 경우는 적으며, 소문에 따른 것이 많고, 간혹 없는 사실을 있다고도 합니다. 그러므로 요·순은 그 선함에 끝이 없고 걸·주는 그 악함에 끝이 없다고 합니다. 걸·주가 아비와 왕을 죽인 것도 아닌데, 세상에 왕과 아비를 죽인 자가 있으면 사람들은 모두 걸·주처럼 무도하다고 말하는데[73] 이것은 그의 악함이 끝이 없기 때문입니다. 문제의 인자함과 현명함의 경우도 그 선함이 끝이 없고 세속에서 칭찬하면서 그 덕이 성왕에 비할 만하고 그 치세가 태평성대에 거의 가깝다고 말합니다. 그런데 문제께서는 스스로 검약함으로 솔선수범하시고, 간관의 말을 받아들이며 신하의 단점을 참고 넘기셨는데, 이 역시 보통 사람이 하기 어려우니,[74] 효선황제보다 낫다고 하는 것입니다. 만약 총명하고 원대한 식견으로 수십 년의

---

73 사람들은~말하는데 : 원문은 '인개무도여걸주(人皆無道與桀紂)'이다. 『군서습보』에 따르면 '개(皆)' 자 아래에는 '언(言)' 자가 있다. 생각건대 '언' 자가 있어야 의미가 완벽하다.【吳】

74 이 역시 보통 사람이 하기 어려우니 : 원문은 '차역통인난급(此亦通人難及)'이다. '통(通)'은 『정본(程本)』과 『낭본』에는 '과(過)'라 쓰고 있고 『태평어람』 권88에도 똑같이 쓰고 있다.【吳】

일을 잊지 않고 수만 가지 모든 정무를 제어하는, 천부적인 치세의 재목으로 본다면 문제 또한 효선황제에 미치지 못할 것입니다."

유향은 이렇게 생각했다. 세간에서 문제가 어려서 군중에서 생활하고 성인이 되어서는 대국의 동문 밖에서 제사를 올렸으며, 사자들이 그를 찾아내어 대왕으로 옹립했다고 한다. 또한 황제의 부름을 받고 와서 즉위할 때 약속 날짜보다 늦게 왔는데, 해가 그를 위해 다시 중천에 떴고 상소문 주머니를 모아 전전의 휘장으로 삼고, 늘 명광궁(明光宮)[75]에 기거하면서 정사를 돌보고 태후 박씨를 위해 삼년상을 치렀으며, 그가 나라를 다스릴 때에 태평성대가 되어 재판을 받는 사람은 겨우 3백 명이고, 곡식 한 되 값이 1전밖에 되지 않았다고 한다. 이런 10여 가지 일은 모두 세상 사람들이 허위로 유포한 것이며, 말이 실제 사실보다 지나치고 덧붙여진 것이다. 나[76]는 진실로 앞서 나온 이야기는 모두 옳지 않다고 생각한다.[77]

바로 유향의 말과 같다.

孝成皇帝好詩・書, 通覽古今, 閑習朝廷儀體, 尤善漢家法度故事.

---

75 명광궁(明光宮): 원래 '광명궁(光明宮)'이라 잘못되어 있었다. 문제 때 이 궁이 없었고 위 문장도 잘못된 것이 아니어서 지금 이에 근거하여 고친다.【吳】

76 나: 원문은 '혹(或)'으로 『군서습보』에는 "여(余)인 것 같다[疑'余']"라고 했다. 사수청 선생이 말했다. "'혹'은 '성' 자의 오기로 '성(成)'과 '성(誠)'은 통한다. 『시경』에는 '내가 그 들판을 걸으니 진실로 말할 수 없네'라고 했다. 『논어・안연(顔淵)』에는 '진실로 말할 수 없다[誠不以言]'라고 했다. 『예기・경해(經解)』에는 '법도가 진실로 펴진다면'이라고 했다. 주에는 '성은 살핀다는 뜻이고 성이라고도 쓴다'라고 했다. 이것이 그 증거이다['或'疑是'成'字之譌, '成'・'誠'字通. 『詩』: '我行其野, 成不以言.'『論語・顔淵』作'誠不以言'. 『禮記・經解』: '繩墨誠陳.' 注: '誠猶審也, 或作成.' 是其證]."【吳】

77 나는~모두 옳지 않다고 생각한다: 본 역서의 저본으로 삼고 있는 오수평은 '향이위여차(向以爲如此)'부터 '혹이위전개비시(或以爲前皆非是)'까지를 유향의 말로 보고 있으나 왕리기는 '향이위여차(向以爲如此)'부터 응소의 말로 보고 있는데 역자는 왕리기의 의견이 옳다고 생각하여 이에 따라 고쳐 번역한다.【譯註】

常見中壘校尉劉向, 曰 : "世俗多傳道孝文皇帝, 小生於軍, 及長大有識, 不知父所在, 日祭於代東門外. 高帝數夢見一兒祭己, 使使至代求之, 果得文帝, 立爲代王. 及後徵到, 後期不得立, 日爲再中. 及即位爲天子, 躬自節儉, 集上書囊以爲前殿帷, 常居明光宮聽政. 爲皇太薄后持三年服, 廬居枕塊如禮, 至以發大病, 知後子不能行三年之喪. 更制三十六日服. 治天下致升平, 斷獄三百人, 粟升一錢, 有此事不?"

向對曰 : "皆不然. 謹按漢高三年, 魏王豹叛漢附楚, 漢使大將韓信擊虜豹姬薄夫人, 傳詣雒陽織室. 漢王見薄姬, 內後宮幸之, 生文帝. 二年而爲王者子, 常居宮闕內, 不棄捐軍中, 祭代東門. 高皇后八年後九月己酉夕即位, 就未央, 幸前殿, 下赦令. 即位時以昏夜, 日不再中. 文帝雖節儉, 未央前殿至奢. 雕文五采, 盡華榱璧璫, 軒檻皆飾以黃金, 其勢不可以書囊爲帷. 奢儉好醜, 不相副侔. 又文帝以後元年六月己亥崩未央宮, 在時平常聽政宣室, 不居明光宮. 及皇太薄后以孝景二年四月壬子薨, 葬南陵. 文帝先太后崩, 不爲皇太薄后持三年服. 文帝遭漢家基業初定, 重承軍旅之後, 百姓新免於干戈之難. 故文帝宜因修秦餘政教, 輕刑事少, 與之休息. 以儉約節欲自持, 初開籍田, 躬勸農耕桑, 務民之本. 即位十餘年, 時五穀豐熟, 百姓足, 倉廩實, 蓄積有餘. 然文帝本修黃・老之言, 不甚好儒術, 其治尚清淨無爲. 以故禮樂庠序未修, 民俗未能大化, 苟溫飽完給, 所謂治安之國也. 其後匈奴數犯塞, 侵擾邊境. 單于深入寇掠, 賊害北地都尉, 殺略吏民. 係虜老弱, 驅畜產, 燒積聚. 候騎至甘泉, 烽火通長安, 京師震動, 無不憂懣. 是時大發興材官騎士十餘萬軍長安, 帝遣丞相灌嬰擊匈奴, 文帝自勞兵至太原・代郡. 由是北邊置屯待戰, 設備備胡, 兵連不解, 轉輸駱驛, 費損虛耗. 因以年歲不登, 百姓饑乏, 穀糴常至石五百, 時不升一錢. 前待詔賈捐之爲孝元皇帝言 : '太宗時民賦四十, 斷獄四百餘.' 案太宗時民重犯法, 治理不能過中宗之世, 地節元年天下斷獄四萬七千餘人. 如捐之言復不類, 前世斷獄皆以萬數, 不三百人. 文帝即位二十三年, 日月薄蝕, 地數震動, 毀壞民廬舍. 關東二十九山同日崩潰水出, 河決酸棗, 大風壞都, 雨雹如桃李, 深者厚三尺. 狗馬及人皆生角, 大雪, 蝗蟲. 文帝下詔書曰: '間者陰陽不調, 日月薄蝕, 年穀不登, 大遭旱蝗饑饉之害. 譴見天地, 災及萬民. 丞相·御史議可以佐百姓之急.' 推此事類, 似不及中宗之世, 不可以爲升平."

上曰: "吾於臨朝統政施號令何如?" 向未及對, 上謂向: "校尉帝師傅, 耆舊洽聞, 親事先帝, 歷見三世得失. 事無善惡, 如聞知之, 其言勿有所隱." 向曰: "文帝時政頗遺失, 皆所謂悔恡小疵耶. 嘗輦過郎署, 問中郎馮唐以趙將廉頗·馬服. 唐言: '今雖有此人, 不能用也.' 推輦而去, 還歸禁中, 召責讓唐. 唐頓首陳言: '聞之於祖父, 道廉頗·李牧爲邊將, 市租諸入皆輸莫府, 而趙王不問多少. 日擊牛灑酒, 勞賜士大夫, 賞異有故, 能立威名. 今臣竊聞雲中太守魏尙, 邊之良將也. 匈奴常犯塞爲寇, 尙追之, 吏士爭居前, 樂盡死力. 斬首上功, 誤差數級, 下之吏, 尙竟抵罪. 由是言之, 雖得廉頗·李牧不能用也.' 及河東太守季布治郡有聲, 召欲以爲御史大夫. 左右或毁言使酒, 後不用, 布見辭去, 自陳曰: '臣幸得待罪河東, 無故而見徵召. 此人必有以臣欺國者, 旣到無用, 此人亦有以毁傷臣者. 今以一人言則進之, 以一人言則退之, 臣恐天下有以見朝廷短也.' 上有慚色, 卒遣布之官. 及太中大夫鄧通以佞幸吮癰瘍膿汁見愛, 擬於至親, 賜以蜀郡銅山, 令得鑄錢. 通私家之富, 侔於王者·封君. 又爲微行, 數幸通家. 文帝代服衣闕, 襲氈帽, 騎駿馬, 從侍中·近臣·常侍·期門武騎獵漸臺下, 馳射狐兎, 果雉刺彘. 是時待詔賈山諫, 以爲不宜數從郡國賢良吏出遊獵, 重令此人負名不稱其與. 及太中大夫賈誼亦數陳止遊獵. 是時誼與鄧通俱侍中同位, 誼又惡通爲人, 數廷譏之. 由是疏遠, 遷爲長沙太傅. 旣之官, 內不自得. 及渡湘水, 投吊書曰: '闒茸尊顯, 佞諛得意.' 以哀屈原離讒邪之咎, 亦因自傷爲鄧通等所愬也."

成帝曰: "其治天下孰與孝宣皇帝?" 向曰: "中宗之世, 政教明, 法令行, 邊境安, 四夷親. 單于款塞, 天下殷富, 百姓康樂. 其治過於太宗之時. 亦以遭遇匈奴賓服, 四夷和親也."

上曰 : "後世皆言文帝治天下幾至太平, 其德比周成王, 此語何從生?" 向對曰 : "生於言事. 文帝禮言事者, 不傷其意. 羣臣無小大, 至卽便從容言. 上止輦聽之, 其言可者稱善, 不可者喜笑而已. 言事多褒之, 後人見遺文則以爲然. 世之毁譽, 莫能得實, 審形者少, 隨聲者多, 或至以無爲有. 故曰堯舜不勝其善, 桀紂不勝其惡. 桀紂非殺父與君也, 而世有殺君父者, 人皆無道如桀紂, 此不勝其惡故. 若文帝之仁賢, 不勝其善, 世俗褒揚, 言其德比成王, 治幾太平也. 然文帝之節儉約身以率先天下, 忍容言者, 含咽臣子之短, 此亦通人難及, 似出於孝宣皇帝者也. 如其聰明遠識, 不忘數十年事, 制持萬機, 天資治理之材, 恐文帝亦且不及孝宣皇帝."

向以爲如此. 及至世間言文帝小生於軍中, 長大祭代東門外, 使者求得之, 因立爲代王. 徵當卽位, 後期, 日爲之再中, 集上書囊以爲前殿帷, 常居明光宮聽政, 爲薄太后持三年服, 治天下致升平, 斷獄三百人, 粟一升一錢. 凡此十餘事, 皆俗人所妄傳, 言過其實及傅會. 或以爲前皆非是. 如劉向言.

동방삭(東方朔)

세상에 다음 말이 있다.

동방삭은 태백성(太白星)의 정령으로,[1] 황제(黃帝) 때는 풍후(風后)였고[2]

1 동방삭은 태백성(太白星)의 정령으로:『논형·도허』에 다음 말이 있다. "세상에 혹자는 동방삭이 도인이고 성이 김씨라고 한다[世或言東方朔亦道人, 姓金氏]." '태백성'은 금성이다. 동방삭은 태백성의 정령으로 성이 김씨라는 말은 모두 같은 전설에서 나온 것이다. 후세에 덧붙여진 것이 많은데『태평어람』권22에는『동명기(洞冥記)』를 인용해 다음과 같이 말하고 있다. "동방삭의 어머니는 전씨이고 과부인데 태백성이 자기에게 강림하는 꿈을 꾸고 나서 임신했다. 전씨가 탄식했다. '지아비 없이 임신했으니 사람들이 나를 버릴 것이다.' 이에 대군(代郡)의 동방리(東方里)로 이사하고 5월에 동방삭을 낳았다[東方朔母田氏, 寡, 夢太白星臨其上, 因有娠. 田氏歎曰:'無夫而孕, 人得棄我.' 乃移向代郡之東方里, 五月生朔.]"『태평광기(太平廣記)』권6에는 다음 내용이 있다. "노란 눈썹을 가진 노인이 어미를 가리키며 동방삭에게 말했다. 저 여인네는 본래 나의 처였으나 태백성신(太白星神)의 정령에 몸을 기탁했으니, 지금 너도 태백성의 정령이다[有黃眉翁, 指母以語朔. 昔爲我妻, 託形爲太白之精, 今汝亦此星之精也]."【吳】

2 황제(黃帝) 때는 풍후(風后)였고:『사기·오제본기(五帝本紀)』에 다음 내용이 있다. "황제가 풍후, 역목, 상선, 대홍을 등용하여 백성을 다스렸다[黃帝擧風后·力牧·常

요임금 때에는 무성자(務成子)였고[3] 주나라 때는 노담(老聃)[4]이었고 월(越)나라에서는 범려(范蠡)였고 제(齊)나라에서는 치이자피(鴟夷子皮)였다고 하는데,[5] 이것은 그의 신성함이 왕을 도와 패업을 일으킬 수 있을 정도로 변화무쌍했음을 말하는 것이다.

내가 삼가 『한서』를 살펴보니 다음과 같았다.[6]

先・大鴻以治民].” 『사기집해』에는 정현(鄭玄)의 말을 인용해 다음과 같이 말하고 있다. “풍후는 황제 때의 삼공 중의 한 명이다[風后, 黃帝三公也].” 『사기정의』에는 「제왕세기(帝王世紀)」의 말을 인용해 이렇게 말하고 있다. “황제는 꿈에서 큰 바람이 불어와 천하의 먼지를 다 쓸어가고, 또 천균의 쇠뇌를 잡은 사람이 양 1만 마리를 몰고 가는 것을 보았다. 황제가 깨어나 탄식했다. '바람[風]은 호령하는 것으로 곧 집권자를 말한다. 후(垢) 자에서 토(土) 자를 없애면 후(后)가 남는다. 설마하니 세상에 풍씨 성에 후라는 이름을 가진 자가 있단 말인가? 무릇 천균의 쇠뇌는 괴력을 가진 자이다. 수만 마리의 양떼를 모는 것은 백성을 잘 다스릴 수 있다는 것이다. 설마하니 세상에 역씨 성에 목이라는 이름을 가진 자가 있단 말인가?'그리하여 두 점괘에 따라 사람을 찾다가 해우(海隅)에서 풍후(風后)를 얻어 상으로 삼고, 대택(大澤)에서 역목(力牧)을 얻어 장군으로 등용했다[黃帝夢大風吹天下之塵垢皆去, 又夢人執千鈞之弩, 驅羊萬羣. 帝寤而歎曰: '風爲號令, 執政者也. 垢去土, 后在也. 天下豈有姓風名后者哉? 夫千鈞之弩, 異力者也. 驅羊數萬羣, 能牧民爲善者也. 天下豈有姓力名牧者哉? 於是依二占而求之, 得風后於海隅, 登以爲相, 得力牧於大澤, 進以爲將].”【吳】

3 요임금 때에는 무성자(務成子)였고: 『순자・대략(大略)』에 다음 말이 있다. “순은 무성소에게서 배웠다[舜學於務成昭].” 이에 양경(楊倞)이 이렇게 주를 달았다. “『한서・예문지(藝文志)・소설가(小說家)』에는 「무성자」 11편이 있는데 소는 그의 이름이다. 『시자(尸子)』에 다음 말이 있다. '무성소가 순에게 가르쳤다. 세상의 어지러움을 피하고 세상의 순조로움을 따른다면 세상은 어렵지 않게 가질 수 있다. 그러나 세상의 순조로움을 피하고 세상의 어지러움을 따른다면 세상은 쉽게 잃어버릴 것이다'[『漢藝文志小說家』有「務成子」十一篇, 昭其名也. 『尸子』曰: '務成昭之敎舜曰: 避天下之逆, 從天下之順, 天下不足取也. 避天下之順, 從天下之逆, 天下不足失也'].” 『통지(通志)・씨족략(氏族略)』에서는 『여씨춘추』를 인용하면서 무성자를 요(堯)의 스승으로 보고 있다. 이것은 모두 전설이다.【吳】

4 노담(老聃): 노자(老子)로, 그 사적은 『사기』 본전에 상세히 나와 있다.【吳】

5 월(越)나라에서는 ~치이자피(鴟夷子皮)였다고 하는데: 월왕(越王) 구천(勾踐)은 회계(會稽)에서 곤란을 겪게 되자 범려와 계연(計然)의 계책을 따랐다. 회계의 치욕을 설욕하기 위해 범려는 배를 타고 강호를 떠다니며 개명했는데, 제나라로 가서는 치이자피가 되었고 도읍(陶邑)에 가서는 주공(朱公)이 되었다. 이 일은 『사기』와 『한서』의 「화식전(貨殖傳)」, 『국어(國語)・월어(越語)』에 상세하게 나와 있다.【吳】

6 내가~같았다: 『한서・동방삭전』에 보인다.【吳】

"동방삭은 평원(平原)[7] 사람이다. 효무황제(孝武皇帝 : 漢 武帝) 때 현량과와 문학과를 통해 문인을 초치하고 지위에 구애받지 않고 그들을 대했다.[8] 그리하여 사방에서 상소를 올려 정치의 득실을 말하면서 자신을 자랑하고 선전하는 자들이 많았다. 그리하여 동방삭도 대궐에 가서 자신을 이렇게 소개했다.

'저는 12세에 아버지를 여의고[9] 형수의 보살핌으로 자랐습니다. 13세에 글을 배우고 14세에 검술을 배웠습니다.[10] 16세에 『시경』을 암송하고 19세에 손자병법과 오자병법을 배웠습니다. 또 일찍이 자로의 말에 감탄했습니다. 저는 23세[11]에 9척 3치까지 자랐습니다. 제 눈은 구슬처럼 빛이 나고 치아는 엮어진 조개처럼 가지런합니다. 저는 맹분(孟賁)[12]과 같이 용감하고 경기(慶忌)[13]와 같이 민첩하며 포숙(鮑叔)[14]과 같이 청렴하고 미생(尾

---

7 평원(平原) : 군 이름으로 평원현을 다스렸고 옛 땅은 지금의 산동성 평원현 남쪽에 있다. 『한서 · 동방삭전』에 다음 말이 있다. "동방삭은 자가 만천이고 평원군 염차 사람이다[東方朔字曼倩, 平原厭次人也]."【吳】

8 지위에 구애받지 않고 그들을 대했다 : 원문은 '대이불차지위(待以不次之位)'이다. 불차(不次)는 일반적인 순서에 구애받지 않고 직급을 뛰어넘어 등용한다는 의미이다.【吳】

9 12세에 아버지를 여의고 : 『한서』에는 '동방삭은 어릴 적에 부모를 여의었다[朔少失父母]'라고만 말하고 있을 뿐 구체적인 나이는 실려 있지 않다.【吳】

10 14세에 검술을 배웠습니다 : 원문은 '십사격검(十四擊劍)'이다. 『한서』에는 "15세에 검술을 배웠다[十五學擊劍]"라고 했다.【吳】

11 23세 : 원문은 '이십삼(二十三)'이다. 『한서』에는 '이십이(二十二)'로 되어있다.【吳】

12 맹분(孟賁) : 맹열(孟說)로 위(衛)나라 사람 또는 제(齊)나라 사람이라고 한다. 『사기 · 진본기』에 다음 말이 있다. "무왕은 힘이 세서 힘겨루기를 좋아해 역사 임비, 오획, 맹열이 모두 높은 벼슬을 지냈다. 무왕은 맹열과 솥을 들다가 정강이뼈가 부러지자 맹열을 멸족했다[武王有力好戲, 力士任鄙 · 烏獲 · 孟說皆至大官. 王與孟說擧鼎絶臏, 族孟說]." 또 「원앙전색은(袁盎傳索隱)」에는 『시자(尸子)』의 다음 말을 인용했다. "맹분(孟賁)은 물길을 다닐 적에 교룡을 피하지 않았고 육로로 다닐 때는 코뿔소와 호랑이를 피하지 않았다[孟賁水行不避蛟龍, 陸行不避兕虎]." 『한서 · 동방삭전』 안사고의 주에 따르면 『시자』에 이런 말이 있다. "사람들이 맹분에 대해서 말했다. 살아있습니까? 용감하다. 귀합니까? 용감하다. 부유합니까? 용감하다. 목숨, 영달, 부귀 세 가지는 사람들이 쉽게 얻을 수 없는 바이고 모두 용감함으로 바꾸기에도 부족하다. 그러므로 용감한 자는 삼군을 통솔할 수 있고 맹수를 이길 수 있습니다[人謂孟賁, 生乎? 曰勇. 貴乎? 曰勇. 富乎? 曰勇. 三者人之所難, 而皆不足以易勇. 故能攝三軍, 服猛獸也]."【吳】

生)[15]과 같이 믿을 만합니다. 이와 같으니 천자의 대신이 될 만합니다.'

동방삭은 글 솜씨가 뛰어나고 자신을 높이 평가하며 칭찬했다. 이로부터 기이함을 드러내어[16] 더욱 총애를 받아 관직이 태중대부에 이르렀다. 그러나 황제는 그를 배우로 키우면서 국정에 참여시키지 않았다.[17] 유향은 젊었을 때 당시 일에 대해 통달한 어르신과 동방삭과 동시대 사람에게 여러 번 [동방삭에 대해] 물었더니 모두 동방삭이 논지 없이 우스개소리를 너무 잘하고, 평범한 얘기를 좋아하기 때문에 후세에 전해진 얘기들이 많게 된 것이라고 했다.[18] 양웅(揚雄)도 동방삭의 말은 배울 것이 없고 행실이 덕스럽지 못하며 그가 남긴 글이나 유습은 말할 만하지 못하다고 여겼다.[19] 그런데도 동방삭이 그 명성이 실질보다 뛰어넘는 까닭

13 경기(慶忌) : 춘추시대 오왕(吳王) 요(僚)의 아들이다. 『한서 · 동방삭전』 안사고의 주에 다음 말이 있다. "오왕의 아들 경기이다. 활로 그를 쏘았지만 화살이 다 떨어지도록 명중시키지 못하고, 말을 끌고 쫓아갔지만 따라잡을 수 없었다[王子慶忌也. 射之, 矢滿把不能中, 駟馬追之不能及也]."【吳】

14 포숙(鮑叔) : 포숙아(鮑叔牙)이다. 『사기 · 관중열전(管仲列傳)』에 다음 말이 있다. "관중은 '내가 처음 곤궁했을 때에 일찍이 포숙과 장사를 했는데 재물을 나누게 되면 나에게 더 많이 주었다. 포숙이 내가 욕심을 낸다고 여기지 않은 것은 나의 빈한함을 알았기 때문이다'라고 했다[管仲曰 : '吾始困時, 嘗與鮑叔賈, 分財利多自與. 鮑叔不以我爲貪, 知我貧也']." 포숙의 청렴함은 이것을 말하는 것이다. 또 이 내용은 『관자(管子) · 역명(力命)』에도 보인다.【吳】

15 미생(尾生) : 『장자 · 도척(盜跖)』에 다음 말이 있다. "미생이 여자와 다리 아래에서 만나기로 했는데 여자가 오지 않았다. 물이 차오르도록 [미생은] 떠나가지 않고 있다가 결국 다리 기둥을 껴안고 죽었다[尾生與女子期於梁下, 女子不來. 水至不去, 抱梁柱而死]." 이 일은 『회남자』의 「범론훈(氾論訓)」과 「설림훈(說林訓)」에도 보인다.【吳】

16 이로부터 기이함을 드러내어 : 원문은 '유시견위(由是見偉)'이다. '위(偉)'는 기이하다는 뜻이다.【吳】

17 참여시키지 않았다 : 원문은 '불예(不豫)'이다. '예(豫)'는 '예(預)'와 통한다.【吳】

18 후세에~했다 : 원문은 '고금후세다전문자(故今後世多傳聞者)'이다. '령(令)'은 원래 '금(今)'이라 잘못 표기되었다. '금'은 '영'의 파손된 글자로 지금 문장의 의미에 의거해 교정한다. '유향소시(劉向少時)'라고 운운한 것은 『한서 · 동방삭전찬(東方朔傳贊)』에서 수록한 것으로 「찬」에는 문장이 '영'이라 바르게 되어 있다.【吳】

19 그가 남긴 글이나 유습은 말할 만하지 못하다고 여겼다 : 원문은 '기류풍유서멸여야(其流風遺書蔑如也)'이다. '멸여(蔑如)'에 대해 『한서 · 동방삭전찬』 안사고의 주에 다음 말이 있다. "말의 뜻이 천박해 거론하기에도 부족함을 말한다[言辭義淺薄, 不足稱也]."【吳】

은 괴이하고 복잡했기 때문이다. 그는 행동 하나에도 명분을 세우지 않고 배우처럼 해학적으로 대꾸했고 현인처럼 그 지식이 다함이 없고 정직한 사람처럼 바르게 간언하고 은둔자처럼 덕을 훼손시켰다. 백이(伯夷)와 숙제(叔齊)[20]가 아니라 유하혜(柳下惠)[21]와 같은 사람이었으니 그는 골계의 영웅이었을진저! 동방삭의 봉점과 사복술[22]은 그 일이 별 거 아니지만 아이들과 목동에게 유행하면서[23] 현혹되지 않은 사람이 없었다. 후에 호사가들이 기이한 얘기를 취하여 [동방삭에게] 억지로 끌어다 붙인 것이

20 백이(伯夷)와 숙제(叔齊) : 고죽군(孤竹君)의 아들로 상세한 것은 『풍속통의·십반(十反)』의 주에 보인다.【吳】

21 유하혜(柳下惠) : 원문은 '유혜(柳惠)'이다. 『회남자·설림훈』에는 고유가 다음과 같이 주를 달고 있다. "노나라 대부 전무해의 아들은 이름이 획이고 자는 금이다. 집안에 커다란 버드나무가 있어 은혜로운 덕을 심는다고 하여 유하혜라고 불렀다[魯大夫展無駭之子, 名獲字禽. 家有大柳, 樹惠德, 因號柳下惠]." 『문선·도징사뢰(陶徵士誄)』 이선의 주에 정현(鄭玄)의 『논어』 주를 인용해 다음과 같이 말했다. "유하혜는 노나라 대부 전금이 유하 땅을 식읍으로 받았기에 시호를 혜라고 했다[柳下惠, 魯大夫展禽食采柳下, 謚曰惠]." 그의 언행은 『좌전』, 『국어』, 『전국책』 및 선진(先秦)의 제자서에 흩어져 보인다. 『풍속통의·십반』에도 보인다.【吳】

22 봉점과 사복술 : 원문은 '봉점사복(逢占射覆)'이다. 점(占)은 원래 '고(古)'라고 잘못 표기되었으나 지금 『한서·동방삭전찬』에 의거하여 고친다. 『후한서·방술전서(方術傳序)』에 다음 말이 있다. "그 부류는 또 봉점을 쳤다[其流又有逢占]." 「논형·별통(別通)』에 다음 말이 있다. "동방삭과 익소군(翼少君)은 봉점과 사복술을 칠 수 있었다[東方朔·翼少君, 能逢占射覆]." 모두 '고'가 '점' 자의 오기임을 나타내고 있다. '봉점(逢占)'은 사물의 현상을 보고 거꾸로 맞히는 것이다. 『예문유취』 권88에는 동방삭의 점에 대해 다음과 같이 말하고 있다. "동방삭이 제자와 함께 걸어 가다가 목이 말라 제자에게 길가의 집 문을 두드리라고 했다. 그런데 집 주인의 이름을 알지 못해 불러도 대답이 없었다. 동방삭은 다시 갔다가 때까치가 그 집 오얏나무 아래에 날아가 모인 것을 보고 제자에게 말하길, '주인은 마땅히 성이 이씨이고 이름이 박일 것이니 네가 가서 부르면 대답할 것이다'라고 했다. 집에서 과연 이박이라는 자가 나와 동방삭을 보고 즉시 안으로 들어가 물을 가지고 와서 그에게 주었다[朔與弟子俱行, 朔渴, 令弟子叩邊家門. 不知室姓名, 呼不應. 朔復往, 見博勞飛集其家李樹下, 朔謂弟子曰:'主人當姓李名博, 汝呼當應.' 室中果有姓李名博出, 與朔相見, 卽入取水與之]." 이것이 소위 봉점이라는 것이다. '사복(射覆)'은 물건을 엎어놓은 그릇 아래에 놓고 알아맞히는 것이다. 동방삭이 수궁(守宮 : 도마뱀)과 기생(寄生 : 버섯)을 알아맞힌 것이 바로 그 예이다. 『동방삭전』에 보인다.【吳】

23 아이들과 목동에게 유행하면서 : 원문은 '행어중아목수(行於衆僮兒牧豎)'이다. 『한서·동방삭전찬』에 따르면 '중(衆)' 자 다음에 '서(庶)' 자가 있다.【吳】

지 어찌 [그가] 신성한 능력을 가지고 대대로 [황제를] 보좌할 수 있었겠는가!"

俗言東方朔太白星精, 黃帝時爲風后, 堯時爲務成子, 周時爲老聃, 在越爲范蠡, 在齊爲鴟夷子皮, 言其神聖能興王霸之業, 變化無常.

謹按『漢書』: "東方朔, 平原人也. 孝武皇帝時, 招延賢良文學之士, 待以不次之位. 故四方多上書言得失自衒鬻者. 於是朔詣闕自陳: '十二失父, 長養兄嫂. 年十三學書, 十四擊劍. 十六誦詩, 十九習孫·吳兵法. 又常服子路之言. 臣朔年二十三, 長九尺三寸. 目若懸珠, 齒若編貝. 勇若孟賁, 捷若慶忌, 廉如鮑叔, 信若尾生. 若此可以爲天子大臣矣.' 朔文辭不遜, 高自稱譽. 由是見偉, 稍益親幸, 官至太中大夫. 倡優畜之, 不豫國政. 劉向少時, 數問長老賢通於事及朔時人, 皆云朔口諧倡辯, 不能持論, 喜爲凡庸誦說, 故令後世多傳聞者. 而楊雄亦以爲朔言不純師, 行不純德, 其流風遺書蔑如也. 然朔所以名過其實, 以其恢誕多端. 不名一行, 應諧似優, 不窮似智, 正諫似直, 穢德似隱. 非夷·齊, 是柳惠, 其滑稽之雄乎! 朔之逢占射覆, 其事浮淺, 行於衆僮兒牧豎, 莫不眩耀. 而後之好事者, 因取奇言怪語附著之耳, 安在能神聖歷世爲輔佐哉!"

회남왕 유안은 신선이다[淮南王安神仙]

세상에 다음 말이 있다.

회남왕 유안(劉安)[1]은 방술사와 빈객 수천 명을 초대해서 『홍보(鴻寶)』·『원비(苑秘)』와 같은 베개 속에 감추어 두고 보는 책을 쓰고[2] 황백

1 유안(劉安) : 문제(文帝) 8년(B.C.172)에 부릉후(阜陵侯)로 봉해졌고 문제 16년(B.C.164)에 회남왕으로 봉해졌다. 이 일은 『사기』와 『한서』의 「회남왕전(淮南王傳)」에 상세히 나와 있다.【吳】

2 『홍보(鴻寶)』·『원비(苑秘)』와 같은~책을 쓰고 : 『한서·초원왕전(楚元王傳)』에 다음 말이 있다. "회남왕은 베개 속에 『홍보』, 『원비』를 넣어 두었다. 그 책에는 신선이 귀신을 부려 금을 만드는 술법(연단술)과 추연(鄒衍)이 거듭 말한 장생술이 적혀 있는데 세상 사람들은 보지 못했다[淮南有枕中『鴻寶』·『苑秘書』. 書言神仙使鬼物爲金之術, 及鄒衍重道延命方, 世人莫見]." 안사고는 다음과 같이 주를 달았다. "『홍보』, 『원비서』는 도술의 편명이다. 베개 속에 숨긴다는 것은 세상에 누설되지 않게 기록하여 보존해야 함을 말하는 것이다[『鴻寶』·『苑秘書』, 幷道術篇名. 臧在枕中, 言常存錄之不漏泄也]." 『신선전(神仙傳)』 권4에 다음 말이 있다. "회남왕 유안은 자신을 낮추어 선비를 대했고 유학을 대단히 좋아하는 동시에 방술로 점을 치고 선비 수천 명을 양성했는데 모두 천하의 뛰어난 선비였다. 「내서(內書)」 22편을 지었는데 「중편(中篇)」 8장은 신선과 연단에 관한 일을 말한 것으로 『홍보』라 이름 지었다[淮南

(黃白)을 주조하고[3] 대낮에 승천했다.[4]

내가 삼가 『한서』를 살펴보니 다음과 같았다.[5]

회남왕 유안은 천부적으로 박학하고 문장을 잘 지었으며, 효무제(孝武帝)는 그를 아버지처럼 여기고[6] 대단히 존중했다. 그는 방술과 기이한 재주를 가진 사람을 초빙하고[7] 신선과 연단에 관한 일을 적었지만 재산과

王安'折節下士, 篤好儒學, 兼占候方術, 養士數千人, 皆天下俊士. 作「內書」二一二篇, 又「中篇」八章, 言神仙黃白之事, 名爲『鴻寶』]."【吳】

3 황백(黃白)을 주조하고: 『포박자(抱朴子) · 황백(黃白)』에 다음 말이 있다. "『신선경(神仙經)』 황백의 방책 25권에는 1천여 수가 있다. 황은 황금이고 백은 은이다. 옛사람들은 그 도를 신비하고 귀중하게 여겨 배척하지 않고 그것을 숨겼을 따름이다[『神仙經』黃白之方二十五卷, 千有餘首. 黃者, 金也, 白者, 銀也. 古人祕重其道, 不欲指斥, 故隱之云爾]." 또 다음 말이 있다. "『동주경(銅注經)』에 다음 말이 있다. '단사로 금을 만들 수 있고 하거로 은을 만들 수 있는데 즉각 만들 수 있고 성공하면 진자(眞子 : 도사의 일종)가 되었으며 득도하면 신선이 될 수 있다[『銅注經』曰 : 丹沙可爲金, 河車可作銀, 立則可成, 成則爲眞子, 得其道, 可以仙身].'" 또 『선약(仙藥)』에 다음 말이 있다. "선약 중의 가장 위가 단사이고 다음이 황금이며 그다음이 백은이다[仙藥之上者丹砂, 次則黃金, 次則白銀]."【吳】

4 대낮에 승천했다: 유안이 대낮에 승천한 이야기는 후세에도 있다. 『신선전』 권4에 다음 말이 있다. 뇌피(雷被), 오피(伍被)가 유안에게 모반할 것을 고하자 "8명의 사람이 유안에게 산에 올라가 큰 제사를 지내고 땅 속에 금을 파묻게 하니 즉시 대낮에 승천했다[八公使安登山大祭, 埋金地中, 卽白日升天]."【吳】
8명의 사람은 소비(蘇飛), 이상(李尙), 좌오(左吳), 전유(田由), 뇌피(雷被), 모피(毛被), 오피(伍被), 진창(晉昌)을 가리킨다.【譯註】

5 내가~같았다: 『한서 · 회남왕전』에 보인다.【吳】

6 효무제(孝武帝)는 그를 아버지처럼 여기고: 안사고는 『한서』에서 이렇게 주를 달았다. "유안은 천자의 백부나 숙부에 속한다[安於天子服屬爲從父叔父]."【吳】

7 그는~초빙하고: 『회남자』 고유의 서문에 다음 말이 있다. "천하의 방술사들이 많이 유안에게 갔다. 그래서 마침내 소비, 이상, 좌오, 전유, 뇌피, 모피, 오피, 진창 8명 및 크고 작은 산의 여러 유생과 함께 도덕을 강론하고 인의를 총괄했다[天下方術之士多往歸焉. 於是遂與蘇飛 · 李尙 · 左吳 · 田由 · 雷被 · 毛被 · 伍被 · 晉昌等八人及諸儒大山小山之徒, 共講論道德, 總統仁義]." 『논형 · 도허』에 다음 말이 있다. "유가의 서적에 다음 말이 있다. 회남왕은 도를 배워 천하에 도술을 가진 사람을 초빙하여 위로는 경국지존부터 아래로는 도사의 무리에까지 아울렀다. 도술을 가진 사람이 모두 회남에 모여 기이한 방술을 다투어 내놓았다[儒書言. 淮南王學道, 招會天下有道之人, 傾一國之尊, 下道士之士. 是以道術之士並會淮南, 奇方異術, 莫不爭出]."【吳】

힘이 달려 성과를 얻을 수 없었다. 이에 유안이 모반을 도모하여 황제의 옥새를 새기고 승상, 장군, 대부 이하의 관인을 몰래 조각하자 한나라 조정에서 부절을 가진 사신과 어사관[8]을 보내 조사하게 했다. 조왕(趙王) 팽조(彭祖)[9]와 열후(列侯) 조양(曹讓) 등은 이에 대해 상의했다.

"유안은 법을 폐하고 사악한 일을 행하며 거짓된 마음을 가지고[10] 천하를 혼란에 빠뜨리고 백성을 미혹시켰으며[11] 종묘를 배반했소. 『춘추(春秋)』에 '시해할 마음을 갖지 말라. 시해하고자 한다면 반드시 주살될 것이다'라고 했소.[12] 유안의 죄는 왕을 시해한 죄보다 더 위중하고 모반의 정황이 이미 드러나 도서와 옥새 및 기타 대역무도한 증거가 명백하게 드러났소."

승상 공손홍(公孫弘),[13] 정위(廷尉) 장탕(張湯)[14]이 황제에게 상주했다. 황제는 부절을 가진 종정(宗正)[15]을 파견하여 회남왕을 치죄하도록 했다. 유

---

8 어사관 : 원문은 '법관(法冠)'이다. 『사기 · 회남왕열전집해(淮南王列傳集解)』에는 채옹(蔡邕)의 다음 말을 인용하고 있다. "법관은 초왕의 관이다. 진이 초를 멸하고 임금의 관을 어사에게 하사했다[法冠, 楚王冠也. 秦滅楚, 以其君冠賜御史]."【吳】

9 조왕(趙王) 팽조(彭祖) : 경제(景帝)의 아들이다. 경제 2년(B.C.154)에 광천왕(廣川王)으로 봉해졌고 경제 4년(B.C.152)에 조왕으로 바뀌었다. 이 일은 『사기 · 오종세가(五宗世家)』와 『한서 · 경십삼왕전(景十三王傳)』에 상세하게 보인다.【吳】

10 유안은~거짓된 마음을 가지고 : 『사기』에는 "회남왕 유안이 법을 폐하고 사악한 일을 행하며 거짓된 마음을 가졌다[淮南王劉安廢法行邪, 懷詐僞心]"라고 되어 있다. 『한서』에는 "유안이 법도를 폐하고 사악한 일을 행하며 거짓된 마음을 가졌다[安廢法度, 行邪辟, 有詐僞心]"라고 되어 있다. 이것은 교서왕(膠西王) 유단(劉端)에 대한 의견인데 응소가 조왕(趙王) 유팽조(劉彭祖)에 대한 것으로 오인했다.【吳】

11 백성을 미혹시켰으며 : 원문은 '영혹백성(營惑百姓)'이다. '영(營)'은 미혹된다는 뜻이다.【吳】

12 『춘추(春秋)』에~라고 했소 : 『공양전 · 소공 원년(昭公元年)』에 다음 말이 있다. "그대는 직접 시해할 마음을 갖지 말라. 시해하고자 한다면 반드시 주살될 것이다[君親無將. 將而必誅焉]." '장(將)'은 시해하고자 하나 아직 시해하지 않았다는 뜻이다. 생각건대 한나라 때에는 『춘추』를 가지고 사건을 심리했기에 여기에서도 『춘추』를 끌어다가 근거로 삼은 것이다.【吳】

13 공손홍(公孫弘) : 원문은 '홍(弘)'이다. 『사기』와 『한서』에 모두 전(傳)이 있다.【吳】

14 장탕(張湯) : 원문은 '탕(湯)'이다. 『사기』와 『한서』에 모두 전(傳)이 있다.【吳】

15 종정(宗正) : 『한서 · 백관공경표』에 다음 말이 있다. "종정은 진나라의 관리로 친족

안은 자살하고 태자 유천(劉遷)과 모반에 참여한 사람들은 모두 체포되어 주살되었으며 회남국은 구강군(九江郡)으로 강등되었다. 유안은 칼로 자결하여 사람들과 함께 버려졌는데 어찌 그가 신선이 될 수 있겠는가! 유안이 양성한 방사 중에 간혹 죽음을 면한 사람들이 이와 같은 사실을 부끄럽게 여기고 괴이한 이야기를 꾸며낸 것이다. 후대 사람이 맹목적으로 따라하여[16] 전해졌을 따름이다.

俗說淮南王安招致賓客方術之士數千人, 作「鴻寶」·「苑祕」枕中之書, 鑄成黃白, 白日升天.

謹按『漢書』: "淮南王安天資辨博, 善爲文辭, 孝武以屬諸父, 甚尊之. 招募方伎怪迂之人, 述神仙黃白之事, 財殫力屈, 無能成獲. 乃謀叛逆, 刻皇帝璽, 丞相·將軍·大夫已下印, 漢使符節法冠. 趙王彭祖·列侯讓等議曰: "安廢法, 行邪僻, 詐僞心, 以亂天下, 營惑百姓, 背叛宗廟. 『春秋』: '無將. 將而必誅.' 安罪重於將, 反形已定, 圖書印及他逆無道事驗明白." 丞相弘·廷尉湯以聞. 上使宗正以符節治王. 安自殺, 太子諸所與謀皆收夷, 國除爲九江郡. 親伏白刃, 與衆棄之, 安在其能神仙乎! 安所養士或頗漏亡, 恥其如此, 因飾詐說. 後人吠聲, 遂傳行耳.

을 관장하며 승(丞: 고대에 보좌를 담당했던 관리)을 두었다. 평제 원시(元始) 4년(4)에 종백(宗伯)이라 개칭했다[宗正, 秦官, 掌親屬, 有丞. 平帝元始四年更名宗伯."【吳】

16 맹목적으로 따라하여: 원문은 '폐성(吠聲)'이다. 본래는 '개가 짖는 소리'라는 의미인데 개는 한번 짖어대면 다른 개들도 따라 짖어대기 때문에 나온 말이다. 진실 여부를 가리지 않고 맹목적으로 따라한다는 뜻이다.【譯註】

왕양은 황금을 주조할 수 있다[王陽能鑄黃金]

『한서』[1]에 다음 말이 있다.

"왕양은 유생이기는 하지만 본디 가난하고 비천했다. 그러나 그는 수레, 말과 의복을 좋아했는데, 그것들은 지극히 공교하고 좋은 것들이었지만, 금은으로 장식하거나 수를 놓지는 않았다. 그가 거처[2]를 옮길 때 보니 수레에는 낭의(囊衣)[3] 한 벌밖에 없었으며, 모아놓은 여분의 재산은

1 『한서』: '서(書)' 자 다음에는 원래 '왈(曰)' 자가 있었지만 덧붙여진 글자이다. 지금 『태평어람』 권881에 의거해 삭제한다. 아래에 인용한 문장은 『한서·왕길전(王吉傳)』에 보인다. 왕길(王吉)은 자(字)가 자양(子陽)이다.【吳】

2 거처: 『군서습보』에 다음 말이 있다. "'거처(去處)' 두 글자는 덧붙여진 글자이다. 『태평어람』에는 두 글자가 없다['去處'二字衍. 御覽無]." 『태평어람』에 인용된 책을 살펴보면 자주 문장이 생략되어 있다. '거처' 두 글자는 덧붙여진 것이 아니다. 『한서』에는 이 글자가 있다.【吳】

3 낭의(囊衣): 자루처럼 생긴 옷이다. 『한서』 안사고의 주에 다음 말이 있다. "주머니 하나로 된 옷이다. 안감이 있는 것을 낭(囊)이라 하고 안감이 없는 것을 탁(橐)이라 한다[一囊之衣也. 有底曰囊, 無底曰橐]."【吳】
낭의는 후에 벼슬살이하면서 축재하지 않은 것을 의미하는 전고로 사용되었다.【譯註】

없었다. 관직을 버리고 집에 기거할 때도 거친 베옷을 입고 거친 음식을 먹었다. 세상 사람들이 그의 청렴함에 탄복하면서도 또 그가 그런 사치품을 가지고 있는 것을 이상하게 생각했기 때문에 세속에서는 왕양이 황금을 만들 수 있다고 전해진 것이다."

내가 삼가 『태사기』를 살펴보니 다음과 같았다.[4]

진시황은 서불(徐市)의 무리에게 속아 바다 한가운데에 있는 삼신산을 찾아[5] 양쪽에 높은 담을 쌓은 길을 통하게 하고 모습을 숨기며[6] 「선진인

---

4 내가~같았다 : 『사기 · 진시황본기』에 보인다.【吳】

5 진시황은~삼신산을 찾아 : 『사기』에 다음 기록이 있다. 진시황 28년(B.C.219)에 "제나라 사람 서불(徐市) 등이 상소를 올려 바다 한가운데에 삼신산(三神山)이 있는데 봉래, 방장, 영주라 불리는 그곳에 신선이 살고 있다고 했다. [그들이] 얻고자 청하여 재계를 올리고, 동남동녀들과 함께 찾으러 가겠다고 청했다. 그리하여 서불을 파견하고 동남동녀 수천 명을 선발하여 바다로 신선을 찾으러 갔다[齊人徐市等上書, 言海中有三神山, 名曰蓬萊 · 方丈 · 瀛洲, 仙人居之. 請得齋戒, 與童男女求之. 於是遣徐市發童男女數千人, 入海求仙人]." 『한서 · 교사지(郊祀志)』에는 다음 기록이 있다. "이 삼신산은 발해(渤海) 가운데에 있으며 사람이 접근하기에는 멀지 않다고 전해왔다. 일찍이 가본 사람이 여러 신선 및 불사약이 모두 그곳에 있다고 했다. 그곳의 사물과 짐승들은 모두 흰색이고 궁궐은 황금과 은으로 만들어져 있다. 그곳에 도착하기 전에 멀리서 바라보면 구름 속에 있는 것 같고 도착해서 보면 삼신산은 오히려 물 밑에 있어 물이 사람을 맞이한다. 우려하며 도착하는 순간에 바람이 불어 배를 끌고 가 결국 도착할 수 없게 된다고 한다. 세상의 왕 중에 그것을 바라지 않는 이가 없다[此三神山者, 其傳在勃海中, 去人不遠. 蓋嘗有至者, 諸仙人及不死之藥皆在焉. 其物禽獸盡白, 而黃金銀爲宮闕. 未至, 望之如雲, 及到, 三神山反居水下, 水臨之. 患且至, 則風輒引船而去, 終莫能至云. 世主莫不甘心焉]."【吳】

6 양쪽에~모습을 숨기며 : 원문은 '통용도, 은형체(通甬道, 隱形體)'이다. '용(甬)'은 원래 '동(同)'으로 쓰여 있었으나, 글자의 형태가 비슷하여 잘못 표기된 것이다. 『통감 · 진기(秦紀)』에는 호삼성(胡三省)이 다음과 같이 주를 달고 있다. "용도는 당나라 때의 협성(夾城 : 높은 담장 사이에 나 있는 길)의 종류이다. 응소가 '큰길과 골목에서처럼 담장을 쌓는다'[甬道, 唐夾城之類也. 應劭曰 : '築牆如街巷']." 진시황 35년(B.C.212)에 [진시황은] 노생(盧生)이 신선이 될 수 있다는 말을 믿고 함양(咸陽) 옆의 2백 리 내의 별궁 2백 70개에 복도(復道 : 공중에 걸린 다리)와 벽돌 길을 서로 연결했다. 또 휘장을 두르고 북과 종을 울리며 미인들로 채웠고 각각 관서에 머물며 이동하지 못하게 했다. 진시황은 그 속에 거하면서 외부 사람들이 모르게 했다. 이것은 이른바 '벽돌 길을 통하게 하고 모습을 숨겼다[通甬道, 隱形體]'라는 의미이다. 이 두 문장은 『하본(何本)』, 『정본』에서는 '신선을 찾느라 모습을 숨기다[求神仙, 隱形

시(仙眞人詩)」를 지어 봉래산을 그리워했지만[7] 사구대(沙丘臺)에서의 죽음을 피하지 못했다.[8] 효무황제는 더욱[9] 미혹되어 문성(文成) 장군 소옹(少翁)과 오리(五利) 장군 난대(欒大)를 만나면서도 그 말을 의심하지 않았고[10] 공주를 아내로 주고 저택을 하사했다. 이들은 집안에 만금을 쌓아두고 4개의 장군 인장을 찼지만[11] 결국 말이 궁하게 되고 진상이 드러나 역시 얼마 되지 않아 효수되었다. 회남왕 유안은 금과 은을 만드는 일에 힘쓰고 경솔하게 거사를 벌였다가 마침내 스스로 칼을 맞는 죄를 면할 수 없었다. 유향은 그[유안]가 남긴 문장을 얻고[12] 기이하게 여겨 황제께 바쳤다. 선제(宣帝)[13]는 그에게 상방(尙方)에서 금은을 주조하는 일을 전담하게

體]'라고 적혀 있다. 그 의미를 가지고 글자를 고쳤지만 근거가 부족하다. 『낭본』에는 똑같은데 '구(求)' 자만 '영(永)' 자로 쓰고 있다.【吳】

7 「선진인시(仙眞人詩)」를 지어 봉래산을 그리워했지만 : 원문은 '현시상봉래(弦詩想蓬萊)'이다. 이 문장은 『하본』, 『정본』, 『낭본』에서는 모두 억지로 '스스로 봉래를 그리워함을 말하다[自謂想蓬萊]'라고 고쳤다. 살펴보건대 진시황 36년(B.C.211)에 박사에게 「선진인시」를 짓게 해 천하를 다니며 퍼뜨리게 했고 악사들에게 주어 연주하게 했다. '현시상봉래'는 이것을 말하는 것이다. '현(弦)'은 '현(絃)'과 똑같은 글자이다.【吳】

8 사구대(沙丘臺)에서의 죽음을 피하지 못했다 : 원문은 '이불면사구지화(而不免沙丘之禍)'이다. 『사기』에 따르면 진시황 37년(B.C.210) 7월 병인일에 진시황은 사구(沙丘) 평대(平臺)에서 죽었다. 『사기정의』에는 『괄지지』를 인용해 다음과 같이 말하고 있다. "사구대는 형주 평향현의 동북쪽 20리에 있고 평향현 동북쪽 40리에 있다고도 한다[沙丘臺在邢州平鄕縣東北二十里, 又云平鄕縣東北四十里]." 옛 땅이 지금의 하북성 평향현의 동북쪽에 있다.【吳】

9 더욱 : 원문은 '자(玆)'로, '자'는 '번식하다[滋]'와 같다.【吳】

10 효무황제는~의심하지 않았고 : '문성(文成)'은 문성장군이 된 제나라 사람 소옹(少翁)이다. '오리(五利)'는 오리장군이 된 교동(膠東)의 관리 난대(欒大)이다. 이 일은 『사기 · 봉선서』와 『한서 · 교사지(郊祀志)』에 상세하게 나와 있다.【吳】

11 4개의 장군 인장을 찼지만 : 원문은 '신패사인(身佩四印)'이다. 난대는 오리장군, 천사장군(天士將軍), 지사장군(地士將軍), 대통장군(大通將軍)에 임명되어 4개의 장군 인장을 얻었다. 이후에 또 낙통후(樂通侯)의 인장과 천도장군(天道將軍)의 인장을 더하여 모두 합쳐서 6개의 인장을 받았다.【吳】

12 유향은~얻고 : 원문은 '유향득기유문(劉向得其遺文)'이다. '기유문(其遺文)'은 『홍보』, 『원비』와 같은 베개 속에 숨겨놓은 서적을 가리킨다. 그 일이 『한서 · 유향전(劉向傳)』에 기록되어 있다.【吳】

13 선제(宣帝) : 원문은 '성제(成帝)'이다. '성제'에 대해서 사수청 선생은 다음과 같이 말했다. "『한서 · 유향전』에 따르면 '성제'는 마땅히 '선제'라고 써야 한다[據漢書劉向傳,

하면서 많은 돈을 들였지만 효험이 없었다. 그리하여 유향을 탄핵하면서 사형을 내렸고 유향은 겨울까지 감옥에 갇혀 사형을 기다리는 신세가 되었다.[14] [유향의] 형 양성후(陽城侯)[15] 유안민(劉安民)이 식읍의 반을 내걸고 목숨을 구걸한 뒤에 사형을 면하게 되었다. 진(秦)나라와 한(漢)나라는 천자의 귀한 신분과 세상의 부를 사용했고 회남왕 유안은 나라의 국세를 다 썼으며 유향은 상방의 풍요로움을 빌렸지만 금과 은을 만들 수는 없었다. 무릇 사물의 변화는 본디 끝이 있거늘 왕양은 어떤 사람이기에 홀로 할 수 있었단 말인가! 다음 말이 있다.

"황금도 만들 수 없고 세상도 초월할 수 없도다."[16]

왕양은 녹봉을 받아 사는 관리로, 비록 곱고 좋은 수레와 의복을 가지기는 했지만 또 그 가치가 얼마나 되었겠으며,[17] 뭐 그리 기이할 것이 있었겠는가! 이에 속설[18]로 전해지게 되었으니, 이 점에서 반고(班固)의 의견은 참으로 비루하다.

'成帝'應作'宣帝']"라고 했다. 생각건대 『교사지』에도 선제 때 유향이 상방에서 주조하는 일을 전담했다고 말하고 있다. 여기에 '성제'라고 쓴 것은 응소가 잘못 표기한 것이다. 『유향전』에는 안사고가 다음과 같이 주를 달고 있다. "상방은 주로 금은을 만드는 곳으로 지금의 중상서(中尚署)와 같다[尙方, 主巧作金銀之所, 若今之中尙署]."【吳】

14 겨울까지 감옥에 갇혀 사형을 기다리는 신세가 되었다 : 원문은 '계수동옥(繫須冬獄)'이다. 이 문장은 『군서습보』에서는 '계옥수동(繫獄須冬)'이라 고쳐져 있다. 생각건대 원문이 잘못된 게 아니다. 『후한서·양해전(襄楷傳)』에 다음 글이 있다. "영평의 옛 제도는 여러 사람이 마땅히 논의를 거듭하고 나서 겨울까지 감옥에서 기다리게 된다. 먼저 상주한 후에 형벌을 내리는 것은 사람의 목숨이 귀중하기 때문이다[永平舊典, 諸當重論皆須冬獄. 先請後刑, 所以重人命也]." 이것으로 잘못된 게 아님을 증명할 수 있다.【吳】

15 양성후(陽城侯) : 유안민(劉安民)이다.【吳】

16 세상도 초월할 수 없도다 : 원문은 '세불가도(世不可度)'이다. '도(度)'는 초월한다는 뜻이다. 이 문장은 인간 세상에서는 초월할 수 없으니 곧 신선이 될 수 없다는 것을 의미한다.【吳】

17 또 그 가치가 얼마나 되었겠으며 : 원문은 '역능기소(亦能幾所)'이다. '소(所)'는 『태평어람』 권811에는 '하(何)'라고 인용되어 있다. '소'는 허락한다는 뜻이다.【吳】

18 속설 : 원문은 '속설(俗說)'로 '설(說)'은 『태평어람』에는 '어(語)'라 인용되어 있다.【吳】

『漢書』說 : “王陽雖儒生, 自寒賤. 然好車馬衣服, 極爲鮮好, 而無金銀文繡之物. 及遷徙去處, 所載不過囊衣, 不蓄積餘財. 去位家居, 亦布衣疏食. 天下服其廉而怪其奢, 故俗傳王陽能作黃金.”

謹按『太史記』: 秦始皇欺於徐市之屬, 求三山於海中, 通甬道, 隱形體, 弦詩想蓬萊, 而不免沙丘之禍. 孝武皇帝玆益迷謬, 文成・五利處之不疑, 妻以公主, 賜以甲第. 家累萬金, 身佩四印, 辭窮情得, 亦旋梟裂. 淮南王安銳精黃白, 庶幾輕擧, 卒離親伏白刃之罪. 劉向得其遺文, 奇而獻之. 成帝令典尙方鑄作事, 費甚多, 而方不驗. 劾向大辟, 繫須冬獄. 兄陽城侯乞入國半, 故得減死. 秦漢以天子之貴, 四海之富, 淮南竭一國之貢稅, 向假尙方之饒, 然不能有成者. 夫物之變化固自有極, 王陽何人, 獨能乎哉! 語曰 : “金不可作, 世不可度” 王陽居官食祿, 雖爲鮮明, 車馬衣服, 亦能幾所, 何足怪之! 乃傳俗說, 班固之論陋於是矣.

종균[1]이 호랑이에게 강을 건너게 하다[宗均令虎渡江]

구강(九江)[2]에 호랑이가 많아 백성들이 고달파했다. 전임 군수[3]가 호랑

1 종균 : 원문은 '송균(宋均)'이다. '송균'은 '종균(宗均)'이라 써야 맞고 아래에서도 마찬가지이다. 『후한서』 본전에도 '송균'이라 잘못 기록되어 있다. 『군서습브』에 다음 말이 있다. "하작(何焯, 1661~1722)이 『후한서』를 교정하고 다음과 같이 말했다. '「당고전(黨錮傳)」에서 사승(謝承)의 책을 인용해 이렇게 말했다. 종자(宗資)는 자(字)가 숙도(叔都)이고 남양(南陽) 안중(安衆 : 지금의 河南省 鄧縣의 동북쪽) 사람이다. 집안 대대로 한나라 장군과 재상, 이름난 신하가 나왔다. 조부는 종균(宗均)으로 전(傳)이 있다.' 또 「남만전(南蠻傳)」에도 항복받은 일을 기록하고 있는데 알자 종균이라 되어 있어 참고하여 교정했다[何氏焯校『後漢書』云 : '「黨錮傳」引謝承書云 : 宗資, 字叔都, 南陽安衆人也. 家代爲漢將相名臣. 祖父均, 自有傳' 又「南蠻傳」敍受降事, 正作謁者宗均, 可參校定之]." 조명성(趙明誠)의 『금석록(金石錄)』을 보면 「한사공종구비(漢司空宗俱碑)」가 있는데 종구(宗俱)는 종균의 친척 종의(宗意)의 손자이고 영제(靈帝) 때의 사공(司空)이라고 했다. 『논형 · 정재(程材)』에는 종숙서(宗叔犀 : '서(犀)'는 '상(庠)'의 오기임)를 언급하고 있는데 즉 종균이다. 모두 '송균'을 '종균'이라고 써야 함을 증명하고 있다.【吳】

알자(謁者) : 동한시대 대장추(大長秋)의 아래에 있는 관리이다.【譯註】

2 구강(九江) : 구강은 한나라 심양(尋陽)의 경계 내에 있었다. 지금의 호북성(湖北省) 광제(廣濟), 황해(黃海) 일대이다.【譯註】

이를 포획할 사람을 모집하자 무관들은 세금을 면제받기 위해 군의 경계 지역마다 함정을 파 놓았다. 후임 태수 종균은 구강에 부임하자마자 공문서를 관할 현에 보내었다.

"무릇 호랑이와 표범은 산에 살고 자라와 악어는 연못에 사는데 이것은 동물의 본성이 그러하기 때문이다. 그러므로 장강(長江)과 회하[淮水] 사이에 맹수가 사는 것은 장강의 북쪽에 닭과 돼지가 사는 것과 마찬가지이다. 지금 호랑이가 여러 번 백성들에게 해를 끼쳐 난폭하고 잔인하다고 탓하고 있는데 그것은 관리가 그렇게 만든 것이다.[4] 그런데도 도리어 호랑이를 쫓아가 포획하려하니 이것은 정치의 근본이 아니니다."

그리고 나서 종균은 함정[5]을 없애고 더 이상 호랑이를 잡지 않았으며, 탐욕스럽고 잔인한 자를 물러나게 하고 충성스럽고 선량한 사람을 등용했다.

그 이후로 호랑이는 모두 동쪽으로 장강을 건너가 더 이상 백성들에

---

3 전임 군수 : 원문은 '전장(前將)'이다. 『한서 · 혹리엄연년전(酷吏嚴延年傳)』에는 엄연년이 탁군태수(涿郡太守)가 되었을 때 '연년의 신임 군장(延年新將)'이라고 기록되어 있다. 이에 안사고는 다음과 같이 주를 달고 있다. "새로 군장이 되었다. 군수를 군장이라고 하는 것은 무술에 관한 일을 함께 통솔했기 때문이다[新爲郡將也. 謂郡守爲郡將者, 以其兼領武事也]." 한대(漢代) 군수는 군사 일을 아울러 관장했기에 '군장[將]'이라 칭했는데, 역사서에 자주 보인다.【吳】

4 지금 호랑이가~것이다 : 『후한서 · 채옹전(蔡邕傳)』에 다음 말이 있다. "정치에는 가혹한 폭력성이 있으니 호랑이나 승냥이가 사람을 잡아먹는 것과 같다[政有苛暴, 則虎狼食人]." 『논형 · 조호(遭虎)』에 다음 말이 있다. "재난을 극복한 사람은 호랑이가 사람을 잡아먹는 행위를 가지고 공조가 간악함을 드러낸다고 말한다. 그 의미는 공조는 여러 관리의 우두머리이고 호랑이 역시 짐승들의 영웅이라는 말이다. 공조는 간악한 자로서 하급관리들을 착취하고 침탈하므로 호랑이가 사람을 잡아먹는다는 말로써 그 의미를 드러낸 것이다[變復之家, 謂虎食人者, 功曹爲姦所致也. 其意以爲功曹衆吏之率, 虎亦諸禽之雄也. 功曹爲姦, 采魚於吏, 故虎食人, 以象其意]." 이것으로 보아 가혹한 정치는 호랑이가 사람을 잡아먹는 것과 같다는 이야기는 한대에 유행하던 견해임을 알 수 있다.【吳】
여기서 '변(變)'은 자연 재해 또는 기이한 현상을 가리키고, '복(復)'은 재해나 기이한 현상을 제거하고 원래의 상태로 회복하는 것을 가리킨다. '채(采)'는 착취한다는 의미이고 '어(魚)'는 침탈한다는 의미이다.【譯註】

5 함정 : 원문은 '함정(檻穽)'으로 '함(檻)'은 짐승을 잡으려고 만든 덫이다.【吳】

게 피해를 끼치지 않았다.

내가 삼가 『상서』를 살펴보니 다음과 같았다.

"무왕은 전차 3백 량과 호랑이처럼 날랜 군사 3천 명을 데리고 가서 은나라의 주왕(紂王)을 목야(牧野)에서 사로잡았다."

이것은 불같이 노하는 모습이 호랑이가 질주하는 것과 같음을 말한다. 『시경』에는 남중(南仲)[6]을 다음과 같이 찬미했다.

"포효하는[7] 호랑이처럼 분노했다."[8]

『역경』에는 다음 말이 있다.

"대인이 호랑이처럼 변하면 그 모습이 빛나고 군자가 표범처럼 변하면 그 모습이 당당하다."[9]

전하여 말한다.

"산에 맹호가 있으면 초목은 무성하게 잘 자란다."

그러므로 하늘이 만든 것은 다 쓰임새에 맞게 준비한 것이니 사람을 상하게 하지 않는다. 그러나 때때로 사람들에게 해를 입히는 것은 정치가 그렇게 만든 것이다. 지금 종균이 선정을 베풀고자 해 맑은 것을 들어 탁한 것을 물리쳐내자 신명이 보호해주니 호랑이가 해를 끼치지 않는 것은 당연하다. 장강은 넓이가 7리이고 위아래로 다라 흐르는 강줄기는 20여 리쯤[10] 된다. 산이나 동굴에 사는 호랑이가 무성한 털[11]을 가지

6 남중(南仲) : 주나라 문왕 때의 무신이다.【吳】

7 포효하는 : 원문은 '효(哮)'이다. '효'는 금본 『시경 · 대아(大雅) · 상무(常武)』에는 '효(虓)'라고 되어 있다.【吳】

8 분노했다 : 원문은 '감(闞)'이다.【吳】

9 대인이~당당하다 : 『역경 · 혁괘(革卦)』 구오(九五)와 상육효사상전(上六爻辭象傳)에 보인다. 『법언(法言) · 오자(吾子)』에 다음 말이 있다. "성인이 호랑이처럼 변하면 그 모습이 빛나고 군자가 표범처럼 변하면 그 모습이 당당하다(聖人虎別, 其文炳也, 君子豹別, 其文蔚也)." '병(炳)'은 찬란하게 빛난다는 뜻이다.【吳】

10 20여 리쯤: 원문은 '이십여(二十餘)'이다. '여(餘)' 자 아래에 '리(里)' 자가 빠진 듯하다.【吳】

11 무성한 털 : 원문은 '모렵(毛鬣)'이다. 『사류부(事類賦)』 권20과 『태평어람』 권891에는 모두 '호모파사(虎毛婆娑)'라고 인용하고 있다. 이것은 마땅히 '모렵파사(毛鬣婆娑)'

고 있는데 어찌 수신(水神)을 범하고 파도를 넘어 강을 가로질러 건너갈 수 있겠는가! 속담에 다음 말이 있다.

'여우가 황하를 건너고자 하나 이 꼬리를 어찌하나!'[12]

뱃사공은 노를 젓다가 되레 무서워하며 감히 위로 올라가지 못하고 호랑이 주위를 선회한다. 모두 호랑이가 동쪽으로 건넜다고 말하지만 누가 보았단 말인가? 요와 순은 윗자리에 있으면서 공경하고 밝으시며[13] 직(稷)과 설(契)은 아랫자리에 있으면서도 성실하고[14] 아름다우셨다.[15] 설마하니 이때에도 호랑이가 있었겠는가? 종균이 삼공(三公)[16]에 올라 그 덕이 사해에 미쳤다 하더라도 호랑이가 어찌 손잡고 따르며 아주 먼 지역[17]에까지 갔겠는가?

九江多虎, 百姓苦之. 前將募民捕取, 武吏以除賦課, 郡境界皆設陷穽. 後太守宋均到, 乃移記屬縣曰 : "夫虎豹在山, 黿鼉在淵, 物性之所託. 故江·淮之間有猛獸, 猶江北之有雞豚. 今數爲民害者, 咎在貪殘,

---

라고 고쳐야 하기 때문에 띄어 읽은 것이다. 『천중기』 권60에는 '모능첩사(毛能妾娑)'라고 쓰고 있는데 '사(娑)' 자는 오히려 취할 만하다. '양후(陽侯)'는 수신이다. 『한서·양웅전(揚雄傳)』 안사고의 주에는 응소의 다음 말을 인용하고 있다. "양후는 옛날의 제후이다. 죄를 짓자 강물에 투신해 파도의 신이 되었다[陽侯, 古之諸侯也. 有罪自投江, 其神爲大波]."【吳】

12 속담에~어찌하나 : 원문은 '이어호욕도하, 무내미하(俚語狐欲渡河, 無奈尾何)'이다. '어(語)' 자의 아래에는 『수경·하수주(河水注)』에서는 '칭(稱)' 자를 인용하고 있고 '내(奈)' 자도 '여(如)'로 인용하고 있다.【吳】
여우는 강을 건너기 전에 꼬리에 물을 묻히지 않으려 하나 강을 건너게 되면 꼬리가 물에 닿을 수밖에 없다. 따라서 이 말은 어찌할 수 없음을 나타낸다.【譯註】

13 요와 순은~공경하고 밝으시며 : 『상서·요전』에 다음 말이 있다. "요임금은 방훈(요임금의 다른 명칭으로 공을 크게 세운 것을 의미함)으로 불리는데 공경하고 밝으시며 사려 깊고 온유하시다[帝堯曰放勳, 欽明文思安安]." 공안국(孔安國)은 다음과 같이 전한다. "흠은 공경한다는 뜻이다[欽, 敬也]."【吳】

14 성실하고 : 원문은 '윤(允)'이다.【吳】

15 아름다우셨다 : 원문은 '의(懿)'이다.【吳】

16 삼공(三公) : 원문은 '삼사(三事)'이다. 삼공은 태위(太尉), 사도(司徒), 사공(司空)이다.【吳】

17 아주 먼 지역 : 원문은 '귀방(鬼方)'이다.【吳】

居職使然. 而反逐捕, 非政之本也." 壞檻穽, 勿復課錄, 退貪殘, 進忠良. 後虎悉東渡江, 不爲民害.

謹按『尙書』: "武王戎車三百兩, 虎賁三千人, 擒紂於牧野." 言猛怒如虎之奔赴也. 『詩』美南仲 : "闞如哮虎." 『易』稱 : "大人虎變, 其文炳, 君子豹變, 其文蔚." 傳曰 : "山有猛虎, 草木茂長." 故天之所生, 備物致用, 非以傷人也. 然時爲害者, 乃其政使然也. 今均思求其政, 擧淸黜濁, 神明報應, 宜不爲災. 江渡七里, 上下隨流, 近有二十餘. 虎山棲穴處, 毛鬣豈能犯陽侯, 凌濤瀨而橫厲哉! 俚語 : "狐欲渡河, 無奈尾何!" 舟人楫櫂, 猶尙畏怖, 不敢迎上與之周旋. 云悉東渡, 誰指見者? 堯舜欽明在上, 稷契允懿於下. 當此時也, 寧復有虎耶? 若均登據三事, 德被四海, 虎豈可抱負相隨, 乃至鬼方絶域之地乎?

팽성의 상 원원복[彭城相袁元服]

세상에 다음 말이 있다.

원원복의 부친은 자가 백초(伯楚)이고[1] 광록훈(光祿勳)[2]을 지냈는데 상중에 아들을 낳았다. 원백초는 나이가 들어 자손이 없는 것보다 더 큰 불효는 없다고 여겨[3] 그를 거두어 길렀다.[4] 군자는 자신의 허물을 숨기지

1 원원복(袁元服)의 부친은 자가 백초(伯楚)이고 : 원원복(袁元服)과 원백초(袁伯楚)의 사적은 『후한서·원안전(袁安傳)』에 간략하게 보인다.【吳】

2 광록훈(光祿勳) : '훈(勳)'은 원래 '경(卿)'이라 잘못 표기되어 있었고 『의림』에도 마찬가지이다. 생각건대 한나라는 태상(太常), 정위(廷尉), 위위(衛尉), 종정(宗正), 대사농(大司農), 대홍려(大鴻臚), 태복(太僕), 소부(少府), 광록훈(光祿勳)을 구경(九卿)으로 삼았지만 모두 '경'이라는 명칭을 관직에 쓴 것은 아니다. 여기에서 '광록경(光祿卿)'이라 한 것은 틀림없이 후대 사람이 함부로 고친 것이다. 『후한서·원안전』에는 백초(伯楚)는 "순제 초에 광록훈이 되었다[順帝初爲光祿勳]"라고 되어 있다. 지금 이에 근거하여 고친다.【吳】

3 더 큰 불효는 없다고 여겨 : 『맹자·이루(離婁)』에 다음 말이 있다. "불효에는 세 가지가 있는데, 그중에 후손이 없는 게 가장 큰 불효다[不孝有三, 無後爲大]." 이것은 응소가 근거로 삼은 것이다.【吳】

않는 까닭에 '복(服)'을 아들의 자로 삼았다.

내가 삼가 살펴보니 다음과 같았다.

원원복은 이름이 하(賀)이고 여남(汝南) 사람이다. 그의 조부는 이름이 원(原)[5]이고 시중(侍中)을 지냈다. 안제(安帝)가 처음에 관을 하사하자[6] 여러 관리가 모여 축하했다. 그가 관복을 입고 조회에 갈 때[7] 마침 손자가 태어났다. 나라의 큰 모임이 있을 때 태어난 것을 기뻐하여[8] 하(賀)라 이름 짓고 자를 원복이라 했다. 원원(袁原)의 부친 원안(袁安)[9]은 사도(司徒)로서 충성스럽고 의로우며 자신을 위해 사사로운 일을 하지 않았고[10] 성심을

---

4 그를 거두어 길렀다 : 한나라 풍속에 따르면 상중에 낳은 아들은 예를 범하고 효를 상하게 했다고 해서 양육할 수 없었다.【吳】

5 원(原) : 『의림』, 『태평어람』 권362에는 '경(京)'이라 되어 있고, 『후한서·원굉전(袁閎傳)』 이현(李賢)의 주에도 '경'이라 적고 있는데 이에 근거하여 고치는 것이 맞다. 이하도 마찬가지이다. 「원안전」에 다음 말이 있다. "원안의 아들 가운데 경(京)과 창(敞)이 가장 유명하다. 경은 자가 중예(仲譽)인데 맹희(孟喜)의 『역경』을 학습하고 『난기(難記)』 30만 언을 지었다. 처음에 낭중을 제수받고 조금 뒤에 시중을 지냈으며 촉군태수에 발탁되었다[安子京·敞最知名. 京字仲譽, 習孟氏『易』, 作『難記』三十萬言. 初拜郎中, 稍遷侍中, 出爲蜀郡太守]."【吳】

6 안제(安帝)가 처음에 관을 하사하자 : 『후한서·효안제기(孝安帝紀)』에 다음 말이 있다. 영초(永初) "3년 봄 정월 경자일에 황제가 관을 하사했다[三年春正月庚子, 皇帝加元服]." '원복(元服)'은 관이다. 『한서·소제기(昭帝紀)』 안사고의 주에는 "원은 머리이다. 관은 머리에 쓰는 것으로 원복이라고 한다[元, 首也. 冠者首之所著, 故曰元服]"라고 되어 있다.【吳】

7 관복을 입고 조회에 갈 때 : 원문은 '임엄수출(臨嚴垂出)'이다. 『군서습보』에 다음 말이 있다. "무릇 예를 행하는데 있어 관리가 상주할 때 엄숙하기 때문에 장엄하다라고 말한다. 『후한서』의 주에는 '임장(臨莊)'이라 되어 있는데 이것은 오히려 명제를 피휘해서 쓴 것이다[凡行禮有司奏中嚴, 謂莊嚴也. 『後漢書』注引作'臨莊', 此尙避明帝諱]." '임엄수출'은 곧 관복을 입고 조회에 간다는 뜻이다.【吳】

8 나라의 큰 모임이 있을 때 태어난 것을 기뻐하여 : 원문은 '희기가회(喜其嘉會)'이다. '가(嘉)'는 원래 '가(加)'로 잘못되어 있었으나 지금 『의림』과 『후한서』 이현의 주에 근거해서 교정했다.【吳】

9 원안(袁安) : 자가 소공(邵公)이다. 장제(章帝) 장화 원년(章和元年, 87)에 환우(桓虞)를 대신하여 사도(司徒)가 되었다.【吳】

10 충성스럽고~하지 않았고 : 원문은 '충건비궁(忠蹇匪躬)'이다. '건(蹇)'은 충성스럽고 의롭다는 의미이다. '비궁(匪躬)'은 자신을 위해 사사로운 일을 하지 않는다는 뜻이

다해 나라를 섬겼다. 그는 화제(和帝)를 일깨워 두헌(竇憲)[11]을 치게 했다. 광무(光武) 중흥 이래로 원안은 최고의 명재상이 되었지만 본디 조상의 유업[12]을 계승하였기에 법도에 자긍심을 가지고 있었다. 원백초[13]는 이름이 팽(彭)인데 청렴함은 백이와 숙제에 비견되고, 정치는 염구(冉求)와 중유(仲由)[14]에 비유되며 삼군의 태수를 역임하여[15] 그 지위가 매우 높았다. 원하(袁賀)가 일찍 어미를 여의었으나 [원백초는] 더는 후처를 들이지 않으며 말했다.

"증삼(曾參)은 아내를 잃고 다시 장가가지 않았다.[16] 그가 '나는 윤길보

다. 『역경·건괘(蹇卦)』 육이효사(六二爻辭)에는 "왕의 신하가 되어 충성스럽고 의로운 것은 자신을 위해 사사로운 일을 하지 않기 때문이다[王臣蹇蹇, 匪躬之故]"라고 했다.【吳】

11 두헌(竇憲): 원문은 '두씨(竇氏)'로 두헌(竇憲)을 말한다.【吳】

12 조상의 유업: 원문은 '당구(堂構)'이다. 육기(陸機)의 「오등제후론(五等諸侯論)」에 다음 말이 있다. "그러므로 전대 사람은 후사를 얻고자 하고 후손들은 조상의 유업을 계승하려 한다[故前人欲以垂後, 後嗣思其堂構]."【吳】

13 원백초: 『후한서·원안전』에 다음 말이 있다. 백초는 "행실이 아주 고결해 관리가 되어서도 거친 옷을 입고 나쁜 음식을 먹다가 의랑으로 있을 때 죽었다. 상서 호광 등이 그의 청렴함을 기리기 위해 선대 왕조의 공우(貢禹)와 제오륜(第五倫)에 비유했다[行至清, 爲吏麤袍糲食, 終於議郎. 尚書胡廣等追表其有清潔之美, 比前朝貢禹·第五倫]."【吳】

14 염구(冉求)와 중유(仲由): 원문은 '염계(冉季)'이다. '염(冉)'은 '염구(冉求)'로 자는 '자유(子有)'이다. '계(季)'는 '중유(仲由)'로 자는 '계로(季路)'이고 또 다른 자는 '자로(子路)'이다. 이들은 모두 '공자(孔子)'의 제자로 『사기』에 전(傳)이 있다. 『논어·선진(先進)』에는 "정치가로는 염유, 계로가 있다[政事: 冉有, 季路]"라고 했다. 「옹야(雍也)」에도 다음 말이 있다. "계강자가 물었다. '중유에게 정치를 맡겨도 됩니까?' 공자가 말했다. '중유는 과단성이 있습니다. 정치를 맡기는 데 무슨 문제가 있겠습니까?' '염구에게 정치를 맡겨도 됩니까?' '염구는 재주가 뛰어납니다. 정치를 맡기는 데 무슨 문제가 있겠습니까?'[季康子問: '仲由可使從政也與?' 子曰: '由也果, 於從政乎何有?' 曰: '求也可使從政也與?' 曰: '求也藝, 於從政乎何有?']"【吳】

15 삼군의 태수를 역임하여: 『후한서』에 근거하면 원백초는 광한태수(廣漢太守)와 남양태수(南陽太守)를 역임했다. 여기서 '역전삼군(歷典三郡)'이라 했는데 다른 군 하나는 상세하지 않다.【吳】

16 증삼(曾參)은 아내를 잃고 다시 장가가지 않았다: 『후한서·질운전(郅惲傳)』 이선의 주에는 『공자가어(孔子家語)』의 말을 인용해 말했다. "증삼은 아내가 배를 덜 익혔다고 쫓겨나자 평생 동안 장가가지 않았다. 아들이 재혼하기를 요구하자 증삼이 말했다. '고종은 후처 때문에 효자를 죽였고 윤길보는 후처 때문에 백기를 쫓아냈다.

(尹吉甫)에 미치지 못하고 내 자식은 백기(伯奇)만 못하다. 윤길보가 현명하고 백기가 효성스러운데도 [백기는] 쫓겨났으니,[17] 나는 어떤 사람인가!'라고 했다."

병석에 누워 아들에게 자신의 임지에 장사지내도록 당부하며[18] 선대의 조상을 지키겠노라고 했다.[19]

"삼가 네 어미의 영구를 가져오지 마라. 망자가 지각이 있다면 무덤 찾아오는 것이 어렵지는 않을 것이다. 만약 망자가 무지하다면 그저 번거로울 따름이다.[20] 순임금은 창오(蒼梧)의 들에서 장사지냈는데[21] 아황(娥

나는 위로는 고종에 미치지 못하고 중간으로는 길보에 비교되지 못한다. 그렇지만 비난에서 벗어날 수 있는 방법은 알고 있다!' 그리고는 결국 장가가지 않았다[曾參妻爲梨蒸不熟, 因出之, 終身不娶. 其子請焉, 曾參曰:'高宗以后妻殺孝子, 尹吉甫以后妻放伯奇. 吾上不及高宗, 中不比吉甫. 知其得免於非乎!' 遂不娶]."【吳】

17 나는~쫓겨났으니:『태평어람』 권511에 「금조(琴操)」를 인용해 말했다. "윤길보(尹吉甫)는 주(周)나라의 경(卿)이다. 아들 백기(伯奇)는 어머니가 일찍 죽고 길보가 다시 후처를 맞았다. 후처는 길보에게 백기를 참소했다. '백기가 저의 아름다움을 보고 사심을 품고 있어요.' 길보가 말했다. '백기는 인자한데 어찌 그럴 리가 있겠소?' 후처가 말했다. '제가 빈방에 있는데 백기가 누각에 올라가서 쳐다봤어요.' 후처가 자신의 옷깃에 독벌을 넣어 꿰매고는 백기에게 독벌을 잡게 했다. 길보가 크게 화를 내며 백기를 들로 쫓아냈다. 선왕이 놀러 나왔을 때 길보가 왕을 따라 갔다가 백기가 노래를 지어 불러 그를 감동시켰다. 선왕이 노래를 듣고 말했다. '이 노래는 아들을 쫓아냈다는 말이로군.' 이에 길보는 백기를 구하고 느낀 바가 있어 결국 아내를 활로 쏘아 죽였다[尹吉甫, 周卿也. 子伯奇母早亡, 吉甫更娶後妻. 妻乃譖之於吉甫曰:'伯奇見妾美, 欲有邪心.' 吉甫曰:'伯奇慈仁, 豈有此也?' 妻曰:'置妾空房中, 君登樓察之.' 妻乃取毒蜂綴衣領, 令伯奇掇之. 於是吉甫大怒, 放伯奇於野. 宣王出遊, 吉甫從之, 伯奇作歌以感之. 宣王聞之, 曰:'此放子之辭也.' 吉甫乃求伯奇而感悟, 遂射殺其妻]."【吳】

18 아들에게~당부하며: 원문은 '칙사류장(勑使留葬)'이다. 이 문장은『의림』에는 '내자변류장(勑子便留葬)'이라 적혀 있다.【吳】

19 선대의 조상을 지키겠노라고 했다: 원문은 '시위선공(侍衛先公)'이다. '공(公)' 자 아래에 '왈(曰)' 자가 빠진 것 같다. 아래의 내용은 백초가 당부한 말이다.【吳】

20 삼가~번거로울 따름이다: 원굉(袁宏)의『후한기(後漢紀)·효화제기(孝和帝紀)』에 다음 말이 있다. 원안(袁安)은 "아내가 일찍 죽자 마을에 장사지내고 임종할 때에 명을 남겼다. '내가 재상으로서 마땅히 산의 언덕에 순장해야 하니 옛 무덤에 뼈를 묻을 수 없다. 네 어미가 먼저 선산에 묻혀 있으니 [어미의 귀신이] 그 사실을 안다면 마땅히 공양해야 한다. 귀신이 알지 못한다면 번거롭게 옮기지 말라'[妻早卒, 葬鄉里, 臨終遺令曰:'備位宰相, 當陪山林, 不得歸骨舊葬. 若母先在祖考墳壟, 若鬼神有知, 當留供養也. 其無知, 不煩徙也']." 문장이 이와 비슷하니 원안의 말로 여겨진다.【吳】

皇)과 여영(女英)은 이를 따르지 않았다.[22] 이런 사실은 경전과 명문에도 밝혀져 있는 것이니 내 뜻을 어기지 말라."

그의 청렴하고 고상한 행동은 모두 이와 같았다. 어찌 상중에 낳은 아들에게 이름을 '하(賀)'라고 했겠는가! 아무리 우둔한 사람이라 하더라도 그렇게 부르지는 않았을 것이다.

내가 소현현령(蕭縣縣令)으로 있을 때[23] 돌아가신 사공(司空) 선백응(宣伯應)[24]을 배알하고 물러나자[25] 그가 내 팔을 잡으며 말했다.

"『역경』에서 '세상에서 가장 큰 덕은 생산하는 것이다'라고 했네.[26] 그런데 지금 민간에는 금기가 너무 많다네. 아들 셋을 낳는 것, 오월에 낳는 것은 부모에게 해가 된다고 여긴다네.[27] 상중에 낳은 아들은 예를 어기고 효를 상하게 했다 해서 거두려 하지 않는다네. 원원복의 공덕과 작

---

21 순임금은 창오(蒼梧)의 들에서 장사지냈는데 : 『사기 · 오제본기』에 다음 말이 있다. 순은 "제위에 오른 지 39년 만에 남쪽을 순행하며 시찰하다가 창오의 들에서 붕어하여, 장강의 남쪽 구의산에서 장사 지냈으니, 이곳이 바로 영릉이다[踐帝位三十九年, 南巡狩, 崩於蒼梧之野, 葬於江南九疑, 是爲零陵]."【吳】

22 아황(娥皇)과 여영(女英)은 이를 따르지 않았다 : 『예기 · 단궁(檀弓)』에 다음 말이 있다. "순은 창오의 들판에 묻혔지만 삼비는 아직 따라가지 않은 것 같다[舜葬於蒼梧之野, 蓋三妃未之從也]." 『사기 · 오제본기집해』와 『후한서 · 조자전(趙咨傳)』 이선의 주에는 『예기』를 인용했는데 모두 '이비(二妃)'라고 했다. '이비(二妃)'는 요(堯)의 딸 아황과 여영을 가리킨다.【吳】

23 내가 소현현령(蕭縣縣令)으로 있을 때 : 원문은 '여위소령(予爲蕭令)'이다. '소(蕭)'는 옛 땅이 지금의 강소성(江蘇省) 소현(蕭縣)의 서북쪽에 있다.【吳】

24 선백응(宣伯應) : 선풍(宣酆)이다. 자가 백응(伯應)으로 여남(汝南) 사람이다. 동양정후(東陽亭侯)에 봉해졌고 환제(桓帝) 연희(延熹) 9년(166)에 사공(司空)이 되었다.【吳】

25 배알하고 물러나자 : 원문은 '주선(周旋)'으로 옛날 예를 행할 때에 읍하여 사양하고 물러나는 것이다. 의미가 확대되어 교제하는 것을 가리킨다.【譯註】

26 『역경』에서~라고 했네 : 『역경 · 계사(繫辭)』에 보인다.【吳】

27 지금 민간에는~여긴다네 : 『논형 · 사휘(四諱)』에 다음 말이 있다. "정월생과 5월생의 아들을 양육하기를 기피하는데 정월생과 5월생의 아들이 부모를 죽인다고 여겼기 때문이다. 부득이하여 양육했다면 부모가 화를 입어 죽는다[諱擧正月 · 五月子, 以爲正月 · 五月子殺父與母. 不得已擧之, 父母禍死]." 『후한서 · 장환전(張奐傳)』에 다음 말이 있다. 하서(河西)의 "풍속에는 요상하고 기피하는 게 많아 무릇 2월과 5월에 낳은 아들 및 부모와 같은 달에 태어난 아이는 모두 죽였다[俗多妖忌, 凡二月 · 五月産子及與父母同月生者, 悉殺之]."【吳】

위, 탁월한 자손의 명성은 그대가 본 그대로이네. 월왕(越王) 구천(勾踐)은 백성이 아들 셋을 낳으면 유모를 보내줬고[28] 맹상군은 그 아버지에게 '하늘에서 명을 받지 않았다면 어째서 문을 높이지 않습니까? 누가 그 문에 이를 수 있겠습니까?'라고 했네.[29] 무릇 학문은 실천할 수 있음을 귀히 여기고 그대 자신은 박학하니[30] 정치를 행함에 마땅히 다른 바가 있겠지!"

내가 대답했다.

"제나라와 초나라의 일[31]은 삼가 그대의 가르침을 들을 것입니다. 원 원복의 경우도 그 일이 이와 같습니다. 명공께서는 동향 사람이고[32] 탁

---

28 월왕(越王) 구천(勾踐)은~유모를 보내줬고:『국어·월어(越語)』에는 "[백성이] 아들 셋을 낳으면 월왕은 그에게 유모를 보내주었다[生三人, 公與之母]"라고 되어 있다.【吳】

29 맹상군은 그 아버지에게~라고 했네:『사기·맹상군열전(孟嘗君列傳)』에 다음 말이 있다. "전영(田嬰)에게는 아들 40명이 있었는데, 그 천첩에게는 이름이 문(文)인 아들이 있었다. 문이 5월 5일에 태어나 전영이 그 어미에게 '키우지 마시오'라고 했는데 그 어미가 몰래 길렀다. 그가 장성하자 그 어미가 형제를 통해서 아들을 전영에게 보이도록 했다. 전영이 노하여 그 어미에게 말했다. '내가 네게 이 아이를 버리게 했는데, 어째서 감히 키웠느냐?' 문이 머리를 조아리고 말했다. '5월에 태어난 자식을 키우지 못하게 하는 것은 무슨 까닭입니까?' 영이 말했다. '5월에 태어난 자식은 자라서 키가 문만큼 크면 장차 부모에게 해를 끼칠 것이다.' 문이 말했다. '사람이 하늘의 명을 받고 태어납니까? 장차 문에서 명을 받았습니까?' 그 말에 영은 아무 말도 하지 못했다. 문이 말했다. '하늘에서 명을 받았다면 군(아버지)은 무엇이 걱정이며, 문에서 명을 받았다면 그 문을 높이면 될 것이니, 누가 그 문에 닿을 수 있겠습니까?' 영이 말했다. '그만하거라'[田嬰有子四十餘人, 其賤妾有子名文. 文以五月五日生, 嬰告其母曰:'勿擧也.' 其母竊擧生之. 及長, 其母因兄弟而見其子文於田嬰. 田嬰怒其母曰:'吾令若去此子, 而敢生之, 何也?' 文頓首, 因曰:'君所以不擧五月子者何故?' 嬰曰:'五月子者, 長與戶齊, 將不利其父母.' 文曰:'人生受命於天乎? 將受命於戶邪?' 嬰默然. 文曰:'必受命於天, 君何憂焉, 必受命於戶, 則可高其戶耳, 誰能至者?' 嬰曰:'子休矣']."【吳】

30 그대 자신은 박학하니: 원문은 '군체박아(君體博雅)'이다. '박(博)'은 원래 '장(將)'으로 잘못되어 있었다.『유편본』,『호본』,『낭본』,『명각본(明刻本)』,『도광본』에는 모두 '박'이라 되어 있고『군서습보』에도 '박'이라 고쳐져 있다. 지금 이에 근거해 교정한다.【吳】

31 제나라와 초나라의 일: 제나라의 일은 위에서 말한 맹상군을 가리키는 것이고 초나라의 일은 월나라 왕 구천(句踐)을 가리킨다. '초(楚)'는 무릇 장강 중하류를 가리키며 포괄적으로 월나라 땅을 말한다.【吳】

32 명공께서는 동향 사람이고: 원문은 '명공기위향리(明公旣爲鄕里)'이다.『사고전서』본에는 '향리(鄕里)' 아래에 '숙망(宿望)' 두 글자가 더 있으나 참고할 만하지 못하다.

월한 견식을 가지셨는데 무엇 때문에 제나라 사람의 쓸데없는 말에 지나치게 귀 기울여[33] 마음에 담아두십니까!"

그러자 선백응은 아주 기뻐하며 말을 이어갔다.

"진실로 잘못이 있으면 다른 사람들이 반드시 알아챌 것인데[34] 내가 공자를 뛰어넘을 수 있겠는가!"

원원복의 아들 원하보(袁夏甫)[35]는 앞뒤로 여러 차례 초징되었지만 끝내 자신의 뜻을 굽히지 않았으니 은자에 버금가는 유풍을 가졌다.[36] 원정보(袁正甫)도 명망을 지니고 있어 지금 패(沛) 땅의 상(相)이 되었다.[37]

『통감·진기(晉紀)』 16 호삼성의 주에는 "한나라 위나라 이래로 대체로 재보와 악목(岳牧 : 요순시대의 四岳十二牧의 약칭)을 명공이라 불렀다[漢·魏以來, 率呼宰輔·岳牧爲明公]"라고 했다.【吳】

33 무엇 때문에~귀 기울여 : 원문은 '하위과령진어(何爲過聆晉語)'이다. 『설문해자』에는 "영은 듣다의 뜻이다[聆, 聽也]"라고 했다. 사수청 선생이 말했다. "생각건대 '진(晋)'은 '제(齊)'의 오자이다. 곧 『맹자·만장(萬章)』에서 말하는 제나라 동쪽 오랑캐의 말이다[按'晉'是齊字之譌. 卽『孟子·萬章』所謂齊東野人之語也]."【吳】

34 진실로 잘못이 있으면~알아챌 것인데 : 이것은 공자의 말로 『논어·술이(述而)』에 보인다.【吳】

35 원하보(袁夏甫) : 이름은 굉(閎)이다. 그의 일이 『후한서·원안전』 부록에 보인다. 『후한기·효환제기(孝桓帝紀)』에 다음 말이 있다. 원굉(袁閎)은 "조용하고 진실된 사람이라 영화로운 벼슬을 흠모하지 않아 자신은 초가집에서 편히 지내고 아내는 거친 음식을 만들었다[玄靜履眞, 不慕榮宦, 身安茅茨, 妻子御糟糠]." "주부에서 초치하고 주군에서 예의로 명했지만 모두 나아가지 않았다[州府辟召, 州郡禮命, 皆不就]."【吳】

36 은자에 버금가는 유풍을 가졌다 : 원문은 '아작자지유풍의(亞作者之遺風矣)'이다. '아(亞)'는 다음, 버금이라는 뜻이다. 『논어·헌문』에 다음 말이 있다. "공자가 말했다. '현명한 사람은 세상을 피하고 그다음 사람은 땅을 피하고 그다음 사람은 색을 피하고 그다음 사람은 말을 피한다.' 공자가 말했다. '은자가 7명이다[子曰 : '賢者辟世, 其次辟地, 其次辟色, 其次辟言.' 子曰 : '作者七人矣']."【吳】

37 원정보(袁正甫)도~상(相)이 되었다 : 원문은 '정보역유중명, 금현패상(正甫亦有重名, 今見沛相)'이다. '현(見)'은 드러난다는 뜻이다. '금현(今現)'은 현재를 말하는 것이다. 『후한서·원안전』에 수록된 「원충전(袁忠傳)」에 다음 말이 있다. 원충의 자는 정보(正甫)이다. "초평 연간(初平年間, 190~193)에 패땅의 상이 되었다[初平中, 爲沛相]." 이현의 주에는 "패왕 종의 상이다. 종은 광무의 8대손이다[沛王琮相也. 琮, 光武八代孫也]"라고 되어 있다. 『북당서초』 권139에는 화교(華嶠)의 『후한서』를 인용하여 "원충은 자가 정보이고 초평 연간에 패땅의 상이 되었다[袁忠字正甫, 初平間爲沛相]"라고 말하고 있다. 또 『삼국지(三國志)·위지(魏志)·무제기(武帝紀)』 배송지(裴松之)

대 동안 덕을 쌓았어도 이런 험담이 들리고, 선공(宣公)과 같은 의견이 많을 것 같아 처음부터 끝까지 갖춰 모두 기록한다.

俗說元服父字伯楚, 爲光祿勳, 於服中生此子. 時年長矣, 不孝莫大於無後, 故收擧之. 君子不隱其過, 因以'服'爲字.

謹按元服名賀, 汝南人也. 祖父名原, 爲侍中. 安帝始加元服, 百官會賀. 臨嚴垂出而孫適生. 喜其嘉會, 因名曰賀, 字元服. 原父安爲司徒, 忠蹇匪躬, 盡誠事國. 啓發和帝, 誅討竇氏. 中興以來, 最爲名宰, 原有堂構之稱, 矜於法度. 伯楚名彭, 淸擬夷叔, 政則冉季, 歷典三郡, 致位上列. 賀早失母, 不復繼室, 云: "曾子失妻而不娶. 曰: '吾不及尹吉甫, 子不如伯奇. 以吉甫之賢, 伯奇之孝, 尙有放逐之敗, 我何人哉!'" 及臨病困, 勑使留葬, 侍衛先公. "愼無迎取汝母喪柩. 如亡者有知, 往來不難. 如其無知, 祗爲煩耳. 虞舜葬於蒼梧, 二妃不從. 經典明文, 勿違吾志." 淸高擧動, 皆此類也. 何其在服中生子而名之賀者乎! 雖至愚人, 猶不云耳.

予爲蕭令, 周旋謁辭故司空宣伯應, 賢相把臂言: "『易』稱: '天地大德曰生.' 今俗間多有禁忌, 生三子者, 五月生者, 以爲妨害父母. 服中子犯禮傷孝, 莫肯收擧. 袁元服功德爵位, 子孫巍巍, 仁君所見. 越王勾踐民生三子與乳母, 孟嘗君對其父: '若不受命於天, 何不高戶? 誰能及者?' 夫學問貴能行, 君體博雅, 政宜有異乎!" 答曰: "齊楚之事, 敬聞命矣. 至於元服, 其事如此. 明公旣爲鄕里, 超然遠覽, 何爲過聆晉語, 簡在心事乎!" 於是欣然悅服, 續以大言: "苟有過, 人必知之, 我能勝仲尼哉!" 元服子夏甫, 前後徵命, 終不降志, 亞作者之遺風矣. 正甫亦有重名, 今見沛相. 載德五世而被斯言之玷. 恐多有宣公之論, 故備記其終始.

의 주에는 「조만전(曹瞞傳)」을 인용하여 또한 "원충은 패땅의 상이다[袁忠爲沛相]"라고 말했다.【吳】

풍속통의 권3*

건례(愆禮)

본 편에서는 잘못된 예절에 대해 말하고 있다. 응소는 예절을 어긴 일은 물론이고 지나친 예절도 경계의 대상으로 삼았다. 예를 들어 원하보(袁夏甫)가 모친상을 당했는데도 상복을 입지 않은 일은 잘못된 예절이다. 또한 진자위(陳子威)나 학자렴(郝子廉)의 경우처럼 어머니가 아닌데도 어머니로 모신다거나 누이에게까지 밥값을 지불하는 등의 행동은 지나친 예절로 비판하고 있다.

대저 성인이 예를 제정할 때 큰일에는 구체적인 규정이 있고[1] 작은 일

* 권3 : 소송(蘇頌)은 다음과 같이 말했다. "「건례」 권3은 『자초(子抄)』에서는 권8로 적고 있다[「愆禮」第三, 『子抄』云 : '第八']."【王】

1 큰일에는 구체적인 규정이 있고 : 원문은 '사유기제(事有其制)'이다. 『한서(漢書) · 예악지(禮樂志)』에 따르면, "사람의 본성에는 남녀라는 성별이 있어서 혼례의 제도가 생겨나고, 어른과 아이가 사귀는 데 순서가 있어서 향음주례(鄕飮酒禮)의 제도가 생겨났고 죽은 이를 애도하고 고인을 그리워하는 정이 있어서 상례와 제례가 생겨났

에도 구체적인 규약이 있어[2] 예가 전할 수 있고 계승될 수 있어야 한다.[3] [성인이 만든 禮를] 현자(賢者)는 자신을 낮추어서라도 지켜야 하고 어리석은 자는 까치발을 하고서라도 따라야 한다.[4] 그래서 자장(子張)은 지나쳤고 자하(子夏)는 미치지 못했으나[5] 그렇다고 자장이 더 나은 것은 없었다. 자

고, 어른을 높이고 윗사람을 공경하는 마음이 있어서 아침 문안의 예제가 생겨났다[人性有男女之性, 爲制婚姻之禮, 有交接長幼之序, 爲制鄕飮之禮, 有哀死思遠之情, 爲制喪祭之禮, 有尊尊敬上之心, 爲制朝覲之禮]"라고 했는데, 이것이 바로 "큰일은 구체적인 규정이 있다[事有其制]"는 뜻이다.【吳】

2 작은 일에도 구체적인 규약이 있어: 원문은 '곡유기방(曲有其防)'이다. 『한서 · 예악지』에 따르면 "슬픔에는 곡과 발을 구르는 예절이 있고 음악에는 노래와 춤의 형식이 있어서 바른 사람은 충분히 그 정성에 부합되고 치우친 사람은 충분히 그 실수를 막을 수 있다[哀有哭踊之節, 樂有歌舞之容, 正人足以副其誠, 邪人足以防其失]"라고 하고, 또 "주나라는 하(夏)나라와 은(殷)나라를 본받아 예악의제(禮樂儀制)를 더욱 갖추어 큰일에는 구체적인 규정이 있고 작은 일에는 구체적인 규약이 있었다[周監於二代, 禮文尤具, 事爲之制, 曲爲之防]"라고 했는데, 이 문장의 뜻을 잘 말해주고 있다.【吳】 왕념손(王念孫)의 『독서잡지(讀書雜志)』에는 "큰일을 사(事)라고 하고, 작은 일을 곡(曲)이라고 한다. 큰일에 대한 규정은 예의(禮儀)가 3백 개이고 작은 일에 대한 규정은 위의(威儀)가 3천 개다[案大事曰事, 小事曰曲. 事爲之制, 禮儀三百也, 曲爲之防, 威儀三千也]"라는 문장이 있다.【王】

3 예가 전할 수 있고 계승될 수 있어야 한다: 원문은 '위기가전, 위기가계(爲其可傳, 爲其可繼)'이다. 『예기(禮記) · 단궁(檀弓)』에 "변 땅 사람 중에 어머니가 돌아가시자 어린아이처럼 우는 사람이 있었다. 공자가 말하길, '[그 우는 것이] 슬프기는 슬프나 계승되기는 어렵겠구나. 대저 예절이라는 것은 전할 수 있고 계승될 수 있어야하니 곡을 하고 발을 구르는 데도 절도가 있어야 한다'[弁人有其母死而孺子泣者. 孔子曰: '哀則哀矣, 而難爲繼也. 夫禮, 爲可傳也, 爲可繼也, 故哭踊有節']"는 구절이 있는데, 이 두 구절은 여기에서 나온 것이다.【吳】

4 현자(賢者)는~따라야 한다: 원문은 '현자부취, 불초기급(賢者俯就, 不肖跂及)'이다. '기(跂)' 자는 원래 '발(跋)' 자로 되어있었으나 잘못된 것이다. 『호본(胡本)』 · 『낭본(郎本)』 · 『명각본(明刻本)』 · 『초본(抄本)』 · 『도광본(道光本)』에는 '기(跂)'로 되어있어 이에 근거하여 고친다. 『예기 · 단궁』에 따르면 "자사가 말하길 '선왕이 예를 규정하는 데 있어서 지나친 사람은 자신을 낮추어서라도 그것을 지키고 이르지 못한 사람은 까치발을 하여서라도 따라야 한다'[子思曰: '先王之制禮也, 過之者俯而就之, 不至焉者跂而及之']"라고 했는데, 여기에서 '부취(俯就)'는 격식을 아래로 낮추어 예를 지키는 것이고 '기급(跂及)'은 발꿈치를 들어 올려 예를 따르는 것이다.【吳】

5 자장(子張)은~못했으나: 자장은 바로 전손사(顓孫師)이고, 자하는 복상(卜商)으로 모두 공자의 제자들이다. 『논어 · 선진(先進)』에 다음 문장이 있다. "자공이 '자장과 자하 가운데 누가 낫습니까?'하고 묻자, 공자가 말하길 '자장은 지나치고 자하는 미치지 못한다'고 했다. 자공이 묻기를 '그러면 자장이 낫습니까?'하니, 공자가 말하길

로(子路)가 누이를 잃고 1년이 지나도록 탈상을 하지 않자 공자(孔子)가 크게 꾸짖었으니[6] 하물며 상정(常情)을 어기고 자기 뜻대로 하는 사람임에랴! 그래서 『시경(詩經)』에서는 "어기지도 않고 잊지도 않으며 선왕의 법도를 따르네"[7]라고 했고, 『논어(論語)』에서는 "예절을 모르면 세상에 나설 수 없다"[8]고 말했다. 그런 까닭에 요즘의 잘못된 예절[9]을 기록하고 이를 일러 「건례」라 한다.

夫聖人之制禮也, 事有其制, 曲有其防, 爲其可傳, 爲其可繼. 賢者俯就, 不肖跂及. 是故子張過而子夏不及, 然則無愈. 子路喪姊朞而不除, 仲尼以爲大譏, 況於忍能矯情直意而已也哉! 『詩』云: "不愆不忘, 帥由舊章." 『論語』: "不爲禮, 無以立". 故注近世苟妄曰「愆禮」也.

'지나침은 미치지 못함과 같다'고 했다[子貢問: '師與商也孰賢?' 子曰: '師也過, 商也不及.' 曰: '然則師愈與?' 子曰: '過猶不及.'"]【吳】

6 자로(子路)가~꾸짖었으니: 『예기·단궁』에 다음 구절이 있다. "자로가 누이의 상이 끝나 상복을 벗어야 하는데도 벗지 않았다. 공자가 '어찌 벗지 않는냐?'고 묻자 자로가 대답하길 '나는 형제가 적어 차마 못 벗겠습니다'라고 했다. 공자가 '선왕이 예를 정하자 도를 행하는 사람이면 모두 차마 어기지 못했다'라고 말하자 자로가 듣고는 바로 상복을 벗었다[子路有姊之喪, 可以除之矣, 而弗除也. 孔子曰: '何弗除也?' 子路曰: '吾寡兄弟而弗忍也.' 孔子曰: '先王制禮, 行道之人, 皆弗忍也.' 子路聞之, 遂除之."]【吳】

7 어기지도~따르네: 원문은 '불건불망, 수유구장(不愆不忘, 帥由舊章)'이다. 이 말은 『시경·대아(大雅)·가악(假樂)』에 보인다. '수(帥)' 자는 금본 『시경』에서 '솔(率)' 자로 쓰였으나 이 두 글자는 고대에 의미가 서로 통했다.【吳】

8 예절을~나설 수 없다: 이 말은 『논어·요왈(堯曰)』에 보인다. "공자가 말했다. '예를 모르면 세상에 나설 수 없다'[孔子云: '不知禮, 無以立也']."【吳】

9 잘못된 예절: 원문은 '구망(苟妄)'으로, 멋대로 예의에 맞지 않는 행동을 한다는 뜻이다.【譯註】

구강태수 무릉 사람 진자위[九江太守武陵陳子威]

구강태수 무릉(武陵)[1] 사람 진자위(陳子威)[2]는 태어나자마자 어머니를 여의어 항상 홀로 슬퍼했다.[3] 도성에 배우러 갔다가 돌아오는 길에 산골짜기를 지나다 한 할머니를 만났다. 할머니의 나이가 60세 정도 되어 보이기에 진자위가 성함이 어떻게 되느냐고 물었다.

그녀가 대답했다.

"진씨(陳氏) 집 며느리 이씨(李氏)이외다."

진자위가 물었다.

---

1 무릉(武陵) : 군명(郡名). 서한시대의 관청소재지는 의릉(義陵), 동한시대의 관청소재지는 임원(臨沅)이었으며 바로 지금의 호남성(湖南省) 상덕현(常德縣) 서쪽이다.【吳】

2 진자위(陳子威) : '진자(陳子)' 두 글자는 원래 없었으나 『군서습보(羣書拾補)』에 의거해 보충한다. 「건례」에 실린 이야기들은 모두 맨 앞에 그 이름을 밝히고 있어서 본 편도 문장의 관례에 따라 보충한다. 『영락대전(永樂大典)』 권10813에서는 단지 '자(子)' 한 글자만이 빠져있는데, 이 또한 '진자' 두 글자가 있었음을 증명할 수 있다.【吳】

3 슬퍼했다 : 원문은 '감(感)'이다. 사수청(史樹青) 선생은 "'감(感)' 자는 아마도 '척(慼)' 자의 오자인 듯하다['感'字疑是'慼'字之譌]"고 했다.【吳】

"어찌 혼자 가십니까?"

그녀가 대답했다.

"나 혼자뿐이기에 친정에 의지하려고 한다오."

진자위가 재배하더니 무릎을 꿇고 스스로 밝히며 갈했다.

"저는 어려서 어머니[4]가 돌아가셨는데, 제 성은 진씨이고 외가 쪽은 이씨입니다. 게다가 어르신과 돌아가신 어머니가 동년배이시고 마침 여기서 이렇게 만나게 되었으니 이것은 하늘의 뜻입니다."

그리고는 집으로 모시고 돌아와 친어머니처럼 봉양했다.

내가 삼가 『의례(儀禮)』를 살펴보니 다음과 같았다.

"계모도 어머니요, 자모도 어머니다."[5]

이것은 아버지의 첩실도 자신을 자애로 보살폈다면 모두 어머니의 도리를 가지고 있으므로 어머니처럼 모셔야 한다는 말이다. 어찌 길에서 만난 사람을 모셔다가 침상을 봐 드리고 문안인사를 할[6] 수 있겠는가!

---

4 어머니 : 원문은 '자모(慈母)'이다. 『군서습보』에서는 "여기에서는 친모를 말하며 아래 문장의 '자모여모(慈母如母)'와는 다르다[此謂親母, 與下'慈母如母'不同]"라고 했다.【吳】

5 계모도~어머니다 : 『의례·상복(喪服)·자하전(子夏傳)』에 다음 문장이 있다. "계모도 어머니다. 전하여 말하길, 계모가 어찌 어머니와 같은가? 계모가 아버지의 반려자라는 것이 어머니와 같다. 그래서 효자가 감히 다르게 대할 수 없는 것이다. 자모도 어머니다. 전하여 말하길, 자모는 누구인가? 전하여 말하길, 아버지의 첩 중에 자식이 없는 사람과 첩의 자식 중에 어머니가 없는 사람이 있을 때, 아버지가 첩에게 명하여 '자네가 자식으로 삼게' 하고, 자식에게 명하여 '네가 어머니로 모셔라'고 하는 것이다. 이와 같은 즉 종신토록 어머니처럼 봉양하고 자모가 죽으면 어머니처럼 삼년상을 치르는 것은 아버지의 명을 존중해서이다[繼母如母. 傳曰 : 繼母何以如母? 繼母之配父, 與因母同. 故孝子不敢殊也. 慈母如母. 傳曰 : 慈母者, 何也? 傳曰 : 妾之無子者·妾子之無母者, 父命妾曰 : '女以爲子.' 命子曰 : '女以爲母.' 若是則生養之終其身如母, 死則喪之三年如母, 貴父之命也]".【吳】

6 침상을 봐 드리고 문안인사를 할 : 원문은 '정성(定省)'이다. 『예기·곡례(曲禮)』에 다음 구절이 있다. "무릇 사람의 자식된 도리로 겨울이면 따뜻한가를 살피고 여름이면 시원한가는 살피며 저녁에는 침상자리를 펴드리고 아침에는 문안인사를 드려야한다[凡爲人子之禮, 冬溫而夏凊, 昏定而晨省]." 정현(鄭玄)의 주에는 "안(安)은 그 침상을 봐드린다는 것이고, 성(省)은 편안한지 안부를 묻는 것이다[安定其床衽也, 省問其安否何如]"고 설명하고 있다.【吳】

세상에 전해지는 정란(丁蘭)이 나무를 깎아 모셨다는 일[7]과 지금의 이 일이 어찌 같지 않겠는가? 만약 인자한 사람이라서 측은지심(惻隱之心)[8]이 들어 그녀가 의탁할 곳이 없음을 불쌍히 여겼다면 단지[9] 모셔다 봉양하면 그만이지 어머니라 부르면서 모실 필요까지는 없었다.

九江太守武陵陳子威, 生不識母, 常自悲感. 遊學京師, 還於陵谷中, 見一老母. 年六十餘, 因就問母姓爲何. 曰 : "陳家女李氏." "何故獨行?" 曰 : "我孤獨, 欲依親家." 子威再拜長跪自白曰 : "子威少失慈母, 姓陳, 舅氏亦李. 又母與亡親同年, 會遇於此, 乃天意也." 因載歸家, 供養以爲母.

謹按『禮』: "繼母如母, 慈母如母." 謂繼父之室, 慈愛己, 皆有母道, 故事之如母也. 何有道路之人而定省! 世間共傳丁蘭剋木而事之, 今此之事, 豈不是似? 如仁人惻隱, 哀其無歸, 直可收養, 無事正母之號耳.

---

7 정란(丁蘭)이~모셨다는 일 : 이 일은 『초학기(初學記)』 권17에서 인용하고 있는 손성(孫盛)의 『일인전(逸人傳)』에 보인다. "정란(丁蘭)은 하내(河內) 사람이다. 어려서 부모를 여의어서 봉양을 드릴 수 없자 이에 나무를 깎아 인형을 만들었는데, 부모님의 모습과 흡사하게 만들어 살아계신 것처럼 모시고 아침저녁으로 문안을 드렸다. 그 후에 이웃사람 장숙(張叔)의 아내가 정란의 아내에게 빌릴 것이 있어 왔기에 정란의 아내가 무릎을 꿇고 나무인형에게 아뢰었는데, 나무인형이 기꺼워하지 않자 빌려주지 않았다. 장숙이 술에 취해 달려와서는 나무인형에게 마구 욕을 퍼부으며 몽둥이로 그 머리를 쳤다. 정란이 돌아와서 보니 나무인형의 안색이 좋지 않았다. 그래서 아내에게 물어보았더니 아내가 모두 다 정란에게 말했다. 정란은 검을 빼들고 장숙을 죽였다. 관리가 정란을 잡으러오자 정란은 나무인형에게 작별인사를 하고 떠났다. 나무인형은 정란을 보자 눈물을 흘렸다. 군현에서는 그의 지극한 효심을 가상히 여겨 신명이 통했다고 하면서 운대(雲臺)에 정란의 모습을 그려주었다[丁蘭者, 河內人也. 少喪考妣, 不及供養, 乃刻木爲人, 髣髴親形, 事之若生, 朝夕定省. 其後隣人張叔妻從蘭妻有所借, 蘭妻跪報木人, 木人不悅, 不以借之. 叔醉疾來誶罵木人, 以杖敲其頭. 蘭還, 見木人色不懌. 乃問其妻, 妻具以告之. 卽奮劍殺張叔. 吏捕蘭, 蘭辭木人去. 木人見蘭, 爲之垂淚. 郡縣嘉其至孝, 通於神明, 圖其形像於雲臺也]."【吳】

8 측은지심(惻隱之心) : 『맹자(孟子)·공손추(公孫丑)』에 나오는 말로, 주희(朱喜)의 주에 "측(惻)은 슬픔이 절절한 것이고 은(隱)은 아픔이 심한 것이다[惻, 傷之切也, 隱, 痛之深也]"라고 하였다.【王】

9 단지 : 원문은 '직(直)'이다.【吳】

대장군의 속관 돈황 사람 선도[大將軍掾燉煌宣度]

대장군의 속관[1]인 돈황(燉煌) 사람 선도(宣度)는 스승을 위해 태상(太常)[2] 장문명(張文明)[3]에게 상주의 지팡이를 짚게 했다.[4]

내가 삼가 『예기』를 살펴보니 다음과 같았다.[5]

1　속관 : 원문은 '연(掾)'으로 고대 속관의 총칭이다. 『후한서(後漢書) · 동평헌왕전(東平憲王傳)』에서는 응소의 『한관의(漢官儀)』를 인용하여 "장군의 속관은 29명이고 중대부는 속관이 없으며 영사는 41명의 속관이 있다[將軍掾屬二十九人, 中六夫, 無員, 令史四十一人]"라고 주를 달고 있다.【王】

2　태상(太常) : 원문은 '대상(大常)'으로, 바로 태상이다. 태상은 고대의 관직명으로 종묘의 예악을 관장한다.【譯註】

3　장문명(張文明) : 『후한서 · 장환전(張奐傳)』에 따르면 장환의 자는 연명(然明)이고 돈황(燉煌) 연천(淵泉) 사람으로, 일찍이 태상을 지낸 적이 있다고 한다. 『동관한기(東觀漢記) · 장환전(張奐傳)』에도 "장환의 자는 연명이다[張奐字然明]"라고 기록되어 있는 것으로 보아 여기서 말하는 장문명과 동일한 사람이다.【吳】

4　상주의 지팡이를 짚게 했다 : 원문은 '제장(制杖)'으로, 상을 치를 때 상주가 슬픔으로 몸을 가누지 못해서 지팡이를 짚는 것을 말한다.【譯註】

"공자가 죽자 제자들이 입을 상복이 정해지지 않았다. 자공이 말했다. '옛날 선생님께서 안연(顏淵)의 상을 치를 때 아들을 장사지내는 것 같이 하셨지만 상복은 입지 않으셨고, 자로를 장사지낼 때도 마찬가지셨습니다. 그러니 선생님을 장사지냄에 아버지같이 모시되 상복은 입지 맙시다.'"

"함께 모여 있을 때는 요질(腰絰)을 두르지만, 밖으로 나오면 벗는다."[6]

지금 사람이 누군가를 위해 상주의 지팡이를 짚었다면, 그를 아버지와 같이 여기는 것이다. 논자(論者)들은 잘못은 바로잡지 않고 잘못된 것을 보면서 그의 사람됨을 알겠다며,[7] 그의 마음속 비통함이 시종 한결같기 때문이라고 여긴다. 무릇 오늘날 지팡이를 짚는 것은 모두 권문세가에서 행해지는 일이다. 어떤 집에서는 함께 살던 부모님의 상[8]을 당하여 무덤에 엎드려 돌아오지 않는 일까지 있으니 이는 진실로 그 부모를 사랑하는 것이 아니라 남을 사랑하는 것이다.[9] 이는 다른 게 아니고 복이 오길 바라서이다. 평범한 사람들을 무릇 어찌 나무랄 수 있겠는가? 그러나 선도는 양주(涼州 : 지금의 甘肅省 張家川 回族自治縣)의 유명 인사이기 때문에 내가 말한 것일 뿐이다.

---

5 내가~같았다 : 『예기 · 단궁』에 보인다.【吳】

6 함께~벗는다 : 원문은 '군거즉질, 출즉부(羣居則絰, 出則否)'로, 이 구절은 원래 글자가 빠져 '거즉부(居則否)'만 남아있었으나, 지금 『예기 · 단궁』에 의거하여 보충한다.【吳】

7 잘못된 것을~알겠다며 : 원문은 '운관과지인(云觀過知仁)'이다. 『논어 · 이인(里仁)』에 다음 말이 있다. "공자가 말했다. '사람의 과실에는 각각 저마다의 유별이 있다. 따라서 과실을 보면 그 사람이 어떤 사람인지 알 수 있다'[子曰 : '人之過也, 各於其黨. 觀過, 斯知仁矣']." 여기에서 '인(仁)'은 사람의 뜻이다. 그 과실을 보면 그 사람이 어떤 유형의 사람인지 알 수 있음을 말한다.【吳】

8 상 : 원문은 '제최(齊衰)'로, 상복의 일종이다. 고대 중국에서는 거친 베를 이용해 상복을 만들고 가장자리를 꿰매는 것을 제(齊)라고 했기 때문에 이렇게 칭한다.【譯註】

9 진실로~것이다 : 원문은 '진불애기친이애타인자야(眞不愛其親而愛他人者也)'이다. 『효경(孝經) · 성치(聖治)』에 "부모가 자식을 낳은 것은 가문을 잇는 것이 가장 크고, 부모가 자식을 대하는 데는 그 정이 가장 두텁다. 그래서 자신의 부모를 사랑하지 않으면서 남을 사랑하는 것을 패덕(悖德)이라 하고, 자신의 부모를 공경하지 않으면서 남을 공경하는 것을 패례(悖禮)라고 한다[父母生之, 續莫大焉, 君親臨之, 厚莫重焉. 故不愛其親而愛他人者謂之悖德, 不敬其親而敬他人者謂之悖禮]"는 구절이 있는데, 응소의 이 말은 『효경』에 근거한 것이다.【吳】

大將軍掾燉煌宣度爲師大常張文明制杖.

謹按『禮記』: "孔子之喪, 門人疑所服. 子貢曰: '昔夫子之喪顔淵, 若喪子而無服, 至子路亦然. 請喪夫子如父而無服.'" "羣居則絰, 出則否." 今人乃爲制杖, 同之於父. 論者旣不匡糾, 而云觀過知仁, 謂心之哀惻終始一者也. 凡今杖者皆在權戚之門. 至有家遭齊衰同生之痛, 俯伏墳墓而不歸來, 眞不愛其親而愛他人者也. 無他也, 庶福報耳. 凡庸小生, 夫何譏稱? 然宣度涼州知名士, 吾是以云耳.

산양태수 여남 사람 설공조[山陽太守汝南薛恭祖]

산양태수 여남(汝南) 사람 설공조(薛恭祖)[1]는 아내를 잃고도 울지 않다가 입관할 때 관 위에서 큰 소리로 말했다.

"서로 은혜하며 사는 40여 년 동안 입고 먹는 것은 녹봉으로 해결했고 아들딸도 다 자랐고, 다행히 요절하지 않았으니 무슨 여한이 있겠는가! 이제 영원히 이별이네."[2]

---

1 설공조(薛恭祖) : 『여남선현전(汝南先賢傳)』에 따르면 "설근(薛勤)은 자가 공조(恭祖)이며 군의 공조(功曹)를 지냈다[勤字恭祖, 仕郡爲功曹]"라고 한다.【吳】

2 이별이네 : 원문은 '급(及)'이나 『사고전서(四庫全書)』본에는 '별(別)'로 되어있다. 이 문장은 빠지고 잘못된 부분이 있다. 다음에 "또 아내에게 예에서 벗어나는 말을 했다[又言妻非禮所與]"라는 문장이 있는데, 이것은 설공조의 말이나 여기에서는 빠져 있다. 『삼국지(三國志)·위지(魏志)·왕찬전(王粲傳)』의 배송지(裴松之) 주에서는 장번(張璠)의 『한기(漢紀)』를 인용하여 다음과 같이 설명하고 있다. "산양태수 설근은 아내를 잃고도 울지 않다가 입관할 때 그 곁에서 말했다. '다행히 요절하지 않았으니 또 무슨 여한이 있겠는가!'[山陽太守薛勤喪妻不哭, 將殯, 臨之曰 : '幸不爲夭, 復何恨哉!']."【吳】

내가 삼가 『의례』를 살펴보니 다음과 같았다.[3]

"본처를 위해 상주의 지팡이를 짚는 것은 아내를 존중하는 것이다."

아내란 자기에게 시집와서[4] 맛있는 술을 담그고 시부모를 봉양하며,[5] 부지런히[6] 음식을 장만하고 양잠과 베 짜기를 하며, 자식을 낳아 대를 잇게 해 제사를 모시게 하는[7] 사람으로 이를 위해 사랑을 쏟고 몸과 마음을 다한다. 하물며 보잘것없는 금수(禽獸)도 오히려 배회하는 마음과 우짖는 아픔이 있는데,[8] 어찌 죽음을 앞둔[9] 생사의 갈림길에서 영원히 이

---

3 내가~같았다 : 『의례 · 상복(喪服)』에 보인다.【吳】

4 아내란 자기에서 시집와서 : 원문은 '처자기제어기(妻者旣齊於己)'이다. 『설문해자(說文解字)』에는 "아내란 남편과 나란히 하는 사람이다[妻, 婦與夫齊者也]"라고 한다. 또한 『백호통의(白虎通義) · 가취(嫁娶)』에는 "처와 첩은 어떤 사람인가? 처는 같다, 가지런하다의 뜻으로, 남편과 한 몸이다. 천자에서부터 서민까지 그 의미는 같다[妻妾者何謂也? 妻者, 齊也, 與夫齊體. 自天子下至庶人, 其義一也]"고 기재하고 있다.【吳】

5 맛있는~봉양하며 : 원문은 '징쇄주이양고구(澄灑酒以養姑舅)'이다. 『군서습보』에서는 '주(酒)' 자 아래에 "'장(漿)' 자가 빠진 것 같다[似脫一'漿'字]"고 했는데, 『찰이(札迻)』에 다음 문장이 있다. "생각건대 응당 '징막주례, 이양구고(澄漠酒醴, 以養舅姑)'라고 해야 한다. 『열녀전(列女傳) · 송포녀종전(宋鮑女宗傳)』에 '술을 맑게 담그고 식사를 지어 올려 시부모를 섬긴다[澈漠酒醴, 羞饋食以事舅姑]'라는 기록으로 보아, 중원(仲遠 : 應劭)은 이것을 근거로 삼았고 노문초(盧文弨)의 교감이 잘못되었다[按此當作'澄漠酒醴, 以養舅姑'. 『列女傳 · 宋鮑女宗傳』云 : '澈漠酒醴, 羞饋食以事舅姑' 即仲遠所本, 盧校失考]".【吳】

6 부지런히 : 원문은 '계활(契闊)'이다. 『시경 · 패풍(邶風) · 격고(擊鼓)』에 "죽든 살든 부지런하든[死生契闊]"이란 말이 있는데, 모형(毛亨)의 「모씨전(毛氏傳)」에서 "계활은 부지런히 힘쓴다[契闊, 勤苦也]"라고 주를 달고 있다.【吳】

7 제사를 모시게 하는 : 원문은 '전중(傳重)'이다. 고례(古禮)에는 자식이 서자지만 손자가 적손일 경우나 적자가 불구가 되거나 죽었을 경우에 상제(喪祭)나 종묘의 중임을 그 손자에게 전하는데 이를 '전중'이라 했다. '중(重)'이란 상례나 제사 전에 쓰는 신물이다. 『예기 · 단궁』에 "중은 주도이다[重, 主道也]"라고 했는데, 정현(鄭玄)은 "막 죽어 신주를 만들지 못했을 때 중으로 그 신을 삼는다[始死未作主, 以重主其神也]"라고 주를 달고 있다.【吳】

8 하물며~있는데 : 『예기 · 삼년문(三年問)』에 다음 기록이 있다. "대체로 천지 사이에서 태어난 것으로 혈기 있는 것들은 반드시 지각이 있다. 지각이 있는 것 중에 그 무리를 사랑하는 것을 모르는 것은 없다. 크게는 날짐승과 길짐승까지도 그 무리와 짝을 잃었을 때 시간이 지나면 반드시 돌아와 자기의 고향을 지나면서 빙빙 돌며 울부짖거나 깡충깡충 뛰고 주저하며 머뭇거린 후에야 비로소 그곳을 떠난다. 작게는 제비나 참새까지도 울고 난 후에야 비로소 떠난다[凡生天地之間者, 有血氣之屬必

별하면서 슬픈 얼굴이 없을 수 있는가? 안으로는 가슴이 무너지는 슬픔을 감추며[10] 밖으로만 근신한다면 이것은 본성을 속이는 것이고 지극히 거짓인 것이다. 속담에 이런 말이 있다.

"아내가 죽으면 마음이 비통한 것은 오직 몸만이 안다."

또 그는 "아내에게는 예법대로 행하지 않는다"라고 말했는데, 이것은 무슨 예란 말인가? 어찌 어긋난 일이 아니겠는가! 대위(大尉)[11]인 산양(山陽) 사람 왕공(王龔)[12]은 아들들과 함께 상주의 지팡이를 짚었고, 태부(太傅)[13]인 여남 사람 진번(陳蕃)[14]과 원외(袁隗)[15]는 모두 상복을 갖추어 입고

有知. 有知之屬莫不知愛其類. 今是大鳥獸, 則失喪其羣匹, 越月踰時焉, 則必反巡, 過其故鄕, 翔回焉, 鳴號焉, 蹢躅焉, 踟躕焉, 然後乃能去之. 小者至於燕雀, 猶有啁噍之頃焉, 然後乃能去之]." 조초(啁噍)는 새가 우는 소리이다.【吳】

9 죽음을 앞둔 : 원문은 '사상지감(死喪之感)'이다. 『군서습보』에서는 '감(感)'은 "마땅히 '척(慼)'으로 써야할 것 같다[似當作'慼']"고 했다. 『시경 · 소아(小雅) · 상체(常棣)』의 "죽음 앞에서는 서로 형제 생각하네[死喪之威, 兄弟孔懷]"에 따르면 '감(感)'은 마땅히 '위(威)'로 써야 한다. '위(威)'는 두렵다는 뜻이다.【吳】

10 안으로는 가슴이 무너지는 슬픔을 감추며 : 원문은 '당내붕상(當內崩傷)'이다. '당(當)' 자 위에 『유편본』, 『정본』, 『호본』, 『낭본』, 『도광본』에는 모두 '상(尙)' 자가 있는데, 이는 후인(後人)들이 아무렇게나 갖다 붙인 것이다. '당(當)'은 감춘다는 뜻으로, 설공조가 가슴이 무너지는 것 같은 슬픔을 감춤을 말한다. 이 구절은 『사고전서』본에 '약내실붕상(若內實崩傷)'으로 쓰여 있는데, 이는 억지로 고친 것이다.【吳】

11 대위(大尉) : 관직명으로 태위(太尉)라고도 한다. 『후한서 · 광무기(光武紀)』 주에서는 응소의 『한관의』를 인용하여 "태위는 진나라 관직이다. 무제(武帝) 때에 대사마(大司馬)로 이름이 바뀌었다[太尉, 秦官也. 武帝更名大司馬]"라고 기록하고 있다.【王】

12 왕공(王龔) : 원래 '왕습(王襲)'으로 잘못되어있었으나 지금 『하본(何本)』에 의거하여 고친다. 『후한서 · 왕공전(王龔傳)』에 따르면 왕공의 자는 백종(伯宗)이고, 산양(山陽) 고평(高平) 사람으로 순제(順帝) 영화 원년(永和元年, 136)에 태위에 제수되어 5년간 재임했다고 한다. 또 『삼국지 · 위지 · 왕찬전』의 주에서 인용한 장번의 『한기』에는 "왕공의 자는 백종으로 천하에 이름을 날렸고 순제 때 태위가 되었다[龔字伯宗, 有高名於天下, 順帝時爲太尉]"고 한 뒤 또 "왕공의 아내가 죽자, 왕공이 아들들과 함께 상주의 지팡이를 짚고 상복을 입고선 상을 치렀다[龔妻卒, 龔與諸子並杖行服]"라고 기록하고 있는데, 이는 모두 '왕공(王龔)'이 맞음을 증명한다.【吳】

13 태부(太傅) : 관직명. 녹상서사(錄尙書事)로 백성들을 교화시키는 일을 했으며 고위직 사람들이 겸임하는 자리였다.【譯註】

14 진번(陳蕃) : 자는 중거(仲擧)이고 여남(汝南) 평여(平輿) 사람으로, 한나라 영제(靈帝) 건녕 원년(建寧元年, 168) 정월에 태부가 되었다가 같은 해 9월 중상시(中常侍) 조절(曹節)의 거짓 조서로 인해 참수되었다. 『후한서』에 그의 전이 있다.【吳】

상주의 자리를 지키며 몸소 묘도(墓道)로 들어가 슬픔으로 아내를 보냈는데, 이것은 거의 예의에 맞다[16]고 할 수 있다. 그러나 왕공이 아들들과 함께 상주의 지팡이를 짚은 것은 또한 지나친 것이다.[17]

山陽太守汝南薛恭祖, 喪其妻不哭, 臨殯, 於棺上大言: "自同恩好四十餘年, 服食祿賜, 男女成人, 幸不爲夭, 夫復何恨哉! 今相及也."

謹按『禮』: "爲適妻杖, 重於宗也." 妻者旣齊於己, 澄灑酒以養姑舅, 契闊中饋, 經理蠶織, 垂統傳重, 其爲恩篤勤至矣. 且鳥獸之微, 尚有回翔之思, 啁噍之痛, 何有死喪之感, 終始永絶, 而曾無惻容? 當內摑傷, 外自矜飭, 此爲矯情, 僞之至也. 俚語: "婦死腹悲, 唯身知之." 又言: "妻非禮所與." 此何禮也? 豈不悖哉! 大尉山陽王龔與諸子並杖, 太傅汝南陳蕃・袁隗皆制衰絰, 列在服位, 躬入隧, 哀以送之, 近得禮中. 王公諸子魏杖亦過矣.

15 원외(袁隗): 자는 차양(次陽)이고 여남 여양(汝陽) 사람으로, 한나라 헌제(獻帝) 초에 태부가 되었다. 그에 관한 일은 『후한서・원안전(袁安傳)』의 부록에 보인다. 『열녀전』에 따르면 원외의 아내 마륜(馬倫)은 부풍(扶風) 사람 마융(馬融)의 딸로 영제 광화(光和) 7년(184)에 죽었다고 한다.【吳】

16 예의에 맞다: 원문은 '예중(禮中)'이다.【吳】

17 왕공이~지나친 것이다: 원문은 '왕공제자위장역과의(王公諸子魏杖亦過矣)'이다. '위(魏)' 자는 『군서습보』에서 "'외(猥)'인 것 같다[疑'猥']"고 했다. 『사고전서』본에는 이 구절이 "왕공여제자병장역과의(王公與諸子並杖亦過矣)"라고 되어있다. 생각건대 이 구절은 마땅히 "왕공여제자병장역과의(王龔與諸子並杖亦過矣)"라고 해야만 "대위산양왕공(大尉山陽王龔)"과 맞아떨어진다.【吳】

홍농태수 하내 사람 오광[弘農太守河內吳匡]

홍농태수 하내(河內) 사람 오광(吳匡)[1]은 자가 백강(伯康)으로, 젊은 시절 관리로 일할 때 민첩하고 일 잘하기로 이름이 났다. 오광은 시어사(侍御史)로 있을 때 장락소부(長樂少府)[2] 황경(黃瓊)[3]과 함께 청하왕(淸河王)의 일을 도왔는데,[4] 그가 문서를 후딱[5] 작성했기에 청하왕은 그의 뛰어남을 매우

1 오광(吳匡) : 『후한서 · 하진전(何進傳)』에 따르면 오광은 하진(何進)의 부곡장(部曲將)이었다고 한다. 다른 사적은 보이지 않는다.【吳】

2 장락소부(長樂少府) : 장락궁(長樂宮)은 황태후의 궁궐로 소부(少府) 한 사람을 두어 관리하게 했다. 그 지위는 장추소부(長秋少府)보다 위이고 중궁소부(中宮少府)와는 같다. 『후한서 · 백관지(百官志)』에 보인다.【吳】

3 황경(黃瓊) : 자는 세영(世英)이고 강하(江夏) 안육(安陸) 사람이다. 한(漢)나라 순제(順帝) 때 의랑(議郎)에 제수되었고 관직이 태상(太常)까지 올랐다. 환제(桓帝) 때 사공(司空), 태복(太僕), 사도(司徒), 태위(太尉), 대사농(大司農)을 역임했다. 『후한서』에 그의 전이 있다.【吳】

4 함께~도왔는데 : 원문은 '공좌청하왕사(共佐淸河王事)'이다. 『후한서』의 「황경전(黃瓊傳)」이나 「장제팔왕청하왕산전(章帝八王淸河王蒜傳)」에는 모두 기록되어 있지 않다.【吳】

칭찬했다. 후에 오광은 제남왕(濟南王)의 재상으로 가게 되었다. 황경이 사공(司空)을 맡게 되자[6] 그는 여러 번[7] 오광을 추천하여 집에 있는 오광을 기용해[8] 상서(尙書)를 맡기고 홍농태수로 승진시켰다. 오광은 조서를 내려[9] 농사일에 힘쓰게 했다.[10] 하루는 오광이 민지현(澠池縣)를 지나가다 황경이 죽었다는 소식을 듣고는[11] 즉시 상을 당했음을 알리고 상복을 입었다. 그리고는 병이 났다고 보고하고 수레를 타고 관부로 돌아왔다.

내가 삼가 『춘추(春秋)』를 살펴보니 다음과 같았다.

"대부가 사신으로 나가다가 부모님의 상을 들으면 천천히 [공무를 보러] 가면서 돌아오지 않고, 임금이 쫓아가 돌아오게 해야 돌아오는 것이 예이다."[12]

---

5 후딱 : 원문은 '앙(卬)'으로, 『유편본』, 『낭본』, 『초본』, 『도광본』에는 모두 '인(印)'으로 쓰였다. 생각건대 원문이 잘못된 것이 아니고, 『설문해자』에서 말한 "앙은 망이다[卬, 望也]"의 의미로 쓰인 것으로, '앙(仰)'의 뜻과는 다르다.【吳】

6 황경이~맡게 되자 : 원문은 '경위사공(瓊爲司空)'이다 황경은 두 번 사공을 맡았는데, 한 번은 환제(桓帝) 원가(元嘉) 원년(151) 겨울부터 다음 해 11월까지이고, 또 한 번은 연희(延熹) 4년(161) 6월부터 같은 해 9월까지로, 『후한서 · 환제기(桓帝紀)』에 보인다.【吳】

7 여러 번 : 원문은 '비비(比比)'이다.【譯註】

8 집에 있는 오광을 기용해 : 원문은 '기가(起家)'로, 집에 있는 사람을 뽑아 쓴다는 뜻이다.【吳】

9 조서를 내려 : 원문은 '반조(班詔)'이다.【譯註】

10 농사일에 힘쓰게 했다 : 원문은 '권경(勸耕)'이다. 한나라 제도에 따르면 군수(郡守)가 항상 봄이 되면 관할하던 현과 읍을 순행하면서 "백성에게 농사일과 양잠을 독려했다[勸民耕桑]"고 한다.【吳】

11 황경이 죽었다는 소식을 듣고는 : 원문은 '문경훙(聞瓊薨)'이다. '문(聞)'은 원래 '간(間)'으로 잘못 쓰였으나 『도광본』에 의거하여 고친다. 『후한서 · 환제기』에 연희 "7년(164) 2월에 태위(太尉) 황경이 죽었다[七年二月太尉黃瓊薨]"라는 기록이 있다.【吳】

12 대부가~예이다 : 『공양전(公羊傳) · 선공(宣公) 8년』에 "대부가 임금의 명으로 출행했다가 중간에 부모의 상을 들으면 천천히 [공무를 보러] 가면서 돌아오지 않는다[大夫以君命出, 聞喪徐行而不反]"는 문장이 있고, 『춘추번로(春秋繁露) · 정화(精華)』에 "천천히 [공무를 보러] 가지만 돌아오지 않는 것은 부모 때문에 존엄한 군신의 의리를 해치지 않기 위해서이고, 사사로움으로 공무를 방해하지 않기 위해서이다[徐行不反者, 謂不以親害尊, 不以私妨公也]"라는 문장이 있다. 또 『백호통의 · 상복(喪服)』에

오광이 비록 황경의 천거를 받기는 했지만 군현(郡縣)의 공조(功曹)[13]나 주(州)의 치중(治中),[14] 병조(兵曹)[15]는 그 지위가 조정의 상서와 같아 무릇 선발을 통한 것이니, 어찌 또한 군신의 관계라 할 수 있겠는가! 지금 오광과 황경이 바로 이러하다. 부절을 나누어 변경을 지키고 백성을 농사일과 양잠에 힘쓰게 하며 억울한 사건을 줄이고 원한을 해결하는 것은 국가의 큰일이며 응당 힘써 행해야 할 바이다. 그러나 오광은 사사로운 은혜만 돌보며 오만방자했으니[16] 천자가 붕어했더라도[17] 어찌 이보다 더 지나치게 할 수 있겠는가? 논자들은 깊이 생각하지도 않고 그를 후덕하다고 여기며 대부분 이러한 의견을 내놓았고, 또 어떤 사람은 관직을 잃을까 걱정되어 그가 후덕하다는 생각에 동조했다. 사공 원주양(袁周陽)[18]은 순자명(荀慈明)[19]을 유도(有道)[20]로 추천했고 태위(太尉) 등백조(鄧伯條)[21]는

는 "대부가 임금의 명을 받고 출행했다가 부모의 상을 듣게 되도 임금의 명이 아니면 돌아오지 않는 것은 대개 임금을 존중해서이다[大夫受命而出, 聞父母之喪, 非君命不反者, 蓋重君也]"라는 문장이 보인다.【吳】

13 군현(郡縣)의 공조(功曹) : 원문은 '군현공조(郡縣功曹)'로, 주로 군현에서 공로가 있는 사람을 뽑아 임명했다.【吳】

14 주(州)의 치중(治中) : 원문은 '주치중(州治中)'이다. 『통전(通典)·직관(職官)』 14에 다음 문장이 있다. "치중종사사(治中從事史) 한 사람이 치사(治事)에 머물며 주로 여러 부서의 문서를 처리했는데, 한나라의 제도이다[治中從事史一人, 居中治事, 主衆曹文書, 漢制也]".【吳】

15 병조(兵曹) : 『후한서·백관지』에 다음 문장이 있다. "군사 관련 업무가 있으면 병조종사(兵曹從事)를 두었는데, 주로 병무와 관련된 일을 했다[其有軍事, 則置兵曹從事, 主兵事]."【吳】

16 오만방자했으니 : 원문은 '오흔자수(傲很自遂)'이다. '흔(很)'은 『유편본』, 『호본』, 『낭본』, 『명각본(明刻本)』, 『초본』, 『도광본』에 '한(狠)'으로 쓰였는데, 두 글자는 서로 통한다.【吳】

17 천자가 붕어했더라도 : 원문은 '궁거안가(宮車晏駕)'이다. 『풍속통의』의 일문(佚文)에 다음 말이 있다. "천자가 밤에 늦게 자고 아침에 일찍 일어나는 것은 업무가 많기 때문이다. 지금 갑자기 붕어하셨다면 편안히 모셔야 한다[天子夜寢早作, 故有萬機. 今忽崩隕, 則爲晏駕]."【吳】

18 원주양(袁周陽) : 이름은 봉(逢)이고 원탕(袁湯)의 아들이다. 영제(靈帝) 광화 원년(光和元年, 178) 10월 겨울에 사공(司空)이 되었다가 이듬해 3월에 파직 당했다. 그의 행적은 『후한서·원안전(袁安傳)』의 부록에 보인다.【吳】

19 순자명(荀慈明) : 이름은 상(爽) 혹은 서(諝)이며, 영천(潁川) 영음(潁陰) 사람이다. 『역

자맹직(訾孟直)[22]을 방정(方正)으로 추천했다. 그들은 두 사람이 죽자 모두 상복을 입었는데, 세상에 이러한 일이 한둘이 아니다.[23] 순자명과 자맹직은 통유(通儒)이기에 도리상 질책할 만하다. 어떤 경우에는 추천자의 명성과 지위가 몰락하고 자손들도 끊기자 대부분의 사람들이 직접 오지도 않았는데, 어찌 상복을 입는 일임에랴! 지나침과 모자람[24]은 옛사람들이

경(易經)』, 『상서』, 『시경』, 『의례』, 『춘추』에 관해 모두 저서가 있어 세상에서는 그를 큰 유학자[碩儒]로 칭했다. 『후한서』에 그의 전이 있다.【吳】

20 유도(有道) : '유도'와 아래 문장에 나오는 '방정(方正)'은 모두 한나라 때 관리를 선발하던 과목 중 하나이다.【吳】

21 등백조(鄧伯條) : 『후한서 · 영제기(靈帝紀)』에 등성(鄧盛)이라는 사람이 나오는데, 홍농(弘農) 사람으로 중평 원년(中平元年, 184) 4월에 양사(楊賜)를 대신해 태위(太尉)가 되었다가 이듬해 5월에 파직 당했다. 이현(李賢)의 주에 "등성의 자는 백능이다[盛字伯能]"라고 기재되어 있는 것으로 보아 이 사람이 맞는 것 같다.【吳】

22 자맹직(訾孟直) : 자맹직에 관한 사적은 보이지 않는다.【吳】

23 세상에 이러한 일이 한둘이 아니다 : 원문은 '세비일연(世非一然)'이다. 『후한서 · 순자전(荀慈傳)』에 "사공 원봉이 유도로 순상을 추천했으나, 응하지 않았다. 원봉이 죽자 순상은 상복을 입고 삼년상을 치렀다[司空袁逢擧有道, 不應. 及逢卒, 爽制服三年]"는 기록이 있고, 또 「환전전(桓典傳)」에는 패국(沛國)의 재상 왕길(王吉)이 효렴 환전을 추천해 낭중(郎中)으로 삼았는데, 왕길이 죄를 지어 주살되자 다른 사람들은 감히 다가가지 못했으나 환전만은 벼슬을 버리고 시신을 거두어 장사지내주었다. 또한 상복을 입고 삼년상을 치르고 흙을 덮어 무덤을 만들고서 사당을 세워주었다고 기록되어 있다. 이 외에도 「환란전(桓鸞傳)」에는 패군태수(沛郡太守) 향묘(向苗)가 효렴 환란을 추천해 교동령(膠東令)으로 파견했는데, 환란이 임지에 도착하자마자 향묘가 죽었다는 소식을 듣고 즉시 벼슬을 버리고 상을 처리하러 갔다가 삼년상을 치르고 나서야 돌아왔다고 하고, 「이순전(李恂傳)」에는 안정태수(安定太守) 이홍(李鴻)이 이순을 청해 공조(公曹)를 맡겼으나 이순이 부임하기 전에 주의 관리가 그에게 종사(從事)를 맡겼다. 마침 이홍이 죽자 이순은 주의 명령에 응하지 않고 이홍을 장사지내주고 다시 고향으로 돌아가 삼년상을 지냈다고 한다. 또 「진식전(陳寔傳)」에서는 진식이 죽자 전국에서 상을 지내러 온 사람만 3만 명이 넘었고 상복을 입은 사람만 1백여 명이었다고 한다. 이를 통해 당시의 풍속이 이러했음을 가히 알 수 있다.【吳】

24 지나침과 모자람 : 원문은 '과여불급(過與不及)'이다. 『논어 · 선진』에 "자공이 '자장과 자하 가운데 누가 낫습니까?'하고 묻자, 공자가 말하길 '자장은 지나치고 자하는 미치지 못한다'고 했다. 자공이 묻기를 '그러면 자장이 낫습니까?'하니, 공자가 말하길 '지나침은 미치지 못함과 같다'고 했다[子貢問 : '師與商也孰賢?' 子曰 : '師也過, 商也不及.' 曰 : '然則師愈與?' 子曰 : '過猶不及']"는 구절이 있다.【譯註】

똑같이 언급했던 것으로 조문하고 상복을 입는 규정도 이와 비슷하다.

弘農太守河內吳匡伯康, 少服職事, 號爲敏達. 爲侍御史, 與長樂少府黃瓊共佐淸河王事, 文書印成, 甚嘉異之. 後匡去濟南相. 瓊爲司空, 比比援擧, 起家拜尙書, 遷弘農. 班詔勸耕. 道於澠池, 聞瓊薨, 卽發喪制服. 上病, 載輂車還府.

謹按『春秋』: "大夫出使, 聞父母之喪, 徐行而不反, 君追還之, 禮也." 匡雖爲瓊所援擧, 由郡縣功曹・州治中・兵曹位朝廷尙書也, 凡所按選, 豈得復爲君臣者耶! 今匡與瓊其是矣. 剖符守境, 勸民耕桑, 肆省冤疑, 和解仇怨, 國之大事, 所當勤恤. 而顧私恩, 傲很自遂, 若宮車晏駕, 何以過玆? 論者不深察而歸之厚, 多有是言, 及其人患失, 而亦曰其然. 司空袁周陽擧荀慈明有道, 太尉鄧伯條擧訾孟直方正. 二公薨, 皆制齊衰, 世非一然. 荀・訾通儒, 於義足責. 或擧者名位斥落, 子孫無繼, 多不親至, 何乃衰乎! 過與不及, 古人同稱, 吊服之制斯近之矣.

하남윤 태산 사람 양편조[河南尹太山羊翩祖]

하남윤 태산 사람 양편조(羊翩祖)[1]가 집에 있을 때 평원왕(平原王)[2]의 재상 봉자형(封子衡)[3]이 어머니의 장례를 모셨다. 봉자형은 이전에 태산을 수십 일 동안 다스린 적[4]이 있었으나 그 당시 양편조는 하남으로 떠나고

1 양편조(羊翩祖) : 『후한서・당고전(黨錮傳)』에 따르면 양척(羊陟)의 자는 사조(嗣祖)이고 태산(太山) 양보(梁父) 사람이다. 태위(太尉) 이고(李固)의 부중(府中)에서 일하다 하남윤(河南尹)에 제수되었으나 당쟁으로 인해 파직되어 정치에 참여하지 못하다가 집에서 죽었다고 한다. '양편조'는 '양사조(羊嗣祖)'의 오기이다. 한대(漢代)의 예서(隸書)는 '사(嗣)'를 '사(嗣)' 또는 '사(嗣)'로 썼기 때문에 그 자형이 '편(翩)'과 매우 비슷해 잘못 쓰기 쉬웠다. 『풍속통의』 권5 「십반(十反)」의 "사도(司徒) 양국(梁國) 사람 성윤(盛允)의 자는 자편(子翩)이다[司徒梁國盛允字子翩]"에 보이는 '편(翩)'도 '사(嗣)'의 오기이다.【吳】

2 평원왕(平原王) : 『후한서・환기(桓紀)』에는 "건화(建和) 2년(148) 여름 4월 병자일에 황제의 동생 유고(劉顧)를 평원왕에 봉했다[建和二年夏四月丙子, 封帝弟顧爲平原王]"는 기록이 있는데, 봉자형(封子衡)이 평원왕의 재상을 할 때는 바로 유고가 다스리던 때이다.【王】

3 봉자형(封子衡) : 역사서에는 그의 전이 보이지 않는다.【吳】

4 다스린 적 : 원문은 '임(臨)'이다. 『국어(國語)・진어(晉語)』에 "진국(晉國)을 다스렸다

없었다. 봉자형의 먼 친척[5]인 봉만자(封曼慈)가 다시 태산을 다스리자 사대부 중에 조문 온[6] 사람이 수백 명이었으며 모두 상복을 입고 삼베 끈을 맸다. 당시 양편조는 태위부에서 스스로를 탄핵하며 귀향해 있던 때였기에[7] 시어사(侍御史)인 계피(季皮) 호모반(胡母班)[8]이 혼자 그에게 안부를 물으러 갔다가 [봉자형을 위해] 상복 착용을 청하자, 양편조가 말했다.

"자네는 봉자형의 속관도 아니면서 어째서 상복을 입으려 하는가?"

호모반이 대답했다.

"모든 사람이 이렇게 하는데, 어찌 혼자 안 할 수 있겠는가?"

양편조가 또 말했다.

"자네가 자네의 길을 가고 있는데, 내가 자네에게 오히려 실례를 범하게 했으니 내 잘못일세.[9] 그러나 옛날에는 상복을 입을 때 규정이 있었

[臨長晉國]"는 문장이 있는데, 위소(韋昭)는 "임(臨)은 다스리다[臨, 監也]"라고 주를 달고 있다.【吳】

5 먼 친척 : 원문은 '사종(四從)'으로, 10촌뻘 되는 형제, 자매를 말한다.【譯註】

6 조문 온 : 원문은 '행(行)'이다. '행(行)' 자 아래에 『군서습보』에서는 "아마도 '복(服)' 자가 빠진 듯하다[疑脫'服'字]"라는 문장이 있다.【吳】

7 태위부에서~귀향해 있던 때였기에 : 원문은 '시여태위부자핵귀가(時與太尉府自劾歸家)'이다. '여(與)' 자에 대해 『군서습보』에서는 '어(於)' 자인 듯하다고 적고 있다. 이 문장은 양편조가 태위부에서 스스로를 탄핵하면서 귀향했음을 말하고 있다. '삼가 살펴보면[謹按]'에서도 양편조가 "앞장서서 예법을 어기고 있으니[首倡導犯禮違制]"라고 하고 있고 또 여기에서 그 내용을 다 적고 있지 않은 것으로 보아 위아래로 빠진 문장이 있다.【吳】

8 호모반(胡母班) : 『삼국지 · 위지 · 원소전(袁紹傳)』의 배송지 주에서 『한말명사록(漢末名士錄)』을 인용하여 호모반의 "자는 계피이고 태산(太山) 사람이다. 젊어서 산양(山陽)의 도상(度尙), 동평(東平)의 장막(張邈) 등 여덟 사람과 재물을 가볍게 여기고 의로움을 좇아 사람들을 규휼했기에 세상에서 그들을 팔주(八廚)라고 칭했다[字季皮, 太山人. 少與山陽度尙, 東平張邈等八人並輕財赴義, 振濟人士, 世謂之八廚]"는 기록이 있다. 『후한서 · 채옹전(蔡邕傳)』에도 호모반의 일이 실려 있는데, 호모반이 일찍이 시어사를 지낸 적이 있다고 한다.【吳】

9 내가~잘못일세 : 원문은 '금반상력령자실례, 복예건(今反相歷令子失禮, 僕豫愆)'이다. '역(歷)' 자는 『군서습보』에서 '의(疑)' 자로 쓰였다. 사수청 선생은 다음과 같이 말했다. "내 생각에는 '금반상력령자실례(今反相歷令子失禮)'에서 한 번 끊고 '복예건(僕豫愆)'에서 한 번 끊어 읽어야 한다. '역'은 연루되다의 뜻이고, '복(僕)'은 양편조가 자신을 칭한 말로, 그 잘못에 가담했음을 말한다[按'今反相歷令子失禮'一句讀, '僕

으니 그 규정에 따라야겠지."

이에 흰 비단을 잘라 두건으로 쓰고 홑옷을 입는 것으로 정하자 당시 같이 조문 간 사람들에게 크게 비난을 받았다.[10] 그러나 영천(潁川)[11]의 유식자(有識者) 진원방(陳元方)[12] · 한원장(韓元長)[13] · 기무광명(綦毋廣明)[14]은 모두 그가 옳다고 칭찬했다.

내가 삼가 『의례』를 살펴보니 다음과 같았다.

"옛 임금을 위해서 3개월간 상복을 입는다."[15]

豫愆'一句讀. '歷'有牽連之義, '僕'爲羊嗣祖自稱之詞, 言參預其過也."【吳】

10 당시 같이 조문 간 사람들에게 크게 비난을 받았다 : 원문은 '대위동작소비(大爲同作所非)'이다. '작(作)'은 『사고전서』본에는 '시(時)'로 고쳐 쓰였고, 『군서습보』에서는 "행(行) 자인 듯하다[疑'行']"고 적고 있으며, 사수청 선생은 "아마도 '배(輩)' 자가 뭉개진 듯하다[疑是'輩'之壞字]"라고 말하고 있다.【吳】

11 영천(潁川) : 『풍속통의』에는 모두 '영천(穎川)'으로 잘못 쓰였으나 지금 모두 교정한다.【吳】

12 진원방(陳元方) : 이름은 기(紀)이고 영천 허현(許縣) 사람으로 덕(德)으로 세상에 이름났다. 저서로는 『진자(陳子)』가 있다. 동탁(董卓)이 낙양(洛陽)으로 들어와 집에 있던 그를 오관중랑장(五官中郎將)으로 임명했다. 후에 시중(侍中)으로 자리를 옮겼다가 평원왕의 재상으로 임명됐다. 건안(建安) 4년(199) 6월에 대홍려(大鴻臚)로 있다가 죽었다. 아버지 진식(陳寔), 동생 진심(陳諶)과 더불어 삼군(三君)으로 칭해지며 『후한서』에 그의 전이 있다.【吳】

13 한원장(韓元長) : 이름은 융(融)이고 영천 무양(舞陽) 사람으로 젊어서부터 이치를 분석하는 데 뛰어나 문장을 짓지 않았는데도 그 명성이 매우 자자했기에 오부(五府 : 丞相, 御史大夫, 車騎將軍, 前將軍, 后將軍府)에서 모두 초징했다. 헌제(獻帝) 초에 관직이 태복(太僕)에까지 이르렀다. 『전진문(全晉文)』 권111에 실린 도잠(陶潛)의 「여자엄등서(與子儼等書)」에는 "영천의 한원장은 한나라 말의 명사로 관직이 경좌(卿佐 : 임금을 보좌하는 집정대신)에 올랐으며 80세에 죽었는데, 함께 살던 형제들이 다 죽은 후였다[潁川韓元長, 漢末名士, 身處卿佐, 八十而終, 兄弟同居, 至于沒齒]"라고 기록되어 있다.【吳】

14 기무광명(綦毋廣明) : 역사서에는 그의 전이 보이지 않는다.【吳】

15 옛 임금을~입는다 : 원문은 '위구군제최삼월(爲舊君齊衰三月)'이다. 『의례 · 상복(喪服) · 자하전(子夏傳)』에 "전하여 말하길, 대부가 옛 임금을 위해 왜 3개월 동안 상복을 입는 것입니까? 대부는 떠나지만 옛 임금은 그대로 남아 종묘를 청소하기 때문에 3개월 동안 상복을 입는 것이다[傳曰 : 大夫爲舊君, 何以服齊衰三月也? 大夫去君埽其宗廟, 故服齊衰三月也]"는 문장과 또 "전하여 말하길, 옛 임금을 위하는 사람은 누구입니까? 그에게서 벼슬을 하다가 그만 둔 사람들이다[傳曰, 爲舊君者孰謂也? 仕焉

이것은 조정에 이름을 올리고 몸을 굽혀 임금을 모시는 신하가 마땅히 해야 할 일임을 말한 것이다. 봉자형이 군(郡)을 다스린 기간은 얼마 되지 않고 다른 공적도 없을 뿐 아니라 또한 자신의 장례도 아니었다. 양편조의 직위는 군수(郡守)로서[16] 바르기로 명성이 자자했고 도리상 마땅히 사회의 기강과 인륜(人倫)을 행함에[17] 법도가 있어야 하거늘, 그럼에도 불구하고 앞장서서 잘못된 상례를 주도하여 태산군수(太山郡守)[18]로 하여금 무지몽매하게 만들었으니 어찌 슬프지[19] 않은가! 이는 성(郕)나라 사람이 형이 죽은 뒤에 자고(子皐) 때문에 상복을 입게 된 것과 같으니,[20] 비록 잘못은 봉자형에게 있지만 그 허물은 봉만자에게 돌아간다.

而已者也]"는 문장이 있다.【吳】

16 직위는 군수(郡守)로서 : 원문은 '위즉아경(位則亞卿)'이다. 양편조는 군수를 지냈는데, 군수의 지위가 구경(九卿) 다음이기 때문에 이렇게 말한 것이다.【吳】

17 도리상~행함에 : 원문은 '의당강기인륜(義當綱紀人倫)'이다. 『한서 · 무제기(武帝紀)』의 원삭원년(元朔元年, B.C.128) 11월 조서에 "2천 석을 받는 관리들은 사회의 기강과 인륜을 지켜 장차 어떻게 짐을 도와 감춰진 일을 밝히고 착한 일을 권하고 백성들을 독려해 향당(鄕黨)의 가르침을 높일 것인가?[二千石官長紀綱人倫, 將何以佐朕燭幽隱, 勸元元, 厲蒸庶, 崇鄕黨之訓哉?]"라는 문장이 있다.【吳】

18 태산군수(太山郡守) : 원문은 '동악일군(東嶽一郡)'으로 태산군을 말한다.【吳】

19 슬프지 : 원문은 '민(愍)'으로, 『설문해자』에 따르면 "민은 아픈 것이다[愍, 痛也]"라고 되어 있다.【吳】

20 이는 성(郕)나라 사람이~같으니 : 원문은 '유성인실형, 자고위지최(由郕人失兄, 子皐爲之衰)'이다. '유(由)'는 '유(猶)'와 통한다. 『예기 · 단궁』에 다음 문장이 있다. "성읍(成邑) 사람 중에 형이 죽었는데도 상복을 입지 않은 사람이 있었는데, [효성이 지극한] 자고가 성읍의 읍재(邑宰)가 된다는 소리가 들리자 결국 상복을 입었다. 그래서 성읍 사람이 이렇게 말했다. '누에는 실을 토해 고치를 만드는데 게는 광주리를 가지고 있고, 벌은 갓을 쓰고 있는데 매미는 갓끈을 가지고 있으며, 형이 죽었는데도 자고를 위해서 상복을 입는구나'[成人有其兄死而不爲衰者, 聞子皐將爲成宰, 遂爲衰. 成人曰 : '蠶則績而蟹有匡, 范則冠而蟬有緌, 兄則死而子皐爲之衰']." 여기에서는 양편조, 호모반의 무리가 봉자형의 어머니를 위해 상복을 입는 것은 그 어머니를 위해서가 아니고 봉자형과 봉만자 때문임을 말한다. 이는 성나라 사람이 형을 위해 상복을 입은 것은 그 형 때문이 아니라 자고 때문인 것과 같다. 자고는 공자의 제자인 고시(高柴)로, 공자보다 30살이 적다. 『사기(史記) · 중니제자열전(仲尼弟子列傳)』에는 '자고(子羔)'로 되어있다.【吳】

河南尹太山羊翩祖在家, 平原相封子衡葬母. 子衡故臨太山數一日, 時翩祖去河南矣. 子衡四從子曼慈復爲太山, 士大夫用此行者數百人, 皆齊衰絰帶. 時與太尉府自劾歸家, 故侍御史胡母季皮獨過相候, 求欲作衰, 謂 : "君不爲子衡作吏, 何制服?" 曰 : "衆人若此 不可獨否?" 又謂 : "足下徑行自可, 今反相歷令子失禮, 僕豫愆. 古有吊服, 可依其制". 因爲裁縞冠幘袍單衣, 定, 大爲同作所非. 然潁川有識陳元方・韓元長・綦毋廣明咸嘉是焉.

謹按『禮』: "爲舊君齊衰三月." 謂策名委質爲臣吏者也. 子衡臨郡日淺, 無他功惠, 又非其身. 翩祖位則亞卿, 雅有令稱, 義當綱紀人倫, 爲之節文. 而首倡導犯禮違制, 使東嶽一郡朦朦焉, 豈不愍哉! 由郕人失兄, 子皐爲之衰, 雖失於子衡, 歸於曼慈者矣.

태원 사람 학자렴[太原郝子廉]

태원 사람 학자렴은 배가 고파도 음식을 구걸하지 않았고 추워도 옷을 구걸하지 않으며, 지푸라기 하나[1]도 다른 사람들에게 달라고 하지 않았다. 한번은 누이[2]에게 가서 밥을 얻어먹고는 15전[3]을 조용히 자리에 남긴 채 떠나갔다. 그는 매번 길을 가다 물을 마시게 되면 항상 1전을

1 지푸라기 하나 : 원문은 '일개(一介)'로, 개(介)는 개(芥)와 같다. 『방언(方言)』에서는 "개는 풀이다[芥, 草也]"라고 하는데, 가늘고 작은 물건을 비유한다. 『맹자·만장(萬章)』에는 "작은 물건 하나라도 남에게 주지 않았고, 작은 물건 하나라도 남에게 받지 않았다[一介不以與人, 一介不以取諸人]"라는 문장이 있다.【吳】

2 누이 : 원문은 '자(姊)'이다. '자(姊)'는 원래 '제(娣)'로 쓰였으나 『낭본』, 『백자전서본(百子全書本)』에 '자(姊)'로 쓰였고, 『태평어람(太平御覽)』 권426과 권517에서도 모두 '자(姉)' 자, 즉 '자(姊)'로 인용하고 있으며 『기찬연해(記纂淵海)』 권49, 『천중기(天中記)』 권18, 『광박물지(廣博物志)』 권37, 『고금합벽사류비요(古今合璧事類備要)』 권21에서도 '자(姊)' 자로 인용하고 있어, 지금 이를 근거해 고친다.【吳】

3 15전 : 원문은 '십오전(十五錢)'이다. 『태평어람』 권426에서는 "15전(十五錢)"이라고 인용하고 있고 권517에서는 "50문(五十文)"이라고 인용하고 있으며 『천중기』에서는 "50전(五十錢)"이라고 인용하고 있다.【吳】

우물에 던져 넣었다.

내가 삼가 『역경』을 살펴보니 다음과 같았다.

“천지가 교감하여 만물이 생겨나고, 사람의 도리가 교감하여 공훈이 이루어진다.”[4]

『논어』에 다음 말이 있다.

“수레와 말, 가벼운 갖옷을 친구와 함께 쓰다가 헐어 못쓰게 되더라도 유감으로 생각지 않길 바랍니다.”[5]

선비들은 서로 만날 때 선물로 말린 꿩고기[6]를 사용하는데, 이를 받으면 거절하지[7] 않고 서로 답례하고[8] 제사음식[9]을 받은 후에만은 절을 한다. 공자가 시씨(施氏)에게 밥을 얻어먹을 때에 일찍이 배부르지 않은 적이 없었다.[10] 어찌 같은 배에서 태어난 누이 집에다 돈을 낸단[11] 말인가!

---

4 천지가~이루어진다 : 원문은 ‘천지교, 만물생, 인도교, 공훈성(天地交, 萬物生, 人道交, 功勳成)’로, 지금 『역경』에는 이 말이 없다. 『역경·태괘(泰卦)』 단전(彖傳)에 “천지의 기운이 조화로우면 만물이 통하게 되고, 상하가 조화로우면 그 뜻이 같게 된다[天地交而萬物通也, 上下交而其志同也]”라는 말이 있고, 또 『역경·함괘(咸卦)』의 단전에 “천지가 감응하면 만물이 화생한다[天地感而萬物化生]”란 말이 있는데, 여기에서는 이 뜻을 끌어다 쓴 것이다.【吳】

5 수레와 말~바랍니다 : 이 문장은 『논어·공야장(公冶長)』에 보인다. 『군서습보』에 따르면, “전대흔(錢大昕)이 말하길, ‘『논어』에는 본래 경(輕) 자가 없는데, 이것은 후대사람들이 덧붙인 것 같다’(錢曰 : ‘『論語』古本無輕字, 此疑後人所增’)”고 했다.【吳】

6 말린 꿩고기 : 원문은 ‘거치(腒雉)’이다. 『광아(廣雅)·석기(釋器)』에 “거는 말린 고기이다[腒, 脯也]”라고 풀이하고 있어, ‘거치’는 말린 꿩고기임을 알 수 있다.【吳】

7 거절하지 : 원문은 ‘거(距)’이다. ‘거(距)’는 『호본』과 『낭본』에 ‘거(拒)’ 자로 쓰였는데, 이 두 글자는 뜻이 통한다.【吳】

8 선비들은~답례하고 : 『의례·사상견례(士相見禮)』에 보인다.【吳】

9 제사음식 : 원문은 ‘제반(祭飯)’이다. ‘반(飯)’ 자는 응당 ‘육(肉)’ 자로 써야할 것 같다. 『논어·향당(鄉黨)』에 “친구가 보낸 물건이 비록 수레나 말처럼 귀한 것일지라도 제사고기가 아니면 절을 하지 않았다[朋友之饋, 雖車馬, 非祭肉, 不拜]”라는 문장을 통해 증명할 수 있다.【吳】

10 공자가~없었다 : 원문은 ‘공자식어시씨, 미상불포(孔子食於施氏, 未嘗不飽)’이다. ‘상(嘗)’은 원래 ‘당(當)’으로 잘못 쓰였기에 지금 『유편본』, 『호본』, 『낭본』, 『명각본』, 『초본』, 『도광본』에 의거해 고친다. 『예기·잡기(雜記)』에 ‘공자가 말했다. ‘내가 소

은혜를 해치고 예절을 경시한 폐단이 심하도다! 맹자는 진중자(陳仲子)가 거위고기 죽을 토한 일과 우물 위의 쓴 오얏을 먹은 일을 조롱했다.[12] 포초(鮑焦)[13]는 밭을 갈아 먹고 우물을 파서 마시며 아내가 짠 옷이 아니면 입지 않았다. 어느 날 산 속에서 배가 고파 대추를 먹는데, 어떤 사람이 그에게 물었다.

"이 대추는 그대가 심은 것이오?"

시씨(少施氏)에게서 음식을 먹고 배가 불렀는데, 소시씨가 내게 예의에 맞게 음식을 주었다[孔子曰:'吾食於少施氏而飽, 少施氏食我以禮']"라는 문장이 있다. 시씨(施氏)는 바로 소시씨로, 노(魯) 혜공(惠公)의 아들인 시보(施父)의 자손이다.【吳】

11 돈을 낸단: 원문은 '고전(顧錢)'이다. '고(顧)'는 '고(雇)'와 통한다.【王】

12 맹자는~조롱했다: 중자(仲子)는 바로 『순자·불구(不苟)』, 『한비자(韓非子)·외저설우(外儲說右)』의 전종(田種), 『순자·비십이자(非十二子)』의 진중(陳仲)으로, 『회남자(淮南子)·범론훈(氾論訓)』의 고유(高誘) 주에 따르면 맹자의 제자라고 한다. 『맹자·등문공(滕文公)』에 따르면 진중자(陳仲子)가 오릉(於陵)에 있을 때 3일 동안 아무것도 먹지 못해 들을 수도 볼 수도 없었다. 우물 위에 오얏이 있기에 기어가서 그것을 먹자 그제야 들을 수도 볼 수도 있게 되었다. 형 진대(陳戴)가 합(蓋) 땅에서 녹봉을 받자 형의 녹봉은 의롭지 않다고 여겨 먹지 않았다. 어떤 사람이 형에게 거위를 선물했는데, 어머니가 거위고기를 그에게 주자 그것을 먹었다. 후에 자신이 먹은 고기가 누가 형에게 준 거위임을 알고 결국 토해냈다. 제(齊)나라의 광장(匡章)이 그를 청렴한 선비라고 여기자 맹자가 조롱하며 말했다. "중자 같은 사람은 지렁이가 된 후에야 그 절조를 충족시킬 수 있을 것이다[若仲子者, 蚓而後充其操者也]." 역역(鶂鶂)은 거위의 울음소리이다.【吳】

13 포초(鮑焦): 주대(周代)의 은자로, 자신의 행적을 숨기고 세상을 잘못되었다 비웃으며 청렴함을 스스로 지켰다. 일찍이 삼태기에 푸성귀를 담고 가다가 자공(子貢)을 만났다. 자공이 말하길, "내가 듣기에 그 세상을 비난하는 사람은 그곳에서 이익을 챙기지 않고 그 임금을 더럽게 여기는 사람은 그 나라 땅은 밟지 않는다고 합니다. [그대는 지금] 그 세상을 비난하면서 그 땅에서 난 푸성귀를 먹고 있으니, 『시경』에서 '온 천하에가 왕의 땅 아님이 없네'라고 했는데, 이 푸성귀는 누구의 것입니까?[吾聞之, 非其世者不生其利, 汙其君者不履其土. 非其世而持其蔬, 『詩』曰:'溥天之下, 莫非王土.' 此誰有之哉?]"라고 하자 포초가 "아! 내가 듣기에 현자는 나아가는 것을 중히 여기고 물러나는 것은 가볍게 여기며 청렴한 자는 부끄러움을 쉽게 느끼고 죽음을 가볍게 여긴다고 합니다[於戲! 吾聞賢者重進而輕退, 廉者易愧而輕死]"라고 말한 뒤 그 푸성귀를 버리고 낙수(洛水)가에 선 채로 말라죽었다. 이 일은 『한시외전』 권1, 『장자(莊子)·도척(盜跖)』, 『신서(新序)·절사(節士)』에서도 보이지만 모두 응소의 기록과는 다르다. 이는 아마도 떠도는 말에 의거했기 때문에 각기 조금씩 다른 것 같다.【吳】

이에 모두 토해내고는[14] 서서 말라 죽었다. 세상에는 기이한 일이 적지 않지만 이런 사람들도 있구나.[15] 공자는 당시 사람들이 탐욕스럽고 몽매한 것을 싫어했는데, 광(狂)과 견(狷)으로 미루어 생각해보면[16] 절조를 굳게 지키는 사람은 하지 않는 일이 있으니[17] 또한 그다음 가는 사람[18]이라고 하겠다.

太原郝子廉, 饑不得食, 寒不得衣, 一介不取諸人. 曾過姊飯, 留十五錢, 默置席下去. 每行飮水, 常投一錢井中.

謹按『易』稱: "天地交, 萬物生, 人道交, 功勳成." 『語』: "願車馬衣輕裘與朋友共, 弊之而無憾." 士相見之禮, 贄用腒雉, 受而不距, 而交答

14 토해내고는: 원문은 '구토(嘔吐)'이다. 『예문유취』 권87에서는 '강구토(强嘔吐)'로 인용되었고, 『사류부(事類賦)』 권26, 『태평어람』 권965, 『천중기』 권52에서는 '강토(强吐)'로 인용되었으며 『태평광기』 권426에서는 '강구(强嘔)'로 인용되었다.【吳】

15 이런 사람들도 있구나: 원문은 '유기사전(惟其似旃)'이다. 『시경·당풍(唐風)·채령(采苓)』의 정현(鄭玄) 주에 "전(旃)은 언(焉)을 말한다[旃之言焉也]"라고 되어있다【吳】

16 광(狂)과 견(狷)으로 미루어 생각해보면: 원문은 '퇴사광견(退思狂狷)'이다. 『맹자·진심(盡心)』에 만장과 맹자의 문답이 실려 있는데, 그 내용은 다음과 같다. "'감히 묻건대, 어찌해야 광자(狂者: 뜻이 큰 사람)라고 말할 수 있습니까?' 대답하길, '금장(琴張)·증석(曾晳)·목피(牧皮)와 같은 사람이 바로 공자가 말한 광자(狂者)들이다' '어찌하여 이들을 광자라고 합니까?' '그 뜻은 높고 커서, '옛사람은! 옛사람은!' 하고 되뇌지만 평소에 그의 행실을 살펴보면 행실이 말을 따라가지 못하기 때문이다. 광자들은 또한 얻지 못하면 불결한 것을 좋게 여기지 않는 선비를 얻어서 함께 하고자 하셨으니, 이들이 바로 견자(獧者: 절조가 있는 사람)로 또 그다음 가는 사람이다' ['敢問何如斯可謂狂矣?' 曰: '如琴張·曾晳·牧皮者, 孔子之所謂狂矣.' '何以謂之狂也?' 曰: '其志嘐嘐然, 曰: 古之人! 古之人! 夷考其行, 而不掩焉者也. 狂者又不可得, 欲得不屑不絜之士而與之, 是獧也, 是又其次也']."【吳】

17 절조를~있으니: 원문은 '견자유소부위(狷者有所不爲)'이다. 『논어·자로(子路)』에 다음 문장이 있다. "공자가 말했다. '중용의 도를 행하는 사람과 함께 할 수 없다면 반드시 뜻이 큰 사람[狂者]이나 절조를 굳게 지키는 사람[狷者]과 함께 하겠다. 뜻이 큰 사람은 진취적이고 절조를 굳게 지키는 사람은 하지 않는 일이 있다'[子曰: '不得中行而與之, 必也狂狷乎! 狂者進取, 狷者有所不爲也']".【吳】

18 그다음 가는 사람: 원문은 '개(介)'이다.【吳】

焉, 唯祭飯然後拜之. 孔子食於施氏, 未嘗不飽. 何有同生之家而顧錢者哉! 傷恩薄禮, 弊之至也! 孟軻譏仲子吐鶂鶂之羹而食井上苦李. 鮑焦耕田而食, 穿井而飲, 非妻所織不衣. 餓於山中食棗, 或問之 : "此棗子所種耶?" 遂嘔吐立枯而死. 世不乏異, 惟其似旃. 孔子疾時貪昧, 退思狂狷, 狷者有所不爲, 亦其介也.

남양 사람 장백대[南陽張伯大]

남양(南陽) 사람 장백대가 있었다. 등자경(鄧子敬)은 장백대브다 3살이 적었기에[1] 그를 형으로 모셨다. 장백대가 침대 위에 누우면 등자경은 아래의 작은 평상에서 자면서 항상 조심하라고 했고,[2] 이른 아침이면 문안 인사를 드렸다. 어느 날 함께 마을을 떠나 구지성(緱氏城)[3]에서 살게 되었는데, 그곳에서 학생들을 가르치다 이름을 날리게 되었다.[4] 이에 장백대

1 등자경(鄧子敬)은~적었기에 : 원문은 '등자경소백대삼년(鄧子敬小伯大三年)'이다. 『군서습보』에서는 등자경 다음에 "아마도 빠진 문장이 있는 듯하다. 아니라면 '자경' 두 글자를 마땅히 두 번 써야한다[疑有脫文. 否, 亦當重'子敬'二字]"라고 되어 있다. 『군서습보』에 근거해 '등자경' 세 글자를 앞 문장에 붙여 읽는다.【吳】

2 항상 조심하라고 했고 : 원문은 '언상공(言常恐)'이다. '상(常)' 자 아래에 『군서습보』에서는 "마땅히 '칭(稱)' 자가 있어야 할 듯하다[疑當有'稱'字]"라고 말하고 있다. 이 구절은 『사고전서』본에는 '상공실례(常恐失禮)'로 고쳐져 있다.【吳】

3 구지성(緱氏城) : 옛터는 지금의 하남성(河南省) 언사현(偃師縣) 남쪽에 있다.【吳】

4 이름을 날리게 되었다 : 원문은 '양성가(養聲價)'이다. 『시경·주송(周頌)·작(酌)』에 "도(道)를 좇아 뜻을 기르고 때가 오지 않으면 숨네[遵養時晦]"라는 말이 있는데, 모형의 「모씨전」에 "양은 취한다[養, 取也]"라고 되어 있다. 성가(聲價)는 명성과 몸값

는 의랑(議郎)[5] 및 익주태수(益州太守)가 되었고 등자경은 사도(司徒)의 부름을 받아 공거징(公車徵)[6]에 뽑히게 되었다.

내가 삼가 『예기』를 살펴보니 다음과 같았다.

"10살이 많으면 형님으로 모시고, 5살이 많으면 어깨를 나란히 하고 따라다닌다."[7]

『시경』에 다음 말이 있다.

"자른 듯 다듬은 듯 쪼는 듯 간 듯."[8]

친구가 온화하고 올곧으면[9] 각자 그 예절을 더하며,[10] 무릇 형제가 서로 아끼면 오히려 같은 수레를 타고 나가고[11] 같은 침대에서 잔다.[12] 그

이라는 뜻이다.【吳】

5 의랑(議郎): 낭관(郎官)의 하나로, 광록훈(光祿勳)에 속하며 고문(顧問)이나 응대(應對)의 일을 맡아보았다. 『한관의』에 따르면 의랑의 녹봉은 6백 석이고 특히 현량(賢良), 방정, 돈박(敦樸), 유도에 뽑힌 선비들이 맡았다고 한다.【吳】

6 공거징(公車徵): 공거(公車)는 관서 이름으로 관청이 공거문(公車門) 앞에 있었기 때문에 이렇게 칭했다. 『한관의』에 따르면 "공거는 궁정과 관서의 바깥문을 관장하여 천하에서 올라오는 상소나 초징에 관련된 일을 모두 총괄했다[公車掌殿司馬門, 天下上事及徵召皆總領之]"다고 한다.【吳】

7 10살이~따라다닌다: 『예기·곡례(曲禮)』에 다음 말이 있다. "나이가 갑절이 많으면 아버지로 모시고, 10살이 많으면 형으로 모시며 5살이 많으면 어깨를 나란히 하고 따라다닌다[年長以倍, 則父事之, 十年以長, 則兄事之, 五年以長, 則肩隨之]."【吳】

8 자른 듯 다듬은 듯 쪼는 듯 간 듯: 원문은 '여절여차, 여탁여마(如切如磋, 如琢如磨)'로, 『시경·위풍(衛風)·기오(淇奧)』에 보인다. 『이아(爾雅)·석기(釋器)』에 "금은 새긴다고 하고 나무는 깎는다고 하며 뼈는 자른다고 하고 상아는 쫀다고 하며 돌은 간다고 한다[金謂之鏤, 木謂之刻, 骨謂之切, 象謂之琢, 石謂之磨文]"라는 문장이 있는데, 학문과 덕행을 서로 자르고 다듬고 쪼고 갈아서 더욱 정묘하게 함을 말한다.【吳】

9 온화하고 올곧으면: 원문은 '간간은은(衎衎誾誾)'이다. '간간(衎衎)'은 '간간(侃侃)'과 같은 뜻으로, 온화하고 기뻐하는 모양이다. '은은(誾誾)'은 공경스럽고 올곧은 모양이다. 『논어·선진』에 "민자건(閔子騫)은 옆에서 모실 때 공경스럽고 올곧았다[閔子侍側, 誾誾如也]"라는 말과 "염유(冉有)와 자공(子貢)은 온화했다[冉有·子貢, 侃侃如也]"는 문장이 보인다.【吳】

10 더하며: 원문은 '장(長)'이다. 『역경·태괘(泰卦)』의 단사(彖辭)에 "군자의 도를 더한다[君子道長]"라는 말이 있는데, 여기에서 장(長)은 더하여 늘린다는 뜻이다.【吳】

11 같은 수레를 타고 나가고: 원문은 '동여이출(同輿而出)'이다. 『사기·양효왕세가(梁

런데 지금 장백대와 등자경은 서로 3살밖에 차이 나지 않고 게다가 뼈와 피를 나눈 형제도 아닌데, 앉아서 해괴한 짓을 하며 아침이면 문안인사하고 걱정하는 말을 하는구나.

『논어』에 다음 말이 있다.

"공손하지만 예의가 없으면 고달프다."[13]

하물며 안평중(晏平仲)은 사람과 사귐에 뛰어났다고 했으니[14] 어찌 단지 엎드려 절하는 것뿐이겠는가! 『역경』에서는 네 가지 유형의 도를 정했는데, 나갈 때, 처할 때, 말할 때, 침묵할 때였다.[15]

『한시외전(韓詩外傳)』에 다음 말이 있다.

"조정의 대신들은 조정에 들어가면 나올 줄 모르고, 산림에 은둔하는 선비는 속세를 떠나면 돌아올 줄 모른다."[16]

孝王世家)』에 다음 문장이 있다. "들어갈 때는 경제(景帝)를 모시고 같은 손수레를 탔고, 나갈 때도 같은 수레를 탔다[入則侍景帝同輦, 出則同車]."【王】

12 같은 침대에서 잔다: 원문은 '동상이침(同床而寢)'이다. 『후한서·강굉전(姜肱傳)』에 다음 문장이 있다. "강굉과 그의 두 동생 강중해(姜仲海), 강계강(姜季江)은 모두 효행으로 이름이 났고 그들의 우애는 하늘에서 내린 것이었다. 그들은 항상 함께 자고 일어났는데, 각자 아내를 얻은 후에도 형제끼리 서로 아껴서 따로 잘 수 없었다[肱與二弟仲海·季江, 俱以孝行著聞, 其友愛天至. 常共臥起, 及各娶妻, 兄弟相戀, 不能別寢]."【王】

13 공손하지만 예의가 없으면 고달프다: 원문은 '공이무례칙노(恭而無禮則勞)'이다. 이것은 공자의 말로, 『논어·태백(泰伯)』에 보인다. 노(勞)는 고달프다의 뜻이다.【吳】

14 안평중(晏平仲)은~했으니: 원문은 '안평중칭선여인교(晏平仲稱善與人交)'이다. 『논어·공야장(公冶長)』에 "공자가 말했다. '안평중은 사람을 잘 사귀어 오래되면 사람들이 그를 공경했다'[子曰: '晏平仲善與人交, 久而敬之']"라는 문장이 있다. 안평중은 이름이 영(嬰)이고 제(齊)나라의 대부이다. 『사기』에 그 내용이 상세히 실려 있다.【吳】

15 『역경』에서는~침묵할 때였다: 원문은 '『역』설사과, 출처어묵(『易』設四科, 出處語默)'이다. 『역경·계사(繫辭)』에 다음 문장이 있다. "군자의 도는 나갈 때나 처할 때나 침묵할 때나 말할 때에 따라 다르다[君子之道, 或出或處, 或默或語]".【吳】

16 조정의 대신들은~모른다: 『한시외전』 권5에 "조정의 선비들은 녹봉을 받는 까닭에 들어가면 안 나오고 산림의 선비들은 이름을 얻기 때문에 산림으로 들어가면 돌아오지 않는다. 조정에 들어가서도 나올 줄 알고, 산림에 들어가서도 돌아올 줄 알고 거취가 상도에 부합하는 사람을 성인이라고 한다[朝廷之士爲祿, 故入而不出, 山林之士爲名, 故往而不返. 入而亦能出, 往而亦能返, 通移有常, 聖也]"라는 문장이 있는데, 이 네 구절은 한나라 때 유행했던 말이다.【吳】

두 가지 모두 각각 장점이 있지만 큰 지혜를 버리고 작은 지혜를 끊어내며[17] 세상을 피해 참된 나를 보존하려면[18] 마땅히 깊은 산 속에 숨어 천명(天命)을 알고 즐겨야한다. 그러나 지금 두 사람은 구지성에 머물면서 도성[19]을 왕래하고 손님들을 응대하면서 사람을 가르치는 데는 아무런 도움이 되지 않으니, 두 손 모으고 입 다물고[20] 있는 꼴이다. 허세를 부리고 거짓을 만들어 세상을 속여 이름을 날리면 그 말은 미미할지 모르지만, 곧 부풀려져 마침내는 이익에 따라 움직이게 된다. 『춘추』에서는 송나라 백희(伯姬)를 두고 아가씨의 예절은 지켰으나 부인의 예절은 지키지 않았다고 조롱했는데,[21] 지금 이 두 사람이 자질구레한 일까지 신경 쓰는 모습을 보니[22] 잘못이 매우 크구나.[23]

---

17 큰 지혜를 버리고 작은 지혜를 끊어내며 : 원문은 '기성절지(棄聖絶知)'이다. 성(聖)은 큰 지혜를 말한다.【吳】
노자(老子)의 『도덕경(道德經)』에 "큰 지혜를 끊어내고 작은 지혜를 버리면 백성들에게 이익이 백 갑절이나 늘어난다.[絶聖棄智, 民利百倍]"라는 말이 있다.【王】

18 세상을 피해 참된 나를 보존하려면 : 원문은 '둔세보진(遯世保眞)'이다. 이 또한 『회남자·범론훈』에서 말한 "본성을 온전히 하고 참된 나를 보전하며 외물 때문에 몸을 구속해서는 안 된다[全性保眞, 不以物累形]"는 의미이다.【吳】

19 도성 : 원문은 '제도(帝都)'로 동한(東漢)의 수도 낙양(洛陽)을 말한다.【吳】

20 두 손 모으고 입 다물고 : 원문은 '공묵(拱默)'으로, 두 손을 모으고 침묵하며 한마디의 말도 하지 않는 것을 말한다.【吳】

21 『춘추』에서는~조롱했는데 : 백희(伯姬)는 송(宋)나라 공공(共公)의 아내이기 때문에 공희(共姬)라고도 칭한다. 그녀는 노(魯)나라 성공(成公) 9년(B.C.582) 2월에 송나라로 시집을 갔다. 노나라 양공(襄公) 30년(B.C.543) 5월에 송나라에 화재가 발생했는데, 백희는 보모가 와야 당에서 내려가겠다고 하다가 결국 불에 타 죽었다. 군자(君子)가 이를 조롱하며 말하길 "송나라 공희는 아가씨의 예절은 지켰으나 부인의 예절은 지키지 않았다. 아가씨라면 보모를 기다려야했지만 부인은 정황에 따라 행동해야 했다[宋共姬, 女而不婦. 女待人, 婦義事也]"라고 했는데, 이는 아가씨의 도리는 보모를 기다려 행해야 하지만, 부인의 도리는 그 마땅함을 보고 행해야 함을 말한 것이다. 이 일은 『좌전·양공(襄公) 30년』에 자세히 보인다. 응소는 이 일을 빌려 장백대와 등자경이 단지 형제라는 것만 알았지 형제의 예의에 대해서는 알지 못했음을 비웃고 있다. 그래서 다음 문장에서 예의에 많이 벗어났다고 질책한 것이다.【吳】

22 자질구레한 일까지 신경 쓰는 모습을 보니 : 원문은 '설설(屑屑)'로, 자질구레한 일까지 신경을 써서 불안함을 말한다.【吳】

23 잘못이 매우 크구나 : 원문은 '원대실의(遠大失矣)'이다. 『군서습보』에 다음 말이 있

南陽張伯大. 鄧子敬小伯大三年, 以兄禮事之. 伯臥床上, 敬寢下小榻, 言常恐, 淸旦朝拜. 俱去鄕里, 居緱氏城中, 亦敎授坐養聲價. 伯大爲議郞·益州太守, 子敬辟司徒, 公車徵.

謹按『禮記』: "十年兄事之, 五年肩隨之." 『詩』云: "如切如磋, 如琢如磨." 朋友衎衎誾誾, 各長其儀也, 凡兄弟相愛, 尙同輿而出, 同床而寢. 今相校三年耳, 幸無骨血之屬, 坐作鬼怪, 旦朝言恐. 『論語』: "恭而無禮則勞." 且晏平仲稱善與人交, 豈徒拜伏而已哉! 『易』設四科, 出處語默. 『傳』曰: "朝廷之人, 入而不能出, 山林之民, 往而不能反." 二者各有所長, 而棄聖絶知, 遯世保眞, 當竄深山, 樂天知命. 今居緱氏, 息偃城郭, 往來帝都, 招延賓客, 無益誨人, 拱默而已. 飾虛矜僞, 誑世耀名, 辭細即巨, 終爲利動. 『春秋』譏宋伯姬女而不婦, 今二子屑屑, 遠大失矣.

다. "잘못이 멀고도 크다라고 해석을 해도 의미가 통한다. 너가 보기에 '남편에 대한 예절에서 멀어졌다'고 해야 앞의 '아가씨의 예절은 지켰으나 부인의 예절을 지키지 않았다'는 문장의 뜻과 더욱 잘 연결될 것 같다[如以失其遠者大者解亦可通. 余疑當是'遠丈夫矣', 與上'女而不婦'文意更相承."【吳】

공거징사 여남 사람 원하보[公車徵士汝南袁夏甫]

공거징사 여남 사람 원하보(袁夏甫)[1]는 젊어서 효렴(孝廉)에 추천되어 사도의 속관이 되었는데, 인간사에 관여하지[2] 않았다. 그래서 그 후로 그는 문과 창문을 닫아걸고, 손님을 만나지 않았다. 그는 이른 아침이면 동쪽을 향해 어머니께 재배하며 문안인사를 했고, 그의 어머니는 그가 보고 싶어지면 종종 그에게로 갔다.[3] 그 자식들도 그를 볼 수 없어서 또한 멀

1 원하보(袁夏甫): '원(袁)' 자는 본래 빠져있으나 본 편 문장에 따르면 마땅히 있어야 한다. 하보(夏甫)의 이름은 굉(閎)으로, 『풍속통의·정실(正失)』 주에 보인다.【吳】

2 관여하지: 원문은 '관(關)'이다. '관(關)' 자는 원래 '궐(闕)' 자로 쓰였으나 『유편본』, 『호본』, 『낭본』, 『도광본』에 '관(關)'으로 쓰였기 때문에 이에 근거하여 고친다. 『후한서·원안전(袁安傳)』의 부록에 「원굉전(袁閎傳)」이 있는데, 원굉은 젊어서 품행에 힘써서 몸을 닦고 절개를 지켜 부름에 응하지 않았으며 누추한 곳에 살면서 밭 갈고 공부하는 것을 업으로 삼아 젊어서부터 세상의 일에 관여하지 않았다고 한다. 『군서습보』에도 '관(關)'이라 쓰여 있어 이를 따른다.【吳】

3 그의 어머니는~갔다: 원문은 '모념, 시왕취지(母念, 時往就之)'이다. 이 두 구절은 원래 '염시시왕취지(念時時往就之)'라고 되어 있었으나 분명히 빠지고 잘못된 것이 있다. 『후한서』에 다음 기록이 있다. "연희 연간(延熹年間, 146~167) 말에 당쟁이 일

리서[4] 절할 뿐이었다. 그는 머리에 두건을 쓰지 않았고 몸에는 홑옷도 걸치지 않았으며 발에는 항상 나막신[5]을 신고 그저 생강[6]만 먹을 뿐이었다. 그가 말했다.

"나는 집안일에 보탬이 되지 않는다."

그래서 아무도 그에게 억지로 시킬 수 없었고, 어머니가 돌아가셨을 때에도 상복을 입고 자리를 지키지 않았다.

내가 삼가 『효경(孝經)』을 살펴보니 다음과 같았다.

"부모님이 살아계실 때는 존경의 마음으로 섬겨야 하고 돌아가셨을 때는 슬픈 마음으로 모셔야 한다."[7]

한집안에서 살면서 마치 다른 곳에 사는 것처럼[8] 침대에서 일어나 얼

어나자 원광은 머리를 풀어헤치고 세상과 인연을 끊고 깊은 산 속으로 들어가려고 했다. 그러나 늙은 어머니 때문에 멀리 숨을 수가 없어 흙집을 짓고 사방을 정원으로 만들고는 문도 만들지 않은 채 창문으로 음식을 들일 뿐이었다. 아침이면 집에서 동쪽을 향해 어머니께 절을 했다. 어머니는 원광이 보고 싶으면 종종 가서 보았고, 어머니가 돌아가시면 곧 창문을 닫아버렸기다. 형제와 처자식 들도 그를 볼 수 없었다. 그는 어머니가 돌아가셨는데도 상복을 입고 자리를 지키지 않았다[延熹末, 黨事將作, 閎遂散髮絶世, 欲投迹深林. 以母老不宜遠遁, 乃築土室, 四周於庭, 不爲戶, 自牖納飮食而已. 旦於室中東向拜母. 母思閎, 時往就視, 母去, 便自掩閉. 兄弟妻子, 莫得見也. 及母歿, 不爲制服設位." 응소가 서술한 내용과 비슷하기에 지금 이를 참고하여 고친다.【吳】

4 멀리서 : 원문은 '유(踰)'이다. '유(踰)' 자는 '유(隃)'와 같고 '요(遙)'로 읽는다. 『한서·영포전(英布傳)』에 "멀리서 영포에게 말하길, 어찌 고생스럽게 돌아왔느냐[隃謂布, 何苦而反]"라는 구절이 있는데 바로 그 예이다.【吳】

5 나막신 : 원문은 '교(蹻)'로 '교(屩)'와 같다. 『설문해자』에 "교는 나막신이다[屩, 木屐也]"라고 되어 있다.【吳】

6 생강 : 원문은 '강(壃)'이다. 『군서습보』에는 "전대흔(錢大昕)이 말하길, '마땅히 강(薑) 자가 훼손된 것이다'[錢云 : '當是薑字文壞']"라고 쓰여 있고, 『설문해자』에는 "강은 습기를 막는 채소이다[薑, 禦溼之菜也]"라고 하는 것으로 보아 지금 사람들이 즐겨 먹는 생강을 말한다.【吳】

7 부모님이~모셔야 한다 : 이 말은 『효경·상친장(喪親章)』에 보인다. 부모님이 살아계실 때는 존경하는 마음으로 모시고 부모님이 돌아가시면 슬픈 마음으로 모셔야함을 말한다.【吳】

8 마치 다른 곳에 사는 것처럼 : 원문은 '유약리역(諭若異域)'이다. '유(諭)' 자는 『하본』,

굴을 보지 않고 절하는 것[9]은 존경과는 거리가 멀다. 길 제사를 지내고 땅에 묻는데도[10] 장례에 참여하지 않은 것은 슬퍼하는 마음과 거리가 멀다. 두건으로 머리를 꾸미고 의복으로 몸을 가리는 것은 바로 선비와 군자가 오랑캐와 스스로를 구분하는 방법이다. 단지 상을 지키고 소송하는 사람만이 머리를 풀어헤치고 초막에 사는 것이지 나머지 사람 중에 어찌 그런 자가 있겠는가! 장저(長沮)와 장인(丈人)[11] 같은 세상을 등진 은사도 자로가 물어보자[12] 닭을 잡고 기장밥을 지어 주며 그의 아들들을 만나게 했다.[13] 어찌 방 하나에 숨어 두문불출하는 이것을 고상하다 여기

『호본』, 『낭본』, 『초본』에 '유(踰)' 자로 쓰였다. '유(諭)'는 예를 들면[譬]의 뜻이다.【吳】

9 얼굴을 보지 않고 절하는 것: 원문은 '암배(闇拜)'이다. 『설문해자』에는 "암은 문을 닫는 것이다[闇, 閉門也]"라고 되어있다. 암배는 모습을 드러내지 않고 절하는 것이다.【吳】

10 길 제사를 지내고 땅에 묻는데도: 원문은 '조재붕수(祖載崩隧)'이다. 『백호통의 · 붕훙(崩薨)』에 다음 말이 있다. "길 제사[祖]는 왜 정원에서 하는가? 효자의 마음을 다 나타내기 위해서이다. '조'는 '시작'의 뜻으로 정원에서 처음 상여에 싣는다는 의미이다. 상여에 태우고 조상의 사당을 떠나기 때문에 '조재'라고 한다[祖於庭何? 盡孝子之恩也. 祖者, 始也, 始載於庭也. 乘軸車辭祖禰, 故名爲祖載也]." '붕(崩)'은 '붕(堋)'과 같은 뜻으로 장례를 치르고 땅에 묻는 것을 말한다.【吳】

오수평은 이 문장이 『백호통의 · 상복(喪服)』에 나온다고 하고 있는데 이는 잘못된 것이다.【譯註】

11 장저(長沮)와 장인(丈人): 『논어 · 미자(微子)』에 나오는 은자들이다.【譯註】

12 자로가 물어보자: 원문은 '유신자로(由訊子路)'이다. '유신(由訊)'은 『하본』, 『낭본』에 '유지(猶止)'로 쓰였고, 『호본』에는 '유기(由譏)'로 쓰였다. 이는 원본이 잘못된 것이 아니라 『풍속통의』에서 '유(由)' 자와 '유(猶)' 자를 많이 혼용해서 쓰기 때문이다. '신(訊)'은 묻는다는 뜻이다. 『논어 · 미자』에 다음 말이 있다. "장저와 걸닉(桀溺)이 함께 밭을 가는데 공자가 지나가다가 자로를 시켜 나루터가 어디에 있는지를 묻게 했다. 장저가 말하길, '수레를 잡고 있는 사람은 누구인가?'라고 하자 자로가 대답했다. '공구(孔丘)이십니다' 장저가 묻길, '이 사람이 노나라의 공구인가?'라고 하자, 자로가 대답했다. '그렇습니다'. 그러자 그가 말하길, '이 사람은 나루터를 알고 있을 것이오'라고 했다[長沮 · 桀溺耦而耕, 孔子過之, 使子路問津焉. 長沮曰: '夫執輿者爲誰?' 子路曰: '爲孔丘.' 曰: '是魯孔丘與?' 曰: '是也.' 曰: '是知津矣']." '유신자로(由訊子路)'는 바로 이 일을 말한다.【吳】

13 닭을 잡고~만나게 했다: 원문은 '살계서견기자언(殺雞黍見其子焉)'이다. 『논어 · 미자』에 다음 말이 있다. "자로가 따라가다가 뒤에 처졌는데, 지팡이를 짚고 대바구니를 맨 장인을 만났다. 자로가 '그대는 우리 선생님을 보셨습니까?'라고 묻자 장인이 말했다. '사지를 부지런히 움직이지 않고 오곡도 분별하지 못하는 이를 어찌 스승이라 부르는가?' 그리고는 그 지팡이를 꽂아놓고 김을 매었다. 자로가 손을 모으고 서

니 이 또한 도리에 어긋난 것[14]이 아닌가! 공리(孔鯉)가 재빨리 뜰을 지나갈 때 시(詩)를 듣고 예를 들었다고 하자 진항(陳亢)은 세 가지 일을 알았다고 기뻐했다.[15] 군자도 아들을 멀리 하긴 했지만[16] 그렇다고 설마하니 원하보처럼 했겠는가!

公車徵士汝南袁夏甫, 少擧孝廉, 爲司徒掾, 人間之事, 無所關也. 其後閉戶塞牖, 不見賓客. 淸旦東向再拜朝其母, 母念, 時往就之. 子亦不得見, 復踰拜耳. 頭不著巾, 身無單衣, 足常木蹻, 食止壇菜. 云: "我無益家事." 莫之能彊, 及母終亡, 不列服位.

謹按『孝經』: "生事愛敬, 死事哀慼." 一家之中, 踰若異域, 下牀閤拜,

있었다. 그러자 자로를 집에 묵게 하고는 닭을 잡고 기장밥을 지어 먹이고 그의 두 아들을 만나게 했다[子路從而後, 遇丈人, 以杖荷蓧. 子路問曰: '子見夫子乎?' 丈人曰: '四體不勤, 五穀不分, 孰爲夫子?' 植其杖而芸. 子路拱而立. 止子路宿, 殺雞爲黍而食之, 見其二子焉.]【吳】

14 도리에 어긋난 것: 원문은 '행행(悻悻)'으로, 도리에 어긋나서 화를 참지 못하는 것을 말한다.【吳】

15 공리(孔鯉)가~기뻐했다: 공리의 자는 백어(伯魚)로 공자의 아들이다. 진항(陳亢)은 『논어·학이(學而)』와 『논어·자장(子張)』에 나오는 자금(子禽)이다. 『논어·계씨(季氏)』에 다음 말이 있다. "진항이 백어(伯魚: 공리)에게 물었다. '그대 또한 기이한 들음이 있는가?' 백어가 대답했다. '없습니다. 한번은 아버님이 혼자 서 계실 때 제가 재빨리 뜰을 지나갔습니다. 아버님이 물으시길, '시를 배웠느냐?'하시기에 '못 했습니다'라고 대답했습니다. '시를 배우지 않으면 말을 할 수 없다'고 하시기에 제가 물러가 시를 배웠습니다. 다른 날에 또 아버님이 혼자 서 계실 때 제가 재빨리 뜰을 지나갔습니다. 아버님께서 물으시길, '예는 배웠느냐?' 하시기에 '못 했습니다'하고 대답했습니다. '예를 배우지 않으면 설 수 없다'라고 하시기에 물러나와 예를 배웠습니다. 저는 이 두 가지를 들었습니다.' 진항이 물러나와 기뻐하며 말했다. '하나를 물어 셋을 들었으니 시를 듣고 예를 듣고 또 군자가 아들을 멀리하는 것을 들었다'[陳亢問於伯魚曰: '子亦有異聞乎?' 對曰: '未也. 嘗獨立, 鯉趨而過庭. 曰: '學詩乎?' 對曰: '未也.' '不學詩, 無以言.' 鯉退而學詩. 他日, 又獨立, 鯉趨而過庭. 曰: '學禮乎?' 對曰: '未也.' '不學禮, 無以立.' 鯉退而學禮. 聞斯二者.' 陳亢退而喜曰: '問一得三, 聞詩, 聞禮, 又聞君子之遠其子也'.]【吳】

16 군자도 아들을 멀리 하긴 했지만: 원문은 '부당근지(不當近之)'이다.【吳】

遠於愛敬者矣. 祖載崩隧, 又不能送, 遠於哀慼者矣. 巾所以飾首, 衣所以蔽形, 此乃士君子所以自別於夷狄者也. 唯喪者 · 訟者露首草舍, 餘曷有哉! 長沮 · 丈人避世之士, 由訊子路, 殺雞黍見其子焉. 何有藏一室中, 不出戶庭, 以此爲高, 斯亦婞婞! 鯉趨而過庭, 聞詩聞禮, 而陳亢喜於得三. 不當近之, 何乃若玆者乎!

공거징사 예장 사람 서유자[公車徵士豫章徐孺子]

공거징사 예장(豫章) 사람 서유자(徐孺子)[1]는 여러 번 태위 황경(黃瓊)[2]의 부름을 받았는데, 황경은 그를 예로써 후하게 대해주었다. 서유자는 은자라서 처음에는 그의 부름에 응하지 않았다. 황경이 죽어 장례를 치르게 되자 그는 대나무 상자를 지고 와 제수 한 그릇을 올리고는[3] 무덤 앞

1 서유자(徐孺子) : 이름은 치(穉)이고 예장(豫章) 남창(南昌) 사람이다. 그는 몸을 수양하고 절개를 지켜 관부에서 그를 여러 번 부르고 환제(桓帝)도 초빙했으나 도두 나아가지 않다가 72세에 죽었다. 그의 사적은 『후한서』 본전에 상세하게 보인다.【吳】

2 황경(黃瓊) : 『후한서』에 그의 전이 있다.【王】

3 대나무 상자를~올리고는 : 원문은 '부육변섭재일반(負囥屵涉齎一盤)'이다. 이 일곱 자는 마땅히 '부급도보, 보재일반(負笈徒步, 步齎一盤)'으로 써야 한다. 『풍속통의교정』에 다음 말이 있다. "범울종(范蔚宗)의 『서서치전(書徐穉傳)』에는 '식량을 메고 도보하다[負糧徒步]'라고 쓰고 사승(謝承)의 『후한서』를 인용하여 '책 상자를 메고 조문가다[負笈赴弔]'라고 주를 달고 있다. 이 두 설명을 같이 보면 이 문장의 '대나무 상자를 메고 건너다[負囥屵涉]'는 마땅히 '책 상자를 메고 걷다[負笈徒步]' 4글자로 써야 한다. 어떻게 알 수 있는가? '급(笈)'과 '협(篋)'은 같은 뜻 같은 운으로 급은 원래 '겁(极)'으로 써야 한다. 『설문해자』에서는 '나귀 위에 싣는 것이다. 뜻은 나무이고

음은 급이다[驢上負也. 從木及聲]'라고 하고 『운회(韻會)』에서는 서개(徐鍇)의 『설문계전(說文繫傳)』을 인용하여 다음과 같이 말했다. '오늘날 사람들은 나무 상자를 나귀의 등에 걸쳐놓고 물건을 싣는데, 이것은 옛날의 '겁(极)'이다. '겁'은 '협(匧)'을 말한다. 지금의 '겁' 자는 곧 '급(笈)' 자이다. 옛날 사람들이 급을 메었다는 말을 많이 하는데 이는 스스로 짊어졌다는 말이다[今人爲木牀以跨驢背以負載物, 卽古之极也. 极之言匧也. 今极卽笈字. 古人多言負笈, 謂自負之也].' 그런즉 '급(笈)'은 또 '협(匧)'과 통한다. 지금 문장에서는 '협(匧)' 자를 옆으로 써서 '육(肉)' 자와 비슷해졌기 때문에 아마도 '육(㓇)' 자는 협을 잘못 쓴 것으로 보인다. 만약 '변(峅)' 자도 '주(走)' 자의 잘못이고 '수(氵)'도 '척(彳)'의 잘못이라면 이 글자들을 떨어뜨리고 합하여 하(下) 자를 만들 수 있다. 자서(字書)를 두루 살펴본 결과 육변(㓇峅)이란 문장이 전혀 없는데, 그것은 아마도 별회(別淮), 삼시(三豕 : 己亥의 오기)와 비슷한 것이 아닐까?" 또 사수청 선생은 이렇게 말했다. "『후한서 · 범염전(范冉傳)』에는 '이에 범염이 동생 범협과 함께 보리술을 싸서 길옆으로 가지고 갔다[冉乃與弟協步齎麥酒於道側]'라는 말이 있는데, 아마도 싸 가지고 가는[步齎] 일은 한대(漢代) 사람들이 늘 하던 일이었던 것 같다. 주균(朱筠)이 고친 '책 상자를 메고 걷다[負笈徒步]'에서 '보(步)' 자는 반드시 두 번 써야 한다. 아마도 원래 책에 보(步) 자 아래에 ⺀를 써서 중복됨을 표시했는데, 후대 사람들이 잘못하여 빠뜨린 것이다. 이것은 '책 상자를 메고 제수 한 그릇을 가지고 와서 무덤 앞에 술을 뿌리고 곡을 했다[負笈徒步, 步齎一盤, 醊哭於墳前]'가 돼야 함을 말한다. 『태평어람』 권508에서는 황보사안(皇甫士安)의 『고사전(高士傳)』을 인용하여 '부급도보(負笈徒步)'라고 쓰고 있는데, 이것이 그 증거이다." 사수청 선생의 의견이 옳다고 생각되어지는데, 『후한기 · 효환제기(孝桓帝紀)』에서도 서치(徐穉)가 조문을 갈 때마다 '책 상자를 메고 걸어갔다[負笈徒步]'라고 되어있기 때문이다. 『군서습보』에서는 '부산보재일반(負算步齎一盤)'이라고 고쳐 쓰면서 또 이렇게 말했다. "산(算)은 고대에 육변(㓇峅)두 글자로 잘못 쓰였다. 전대흔이 말하길, '이것은 산(算) 자의 오기이다. 『사기 · 급정렬전(汲鄭列傳)』에 '다른 사람에게 보내는 음식은 대그릇 속 음식에 불과하다[其餽遺人不過算器食]'는 말이 있다. 서광(徐廣)은 '산은 대나무 그릇이다[算, 竹器]'라고 했고, 『의례 · 사관례』에서는 '작변, 피변, 치포관 각각 한 상자[爵 · 皮弁 · 緇布冠各一匴]'라는 말이 있는데, '산은 대나무 그릇이다[匴, 竹器]'라고 주가 달려 있다. 고문에서는 '산(匴)' 자를 '산(算)'으로 썼는데, '산(算)'은 바로 '산(匴)'의 약자이다. 『설문해자』에서는 '산은 쌀을 이는 조리이다[算, 淥米籔]'라고 되어있는데, '산(匴)'은 본래 대나무 그릇으로 쌀을 일기도 하고 음식을 담기도 하며 의관을 보관하기도 해서 사람에 따라 달리 사용했기 때문에 서유자가 메고 온 것도 아마 이 물건인 듯하다." 『군서습보』에서는 또 '일반(一盤)' 두 글자도 후대 사람들이 첨가한 것으로 의심하고 있다. 손지조(孫志祖)의 『독서좌록(讀書脞錄)』 권4 제자기자(諸子奇字) 조목에도 '육변' 두 글자는 '산(算)'의 오기라고 되어있다. 장주(張澍)의 『양소당문집(養素堂文集)』 권31에는 '육변' 두 글자를 해석하는 조목에서 또한 '육(㓇)' 자는 바로 '경(簡)' 자로, '균(箘)'과 같은 뜻이며 '균' 자는 죽순의 뜻이다. '변(峅)' 자는 바로 '개(㞯)' 자로, 늘어놓은 대나무의 뜻이다. 이 때문에 '육변'은 곧 빠짝 말린 대나무 조각이다. 아래 문장의 '삼가 살펴보건대[謹按]'에서 서치가 '3천에 술을 뿌리고[4] 곡을 했다. 황경의 손자 황자염(黃子琰)[5]은 원래 오관중랑장(五官中郎將)[6]이었는데, 장손의 신분으로 지팡이를 짚고 있었다. 황자염은 곡하는 소리를 듣고 그가 누군지는 몰랐지만 그 역시 초막[7]에 기대 슬피 울었다. 서유자는 명함[8]도 주지 않고 문상을 마치자 곧 떠나버렸다.

리에 달하는 거리를 산을 넘고 물을 건너 직접 오고서도[經三千里越度山川而親至]'라고 말하면서도 여기에서는 설명이 되어 있지 않은데, 이 문장의 위아래에 빠진 글자가 있음을 알 수 있다. 『고사전(高士傳)』에는 "태수 황경이 또한 일찍이 서치를 불러들였다. 황경이 죽자 그를 강하(江夏)에 장사지냈는데, 서치가 그 소식을 듣고 즉시 책 상자를 메고 예장(豫章) 3천여 리의 길을 걸어서 강하에 있는 황경의 무덤 앞에 도착하고는 술을 뿌리고 곡을 했다[太守黃瓊亦嘗辟穉. 至瓊薨, 歸葬江夏, 穉既聞, 卽負笈徒步豫章三千餘里至江夏瓊墓前, 致酹而哭之]"라는 문장이 있는데, 서치가 3천리 길을 걸은 일이 확실함을 증명해준다.【吳】

4 술을 뿌리고 : 원문은 '철(醊)'로, 『옥편(玉篇)』에 "철은 술을 뿌려 제사를 지내는 것이다[醊, 祭酹也]"라고 설명하고 있다.【吳】

5 황자염(黃子琰) : 이름은 완(琬)이고 젊었을 적에 오관중랑장(五官中郎將)을 맡았다가 당쟁 때문에 벼슬길이 끊겼다. 광화 연간(光和年間, 168~189) 말에 불려가 의랑(議郎)을 맡게 되어 청주자사(靑州刺史), 장작대장(將作大匠), 예주목(豫州牧) 등의 관직을 역임했다. 동탁(董卓)이 정권을 잡자 사도(司徒)로 초빙되었다가 태위(太尉)로 자리를 옮겼다. 동탁을 주살하려는 모의가 실패로 돌아가자 그는 옥에 갇혀 죽었는데, 그의 나이 52세였다. 그의 사적은 『후한서 · 황경전(黃瓊傳)』 부록에 있는 본전에 상세하게 보인다.【吳】

6 오관중랑장(五官中郎將) : '중(中)' 자는 원래 없었으나 『정본』, 『낭본』에 의거해 보충한다. 오관중랑장은 녹봉이 2천 석이며 광록훈(光祿勳)에 속한다. 『한관의』에는 "무릇 낭관은 교대로 숙직하고 호위하며 궁궐을 지키는 일을 주로 맡았다[凡郎官皆主更直 · 執戟 · 宿衛]"라는 문장이 있다.【吳】

7 초막 : 원문은 '의려(倚廬)'로, 상을 당한 사람이 사는 곳이다. 『의례 · 기석례(既夕禮)』에 "초막에서 살다[居倚廬]"라는 구절이 있는데, 정현(鄭玄)의 주에 "나무를 기둥 삼아 초막을 만드는데 중문의 밖에 짓는다. 초막의 집은 동쪽 방향에 두고, 문은 북쪽 방향에 낸다[倚木爲廬, 在中門外, 東方北戶]"라고 설명하고 있다. 『예기 · 상복대기(喪服大記)』에는 "초막에 있으나 옆 벽은 치지 않는다[倚廬不塗]"라는 말이 있고 『백호통의 · 상복(喪服)』에도 "효자가 반드시 여막에 살아야 하는 것은 무슨 까닭인가? 효자는 슬퍼서 다른 사람의 목소리를 듣고 싶지 않고, 또한 평소 거처에도 살고 싶지 않기 때문이다[孝子必居倚廬何? 孝子哀不欲聞人之聲, 又不欲居故處]"라는 문장이 있다.【吳】
"초막에 있으나 옆벽은 치지 않는다"는 문장은 『예기』의 「상복대기」가 아니라 「상대기(喪大記)」에 나온다.【譯註】

8 명함 : 원문은 '알자(謁刺)'이다.【吳】

황자염은 아주 이상하게 생각하면서 황경의 문하생인 모계위(茅季瑋)[9]를 보내 감사의 인사를 올렸으나 그는 끝내 돌아오지 않았다.[10]

삼가 『예기』를 살펴보니 다음과 같다.

"무릇 조문하는 사람은 곡을 하고 발을 구른[11] 후에 나아가 죽은 이유를 물으면서 그 애통함을 드러낸다."[12]

서유자는 3천 리에 달하는 거리를 산을 넘고 물을 건너 직접 조문을 와서도 자신의 이익을 구하지 않고 오직 은혜만을 갚았을 뿐이다.[13] 무덤 앞에서 곡을 하고 술을 뿌린 일은 옳은 일이다. 그러나 끝난 후에는 마땅히 초막으로 가서 황자염을 위로해야만 했다.[14] 황자염은 평소 행실이 바르기로 이름이 나 있어 예절에 어긋남이 없었다. 그러나 혹시라도 [상을 치름에] 부족한 부분이 보인다면 서유자가 가르침을 줄 수도 있는데, 어찌하여 길에서 만난 사람보다 더 황급히 떠나 버린단 말인가? 옛날에 검오(黔敖)가 갑자기 '이보시게!' 하고 불러 밥을 먹으라고 했으나 군자는 오히려 그의 부름이 무례하다고 여겨 먹는 것을 사양했다.[15] 지금 서유

9 모계위(茅季瑋): 『후한서·곽태전(郭太傳)』에 모용(茅容)이라는 사람이 있는데, 자는 계위(季偉)이고 진류(陳留) 사람이다. 「서치전」에도 보이는데 같은 사람인 것 같다. 원굉(袁宏)의 『후한기·효환황제기』 하권에 그 일에 대해 간략히 기재되어 있다.【吳】

10 그는 끝내 돌아오지 않았다: 원문은 '종부긍환(終不肯還)'이다. 이 일은 『문선·광절교론(廣絶交論)』의 이선 주에서 인용하고 있는 사승의 『후한서』와 원굉의 『후한기·효환제기』에도 아주 상세하게 실려 있다.【吳】

11 발을 구른: 원문은 '흥용(興踊)'이다. 『목천자전(穆天子傳)』 권6의 곽박(郭璞) 주에 "한 번 곡하면 세 번 발을 구르고 세 번 곡하면 아홉 번 발을 굴러야만 발을 굴렀다고 한다[哭則三踊, 三哭而九踊, 所謂成踊者也]"라는 설명이 있다.【吳】

12 무릇~드러낸다: 이상의 말은 금본(今本) 『의례』나 『예기』에 보이지 않는다. 『예기·잡기(雜記)』에 "무릇 상복 입는 일이 끝나지 않았을 때 조문 오는 사람이 있으면 자리를 만들어 곡하고 절하고 발을 구르게 한다[凡喪服未畢, 有弔者, 則爲位而哭, 拜踊]"라고 했는데, 응소의 설명은 이를 근거로 한 것이다.【吳】

13 자신의 이익을~뿐이다: 원문은 '비도순어기, 고의보호(非徒徇於己, 顧義報乎)'이다. 순(徇)은 영(營)의 뜻으로, 『이아·석언(釋言)』에 보인다. 이 두 구절은 서치가 조문을 와서도 전혀 개인의 이익을 추구하지 않고 단시 은혜만을 갚았음을 말한다.【吳】

14 위로해야만 했다: 원문은 '노(勞)'이다.【吳】

자는 황경과의 옛 은혜가 있었고 황자염은 거적과 흙덩이 위에서 엎드려 자고 있었다.[16] 그런데도 서유자는 [문상하러 와서] 무덤을 찾고도 자신을 소개하지[17] 않았으니 어찌 이럴 수 있단 말인가!

公車徵士豫章徐孺子, 比爲太尉黃瓊所辟, 禮文有加. 孺子隱者, 初不答命. 瓊薨旣葬, 負producing涉齎一盤, 醊哭於墳前. 孫子琰, 故五官中郎將, 以長孫制杖. 聞有哭者, 不知其誰, 亦於倚廬哀泣而已. 孺子無有謁刺, 事訖便去. 子琰大怪其故, 遣瓊門生茅季瑋追請辭謝, 終不肯還.

謹按『禮』: “凡吊喪者, 旣哭, 輿踊, 進問其故, 哀之至也.” 孺子所以經三千里越度山川而親至者, 非徒徇於己, 顧義報乎. 哭醊墳前是也. 訖,

15 옛날에~사양했다 : 『예기 · 단궁』에 다음 말이 있다. “제나라에 큰 가뭄이 들자 검오가 길에서 음식을 만들어 배고픈 사람이 오면 먹게 했다. 어떤 배고픈 사람이 소매로 얼굴을 가리고 신발을 질질 끌면서 어리숙하게 왔다. 검오가 왼손에는 먹을 것을 들고 오른손에는 마실 것을 들고서 ‘이보시게, 와서 드시게’라고 말하자 그 사람이 눈을 치켜뜨고 흘겨보면서 ‘나는 차래지식(嗟來之食)을 먹지 않았기 때문에 이토록 쇠약해졌소’라고 말했다. 검오가 좇아가 사과했지만 끝내 먹지 않고 죽었다. 증자가 이 소문을 듣고 말하길, ‘아, 안타깝구나! 그가 무례했기에 음식을 거절한 건 좋지만 그가 사과했으면 음식은 먹어야 하거늘!’[齊大饑, 黔敖爲食於路, 以待餓者而食之. 有餓者蒙袂輯屨, 貿貿然來. 黔敖左奉食, 右執飮曰 : ‘嗟來食’, 揚其目而視之, 曰 : ‘予唯不食嗟來之食, 以至於斯也’. 從而謝焉, 終不食而死. 曾子聞之曰 : ‘微與! 其嗟也可去, 其謝也可食!’]”【吳】

16 황자염은~엎드려 자고 있었다 : 원문은 ‘효자침복점괴(孝子寢伏苫塊)’이다. 『의례 · 기석례』에 “여막에 살면서 거적에서 자고 흙덩이를 벤다[居倚廬, 寢苫枕塊]”라는 구절이 있는데, 정현의 주에서 “점은 거적이다. 괴는 흙덩이이다[苫, 編藁. 塊, 塩也]”라고 설명하고 있고 가공언(賈公彦)의 소(疏)에는 “효자는 잠을 잘 때 거적에서 자고 흙덩이를 벤다. 반드시 거적에서 자야 하는 이유는 부모님이 풀밭에 있음을 슬퍼하는 것이다. 흙덩이를 베는 이유는 부모님이 땅속에 있음을 슬퍼하는 것이다[孝子寢臥之時, 寢於苫, 以塊枕頭. 必寢苫者, 哀親之在草. 枕塊者, 哀親之在土]”라고 설명하고 있다. 이 문장과 다음 문장의 의미가 매끄럽게 통하지 않은 것으로 보아 빠진 부분이 있는 것이 틀림없다. 빠진 문장은 “위로해야 하는 것이 마땅하다[宜有問勞]”라는 의미였을 것이다.【吳】

17 소개하지 : 원문은 ‘개(介)’이다.【吳】

當卽其帳衾問勞子琰. 子琰宿有善名, 在禮無違. 儻見微闕, 敎誨可乎, 如何僋忽甚於路人? 昔黔敖忽於嗟來, 然君子猶以爲其嗟可去, 謝可食. 今與黃有恩故矣, 孝子寢伏苫塊. 又孺子到便詣墳, 無介, 夫何爲哉!

풍속통의 권4*

과예(過譽)

본 편에서는 지나친 칭찬에 대해 말하고 있다. 응소는 명성을 얻기 위해 잘못된 행동을 하는 경우를 열거하면서 설사 그들이 당시 사람들에게는 칭찬을 받았다 하더라도, 그들의 행동은 위선과 무지에서 비롯된 것임을 밝혔다. 예법에 어긋난 질운(郅惲)의 간언을 비판하면서 "들추어내는 것을 정직하다고 여기고 숨기는 것을 의롭다고 여기며 왜곡하는 것을 후덕하다고 여기고 거짓된 것을 명성으로 여기는" 당시 사대부들의 지나친 칭찬 행위를 반박하고 있다.

공자(孔子)가 말했다.
"크구나! 중용(中庸)의 덕 됨이 지극하구나!"[1]

---

* 권4 : 소송(蘇頌)은 다음과 같이 말했다. "「과예」 권4는 『자초(子抄)』에서는 권7로 적고 있다「過譽」第四, 『子抄』云 : '第七'." 【王】

1 크구나~지극하구나 : 『논어(論語)·옹야(雍也)』에 다음 말이 있다. "공자가 말했다.

또 말했다.

"군자의 도는 충(忠)과 서(恕)일 뿐이다."[2]

들추어내는 것을 정직하다고 여기고[3] 숨기는 것을 의롭다고 여기고 왜곡하는 것을 후덕하다고 여기고 거짓된 것을 명성으로 여기는데, 이것은 사람들이 명예롭게 여기는 바이나 현명한 군주[4]는 반드시 따져야 할 바이다. 대개 잘못을 보면 그 사람됨을 알 수 있다고 한 것[5]은 마음속으로 성실히 노력하고 교화에 방해가 되지 않음을 말한 것이다. 그래서 그 잘못된 도리를 밝혀[6] 「과예」라고 한다.

孔子稱:"大哉! 中庸之爲德, 其至矣乎!" 又曰:"君子之道, 忠恕而已." 至於訐以爲直, 隱以爲義, 枉以爲厚, 僞以爲名, 此衆人之所致譽,

---

'중용의 덕 됨이 지극하구나! 그러나 이 덕을 지닌 사람들이 적어진지 오래되었구나'[子曰:'中庸之爲德也, 其至矣乎! 民鮮久矣']." 이 말의 뜻은 중용의 도가 가장 높은 단계라는 것이다.【吳】

2 군자의 도는~뿐이다:『논어·이인(里仁)』에 다음 말이 있다. "증자(曾子)가 말했다. '공자의 도는 충과 서일 뿐이다'[曾子曰:'夫子之道, 忠恕而已矣']." 여기에서 응소는 공자의 말이라고 오인했다. 공자의 해석에 의거해보면 '충'은 "자기가 서고자 하는 곳에 남을 세우고, 자기가 통달하고자 하는 곳에 남도 통달하게 한다[己欲立而立人, 己欲達而達人]"라는 뜻이고, '서'는 "자신이 원하지 않는 일을 남에게 시키지 말라[己所不欲, 勿施於人]"라는 뜻이다.『논어·옹야』와『논어·위령공(衛靈公)』에 각각 보인다.【吳】

3 들추어내는 것을 정직하다고 여기고: 원문은 '알이위직(訐以爲直)'이다. '알(訐)'은 남의 비밀을 들춰내 공격하는 것을 말한다.【吳】
『논어·양화(陽貨)』에 "잘못을 들춰내는 것을 정직하다고 여긴다[惡訐以爲直]"라는 말이 있다.【王】

4 현명한 군주: 원문은 명주(明主)로, 사리에 밝은 군주를 말한다.【吳】

5 그 사람됨을 알 수 있다고 한 것: 원문은 '지인(知仁)'으로, '인(仁)' 자는 '인(人)' 자와 같다. 이 말은『논어·이인』에서 나왔으며,『후한서(後漢書)·오우전(吳祐傳)』에서는『논어』를 인용할 때 '인(人)'으로 썼다.『풍속통의·건례(愆禮)』의 '관과지인(觀過知仁)' 주를 참고.【吳】

6 밝혀: 원문은 '복(覆)'이다.『낭본(郎本)』에는 '핵(覈)'으로 쓰였는데 뜻에 맞춰 멋대로 고쳐놓은 것이다. 복은 잘 살펴 판단한다는 뜻이다.『문선(文選)·사현부(思玄賦)』에 "신령한 도가 어두워지니 밝히기 어렵구나[神逵昧其難覆兮]"라는 구절이 있는데, 이것이 바로 그 예이다.【吳】

而明主之所必討. 蓋觀過知仁, 謂中心篤誠而無妨於化者. 故覆其違理曰「過譽」也.

장사태수 여남 사람 질운[長沙太守汝南郅惲]

장사태수(長沙太守) 여남(汝南) 사람 군장(君章) 질운(郅惲)[1]은 젊어서 군의 공조(功曹)[2]를 지냈다. 군에서는 동향(冬饗)[3]이라는 풍속이 있어, 1백 리 안에 있는 현의 사람들이 모두 소고기와 술을 싸가지고 관아[4]에 와서 연회를 즐겼다. 당시 태수는 후에 사도(司徒)가 된 구양흡(歐陽歙)[5]이었는데, 동

1 질운(郅惲) : 여남 서평(西平) 사람으로, 『후한서』, 『동관한기(東觀漢記)』에 전이 있다. 여기에 실려 있는 질운의 일은 또한 원굉(袁宏)의 『후한기(後漢紀)·광무황제기(光武皇帝紀)』 권7에 보인다.【吳】

2 공조(功曹) : 한대(漢代)에는 군수(郡守) 아래에 공조사(功曹史)를 두었는데, 줄여 공조라고 칭했다. 인사(人事)를 관장하고 한 군(郡)의 행정사무를 처리했다.【吳】

3 동향(冬饗) : 『동관한기·질운전(郅惲傳)』에도 다음 문장이 있다. "여남의 옛 풍습에 10월이면 향회(饗會)를 지내는데 모두 소고기와 술을 싸 가지고 관아에 와서 연회를 즐긴다[汝南舊俗, 十月饗會, 皆齎牛酒到府飮讌." 『후한기』에도 보인다.【吳】

4 관아 : 원문은 '부(府)'로 『후한서·장담열전(張湛列傳)』에 "군수가 기거하는 곳을 부라고 한다[郡守所居曰府]"라고 주를 달고 있다.【王】

5 구양흡(歐陽歙) : 자는 정사(正思)이고 낙안(樂安) 천승(千乘) 사람이다. 건무(建武) 7년(31)에 구순(寇恂)을 이어 여남태수(汝南太守)에 임명되었다가 15년(39) 봄 정월에

향에 임해 예를 다 올리고나서 교령(敎令)[6]을 내렸다.

"서부독우(西部督郵)[7] 요연(繇延)은 천성적으로 충직하고 품성이 공정하며 부하들을 통솔하여 적을 제압하고[8] 간웅을 쳐부수며 엄벌을 쓰지 않고도 잘 다스렸다.[9] 『상서(尙書)』에 다음 말이 있다.

'백성을 편안하게 하는 것은 은혜로운 것이니, 백성들이 사모하여 따를 것입니다.'[10]

이것은 착한 사람을 뽑아 가르쳐 능력 없는 사람들을 격려하는 것이다.[11] 지금 여러 유생과 함께 요연의 공로를 논하여 군부(郡府)[12]에 알리

대사도(大司徒)가 되었고 같은 해 11월 갑술일에 뇌물수수죄로 하옥되어 옥중에서 죽었다. 상세한 내용은 『후한서』 「광무제기(光武帝紀)」와 「구양흡전(歐陽歙傳)」에 보인다.【吳】

6 교령(敎令) : 원문은 '교(敎)'이다. 윗사람이 아랫사람에게 알리는 글로 그 의미는 '명령하다[令]'와 같다. 『문선・위송공수장량묘교(爲宋公修張良廟敎)』의 이선(李善) 주에 "진(秦)나라 법에는 여러 공과 왕의 말을 교라고 했다. 교라는 것은 사람들에게 교시하는 것이다[秦法, 諸公王稱敎. 敎者, 敎示於人也]"라는 말이 있다.【吳】

7 서부독우(西部督郵) : 독우는 한대에 설치된 것으로 군의 보좌 관리를 말한다. 속현(屬縣)을 감찰하고 인사고과[殿最]를 매기는 것을 관장했다. 동부, 남부, 서부, 북부, 중부로 나누어져 오부독우(五部督郵)라고 칭했다.【吳】

8 적을 제압하고 : 원문은 '절충(折衝)'으로 적을 막는다는 뜻이다. 『시경(詩經)・대아(大雅)・면(綿)』에 "내가 말하길 우리 모욕하는 외적 막았네[予曰有禦侮]"라는 구절이 있는데 모형(毛亨)의 「모씨전(毛氏傳)」에는 "무신이 적의 침략을 막는 것을 어모라고 한다[武臣折衝曰禦侮]"라고 하고 공영달(孔穎達)의 소에는 "적과의 충돌을 막을 수 있다[能折止敵人之衝突者]"라고 하고 있다.【吳】

9 다스렸다 : 원문은 '치(治)'이다. 『후한서・질운전』에는 '이(理)'로 쓰였는데, 두 글자의 의미는 같다. 『후한기』에는 이 구절이 없다.【吳】

10 백성을~따를 것입니다 : 이 말은 『상서・고요모(皐陶謨)』에 나온다.【吳】

11 이것은~격려하는 것이다 : 이 말은 본래 『논어・위정(爲政)』에서 나왔다. "계강자(季康子)가 물었다. '백성으로 하여금 공경하고 충성하게 하려면 어떻게 해야 합니까?' 공자가 대답했다. '백성들을 장려하면 공경할 것이고 자비롭게 대하면 충성할 것이며 착한 사람을 뽑아 능력 없는 사람들을 가르치면 모두 힘쓸 것이다[季康子問 : '使民敬忠以勸, 如之何?' 子曰 : '臨之以莊則敬, 孝慈則忠, 擧善而敎不能, 則勸']' '권(勸)'은 격려한다는 뜻이다.【吳】

12 군부(郡府) : 원문은 '조(朝)'이다. 한대에는 군수의 관아도 '조'라 칭할 수 있었다 『후한서・일민법진전(逸民法眞傳)』에 다음 문장이 있다. 법진의 '성품은 조용하고 욕심이 적어서 인간사에 관심을 두지 않았다. 태수가 그를 만나기를 청하자 그는 두건을

려고 한다."

주부(主簿)[13]는 교령을 읽고 호리(戶吏)[14]는 요연을 데려와 상을 주었다. 그러자 질운이 앞으로 나와 꿇어앉으며 말했다.

"사정(司正)[15]은 술잔[16]을 들어 군수[17]의 죄를 하늘에 고합니다. 군수[18]의 말에 잘못이 있어 덮을 수가 없습니다. 생각건대 요연은 그 성품이 탐욕스럽고 간사하여 밖으로는 정직한 척하나 안으로는 교활하고[19] 붕

쓰고 찾아갔다. 태수가 말했다. '옛날에 노(魯)나라 애공(哀公)은 품행이 좋지 않았지만 공자는 신하라고 자칭했습니다. 나는 보잘것없지만 공조에게 몸을 굽혀 이 군부를 돕게 할 작정인데 어떠하십니까?'[性恬靜寡欲, 不交人間事. 太守請見之, 眞乃幅巾詣謁. 太守曰:'昔魯哀公雖爲不肖, 而仲尼稱臣. 太守虛薄, 欲以功曹相屈, 光贊本朝, 何如?']". 또 『풍속통의·십반(十反)』「안정태수 호이(安定太守胡伊)」조에도 "군에서 호이를 주부로 삼고 신임 태수를 맞이하게 하자 호이가 말했다. '나는 재사(宰士)로, 어찌 두 명의 태수에게 경의를 표할 수 있겠습니까!'[郡以伊爲主簿, 迎新太守, 曰:'我是宰士, 何可委質二朝乎!']"라는 문장이 있다. 두 문장 모두 군수의 관아를 '조'라고 했다.【吳】

13 주부(主簿): 군에 주부 한 사람을 두어 관아의 일을 기록하고 관아의 문서를 살피게 했다. 『문헌통고(文獻通考)·직관고(職官考)』에 "옛날에는 관부에 모두 주부 한 사람씩을 두었는데, 위로는 삼공(三公) 및 어사부(御史府)에서부터 아래로는 구시(九寺:九卿의 관서), 오감(五監)과 군현에 이르기까지 대부분 두었다. 장부를 작성하는 업무를 보았는데, 조연(曹掾:군수의 하급관리)과 비슷하다[古者官府皆有主簿一官, 上自三公及御史府, 下至九寺五監, 以至郡縣多置之. 所職者簿書, 蓋曹掾之流耳]"라는 문장이 있다.【吳】

14 호리(戶吏): 『후한서』, 『후한기』에는 모두 '호조(戶曹)'라고 쓰고 있다. 호리는 바로 호조사(戶曹史)로, 민호(民戶)를 관장한다.【吳】

15 사정(司正): 옛날에 연회에서 예의를 감독하던 사람이다. 『의례(儀禮)·향음주(鄉飮酒)』에 "상(相:영접관)을 사정으로 삼았다[作相爲司正]"는 구절이 있는데, 정현(鄭玄)의 주에 "작은 시키다이다. 예악(禮樂)이 이루어질 때 남아있는 손님들에게서 흐트러진 모습이 보이면 사정을 두어 감독하게 했다[作, 使也. 禮樂之正旣成, 將留客, 爲有解惰, 立司正以監之]"라고 설명하고 있다.【吳】

16 술잔: 원문은 '굉(觥)'이다. 『후한서』의 이현(李賢) 주에 "굉(觥)은 벌주 잔으로 무소뿔로 만들었다[觥, 罰爵也, 以角爲之]"라는 문장이 있다.【吳】

17 군수: 원문은 '군(君)'이다. 한대의 제도에는 군현에서 자신의 속관을 뽑을 수 있었는데, 그 지위는 고대의 배신(陪臣:보좌하는 신하)과 비슷했다. 태수에게 공조가 한 말이기 때문에 군부(君父)의 칭호를 사용했다.【吳】

18 군수: 원문은 '명부(明府)'로, 한대 사람들이 사용하던 태수에 대한 존칭이다. 『후한서·장담열전』의 이현 주에 따르면 "군수가 사는 곳이 부(府)이다. 명부는 존중하여 높이는 칭호이다[郡守所居曰府. 明府者, 尊高之稱]"라는 설명이 있다.【吳】

당을 만들어 사욕을 채우며[20] 윗사람을 기만하고[21] 백성을 해치고 있습니다. 또한 그의 관할지는 황폐하고 어지러우며 제도가 무너져[22] 다스려지지 않아서 원망과 악함[23]이 함께 일어나고 백성들은 고통당하고 있습니다. 그런데도 군수께서는 악행을 선행으로 여기고 수족과 같은 관리들의 논쟁도 막고 있습니다.[24] 이는 이미 임금도 없고 신하도 없는 상황과 같으니 임금과 신하가 모두 없는데, 누구와 더불어 죄를 고치겠습니까?[25] 임금이 위급한 상황에 처해도 신하들의 지지만 있으면 망하지 않는 법이니 이에 감히 재배하고 술잔을 올립니다."

그러자 구양흡은 매우 부끄러워했다.

삼가 『대대예기(大戴禮記)』를 살펴보니 다음과 같았다.

"간언에는 다섯 가지 방법이 있는데, 풍간(諷諫)을 최고로 삼고 함간(陷諫)을 최하로 삼는다."[26]

---

19 밖으로는 정직한 척하나 안으로는 교활하고 : 원문은 '외방내원(外方內圓)'이다. 밖은 모서리가 있어 정직하고 안은 모서리가 없이 둥글어 교활하다는 뜻이다.【譯註】

20 붕당을 만들어 사욕을 채우며 : 원문은 '붕당구간(朋黨構姦)'이다. '구(構)' 자는 『동관한기』, 『후한서』에 모두 '구(搆)' 자로 쓰였으나 두 글자는 서로 통한다. '구(構)'는 사귄다는 뜻이다.【吳】

21 윗사람을 기만하고 : 원문은 '망상(罔上)'이다. '망(罔)'은 '망(誷)'과 같고 속인다는 뜻이다.【吳】

22 제도가 무너져 : 원문은 '허(虛)'이다. 『사고전서(四庫全書)』본에는 '폐(廢)'로 쓰였는데 이는 뜻에 맞춰 글자를 고친 것이다. 『후한기』에 이 일이 실려 있는데 '허(虛)'는 '학(虐)'으로 되어있다.【吳】

23 악함 : 원문은 '특(慝)'이다.【吳】

24 수족과 같은 관리들의 논쟁도 막고 있습니다 : 원문은 '고굉막쟁(股肱莫爭)'이다. 이 구절은 『동관한기』에서 "옳은 일을 왜곡하고 있습니다[以直爲曲]"로 쓰였다.【王】

25 누구와 더불어 죄를 고치겠습니까 : 원문은 '숙여편유(孰與偏有)'이다. 이 구절은 『후한기』에서 "누가 죄가 있다고 말하겠습니까[孰擧有罪]"로 쓰였다.【吳】

26 간언에는~삼는다 : '풍(風)'은 『신궤(臣軌)·신밀장(愼密章)』과 『문선·위송공구가증류전군표(爲宋公求加贈劉前軍表)』의 이선 주에 모두 '풍(諷)'으로 쓰였는데, 이 두 글자는 같다. 『후한서·이운전(李雲傳)』의 논(論)에 다음 문장이 있다. "『대대예기』에는 다섯 가지 간언이 있는데, 풍간을 최고로 여긴다[『禮』有五諫, 諷爲上]." 이선의 주에서 "다섯 가지 간언은 풍간(諷諫), 순간(順諫), 규간(闚諫), 지간(指諫), 함간(陷諫)

그래서 들어가면 무릎을 맞대고 간언하고, 나오면 한 말을 숨겨서[27] 좋은 점은 임금에게 돌리고 허물은 자신에게 돌린다.[28] 갑자기 간언하며 거리낌 없이 말하는 것[29]은 그 죄가 매우 크다. 그런데 구양흡은 연회 중에 요연을 관리로 삼고 간사한 관리를 충성스러운 관리와 뒤섞어 놓아[30] 왕명을 크게 방해했다. 순식간에 곤란해져서[31] 풍간을 할 수 없는 상황이지만, 그렇다고 어찌 술잔을 들고 구양흡에게 직접 간언할 수 있었단 말인가! 지금 질운은 오랫동안 관직에 있으면서 덕행을 밝히고 악행을

이 있다. 풍간은 재앙의 싹을 알아채고 빗대어 알리는 것이다. 순간은 공손하게 말을 하여 임금의 마음을 거스르지 않는 것이다. 규간은 임금의 안색을 살펴 간언하는 것이다. 지간은 그 일을 꼬집어 간언하는 것이다. 함간은 나라의 해를 말하며 자신의 목숨도 살피지 않고 임금을 대하는 것이다. 『대대례』에 보인다[五諫, 謂諷諫・順諫・闚諫・指諫・陷諫也. 諷諫者, 知禍患之萌而諷告焉. 順諫者, 出辭遜順, 不逆君心也. 闚諫者, 視人君顔色而諫也. 指諫者, 質指其事而諫也. 陷諫者, 言國之害, 忘生爲君也. 見『大戴禮』]"라고 설명되어 있다. 『백호통의(白虎通義)・간쟁(諫諍)』에 실려 있는 다섯 가지 간언도 이와 같다. 『공양전(公羊傳)・장공(莊公) 24년』의 하휴(何休)의 주에도 풍간, 순간, 직간(直諫), 쟁간(爭諫), 당간(戇諫)을 다섯 가지 간언으로 분류하고 있다. 『공자가어(孔子家語)・변정(辯政)』에서도 휼간(譎諫), 당간(戇諫), 강간(降諫), 직간(直諫), 풍간(諷諫)을 다섯 가지 간언으로 분류하고 있다. 여기에서 말한 '견간(狷諫)'은 함간(陷諫)을 말한다.【吳】

27 그래서 들어가면~숨겨서 : 원문은 '고입즉조슬, 출즉궤사(故入則造膝, 出則詭辭)'이다. 『곡량전(穀梁傳)・문공(文公) 6년』에는 "그래서 선비는 임금 가까이에서 말을 하고 임금과 나눈 말을 숨기며 나온다[故士造辟而言, 詭辭而出]"라는 문장이 있는데, '벽(辟)'은 후대로 이어지면서 모두 '슬(膝)'로 썼다. '조슬(造膝)'은 임금 가까이로 가서 간언하는 것이다. 범녕(范甯)의 주에는 "말을 숨기며 나온다는 것은 사실을 다른 사람에게 알리지 않는다는 말이다[詭辭而出, 不以實告人也]"라고 설명하고 있다.【吳】

28 좋은 점은~돌린다 : 『문선』의 이선 주에는 "예왈(禮曰)"이라는 두 글자가 있다. 이 말은 본래 『예기(禮記)・방기(坊記)』, 『곡량전・양공 19년』에 있다.【吳】

29 갑자기 간언하며 거리낌 없이 말하는 것 : 원문은 '포간로언(暴諫露言)'이다. 포(暴)는 재빨리라는 뜻이고, 노(露)는 거리낌 없이 드러내는 것이다.【吳】

30 간사한 관리를 충성스러운 관리와 뒤섞어 놓아 : 원문은 '이자란주(以紫亂朱)'이다. '자(紫)'는 혼합색이다. '주(朱)'는 순수한 색이다. 『논어・양화』에 다음 말이 있다. "공자가 말했다. '자주색이 붉은색을 빼앗는 것을 미워한다'[子曰 : '惡紫之奪朱也']". 여기에서 자주색은 간사한 관리를 비유하고 붉은색은 청렴하고 올바른 관리를 비유한다.

31 순식간에 곤란해져서 : 원문은 '조차전패(造次顚沛)'이다. 조차(造次)는 황급하게, 급히라는 뜻이다. 전패(顚沛)는 걸려 넘어진다는 뜻으로, 곤란해지고 낭패를 당한다는 의미로 인신되었다.【吳】

막는 일을 해왔으며 관리를 임용하고 인재를 선발하는 직책에 있었다. 그래서 요연이 탐욕스럽고 사악하며 군수를 속이고 백성을 해칠 뿐 아니라 관할지를 망치고 어지럽게 하여 원망과 악함이 함께 일어났는데, 이러한 악행과 허물이 비단 하루아침에 일어난 것[32]이 아님을 알고 있었을 것이다. 공자가 필부와 제자 몇 명과 함께 확상(矍相)의 밭[33]에서 향사례(鄕射禮)를 행하면서 구경꾼들에게 세 가지를 맹세하라고[34] 하자 과반수의 사람들이 떠나갔다.[35] 여남은 중원의 대군(大郡)으로 사방의 성이 40개나 되고[36] 노인을 봉양하고 존경심까지 갖추고 있는 교화가 두루 미친 곳이다.[37] 요연의 간악한 죄[38]는 만천하에 드러나 그와 비교할 사람이 없

32 일어난 것 : 원문은 '점(漸)'으로 점점 물든다는 뜻이다.【吳】

33 확상(矍相)의 밭 : 원문은 '확상지포(矍相之圃)'이다. 확상(矍相)은 지명으로 지금의 산동성(山東省) 곡부현(曲阜縣)의 성안 궐리(闕里) 서쪽에 있다. '포(圃)'는 채마밭을 말한다.【吳】

34 맹세하라고 : 원문은 '철(哲)'이다. 『군서습보(羣書拾補)』에는 철은 "'서(誓)'와 같다. 『일주서(逸周書)·상서해(商誓解)』에 '철왕(哲王)'을 '서왕(誓王)'으로 썼다['哲'與'誓'同, 『逸周書·商誓解』'哲王'作'誓王']"라고 되어있다.【吳】

35 공자가~떠나갔다 : 『예기·사의(射義)』에 다음 기록이 있다. "공자가 확상의 밭에서 향사례(鄕射禮)를 행했는데, 구경하러 온 사람들이 담장을 두를 정도로 많았다. 향사례가 사마(司馬)에 이르렀을 때 공자가 자로를 시켜 활과 화살을 들고 나가서 활쏘기를 권하며(정현의 주에 따르면 '연(延)은 서(誓)로도 쓰인다') 말했다. '패전한 장수와 나라를 망친 대부, 죽은 사람과 연고가 없는 자로서 자원하여 다른 사람의 후사가 된 사람은 들어오지 말고 그 나머지만 들어오라.' 그러자 나간 사람이 반이고 들어온 사람이 반이었다[孔子射於矍相之圃, 蓋觀者如堵牆. 射至於司馬, 使子路執弓矢出延(鄭玄注 : '延, 或爲誓')射, 曰 : '賁軍之將, 亡國之大夫, 與爲人後者不入, 其餘皆入.' 蓋去者半, 入者半]."【吳】

36 사방의 성이 40개나 되고 : 원문은 '방성사십(方城四十)'이다. 『후한서·군국지(郡國志)』에서는 여남군(汝南郡)은 37개의 성을 통솔한다고 하고 「응봉전(應奉傳)」에서는 응봉이 여남군결조사(汝南郡決曹史)가 되어 42개의 현을 순찰했다고 한다. 여기에서 말한 '방성사십(方城四十)'은 정수(整數)를 든 것이다.【吳】

37 노인을~미친 곳이다 : 원문은 '양노복경, 화지지(養老復敬, 化之至)'이다. '경(敬)'은 『군서습보』에서 "'교(敎)' 자인 듯하다[疑'敎']"라고 했다. '지(之)' 자 아래에도 『군서습보』에서는 "빠진 글자가 있는 것 같다[或有脫字]"라고 했다. 이 두 구는 마땅히 "노인을 봉양하고 존경심까지 갖추고 있는 교화가 두루 미친 곳이다[養老致敬, 化之至也]"로 해야 한다. 『태평어람(太平御覽)』 권33에서는 『풍속통의』를 인용하여 "살펴보건대 교외에서 추루제(貙膢祭 : 가을에 희생물을 잡아 지내는 제사)를 지내고 봄과

을 정도이다. 장문중(臧文仲)이 말했다.

"임금에게 무례한 사람들을 보면 마치 매가 참새를 쫓는 듯하고[39] 위정자는 악을 보면 농부가 힘써 잡초를 뽑는 듯하다."[40]

어찌 감히 머뭇거리겠는가![41] 즉시 간신과 아첨꾼들을 내쫓지 않고 만인 앞에서 그것을 직접 드러냈으니 이것은 군수를 해친 것이다. 군자는 지위가 낮은 사람 앞에서 고귀함을 드러내지 않고 공적이 적은 사람 앞에서 공적이 많음을 드러내지 않는데,[42] 하물며 임금의 잘못을 드러내 자신의 공적으로 삼음에랴! 논자들은 헛된 명성에 구차하게 현혹되어[43]

가을에는 옹사(饔射 : 손님들을 불러놓고 활쏘기를 하는 연회)를 열어 천자가 사자를 사냥하고 꿩을 잡아 종묘에 바치면 양기(陽氣)가 북돋아 막힌 곳을 뚫게 되어 지성을 다해 노인을 봉양하게 되니 조화의 지극함이다[謹按自郊貙膢春秋饔射, 天子射麑掩雉, 獻諸宗廟, 扶陽發滯, 養老致敬, 化之至也]"라고 했는데, 이것이 그 증거이다. 이 두 구는 『사고전서』본에서 "노인을 봉양하고 배움을 권하여 교화가 쉽게 이르렀다[養老勸學, 化之至易]"라고 함부로 고쳐 놓았다.【吳】

38 죄 : 원문은 '흔(舋)'이다. '흔(釁)'과 같은 글자로 죄라는 뜻이다.【吳】

39 임금에게~쫓는 듯하고 : 『좌전(左傳) · 문공(文公) 18년』에는 계문자(季文子)의 다음 말이 실려 있다. "선대부 장문중이 저 행보(行父 : 계문자)에게 임금을 모시는 예의에 대해 가르쳤는데, 제가 그 가르침을 받들어 임금을 모시면서 감히 어기지 않았습니다. 그가 말했습니다. '임금에게 예의를 다하는 사람을 보면 효자가 부모를 봉양하듯 그를 섬기고, 임금에게 무례한 자를 보면 매가 참새를 쫓듯 그를 죽인다[先大夫臧文仲教行父事君之禮, 行父奉以周旋, 弗敢失隊. 曰 : '見有禮于其君者, 事之如孝子之養父母也, 見無禮于其君者, 誅之如鷹鸇之逐鳥雀也']." 응소는 장문중의 말을 인용하여 여기에 쓴 것이다. 육기(陸璣)의 『모시초목조수충어소(毛詩草木鳥獸蟲魚疏)』 권하에 따르면 "신풍(晨風)은 일명 전(鸇)이라 하며 새매처럼 생겼는데 청황색이고 제비의 턱에 갈고리 같은 부리를 가지고 있다[晨風一名鸇, 似鷂, 青黃色, 燕頷鉤喙]"라고 한다.【吳】

40 농부가 힘써 잡초를 뽑는 듯하다 : 원문은 '농부지무거초야(農夫之務去草也)'이다. 이 구절은 주임(周任)의 말로, 『좌전 · 은공(隱公) 6년』에 다음 말이 있다. "주임이 말했다. '위정자는 악을 보면 마치 농부가 잡초를 힘써 뽑아 쌓아두듯이 그 뿌리를 없애 다시는 번식할 수 없게 만들어야만 착한 사람들이 믿고 따를 것이다[周任有言曰 : '爲國家者, 見惡如農夫之務去草焉, 芟夷蘊崇之, 絶其本根, 勿使能殖, 則善者信矣']."【吳】

41 머뭇거리겠는가 : 원문은 '숙류(宿留)'이다.【譯註】

42 군자는~드러내지 않는데 : 이 두 구절은 본래 『예기 · 유행(儒行)』에 나오는 말로 그 문장은 다음과 같다. "군자는 지위가 낮은 사람 앞에서 고귀함을 드러내지 않고 공적이 적은 사람 앞에서 공적이 많음을 드러내지 않는다[不臨深而爲高, 不加少而爲多]."【吳】

이를 미담으로 여긴다. 여남은 초의 경계 지역이라 사람들의 성격이 급하고 과단성이 있다. 그러나 질운 이후로 서로 예법을 지키지 않고 제멋대로 굴며[44] 임금을 범하고 도리에 거슬리면서[45] 명예를 구하려고 하니, 말단의 의론들은 아첨꾼에게서 일어나고 정치는 보좌관[46]의 손에 달리게 되었다.

長沙太守汝南郅惲君章, 少時爲郡功曹. 郡俗冬饗, 百里內縣皆賚牛酒到府宴飮. 時太守司徒歐陽歙臨饗禮訖, 教曰 : "西部督郵繇延, 天資忠貞, 稟性公方, 典部折衝, 摧破姦雄, 不嚴而治. 『書』曰 : '安民則惠, 黎民懷之.' 蓋擧善以教, 則不能者勸. 今與諸儒共論延功, 顯之于朝." 主簿讀教, 戶吏引延受賜. 惲前跪曰 : "司正擧觥, 以君之罪, 告謝于天. 明府有言而誤, 不可覆掩. 按延資性貪邪, 外方內圓, 朋黨構姦, 罔上害民. 所在荒亂, 虛而不治, 怨慝並作, 百姓苦之. 而明府以惡爲善, 股肱莫爭. 此旣無君, 又復無臣, 君臣俱喪, 孰與偏有? 君雖傾危, 臣子扶持, 不至於亡, 惲敢再拜奉觥." 歙甚慙.

謹按『禮』 : "諫有五, 風爲上, 狷爲下." 故入則造膝, 出則詭辭, 善則稱君, 過則稱己. 暴諫露言, 罪之大者. 而歙於饗中用延爲吏, 以紫亂朱, 大妨王命. 造次顚沛, 不及諷諭, 雖擧觥彊歙可行也! 今惲久見授任, 職在昭德塞違, 爲官擇人. 知延貪邪, 罔上害民, 所在荒亂, 怨慝並作, 此爲惡積愆, 非一旦一夕之漸也. 孔子以匹夫, 朋徒無幾, 習射矍相

43 구차하게 현혹되어 : 원문은 '구현(苟眩)'이다 '현(眩)' 자는 '현(炫)' 자와 같다.【吳】

44 예법을 지키지 않고 제멋대로 굴며 : 원문은 '방식(放式)'이다.【吳】

45 임금을 범하고 도리에 거슬리면서 : 원문은 '간상출기(干上怵忮)'이다. '간(干)' 자는 범한다는 뜻이다. '출(怵)' 자는 『광아(廣雅)·석고(釋詁)』에 "미치다[狂也]"라고 되어 있다. '출기(怵忮)'는 분별없이 도리에 거슬린다는 뜻이다.【吳】

46 보좌관 : 원문은 '배례(陪隷)'로 배대(陪臺)와 같다. 노예라는 뜻이다.【吳】
원래는 노예라는 뜻이지만 여기에서는 '보좌하는 신하[陪臣]'의 의미로 쓰였다.【譯註】

之圃, 三哲而去者過半. 汝南, 中土大郡, 方城四十, 養老復敬, 化之至. 延姦釁彰著, 無與比祟. 臧文仲有言 : “見無禮於君者, 若鷹鸇之逐鳥雀, 農夫之務去草也”. 何敢宿留! 不卽彈黜姦佞, 而須於萬人之中乃暴引之, 是爲陷君. 君子不臨深以爲高, 不因少以爲多, 況創病君父以爲己功者哉! 而論者苟眩虛聲, 以爲美談. 汝南, 楚之界也, 其俗急疾有氣決. 然自君章之後, 轉相放式, 好干上忼忮, 以采名譽, 末流論起於愛憎, 而政在陪隷也.

사공 영천 사람 한릉[司空潁川韓稜]

사공(司空) 영천(潁川) 사람 한릉(韓稜)[1]은 젊어서 군의 주부(主簿)를 맡았다. 태수(太守) 갈홍(葛興)[2]이 중풍에 걸려 갑자기 정신이 희뜩하고 어지러워지자 한릉이 몰래 정사를 보좌하게 되었다. 한릉이 정사를 돌본 지 2년이 되도록 관서에 전달되는 교령은 어긋남이 없었다. 한번은 갈홍의 아들이 교령을 내어 관리를 바꿔보려 했지만 한릉이 고집을 피우며 듣지 않았다. 이 때문에 일이 발각되어 추궁받아서 갈홍도 파직당하고 한

1 한릉(韓稜) : '능(稜)' 자 아래에 『북당서초(北堂書鈔)』 권73과 『영락대전(永樂大典)』 권14608에서는 "자는 백사이다[字伯師]"라는 세 글자를 더 인용하고 있다. 한릉은 영천 무양(舞陽) 사람으로 처음에는 군(郡)의 공조에 임명되었다가 상서령(尙書令)으로 자리를 옮겼다. 화제(和帝) 때에는 남양태수(南陽太守)를 지내다가 몇 년 후에 태복(太僕)으로 초빙되어 갔다. 영원(永元) 9년(97) 12월에 사공(司空)이 되었다가 이듬해 7월에 죽었다. 상세한 사적은 『후한서』 「한릉전(韓稜傳)」과 「화제기(和帝紀)」에 보인다.【吳】

2 갈홍(葛興) : '갈(葛)' 자는 원래 빠졌으나 『북당서초』와 『영락대전』에서 인용한 문장에는 있고 『후한서 · 한릉전』도 마찬가지여서 지금 이에 의거해 보충한다.【吳】

릉도 벼슬길에 나갈 수 없게 되었다.[3] 장제(章帝)가 즉위한 후에 모든 것을 관대히 용서해주었다.[4]

삼가 『역경(易經)』을 살펴보니 다음과 같았다.
"어짐으로써 그 자리를 보존한다."[5]
『상서』에 다음 말이 있다.
"관리들을 쓸데없이 세우지 말라."[6]
『시경(詩經)』에 다음 말이 있다.
"저 군자들 공짜 밥을 먹지 않는구나."[7]

---

3 벼슬길에 나갈 수 없게 되었다: 원문은 '금고(禁固)'로, '고(固)' 자는 '고(錮)' 자와 같다.【吳】

4 장제(章帝)가~용서해주었다: 원문은 '장제즉위, 일체원제야(章帝卽位, 一切原除也)'이다. 이 일은 『후한서』에 다음과 같이 실려 있다. 한릉이 "처음에 군의 공조로 있을 때, 태수 갈홍이 중풍에 걸려 병 때문에 정사를 돌볼 수 없었다. 한릉이 암암리에 갈홍을 대신하여 일을 보았는데, 일을 하는 2년 동안 교령이 잘못된 것이 없었다. 한번은 갈홍의 아들이 교령을 내려 임시로 관리를 바꿔보려 했지만 한릉이 거절하며 따르지 않았다. 그러자 교령에 원망을 품은 사람이 임금에게 상주했다. 사건이 조사에 들어가자 한릉이 갈홍의 병을 엄폐하고 군의 일을 맡아서 한 사실이 드러나 결국 한릉은 다시는 벼슬길에 나가지 못하게 되었다. 현종(顯宗)이 한릉의 충성심을 알고 후에 조서를 내려 특별히 그를 용서해주었다[初爲郡功曹, 太守葛興中風, 病不能聽政. 稜陰代興視事, 出入二年, 令無違者. 興子嘗發教欲署吏, 稜拒執不從. 因令怨者章之. 事下案驗, 吏以稜掩蔽興病, 專典郡職, 遂致禁錮. 顯宗知其忠, 後詔特原之]." 이는 『풍속통의』에서 기록한 내용과 대동소이하다. '원제(原除)'는 관대히 보아 용서해준다는 뜻이다.【吳】

5 어짐으로써 그 자리를 보존한다: 원문은 '수위이인(守位以仁)'이다. 『역경·계사(繫辭)』에 "어떻게 하면 그 자리를 지킵니까? 어질어야 한다[何以守位? 曰仁]"라는 문장이 있다.【吳】

6 관리들을 쓸데없이 세우지 말라: 원문은 '무광서관(無曠庶官)'이다. 『상서·고요모』에 보인다. 공안국(孔安國)의 전(傳)에 "광(曠)은 공(空)이다. 자리에 적임자가 아니면 자리를 비워 둔 것과 같다[曠, 空也. 位非其人爲空官]"는 말이 있다. 『논형(論衡)·예증(藝增)』에 다음 말이 있다. "광은 공이다. 서(庶)는 중(衆)이다. 쓸데없이 많은 자리를 두지 말라고 한 것은 적임자가 아닌 사람을 그 자리에 두면 자리를 비워 놓은 것과 같기 때문에 공이라고 말한 것이다[曠, 空. 庶, 衆也. 毋空衆官, 置非其人, 與空無異, 故言空也]."【吳】

7 저 군자들 공짜 밥을 먹지 않는구나: 원문은 '피군자부소찬혜(彼君子不素湌兮)'이다.

『논어(論語)』에 다음 말이 있다.

"힘을 다해 관직에 나아가더라도 능히 할 수 없다면 그만두어라."[8]

한(漢)나라 법에 따르면 관리가 1백 일 동안 병을 앓을 경우 면직당했다.[9] 이것은 백성들을 위급한 병폐로부터 구휼해내고, 나쁜 풍조를 몰아내기[10] 위해서다. 지금 갈홍은 중임을 맡고서 1천 리에 달하는 땅을 관할하여 마땅히 소송을 듣고 사당을 모셔야 했으며[11] 조서를 반포하고 일을 격려해야 했다. 또한 아침 일찍 일어나고 저녁 늦게 밥을 먹으며[12] 밤

이 말은 『시경·위풍(魏風)·벌단(伐檀)』에 보인다. 금본 『시경』에는 '자(子)' 다음에 '혜(兮)' 자가 있다. '소찬(素湌)'은 지금말로 공짜 밥을 먹는다는 뜻이다.【吳】

8 힘을~그만두어라: 원문은 '진력취렬, 불능자지(陳力就列, 不能者止)'이다. 이 말은 공자가 옛 사관인 주임의 말을 인용한 것으로 『논어·계씨(季氏)』에 보인다. 그 의미는 자기의 능력을 바쳐 일할 수 있으면 관직을 맡고 만약 할 수 없다면 응당 그만두어야 한다는 말이다.【吳】

9 한(漢)나라~면직당했다: 원문은 '한전리병백일응면(漢典吏病百日應免)'이다. 한나라 제도에는 관리가 석 달 동안 병을 앓으면 면직당했다. 『사기(史記)·급암열전(汲黯列傳)』에 다음 말이 있다. "급암은 자주 병에 걸렸고 병에 걸리면 또 석 달을 넘겼으나 황제는 언제나처럼 여러 번 사고(賜告: 병가)를 내주었다[黯多病, 病且滿三月, 上常賜告者數]." 이에 대해 『사기집해(史記集解)』에서는 여순(如淳)의 말을 인용하여 다음과 같이 말했다. "두흠(杜欽)이 말한 '석 달 동안 병이 나도 사고를 내려 은혜를 베풀었다'는 것이다. 삭(數) 자는 한 번이 아닌 것이다. 또한 '사고(賜告)'라는 말은 관직을 버리고 집으로 돌아가야 하지만 고(告)를 받으면 관직에 있으면서 일을 보지 않아도 된다는 말이다[杜欽所謂'病滿賜告詔恩也'. 數者, 非一也. 或曰賜告, 得去官歸家, 與告, 居官不視事]." 『사기·고조본기집해(高祖本紀集解)』에서는 맹강(孟康)의 말을 인용하여 다음과 같이 설명한다. "한나라의 법률에 따르면 2천 석을 받는 관리에게는 여고(予告)와 사고(賜告)가 있었다. 여고는 관직에 있으면서 공적이 뛰어나면 법으로 보장해주는 것이다. 사고는 병이난 지 석달이 넘으면 면직되는데, 이때 천자가 은혜를 베풀어 다시 그 관직을 되찾도록 내려주는 것으로, 자신의 인수(印綬)를 지니게 하여 관직을 유지한 채 집으로 돌아가 치료를 받는 것을 말한다[漢律, 吏二千石有予告·賜告. 予告者, 在官有功最, 法所當得者也. 賜告者, 病滿三月當免, 天子優賜, 復其告, 使得帶印綬, 將官屬, 歸家治病也]."【吳】

10 나쁜 풍조를 몰아내기: 원문은 '징속포특(懲俗逋慝)'이다. '포(逋)'는 도피하다의 뜻이고 '특(慝)'은 사악한 것이다.【吳】

11 사당을 모셔야 했으며: 원문은 '시사(侍祠)'이다. '시(侍)'는 돕는다는 뜻이다. '시사'는 제주(祭主)를 도와 제사를 지내는 것을 말한다.【吳】

12 저녁 늦게 밥을 먹으며: 원문은 '간식(旰食)'이다. 『광운(廣韻)』에는 "간은 해가 지는 것으로 늦다의 뜻이다[旰, 日晩也, 晏也]"라고 설명하고 있다. '간식'은 심사가 복잡해

에도 위태로울까 근심하고[13] 영화 누리기를 즐겨하지 않으며 백성을 걱정해야 했다. 그러나 갈홍이 월권하여 재앙을 불러들이게 되었으니 신령이 그 죄를 꾸짖어 중풍으로 정신이 희뜩해지고 조금도 차도가 없었다. 한릉은 중요한 일[14]을 처리하는 입장에서 그의 허와 실을 알고 있었으니 마땅히 상소를 올려 병을 알리고[15] 예로써 인재를 선발해야 했다. 그런데도 어찌 위로는 천자를 기만하고 가운데로는 방백(方伯)을 업신여기며[16] 아래로는 관리와 백성들을 속이는가! 정신이 희뜩한 사람[17]을 보좌하면서 직접 일을 처리했는데 다행히 잘못은 없었지만 그 죄는 주살당해 마땅하다. 남을 위해 계책을 내놓으면서도 충성스럽지 않고[18] 다른 사람을 사랑하면서도 비굴하게 편안함을 누리는 것[19]은 일반 사람도 해

겨우 저녁 무렵이 되서야 밥을 먹는 것으로, 임금이나 관리가 부지런히 정무를 보는 것을 아첨하여 이르는 말이다.【吳】

13 밤에도 위태로울까 근심하고 : 원문은 '석척약려(夕惕若厲)'이다. 『역경 · 건괘(乾卦)』 구삼효사(九三爻辭)에 다음 말이 있다. "군자가 온종일 쉬지 않고 일하고 밤에도 위태로울까 근심하니 걱정이 없구나[君子終日乾乾, 夕惕若厲, 無咎]." '척(惕)'은 근심한다는 뜻이다. '려(厲)'는 위태로운 것이다. 이 구절의 뜻은 위험이 곧 닥친 것처럼 저녁이 되어서도 여전히 근심 걱정한다는 말이다.【吳】

14 중요한 일 : 원문은 '기괄(機括)'이다. '기'는 쇠뇌의 발사 장치이고, '괄'은 화살 끝이다. 기괄은 활과 화살의 가장 중요한 부분이기 때문에 요긴한 일을 비유한다.【吳】

15 상소를 올려 병을 알리고 : 원문은 '상병(上病)'이다.【吳】

16 가운데로는 방백(方伯)을 업신여기며 : 원문은 '중무방백(中誣方伯)'이다. 주의 자사(刺史)나 군의 태수(太守)는 모두 '방백'이라고 할 수 있다. 『염철론(鹽鐵論) · 제협(除狹)』에는 대부(大夫)에 대해 다음과 같이 기록하고 있다. "지금의 태수와 재상이 직접 부절을 쪼개 임명식을 거행하면 한 군의 사람들이 모여드는데 그 지위가 옛날 방백에 해당한다[今守相親剖符贊拜, 莅一郡之衆, 古方伯之位也]."【吳】

17 정신이 희뜩한 사람 : 원문은 '모난(耄亂)'이다. '모(耄)'는 '난(亂)'과 같은 뜻이다.【吳】

18 남을 위해 계책을 내놓으면서도 충성스럽지 않고 : 원문은 '위인모이불충(爲人謀而不忠)'으로, 『논어 · 학이(學而)』에 보인다.【吳】

19 다른 사람을 사랑하면서도 비굴하게 편안함을 누리는 것 : 원문은 '애인이이고식(愛人而以姑息)'이다. 『예기 · 단궁(檀弓)』에 "군자는 덕으로써 다른 사람을 사랑하고 소인은 비굴하게 편안함을 구하기 위해 다른 사람을 사랑한다[君子之愛人也以德, 細人之愛人也以姑息]"라는 말이 있는데, 정현의 주에 "식은 편안한 것이다. 고식은 비굴하게 편안함을 취하는 것을 말한다[息猶安也. 姑息, 言苟容取安也]"라고 설명하고 있다.【吳】

서는 안 되는 일인데, 하물며 군자임에랴! 위에서 갈흥의 무지몽매한 죄와 그의 아들이 지위를 도용해 관리를 임명한 죄에 대해 지적하며 상주문을 올려 황제께 제대로 알리게 해[20] 갈흥 부자의 명성은 바닥까지 떨어졌다. 이렇게 일을 처리해도 예의상 무슨 할 말이 있겠는가? 한릉도 평생토록 벼슬길에 나가지 못하게 해야 마땅하거늘, 중간에 관대하게 용서해 준 것[21]은 옳지 않다.

司空潁川韓稜, 少時爲郡主簿. 太守葛興被風病, 恍忽誤亂, 稜陰扶輔其政. 出入二年, 署置教令, 無愆失. 興子嘗出教欲轉徙吏, 稜執不聽. 由是發露被考, 興免官, 稜坐禁固. 章帝卽位, 一切原除也.

謹按『易』稱 : "守位以仁". 『尙書』: "無曠庶官". 『詩』云 : "彼君子不素湌兮". 『論語』: "陳力就列, 不能者止." 漢典吏病百日應免. 所以卹民急病, 懲俗逋慝也. 今興官尊任重, 經略千里, 當聽訟侍祠, 班詔勸課. 早朝旰食, 夕惕若厲, 不以榮祿爲樂, 而以黔首爲憂. 位過招殃, 靈督其舋, 風疾恍忽, 有加無瘳. 稜統機括, 知其虛實, 當聽上病, 以禮選引. 何有上欺天子, 中誣方伯, 下誑吏民! 扶輔耄亂, 政自己出, 雖幸無闕, 罪已不容於誅矣. 爲人謀而不忠, 愛人而以姑息, 凡人不可, 況於君子乎! 上令興負貪昧之罪, 子被署用之愆, 章問洶赫, 父子湮沒. 執事如此, 謂禮義何? 稜宜禁固終身, 中原非是.

20 상주문을 올려 황제께 제대로 알리게 해 : 원문은 '장문흉혁(章問洶赫)'이다. '문(問)'은 '문(聞)'과 통한다. '장문(章問)'은 황제께 상주하여 조정에 알린다는 뜻이다.【吳】

21 중간에 관대하게 용서해 준 것 : 원문은 '중원(中原)'이다. 중간에 용서하다는 말로, 장제가 즉위하여 그 죄를 용서해준 것을 가리킨다.【吳】

태원 사람 주당[太原周黨]

태원(太原) 사람 주당(周黨)[1]은 자가 백황(伯況)으로, 젊은 시절 향좌(鄕佐)[2]에게 책을 잡혀 사람들 사이에서 모욕을 당했다. 주당은 장안(長安)에 가서 『춘추(春秋)』를 공부하다가 '복수'의 의미[3]를 깨닫고, 그날로 공부를 접

1 주당(周黨) : 태원군(太原郡) 광무(廣武 : 지금의 山西省 代縣 서남쪽) 사람으로, 왕망(王莽) 때 병을 핑계로 두문불출했다. 광무제(光武帝) 건무 연간(建武年間, 25~55)에 의랑(議郎)으로 초빙되었으나, 병 때문에 사직하고 민지현(澠池縣)에 숨어 살았다. 『동관한기』와 『후한서』에 모두 그 전이 있다.【吳】

2 향좌(鄕佐) : 원래는 '경좌(卿左)'라 잘못되어 있었는데, 이하도 마찬가지이다. 『동관한기』에 보면, "향좌가 길에서 주당의 부역을 들춰내 사람들 사이에서 그를 모욕했다[鄕佐發黨徭道於人中辱之]"라 되어 있고 『후한서』에는 "향좌가 일찍이 사람들 사이에서 주당을 모욕했다[鄕佐嘗衆中辱黨]"고 되어 있다. 지금 이에 근거해 고친다. 한나라 제도에 따르면, 10리마다 향(鄕)을 설치하고 향마다 향좌를 두어 조세징수의 일을 주관하게 했다.【吳】

3 '복수'의 의미 : 원문은 '보수지의(報讎之義)'이다. 『춘추 · 장공(莊公) 4년』에 "기후가 나라를 영원히 떠나갔다[紀侯大去其國]"라는 구절이 있다. 『공양전』에 다음 문장이 있다. "영원히 떠났다고 한 것은 왜인가? 멸망당했기 때문이다. 누가 기나라를 멸망시켰는가? 제나라가 기나라를 멸망시켰다. 그런데 어째서 제나라가 기나라를 멸망

고 이별을 고한 뒤에 [향좌에게] 복수하러 돌아왔다. 태원에 도착해서 주당은 향좌에게 소식을 알리고 결투 날짜를 정했다.[4] 향좌가 수하 군사[5]를 데리고 오자, 향좌에게 먼저 칼을 뽑게 한 뒤에 서로 싸웠다. 향좌는 정당하게 군사에게 영을 내려 싸우려 했지만, 주당은 이미 상처를 입고 지쳐 있었다. 향좌는 그의 의리와 용기에 감복해 대나무 수레[6]에 싣고 와서 그를 돌봐주었다. 며칠 뒤에 주당은 깨어나서 자기 집이 아닌 것을 알고 곧장 집으로 돌아갔는데, 그의 용기와 과단성이 이에 이르렀다.

내가 삼가 『효경(孝經)』을 살펴보니 다음과 같았다.[7]

"내 몸과 머리카락과 피부는 부모님께 받은 것이라, 감히 훼손시키지 않는 것이 효의 시작이다."[8]

시켰다고 적지 않는가? 제나라 양공(襄公)의 현명함을 감추기 위해서이다. 『춘추』에서는 현자를 위해 사실을 감춘다. 어째서 양공을 현명하다고 하는가? 복수했기 때문이다. 무슨 복수인가? 먼 조상 때의 복수이다. 애공(哀公 : 양공의 9대조 不辰)이 주나라에서 팽살(烹殺)되었는데, 기후가 참소했기 때문이다. 이로 인해 양공은 조상을 섬김에 진심을 다했다. 진심을 다했다는 것은 무엇인가? 양공은 기후에게 복수하려 할 때 점을 쳤는데, '군사의 절반을 잃을 것이다', '과인이 그를 죽이는 것은 불길하니 해서는 안 된다[寡人死之, 不爲不吉也]'라는 점괘가 나왔다. 먼 조상이란 몇 대조 조상인가? 9대조 조상이다. 9대조 조상인데 복수할 수 있는가? 1백 년이 흘렀다고 해도 할 수 있다[大去者何? 滅也. 孰滅之? 齊滅之. 曷爲不言齊滅之? 爲襄公諱也. 『春秋』爲賢者諱. 何賢乎襄公? 復讎也. 何讎爾? 遠祖也. 哀公(襄公九世祖不辰)亨(同'烹')乎周, 紀侯譖之. 以襄公之爲於此焉者, 事祖禰之心盡矣. 盡者何? 襄公將復讎乎紀, 卜之曰 : '師喪分(半也)焉' '寡人死之, 不爲不吉也.' 遠祖者幾世乎? 九世矣. 九世猶可以復讎乎? 雖百世可也]." 이것이 바로 『춘추』에서 말하는 복수의 의미이다.【吳】

4 정했다 : 원문은 '기(期)'로, 약속을 정하다의 뜻이다.【吳】

5 군사 : 원문은 '정(正)'이다. '정'은 『동관한기』에는 '병(兵)'으로 되어 있다. 여기서의 '정'은 다음 문장의 '영정(令正)'의 '정'과 함께 '병'이 되어야 한다. 『사고전서』본에는 모두 '도(徒)'로 고쳐져 있다.【吳】

6 대나무 수레 : 원문은 '편여(篇輿)'이다. 『설문해자(說文解字)』에 따르면 "편은 대나무로 만든 수레[篇, 竹輿也]"이다. 『한서(漢書)·진여전(陳餘傳)』에 보면, "상이 설공에게 부절을 가지고 가서 대나무 수레 앞에서 묻게 했는데[上使泄公持節問之篇輿前]"라고 되어 있는데, 안사고는 다음과 같이 주를 달고 있다. "편여는 대나무로 엮어 만든 수레이다[篇輿者, 編竹木以爲輿]."【吳】

7 내가~같았다 : 이 문장은 『효경·개종명의(開宗明義)』에 보인다.【吳】

악정자춘(樂正子春)이 당(堂)을 내려오다 발을 다쳐 3개월 동안 외출하지 못했다. 그런데 후에 발이 다 나은 뒤에도 여전히 근심스러운 낯빛을 하고 있었다.[9] [법도가 아니면] 몸은 행동하지 않고 입은 말하지 않으며,[10] 그저 몸을 닦고 삼가 조신하게 행동하면서 조상을 욕되게 할까 걱정했다. 백황(伯況 : 周黨)은 자신의 잘못이 드러났으면 그대로 가서 본업에 충실하면 될 것[11]이고, 설령 향좌가 흉포하다고 해도 무슨 까닭에 스스로를 능욕하는가? 지금 모욕을 당한 데는 틀림없이 그렇게 된 까닭이 있고, 스스로 화를 자초한 것인데 무엇 때문에 다른 사람을 탓하는가? 부모님이 모욕을 당한 것도 아닌데 내게 무슨 해가 있겠는가? 무릇 복수라는 것은 부모와 형제를 위해 하는 것인데,[12] 어찌 하루아침의 분노 때문에 그 화를 발설하는가! 이것은

---

8 내 몸과~효의 시작이다 : 『예기 · 제의(祭義)』에 다음 문장이 있다. "하늘에서 생육한 것, 땅에서 기른 것 가운데 사람만큼 소중한 것은 없다. 따라서 부모님께서 온전하게 낳아주셨으니, 자식은 그 몸을 온전하게 해서 돌아가야 하는데, 이것을 일러 효라 한다. 오체를 훼손시키지 않고 그 몸을 욕되게 하지 않는 것을 온전하게 한다 할 수 있다[天之所生, 地之所養, 無人爲大. 父母全而生之, 子全而歸之, 可謂孝矣. 不虧其體, 不辱其身, 可謂全矣]." 이 문장이 『풍속통의』의 문장과 같은 뜻이다.【吳】

9 악정자춘(樂正子春)이~있었다 : 이 일은 『예기 · 제의』에 실려 있는데, 글자가 약간 다르다. 악정자춘은 춘추시대 노나라 사람으로, 증자의 제자이다.【吳】

10 몸은~않으며 : 『효경 · 경대부(卿大夫)』에 다음 말이 있다. "선왕의 법복이 아니면 감히 입지 않고, 선왕의 법언이 아니면 감히 말하지 않았으며, 선왕의 덕행이 아니면 감히 행하지 않는다. 그런 까닭에 법에 맞지 않는 것은 말하지 않고, 도가 아닌 것은 행하지 않으니, 입은 말하지 않고 몸은 행동하지 않는다[非先王之法服不敢服, 非先王之法言不敢道, 非先王之德行不敢行. 故非法不言, 非道不行, 口無擇言, 身無擇行]." 이에 대해 당(唐)나라 현종(玄宗)은 다음과 같이 주를 달고 있다. "언행은 모두 법도를 따라야 한다. 그래서 택할 수 없다[言行皆遵法道. 所以無可擇也]."【吳】

11 백황(伯況)은~될 것 : 사수청(史樹青) 선생은 "생각건대, '득(得)' 자는 '복(復)' 자의 형태상의 오기인 것 같다[按'得'字疑是'復'字之形譌]"라고 말했다. 이 구절은 『사고전서』본에서 '직왕수지(則往讎之)'라고 되어 있는데, 이것은 억지로 고쳐놓은 것이다.【吳】

12 무릇 복수라는 것은~하는 것인데 : 원문은 '범보수자, 위위부형이(凡報讎者, 謂爲父兄耳)'이다. 『예기 · 곡례(曲禮)』에 부모와 형제를 위해 복수한다는 의미가 실려 있다. "아버지의 원수는 하늘을 같이 이고 살지 못하며 형제의 원수는 무기를 거두어 들이지 않는다[父之讎, 弗與共戴天, 兄弟之讎, 不反兵]." 「단궁」에 다음 문장이 있다. "자하가 공자에게 물었다. '부모의 원수는 어떻게 해야 합니까?' 공자가 말했다. '거적에 방패를 베개 삼아 잠자고 벼슬을 하지 않으며 원수와는 하늘을 같이 하지 않

『춘추』의 뜻에서 먼 것으로, 하마터면 선조로 하여금[13] 더 이상 제사 밥을 먹지 못하게 할 뻔했으니, 불효와 불민함 이 두 가지 모두를 가지고 있다. 주당의 행동을 의리와 용기로 돌리는데,[14] 의리가 어디에 있단 말인가!

太原周黨伯況, 少爲鄕佐發黨過於人中辱之. 黨學『春秋』長安, 聞報讎之義, 輟講下辭歸報讎. 到與鄕佐相聞, 期鬪日. 鄕佐多從正往, 俟鄕佐先拔刀, 然後相擊. 佐欲直令正擊之, 黨被創困乏. 佐服其義勇, 復輿養之. 數日蘇興, 乃知非其家, 卽徑歸, 其立勇果乃至於是.

謹按『孝經』: "身體髮膚, 受之父母, 不敢毁傷, 孝之始也." 樂正子春下堂而傷足, 三月不出. 旣瘳矣, 猶有憂色. 身無擇行, 口無擇言, 脩身愼行, 恐辱先也. 而伯況被發, 則得就業, 鄕佐雖云凶暴, 何緣侵己? 今見辱者, 必有以招之, 身自取焉, 何尤於人? 親不可辱, 在我何傷? 凡報讎者, 謂爲父兄耳, 豈以一朝之忿而肆其狂怒者哉! 旣遠『春秋』之義, 殆令先祖不復血食, 不孝不智, 而兩有之. 歸其義勇, 其義何居!

아야 한다. 만일 시장이나 관청에서 만나면 무기를 거두지 말고 즉시 싸워야 한다.' 또 물었다. '형제의 원수는 어떻게 해야 합니까?' '그와 더불어 같은 나라에서 벼슬하지 않으며 임금의 명령을 받들고 출사할 경우에는 그와 만나더라도 싸우지 않아야 한다'[子夏問於孔子曰: '居父母之讎如之何?' 夫子曰: '寢苫枕干不仕, 弗與共天下也. 遇諸市朝, 不反兵而鬪.' 曰: '請問昆弟之讎如之何?' 曰: '仕弗與共國, 銜君命而使, 雖遇之不鬪']." 또 『춘추공양전(春秋公羊傳)·정공(定公) 4년』에 다음 말이 있다. "부친이 죽음을 받아들이지 않으면 자식은 복수하는데, 이것은 가하다. 부친이 죽음을 받아들여도 자식은 복수를 하는데, 복수의 길이란 복수를 해도 없어지지 않는다[父不受誅, 子復讎, 可也. 父受誅, 子復讎, 推刃之道也, 復讎不除害]."【吳】

13 하여금: 원문은 '영(令)'이다. '영'은 본래 '금(今)'으로 잘못되어 있었는데, 지금 문장의 뜻에 맞춰 고친다.【吳】

14 주당의 행동을 의리와 용기로 돌리는데: 원문은 '귀기의용(歸其義勇)'이다. 원굉(袁宏)의 『후한기·효령황제기(孝靈皇帝紀)』 하권에 신도반(申屠蟠)의 다음 말이 실려 있다. "옛날 태원 사람 주당은 『춘추』의 뜻에 감복해 스승에게 하직하고 와서 복수했는데, 당시 논자들은 도리어 그의 절개를 높이 쳤다[昔太原周黨感『春秋』之義, 辭師復讐, 當時論者猶高其節]."【吳】

여남 사람 진무[汝南陳茂]

여남 사람 군인(君因) 진무(陳茂)[1]가 형주자사(荊州刺史)로 부임할 당시, 남양태수(南陽太守)[2] 관순(灌恂)[3]은 청렴하고 현능한 사람으로 이름이 나 있었다. 진무는 완성(宛城)으로 들어가지 않고 수레를 끌고 성의 동쪽으로 가서 친구 위수(衛修)의 어머니에게 인사를 드리고 나서 형주로 갈 생각이었다.[4] 위수[5]는 본래 진무의 문객으로, 창오군(蒼梧郡)[6]에서 벼슬을 하다가 집에 돌

1 진무(陳茂) : 역사서에 전이 전하지 않아 사적이 상세하지 않다.【吳】

2 남양태수(南陽太守) : 남양(南陽)은 군명(郡名)이다. 형주에 속하고 관청소재지는 완현(宛縣), 즉 지금의 하남성 남양시(南陽市) 경내에 있다.【吳】

3 관순(灌恂) : 역사서에는 보이지 않는다.【吳】

4 진무는~생각이었다 : 『군서습보』에 다음 말이 있다. "이 아래의 서술은 순서가 잘못되어 있어 명확하지 않다. 지금 약간 고쳤지만 반드시 원래의 문장과 다 같지는 않을 것이고 다만 대략적인 줄거리만 명확히 할 따름이다. 이 몇 마디 말은 진무의 본심이 이와 같음을 먼저 서술하고 난 후에 형주에 도착한 것임을 말한다[此下叙次舛錯, 甚不明白. 今欲稍加改易, 未必盡如原文, 但略使情事分明而已. 此數語先叙茂之本意如此, 然後到州也]."【吳】

5 위수 : 원문은 '수(修)'로, 원래 '순(恂)'이라 잘못 쓰여 있었으나 지금 『군서습보』에 의

아와 있었다. 진무가 위수의 집에 도착해[7] 그의 어머니와 부인을 만나자, 위수가 사건에 연루되어 옥에 갇힌 채 죽게 생겼다고 말했다. 그래서 진무는 관순의 관아로 가서[8] 선처를 부탁하며 사람들[9]을 따라 갓을 벗은 채 별채[10]로 들어갔는데, 그 행동거지가 근엄하고 공경스러웠으며[11] 얼굴에는 위엄이 서려 있었다. 태수(太守 : 관순)는 크게 놀라 자기도 모르게 일어나 두건을 내리면서 그를 안으로 모셨다. 태수가 진무를 매우 공손히 대하며 즉시 위수를 풀어주자 남양군의 사대부들은 진무가 위수를 구했다고 말했다.[12] 그런데 진무는 사건을 조사할 때는 인정사정이 없기에 결국 위수는 사형을 당했고[13] 관순 또한 다른 일로 파직 당했다. 그래서 남양 사람들은 진무가 위수를 죽인 일을 아주 혐오해서[14] 이렇게 말했다.

거해 고친다. 아래 문장에서 보면 관순은 진무와 서로 알지 못하는 사이므로 문장의 의미에 따라 '수(修)'라 써야 옳다.【吳】

6 창오군(蒼梧郡) : 무제(武帝) 때 설치한 군으로 동한까지 이어졌고 관청소재지는 광신(廣信)에 있는데, 지금의 광서성(廣西省) 오주시(梧州市)이다.【吳】

7 위수의 집에 도착해 : 원문은 '도수가(到修家)'이다. 『군서습보』에 다음 말이 있다. "여기가 바르게 서술된 것이다. 따라서 앞 문장은 진무의 본심을 알아보기 위한 것임을 알 수 있다. 그렇지 않다면 중복된 것이다(此方正叙. 故知上是先探茂之本意. 不然複矣)."【吳】

8 관순의 관아로 가서 : 원문은 '인예부문(因詣府門)'이다. 진무가 남양태수 관순의 관아에 도착했음을 말한다.【吳】

9 사람들 : 원문은 '배(輩)'이다. 오수평은 '배'를 직위에 따라 분배한 수레라 주를 달고 있지만, 문장의 의미상 받지 않는 것 같아 고쳐서 번역한다.【譯註】

10 별채 : 원문은 '방(坊)'이다. 『문선 · 경복전부(景福殿賦)』에 "백관(百官)의 각 관서에 설치된 방이 32개이다(屯坊列署, 三十有二)"라고 했다. 이선의 주에는 "방은 별채이다(坊, 別屋也)"라고 했다.【吳】

11 공경스러웠으며 : 원문은 '각(恪)'이다.【吳】

12 남양군의 사대부들은~말했다 : 원문은 '남양사대부위무능구해수(南陽士大夫謂茂能救解修)'이다. '무(茂)'는 원래 '순(恂)'이라 쓰여 있었으나 『군서습보』에는 '무'라 고쳐져 있어 지금 이에 의거해 고친다. 진무의 요청에 따라서 관순이 감옥에서 위수를 꺼내주었으므로 여기에서 '진무가 위수를 구할 수 있었다(茂能救解修)'라고 한 것이다. '무'라 써야 문장의 의미가 통한다.【吳】

13 사형을 당했고 : 원문은 '극죄(極罪)'이다.【吳】

14 남양 사람들은~혐오해서 : 원문은 '남양질악살수(南陽疾惡殺修)'이다. '악(惡)'은 『군서습보』에는 '무(茂)'로 고쳐져 있는데 이 뜻이 비교적 낫다.【吳】

"위수가 감옥에 있을 때는 진무가 그를 살렸지만[15] 위수가 감옥에서 나오자[16] 진무가 그를 죽였다."

내가 삼가 『춘추』를 살펴보니 다음과 같았다.

"보잘것없는 주(周)나라의 말단 관리도 제후 위에 위치한다."[17]

앉을 때도 전용 자리가 있고 쉴 때도 전용 숙사가 있으며 네 마리 말이 끄는 붉은 수레[18]를 탔으니, 위엄[19]이 대단했다. 진무는 관순이 평소 관리로서 [직분에 맞지 않는 행동을 해] 비난을 듣자[20] 곧장 숙소[21]로 들어가 그를 불러내 따져 묻고 그의 뇌물수수 상황을 조사한 뒤 즉시 죄상을 열거해

---

15 살렸지만 : 원문은 '활(活)'이다. 원래 '치(治)'라 잘못 쓰여 있는 것을 『군서습보』에서 '활'이라 고쳐 썼는데, 이것이 옳다. '활'은 아래 문장 '살(殺)'과 서로 대비되는 문장이다. 이 두 문장은 위수가 사건에 연루되어 감옥에서 죽을 판이었는데, 진무가 그의 목숨을 살려주었음을 말한다.【吳】

16 감옥에서 나오자 : 원문은 '무사(無事)'이다. 형벌에서 벗어났음을 가리킨다.【吳】

17 보잘것없는 주(周)나라의 말단 관리도 제후 위에 위치한다 : 원문은 '왕인지미, 처우제후지상(王人之微, 處于諸侯之上)'이다. 『춘추 · 장공(莊公) 6년』에 다음 기록이 있다. "왕인(王人 : 말단 관리) 자돌이 위나라를 구했다[王人子突救衛]." 『공양전』에 다음 기록이 있다. "왕인은 무엇인가? 말단 관리이다[王人者何? 微者也]." 『곡량전 · 희공(僖公) 8년』에 다음 글이 있다. "왕인이 제후보다 우선시되는 것은 무슨 까닭인가? 왕명을 존귀하게 여기기 때문이다[王人之先諸侯何也? 貴王命也]."【吳】

18 붉은 수레 : 원문은 '주헌(朱軒)'이다. 『문선 · 별부(別賦)』의 이선 주에 다음 말이 있다. "『상서대전(尙書大傳)』에서 말하길, '명을 받지 않은 자를 사(士)라고 하는데 붉은 수레를 탈 수 없다'라고 했다. 정현이 말하길, '헌은 수레이다'라고 했다. 선비들은 붉은 색으로 수레를 꾸민다[『尙書大傳』曰 : '未命爲士, 不得朱軒.' 鄭玄曰 : '軒, 輿也.' 士以朱飾之]."【吳】

19 위엄 : 원문은 '위열(威烈)'이다. '열(烈)'은 '위(威)'와 의미가 같다. 『문선 · 경복전부』에 "빛나고 아름다우며 밝고 찬란하니 해와 달이 하늘을 아름답게 빛내는 것 같네[赫奕章灼, 若日月之麗天也]"라는 문장이 있는데, 이에 대해 이선은 이렇게 주를 달고 있다. "빛나고 아름다우며 밝고 찬란하다는 것은 모두 광채가 나고 밝다는 의미이다[赫奕 · 章灼, 皆謂光顯昭明也]."【吳】

20 듣자 : 원문은 '속(速)'이다. 『상서 · 태갑(太甲)』에 "이 몸이 죄를 저질렀다[以速戾于厥躬]"라고 했는데, 공안국(孔安國)이 전에서 "속은 초래하다는 뜻이다[速, 召也]"라고 했다. 속은 바로 초래하다의 뜻이다.【吳】

21 숙소 : 원문은 '전(傳)'이다.【吳】

조정에 알렸다.[22] 문왕(文王)은 해가 지도록 밥 먹을 시간이 없었고[23] 주공(周公)은 앉아서 아침을 맞이했는데,[24] 이 또한[25] 개인의 이익을 위한 것이 아니라 모두 공무 때문이었다. 진무는 어찌 도탄에 빠진 백성들의 위급함을 잊고 옛날 우정을 빛내려 했는가![26] 포선(鮑宣)은 주목(州牧)이 되어 행부(行部)[27]를 할 때 대부분 마을 관사[28]에 머물렀는데, 이 때문에 사직(司直)[29]

22 즉시 죄상을 열거해 조정에 알렸다 : 원문은 '이시열문(以時列聞)'이다. 이 문장은 즉시 그 죄상을 열거해 조정에 알린다는 말이다.【吳】

23 문왕(文王)은~없었고 : 원문은 '문왕일측불가식(文王日昃不暇食)'이다. 『한서·동중서전(董仲舒傳)』에 다음 말이 있다. "주왕(紂王)이 아직 왕의 자리에 있을 때 귀한 자와 비천한 자가 어지럽게 뒤섞이고 백성들은 흩어져 도망쳤다. 그래서 문왕은 이를 슬퍼하며 안정시키고자 했기 때문에 해가 지도록 밥 먹을 시간이 없었다[紂尙在上, 尊卑昏亂, 百姓散亡. 故文王悼痛而欲安之, 是以日昃不暇食也]." '일측(日昃)'은 해가 서쪽으로 진다는 뜻이다.【吳】

24 주공(周公)은 앉아서 아침을 맞이했는데 : 원문은 '주공좌이사단(周公坐而俟旦)'이다. 『맹자·이루(離婁)』에 다음 말이 있다. "맹자가 말하길, '우는 맛있는 술을 싫어하고 선한 말을 좋아했다. 탕은 중용의 덕을 견지하여 현자를 등용하는데 출신을 가리지 않았다. 문왕은 백성을 다친 사람 보듯 가엾어 했고 도인을 일찍이 만나본 적이 없는 사람처럼 흠모했다. 무왕은 가까운 이들을 가까이하지 않고 멀리 있는 이를 잊지 않았다. 주공은 삼왕(三王 : 禹, 湯, 文武)의 덕을 모두 겸하여 네 가지 일(春夏秋冬 四時에 따른 國政)을 시행하려고 했다. 그 가운데 실정에 부합되지 않는 것이 있으면 우러러 생각하는 데 밤을 새워서 했다. 다행히 해답을 얻게 되면 [이를 시행하기 위해] 앉아서 아침을 맞이했다[孟子曰 : '禹惡旨酒而好善言. 湯執中, 立賢無方. 文王視民如傷, 望道而未之見. 武王不泄邇, 不忘遠. 周公思兼三王, 以施四事. 其有不合者, 仰而思之, 夜以繼日. 幸而得之, 坐以待旦']."【吳】

25 또한 : 원문은 '차(且)'이다. 사수청 선생이 말했다. "생각건대 '차(且)' 자는 그 위 문장의 '단(旦)' 자를 잘못 가져다 쓴 것이다[按'且'字因其上文'旦'字而誤衍]."【吳】

26 옛날 우정을 빛내려 했는가 : 원문은 '편내광소구교지문호(便迺光昭舊交之門乎)'이다. '내(迺)'는 『호본(胡本)』, 『낭본(郎本)』에 '내(乃)'로 되어 있는데 이 두 글자는 같은 뜻이다. '문(門)'은 『유편본(遺編本)』, 『호본』, 『낭본』, 『명각본(明刻本)』, 『초본(抄本)』에 '문(問)'이라 되어 있는데 이는 억지로 고친 것이다.【吳】

27 행부(行部) : 한나라 제도에 따르면 자사(刺史)는 매해 8월이면 각 부서를 돌며 죄의 진상을 조사하고 전최(殿最 : 관리들의 근무성적과 공과를 조사하여 점수를 매기는 것을 말함)를 따졌는데, 이를 '행부'라고 한다.【吳】

28 마을 관사 : 원문은 '하정(下亭)'으로, 향정(鄕亭)을 말한다. 향정은 군과 현의 관청소재지에 있는 도정(都亭)과는 별도로 두었다.【吳】

29 사직(司直) : 승상사직(丞相司直)이다. 『한서·백관공경표(百官公卿表)』에 다음 말이 있다. "무제(武帝) 원수(元狩) 5년(B.C.118)에 처음으로 사직을 두었는데 녹봉은 2천 석

은 그를 탄핵하며 위엄을 가볍게 여기고 주목의 본분을 욕보였다며 결국 그를 파직케 했다.[30] 지금 진무는 천도를 버리고 자기 마음대로 행동하는데 누가 그를 이렇게 망쳐놨는가?[31] 소인이 그를 칭찬하자 그 스스로 이렇게 행동한 것이다. 그래서 옛 사람들은 이를 병폐로 여기며 크게 비난받을 일이라 생각했다. 진무와 위수의 우정은 올빼미가 그 새끼를 사랑하는 것

이고 승상이 불법(不法)을 적발하는 일을 보좌했다[武帝元狩五年初置司直, 秩比二千石, 掌佐丞相擧不法]." 『한서·백관지』 사도(司徒) 아래에도 다음 말이 있다. "본주에서 말하길, '세조가 즉위하고 무제의 옛 일을 들어 사직을 두고 승상부에 거하게 하며 여러 주의 일을 기록하는 것을 돕게 했는데, 건무 18년(42)에 없어졌다'라고 했다[本注曰:'世祖即位, 以武帝故事, 置司直, 居丞相府, 助督錄諸州, 建武十八年省也']." 유소(劉昭)의 주에도 「헌제기거주(獻帝起居注)」를 인용해 다음과 같이 말했다. "건안 8년(203) 12월에 다시 사직을 두었는데 사도에 속하지 않았고 중도관(中都官)을 감독하며 여러 주를 살피지는 않았다. 9년(204) 11월에 조서를 내려 사직은 사례교위와 같아 같은 자리에 앉거나 그 위에 앉을 수 있으며 전치(傳置:역참)를 임시로 두어 종사 3명과 서좌 4명을 둘 수 있었다[建安八年十二月, 復置司直, 不屬司徒, 掌督中都官, 不領諸州. 九年十一月, 詔司直比司隸校尉, 坐同席在上, 假傳置, 從事三人, 書佐四人]."【吳】

30 위엄을~파직게 했다: '손(損)'은 『정본(程本)』에 '연(捐)'이라 쓰여 있다. 생각건대 원래의 판본은 잘못되지 않았다. 『한서·포선전(鮑宣傳)』에 다음 기록이 있다. 포선의 자는 자도(子都)이고 발해(渤海) 고성(高城) 사람으로, "애제 초에 대사공 하무가 포선을 서조연으로 삼고 그를 대단히 중히 여겨 천거하여 간대부로 삼았다가 후에 예주목으로 보냈다. 1년쯤 되어 승상사직 곽흠이 상주하길, '포선의 행동거지는 번잡하고 가혹해서 2천 석 서리에게 대신 사건을 처리하게 했더니 살펴본바 조조(詔條)를 지나치게 어겼습니다. 행부(行部)를 하며 역참에서 수레를 탈 때 천자가 내린 수레를 마다하고 말 한 마리를 부렸고 관사는 향정(鄕亭)을 써서 사람들에게 비난받았습니다'라고 했다. 그리하여 포선은 파직 당했다[哀帝初, 大司空何武除宣爲西曹掾, 甚敬重焉, 薦宣爲諫大夫, 遷豫州牧. 歲餘, 丞相司直郭欽奏, '宣擧錯煩苛, 代二千石署吏聽訟, 所察過詔條. 行部乘傳去法駕, 駕一馬, 舍宿鄕亭, 爲衆所非'. 宣坐免]."【吳】

31 누가 그를 이렇게 망쳐놨는가: 원문은 '숙사훼지(孰使毁之)'이다. 『군서습보』에는 "'숙사훼지'라고 말한 것은 문장에 오류가 있다['孰使毁之'云云, 文有譌誤]"라고 했는데, 생각건대 이 문장은 잘못된 것이 아니다. 『회남자·설산훈(說山訓)』에 다음 말이 있다. "어떤 사람이 다른 사람에게 부지런하고 검소하다고 칭찬을 했다. [칭찬한 그 사람의] 집에서 아침까지 곡식을 빻았으나 정해진 목표량에 도달하지 못하자 칭찬한 사람이 도리어 누군가에게 욕을 해댔다. [칭찬을 받은 사람이] 살펴보았더니 바로 그 사람의 어머니였다. 그래서 소인의 칭찬은 오히려 다른 사람을 망치게 한다[有譽人之力儉者. 春至旦, 不中員呈, 猶謫之. 察之, 乃其母也. 故小人之譽, 人反爲損]." 고유(高誘)의 주에서는 속담을 인용해 "누가 이렇게 만들었냐고 묻자 소인이 칭찬했다고 하네[問誰毁之, 小人譽之]"라고 했는데, 응소의 말은 이와 같은 뜻이다.【吳】

과 같았으니, 오히려 이 때문에 그를 해치게 된 것이다.[32]

汝南陳茂君因爲荊州刺史, 時南陽太守灌恂本名淸能. 茂不入宛城, 引車到城東爲友人衛修母拜, 到州. 修先是茂客, 仕蒼梧還. 到修家, 見修母婦, 說修坐事繫獄當死. 因詣府門, 移辭乞恩, 隨輩露首入坊中, 容止嚴恪, 鬚眉甚偉. 太守大驚, 不覺自起立, 賜巾延請. 甚嘉敬之, 卽焉出修, 南陽士大夫謂茂能救解修. 茂彈繩不撓, 修竟極罪, 恂亦以它事去. 南陽疾惡殺修, 爲之語曰 : "衛修有事, 陳茂活之, 衛修無事, 隕茂殺之".

謹按『春秋』: "王人之微, 處于諸侯之上." 坐則專席, 止則專館, 朱軒駕駟, 威烈赫奕. 就恂素爲官速謗, 當便入傳, 引見詰問, 糾其贓狀, 以時列聞. 文王日昃不暇食, 周公坐而俟旦, 且非爲己私, 皆公也. 何有忘百姓塗炭之急, 便迺光昭舊交之門乎! 鮑宣州牧行部, 多宿下亭, 司直搴劾, 以爲輕威損命, 坐之刑黜. 今茂泯棄天常, 進止由己, 孰使毁之? 小人譽之, 自我爲之. 古人病諸, 以爲大譏. 茂與修善, 由鴟鴞之愛其子, 適所以害之者.

32 올빼미가~된 것이다 : 『시경 · 빈풍(豳風) · 치효(鴟鴞)』 공소달(孔疏達)의 소(疏)에서 육기(陸璣)의 「소(疏)」를 인용해 다음과 같이 말했다. "올빼미는 황작(黃雀)과 비슷하나 작고 그 부리는 송곳처럼 날카롭다. 띠 풀을 가져다가 둥지를 짓는데, 삼으로 엮는 것이 마치 버선을 바느질하는 것과 같다. 둥지는 나뭇가지에 매어 두는데, 방이 하나이거나 또는 두 개이다. 유주 사람은 영결(鸋鴂)이나 교부(巧婦), 또는 여장(女匠)이라고 부른다. 관동에서는 작(雀) 또는 과영(過贏)이라고 부르고, 관서에서는 상비(桑飛) 또는 말작(襪雀)이라고 하며 또 교녀(巧女)라고도 한다[鴟鴞似黃雀而小, 其喙尖如錐. 取茅莠爲窠, 以麻紩之, 如刺襪然. 縣著樹枝, 或一房, 或二房. 幽州人謂之鸋鴂, 或曰巧婦, 或曰女匠. 關東謂之雀, 或謂之過贏, 關西謂之桑飛, 或謂之襪雀, 或曰巧女]." 『문선 · 격오장교부곡문(檄吳將校部曲文)』의 이선 주에서는 『한시전(韓詩傳)』을 인용해 다음과 같이 말했다. "올빼미가 그 새끼를 사랑으로 기르는 것이 오히려 그 새끼를 해치게 한다. 그 새끼를 사랑으로 보살핀다는 것은 그 둥지를 견고하게 한다는 말이다. 새끼를 해친다는 것은 큰 나무의 무성한 가지에 집을 지을 줄을 몰라 오히려 갈대 위에 집을 짓게 된다는 말이다. 바람이 불면 갈대가 꺾여 둥지가 뒤집히게 되어 새끼는 죽고 알은 깨지게 되니 이것이 바로 해친다는 것이다[鴟鴞所以愛養其子者, 適以病之. 愛憐養其子者, 謂堅固其窠巢. 病之者, 謂不知託於大樹茂枝, 反敷之葦 蔄. 風至, 蔄折巢覆, 有子則死, 有卵則破, 是其病也]."【吳】

도료장군 안정 사람 황보규[度遼將軍安定皇甫規]

도료장군(度遼將軍)[1] 안정(安定) 사람 위명(威明) 황보규(皇甫規)[2]는 연이어 높은 지위에 올랐는데, 지위를 동생에게 양보하려고[3] 여러 번 병을 핑계

1 도료장군(度遼將軍) : 『후한서 · 백관지』에 "명제(明帝) 초에 도료장군을 두었다[明帝初置度遼將軍]"라는 기록이 있다. 살펴보건대 한나라 무제 때에 이미 있었는데, 당시에 범명우(范明友)가 도료장군을 맡아 도료영(度遼營)을 거느리고 요동(遼東)의 오환(烏桓)을 격퇴했다고 한다. 도료장군의 녹봉은 2천 석이다.【吳】

2 황보규(皇甫規) : 안정군(安定郡) 조나(朝那) 사람으로, 순제(順帝) 영화 연간(永和年間, 345~350)에 징서장군(征西將軍) 마현(馬賢)이 공조(功曹)로 삼았다가 그를 상계연(上計掾 : 회계를 맡아보던 관리)으로 뽑았다. 환제(桓帝) 연희(延熹) 2년(159)에 양기(梁冀)가 주살되자 그를 태산태수(太山太守)에 임명했다. 연희 4년(161)에 중랑장(中郎將)이 되었고 연희 6년(163)에 도료장군에 제수되었다가 얼마 후에 사흉노중랑장(使匈奴中郎將)이 되었으나, 연희 9년(166)에 다시 도료장군이 되었다. 그의 사적은 『후한서 · 황보규전(皇甫規傳)』과 『자치통감(資治通鑑)』, 『한기(漢紀)』 47에 상세히 보인다.【吳】

3 지위를 동생에게 양보하려고 : 원문은 '욕퇴피제(欲退避弟)'이다. '제(弟)'는 『후한서 · 황보규전』에는 '제(第)'로 쓰였는데, 이현은 주에서 "집으로 돌아가 벼슬길을 피하려 함을 말한다[言欲歸第避仕宦之塗也]"라고 설명하고 있다. 생각건대 '제(弟)'가 옳은

댔지만 받아들여지지 않았다. 마침 친구였던 상군태수(上郡太守) 왕민(王旻)이 죽자[4] 황보규는 상복[5]을 입고 정자를 내려가 상을 치르고 [입고 있던] 상복을 벗어 그를 전송했다. 그리고는 사람을 보내 병주자사(幷州刺史) 호방(胡芳)[6]에게 밀고하게 해 자신이 마음대로 군영을 벗어나 사사로움을 좇아 공적인 일을 어겼으니 당장[7] 상주하여 적발해야한다고 했다. 그러자 호방이 대답했다.

"황보규가 동생에게 지위를 넘겨주기 위해 일부러 나를 자극한 것이다. 내가 조정을 위해 그의 재주를 아끼는데, 어찌 이런 사적인 계획을 들어주겠는가!"[8]

황보규는 후에 중랑장(中郎將)[9]이 되어 병주(幷州)·양주(涼州)·익주(益州)

것 같다. '삼가 살피건대[謹按]'에서 말하고 있는 "자신조차 잊어버리는데 하물며 동생이라[身且忘之, 況於弟乎]!"와 "황보규의 동생은 사실 덕을 갖춘 준재여서 자리가 없을까 걱정하지 않아도 되었다[弟實雋德, 不患無位]"라는 문장이 모두 확실한 증거이다.【吳】

4 왕민(王旻)이 죽자: 원문은 '왕민물고(王旻物故)'이다. 왕민은 역사서에 전이 보이지 않는다. 한나라 사람들은 죽는 것을 '물고(物故)'라고 했다.【吳】

5 상복: 원문은 '소호(素縞)'이다. 『군서습보』에는 '호소(縞素)'로 쓰였고 『후한서』 역시 '호소'로 썼다. 생각건대 두 책 모두 틀리지 않았다. '소호'는 흰색을 말하는데 상복이 흰색이기 때문에 소호 역시 상복을 칭한다.【吳】

6 병주자사(幷州刺史) 호방(胡芳): 『자치통감』의 호삼성(胡三省) 주에는 "도료장군은 서하의 경계에 둔을 쳤는데, 병주자사가 관할하던 지역이다[度遼將軍屯西河界, 幷州刺史所部也]"라고 했는데, 황보규가 객을 보내 병주자사에게 밀고한 것이다. '호방(胡芳)'은 역사서에 전이 보이지 않는다.【吳】

7 당장: 원문은 '당급(當及)'으로, 『후한서』, 『자치통감』에는 '급(及)'이 모두 '급(急)'으로 쓰였다.【吳】

8 황보규가~들어주겠는가: 호방의 이 말은 『후한서』와 『자치통감』에 모두 "황보규가 관직에서 물러나기 위해 일부로 나를 자극한 것이다. 내가 조정을 위해 그의 재주를 아끼는데 어찌 능히 그 사람의 계획대로 하게 놔두겠는가[威明欲避第仕塗, 故激發我耳. 吾當爲朝廷愛才, 何能申此子計邪]!"라고 되어 있다.【吳】

9 중랑장(中郎將): 진(秦)나라 때는 중랑(中郎)을 두었고 서한 때에는 오관(五官)·좌(左)·우(右)의 삼서(三署)에 각각 중랑장을 두어 황제의 호위병들을 총괄했는데, 광록훈(光祿勳)에 속했고 지위가 장군(將軍)의 아래였다. 동한 때에는 또 호분중랑장(虎賁中郎將), 사흉노중랑장 등을 증설했다. 각각 중랑장은 녹봉이 2천 석이었다. 『후한서』와 『자치통감』에 따르면 황보규는 앞뒤로 두 번 중랑장에 임명되었는데,

세 곳을 다스리게 되었다. 당시에 당쟁이 있었는데[10] 황보규는 자신도 연루될까 두려워 자진해 상소를 올렸다.

"신이 전에 전임 태상(太常) 장환(張煥)을 추천하면서[11] 장수의 재목이라 했는데, 이는 당파의 이익에 영합한 것입니다. 또 신이 좌교(左校)[12]에서 벌을 받고 있을 때 태학생(太學生) 장봉(張鳳) 등이 상서를 올려 저의 일을 간언한 것도 당파를 위해 영합한 것입니다.[13] 옛날에 배가 전복될 까 두려워 스스로 물에 빠져 죽은 사람이 있는데,[14] 아마도 걱정 때문에 편안

모두 동생을 위해 관직에서 물러나려고 했던 일 이전으로 『풍속통의』에 실린 내용과는 차이가 있다.【吳】

10 당시에 당쟁이 있었는데 : 원문은 '시유당사(時有黨事)'이다. 환제 연희 9년(166)에 사례교위(司隷校尉) 이응(李膺) 등 2백여 인이 당인(黨人)으로 불리며 천하에 알려져서 감옥에 끌려가 고문을 받았다. '시유당사'는 이를 가리킨다. 상세한 내용은 『후한서·당고전(黨錮傳)』과 『자치통감』, 『한기』 47 참고.【吳】

11 신이 전에 전임 태상(太常) 장환(張煥)을 추천하면서 : 원문은 '신전천고태상장환(臣前薦故太常張煥)'이다. 이 구절은 『후한서』, 『자치통감』, 『한기』 47에 "신이 전에 전임 대사농 장환을 추천했는데[臣前薦故大司農張奐]"라고 쓰여 있다. 장환은 바로 장환(張奐)이다. 장환은 대사농에서 태상이 되었는데 황보규가 장환을 추천해 자신을 대신해 도료장군을 맡아 달라고 할 당시 장환은 중랑장이었다.【吳】

12 좌교(左校) : 감옥 이름으로 장작대장(將作大匠)의 부속기관이다.【吳】

13 신이~영합한 것입니다 : 『후한서』에 다음 일이 실려 있다. 황보규가 중랑장이 되어 관서(關西)의 군사를 감독하게 되었다. 연희 5년(162)에 "황제가 다시 그를 불러들여 의랑(議郎)에 임명했다. 논공행상을 하게 되자 중상시(中常侍) 서황(徐璜)과 좌관(左悺)이 재물을 챙길 생각에 여러 번 빈객을 보내어 구체적인 공적을 물어보았으나 황보규는 끝내 대답하지 않았다. 서황 등은 화가 나서 이전 일을 모함하며 그를 말단 관리로 보내려 했다. 관리들이 세금을 걷어 사죄할 것을 청했지만 황보규는 맹세하며 듣지 않았다. 결국 남은 정적들이 끊임없이 모함하여 정위(廷尉)로 좌천되었고 좌교(左校)로 보내져 벌을 받게 되었다. 여러 공과 태학생 장봉(張鳳) 등 3백여 명이 궁궐로 가서 간언한 뒤에야 사면되어 집으로 돌아올 수 있었다[徵還拜議郎. 論功當封, 而中常侍徐璜·左悺欲從求貨, 數遣賓客就問功狀, 規終不荅. 璜等忿怒, 陷以前事, 下之於吏. 官屬賦斂請謝, 規誓而不聽. 遂以餘寇不絶, 坐繫廷尉, 論輸左校. 諸公及太學生張鳳等三百餘人詣闕訟之, 會赦, 歸家]."【吳】

14 옛날에~사람이 있는데 : 『회남자·범론훈(氾論訓)』에 또한 이런 말이 있다. "초(楚) 땅 사람이 배를 타고 가다가 풍랑을 만나 파도가 덮치자 스스로 물에 빠져 죽었는데 이는 삶을 탐하지 않은 것이 아니라 죽음을 두려워해서이다. 죽음의 두려움에 미혹되어 오히려 삶을 잊어버린 것이다[楚人有乘船而遇大風者, 波至而自投於水, 非不貪生而畏死也. 惑於恐死而反忘生也]."【吳】

하게 있기 어려우니 빨리 결정하는 것이 낫다고 여겨서일 것입니다."15

내가 삼가 『시경』을 살펴보니 다음과 같았다.

"착한 군자여, 그 위의(威儀)가 어그러지지 않는구나.16 그 위의가 어그러지지 않으니 사방의 우두머리가 되리라."17

전하여 말한다.

"한 마음으로는 백 명의 임금도 모실 수 있지만, 백 갈래 마음으로는 한 명의 임금도 모실 수 없다."18

『논어』에 다음 말이 있다.

---

15 아마도~여겨서일 것입니다 : 원문은 '개우난여처, 낙기극결(蓋憂難與處, 樂其亟決)'이다. 『찰이(札迻)』에 다음 말이 있다. "생각건대 '여처(與處)'는 응소가 '삼가 살펴보건대[謹按]'에서 말한 '어처(於處)'보다 뜻이 비교적 분명하다. 이는 황보규 스스로 큰 죄를 지어 그 걱정 때문에 편안하게 있기 어려우니 조정이 빨리 판단을 하여 마음이나마 즐겁길 바란다는 말이다. 그래서 응소가 딱 잘라 '죽음으로 판결해주십시오'라고 하여 황보규가 자청한 말을 이어 말한 것이다[按'與處', 應氏'謹按'述此語作'於處', 於義較長. 此皇甫規自言身負大罪, 憂難安處, 冀朝廷亟決心以爲樂. 故應氏斷之云 : '殺決可也', 卽承規自請之辭而言]."【吳】

16 착한~않는구나 : 원문은 '숙인군자, 기의부특(淑人君子, 其儀不忒)'이다. 이 문장은 『시경·조풍(曹風)·시구(鳲鳩)』에 보인다. '숙(淑)'은 착하다는 뜻이다. '의(儀)'는 '의(義)'로 읽는다. 모형(毛亨)의 「모씨전(毛氏傳)」에서는 "특은 의심하다이다[忒, 疑也]"라고 풀이하고 있다. 이 두 구절은 선인이나 군자가 한결같이 의리를 지켜 의심이 없다는 말이다.【吳】

17 사방의 우두머리가 되리라 : 원문은 '정시사국(正是四國)'이다. '정(正)'은 우두머리라는 뜻이다. 정현의 전(箋)에 "의리를 믿고 의심하지 않으면 사방의 우두머리가 될 수 있다[執義不疑, 則可爲四國之長]"고 풀이하고 있다.【吳】

18 한 마음으로는~모실 수 없다 : 『안자춘추(晏子春秋)·내편(內篇)·문하(問下)』에 안자의 다음 말이 실려 있다. "한 마음으로는 백 명의 임금도 모실 수 있지만, 세 갈래 마음으로는 한 명의 임금도 모실 수 없다[一心可以事百君, 三心不可以事一君]." 『공총자(孔叢子)·힐묵(詰墨)』에서는 안자의 말 중 '삼(三)'을 '백(百)'으로 고쳐 적어놓았다. 오개생(吳闓生)의 『시의회통(詩義會通)·조풍·시구』에서도 이에 대해 말했다. "『열녀전』에는 뻐꾸기가 한 마음으로 일곱 새끼를 키우고 군자는 한 뜻으로 만물을 키운다고 한다. 한 마음으로는 백 명의 임금을 섬길 수 있고, 백 갈래 마음으로는 한 임금도 섬길 수 없다는 것은 이를 말한 것이다. 모두 한나라 경학자들의 말이다[『列女傳』: 鳲鳩以一心養七子, 君子以一義養萬物. 一心可以事百君, 百心不可以事一君, 此之謂也. 皆漢經師之說]."【吳】

"공자께서는 온화하고 어질고 신중하고 검소하고 겸손하시기 때문에 그런 것입니다."[19]

입조하면 집안일을 잊고 전쟁터에 나가면 일신을 돌보지 않고 자신조차 잊어버리는데 하물며 동생임에랴! 당시는 흉노족이 날뛰어[20] 변경이 크게 위협받고 있어서 조정의 공경대부들도 동분서주하고[21] 황보규도 앞장서서 적을 막고 난리를 제압하기에[22] 여념이 없었다. 그러나 토벌이 끝나 진정되었으면 마땅히 변경을 편안하게[23] 해야지 어찌 자기 공적을 믿고 쉽게 자리를 떠날 생각을 한단 말인가! 황보규의 동생은 사실 덕을 갖춘 준재[24]여서 자리가 없을까 걱정하지 않아도 되었다. 만약 재주가 없어[25] 어떤 조치라도 취해 억지로 그를 추천한다면[26] 이 또한 예의를

19 공자께서는~그런 것입니다 : 『논어 · 학이(學而)』에 다음 말이 있다. "자금이 자공에게 물었다. '공자께서는 어느 나라에 가시든 반드시 정치를 듣게 되는데 그것은 공자께서 자청해서입니까? 아니면 요청받으시는 겁니까?' 자공이 대답했다. '공자께서는 온화하고 어질고 신중하고 검소하고 겸손하시기 때문에 그런 것입니다'[子禽問於子貢曰 : '夫子至於是邦也, 必聞其政, 求之與? 抑與之與?' 子貢曰 : '夫子溫良恭儉讓以得之']."【吳】

20 흉노족이 날뛰어 : 원문은 '수속월일(殊俗越溢)'이다. '수속(殊俗)'은 풍속이 다른 사람들로 여기에서는 흉노를 가리킨다. '월일(越溢)'은 법도를 어기고 날뛴다는 뜻이다.【吳】

21 조정의 공경대부들도 동분서주하고 : 원문은 '조정비벽공간식(朝廷比辟公旰食)'이다. '비벽공(比辟公)'은 『군서습보』에 "이 세 글자는 쓸데없이 덧붙여진 것 같다[三字疑衍]"고 되어 있다. '벽공(辟公)'은 천자의 공경대신이다. 『시경 · 주송(周頌) · 옹(雝)』에 "제사를 돕는 대신(大臣)들이 있으니, 천자는 흐뭇하다네[相維辟公, 天子穆穆]"란 구절이 있다. '간(旰)'은 '늦다'의 뜻이므로, 근심스런 일이 있어 늦게 밥을 먹는 것을 '간식(旰食)'이라고 말한다.【吳】

22 제압하기에 : 원문은 '미(弭)'이다.【吳】

23 편안하게 : 원문은 '진(鎭)'이다.【吳】

24 준재 : 원문은 '준(雋)'이다. '준(俊)'으로 읽고, 재주가 출중하다는 뜻이다.【吳】

25 만약 재주가 없어 : 원문은 '이도탑용(而徒闒茸)'이다. 『순자(荀子) · 중니(仲尼)』에 다음 말이 있다. "이익이 닥치면 선을 말해도 선에 미치지 못하는 것과 같다[財利至, 則言善而不及也]." 양경(楊倞)은 "이는 같다이다[而, 如也]"라고 주를 달고 있다. 옛날에는 '이(而)'와 '여(如)' 두 글자가 통용되었다. '탑용(闒茸)'은 능력이 부족한 사람이다.【吳】

26 추천한다면 : 원문은 '추곡(推轂)'이다. '곡(轂)'은 수레바퀴이다. '추곡'은 수레를 앞으로 미는 것으로 등용되도록 추천한다는 뜻으로 쓰였다.【吳】

어지럽히고 법도를 어기는 것이다. 효무황제(孝武皇帝 : 漢 武帝)가 표기장군(驃騎將軍) 곽거병(霍去病)[27]을 위해 그의 집인[28]을 보살피고 칙령을 내려 그를 살피게 하자, 그가 말했다.

"흉노를 멸하지도 못했는데 어찌 집안을 돌보겠습니까?"[29]

곽거병은 외척의 먼 친척으로 일개 무부[30]였는데도 오히려 절개를 지키고 도량이 넓고 결단력을 지녔는데,[31] 황보규는 집안 대대로 유생 출신인데도 어찌 그보다 못하단 말인가![32] 또한 당쟁에서 먼저 자신을 과시하려 했는데[33] 그 일이 밝혀졌다면 화가 그에게 미쳤을 것이다.[34] 그러나 행적이 밝혀지지 않았는데도 뭐가 두려워[35] "배가 전복될 까 두려워

---

27 곽거병(霍去病) : 대장군 위청(衛青)의 여동생인 위소아(衛少兒)의 아들로 한나라 무제 원수(元狩) 2년(B.C.121) 봄에 표기장군이 되어 품계가 대장군과 같아졌다.【吳】

28 집안 : 원문은 '제(第)'이다. '제(第)'는 원래 '제(弟)'로 잘못 쓰였다. 『정본(程本)』, 『낭본(郎本)』에는 '제(第)'로 쓰여 있어 『사기 · 곽거병전(霍去病傳)』, 『한서 · 곽거병전』과 합치되므로 지금 이에 근거하여 고친다.【吳】

29 흉노를~돌보겠습니까 : 원문은 '흉노불멸, 하이가위(匈奴不滅, 何以家爲)'이다. 이 두 구절은 『사기』와 『한서』에 "흉노를 멸하지 못했으니, 집안을 돌볼 수 없다[匈奴不滅, 無以家爲也]"로 쓰여 있다.【吳】

30 일개 무부 : 원문은 '일체무부(一切武夫)'이다. 『사기 · 이사열전(李斯列傳)』에 '빈객을 전부 쫓아내길 바랍니다[請一切逐客]'란 구절이 있는데, 『사기색은(史記索隱)』에서는 "일체는 일례와 같다[一切, 猶一例]"라고 설명하고 있다.【吳】

31 절개를 지키고 도량이 넓고 결단력을 지녔는데 : 원문은 '항절홍의(抗節洪毅)'이다. '항절(抗節)'은 그 지조를 고상히 지키는 것이다. 『이아 · 석고(釋古)』에 이르길, "홍은 크다이다[洪, 大也]"라고 했고, 『설문해자』에서는 "의는 결단력이 있다[毅, 有決也]"라고 했다. '홍의(洪毅)'는 도량이 넓고 결단력이 있는 것을 말한다. 『논어 · 태백(泰伯)』에 "선비는 도량이 넓고 굳세지 않으면 안 되는데, 임무가 무겁고 길이 멀기 때문이다[士不可以不弘毅, 任重而道遠]"라는 말이 있다.【吳】

32 황보규는~못하단 말인가 : 원문은 '규세가순유, 하독부재(規世家純儒, 何獨負哉)'이다. 이 구절은 황보규가 곽거병보다 못함을 말한다. '부(負)'는 남보다 못하다는 뜻이다.【吳】

33 과시하려 했는데 : 원문은 '노현(勞衒)'이다.【吳】

34 그 일이~미쳤을 것이다 : 원문은 '여유백험, 기어급기(如有白驗, 其於及己)'이다. 『군서습보』에서는 "이 아래에 빠진 문장이 있다[此下有脫文]"고 했다. '어(於)' 자는 마땅히 '장(將)' 자가 돼야 한다. 이 두 구절의 의미는 만약 당쟁의 일이 밝혀지면 화가 장차 자기에게 미칠 것이므로 스스로 밝혀 죄를 받을 필요가 없다는 말이다.【吳】

35 행적이~두려워 : 원문은 '형조구부가득, 유시종하탄어병(形兆求不可得, 唯是從何憚

스스로 물에 빠져 죽은 사람은 걱정 때문에 편안하게 있기 어려우니 차라리 빨리 결정하는 것이 낫다고 여겨서일 것입니다"라고 스스로 말하는가. 다행히 조정에서 그의 죄를 연루시키지 않았다.[36] 「태서(太誓)」[37]에 다음 말이 있다.

"백성이 원하는 것이 있으면 하늘도 반드시 그것을 따른다."

"하늘이 만든 재앙은 그래도 피해갈 수 있지만, 스스로 만든 재앙은 피해갈 수 없다."[38]

사람이 거리끼는 바는 기운이 불타올라 절로 형성된다.[39] 개관요(蓋寬饒)[40] · 엄조(嚴助)[41] · 양운(楊惲)[42]은 공적이 왕실에 드러났지만 언사(言事)가

於病)'이다. 이 두 구절도 빠지고 잘못된 부분이 있다. '유시종(唯是從)'은 당연히 한 구절이고, '종(從)' 자 아래에도 한 글자가 빠진 것 같다. 그 뜻은 당쟁이 드러나지 않으면 그대로 정치만 따르면 되니, 무엇 때문에 벌을 받을까 두려워하느냐는 말이다. 이는 앞 문장의 '당시에 당쟁이 있었는데, 연루될까 두려워[時有黨事, 懼見及]'를 반박한 것이다.【吳】

36 조정에서~않았다: 원문은 '주행필부좌(主幸必不坐)'이다. 이 구절은 임금이 너그러워 그의 죄를 묻지 않았다는 말이다. 『후한서』에 "조정에서는 알았지만 죄를 묻지 않았는데, 당시 사람들은 황보규가 어질기 때문이라고 여겼다[朝廷知而不問, 時人以爲規賢]"라는 문장이 있다.【吳】

37 「태서(太誓)」: 『상서』의 편명으로, 주(周)나라 무왕이 주왕(紂王)을 토벌하려고 제후들을 불러 모았을 때 했던 서약이라고 기록되어 한다. 서한 초 복생(伏生)의 『금문상서(今文尙書)』에는 본래 「태서」가 없었으니, 지금 이 「태서」는 늦게 나온 고문에 실려 있는 것이다.【吳】

38 하늘이~피해갈 수 없다: 이 4구절은 『상서 · 태갑』에 보인다. 『맹자』 「공손추(公孫丑)」와 「이루(離婁)」에서 인용한 『상서』에는 '활(活)'로 쓰였으나, '환(逭)'의 가차자이다. 『예기 · 치의(緇衣)』의 정현 주에서는 "위(違)는 피(避)와 같다. 환은 달아나다의 뜻이다[違猶避也. 逭, 逃也]"라고 했다. 이것은 하늘의 재앙은 숨어 피할 수 있으나 자기가 만든 죄는 벗어날 수 없다는 말이다.【吳】

39 사람이~형성된다: 원문은 '인지소기, 염자취지(人之所忌, 炎自取之)'이다. 『좌전 · 장공(莊公) 14년』에 신수(申繻)의 다음 말이 있다. "사람이 꺼리는 바는 그 기운이 불타올라 저절로 형성되는 것이니, 요사스러움은 사람에게서 일어나는 것이다[人之所忌, 其氣燄以取之, 妖由人興也]"라는 구절이 있는데, '인지소기, 염자취지[人之所忌, 炎自取之]'라는 이 두 구절은 여기에 바탕을 둔 것이다. '염(炎)'은 '염(焰)'과 같다.【吳】

40 개관요(蓋寬饒): 원문은 '개(蓋)'로 개관요이다. 개관요의 자는 차공(次公)이고 위군(魏郡) 사람으로, 경전에 밝아 위군의 문학(文學)이 되었다. 선제(宣帝) 때에 방정(方正)에 뽑혀 높은 등수로 합격해 사례교위(司隷校尉)에 여러 번 발탁되었으며 인품이

지나치게 잘못되어 모두 죽임을 당함으로써 황실의 권위를 높이고[43] 신하의 교만함을 막게 되었다. 황보규가 동생을 살핀 일은 사사로운 것이고 자신의 자리를 뜨는 일은 간사한 것이며[44] 기회를 노린 일은 거짓된 것이고 불안하게 여긴 일은 태만한 것이다. 여기에 네 가지 죄목이 있으

강직했다. 당시 선제가 형법을 다시 사용하고 환관을 신임하자 개관요가 상주하며 말했다. "바야흐로 지금 성군의 도가 사라지고 유학도 실행되지 않으니 형벌은 「주남(周南)」과 「소남(召南)」을 따르고 법률은 『시경』과 『상서』를 따르십시오[方今聖道寖廢, 儒術不行, 以刑餘爲「周」·「召」, 以法律爲『詩』·『書』]." 또 한씨(韓氏)의 「역전(易傳)」을 인용하여 말했다. "오제는 천하를 관청으로 삼았고, 삼왕은 천하를 집으로 삼았으니 집은 자손에게 전해지고 관청은 성현을 기다립니다. 만약 사시(四時)의 운행이 있다면 공을 이룬 사람은 떠나가게 되고, 그런 사람을 얻지 못하면 그 지위에 있지 못합니다[五帝官天下, 三王家天下, 家以傳子, 官以待賢. 若四時之運, 功成者去, 不得其人則不居其位]." 결국 그는 대역무도 죄에 처해져 말단 관리로 좌천되자 자살했다. 이 일은 『한서』 본전에 보인다.【吳】

41 엄조(嚴助) : 원문은 '엄(嚴)'으로 엄조를 말한다. 엄조는 회계(會稽) 오(吳) 땅 사람으로, 군에서 현량(賢良)에 뽑혀 중대부(中大夫)로 발탁되었으며 무제가 그를 총애했다. 건원 연간(建元年間, B.C.141~87)에 회계태수를 제수받았다. 회남왕(淮南王) 유안(劉安)이 반란을 일으키자 그를 도왔다가 유안과 사적인 교류를 했다고 연루되어 주살당해 거리에 버려졌다. 그의 죽음은 말로 인한 것이 아니기 때문에 응소의 기록은 잘못되었다. 엄조의 사적은 『한서』 본전에 상세히 보인다.【吳】

42 양운(楊惲) : 양창(楊敞)의 아들로, 자는 자유(子幼)이다. 선제 때 낭(郎)에 임명되었다가 중랑장으로 자리를 옮겼으며 또 광록훈(光祿勳)을 역임하여 선제가 그를 가까이 두었다. 후에 태복 대장락(戴長樂)의 밀고 때문에 파직 당해 서민이 되었다. 양운은 관직을 잃자 집에서 가산을 일구며 재물 모으는 것을 낙으로 삼았다. 친구인 손회종(孫會宗)이 편지를 써서 그에게 주의를 주자 양운이 답장을 썼는데, 원망으로 가득 차 있었다. 선제가 그것을 보고 그를 싫어하여 대역무도 죄를 물어 주살했다. 이 일은 『한서』 본전에 상세히 보인다.【吳】

43 높이고 : 원문은 '융(隆)'이다.【吳】

44 자신의 자리를 뜨는 일은 간사한 것이며 : 원문은 '이국, 간야(離局, 姦也)'이다. 『좌전·성공(成公) 15년』에 다음 말이 있다. "보의(步毅)가 진(晉)나라 여공(厲公)을 모실 때 난침(欒鍼)이 오른쪽에 있었다. …… 진흙탕에 빠졌다. 난서(欒書)가 진후(晉侯)를 수레에 모시려고 하자, 난침이 말했다. '난서는 물러가라. 나라에서 네게 중임을 맡겼거늘 어찌 마음대로 하려 하느냐? [다른 사람의] 관직을 침범하는 것은 무모한 것이고, [자신의] 관직을 잃는 것은 게으른 것이며 자신의 자리를 뜨는 것은 간사한 것이다'[步毅御晉厲公, 欒鍼爲右. …… 陷于淖. 欒書將載晉侯, 鍼曰:'書退. 國有大任, 焉得專之? 且侵官, 冒也, 失官, 慢也, 離局, 姦也']." 두예(杜預)는 "자신이 맡은 자리에서 벗어나는 것을 이국이라 한다[遠其部曲爲離局]"라고 주 달고 있다.【吳】

니 그를 죽여도 마땅하다.

度遼將軍安定皇甫規威明, 連在大位, 欲退避弟, 數上病, 不見聽. 會友人上郡太守王旻物故, 規素縞到下亭迎喪, 發服送之. 因令客密告幷州刺史胡芳, 言規擅遠軍營, 赴私違公, 當及擧奏. 答曰 : "威明欲得避弟, 故作激發. 我爲朝廷惜其功用, 何能爲此私家計耶!" 規後爲中郎將, 督幷·涼·益三州. 時有黨事, 懼見及, 因先自上言 : "臣前薦故太常張渙, 才任將帥, 是附黨也. 又臣論輸左校時, 太學生張鳳等上書訟臣, 是爲黨人所附也. 昔有畏舟之危而自投水者, 蓋憂難與處, 樂其亟決.

謹按『詩』云 : "淑人君子, 其儀不忒. 其儀不忒, 正是四國." 傳曰 : "一心可以事百君, 百心不可事一君." 『論語』: "夫子溫良恭儉讓以得之". 立朝忘家, 即戎忘身, 身且忘之, 況於弟乎! 方殊俗越溢, 大爲邊害, 朝廷比辟公旰食, 規義在出身折衝弭難. 而誅伐已定, 當見鎭慰, 何有挾功苟念去位! 弟實雋德, 不患無位. 而徒闒茸, 何所堪施, 彊推轂之, 亂儀干度. 孝武皇帝爲驃騎將軍霍去病治第舍, 敕令視之, 曰 : "匈奴不滅, 何以家爲?" 去病外戚末屬, 一切武夫, 尙能抗節洪毅, 而規世家純儒, 何獨負哉! 又以黨事先自勞衒, 如有白驗, 其於及己. 而形兆求不可得, 唯是從何憚於病, 曰 : "畏舟之危, 自投於水, 憂難於處, 樂其亟決". 主幸必不坐. 「太誓」有云 : "民之所欲, 天必從之". "天作孼, 猶可違, 自作孼, 不可逭." 人之所忌, 炎自取之. 蓋·嚴·楊惲, 勳著王室, 言事過差, 皆伏大辟, 以隆主威, 抑驕侵也. 規顧弟, 私也, 離局, 姦也, 誘巧, 詐也, 畏舟, 慢也. 四罪是矣, 殺決可也.

남양 사람 오세공[南陽五世公]

광한태수(廣漢太守)[1] 남양(南陽) 사람 오세공(五世公)[2]은 사도장사(司徒長史)[3] 단료숙(段遼叔)[4]과 같은 해에 초빙된 사이[5]였다. 단료숙의 큰 아들[6]은 이름이 단구(段舊)로 재주가 없고 아둔한[7] 반면 작은 아들 단곤(段髡)은 이미

1 광한태수(廣漢太守) : 광한군(廣漢郡)은 서한 때에 설치되어 동한까지 있었고 관청 소재지는 낙현(雒縣)에 있었다. 낙현은 지금의 사천성 광한현(廣漢縣)이다.【吳】

2 오세공(五世公) : 역사서에는 그에 관한 전이 없다. 사수청 선생이 말했다. "『동관한기』 권18, 『화양국지(華陽國志)』 권10, 『후한서 · 남만전(南蠻傳)』에는 모두 왕부(王阜)에 대해 기록하고 있다. 왕부는 자가 세공이고 성도(成都) 사람으로 익주태수(益州太守)를 지냈는데, 아마도 이 사람인 것같다[按『東觀漢記』 卷一八, 『華陽國志』 卷十, 『後漢書 · 南蠻傳』皆載王阜字世公, 成都人, 爲益州太守, 疑卽此人].'【吳】

3 사도장사(司徒長史) : 『한관해고(漢官解詁)』에 따르면 사도장사 한 사람은 청동 인장과 누런 인끈을 받았고 녹봉이 1천 석이며 직위가 없어 [아무 일도] 하지 못했다.【吳】

4 단료숙(段遼叔) : 역사서에는 그에 관한 전이 없다.【吳】

5 같은 해에 초빙된 사이 : 원문은 '동세(同歲)'이다. 같은 해에 임용된 것을 말하지 동갑을 말하는 것이 아니다.【吳】

6 큰 아들 : 원문은 '대자(大子)'이다. '대(大)' 자는 원래 '태(太)'로 잘못 쓰였으나 지금 『군서습보』에 의거하여 고친다.【吳】

마을 사람들의 예쁨[8]을 받고 있었다. 오세공이 보좌관들[9]을 보고 말했다.

"나와 단료숙은 같은 해에 초빙된 사이로 평소 교의가 두터웠으나[10] 그가 박명하여 일찍 죽었소. 다행히도 내가 이 군으로 부임하여 올해 잠시 그의 아들들을 뽑아 쓰려하니 받아주시오.[11] 만약 그들이 죄가 없다면 다음 해에도 뽑아 써 물고기 꿰미처럼 줄줄이 등용하려 하니[12] 나의 뜻을 존중하여 어기지 마시오."

주부(主簿) 유씨(柳氏)가 대답했다.

"군수께서는 부모의 장례에는 슬픔을 다하고 먼 조상의 제사에는 공경을 다하시며[13] 미약한 나라를 흥성시키시고 끊어진 후대를 이으셨습니다. 그러나 사실 단구가 단곤보다 못하니 단곤을 임용하시는 게 마땅합니다."

이에 오세공은 역정을 내며 말했다.

"대장부가 한 군을 다스리면서 친구의 자식을 등용하려고 하는데 어찌

7 아둔한 : 원문은 '노둔(鹵鈍)'이다. '노(鹵)' 자는 '노(魯)' 자와 같으며 우둔하다는 뜻이다.【吳】

8 예쁨 : 원문은 '견치(見齒)'로, 이빨을 드러내며 웃을 만큼 좋아하는 것이다.【譯註】

9 보좌관들 : 원문은 '고굉(股肱)'으로, 오세공의 보좌 관리들을 말한다. 아래의 문장은 오세공의 말이다.【吳】

10 평소 교의가 두터웠으나 : 원문은 '은결체소(恩結締素)'이다. 이 구절은『사고전서』본에 '은의소결(恩義素結)'로 쓰여 있어 뜻에 맞게 고친다. 생각건대 원문이 잘못된 것은 아니고 평소에 은혜가 맺어졌다는 뜻이다.【吳】

11 받아주시오 : 원문은 '요(饒)'이다.【吳】

12 물고기 꿰미처럼 줄줄이 등용하려 하니 : 원문은 '관어지차(貫魚之次)'이다.『역경 · 박괘(剝卦)』육오효사(六五爻辭)에 다음 문장이 있다. "물고기처럼 꿰어 [하룻밤씩 돌아가며] 궁인들을 총애하면 [서로 질투하지 않으니] 이롭지 않음이 없다[貫魚, 以宮人寵, 無不利]." 왕필(王弼)의 주에는 "물고기를 꿨다는 것은 뭇 여자들을 지칭하는 말로, 머리를 나란히 함이 물고기를 꿴 것과 같다[貫魚, 謂此衆陰也, 駢頭相次似貫魚也]." 이것은 단구와 단곤이 차례로 등용됨을 비유한다.【吳】

13 군수께서는~다하시며 : 원문은 '근종추원(謹終追遠)'이다. '근(謹)'은 마땅히 '신(愼)'으로 써야한다.『논어 · 학이』에는 "증자가 말했다. '부모의 장례에 슬픔을 다하고, 먼 조상의 제사에 공경을 다하면, 백성이 후덕하게 된다'[曾子曰 : '愼終追遠, 民德歸厚矣']"라는 말이 있다. '근' 자는 송(宋)나라 효종(孝宗)을 피휘하여 고쳐 적은 것이다. 아래 문장의 '근종도망(謹終悼亡)'의 '근' 자도 마찬가지이다.【吳】

우열을 따지겠는가! 형을 내치고 동생을 등용한다면 이것은 단씨 집안을 망치는 것[14]이니 어찌 친구의 옛 뜻과 합치된다고[15] 할 수 있겠느냐!"

그리고는 결국 단구를 등용했다.

오세공이 남양태수로 자리를 옮겼는데,[16] 그는 동래태수(東萊太守)[17] 채백기(蔡伯起)[18]와 같은 해에 초빙되었기에 채백기의 아들도 등용시키려고 했다. 채백기는 스스로 아들 채찬(蔡瓚)은 아직 어린 반면 동생 채염(蔡琰)은 다행히 어른스럽다고 추천했다. 오세공은 그해에 채염을 등용하고 다음해에 다시 채찬을 등용했다. 채찬은 14살이 되도록 사람들에게 모습을 드러내지 않고선 항상 병을 핑계로 약을 지으러 다녔다.[19] 그는 18살[20]이 되서야 비로소 세상에 나와 다스리기 어려운 작은 현[21]에서 평춘장(平春長)[22]을 맡게 되었다. 그러자 그는 상서를 올려 말했다.

---

14 망치는 것 : 원문은 '앙(殃)'이다.【吳】

15 합치된다고 : 원문은 '조우(遭遇)'이다.【吳】

16 남양태수로 자리를 옮겼는데 : 원문은 '전환남양(轉換南陽)'이다. 광한태수에서 남양태수로 자리를 옮겼음을 말한다.【吳】

17 동래태수(東萊太守) : 동래(東萊)는 서한 때 설치된 군으로, 관청소재지가 액현(掖縣)에 있다가 동한 때에 황현(黃縣)으로 옮겨졌다. 동래는 지금의 산동성 황현 동남쪽이다.【吳】

18 채백기(蔡伯起) : 채백기와 그의 아들 채찬(蔡瓚), 채염(蔡琰)은 모두 역사서에 전이 없다.【吳】

19 약을 지으러 다녔다 : 원문은 '생교(生交)'로, 잘못 쓰였다. 마땅히 '주방(主方)'으로 써야 할 것 같다. '주방'은 처방을 하고 약을 짓는다는 뜻이다.【吳】

20 18살 : 한대의 통치자들은 18살이 되어야 정치에 참여하고 벼슬길에 나갈 수 있다고 여겼다.【吳】

21 다스리기 어려운 작은 현 : 원문은 '치극(治劇)'이다. '극(劇)'은 번잡하여 다스리기 어려운 현을 말한다. 『후한서 · 안제기(安帝紀)』에 영초 원년(永初元年, 106) 9월 정축일에 조서를 내려 말했다. "지금 장리(長吏 : 고을의 수령) 중에 형벌이 아직 확정되지 않은 자와 부모의 장례가 없는데도 이유 없이 번번이 관직을 떠난 자는 극현(劇縣)은 10년, 평현(平縣)은 5년 이상씩 차례로 맡아야 한다(今長吏被考竟未報, 自非父母喪無故輒去職者, 劇縣十歲 · 平縣五歲以上, 乃得次用)"라는 문장이 있는 것으로 보아 한대에는 극현과 평현의 구분이 있었음을 알 수 있다. 여기에서 '치극'은 평춘현(平春縣)을 다스리는 것을 가리킨다.【吳】

22 평춘장(平春長) : 평춘(平春)은 현명(縣名)으로, 강하군(江夏郡)에 속하며 옛 땅은 지금의 하남성(河南省) 신양현(信陽縣) 서북쪽에 있다. 한나라 제도에 따르면 현에는

"저는 이제[23] 약관의 나이[24]로 평춘장은 맡을 수 없으니 숙위(宿衛) 자리를 부탁드립니다."

상서(尙書)[25]가 나이를 늘려 등용되고 나이를 줄여 힘든 곳을 피하는 폐해를 조사하고는[26] 채찬의 관직을 파면할 것을 청하자 조서가 내려와 채찬을 무당좌위(武當左尉)[27]로 좌천시켰다. 마침 거기장군 풍곤(馮緄)[28]이

영장(令長) 한 사람을 두었는데, 1만 호 이상이면 '영(令)', 1만 호 이하면 '장(長)'이라 칭했다.【吳】

23 이제 : 원문은 '보(甫)'로, 시작한다는 뜻이다.【吳】

24 약관의 나이 : 『예기 · 곡례』에 "나이 20세를 약관이라 한다[二十曰弱冠]"는 말이 있다.【吳】

25 상서(尙書) : 동한 때에는 상서령(尙書令) 아래에 상서 6인을 두었는데, 그 녹봉이 6백 석이었다. 성제(成帝) 초에 상서 4인을 두고 사조(四曹)로 나누었는데, 상시조상서(常侍曹尙書)는 공경들의 일을 주관했고 이천석조상서(二千石曹尙書)는 군국(郡國)의 2천 석 관리들을 관리했으며, 민조상서(民曹尙書)는 모든 관리가 올린 문서를 관리했고 객조상서(客曹尙書)는 외교 업무를 맡아보았다. 광무제(光武帝) 때 이천석조상서를 둘로 나누고 또 객조상서를 남주객조(南主客曹)와 북주객조(北主客曹) 둘로 나누어 모두 6조가 되었다. 『후한서 · 백관지』를 참고.

26 나이를~조사하고는 : 원문은 '핵주증년수선, 감년피극(劾奏增年受選, 減年避劇)'이다. 한대에는 효렴(孝廉)도 나이에 따라 제한이 있었다. 예를 들면 순제(順帝) 때 좌웅(左雄)의 말을 받아들여 양가 원년(陽嘉元年, 125)에 규정하길, "군국(郡國)에서 효렴을 뽑을 때 40세 이상으로 제한하며 제생(諸生)은 장구(章句)에 통달해야하고 문리(文吏)는 전주(牋奏 : 문서)에 능해야 뽑힐 수 있었다. 재주가 뛰어나고 행동이 특출한 사람들, 예를 들어 안연(顔淵), 자기(子奇) 등은 나이에 상관하지 않았다[郡國擧孝廉, 限年四十以上, 諸生通章句, 文吏能牋奏, 乃得應選. 其有茂才異行, 若顔淵 · 子奇, 不拘年齒]"라고 했다. 나이가 부족하거나 또 특출한 재주가 없는 사람은 물러나야 할 뿐만 아니라 그를 등용한 사람도 조사해 쫓아냈다. 그래서 여기에서 상서가 채찬이 나이를 늘려 등용되었음을 탄핵하며 상주했다고 말한 것이다.【吳】

27 무당좌위(武當左尉) : '무당(武當)'은 남양군에 속하며 옛 땅은 지금의 호북성(湖北省) 균현(均縣) 북쪽에 있다. 『한관의』에 다음 문장이 있다. "큰 현에는 승(丞)과 좌위(左尉), 우위(右尉)를 두어 명경(命卿) 3인이라 불렀고, 작은 현은 위(尉) 한 명, 승 한 명을 두어 명경 2인이라 불렀다[大縣丞 · 左右尉, 所謂命卿三人, 小縣一尉一丞, 命卿二人]." 현위(縣尉)는 도적을 진압하고 규찰하는 일을 맡아보았다.【吳】

28 풍곤(馮緄) : 『후한서 · 풍곤전(馮緄傳)』과 『풍속통의 · 괴신(怪神)』에 따르면 자는 홍경(鴻卿)이다. 또한 「풍곤비(馮緄碑)」에는 자가 황경(皇卿)으로 파군(巴郡) 탕거(宕渠) 사람이라 되어 있다. 『후한서 · 환제기(桓帝紀)』에 연희(延熹) 3년(160) 12월에 "무릉의 오랑캐가 강릉(江陵)을 침범하자 거기장군 풍곤이 토벌하여 오랑캐가 모두 패해 흩어졌다[武陵蠻寇江陵, 車騎將軍馮緄討, 皆降散]"라는 기록이 있는데, 「남만

남쪽으로 무릉(武陵)의 오랑캐를 정벌하러 갔는데, 풍곤과 채백기는 함께 관아에 초빙된 사이였기에 채찬을 군곡후(軍曲侯)[29]로 삼았다. 채찬은 집으로 돌아와 은둔생활을 하다가 군공으로 신양장(新陽長)[30]을 제수 받고 관직이 하비상(下邳相)[31]까지 이르렀다.

내가 삼가 살펴보니 다음과 같았다.

옛날에는 효렴이 없었고 단지 공사(貢士)[32]만이 있었다. 공사의 은혜와

전」과도 부합된다. 또 연희 5년(162) "겨울 10월에 무릉의 오랑캐가 반란을 일으켜 강릉을 침범하자 남군태수(南郡太守) 이숙(李肅)이 도망갔다가 저자에서 처형됐다. 신축일에 태상(太常) 풍곤이 거기장군이 되어 그들을 토벌했다[冬十月, 武陵蠻叛, 寇江陵, 南郡太守李肅坐奔北棄市. 辛丑, 以太常馮緄爲車騎將軍, 討之]"라는 기록이 있는데, 「풍곤전」, 『자치통감(資治通鑑)』, 『한기』 47과도 부합된다. 『자치통감』의 호삼성의 주에서는 『통감고이(通鑑考異)』를 인용하여 풍곤이 무릉의 오랑캐를 토벌한 것은 연희 5년, 연희 3년 두 번 이었다고 했다. '무릉'은 군명(郡名)으로, 관청소재지는 임원현(臨沅縣)에 있으며 지금의 호남성(湖南省) 상덕시(常德市)이다.【吳】

29 군곡후(軍曲侯) : 관명이다. 『후한서 · 백관지』에 "대장군은 5부(部)를 거느렸는데, 부교위(部校尉) 1명은 녹봉이 2천 석이었고, 군사마(軍司馬) 1명은 1천 석이었다. 부 아래에는 곡(曲)을 두었는데, 곡마다 군후(軍侯) 1명씩이 있었고 녹봉은 6백 석이었다[大將軍營五部, 部校尉一人, 比二千石, 軍司馬一人, 比千石. 部下有曲, 曲有軍侯一人, 比六百石]"라는 기록이 있다.【吳】

30 신양장(新陽長) : '신양(新陽)'은 여남군(汝南郡)에 속하며 옛 성은 지금의 안휘성(安徽省) 태화현(太和縣) 서북쪽에 있다.【吳】

31 하비상(下邳相) : '하비(下邳)'는 무제 때 임회군(臨淮郡)이라고 했으나 명제(明帝) 영평(永平) 15년(72)에 하비국(下邳國)으로 바뀌었다. 관청소재지는 하비현에 있으며 지금의 강소성(江蘇省) 숙천현(宿遷縣) 서북쪽이다. 하비혜왕(下邳惠王) 유연(劉衍)은 영평 15년에 봉해졌다가 안제(安帝) 연광(延光) 4년(125)에 죽었다. 아들인 정왕(貞王) 유성(劉成)이 계승했으나 영건(永建) 2년(127)에 죽었다. 아들인 민왕(愍王) 유의(劉意)가 계승했으나 영제(靈帝) 중평 원년(中平元年, 134)에 죽었다. 아들인 애왕(哀王) 유의(劉宜)가 계승했으나 건안(建安) 11년(206)에 나라가 없어졌다. 무릉의 오랑캐를 토벌한 것이 연희 연간에 발생한 일이기 때문에 이로 짐작해보건대 채찬은 민왕 유의나 애왕 유의의 상이었다.【吳】

32 공사(貢士) : 『예기 · 사의(射義)』에 다음 말이 있다. "옛날 천자의 제도에 제후가 해마다 선비를 천자에게 바쳤다[古者天子之制, 諸侯歲獻, 貢士於天子]." 정현의 주에는 "3년마다 선비를 바쳤다. 옛말에 이르길, '큰 나라에서는 3명을, 작은 나라에서는 1명을 바쳤다'고 한다[三歲而貢士. 舊說云 : '大國三人, 小國一人']"라고 설명하고 있다. 『후한서 · 좌웅전(左雄傳)』에서는 좌웅의 다음 말을 기록하고 있다. "군국의 효렴은

의리에 대해서는 경전에 전하는 것이 없다.[33] 『춘추』에서 말하길 제후들이 아침에 만나 모임을 가지는데 대부 역시 그 사귐에 참여했다고 한다.[34]

『예기(禮記)』에 다음 말이 있다.

"대부는 3개월 동안 장례를 치르는데 같은 지위에 있는 사람들이 모두 조문 온다."[35]

이것은 삼가 장례를 치르고 죽은 사람을 애도하는 것을 말하는 것으로 반드시 그 자제를 등용해야 한다고 말하는 것은 아니다. 노(魯)나라의 후성숙(郈成叔)[36]이 위(衛)나라에 사신으로 갔을 때, 위나라의 우재(右宰) 곡신(穀臣)이 그를 머물게 하면서 잔치를 벌였으나[37] 그 노래가 즐겁지 않았

옛날의 공사(貢士: 제후가 바친 선비)로, 나가서 백성들을 다스리고 풍속을 살펴 교화에 힘썼다[郡國孝廉, 古之貢士, 出則宰民, 宣協風敎]."【吳】

33 경전에 전하는 것이 없다: 원문은 '경전무이야(經傳無以也)'이다. '이(以)'는 『군서습보』에서 "문(文) 자인 듯하다[疑'文']"라고 했다.【吳】

34 『춘추』에서~한다: 이 두 구절은 『춘추』, 『좌전』, 『공양전』, 『곡량전』에 모두 보이지 않는다. 이것은 『춘추』에 기록된 일을 개괄하는 말이다.【吳】

35 대부는~온다: 원문은 '대부삼월장, 동위필지(大夫三月葬, 同位畢至)'이다. 『예기』「예기(禮器)」와 「잡기(雜記)」에는 "대부는 3개월 동안 장례를 치른다[大夫三月而葬]"라고 되어 있다. 『좌전·은공 원년(隱公元年)』에도 "천자는 7개월 동안 장례를 치르는데 수레바퀴 넓이가 같은 사람들이 모두 오고, 제후는 5개월 동안 장례를 치르는데 같이 맹약한 사람들이 오며, 대부는 3개월 동안 장례를 치르는데 같은 지위에 있는 사람들이 온다[天子七月而葬, 同軌畢至, 諸侯五月, 同盟至, 大夫三月, 同位至]"라는 문장이 있다. 또 『순자(荀子)·예론(禮論)』에도 "대부의 장례는 한 나라를 움직인다[大夫之喪, 動一國]"라는 구절이 있는데, 양경(楊倞)은 "한 나라는 같이 조정에 있는 사람이다[一國, 謂同在朝之人也]"라고 주를 달고 있다. '동위(同位)'는 바로 같이 조정에 있는 사람이다.【吳】

36 후성숙(郈成叔): '후(郈)' 자는 원래 '우(右)'로 잘못 쓰였다. 『여씨춘추·관표(觀表)』에는 "후성자가 노나라를 위해 진(晉)나라를 방문할 때 위나라를 지나갔다[郈成子爲魯聘於晉, 過衛]"라고 되어 있고, 『좌전·양공(襄公) 14년』에는 "양공이 후성숙에게 위나라를 조문하게 했다[公使厚成叔弔於衛]"라고 되어 있다. '후성자(郈成子)'는 바로 후성숙(厚成叔)으로 '후(郈)'와 '후(厚)'의 발음이 같아 글자가 통한다. 지금 이에 근거해 고친다. '후성숙'은 노나라의 대부로 후경자(郈敬子)의 아들이고 후청(郈靑)의 손자이다.【吳】

37 우재(右宰) 곡신(穀臣)이~벌였으나: 원문은 '우재곡류이상지(右宰穀留而觴之)'이다. 이 구절은 『여씨춘추』에 '우재곡신지이상지(右宰穀臣止而觴之)'로 쓰였다. 고유(高誘)의 주에는 "우재 곡신은 위나라의 대부이다[右宰穀臣, 衛大夫也]"라고 되어 있다. 『문선·광절교론(廣絶交論)』에서 이선은 『공총자(孔叢子)』와 『여씨춘추』를 인용하

다. 곡신은 술이 달아오르자[38] 후성숙에게 벽옥을 선물로 주었다. 후에 후성숙은 곡신의 아내와 자식들에게 집을 제공해 살게 하고[39] 녹봉을 나누어 먹여 살렸으며 곡신의 아들이 장성하자 후성숙은 벽옥을 돌려주었다.[40] 공자가 말했다.

여 똑같이 주를 달고 있는데, 다만 '곡(穀)' 자를 '곡(轂)'으로 쓰고 있다. '우재'는 위나라의 관직명이다.【吳】

38 술이 달아오르자 : 원문은 '주감이불음(酒酣而不飮)'이다. '주감(酒酣)'과 '불음(不飮)'은 의미가 모순된다. '불음'은 위 문장의 '불락(不樂)'의 부연 설명으로, 『여씨춘추』에서 "술이 달아오르자 벽옥을 주었다[酒酣而送之以璧]"라는 문장을 통해서도 이를 증명할 수 있다. 이 두 구절은 마땅히 '주감이송이벽(酒酣而送以璧)'으로 써야 한다.【吳】

39 후성숙은~살게 하고 : 원문은 '기처노섭택이거지(其妻孥䜨宅而居之)'이다. 이 구절은 위 문장의 뜻과 이어지지 않는 것으로 보아 틀림없이 빠진 문장이 있다. 『여씨춘추』에는 후성자가 진(晉)나라에서 돌아오다가 위나라를 지나가게 되었는데, 우재 곡신에게 인사도 하지 않자, "그의 하인이 말했다. '예전에 우재 곡신이 나리께 술잔을 권하자 나리께서는 매우 기뻐하셨는데, 지금은 어찌하여 위나라를 다시 지나가시면서 인사도 안 하십니까?' 후성자가 말했다. '나를 붙잡고 술을 권한 것은 나와 함께 기뻐한 것이다. 잔치를 벌여놓고서 기꺼워하지 않은 것은 나에게 걱정이 있음을 알린 것이다. 술이 달아오르자 나에게 벽옥을 준 것은 그것을 나에게 맡긴 것이다. 내가 이를 통해 생각건대 위나라에 난리가 날 것 같구나!' 후성자가 위나라를 떠나 30리쯤 왔을 때 영희(甯喜)가 난을 일으켜 우재 곡신이 죽었다는 소식을 들었다. 후성자는 수레를 돌려 장례에 참석하고 세 번 곡을 한 뒤 돌아왔다. 후성자는 노나라에 이르자 사람을 보내 그의 아내와 자식들을 데려다 집을 마련해 따로 살게 하고 녹봉을 나누어 그들을 먹여 살렸으며 그의 아들이 장성하자 그 벽옥을 돌려주었다[其僕曰 : '曏者右宰穀臣之觴吾子, 吾子也甚歡, 今侯渫過而弗辭?' 郈成子曰 : '夫止而觴我, 與我歡也. 陳樂而不樂, 告我憂也. 酒酣而送我以璧, 寄之我也. 若由是觀之, 衛其有亂乎!' 倍衛三十里, 聞甯喜之難作, 右宰穀臣死之. 還車而臨, 三擧而歸. 至, 使人迎其妻子, 隔宅而異之, 分祿而食之, 其子長而反其璧]"라는 문장이 있다. 『공총자 · 진사의(陳士義)』의 문장도 대략 이와 같다. 『군서습보』에서는 두 책의 문장을 축약하여 이 구절의 앞에 '영희가 난을 일으켜 우재 곡신이 죽임을 당하자 후성숙이 사람을 보내 그의 가족들을 데려와[及甯喜之難作, 右宰穀死之, 后成叔使人迎]'의 17자를 증보했는데, 맞는 것 같다. 영희가 난을 일으킨 일은 『좌전 · 양공(襄公) 14년』, 「양공 26년」, 「양공 27년」에 보인다. '섭(䜨)' 자는 『여씨춘추』, 『공총자』에 모두 '격(隔)'으로 되어 있어, 마땅히 이에 의거하여 고쳐야한다. 사수청 선생은 "섭(䜨) 자의 독음은 '대국들 사이에서 받아들인다[攝乎大國之間]'의 '섭(攝)'과 같고 '격(隔)'의 뜻이다['䜨'讀如'攝乎大國之間'之'攝', 有'隔'字之義]"라고 했다.【吳】

40 곡신의 아들이~돌려주었다 : 원문은 '기자장내반기벽(其子長乃反其璧)'이다. 이 문장은 원래 빠지고 잘못되어 '기자장내벽(其子長乃辟)'이라고 되어 있었으나 지금 『여씨춘추』와 『공총자』에 의거해 고친다.【吳】

"제후국의 운명도 부탁할 만하고[41] 6척 고아[42]도 맡길 만하구나. 큰일이 닥쳐도 지조를 잃지 않았다."[43]

그러니 친밀함[44]은 모두 여기에서 드러난다. 속담에 다음 말이 있다.

"흰 머리 되도록 사귀어도 방금 만난 것 같고 수레를 세우고 잠시 만나도 오래 사귄 것 같다.[45] 한 광주리의 밥과 한 병의 물도 나무 그늘에서 함께 먹는다.[46] 헤어짐에 아쉬워하며 보답할 것을 생각한다."

어찌 같은 해에 초빙되었으면서도 두 손을 모으고 침묵할 수 있겠는가![47] 『춘추』에서는 그 사람이 칭찬할 만하면 칭찬하라고 했지만,[48] 오세

---

41 제후국의 운명도 부탁할 만하고 : 원문은 '가기백리지명(可寄百里之命)'이다. 『논어 · 태백』에 다음 말이 있다. "증자가 말했다. '6척의 고아도 맡길 만하고 제후국의 운명도 부탁할 만하며 큰일이 닥쳐도 지조를 잃지 않는다면 군자다운 사람인가? 군자다운 사람이다'[曾子曰 : '可以託六尺之孤, 可以寄百里之命, 臨大節而不可奪也, 君子人與? 君子人也']." 이것을 '공자가 말했다[孔子稱]'이라고 한 것은 응소가 잘못 기록한 것이다. 형병(邢昺)의 소(疏)에서 "제후국의 운명도 부탁할 만하다는 것은 임금이 양음(亮陰 : 喪中)에 있을 때 나라를 맡아 임금의 법령을 시행할 수 있다는 말이다[可以寄百里之命者, 謂君在亮陰, 可當國攝君之政令]"라고 설명하고 있다.【吳】

42 6척 고아 : 원문은 '육척지고(六尺之孤)'이다. 주대(周代)에는 1척이 약 지금의 19.9cm에 해당되므로, '육척지고'는 아직 어린 임금이다.【吳】

43 큰일이 닥쳐도 지조를 잃지 않았다 : 원문은 '임대절이불가탈(臨大節而不可奪)'이다. 『논어』의 하안(何晏) 주에 따르면 "대절은 국가를 편안하게 하고 사직을 안정시키는 것이다. 탈은 나라를 기울게 하거나 빼앗을 수 없다는 뜻이다[大節, 安國家, 定社稷. 奪, 不可傾奪]"라고 설명하고 있다.【吳】

44 친밀함 : 원문은 '상어지의(相於之義)'이다. '상어(相於)'는 『하본(何本)』에 '상여(相與)'로 쓰였으나 의미는 같으며 서로 친하다, 정이 두텁다는 뜻이다.【吳】

45 흰 머리 되도록~사귄 것 같다 : 원문은 '백두여신, 교개여구(白頭如新, 交蓋如舊)'이다. 『사기 · 추양열전(鄒陽列傳)』에 다음 말이 있다. "속담에 이르길, '흰 머리 되도록 사귀어도 방금 만난 것 같고 수레를 세우고 잠시 만나도 오래 사귄 것 같다'고 했는데, 어째서인가? 아느냐와 모르느냐의 차이이다[諺曰 : '有白頭如新, 傾蓋如故' 何則? 知與不知也]." 피차 서로를 이해하지 못하면 비록 늙도록 사귀었어도 방금 사귄 것 같고, 사람이 서로 잘 이해하면 비록 수레를 멈춰 수레덮개가 스치는 순간이라도 이미 오래전부터 알고 지내는 친구와 같다는 말이다.【吳】

46 한 광주리의~먹는다 : 원문은 '단사호장, 회어수음(簞食壺漿, 會於樹陰)'이다. '단(簞)'은 갈대를 엮어 만든 광주리로, 둥근 것을 단(簞)이라고 하고 네모진 것을 사(笥)라고 한다. 이 두 구절은 지기(知己)라고 할 수 있는 사람은 비록 한 광주리의 밥, 한 병의 물이라 할지라도 나무 그늘에 앉아 음식을 나누어 먹음을 말한 것이다.【吳】

공이 두 군에서 한 행동은 잘못된 것이다. 그러나 당시 사람들 또한 대부분 천박해서 자리에 있을 때는 돌볼 마음이 없고[49] 자리에 없을 때에는 돌볼 여력이 없어서[50] 굶주리고 위급한 때는 버려진 물건 대하듯 했다.[51] 비단 이와 같을 뿐만 아니라 생사의 갈림길에서는 이 때문에 형벌을 받고 주살당하는 사람까지 있었다. 사람들은 각자 마음이 다르기 때문에 둘이 마음이 딱 맞을 수는 없다.[52] 대저 효렴에게 관직을 제수하면 사직과 백성을 다스려야 하는데, [그것이] 백성을 다치게 한다면[53] 정말이

47 두 손을 모으고 침묵할 수 있겠는가: 원문은 '가공묵자재(可拱默者哉)'이다. '공묵(拱默)'은 두 손을 모으고 묵묵히 한마디 말도 하지 않는 것이다.【吳】

48 『춘추』에서는~했지만: 『춘추·은공 원년(隱公元年)』에는 "3월에 은공과 주의보(邾儀父)가 매(眛) 땅에서 맹약했다[三月, 公及邾儀父盟于眛]"라고 되어 있다. 『공양전』에서는 "의보(儀父)는 누구인가? 주루국(邾婁國)의 임금이다. 어째서 이름을 썼는가? 자이다. 어찌 자를 말했는가? 그를 칭찬한 것이다. 어찌 그를 칭찬하였는가? 그가 은공과 맹약을 맺었기 때문이다. 은공과 맹약한 사람들이 많은데 어째서 유독 여기서만 칭찬했는가? 칭찬할 만해서 칭찬한 것이다[儀父者何? 邾婁之君也. 何以名? 字也. 曷爲稱字? 褒之也. 曷爲褒之? 爲其與公盟也. 與公盟者衆矣, 曷爲獨褒乎此? 因其可褒而褒之]"라고 설명하고 있다.【吳】

49 자리에 있을 때는 돌볼 마음이 없고: 원문은 '재자무지(在者無之)'이다. 이 구절의 뜻을 알 수 없는 것으로 보아 반드시 빠진 문장이 있다. 아래 문장의 예를 통해 보면 '무(無)' 자 아래에 두 글자가 빠졌고, '지(之)' 자 아래에 한 글자가 빠졌다. 『근서습보』에서는 "『엄우부본(嚴于鈇本)』에는 '자리에 있을 때는 진실한 정이 적었다'라고 되어 있는데, 뜻에 맞춰 문장을 만든 듯하다[『嚴于鈇本』作'在者寡懇勤之誼', 疑以意足成之耳]"라고 말하고 있다.【吳】

50 자리에 없을 때에는 돌볼 여력이 없어서: 원문은 '망자무고복지시(亡者無顧覆之施)'이다. '고(顧)'는 돌아보다, '복(覆)'은 반복해서 돌아보다의 뜻이다. '고복(顧覆)'은 자식에 대한 두터운 사랑을 형용한다. 이 말은 『시경·소아(小雅)·요아(蓼莪)』의 "아버지는 나를 낳으시고, 어머니는 나를 길러주셨네. 나를 어루만지고 나를 길러주시며, 나를 자라게 하고 나를 키워주셨네. 나를 돌아보고 나를 돌아보시며, 나가고 들어올 때마다 나를 품으셨네[父兮生我, 母兮鞠我. 拊我畜我, 長我育我. 顧我復我, 出入腹我]"에서 나왔다. '복'은 '부(復)'와 같다.【吳】

51 버려진 물건 대하듯 했다: 원문은 '시지약유(視之若遺)'이다. '약유'는 버려진 물건처럼 여긴다는 뜻이다. 『시경·소아·곡풍(谷風)』에 "편안하고 즐거울 때는, 나를 버려진 물건 대하듯 하네[將安將樂, 棄予如遺]"라는 구절이 있다.【吳】

52 둘이 마음이 딱 맞을 수는 없다: 원문은 '양부득중(兩不得中)'이다. 이 구절은 『하본』에 '양불가득(兩不可得)'으로 쓰였다.【吳】

53 대저 효렴에게~다치게 한다면: 동한 때에는 효렴의 출로가 주로 두 가지였다. 하나

지 고려하여 나중에 도모해야 한다.

南陽五世公爲廣漢太守, 與司徒長史段遼叔同歲. 遼叔大子名舊, 才操鹵鈍, 小子髡旣見齒鄕黨. 到見股肱曰 : "太守與遼叔同歲, 恩結締素, 薄命早亡. 幸來臨郡, 今年且以此相饒擧其子. 如無罪得至後歲, 貫魚之次, 敬不有違." 有主簿柳對曰 : "明府謹終追遠, 興微繼絶. 然舊實不如髡, 宜可授之." 世公於是厲聲曰 : "丈夫相臨, 兒女尙欲擧之, 何謂高下之間耶! 釋兄用弟, 此爲故殃段氏之家, 豈稱相遭遇之意乎!" 竟擧舊也.

世公轉換南陽, 與東萊太守蔡伯起同歲, 欲擧其子. 伯起自乞子瓚尙弱, 而弟琰幸以成人. 是歲擧琰, 明年復擧瓚. 瓚十四未可見衆, 常稱病遣詣生交. 到十八乃始出治劇, 平春長. 上書 : "臣甫弱冠, 未任宰御, 乞留宿衛." 尙書劾奏增年受選, 減年避劇, 請免瓚官, 詔書左遷武當左尉. 會車騎將軍馮緄南征武陵蠻夷, 緄與伯起同時公府辟, 瓚爲軍曲侯. 瓚歸臥家, 軍功除新陽長, 官至下邳相.

謹按 : 古無孝廉, 唯有貢士. 貢士恩義, 經傳無以也. 『春秋』諸侯朝覲會遇, 大夫亦豫其好. 『禮記』曰 : "大夫三月葬, 同位畢至". 此言謹終悼亡, 不說子弟當見寵拔也. 魯有郈成叔聘衛, 右宰穀留而觴之, 陳樂而不樂. 酒酣而不飮, 送以璧. 其妻孥隔宅而居之, 分祿而食之, 其子長乃反其璧. 孔子稱 : "可寄百里之命, 託六尺之孤. 臨大節而不可奪." 相於之義, 具於此矣. 語有曰 : "白頭如新, 交蓋如舊. 簞食壺漿, 會於樹陰.

는 낭(郎)이 되는 것으로, 예를 들어 장흥(張興)이 효렴에 뽑혀 낭이 된 것이고, 또 하나는 조정에서 현령장(縣令長)으로 임명하는 것으로 예를 들어 가표(賈彪)가 효렴에 뽑혀 신식장(新息長)이 된 것과 동익(童翊)이 효렴에 뽑혀 수창장(須昌長)이 된 것으로, 이러한 일은 동한 한 시대만도 매우 많았다. 그래서 좌웅(左雄)은 효렴에 대해 "나가서는 백성을 다스리고[出則宰民]"라는 말을 쓴 것이고, 여기에서도 "효렴에게 관직을 제수하면 사직과 백성을 다스려야 한다[孝廉平除則有社稷民人]"라고 말한 것이다.【吳】

臨別眷眷, 念在報効." 何有同歲相臨而可拱默者哉! 『春秋』因其可褒而褒之, 若乃世公二郡之擧, 斯爲過矣. 然世人亦多淺薄, 在者無之, 亡者無顧覆之施, 饑寒緩急, 視之若遺. 非徒如此而已, 至有可否之際, 受刑誅者. 人各有心, 兩不得中. 夫孝廉平除則有社稷民人, 傷及民人, 實宜料度以爲後圖.

여남 사람 대유기[汝南戴幼起]

여남 사람 대유기(戴幼起)[1]는 삼년상을 치르고 나자[2] 집안의 모든 재산을 형에게 양보한 뒤, 처자식을 거느리고 여관에서 살면서, 관에서 빌린 전답[3]을 갈고 씨를 뿌렸다. 후에 그는 상계사(上計史)[4]가 되어 수레 하나

1 대유기(戴幼起) : 역사서에는 그에 관한 전이 없다. 아래 문장에서 '대소(戴紹)'라 칭한 것으로 보아 '소(紹)'가 이름이고, 유기(幼起)가 자이다.【吳】

2 삼년상을 치르고 나자 : 원문은 '삼년복경(三年服竟)'이다. 아버지를 위해 삼년 동안 상복을 입고 그 기간이 끝나면 상복을 벗는 것을 말한다.【吳】

3 전답 : 원문은 '지전(池田)'이다. 『한서·선제기(宣帝紀)』에 따르면, 지절(地節) 3년(68) 10월의 조서(詔書)에 다음 구절이 있다. "천자께서 천자의 동산에 행차하지 않을 경우 이것을 가난한 백성에게 빌려주어라[池籞未御幸者, 假與貧民]." 안사고(顔師古) 주에서는 응소의 문장을 인용하여 "지는 관에서 운영하는 전답이다[池者, 陂池也]"라고 했다.【吳】

4 상계사(上計史) : 『주례(周禮)·천관(天官)·소재(小宰)』에 다음 구절이 보인다. "한 해가 끝나면 모든 관부의 속리에게 일을 보고하도록 했다[歲終則令羣吏致事]." 이에 대해 정현은 "한 해가 끝나면 문서를 가지고 오게 했는데 지금의 상계와 같다[使齎歲盡文書來至, 若今上計]"라고 주를 달았다. 가공언(賈公彦)은 소에서 "한나라의 조집사(朝集使)를 상계리라 부르는데, 각 지방의 1년간의 회계 문서와 공적을 바치게

에 옷과 재물을 싣고 '여남태수 상계사 대소(戴紹 : 戴幼起)의 수레'라고 표시했다. 그는 훗날 효렴에 뽑혀 섬현(陝縣)[5]의 현령이 되었다.

내가 삼가 『의례(儀禮)』를 살펴보니 다음과 같았다.

"동궁(東宮)과 서궁(西宮)이 있는 것은 아들에 대한 사사로운 정을 피하기 위해서이고, 아들이 부족함이 있으면 돕고, 남으면 또한 종손에게 주었다".[6]

이것은 형제 사이에 분열이 없음을 말하는 것이다. 무릇 재산을 양보하는 경우 대개는[7] 아들[8]과 아우에게 주는데, 아들과 아우가 아직 어려서 온정[9]을 그들에게 쏟아야하기 때문에 형에게 주는 경우는 드물다. 그리고 그는 집을 나온 뒤에 부모님의 무덤에서 지낼 수 있었다. 무덤에는 집이 없지만 종갓집[10]에는 여전히 남는 땅과 집이 있었으니[11] 그는 밭을

했다[漢之朝集使, 謂之上計吏, 謂上一年會計文書及功狀也]"라고 소를 달았다. '계(計)'는 회계장부이다. 한나라 제도에 따르면 매년 연말 군국(郡國)에서 관리를 도성으로 보내 상계하게 했다. 도성으로 파견된 이는 각자 나누어 보고했으며 [그들 가운데에는] 사(史)도 있고 연(掾)도 있었으니, 이들은 모두 하급관리였다.【吳】

5 섬현(陝縣) : 원문은 '섬(陝)'이다. '섬(陝)'은 원래 '협(陜)'으로 쓰였는데 '협(狹)' 자로 잘못 쓴 것이다. '섬(陝)'은 현의 이름으로 홍농군(弘農郡)에 속하고, 옛 지역은 지금의 하남성 섬현에 있다.【吳】

6 남으면 또한 종손에게 주었다 : 원문은 '유여, 역귀지어종야(有餘, 亦歸之於宗也)'이다. 『의례 · 상복자하전(喪服子夏傳)』에 다음 구절이 보인다. "형제간의 의리로는 재산을 나누지 않지만, 재산을 분배하는 경우 자식에 대한 사사로운 정을 피하기 위해서이다. 자식이 그 아버지를 사사로이 여기지 않으면, 자식이 아니다. 동궁 · 서궁 · 남궁 · 북궁이 있어서 따로 살지만 재산은 함께하니 남는 것이 있으면 종손에게 주고, 부족해도 종손에게 보태주었다[故昆弟之義無分, 然而有分者, 則辟子之私也. 子不私其父, 則不成爲子. 故有東宮, 有西宮, 有南宮, 有北宮, 異居而同財, 有餘則歸之宗, 不足則資之宗]."【吳】

7 대개는 : 원문은 '유(類)'이며 대략, 모두의 의미이다.【吳】

8 아들 : 원문은 '자(子)'이다. '자(子)'는 원래 빠져 있는데, 아래 부분에 "아들과 아우가 아직 어리다[子弟尙幼]"라는 문장이 있으니 당연히 '자(子)' 자가 있어야 한다.【吳】

9 온정 : 원문은 '은정(恩情)'이다. 『군서습보』에서는 "'정' 자 뒤에 한 글자가 누락되었다[下脫一字]"라고 했다. 이것은 아들과 아우가 아직 어리고 연약하니, [아버지의] 사랑이 그들에게 집중되어야 함을 말하는 것이다.【吳】

갈고 열심히 일하며 살 수 있었다.[12] 그런데 하필이면 관에서 땅을 빌려 나그네살이를 했단 말인가! 또한 수레 하나를 밀면서 그 위에 표시까지 했으니, 이 또한 위선[13]임이 자명하다. 대유기와 함께 초징되었던 설맹상(薛孟嘗)[14]이라는 자는 동생들과 함께 살았다. 동생이 항상 재산을 나누어 따로 살 것[15]을 요구하자, 그는 막을 수가 없어 할 수 없이 동생의 말을 들어주었다.[16] 재산을 나눌 때 그는 노비들 가운데 나이든 이를 고르며[17]

10 종갓집 : 원문은 '종가(宗家)'이다.【吳】

11 종갓집에는~있었으니 : 원문은 '종가유유리전노(宗家猶有羸田盧)'이다. '이(羸)'는 '영(贏)'으로 써야 하며, 『군서습보』에서는 '영(贏)'으로 고쳐 썼다. '영(贏)'은 남는다는 의미이다.【吳】

12 밭을 갈고~있었다 : 원문은 '전가수죽력자이(田可首粥力者耳)'이다. 『군서습보』에서 '수(首)'는 '신(身)'으로 썼고 또한 다음 구절이 보인다. "'죽신(粥身)'은 하권(下卷)에서도 보이며 열심히 일한다는 의미이다['粥身'又見下卷, 乃勤力之意]." '수(首)' 자를 '신(身)'으로 고쳐 써도 뜻은 여전히 난해하다. 이 구절은 '전가죽신자이(田可粥身者耳)'로 써야 할 것 같다. '전(田)'은 동사처럼 사용되었으며 땅을 갈고 파종한다는 뜻이다. '죽(粥)'은 '육(鬻)'으로 읽는다. 『대대예기·하소정(夏小正)』에 다음 문장이 있다. "죽(粥)은 기르다이다[粥也者, 養也]." '죽력(粥力)'은 '육(鬻)'의 오기이다. 이것은 집안의 남은 농토를 갈고 파종하여 스스로를 부양할 수 있음을 말하는 것이다.【吳】

13 이 또한 위선 : 원문은 '위기식위(爲其飾僞)'이다. '위기(爲其)'는 '기위(其爲)'로 써야 한다.【吳】

14 설맹상(薛孟嘗) : 『후한서·유평등전서(劉平等傳序)』·『안씨가훈(顔氏家訓)·후취(後娶)』에서는 『후한서』를 인용하여 설맹상의 이름을 포(包)라고 했으나, 한나라 유진등(劉珍等)의 『동관한기』·원굉(袁宏)의 『후한기·효장황제기(孝章皇帝紀)』 상권에는 '포(苞)'로 되어 있다. 한나라 위주배(魏周裴)의 『여남선현전(汝南先賢傳)』에서 설맹상은 서평현(西平縣, 河南省 中南部에 위치) 사람이라고 했다. 설맹상은 한나라 안제(安帝) 건광 연간(建光年間, 388~391)에 공거(公車)에서 그를 특별히 초징하여 시중(侍中)에 배수했다. 『후한서·황경전(黃瓊傳)』의 기록에 따르면 설맹상은 태중대부(太中大夫 : 중대부라고도 하며 대부 가운데 가장 높은 관직)도 지냈다.【吳】
공거(公車) : 한대(漢代)의 관서명으로 위위(衛尉)의 부속기관이다. 공거령을 두어 천하의 상사 등의 업무를 관장했다.【譯註】

15 재산을 나누어 따로 살 것 : 원문은 '분(分)'이다.【吳】

16 그는~들어주었다 : 원문은 '역불능지, 고내청지(力不能止, 固乃聽之)'이다. 『군서습보』에서는 '고(固)'를 '인(因)'으로 썼다. 『예기·애공문(哀公問)』에 다음 구절이 보인다. "백성들의 재산이 바닥나도록 했다[固民是盡]." 정현은 이에 대해 주를 달았는데 "고는 그러므로이다[固, 猶故也]"라고 했다. '고(固)'로 써도 뜻은 통하니, 글자를 고쳐 쓸 필요는 없다.【吳】

17 고르며 : 원문은 '인(引)'이다.【吳】

말했다.

"나와 함께 오랫동안 일을 한 사람들이라 너는 그를 부릴 수 없을 것이다."

전답과 가옥도 황폐하고 무너진 것을 가지며 말했다.

"내가 젊어서 마련한 것으로 애착이 가는 곳이다."

그릇과 물건도 오래된 것을 선택하며 말했다.

"내가 오랫동안 먹고 입은 것이라 몸과 입이 편안하다."[18]

겉으로는 공평하게 재산을 나눈다고 했지만, 실제로는 10분의 3[19]만 나누었을 뿐이었다. 동생들은 얼마 되지 않아 재산을 탕진했다.[20] 또 다시 재산을 나누었는데 이와 같은 일이 여러 번 있었다.[21] 원앙(袁盎)[22]은 세 형들과 재산을 나누면서 자기의 봉록도 함께 나누어 썼다고 전해지

---

18 내가~편안하다 : 원문은 '아복식구, 신구안지야(我服食久, 身口安之也)'이다. 『후한서』에 설맹상이 재산을 분배한 일에 대해 적고 있다. "동생들이 재산을 나누어 따로 살기를 요구하자 포(包 : 薛孟嘗)는 그들을 말리지 못하고, 중고에 재산을 나누었다. 노비 가운데 나이든 자를 데려가며 말했다. '나와 함께 오랫동안 일했기 때문에, 너희가 부릴 수 없을 것이다.' 전답과 가옥 가운데 황폐하고 무너진 것을 가지며 말했다. '내가 소싯적부터 관리하던 것이니 마음이 못내 아쉽다.' 기물은 낡고 망가진 것을 선택하며 말했다. '평상시에 내가 입고 먹는 것이라야 몸과 입이 편안하다'[弟子求分財異居, 包不能止, 乃中分其財. 奴婢引其老者, 曰 : '與我共事久, 若不能使也.' 田廬取其慌頓者, 曰 : '吾少時所理, 意所戀也.' 器物取其朽敗者, 曰 : '我所服食, 身口所安也']." 『풍속통의』의 기록과 조금 다르다.【吳】

19 10분의 3 : 원문은 '십삼(十三)'이다.【吳】

20 동생들은~탕진했다 : 원문은 '자제무기진지(子弟無幾盡之)'이다. '자제(子弟)'는 '제자(弟子)'로 써야 하는데, 앞의 문장에서도 "동생들과 함께 사는데 그들은 항상 재산을 나누어 따로 살 것을 요구했다[與弟子共居, 弟子常求分]"라고 했다. 『후한서』에 다음 구절이 보인다. "동생들이 자주 재산을 탕진해도, 번번이 다시 나누어주었다[弟子數破其產, 輒復賑給]." '무기진지(無幾盡之)'는 얼마 지나지 않아 재산을 탕진하다는 의미이다.【吳】

21 여러 번 있었다 : 원문은 '수(數)'이다.【吳】

22 원앙(袁盎) : 자는 사(絲)이며 초나라 사람으로 『사기』와 『한서』에 그의 전이 있지만 이 일은 원앙전에 기록되어 있지 않다. 『논형 · 정현(定賢)』에 "원장군이 거듭 형제들에게 재산을 나누어 주자 대부분 그가 자애롭다고 생각했다[袁將軍再與兄子分家財, 多有以爲恩義]"라는 구절이 보인다.【吳】

고 있는데, 이것 또한 그 예이다.[23] 『논어』에서 말했다. "태백이 세 차례 [나라를] 사양하니, 백성들은 그의 미덕을 찬양할 길이 없었다."[24]

대유기는 어찌하여 수십 냥의 재산을 양보하고도 사람들이 자신을 알아주지 않을까 두려워하여[25] 분명히[26] 드러내고자 함이 어찌 이와 같을꼬! 원앙, 설맹상과 비교하면[27] 대유기는 천 리만큼 차이가 난다. 형제가 함께 지내는 것이 먼저이고, [형제지간의] 소통의 유무가 다음이며, 양보하는 것은 그 다음이다. 대유기 같은 경우[28]는 결국[29] 귀하게 여기기에 부족하다.

---

23 이것 또한 그 예이다 : 원문은 '차즉연의(此則然矣)'이다. '즉(則)'은 『하본』에 '기(其)'로 되어 있다.【吳】

24 태백이~없었다 : 원문은 '태백삼양, 민무득이칭지언(泰伯三讓, 民無得而稱之焉)'이다. 『논어·태백』에 다음 구절이 보인다. "공자께서 말씀하시기를 '태백은 지극히 덕이 높은 사람이라 하겠다. 세 번 천하를 사양했으나, 백성들은 그의 미덕을 찬양할 길이 없었다'[子曰 : '泰伯, 其可謂至德也已矣. 三以天下讓, 民無得而稱焉']." '태백(泰伯)'은 '태백(太伯)'이라고도 한다. 주나라 선조인 고공단보(古公亶父)에게 세 아들이 있었는데 맏이가 태백, 다음이 우중(虞仲) 그다음이 계력(季歷)이었다. 계력의 아들이 바로 주(周)나라 문왕(文王) 희창(姬昌)이다. 고공단보는 희창의 성덕을 예견하고는 곧 임금의 자리를 장자에게 주지 않고 계력에게 계승하게 했으며, 나아가 희창에게 계승되길 바랐다. 태백과 우중은 아버지의 뜻을 알아채고 곧 구오(勾吳)로 도망갔다. 이 일은 『사기·주본기(周本紀)』에 기록되어 있다. '민무득이칭지언'은 백성들이 태백을 칭찬할 더 좋은 말을 찾지 못했음을 이르는 것이다.【吳】

25 사람들이 자신을 알아주지 않을까 두려워하여 : 원문은 '외인이부지(畏人而不知)'이다. 『군서습보』에 "이(而) 자는 쓸데없는 글자이다[而字衍]"라고 되어 있다.【吳】

26 분명히 : 원문은 '교(皦)'이다.【吳】

27 비교하면 : 원문은 '방(方)'이다.【吳】

28 대유기 같은 경우 : 원문은 "황약유기(況若幼起)"이다. '황(況)'은 비교하다의 의미이다.【吳】

29 결국 : 원문은 '잉(仍)'이다. 『군서습보』에서는 '미심쩍다[疑]'라고 했다. 왕인지(王引之)의 『경전석사(經傳釋詞)』에 다음 구절이 보인다. "『이아(爾雅)』에서는 '잉(仍)은 결국이다'라고 했고, 『사기·회남형산전찬(淮南衡山傳贊)』에서는 이렇게 말하고 있다. '회남왕(淮南王)과 형산왕(衡山王)은 오직 사악한 계획을 마음에 품고 모의하여 반역자가 되었다. 결국 부자는 다시 나라를 잃고 모두 천수를 누리지 못했다.' '잉'은 결국의 의미이다. 즉 회남왕과 형산왕이 반역을 모의하여 반역자가 되었고 결국 두 부자가 그들의 나라를 잃고 각각 천수를 누리지 못했음을 말하는 것이다. 『한서찬』과 『사기』에도 같은 내용이 실려 있다. 안사고는 '잉은 여러 번의 의미이다'라고 했다. 부자가 여러 번 나라를 잃었다는 것은 말이 되지 않는다[『爾雅』曰, '仍, 乃也,' 『史記·淮南衡山傳贊』曰 : '淮南, 衡山專挾邪僻之計, 謀爲畔逆. 仍父子再亡國, 各不終其身也.' '仍'者, 乃也. 言淮南, 衡山謀爲畔逆, 乃至父子再亡其國, 各不終其身也. 『漢書

汝南戴幼起, 三年服竟, 讓財與兄, 將妻子出客舍中住, 官池田以耕種. 爲上計史, 獨車載衣資, 表'汝南太守上計史戴紹車'. 後擧孝廉, 爲陝令.

謹按『禮』: "有東宮西宮, 辟子之私, 不足則資, 有餘, 亦歸之於宗也." 此言兄弟無離異之義也. 凡讓財者, 類與子弟, 子弟尙幼, 恩情注, 希有與兄. 旣出之日, 可居冢塚下. 塚無屋, 宗家猶有羸田盧, 田可首粥力者耳. 何必官池客舍! 旣推獨車, 復表其上, 爲其飾僞, 良亦昭晰. 幼起同辟有薛孟嘗者, 與弟子共居. 弟子常求分, 力不能止, 固乃聽之. 都與, 奴婢引其老者, 曰: "與我共事, 汝不能使之也." 田屋取其荒壞者, 曰: "我少時所作買, 意所戀也." 器物取其久者, 曰: "我服食久, 身口安之也." 外有共分之名, 內實十三耳. 子弟無幾盡之. 輒復更分, 如此者數. 傳稱袁盎三兄子分而供其公家之費, 此則然矣. 『論語』: "泰伯三讓, 民無得而稱之焉." 何有讓數十萬, 畏人而不知, 欲令皦皦, 乃如是乎! 方之袁·薛, 差以千里. 凡同居, 上也, 通有無, 次也, 讓, 其下耳. 況若幼起, 仍斯不足貴矣.

讚』與『史記』同. 師古曰'仍, 頻也.' 頻父子再亡國, 斯爲不詞矣]." 또한 다음 구절이 보인다. "『설문해자』에서 말했다. '잉(仍)은 음은 내(乃)이다.' 따라서 '내(乃)' 자는 '잉(仍)' 자와 통용해 쓰기도 한다고 되어 있는데, 이 견해는 『경의술문(經義述聞)·이아』에도 보인다[『說文』, '仍'從'乃'聲. 故'乃'字或通作仍, 說見『經義述聞·爾雅』]." 이것에 근거하면 '잉(仍)' 자는 잘못 쓰인 것이 아니다.【吳】

강하태수 하내 사람 조중양[江夏太守河內趙仲讓]

강하태수(江夏太守)[1] 하내(河內) 사람 조중양(趙仲讓)[2]은 사례교위(司隸校尉)[3]에게 무재(茂才)[4]로 천거되어 고당현령(高唐縣令)[5]이 되었다. 그는 비밀리에

1 강하태수(江夏太守) : 한나라 고조 때 설치된 군으로 관청소재지는 서릉(西陵)에 있는데, 지금의 호북성 마성현(麻城縣) 남쪽에 있다.【吳】

2 조중양(趙仲讓) : 역사서에는 그에 관한 기록이 없다.【吳】

3 사례교위(司隸校尉) : 원문은 '사례(司隸)'이다. 사례교위(司隸校尉)로 녹봉은 2천 석에 달한다. 무제 때 이 관직을 처음 설치했는데, 도성의 백관들 이하와 도성 근처의 범법자들을 관리 감찰하는 일을 맡았다. 성제(成帝) 때 철폐되었다가, 건무 연간(建武年間, 25~55)에 다시 설치되었고, 한 개 주를 함께 다스렸다. 『후한서 · 광무제기(光武帝紀)』에서 이현은 『한관의』를 인용해 다음 주를 달았다. "사례교위는 하남성 낙양에서 하남 · 하내 · 우부풍 · 좌풍익 · 경조 · 하동 · 홍농 7개 군을 통솔했다[司隸校尉部河南 · 河內 · 右扶風 · 左馬翊 · 京兆 · 河東 · 弘農七郡於河南洛陽]." 또한 「백관지」에서 유소(劉昭)는 『한관의』를 인용해 다음 주를 달았다. "감찰어사 · 사례 · 주목은 해마다 인재를 한 명씩 천거했다[監察禦史 · 司隸 · 州牧歲擧茂才各一人]."【吳】

4 무재(茂才) : 무재는 서한 때는 수재로 불렸는데, 광무제 유수(劉秀)를 피휘하여 '수(秀)'를 '무(茂)'로 고쳐 쓴 것으로 당시 등용 과목 중의 하나였다.【吳】

5 고당현령(高唐縣令) : 고당현은 평원군(平原郡)에 속하며 옛 지역은 지금의 산동성

가마를 타고 곧장 고당현으로 가서 성과 이름을 바꾸고, 현의 역사(驛舍)에서 10여 일을 머물렀다. 그리고는 몰래 시가지로 들어가 풍속을 다 살피고 나서[6] 정장(亭長)[7]을 불러 물었다.

"신임 현령은 뉘시오? 어느 관아에서 오셨소? 언제 도착하시오?"

정장이 말했다.

"현에서 이미 관리를 보내 모시러 갔으니, 곧[8] 소식[9]이 있을 것입니다."

조중양이 말했다.

"그 사람이 바로 나일세."

정장은 놀라 급히 인사를 올리고 나서, 곧 현의 다른 관리들에게 알렸다. 조중양은 이날 곧장 태수부(太守府)를 알현했으나,[10] 수십 일 뒤에 이유 없이 떠나버렸다. [그 바람에] 군의 공조(功曹)[11]로 선발된 사람들도 등용되지 않자, 모두 조중양이 미쳐서 머리를 풀고 태수부를 걸어 나갔다고 했다. 태수는 그가 본래 명성이 자자했기 때문에 이를 참고 그를 벌하지 않았다. 그 후에 조중양은 대장군 양기(梁冀)[12]의 종사중랑(從事中郎)[13]으로

우성현(禹城縣) 서남쪽에 있다.【吳】

6 살피고 나서 : 원문은 '관성(觀省)'이다. '성(省)'은 살핀다는 뜻이다.【吳】

7 정장(亭長) : '정공(亭公)' 또는 '정보(亭父)'라고도 한다. 한나라 때 대략 10리마다 역참을 설치하고, 정장(亭長) 한 사람을 두어 관리하게 했다. 『후한서·백관지』에서 다음과 같이 말했다. "정장은 주로 도적을 잡고, 도위(都尉)를 보좌했다(亭長, 主求捕盜賊, 承望都尉)." 【吳】

8 곧 : 원문은 '수(垂)'이다. 『군서습보』에서 다음과 같이 말했다. "곧 소식이 들릴 것이라고 말했다. 다른 판본에서는 '수(垂)'를 '승(乘)'으로 썼는데, 잘못 쓴 것이다(言垂卽有動靜相聞耳. 一本'垂'作'乘', 誤." 『명각본』, 『초본』, 『도광본(道光本)』에서 모두 '승(乘)'으로 잘못 썼다. '수(垂)'는 현재 '곧'이라는 말과 같다.【吳】

9 소식 : 원문은 '기거(起居)'이다.【譯註】

10 태수부(太守府)를 알현했으나 : 원문은 '알부(謁府)'이다. 한나라의 법제에 따르면 신임 현령은 현에 가기 전에, 군의 태수부를 먼저 알현해야 한다. 조중양은 곧장 현에 갔다가 후에 태수부를 알현했으니 규정을 위반한 것이다.【吳】

11 공조(功曹) : 관명으로 군(郡)의 하급관인 녹사(錄事)를 이른다. 한대 군수 가운데 공조사(功曹史)가 있었는데 약칭하여 공조라 하고, 군(郡) 내의 인사 및 정무를 담당했다.【譯註】

12 양기(梁冀) : 자가 백탁(伯卓), 양상(梁商)의 아들이다. [그는] 영화(永和) 6년(141) 하

임명되었다. 겨울날 해를 향해 대청에 앉아서 헤진 옷[14]을 벗어 이를 다 잡고는 비스듬히 누웠는데 그 바람에 물건이 다 드러났다.[15]

그러자 장군의 부인 양성군(襄城君)[16]이 말했다.

"조종사(趙從事 : 趙仲讓)의 품행이 바르지 않으니 서둘러[17] 죄를 물어야 합니다."[18]

장군이 탄식하며 말했다.

"조종사는 지극히 고결한 선비이다."

다른 일도 이와 같은 경우가 한두 번이 아니었다.

남윤(河南尹)에서 대장군이 되었으나 연희(延熹) 2년(159)에 자살했다. 『후한서』에 그의 전(傳)이 있다.【吳】

13 종사중랑(從事中郎) : '종사중랑'은 원래 '종사중랑장(從事中郎將)'으로 잘못 쓰였었다. 『태평어람』 권951에서는 '종사낭중(從事郎中)'으로 되어 있는데 역시 아니다. 한나라 대장군은 종사중랑 두 명을 두었는데, [그들은] 6백 석의 녹봉을 받고 정사를 논의하는 일을 맡아 보았다. 『태평어람』 권27에는 '종사중랑(從事中郎)'으로 되어 있는데 지금 이에 근거하여 바로잡는다.【吳】

14 헤진 옷 : 원문은 '의구(衣裘)'이다. 『태평어람』 권27에 인용된 문장에는 '구(裘)' 자가 없다. 『태평어람』 권951에서 '의(衣)' 자는 '괴(壞)'로 되어 있다.【吳】

15 물건이 다 드러났다 : 원문은 '궐형실표로(厥形悉表露)'이다. 이것은 물건이 노출되었음을 의미한다. 『삼국지(三國志)』의 「위서(緯書)」와 「원소전(袁紹傳)」에 다음 문장이 보인다. "마침내 병사의 대열을 점검하여 고자들을 모두 잡아내고 나이에 관계없이 다 죽였다. 간혹 수염이 없어서 오해를 받아 죽은 경우도 있었는데, 이때 직접 물건을 내보이고 죽음을 피했다[遂勒兵捕諸閹人, 無少長皆殺之. 或無鬚而誤死者, 至自發露形體而後得免]." 이것 또한 물건을 노출시켰음을 의미하지만, 내시와 구별하기 위해서이다. 『태평어람』 권696에서는 『어림(語林)』의 다음을 인용하고 있다. "환선무는 천성이 검소하여 오래된 잠방이를 입고 말에 올랐는데 그만 균형을 잡지 못하여 잠방이가 풀어지는 바람에, 결국 물건이 드러나고 말았다[桓宣武性儉, 著故褌, 上馬不調, 褌敗, 五形遂露]." 의미는 또한 같다.【王】

16 양성군(襄城君) : 양익의 아내 손수(孫壽)는 화평 원년(和平元年, 150)에 양성군에 봉해졌다. 양적(陽翟 : 지금의 河南省 禹縣)의 세를 받아 살아가도록 하는 동시에 붉은 허리띠[赤紱]를 하사받았는데, [그녀의 지위는] 첫째 공주에 비견되었다. 양성(襄城)은 영천군(潁川郡)에 속하고 옛 지역은 현재 하남성 양성현(襄城縣)에 위치해 있다.【吳】

17 서둘러 : 원문은 '극(亟)'이다.【吳】

18 죄를 물어야 합니다 : 원문은 '추문(推問)'으로 [진상을] 규명하여 죄를 묻는다는 뜻이다.【吳】

내가 삼가 『시경』을 살펴보니 다음과 같았다.

"잘못도 없고 소홀함도 없으니[19] 선왕의 법도[20]를 따르는 도다."

『좌씨전(左氏傳)』에 다음 말이 있다.

"선왕의 법도는 없어져서는 안 된다."[21]

대개 관청을 두고 관리를 세우는 것은 법률을 제정하기 위해서이다.[22] 이로써 그들은 자리를 굳게 지킬[23] 수 있었고 세상 사람들은 분수에 맞지 않는 희망을 품지 않았다.[24] 지금 조중양은 태수부를 먼저 들리지 않고 바로 현에 가서 관리와 백성을 모두[25] 살펴보고서야[26] 비로소 관청에

---

19 잘못도 없고 소홀함도 없으니: 원문은 '불건불망(不愆不忘)'이다. [이 문장은] 『시경·대아·가락(假樂)』에서 보인다. 정현이 다음과 같이 찬했다. "건은 잘못이란 뜻이고, 솔은 따른다는 뜻이다[愆, 過, 率, 循也]." 【吳】

20 선왕의 법도: 원문은 '구장(舊章)'이다. 『춘추번로(春秋繁露)·교어(郊語)』에 다음 문장이 보인다. "구장은 옛 성인의 오래된 법도이다[舊章者, 先聖人之故文章也]."【吳】

21 선왕의 법도는 없어져서는 안 된다: 원문은 '구장불가무야(舊章不可無也)'이다. 『좌전·애공(哀公)3년』에 다음 문장이 보인다. "여름 5월 28일에 사탁에 불이 났다. 불은 노나라 애공(哀公)의 공궁을 지나 환공과 희공의 사당까지 불태웠다[夏五月辛卯, 司鐸火. 火踰公宮, 桓·僖災]." "계환자가 도착해 애공의 수레를 상위(象魏: 고대 법제서를 보관했던 누각) 밖에 세우고, 진화하는 사람 중에게 부상자가 생기면 멈추라고 명했는데, 재물은 다시 마련할 수 있다고 생각했기 때문이다. 상위를 보관하라고 명하며 말했다. '선왕의 법도는 없어져서는 안 된다'[季桓子至, 禦公立於象魏之外, 命救火者傷人則止, 財可爲也. 命藏象魏, 曰. '舊章不可亡也']." '구장불가무야(舊章不可無也)'는 바로 여기에서 나온 말이다. 여기서 '구장(舊章)'은 정확히 '상위(象魏)'에 보관된 책을 가리킨다. 두예(杜預)는 이에 대해 다음과 같이 주를 달았다. "상위는 궐문이다. 『주례』에서 정월에 교령의 법을 상위에 매달아 만백성들로 하여금 보게 했는데 그 책을 일러 『상위』라고 한다[象魏, 門闕. 『周禮』, 正月縣敎令之法于象魏, 使萬民觀之, 故謂其書爲『象魏』]."【吳】

22 법률을 제정하기 위해서이다: 원문은 '위지율도(爲之律度)'이다. 『좌전·문공(文公) 6년』에 다음 기록이 보인다. "옛날 왕들은 수명이 길지 않다는 것을 알고 있었기 때문에 더불어 성현의 철학을 세우고 풍속의 교화를 세우며 [신분에 따라] 채색 깃발, 수레, 의복을 나누고, 좋은 말을 적고 법도를 세웠다[古之王者知命之不長, 是以並建聖哲, 樹之風聲, 分之采物, 著之話言, 爲之律度]." 두예는 다음과 같이 주를 달았다. "법도를 모아 헤아려 역법을 다스리고 시간을 밝힌다[鐘律度量, 所以治曆明時]." '율도(律度)'는 여기에서 규칙으로 해석할 수 있다.【吳】

23 지킬: 원문은 '섭(攝)'으로 끝까지 유지하다의 의미이다.【吳】

24 분수에 맞지 않는 희망을 품지 않았다: 원문은 '기유(覬覦)'이다.【吳】

들어섰다.

『논어』에 다음 말이 있다.

"수레에 오르면 반드시 바르게 서서 끈[27]을 잡고 고개를 돌려 수레 안을 살펴서는[28] 안 된다."[29]

그래서 준비되지 않은 사람을 치지[30] 않고, 다른 사람의 단점을 드러내지 않는다.[31]

『예기』에 다음 말이 있다.

"문 밖에 신 두 켤레가 있으면 들어가지 않는다. 대청에 오를 때는 반드시 인기척을 내야 한다.[32]

---

25 모두: 원문은 '구(俱)'이다. 『군서습보』에 다음 문장이 보인다. "틀렸다, '사(伺)'일 것이다[譌, 疑是'伺']." 살펴보건대 '구(俱)'는 '구(具)' 자와 같고 위 문장에서 말한 '경편구리(更便具吏)'를 가리키는 것이다.【吳】

26 살펴보고서야: 원문은 '첩(諜)'으로 엿본다는 의미이다. 고당현에 몰래 가서 관리와 백성을 살펴보는 것을 가리킨다.【吳】

27 끈: 원문은 '유(綏)'이며, 수레에 달린 끈을 붙잡고 수레에 오르는 것을 의미한다.【吳】

28 안을 살펴서는: 원문은 '내고(內顧)'이며, 고개를 돌려 수레 안을 살펴본다는 의미이다.【吳】

29 수레에 오르면~살펴서는 안 된다: 원문은 '승거필정립, 집유, 부내고(升車必正立, 執綏, 不內顧)'이다. 『논어·향당(鄕黨)』에 다음 문장이 보인다. "수레에 오를 때에는 반드시 바르게 서서 끈을 잡아야 한다. 그리고 수레에 타면 안을 살피지 않고 말을 빨리하지 않으며 대놓고 가리키지 않는다[升車, 必正立, 執綏. 不內顧, 不疾言, 不親指]." 『군서습보』에 다음 문장이 보인다. "'필정립, 집유불(必正立執綏不)' 이 여섯 글자는 후대 사람이 멋대로 덧붙인 것이다. '정립집유(正立執綏)'는 이 문장의 의미에 부합하지 않는데 무슨 까닭에 인용했을까? 『노논어(魯論語)』에 '불(不)' 자가 없는 것으로 보아 한대 사람들이 『노논어』를 많이 인용한 것 같다['必正立執綏不'六字, 定後人妄增. 正立執綏, 於此義無所當, 何故引之? 『魯論語』無'不'字, 漢人引用多從『魯』]."【吳】

30 치지: 원문은 '엄(掩)'으로 기습하다의 의미이다. 이 문장은 준비되지 않은 사람을 치지 않음을 이른다.【吳】

31 다른 사람의 단점을 드러내지 않는다: 원문은 '불현인단(不見人短)'이다. '단(短)' 자 아래에는 원래 '현(見)' 자가 있었는데, 쓸데없이 덧붙여진 글자로 『군서습보』에 근거하여 삭제한다. 『논어·태백』의 "세상에 정도가 있으면 곧 드러난다[天下有道則見]"는 구절에서 '현(見)'은 드러난다는 의미이다.【吳】

32 문 밖에~내야 한다: 『예기·곡례』에 다음 문장이 보인다. "대청에 오를 때는 반드시 인기척을 내야 한다. 문 밖에 신 두 켤레가 있을 때 말소리가 들리면 들어가고 말소리가 들리지 않으면 들어가지 않는다[將上堂, 聲必揚. 戶外有二屨, 言聞則入, 言

집안에서도 이와 같이 해야 하는데 하물며 현의 장관에 있어서랴! 군자는 벼슬을 하면 정도를 행해야 한다. 왜냐하면 백성은 일찍이 관리들의 덕행은 보지 않고 오직 거짓만을 듣기 때문이다.[33] 오래 전에 공조로 천거되어 출사해서[34] 군주를 섬기다가[35] 맞지 않는 것이 있으면 천천히 사직을 청해야 했다. 또 만약[36] 파직될 신세라면 바로 떠났어야 했는데,[37] 어찌하여 머리를 풀어 헤치고[38] 마음대로 들락날락거리며 거만하게 상도를 무시하며[39] 마치 군주와 아버지가 없는 듯이 행동하는가? 「홍범(洪範)」에는 오사(五事)를 말할 때 몸가짐을 최고로 삼았고[40] 『효경』에서

不聞則不入].” ‘유이리(有二履)’는 두 사람이 방 안에 있는데 그것이 사적인 일을 은밀히 논의하는 것일까 두려워 들어가지 않는 것이다. ‘성필양(聲必揚)’은 방 안의 사람에게 [인기척을 내어] 알리고자 하는 것이다.【吳】

33 백성은~듣기 때문이다 : 원문은 ‘민미견덕, 유사시문(民未見德, 唯詐是聞)’이다. 『좌전·희공(僖公) 23년』에 다음 문장이 보인다. “복언이 말했다, ‘백성은 일찍이 관리의 덕은 보지 않고, 오직 무고한 사람을 살육했다는 말만을 듣는다’[蔔偃曰 : ‘民不見德, 而唯戮是聞’].”【王】

34 출사해서 : 원문은 ‘책명(策命)’으로 출사를 의미한다. 『좌전·희공 23년』에 공영달의 다음 소가 보인다. “옛날의 관리들은 신하로서 자신의 이름을 간책(簡策)에 기록하여 군주에게 예속됨을 분명히 했다[古之仕者, 於所臣之人書己名於策, 以明繫屬之也].”【吳】

35 군주를 섬기다가 : 원문은 ‘위질(委質)’이다. ‘질(質)’은 ‘지(贄)’와 같다. 『국어(國語)·진어(晉語)』에 위소(韋昭)의 다음 주가 있다. “군주에게 예물을 바치고, 문서에 자신의 이름을 적어 반드시 목숨을 바칠 것을 보여주는 것을 말한다[言委贄於君, 書名於冊, 示必死也].” 또 『좌전·희공 23년』에 공영달의 다음 소가 있다. “질(質)은 신체이다. 절을 하며 무릎을 굽히고 땅에 몸을 구부려, [군주를] 공경하여 받들 것임을 분명히 했다[質, 形體也. 拜則屈膝而委身體於地, 以明敬奉之也].”【吳】

36 만약 : 원문은 ‘고(古)’인데 이 글자는 ‘약(若)’인 것 같다.【王】

37 바로 떠났어야 했는데 : 원문은 ‘수기내서(須起乃逝)’이다. ‘수기(須起)’는 단어가 아니다. 『군서습보』에 다음 문장이 보인다. “두 글자는 잘못된 글자인 것 같다[二字疑譌].” 이 두 구의 의미가 정확하지 않다.【吳】

38 어찌하여 머리를 풀어 헤치고 : 원문은 ‘하득난도(何得亂道)’이다. 『찰이』에 다음 문장이 보인다. “목록에서 ‘미쳐서 머리를 풀어 헤치고 관청의 문을 걸어 나갔다’고 했다고 한 것으로 보아 ‘도(道)’는 ‘수(首)’로 써야 한다[按目云, ‘因稱狂, 亂首走出府門.’ 則‘道’當作‘首’].”【吳】

39 거만하게 상도를 무시하며 : 원문은 ‘오흔(傲很)’이다. 『호본』, 『낭본』, 『초본』에서 ‘흔(很)’ 자는 ‘한(狠)’ 자로 쓰였는데, 두 글자의 의미는 동일하다.【吳】

는 세 가지 법칙을 열거하면서 복식을 우선으로 두었다.[41] 조중양은 집에 전답도 있고 게다가 봉록까지 하사받아 추위와 굶주림의 재앙을 피할 수 있고 군이 겨울 햇살로 몸을 데울 필요도 없었는데, 어찌 예법을 행하지 않고 이와 같이 물건을 드러냈단 말인가![42] 하내군(河內郡)[43]은 은나라의 옛 도성이며 나라가 삼분된 곳이다.[44] 강숙(康叔)의 민풍은 이미 다 사라졌고 은나라 주왕(紂王)의 악습만이 남아있으니,[45] 그 지역의 풍속

---

40 「홍범(洪範)」에는~삼았고 : 원문은 '홍범진오사(洪範陳五事)'이다. 『상서·홍범』에 다음 문장이 보인다. "오사는 첫째는 용모, 둘째는 말, 셋째는 보는 것, 넷째는 듣는 것, 다섯 째는 생각이다[五事, 一曰貌, 二曰言, 三曰視, 四曰聽, 五曰思]." '모(貌)'는 용모와 풍채이다. 『설원·수문(修文)』에 다음 문장이 보인다. "『상서』에서는 오사의 첫째를 용모로 언급하고 있다. 용모라는 것은 남자들이 공경해야 하는 이유이고, 부인들이 아름답게 꾸미는 이유이다. 걸을 때는 격식에 맞아야 하고, 돌아 서거나 움직일 때는 바르게 해야 하고, 설 때 바르게 서야 하며 인사할 때에는 북을 안듯이 공손한 모습이어야 한다. 임금에게 조회하러 갈 때는 존엄해야 하며, 종묘에 들어갈 때는 삼가 공손해야 하며 향당에 들어갈 때는 화순해야 하며 자신의 동족부락에 들어갈 때는 화친해야 한다[『書』曰五事, 一曰貌. 貌者, 男子之所以恭敬, 婦人之所以姣好也. 行步中矩, 折旋中規, 立則磬折, 拱則抱鼓. 其以入君朝尊以嚴, 其以入宗廟敬以忠, 其以入鄉曲和以順, 其以入州里族黨之中和以親]."【吳】

41 『효경』에서는~두었다 : 원문은 '효경렬삼법, 이복위선(『孝經』列三法, 以服爲先)'이다. 『효경·경대부장(卿大夫章)』에 다음 문장이 보인다. "선왕께서 제정한 의복이 아니면 감히 입지 않았고, 선왕께서 제정한 말이 아니면 감히 말하지 않았으며, 선왕께서 제정한 덕행이 아니면 감히 행하지 않았다[非先王之法服不敢服, 非先王之法言不敢道, 非先王之德行不敢行]."【吳】

42 어찌~말인가 : 원문은 '이불체개차야(利不體皆此也)'이다. 『군서습보』에 다음 문장이 보인다. "여섯 글자는 쓸데없이 덧붙여진 문장이다[六字當爲衍文]." 『사고전서』본에는 이 여섯 글자가 없다. 생각건대 '이(利)' 자는 '하(何)' 자로, '개(皆)' 자는 '약(若)' 자로 써야할 것 같은데, 모두 형태가 비슷한 글자이다. '불체(不體)'는 조중양이 헤진 옷을 벗어 이를 잡다가 물건이 드러나게 되었음을 가리킨다.【吳】

43 하내군(河內郡) : 하내군에 조가현(朝歌縣, 河南省 淇縣)이 있는데, 바로 은나라 주왕(紂王) 때의 도성이다.【吳】

44 나라가 삼분된 곳이다 : 『한서·지리지』에 다음 문장이 보인다. "하내는 본래 은나라의 옛 도성이었는데, 주나라가 일찍이 은나라를 멸하고 도성 주변 5백 리 내의 땅을 세 나라로 나누었다. 『시경·국풍(國風)』에 보이는 패국(邶國)·용국(庸國)·위국(衛國)이 바로 삼국이다. 패국은 주왕의 아들 무경을 봉하고, 용국은 관숙이 다스렸으며, 위국은 채숙이 다스리며 은나라 백성들을 살폈으니 그들을 일러 삼감(三監)이라 했다[河內, 本殷之故都, 周旣滅殷, 分其畿內爲三國. 『詩·風』邶·庸·衛國是也. 鄁, 以封紂子武庚, 庸管叔尹之, 衛蔡叔尹之, 以監殷民, 謂之三監]."【吳】

은 사대부가 자신을 과시하며[46] 떠벌리기를 좋아하고 실행으로 옮기는 경우가 적은가 보다.

江夏太守河內趙仲讓, 擧司隸茂材, 爲高唐令. 密乘轝車, 徑至高唐, 變易名姓, 止都亭中十餘日. 默入市里, 觀省風俗, 已, 呼亭長, 問:"新令爲誰? 從何官來? 何時到也?" 曰:"縣已遣吏迎, 垂有起居." 曰:"正我是也." 亭長怖, 遽拜謁, 竟, 便具吏. 其日入舍, 乃謁府, 數十日, 無故便去. 爲郡功曹, 所選頗有不用, 因稱狂, 亂首走出府門. 太守以其宿有重名, 忍而不罪. 後爲大將軍梁冀從事中郎. 冬月坐庭中, 向日解衣裘捕虱, 已, 因傾臥, 厥形悉表露. 將軍夫人襄城君云:"不潔淸, 當亟推問." 將軍嘆曰:"是趙從事, 絶高士也." 他事若此非一也.

謹按『詩』云:"不愆不忘, 率由舊章." 『左氏傳』曰:"舊章不可無也." 凡張官置吏, 爲之律度. 故能攝固其位, 天下無覬覦也. 今仲讓不先謁府, 乃徑到縣, 俱諜吏民, 爾乃入舍. 『論語』:"升車, 必正立, 執綏, 不

---

45 강숙(康叔)의~남아있으니 : 원문은 '강숙지풍기격, 이주지화유존(康叔之風旣激, 而紂之化由存)'이다. '격(激)'은 '갈(竭)'로 써야 하는데 그래야만 아래 문장의 '존(存)'과 대구를 이루어 문장이 된다. 『한서·지리지』에 "강숙(康叔)의 민풍은 이미 사라졌고, 은나라 주왕의 악습은 여전히 남아있다[康叔之風旣歇, 而紂之化猶存]"라는 문장이 있는데 이 또한 확실한 증거이다.【吳】

46 과시하며 : 원문은 '긍(矜)'이다. 『군서습보』에는 '긍(矜)' 자 아래에 "'과(夸)' 한 글자가 있어야 한다[當有一'夸'字]"라는 문장이 보인다. 사수청은 다음과 같이 말했다. "노문초가 그 시비를 교정했는데, '본(本)' 자는 '과(夸)' 자의 오기이다. 왕념손(王念孫)의 『독서잡지(讀書雜誌)』 권9 13조에서 『회남자·범론훈』의 '굳세고 씩씩하여 뜻이 청운을 능가하나 자랑하지 아니한다'를 인용하고 있는데, 예서에서 '과(夸)' 자를 간혹 '봉(奉)' 자로 적고 있음을 말하고 있다. 그러나 여러 판본에서는 결국 '본(本)' 자로 잘못 썼다. 이것과 동일한 예이다[盧校非是, '本'字乃'夸'字之譌. 王念孫『讀書雜誌』卷九之十三『淮南子·氾論訓』'剛强猛毅, 志厲靑雲, 非本矜也.' 謂隸書'夸'字或作'奉', 而各本遂誤爲'本'矣. 與此同例]." 이 말을 살펴보니 더욱 옳다. '과(跨)' 자는 당대 구양순(歐陽詢)의 「구성궁례천명(九成宮醴泉銘)」에서는 '과(跨)'로 기록하고 있는데 '봉(奉)' 자는 어쩌다 한 획이 탈락하여 '본(本)' 자가 되었다. '과긍(夸矜)'은 과시하며 스스로 내세우는 것을 의미한다.【吳】

內顧." 不掩不備, 不見人短. 『禮記』: "戶有二屨, 不入. 將上堂, 聲必揚." 家且猶若此, 況於長吏乎! 君子之仕, 行其道也. 民未見德, 唯詐是聞. 遠薦功曹, 策名委質, 就有不合, 當徐告退. 古旣待放, 須起乃逝, 何得亂道, 進退自由, 傲佷天常, 若無君父? 「洪範」陳五事, 以貌爲首, 『孝經』列三法, 以服爲先. 仲讓居有田業, 加之祿賜, 勢可免凍餒之厄, 未必須冬日之煖也, 利不體皆此也! 河內, 殷之舊都, 國分爲三. 康叔之風旣激, 而紂之化由存, 其俗士大夫本矜好大言, 而少實行.

풍속통의 권5*

십반(十反)

본 편에서는 태수(太守), 종정(宗正), 상(相), 빙사(聘士) 등 다양한 지위에 있는 관리들이 인사 추천, 관직 등용, 퇴직 등의 상황에 직면했을 때 대처하는 상반된 처세 방식에 대해 열거하고 있다. 예를 들어 늙었다는 이유로 탄핵당한 상(相) 이통(李統)과 사도(司徒) 주창(朱倀)의 상반된 태도를 비교하고 관직 사회에서 지켜야 할 도리에 대해 피력하고 있다. 응소는 동일한 상황에서도 다른 반응을 보이는 관리들의 처세에 대해 "사람의 마음이 모두 다른 것은 그 얼굴이 다른 것과 같다"라고 설명하며 동한시기 관리 사회의 모순을 풍자하고 있다.

『역경(易經)』에는 "군자의 도는 나가기도 하고 머무르기도 하며 침묵하기도 하고 말하기도 한다"[1]라는 문장이 있고, 『상서(尙書)』에서는 "구덕(九

* 권5 : 소송(蘇頌)은 다음과 같이 말했다. "「십반」 권5는 『자초(子抄)』에서는 권9로 적고 있다[「十反」第五, 『子抄』云'第九']." 【王】

德)이 다 실행되는"[2] 천하를 찬미했다. 천하가 돌아가는 근원은 같으나 길은 다르며, 하나의 도에 이르나 생각은 여러 가지인데,[3] 그것은 서로 상반된 행동을 하기로 약속한 것이 아니라, 각기 숭상하는 바[4]가 다를 따름이다. 그런 까닭에 백이(伯夷)는 숙제(叔齊)에게 나라를 넘겨주고 들완두[5]를 캐고 다녔으며,[6] 노(魯)나라의 전금(展禽) 유하혜(柳下惠)는 태어난 곳

---

1 군자의 도는 나가기도 하고~말하기도 한다: 『풍속통의・건례(愆禮)』 "남양장백대(南陽張伯大)"조에 이 문장에 관한 주석이 있다.【吳】
『역경・계사전(繫辭傳)』에 "군자의 도는 나가기도 하고 머무르기도 하며, 침묵하기도 하고 말하기도 한다[君子之道, 或出或處, 或默或語]"라는 구절이 보인다.【譯註】

2 구덕(九德)이 다 실행되는: 원문은 '구덕함사(九德咸事)'이다. 『상서・고요모(皐陶謨)』에 다음 구절이 보인다. 우임금이 구덕의 조목에 대해 묻자 고요모가 대답했다. "너그럽고도 씩씩하며 부드럽고도 꿋꿋하고, 성실하고도 공손하며 다스리고도 공경하며 강직하고도 온유하며 단순하고도 청렴하며, 굳세고도 충만하며 강하면서 의로운 것이니, 그것을 언제나 드러낸다면 길할 것입니다! 하루에 세 가지 덕을 베풀어 아침저녁으로 잘 다스리면 [대부는] 봉읍을 유지할 수 있습니다. 날마다 여섯 가지 덕을 엄격하게 공경하여 빛을 내면 [제후는] 나라를 유지할 수 있을 것입니다. [천자가 구덕을] 모두 받아들여 널리 펴면 구덕이 다 실행되는 것입니다[寬而栗, 柔而立, 愿而恭, 亂而敬, 擾而毅, 直而溫, 簡而廉, 剛而塞, 彊而義, 彰厥有常吉哉! 日宣三德, 夙夜浚明有家. 日嚴祗敬六德, 亮采有邦. 翕受敷施, 九德咸事]." 여기서 '사(事)'는 세워지다, 실행되다의 의미이다.【吳】

3 천하가 돌아가는~생각은 여러 가지인데: 『역경・계사전』에 "공자가 말씀하시길 '천하가 무엇을 생각하고 무엇을 염려하겠는가? 천하가 돌아가는 근원은 같으나 길은 다르며, 하나의 도에 이르나 생각은 여러 가지이니, 천하가 무엇을 생각하고 무엇을 염려하겠는가?'[子曰, '天下何思何慮? 天下同歸而殊途, 一致而百慮, 天下何思何慮?']"라는 말이 있다. 이에 대해 공영달(孔穎達)은 다음과 같이 소를 달았다. "천하가 돌아가는 근원은 같으나 그 길이 다르다는 것은 천하의 모든 일은 결국 하나의 근원으로 돌아가기 마련이지만, 처음부터 가는 길이 달랐음을 의미한다. 하나의 도에 이르나, 생각이 여러 가지라는 것은 비록 귀결점이 같다 하더라도, 생각은 여러 가지가 있기 마련인데, 이것은 곧 생각이 여러 가지라 하더라도 하나의 근원으로 돌아가기 마련이고, 또 길이 다르다 하더라도 역시 지극히 참된 곳으로 돌아가기 마련임을 의미한다[天下同歸而殊塗者, 言天下萬事終則同歸於一, 但初時殊異其塗路也. 一致而百慮者, 所致雖一, 慮必有百, 言慮雖百種, 必歸於一致也, 塗雖殊異, 亦同歸於至眞也]."라고 했다.【吳】

4 숭상하는 바: 원문은 '운상(云尙)'이다. 『문선(文選)・동도부(東道賦)』에 '오유선생은 한나라가 행한 바를 살펴보았다[烏覩大漢之云爲乎]'라는 문장이 있는데, '운위(云爲)'는 행한 바를 의미한다. 여기에서 '운상(云尙)'은 숭상하는 바이다.【吳】

5 들완두: 원문은 '미(薇)'이다. 『본초강목(本草綱目)』에 따르면 들완두로, 콩과이며 초

을 떠나지 않았다.[7] 공자(孔子)는 세상을 주유하며 각국에 등용되었고,[8] 장저(長沮)는 은거하며 다른 사람과 짝을 지어 쟁기를 들고 밭을 갈았다.[9]

본식물이다. 일년생 또는 이년생 식물로, 쌍떡잎이 나고 꽃은 옅은 자홍색에 화살 모양의 열매를 맺는다. 잎과 열매 모두 먹을 수 있다.【吳】

6 백이(伯夷)는~다녔으며 : 백이와 숙제는 고죽군(孤竹君)의 아들이다. 고죽군이 숙제를 즉위시키고자 했지만 아버지가 사망하자 숙제는 백이에게 나라를 넘겨주었다. 그러자 백이는 "아버지의 명이다[父命也]"라고 하면서 달아나 숨어버렸다. 숙제 또한 즉위하려고 하지 않았기 때문에, 신하들은 고죽군의 차남을 즉위시켰다. 주나라 무왕(武王)이 은(殷)나라 주왕(紂王)을 치려하자 백이와 숙제는 말을 멈춰 세우고 간언하며 저지했다. 무왕이 주왕을 멸망시키자 두 사람은 주나라의 녹봉을 받는 것이 부끄러워서, 수양산(首陽山)에 숨어 살면서 들완두를 캐먹었지만 결국 굶어 죽었다.【吳】

7 전금(展禽) 유하혜(柳下惠)는 태어난 곳을 떠나지 않았다 : 원문은 '전금불거어소생(展禽不去於所生)'이다. '전금'은 바로 유하혜이다. 『논어(論語)・미자(微子)』에 "유하혜가 [노나라의] 옥리로 있을 때 세 번 내쳐졌다. 누군가 말했다. '자네는 아직도 노나라를 떠나지 않았는가?' 유하혜가 말했다. '도를 바르게 하고 다른 사람을 섬김에 어디에 간들 세 번 내쳐지지 않겠는가? 도를 굽혀서 다른 사람을 섬기면서까지 굳이 부모의 나라를 떠날 필요가 있겠는가?'[柳下惠爲士師, 三黜. 人曰 : '子未可以去乎?' 曰 : '直道而事人, 焉往而不三黜? 枉道而事人, 何必去父母之邦?']"라는 문장이 보인다.【吳】

8 공자(孔子)는~등용되었고 : 『설원(說苑)・지공(至公)』에 다음 문장이 보인다. "공자께서 70개 제후국을 다니며 유세하니 일정한 거처가 없었다[夫子行說七十諸侯無定處]." 『논형(論衡)・유증(儒增)』에 다음 문장이 보인다. "책에 따르면 공자는 세상에 받아들여지지 않자, 70여 개 제후국을 주유하며 유세하느라 일찍이 편안함을 얻지 못했다고 한다. 공자가 천하를 주유하며 때를 만나지 못했다고 하는 것은 맞는 말이고, 70개 제후국에서 관직을 구했다고 하는 것은 과장된 것이다. 『논어』와 제자서에 따르면, 공자가 위(衛)나라에서 노나라로 돌아올 때 진(陳)나라에서는 곡식이 끊겼고, 위(衛)나라에서는 발자국까지 지우고 다녀야 했고, 제나라에서는 [순(舜)의 음악인 「소(韶)」를 듣고 배우느라] 고기 맛을 잊었고, 송나라에서는 [주례(周禮)를 익히다가 환괴(桓魋)가] 벤 나무에 깔릴 뻔했고, 또 비읍과 중모읍에 가서 벼슬하느라 10개 제후국에도 갈 수 없었으니, 공자가 70개 제후국에 갔다고 전해지는 것은 사실이 아니다. 10여개 국에 가서 관직을 구한 적이 있는데, 서적에 70개 국으로 나와 있어 70개 국에서 벼슬을 구했다는 말이 나오게 되었다[書說孔子不能容於世, 周流游說七十餘國, 未嘗得安. 夫言周流不遇可也, 言干七十國, 增之也. 案『論語』之篇諸子之書, 孔子自衛反魯, 在陳絶糧, 削迹於衛, 忘味於齊, 伐樹於宋. 並費於頓牟(當作 '中牟'), 至不能十國, 傳言七十國, 非其實也. 或時干十數國也, 七十之說, 文書傳之. 因言干七十國矣]." 공자가 열국을 주유한 일은 『사기(史記)・공자세가(孔子世家)』에 상세히 보인다.【吳】

9 다른 사람과~밭을 갈았다 : 원문은 '우경(耦耕)'이다. 『논어・미자』에 이 문장이 보인다. '우경'은 고대에 행해졌던 농경 방식인데 두 사람이 각각 쟁기 하나씩을 잡고 좌우에서 함께 출발하여 앞에서 소가 끌도록 하는 방식이다. 『주례(周禮)・고공기(考工記)』에 다음 구절이 보인다. "쟁기는 너비가 5촌으로, 쟁기 두 개가 짝을 이루

또한 묵적(墨翟)[10]은 정수리가 닳도록 조아리고 발꿈치가 닳도록 뛰어다녔으며,[11] 양주(楊朱)[12]는 털 한 가닥을 뽑아 온 천하가 이롭게 된다 해도 행하지 않았다.[13] 간목(干木)은 누워 쉬며 위나라를 지켜내었고,[14] 신포서

면 너비가 1척 깊이가 1척이 되는데, 이를 일러 견이라 한다[耜廣五寸, 二耜爲耦, 廣尺深尺謂之甽].” 이에 대해 가공언(賈公彦)은 “쟁기 두 개가 짝을 이룬다는 것은 두 사람이 각각 쟁기 하나씩을 잡고 있는 것이 마치 장저와 걸익이 나란히 짝을 지어 밭을 가는 모습과 같다[二耜爲耦者, 二人名執一耜, 若長沮・桀溺耦而耕]”라고 소를 달았다. 이것은 하흔(夏炘)의 『학례관석(學禮管釋)』 권13의 「석이사위우(釋二耜爲耦)」에 근거한 것이다.【吳】

10 묵적(墨翟) : 송(宋)나라 대부이며 그의 학설은 널리 사랑할 것[兼愛], 어진 사람을 존경할 것[尙賢], [남의 고통을 뒤로 하고] 음악을 즐기지 말 것[非樂], 절약[節用]을 주장했다. 『묵자(墨子)』에 그의 사상과 행적이 기록되어 있다.【吳】

11 묵적(墨翟)은~뛰어다녔으며 : 원문은 ‘묵적마정이방종(墨翟摩頂以放踵)’이다. 『맹자(孟子)・진심(盡心)』에 다음 문장이 보인다. “묵자는 겸애를 주장하여 천하에 이롭다면 정수리가 닳도록 조아리고 발꿈치가 닳도록 일을 한다[墨子兼愛, 摩頂放踵利天下, 爲之].” 조기(趙岐)는 이에 대해 “정수리가 닳도록 조아리고 발꿈치가 닳도록 뛰어다닌다[摩禿其頂, 下至於踵]”라고 주를 달았다. ‘지(至)’를 ‘방(放)’ 자로 해석하는 것은 확실하지 않은 것 같다. ‘방(放)’ 자는 방종하다는 뜻으로, 여기서는 신을 신지 않고 나막신[跂]이나 바닥 없는 신[蹻]을 신는 것이다. 기(跂)는 나막신인데 비오는 날 신는 것이고, 교(蹻)는 바닥없는 신으로 걸을 때 가볍고 편하다. ‘방종(放踵)’은 고되게 뛰어다니는 고통을 형용한 것이다. ‘이(以)’는 그리고의 의미이다.【吳】

12 양주(楊朱) : 『장자(莊子)』「응제왕(應帝王)」과 「우언(寓言)」에서는 양주를 양자거(陽子居)라 했고, 『여씨춘추(呂氏春秋)・불이(不二)』에서는 양생(陽生)이라고 했는데, 『열자(列子)・양주』에 그에 대한 상세한 기록이 있다.【吳】

13 털 한 가닥을~행하지 않았다 : 원문은 ‘일모불위(一毛而不爲)’이다. ‘위(爲)’에 대해 『군서습보(羣書拾補)』에서는 “‘응(應)’ 자라고도 하며, 협(協)운이다[或是‘應’字, 協韻]”라고 했다. 생각건대 ‘위(爲)’는 잘못 쓰인 것이 아니다. 『맹자・진심』에서 “양자는 자기의 이익만을 위해 행동하였으니, 한 가닥의 털을 뽑아서 세상을 이롭게 한다 해도 행하지 않았다[楊子爲我, 拔一毛而利天下, 不爲也]”라고 했는데 응소는 바로 이것을 저본으로 삼았다.【吳】

14 간목(干木)은~지켜내었고 : 원문은 ‘간목식언이번위(干木息偃以藩魏)’이다. ‘목(木)’은 ‘본(本)’으로 잘못 쓰였었는데, 지금 『호본(胡本)』・『낭본(郎本)』・『사고전서(四庫全書)』본에 근거하여 바르게 고친다. ‘번(藩)’은 둘러막는 것을 의미한다. 『사기・위세가(魏世家)』에 다음 구절이 보인다. “문후는 자하의 경학을 계승하였고, 단간목을 객으로 대접하면서 마을을 지날 때 일찍이 수레 위에서 경의를 표하지 않은 적이 없었다. 진(秦)나라가 일찍이 위(魏)나라를 정벌하려고 하자 어떤 사람이 말하기를 ‘위군께서 예로써 현인을 대하기 때문에, 백성들은 그를 어질다고 칭찬하고, 윗사람과 아랫사람이 이렇게 화합하니, 도모할 수 없습니다’라고 했다. 문후는 이로 인해 제

(申包胥)는 발바닥이 부르트면서까지[15] 초나라의 도성 영(郢)[16]을 지켰다. 이오(夷吾)는 이마에 붉은 띠를 매고[17] 세 차례 식읍을 하사받았으며,[18]

후들에게 칭찬받았다[文侯受子夏經藝, 客段干木, 過其閭, 未嘗不軾也. 秦嘗欲伐魏, 或曰:'魏君賢人是禮, 國人稱仁, 上下和合, 未可圖也.' 文侯由此得譽於諸侯]." 『논형·비한(非韓)』에도 다음 구절이 보인다. "단간목이 문을 닫고 나가지 않자, 위문후가 그를 존경하여 마을의 모범으로 삼았다. 진(秦)나라 군대는 그것을 듣고 마침내 위(魏)나라를 공격하지 않았다[段干木闔門不出, 魏文敬之, 表式其閭. 秦軍聞之, 卒不攻魏]."【吳】

15 발바닥이 부르트면서까지: 원문은 '견(繭)'이다. '견(繭)'은 『초본(抄本)』에 '견(繭)'으로 되어 있다. 『광운(廣韻)』에서는 이에 관해 "견(繭)은 견(繭)의 속자이다[繭, 繭俗字]"라고 했다. 또한 『한서(漢書)·서전(敍傳)』에 기록된 반고의 「유통부(幽通賦)」에는 다음 구절이 보인다. "간목은 누워서 위나라를 지켜내었네, 신포서(申包胥)는 발바닥이 부르트면서까지 일해서 형(荊:楚)나라를 지켰네[木偃以蕃魏兮, 申重繭以存荊]." 이에 대해 안사고는(顔師古)는 이렇게 주를 달고 있다. "견은 발바닥을 다쳐 굳은 살 같은 것이 생기는 것이다. 초나라 소왕(昭王) 때 오(吳)나라 군대가 영(郢) 땅으로 쳐들어오자, 소왕이 도망갔다. 신포서는 진나라에 가서 군사를 청하고자, 발바닥이 부르트도록 험난한 곳을 넘어 와, 진나라 조정에 서서 7일 동안 통곡했다. 진(秦)나라 애공(哀公)이 출병하여 초나라를 도와 오나라 군사를 물리쳤다. 소왕이 초나라로 돌아와 신포서에게 상을 내리려 하자, 신포서는 이렇게 거절했다. '제가 발바닥이 부르트도록 [험난한 곳을 넘어간 것은] 군주를 위한 것이었지 제 자신을 위한 것이 아니었습니다.' 신포서는 결국 달아나서 상을 받지 않았다[繭, 足下傷起如繭也. 楚昭王時, 吳師入郢, 昭王出奔. 申包胥如秦乞師, 踰越險阻, 曾繭重胝, 立於秦庭, 號哭七日. 秦哀公出師救楚, 而敗吳師. 昭王反國, 將賞包胥, 包胥辭曰:'吾所以重繭爲君耳, 非爲身也.' 逃不受賞]." 이 일은 『좌전(左傳)·정공(定公)』 4년(512)과 5년(513)에 보인다.【吳】

16 영(郢): 초나라 도성이며 옛 지역은 지금의 호북성(湖北省) 강릉현(江陵縣)에 있다.【吳】

17 이오(夷吾)는 이마에 붉은 띠를 매고: 원문은 '이오주굉(夷吾朱紘)'이다. '굉(紘)'은 원래 '현(絃)' 자로 되어 있는데, 잘못된 것이다. 『예기(禮記)·예기(禮器)』에 보면, "관중이 제기에 여러 가지 무늬를 새기고 [천자처럼] 면류관의 띠를 붉게 하고, [천자처럼] 기둥 윗머리에 산을 조각하고 들보 위의 작은 기둥에 마름을 새기니, 군자는 [그의 행동이] 참람하다고 여겼다[管仲鏤簋, 朱紘, 山節, 藻棁, 君子以爲濫矣]"는 문장이 있는데, 근거로 삼을 만하다. '굉(紘)'은 면류관의 띠이며, 끈으로 그것을 만들고, 면관의 틀에 매어 관을 고정시키는 것이다. 『예기·제의(祭儀)』에 "옛날에 천자는 천무의 밭에 경작했는데, 그때 천자는 관에 붉은 띠를 매고 몸소 쟁기를 잡았다. 제후들은 백무의 밭을 경작했는데, 관에 푸른색 띠를 매고 몸소 쟁기를 잡았다[昔者天子爲藉千畝, 冕而朱紘, 躬秉耒. 諸侯爲藉百畝, 冕而青紘, 躬秉耒]." 이오가 관에 붉은 띠를 맨 것은 '참제(僭制)'의 예이다. 『논어·팔일(八佾)』에 다음 구절이 보인다. "어떤 이가 말하기를 '관중은 검소합니까?' 라고 하니 (공자)가 '관씨는 삼귀대를 가졌고, 관리들로 하여금 겸직하지 못하게 했으니 어찌 검소하다 하겠는가?'[或曰:'管仲儉乎? (孔子)曰:'管氏有三歸, 官事不攝, 焉得儉?']"【吳】

18 세 차례 식읍을 하사받았으며: 원문은 '삼귀(三歸)'이다. '삼귀'에 대한 전인(前人)들의

평중(平仲) 안영(晏嬰)[19]은 경공(景公)이 내린 식읍을 거절하고[20] 갓끈을 씻

견해가 다 다르지만 대부분 그 뜻을 곡해했다. 곽숭도(郭嵩燾)의 『양지서옥문집(養知書屋文集)』 1권 「석삼귀(釋三歸)」에서 다음과 같이 삼귀의 뜻을 풀고 있다. "[삼귀는] 『관자』의 구부경중법에서 나온 것이니, 마땅히 『관자』 책을 찾아보아야 한다. 「산지수편」에서 '백성이 수확한 곡식 가운데 삼할은 군주에게 돌아간다'라고 했다. '삼귀(三歸)'라는 명칭은 사실 여기에서 비롯된 것이다. '삼귀(三歸)'는 조세의 관례에 따라 군주에게 돌아가는 것을 말한다. 환공(桓公)은 패주가 되고 나서 관중에게 이것을 상으로 내렸다. 『한서』의 「지리지」와 「식화지」에서도 환공은 관중에게 다양한 무게 단위를 만들어 백성들을 잘 살게 했는데, 관중의 신분은 신하의 위치에 있으면서도 세 차례 식읍을 하사받았다는 말은 비교적 명확하다. 『한비자(韓非子)』에 '사자는 세 번 식읍을 하사받은 경대부 가문이다'라는 구절이 있다. 『설원』에서는 삼귀를 '상으로 받은 조세'라고 했다. 삼귀를 조세로 받은 것은 한대 유학자들도 되레 잘 알고 있었으니, 이것이 하나의 증거이다. 『안자춘추』에서 삼귀의 상을 거절하면서 상을 후하게 받으면 나라와 백성의 뜻을 상하게 하니, 삼귀를 받은 자가 다스린 백성이 상하게 됨은 의심의 여지가 없으니 이것 또한 하나의 증거이다[此蓋『管子』九府輕重之法, 當就『管子』書求之. 「山至數篇」曰: '則民之三有歸於上矣.' 三歸之名, 實本於此. 是所謂三歸者, 市租之常例之歸之公者也. 桓公旣霸, 遂以賞管仲. 『漢書』「地理志」·「食貨志」並云, 桓公用管仲設輕重以富民, 身在陪臣, 而取三歸, 其言較然明顯. 『韓非子』云: '使子有三歸之家.' 『說苑』作'賞之市租.' 三歸之爲市租, 漢世儒者猶能明之, 此一證也. 『晏子春秋』辭三歸之賞, 而云厚受賞以傷國民之義, 其取之民無疑也. 此又一證也]."【吳】

19 평중(平仲) 안영(晏嬰): 원문은 '평중(平仲)'이며 성은 안(晏) 이름은 영(嬰)이며, 『사기』에 그의 전(傳)이 있다.【吳】

20 식읍을 거절하고: 『안자춘추·외편(外篇)』에 다음 구절이 보인다. "경공이 안자에게 말했다. '옛날 나의 선군이신 환공께서 관중에게 호와 곡(지금의 山東省 東阿縣) 땅을 하사하셨는데 그에 속한 현이 17개였다. 또한 그 내용을 비단에 쓰고 죽간에 기록하여 제후들에게 두루 알려 그 지역을 그 자손의 상읍으로 여기게 하셨다. 과인은 선군의 뜻을 욕되게 할 수 없으니, 지금 그대에게 상읍을 내리어 자손까지 이어지게 할 것이네.' 안자가 거절하며 말했다. '옛날 성왕들께서는 공을 논하여 현명한 이에게 상을 내렸는데, 현명한 자들은 상을 받고, 불초한 자들은 받지 못해 모두 덕을 숭상하고, 예를 닦음에 감히 조금도 게을리 하지 않았습니다. 그러나 지금 저는 임금을 섬기며 겨우 죄를 면하고 있을 뿐인데, 어찌 제 자손에게까지 식읍을 주신단 말입니까? 제나라 대부로서 반드시 식읍을 받아야 한다면, 제나라 임금은 무엇으로 사직에 제사 지내고 제후들에게 재물을 줄 수 있습니까? 소인은 청컨대 사양하겠습니다.' 그는 끝내 받지 않았다[景公謂晏子曰: '昔吾先君桓公, 予管仲狐與穀, 其縣十七. 著之於帛, 申之以策, 通之諸侯, 以爲其子孫賞邑. 寡人不足以辱而先君, 今爲夫子賞邑, 通之子孫.' 晏子辭曰: '昔聖王論功而賞賢, 賢者得之, 不肖失之, 御德修禮, 無有荒怠. 今事君而免於罪者, 其子孫奚宜與焉? 若爲齊國大夫者必有賞邑, 則齊君何以共其社稷與諸侯幣帛? 嬰請辭.' 遂不受]." 『안자춘추·내편(內篇)·잡하(雜下)』에도 안영이 대(臺)와 무염(無鹽) 두 읍을 거절한 기록이 있는데 거절한 이유는 이와 다르다.【吳】

었다.[21] 제(齊)나라 재상 혜시(惠施)[22]는 [유람할 때] 1백 대의 수레가 다랐고,[23] 은사(隱士) 상호(桑扈)는 나체로 걸어 다녔다.[24] 영척(甯戚)[25]은 상려(商

21 갓끈을 씻었다 : 『맹자・이루(離婁)』에 다음 구절이 보인다. "유자가 노래하며 창랑의 물 맑으면 내 갓끈 씻을 수 있고, 창랑의 물 탁하면 내 발 씻을 수 있네"[有孺子歌曰 : '滄浪之水淸兮, 可以濯我纓; 滄浪之水濁兮, 可以濯我足']"라고 했다.【三】

22 혜시(惠施) : 혜시는 전국시대 송(宋)나라 사람으로 장자(莊子)와 친구였고 일찍이 위(魏)나라 혜왕(惠王)의 재상을 지냈다. 그는 혜왕을 따라 제(齊)나라 위왕(威王)을 알현했는데 위나라와 제나라가 서로를 왕으로 높여 섬기도록 하였다. 그는 "합동이(合同異)"의 명제를 제기하며 "만물을 널리 사랑하니, 천지는 하나가 된다[汎愛萬物, 天地一體]"를 주장하였고, 명가(名家)를 대표하는 인물이다. 『한서・예문지(藝文志)』에 「혜자(惠子)」 한 편이 있었으나 소실되었다. 그의 언행에 관한 기록은 『장자・천하(天下)』, 『순자(荀子)・비십이자(非十二子)』, 『여씨춘추・음사(淫辭)』, 『한비자』의 「설림(說林)」과 「외저설좌상(外儲說左上)」 등 여러 곳에서 보인다.【吳】

23 1백 대의 수레가 따랐고 : 위나라 혜왕이 상으로 있을 때의 일로, 『회남자(淮南子)・제속훈(齊俗訓)』에 다음 문장이 보인다. "혜자가 1백 대의 수레를 이끌고 맹저 연못을 지나갔는데 장자가 이 행렬을 보고는 남은 물고기를 버렸다[惠子從車百乘, 以過孟諸, 莊子見之, 棄其餘魚]."【吳】

24 은사(隱士) 상호(桑扈)는 나체로 걸어다녔다 : 원문은 '상호도보이나형(桑扈徒步而裸形)'이다. '상호(桑扈)'는 원래 '상(桑)' 자가 빠졌었는데 『하본(何本)』에서는 '백호(佰扈)'로 쓰였다. 『초사(楚辭)・구장섭강(九章涉江)』에 "상호가 나체로 다닌다[桑扈裸行]"라는 구절이 보이고, 왕일(王逸)은 이에 대해 "상호는 은사로 오랑캐의 본을 받아 옷을 벗고 벌거벗은 몸으로 다녔다[桑扈, 隱士也, 去衣裸裎, 效夷狄也]"라고 주석을 달았다. 『장자・대종사(大宗師)』에 다음 구절이 보인다. "자상호・맹자반・자금장 세 사람은 서로 친구로 교제했다[子桑戶・孟子反・子琴張三人相與友]." 「산목(山木)」에도 "공자는 자상호에게 물었다[孔子問子桑雽]"라는 구절이 보인다. 위 문장들에서도 모두 '상호(桑扈)'가 옳은 글자임을 나타내고 있다. '호(扈)'는 '호(戶)'・'호(雽)'와 음이 같아서 글자가 통용된다. '상호(桑扈)'는 자상백자(子桑伯子)이다. 『논어・옹야(雍也)』에 "중궁이 자상백자에 대해 묻자, 공자가 말씀하시기를 '좋다! 대범하니라'[仲弓問子桑伯子, 子曰 : '可也! 簡']"라는 문장이 보인다. 『설원・수문(修文)』에 "공자가 자상백자를 보았는데, 자상백자는 의관을 걸치지 않은 채 지냈다[孔子見子桑伯子, 子桑伯子不衣冠而處]"라는 문장이 보인다.【吳】

25 영척(甯戚) : 영척은 곧 영월(甯越)이다. 『회남자・범론훈(氾論訓)』에서 고유(高誘)가 주를 달았는데 "영척은 위나라 사람이다[甯戚, 衛人]"라고 했다. 『여씨춘추・거난(擧難)』에서 영척은 제나라 환공에게 벼슬을 구하고자 수레를 끌고 제나라로 가서 상인이 되었는데 저녁이 되자 성문 밖에서 머물렀다. 환공이 밤에 객을 맞았는데 이때 영척은 마침내 소뿔을 두드리며 노래를 불렀다. 환공이 그 노래를 듣고 영척을 재상으로 등용했다. 『회남자・도응훈(道應訓)』에도 그에 관한 기록이 있다. 『사기・추양전색은(鄒陽傳索隱)』에 다음 기록이 보인다. "상가는 상성으로 부르는 노래이다. 혹자는 상려의 노래라고도 하는데, 두 개의 의미는 모두 통한다[商歌謂爲商聲而歌也.

旅)의 노래를 부르며 [제나라 桓公에게] 벼슬을 간청했고,[26] 안합(顔闔)은 담을 넘어 달아나 재상이 되는 영광을 피했다.[27] 고시(高柴)[28]는 문 앞까지만 가서[29] 난을 피했고, 계로(季路 : 子路)[30]는 도성으로 들어가 목숨을 잃었

或云商旅之歌也, 二說並通].” 『사기집해(史記集解)』에는 응소의 다음 말을 인용했다. “제나라 환공이 밤에 객을 맞이하러 나가자 재빨리 영척이 소뿔을 두드리며 상려의 노래를 부르며 말했다. ‘남산은 깨끗하고, 백석은 찬란한데, 살아생전에 요임금이 순임금에게 선양한 것을 보지 못했네. 정강이까지 오는 짧고 얇은 무명옷 입은 채, 한밤중부터 날이 밝을 때까지 소에 여물을 먹이고, 길고 긴 밤 언제 아침 오려나?’ 환공은 영척을 불러 이야기를 나누다 그를 설득하여 대부로 삼았다[齊桓公夜出迎客, 而甯戚疾擊其牛角商歌曰 : ‘南山矸, 白石爛, 生不遭堯與舜禪. 短布單衣適至骭, 從昏飯牛薄夜半, 長夜曼曼何時旦?’ 公召與語, 說之, 以爲大夫].” 『여씨춘추』에 주를 단 고유는 영월이 부른 노래는 『시경 · 석서(碩鼠)』라고 했다. 이현(李賢)은 『후한서(後漢書) · 마융전(馬融傳)』에 주를 달면서 [이와] 동일한 내용을 『설원』에서 인용했다, 『문선 · 소부(嘯賦)』의 이선(李善) 주에서는 다른 문장을 기록했는데 이것은 모두 전설이다.【吳】

26 간청했고 : 원문은 ‘간(干)’이며, 구한다는 의미이다.【吳】

27 안합(顔闔)은~영광을 피했다 : 원문은 ‘안합유장이둔영(顔闔踰牆而遁榮)’이다. 『장자 · 양왕(襄王)』에 다음 문장이 보인다. “노나라 임금은 안합이 득도자라는 말을 듣고, 신하에게 폐백(幣帛 : 고대에 귀인에게 들고 가던 선물)을 들고 가서 안합을 재상으로 삼으려는 뜻을 먼저 전하도록 했다. 안합은 좁은 골목어귀에서 살았는데 삼베옷을 입고 소에게 여물을 주고 있었다. 노나라 군주의 사자가 오자 안합이 응대했다. 그러자 사자가 그에게 말했다. ‘이곳이 안합의 집입니까?’ 안합이 대답하길 ‘이곳이 안합의 집입니다’라고 했다. 사자가 그에게 폐백을 주자 안합이 말했다. ‘군주께서 잘못 들으시고(者는 군더더기 글자이다), 사자에게 폐백을 잘못 주셨으니 자세히 살펴보는 것이 나을 듯합니다.’ 사자는 돌아와 그것을 살피고는 다시 와서 그를 찾았으나 찾을 수 없었다[魯君聞顔闔得道之人也, 使人以幣先焉. 顔闔守陋閭, 苴布之衣, 而自飯牛. 魯君之使者至, 顔闔自對之. 使者曰 : ‘此顔闔之家與?’ 顔闔對曰 : ‘此闔之家也.’ 使者致幣, 顔闔曰 : ‘恐聽者(‘者’字衍文)謬, 而遺使者罪, 不若審之.’ 使者還, 反審之, 復來求之, 則不得已].” 성현영(成玄英)은 다음과 같이 소를 달았다. “노후(魯侯)는 바로 노나라 애공으로, 정공이라고도 한다. 안합은 성은 안이고, 이름은 합이며 노나라의 은사이다[魯侯, 魯哀公, 或云魯定公也. 姓顔, 名闔, 魯人, 隱者也].” 이 구절은 『여씨춘추 · 귀생(貴生)』에도 보인다.【吳】

28 고시(高柴) : 『사기 · 중니제자열전(仲尼弟子列傳)』에 다음 구절이 보인다. “고시의 자는 자고이고 그는 공자보다 30살 어렸다[高柴, 字子羔, 少孔子三十歲].” 『공자가어(孔子家語) · 제자해(弟子解)』에 다음 구절이 보인다. “고시는 제나라 사람으로, 고씨의 다른 일가이다. 자는 자고이고, 공자보다 40살 어렸다[高柴, 齊人, 高氏之別族. 字子羔, 少孔子四十歲].”【吳】

29 문 앞까지만 가서 : 원문은 ‘취문(趣門)’이며, ‘취(趣)’는 찾아뵙는다는 의미이다.【吳】

30 계로(季路) : 『사기』에서도 “중유의 자는 자로이고, 변 땅 사람이다. 그는 공자보다 9살 어렸다[仲由, 字子路, 卞人也. 少孔子九歲]”라는 문장이 있다. 『공자가어』에서는 ‘계로’라고도 불렀다. 『좌전・애공(哀公) 15년』에 다음 기록이 보인다. “위나라 대부 공어는 태자 괴외의 누이[孔姬 : 孔伯姬]를 아내로 맞아 공회(孔悝)를 낳았다. 공씨의 어린 노복 혼량부는 키가 크고 잘생겼는데 공문자가 죽자 그의 아내 공희와 사통했다. 태자 괴외가 척 땅에 있을 때 공희가 혼량부를 그곳에 보낸 적이 있다. 괴외가 그와 말하길 ‘나를 귀국시켜 보위에 오르도록 해준다면 대부의 옷과 수레를 내리고 죽을죄를 세 번 사면토록 하겠네.’ 혼량부는 괴외와 맹약하고 공희에게 청하게 되니 윤12월에 혼량부가 괴외와 들어와 공씨 집밖의 채소밭에서 지냈는데, 날이 어두워지자 두 사람은 두건을 쓰고 수레에 타니 시인(寺人 : 하인)이 나가 수레를 몰고 공씨 집으로 갔다. 공씨의 나이든 시비 난녕이 누구인지 묻자 공씨 인척의 시첩이라고 했다. 집안에 들어가 공희의 처소에 이르러 식사를 마치고 공백희가 창을 쥐고 먼저 나가자, 태자가 다섯 사람과 함께 갑옷을 입고 수레에 실어왔던 수퇘지를 끌고 갔다. 공회를 구석진 담에 몰아넣고, 강제로 맹세하게 하고 협박하여 공씨 집 누대에 올랐다. 난녕이 술을 마시려다 안주용 고기가 익지 않아 기다리던 중 난이 일어난 것을 듣고 자로에게 알리도록 했다. 소획이 수레를 몰았는데 수레에서 술을 마시고 고기를 먹으며 위후 첩을 받들어 노나라로 도망쳤다. 자로가 도성으로 들어가다가 도성을 나오는 자고를 만났는데 그가 말하길 ‘문이 이미 닫혔네.’ 자로가 ‘나는 다녀오겠네.’ 자고가 말하기를 ‘때가 아니니 난을 피하게.’ 자로가 말했다. ‘공씨의 봉록을 먹었으니 그 난을 피할 수 없네.’ 자고는 마침내 떠났다. 자로가 들어가 공씨 집 문에 이르자 공손감이 문에서 ‘들어와서 어떤 일도 하지 마시오’라고 하자, 자로가 ‘공손 당신은 이익을 구하고 난을 피한 듯하나, 나는 그렇지 않소. 나는 그가 준 봉록을 이익으로 삼았으니 반드시 그의 환난을 구할 것이오’라고 했다. 사자가 나오자 곧 들어가서 ‘태자께서 공회를 어찌하려 하시는 것입니까? 비록 그를 죽인다 하더라도, 반드시 누군가 그의 뜻을 계승할 것입니다’라고 했다. ‘태자는 용기가 없으니 만약 누대에 불이 붙어 반쯤 탄다면 반드시 공숙(孔叔 : 孔姬)을 버릴 것입니다.’ 태자가 그것을 듣고 두려워하며, 석걸・우염을 내려 보내 자로에게 대적하도록 했고, 창으로 그들을 공격하여 관의 끈을 끊었다. 자로가 ‘군자는 죽어도 관의 끈은 벗지 않는다’라고 하며 관의 끈을 묶고 죽었다[衛孔圉取大子蒯聵之姊, 生悝. 孔氏之豎渾良夫, 長而美, 孔文子卒, 通於內. 大子在戚, 孔姬使之焉. 大子與之言曰 : ‘苟使我入獲國, 服冕乘軒, 三死無與.’ 與之盟, 爲請於伯姬, 閏月, 良夫與大子入, 舍於孔氏之外圃, 昏, 二人蒙衣而乘, 寺人羅御, 如孔氏. 孔氏之老欒寧問之, 稱姻妾以告. 遂入, 適伯姬氏, 旣食, 孔伯姬杖戈而先, 大子與五人介, 輿豭從之. 迫孔悝於厠, 强盟之, 遂劫以登台. 欒寧將飮酒, 炙未熟, 聞亂, 使告季子. 召獲駕乘車, 行爵食炙, 奉衛侯輒來奔. 季子將入, 遇子羔將出, 曰 : ‘門已閉矣.’ 季子曰 : ‘吾姑至焉.’ 子羔曰 : ‘弗及, 不踐其難.’ 季子曰 : ‘食焉, 不辟其難.’ 子羔遂出. 子路入, 及門, 公孫敢門焉, 曰 : ‘無入爲也.’ 季子曰 : 是公孫也, 求利焉而逃其難, 由不然. 利其祿, 必救其患.’ 有使者出, 乃入, 曰 : ‘大子焉用孔悝? 雖殺之, 必或繼之.’ 且曰 : ‘大子無勇, 若燔台半, 必舍孔叔.’ 大子聞之懼, 下石乞・盂黶敵子路, 以戈擊之, 斷纓. 子路曰 : ‘君子死, 冠不免.’ 結纓而死.”【吳】

다.[31] 단목(端木)은 사두마차를 타고 재산을 늘렸고, 안회(顔回)는 자주 쌀독이 비어 있었지만 쌀독을 채우려 하지 않았다.[32] 맹헌자(孟獻子)는 높고 잘 꾸며진 집에 살았고[33] 원헌(原憲)은 쑥을 문으로 삼고 나무줄기를 기둥으로 삼은 집에서 살았다.[34] 전에서 "사람의 마음이 모두 다른 것은 그

31 목숨을 잃었다: 원문은 '운령(隕零)'으로 여기에서는 패배해 죽는다는 뜻이다.【吳】

32 단목(端木)은~채우려 하지 않았다: '단목(端木)'의 이름은 사(賜), 자는 자공(子貢), 또는 자공(子贛)이라고도 하며, 위(衛)나라 사람으로 공자보다 31살 어렸다. '안회(顔回)'의 자는 자연(子淵), 노(魯)나라 사람으로 공자보다 30살 어리며, 두 사람 모두 공자의 제자이다. 이들의 사적은 『사기·중니제자열전』에 기록되어 있다. 『한서·화식전』에 다음 구절이 보인다. "자공은 일찍이 공자에게 가르침을 받았는데, 공자에게서 물러나 위나라에서 관직을 지내고 조나라와 노나라에서 물자를 축적하였다가 적시에 팔았으니, 공자의 70제자 가운데 자공이 가장 부유했다. 반면에 안연은 한 소쿠리의 밥을 먹고 표주박 한 바가지의 물을 마시며 좁은 골목에서 지냈다. 자공은 사두마차를 몰았으며 속백의 예물을 가지고 제후들을 초빙하여 잔치를 열었다. 그래서 그가 가는 곳마다 군주들은 뜰에 나와 [손님과 주인으로서] 대등한 예를 베풀지 않는 이가 없었다. 그러나 공자는 안연을 현명하다 하고 자공을 질책하며 말하길 '안회는, [성현의 도를] 거의 이루었지만, 자주 쌀독이 비었고, 자공은 천명을 거스르고 나의 가르침을 받지 않고 재산을 늘린 것은 그의 예측이 자주 맞아떨어졌기 때문이다'[子贛既學於仲尼, 退而仕衛, 發貯鬻財曹·魯之間, 七十子之徒, 賜最爲饒. 而顔淵簞食瓢飮, 在於陋巷. 子贛結駟連騎, 束帛之幣聘享諸侯. 所至, 國君無不分庭與之抗禮. 然孔子賢顔淵而譏子贛, 曰:'回也其庶乎, 屢空, 賜不受命, 而貨殖焉, 意則屢中']."【吳】

33 맹헌자(孟獻子)는~살았고: '맹헌(孟獻)'은 노나라 대부이다. 『좌전·양공(襄公) 15년』에 다음 기록이 있다. "봄에 송나라 상술이 노나라를 방문하고 동맹을 다졌다. 그는 맹헌자의 집이 매우 사치스러운 것을 보고 '그대는 평판이 좋은데도 그대의 집을 사치스럽게 꾸몄으니 이는 백성들이 바라는 바가 아닙니다'라고 했다. 맹헌자는 '내가 진나라에 있을 때 나의 형님이 집을 지었는데, 이것을 허무는 데 더 힘이 들고 또한 형님이 하신 일이라 감히 간섭할 수 없소'[春, 宋向戌來聘, 且尋盟. 見孟獻子, 尤其室, 曰:'子有令聞, 而美其室, 非所望也.' 對曰:'我在晉, 吾兄爲之, 毁之重勞, 且不敢間']"라고 했다.【吳】

34 원헌(原憲)은~살았다: 원헌의 자는 자사(子思)이고 『사기·중니제자열전(仲尼弟子列傳)·집해(集解)』에서 정현의 말을 인용하여 "노나라 사람이다[魯人]"라고 했다. 『공자가어·제자해』에 "원헌은 송나라 사람이고 자는 자사이며, 공자보다 30살 어렸다. 그는 성정이 맑고 고요하며 절개를 지켰고, 가난했지만 도를 즐겼다. 공자가 노나라의 사구(司寇: 노나라의 형벌과 도난을 담당하는 관직)가 되자, 원헌은 일찍이 공자의 가령이 되었다. 공자가 사망한 후 원헌은 관직에서 물러나 위나라에서 은거했다[原憲, 宋人, 字子思, 少孔子三十六歲. 淸靜守節, 貧而樂道. 孔子爲魯司寇, 原憲嘗爲孔子宰. 孔子卒後, 原憲退隱居於衛]"라는 구절이 보인다. 『장자·양왕』에 다음 구절이 보인다. "원헌이 노나라에서 살고 있을 때 한 칸 정도의 작은 집에 지붕은 띠 풀로

얼굴이 다른 것과 같다"[35]고 하더니, 고금의 일들이 그러하다. 이에 상반되고 모순되는 일을 「십반」이라고 한다.[36]

『易』記"出處默語", 『書』美"九德咸事". 同歸殊塗, 一致百慮, 不期相反, 各有云尙而已. 是故伯夷讓國以採薇, 展禽不去於所生. 孔丘周流以應聘, 長沮隱居而耦耕. 墨翟摩頂以放踵, 楊朱一毛而不爲. 干木息偃以藩魏, 包胥重繭而存郢. 夷吾朱紘以三歸, 平仲辭邑而濯纓. 惠施從車以百乘, 桑扈徒步而裸形. 甯戚商歌以干祿, 顔闔踰牆而遁榮. 高柴趣門以避難, 季路求入而隕零. 端木結駟以貨殖, 顔回屢空而弗營. 孟獻高宇以美室, 原憲蓬門而株楹. 傳曰："人心不同, 有如其面", 古今行事, 是則然矣. 比其舛曰「十反」.

엮었고 문은 쑥으로 만들어 완전하지 않았으며 뽕나무를 문지도리로 삼았다. 깨진 항아리의 입을 창으로 삼고 부부가 각각 한 개의 방을 썼으며 거친 베옷으로 창을 막고 위에서는 비가 새고 아래는 축축해도 바로 앉아 현악기를 타며 노래를 불렀다[原憲居魯, 環堵之室, 茨以生草, 蓬戶不完, 桑以爲樞. 而甕牖二室, 褐以爲塞, 上漏下溼, 匡坐而弦." 이 구절은 『신서(新序)·절사(節士)』에도 보인다.【吳】

35 사람의 마음이~다른 것과 같다: 이 문장은 본래 정(鄭)나라 자산의 말로, 『좌전·양공 31년』에 "자산이 '사람의 마음이 모두 다른 것은 그 얼굴이 다른 것과 같다'라고 했다[子産曰:'人心之不同, 如其面焉']"라는 구절이 있다.【吳】

36 상반되고 모순되는 일을 「십반」이라고 한다: 원문은 '비기천왈「십반」(比其舛曰「十反」)'이다. '천(舛)'은 서로 어그러진다의 뜻이다. 「십반(十反)」은 위에서 이야기한 열 가지 상반된 일을 말한다.【吳】

태위 패국 사람 유구[太尉沛國劉矩]

태위(太尉) 패국(沛國)[1]사람 유구(劉矩)[2]는 자가 숙방(叔方)이다. 그의 숙부는 자가 숙요(叔遼)[3]이고 대대로 경윤(卿尹)을 지냈으며, 배움을 좋아하고 사람이 정직하고 단정했다.[4] 그러나 그는 고을에서의 명성[5]이 높지[6] 않

1 패국(沛國) : 진(秦)나라 때는 사수군(泗水郡)이었고 한나라 고조(高祖) 때는 패군(沛郡)으로 지명을 바꾸었으며, 동한(東漢) 때 와서 패국(沛國)이 되었다. 관청소재지는 상현(相縣)으로 지금의 안휘성(安徽省) 숙현(宿縣)이다.【吳】

2 유구(劉矩) : 유구의 자는 숙방이며 패국 소현(蕭縣 : 安徽省 북단과 동쪽으로 江蘇省 · 서쪽으로 河南省에 인접) 사람인데 연희(延熹) 4년(162) 4월에 황경(黃瓊)을 대신하여 태위가 되었고 이듬해 11월에 파직되었다가 태중대부(太中大夫)에 등용되었다. 건녕 원년(建寧元年, 168) 5월 태위에 복직되었으나 같은 해 11월 파직되었다. 이 일은 『후한서』의 「환제기(桓帝紀)」, 「영제기(靈帝紀)」, 「순리전(循吏傳)」에 보인다.【吳】

3 그의 숙부는 자가 숙요(叔遼) : 원문은 '부자숙요(父字叔療)'이다. 『후한서 · 순리전』에 다음 구절이 보인다. "유구는 어릴 때 고매한 절개를 갖추었으나 숙부 숙요가 아직 출사하지 않아 주군의 명을 거절했다[矩少有高節, 以叔父遼未得仕進, 遂絶州郡之命]." 이에 따르면 숙요는 유구의 숙부인데, 한나라 때 숙부와 조카가 부자로 칭해졌음을 알 수 있다. 『군서습보』에는 '부(父)' 자 위에 '숙(叔)' 자가 있는데, 이곳에는 빠져 있다.【吳】

4 정직하고 단정했다 : 원문은 '돈정(敦整)'이다. 인정이 두텁고 행동이 바르다는 뜻이다.【吳】

고 또한 도와줄 사람이 없어서 출사가 늦어졌다.[7] 반면 숙방(叔方 : 劉矩)은 평소[8] 명성[9]이 높아 주변에서 모두 그를 빼어난[10] 선비라 여겨 주와 군에서 벼슬을 주고자 초청했으나, 거기에는 답하지 않고 도성을 오가며 권문세가[11]에 드나들면서 벼슬길을 도모했다. 태위 주총(朱寵)[12]과 태부(太傅) 환언(桓焉)[13] 두 사람은 평소에 유구의 효성스러움을 칭찬하고 근면함[14]을 답답하고 안타깝게 여겨[15] 앞 다투어 그를 추천했다. 덕분에 우숙요는 공부(公府)[16]의 박사[17]로 초빙되어[18] 의랑(議郎)[19]에 배수되었다. 숙방

---

5 고을에서의 명성 : 원문은 '토명(土名)'이다. '토(土)'는 『유편본(遺編本)』·『정본(程本)』에 '사(士)'로 쓰였다. 생각건대 '토(土)'는 잘못 쓰인 것이 아니다.【吳】

6 높지 : 원문은 '휴(休)'로 찬미한다는 뜻이다.【吳】

7 늦어졌다 : 원문은 '능지(陵遲)'이다.【吳】

8 평소 : 원문은 '아(雅)'이다.【吳】

9 명성 : 원문은 '문(問)'이다.【吳】

10 빼어난 : 원문은 '위(偉)'이다.【吳】

11 권문세가 : 원문은 '통문(通門)'이다.【吳】

12 주총(朱寵) : 원문은 '서방(徐防)'이나, 『후한서·순리전』에는 '주총(朱寵)'으로 되어 있다. 『후한서·서방전(徐防傳)』에 따르면 그의 자는 알경(謁卿)이며 패국 질현(銍縣 : 지금의 安徽省 宿縣 서남쪽) 사람이다. 『후한서』의 「상제기(殤帝紀)」와 「안제기(安帝紀)」에 그에 관한 기록이 보이는데 연평 원년(延平元年, 106) 봄에 사도 서방이 태위가 되어 상서의 일을 기록했는데 영초 원년(永初元年, 107) 9월에 파직되었다. 「순제기」를 살펴보면 환언이 태부가 되었을 때 주총이 태위가 되었으니 여기에서 '서방'은 '주총'이라 해야 하며 응소의 기록은 틀렸다.【吳】

13 환언(桓焉) : 환언은 자가 숙원(叔元)이고 환영(桓榮)의 손자로 순제(順帝) 영건 원년(永建元年, 126)에 태부(太傅)에 등용되었으며 『후한서』에 그의 전이 있다.【吳】

14 근면함 : 원문은 '계활(契闊)'이다. 『풍속통의·건례(愆禮)』 「산양태수여남사람설공조(山陽太守汝南薛恭祖)」의 주 참고.【吳】

15 답답하고 안타깝게 여겨 : 원문은 '위민(慰愍)'으로, '위(慰)'는 답답하다는 의미이고 '민(愍)'은 가엾게 여긴다는 의미이다.【吳】

16 공부(公府) : 태위(太尉)·사도(司徒)·사공(司公)이 다스리는 관서로 중앙의 일급 기관이다.【譯註】

17 박사: 본래 진나라의 관리이며 진나라와 한나라 초기에 박사는 고금의 역사적 사실에 대한 질문과 대답 그리고 서적 관리 일을 담당했다. 한나라 무제 때 공손홍(公孫弘)의 의견을 받아들여 오경박사와 태학을 설치했고 동한 광무제(光武帝) 때 14개의 박사를 설립해서 전문적인 배움을 주관했다. 동한 중엽이후 경학은 대부분 사가에 전해졌고 박사의 소임은 점차 가벼워졌다.【吳】

18 공부(公府)의 박사로 초빙되어 : 원문은 '벽공부박사(辟公府博士)'로 공부(公府)의 박

은 그제야 뜻을 바꾸어 예에 따라 나아가고 물러났으며 세 번 태곤(台袞)[20]의 지위에 올라[21] 명재(名宰)라 불렸다.[22]

사에 초빙되었다는 의미이다. 원래는 "숙요유차벽공부, 박사징, 의랑(叔遼由此辟公府, 博士徵, 議郎)"으로 되어 있으나 의미가 통하지 않아 "숙요유차벽공부박사, 징의랑(叔遼由此辟公府博士, 徵議郎)"으로 고쳐 번역한다.【吳】

19 의랑(議郎) : 『풍속통의 · 건례』 「남양사람장백대(南陽張伯大)」의 주 참고.【吳】

20 태곤(台袞) : 고대에는 삼공을 하늘에 떠있는 세 개의 별에 비유했는데 곤(袞)은 삼공이 입는 예복이므로 '태곤(台袞)'이라 했고 재상을 이르는 말이다.【吳】

21 세 번 태곤(台袞)의 지위에 올라 : 원문은 '삼등태곤(三登台袞)'이다. 유구는 두 차례에 걸쳐 태위가 되었으니 '이등태곤'이라 해야 옳다. 여기서 말하는 '삼등(三登)'은 살펴볼 여지가 있다.[吳]

22 명재(名宰)라 불렸다 : 『후한서 · 순리전』에 다음 말이 있다. 유구는 "연희(延熹) 4년 황경을 대신해 태위가 되었고 황경은 다시 사공이 되었다. 유구는 황경과 사도 종고와 힘을 합쳐 정치를 보좌해 현상이라 불렸다(延熹四年代黃瓊爲太尉, 瓊復爲司空. 矩與瓊及司徒種暠同心輔政, 號爲賢相."【吳】

양적현령 좌풍익 사람 전휘[陽翟令左馮翊田煇]

양적(陽翟)[1] 현령 좌풍익(左馮翊)[2] 사람 전휘(田煇)[3]는 자가 숙도(叔都)이고 형의 자는 위도(威都)이다. 두 사람 모두 고상하고 훌륭한 품위[4]를 갖춰[5] 나라에 누가 되지 않았다. 전휘가 더 이름이 알려져 있었기 때문에 군에서는 언제나 그의 현명함을 살펴 직무를 주고자 했다.[6] 그러나 전휘는

---

1 양적(陽翟) : 양적은 영천군(潁川郡)에 속하고 옛 지역은 지금의 하남성(河南省) 우현(禹縣)에 있다.【吳】

2 좌풍익(左馮翊) : 서한 때는 장안(長安), 동한 때에는 고릉(高陵)에 관청소재지가 있었는데, 고릉은 지금의 섬서성(陝西省) 고릉현(高陵縣)이다.【吳】

3 전휘(田煇) : 전휘는 그의 형 위도와 함께 역사서에 전이 없다.【吳】

4 고상하고 훌륭한 품위 : 『문선 · 동도부』에 "지금 훌륭함과 고상함을 버리고 큰 덕을 논한다[今捨純懿而論爽德]"라는 구절이 보이는데, 이선은 이에 대해 다음 주를 달고 있다. "『이아(爾雅)』에 따르면 순은 훌륭하다는 의미이고, 의는 아름답다는 의미이다[『爾雅』曰 : 純, 大, 懿, 美也]."【吳】

5 갖춰 : 원문은 '구합(俱合)'이다. 『군서습보』에서는 '합(合)'은 "'함'인 것 같다[疑'含']"라는 구절이 보인다. 살펴보건대 '합(合)'이라고 해도 의미는 통한다. '합(合)'은 부합한다는 의미이다.【吳】

자신이 형을 넘어선 것을 수치스러워해 파직되기를 바랐다. 그리하여 병이 났을 때 이를 핑계로 벙어리 행세를 했다.[7] 집안사람들과 처자식은 그 속사정[8]을 알아채지 못했고, 다른 사람들도 자꾸 가슴 졸여 하자[9] 전휘는 계속 이렇게 하는데 한계가 있다고 생각했다. 후에 농가에 있을 때 며칠 동안 장맛비가 계속 내리자 친구 장자평(張子平)과 길중고(吉仲考) 등이 몰래 담을 넘어 들어와 옷과 이부자리를 빼앗아가는 바람에 전휘는 밤새도록 홀로 지내면서 아주 딱한 처지[10]에 놓이게 되었으나, 여전히 말[11]을 하지 않고 '아아'[12] 소리만 낼 뿐이었다. 장자평이 앞으로 가서 그를 안고 말했다.

"나는 아무개네. 자네가 형을 피하는 것은 알겠는데, 무슨 연유로 이렇게까지 하는가? 하늘에서 자네 같은 사람을 버린다면 우리[13]는 장차 누구를 모범[14]으로 삼겠는가?"

두 사람이 마주보며 흐느껴 울자[15] 그들의 슬픔이 주변을 감동시켰다. 4년이 흘러 위도는 안정(安定)[16]의 장사(長史)[17]로 천거되어 수레[18]를 타고 면

---

6 그의 현명함을 살펴 직무를 주고자 했다: 원문은 '욕위찰수지(欲爲察授之)'이다. 『군서습보』에서는 '욕(欲)' 자 밑에 "'사(使)' 자가 빠진 듯하다[疑脫'使'字]"라 했고, '수(授)' 자 밑에 "'지' 자는 쓸데없는 글자이다[下'之'字衍]"라고도 했다. 사수청(史樹青) 선생은 "이 구절은 '군상욕위지찰수(郡常欲爲之察授)'라고 해야 하며, 노문초(盧文弨)의 교감은 틀린 듯하다[此句應作'郡常欲爲之察授', 盧校疑非]"라고 했다. '찰수(察授)'는 현명함을 살펴 직무를 주는 것이다.【吳】

7 벙어리 행세를 했다: 원문은 '음(瘖)'이며 『설문해자(說文解字)』에 "음은 말을 하지 못하는 것이다[瘖, 不能言也]"라는 구절이 보인다.【吳】

8 속사정: 원문은 '정(情)'이다.【吳】

9 가슴 졸여 하자: 원문은 '공작(恐灼)'이며, 두려워하며 마음을 졸인다는 의미이다.【吳】

10 아주 딱한 처지: 원문은 '박절지의(迫切至矣)'로, 매우 딱한 상황을 의미한다.【吳】

11 말: 원문은 '성향(聲響)'이며, '향(響)'은 원래 '향(饗)'으로 잘못 쓰였으나 『낭본(郎本)』, 『백자전서(百子全書)』본, 『사고전서(四庫全書)』본에 따라 ['향(響)'으로] 고쳐서 바로잡았다.【吳】

12 아아: 원문은 '암암(喑喑)'이며, 벙어리가 내는 소리를 형용한 것이다.【吳】

13 우리: 원문은 '제(儕)'이다.【吳】

14 모범: 원문은 '효(效)'이다.【吳】

15 흐느껴 울자: 원문은 '허희(歔欷)'이다.【吳】

관의 끈을 묶고[19] 마을로 돌아와 제수를 올리고[20] 조상에게 제사를 지냈다. 숙도는 술을 땅에 뿌리며 신에게 제를 올리고[21] 하늘을 쳐다보며[22] 마침내 말문을 열었다. 같은 달에 사례(司隷) · 태위 · 대장군(大將軍)이 동시에 전휘를 초빙하여 시어사(侍御史)[23]가 되었고 무재(茂才)[24]로 천거되었으나 불행히도 일찍 세상을 떠났다. 위도는 관직이 무도태수(武都太守)[25]까지 이르렀다.

16 안정(安定) : 서한 때 설치된 군으로 관청소재지는 고평현(高平縣 : 山西省 高平縣)이었다. 동한 때에는 관청소재지를 임경(臨涇)으로 옮겼는데, 지금의 감숙성(甘肅省) 진원현(鎭原縣)에 해당한다.【吳】

17 장사(長史) : 『후한서 · 백관지』에 "각 군에 태수 한사람을 두었는데 그들의 녹봉이 2천 석이었다. 승 한 사람을 두어 군에서 국경의 수비를 담당하는 하게 했는데 승이 바로 장사이다[每郡置太守一人, 二千石. 丞一人, 郡當邊戍者, 丞爲長史]"라는 문장이 보인다. 이에 대해 유소(劉昭)는 『고금주(古今注)』를 인용해 다음 주를 달고 있다. "건무 6년(386) 3월에 군의 태수와 제후가 병이 나서 승과 장사가 그들의 직무를 대신했다. 14년(400)에 변방의 태수와 승이 파직되자 장사가 그의 직무를 처리했다[建武六年三月, 令郡太守 · 諸侯相病, 丞 · 長史行事. 十四年, 罷邊郡太守 · 丞, 長史領丞職.]"【吳】

18 수레 : 원문은 '치(輜)'이다. 『석명(釋名)』에 "치거는 짐 더미 사이에서 사람이 누워 쉬는 수레이다. 치는 끼워 넣다의 뜻이며, 사람이 의복과 물건 사이에 끼어 수레를 타는 것이다[輜車, 載輜重臥息其中之車也. 輜, 厠也, 所載衣物雜厠其中也]"라는 문장이 보인다. 또한 "치와 병은 형태가 동일하며 병풍이 있으면 치, 없으면 병이라 한다[輜軿之形同, 有邸曰輜, 無邸曰軿]"라는 문장도 보인다.【吳】

19 면관의 끈을 묶고 : 원문은 '수유(垂緌)'이다. 『설문해자』에서는 "유는 관의 끈을 묶는 것이다[緌, 系冠纓也]"라고 했다.【吳】

20 제수를 올리고 : 원문은 '천사(薦祀)'이다. '천(薦)'은 희생물 없이 제사 지내는 것을 의미하고, '천사'는 제물을 바쳐 제사를 지낸다는 의미이다.【吳】

21 술을 땅에 뿌리며 신에게 제를 올리고 : 원문은 '옥철신좌(沃醊神坐)'이다.【吳】

22 쳐다보며 : 원문은 '부앙(頫仰)'이며, '부(頫)'는 '부(俯)'의 가차자이다.【吳】

23 시어사(侍御史) : 시어사는 진(秦)나라의 관직을 계승하여 한나라 때 설치되었고, 어사대부(御史大夫) 아래에 있는 관직인데 궁중의 일을 봉양하거나 또는 불법적인 일을 탄핵하기도 했으며, 군현을 감찰하기도 했다. 『후한서 · 백관지』에 그에 관한 기록이 보인다.【吳】

24 무재(茂才) : 한나라 광무제 때 '수(秀)' 자를 피휘하여 '무(茂)' 자로 고쳐 썼다. 이에 관한 내용은 『풍속통의 · 과예(過譽)』「강하태수하내조중양(江夏太守河內趙仲讓)」의 주 참고.【譯註】

25 무도태수(武都太守) : '무도(武都)'는 한나라 무제(武帝) 때 설치된 군으로, 동한 때도 그대로 존속되었다. 관청소재지는 하변현(下辨縣)으로, 지금의 감숙성 성현(成縣) 서북쪽에 해당한다.【吳】

태위연 여남 사람 범방[太尉掾汝南范滂]

태위연(太尉掾)[1] 범방(范滂)[2]은 여남(汝南) 사람으로 자가 맹박(孟博)이다. 자질이 총명[3]하고 자신의 지론을 잘 펼쳐 효렴(孝廉)과 광록주사(光祿主事)[4]

1 태위연(太尉掾) : 태위 밑에 연(掾), 사(史), 속(屬) 24명을 두어 서조(西曹)·동조(東曹)·호조(戶曹)·주조(奏曹)·사조(辭曹)·법조(法曹)·위조(尉曹)·적조(賊曹)·결조(決曹) 등 각 관공서의 일을 관장하게 했다. [그 가운데] 동조와 서조를 관장하는 연의 녹봉이 4백 석, 나머지 연의 녹봉은 3백 석, 속은 2백 석이었다. 책임자는 연(掾), 부책임자는 속(屬)이라 한다.【吳】

2 범방(范滂) : 『후한서·당고전(黨錮傳)』에 범방에 관한 기록이 있는데, 자가 맹박이며 여남 징강(征羌) 사람이다. 이현의 주에 따르면 사승(謝承)의 『후한서』에는 범방은 여남 세양(細陽) 사람으로, 태위 황경(黃瓊)이 그를 연에 천거했다고 한다.【吳】

3 총명 : 원문은 '총예(聰叡)'이다.【吳】

4 광록주사(光祿主事) : 『후한서·당고전』에 따르면, 범방은 젊어서부터 절개가 곧아 마을 사람들의 신임을 받았으며, 효렴과 광록사행(光祿四行)에 추천되어 광록훈주사(光祿勳主事 : 한나라 때 관명으로 대궐의 문에 관한 일을 담당했음)가 되었는데, 당시에는 진번(陳蕃)이 광록훈으로 있었다. 『한관의』에는 "광록훈에는 남북려주사(南北廬主事)와 삼서주사(三署主事)가 있고, 낭중 가운데 무재에서 으뜸으로 합격한 자를 살펴 광록훈으로 임명했다. 녹봉은 4백 석으로 상서랑 다음의 지위에 해당하

로 천거되었다. 도성에서 덕성하면 모두 그를 지목해 사방의 선비들이 그림자처럼 그를 따랐다. 그의 아버지는 자가 숙구(叔矩)[5]로, 모친상을 당해 장례를 치르느라 가세가 끼니조차 먹기 힘들 지경에 이르렀다.[6] 숙구가 형제들에게 말했다.

"『예기(禮記)』에서 사사로운 가정사는 말하지 말고[7] 상을 치르고[8] 일어나라고 했는데, 지금 우리는 모두 땅에 엎드려 통곡하느라 위로는 제물[9]이 부족하고 아래로는 끼니조차 부족하니, 이는 효의 길이 아니다."

이에 형제들을 데리고[10] 구강(九江)[11]에서 살며 밭에 씨를 뿌리고 가축을 길렀다. 수확물이 많아지자 빚을 갚고 봉분을 쌓고 사당을 세웠다. 삼년상을 치르고 난 뒤에,[12] 두 형은 벼슬길에 나아가고 숙구 혼자 상사(喪

고 현령이 되어 백 리를 다스렸다[光祿勳有南北廬主事・三署主事, 於諸郎之中察茂才高第者爲之. 秩四百石, 次補尙書郎, 出宰百里]"라고 했다.【吳】

5 숙구(叔矩) : 이름은 현(顯)으로, 옛날 용서후(龍舒侯)의 상(相)이었다. 『후한서・당고전』 이현의 주에 따르면 사승의 『후한서』에 그의 기록이 보인다.【吳】

6 끼니조차~이르렀다 : 원문은 '전죽부섬(饘粥不贍)'이다. 『예기・단궁(檀弓)』에 "죽을 먹는다[饘粥之食]"라는 구절이 보이는데, 공영달(孔穎達)은 이에 대해 "걸쭉한 것은 전, 묽은 것은 죽이라 한다[厚曰饘, 稀曰粥]"고 소를 달았다. '섬(贍)'은 공급하다, 충분하다의 의미이다.【吳】

7 사사로운 가정사는 말하지 말고 : 원문은 '불언사(不言事)'이다. 『예기・상복대기(喪服大記)』에서 "장례를 치른 후 다른 사람과 마주하면 군주는 왕사를 말하고 국사를 논하지 않는다. 대부와 선비는 공사를 말하고 가정사는 말하지 않는다[旣葬, 與人立, 君言王事, 不言國事. 大夫士言公事, 不言家事]"라고 했다. "『예기』에서 사사로운 가정사는 말하지 않는다[『禮』不言事]"는 이 문장에서 나온 것이다.【吳】

8 상을 치르고 : 원문은 '판장(辦杖)'이다. '판(辦)'은 원래 '변(辯)'으로 잘못되어 있었는데, 『호본』에 '판(辦)'으로 되어있어 지금 고쳐 쓴다. 『군서습보』에서도 "'변(辯)'은 아니다['辯'非]"라고 했다. '판장(辦杖)'은 지팡이를 짚는다는 뜻이다.【吳】

9 제물 : 원문은 '전뢰(奠酹)'이다. 술을 땅에 뿌리며 제사 올리는 것을 '뇌(酹)'라고 하는데 여기에서는 제사에 올리는 제물을 가리킨다.【吳】

10 데리고 : 원문은 '장(將)'이며, 인솔하다는 의미이다.【吳】

11 구강(九江) : 군명으로 진(秦)나라 때 설치된 것을 한나라 때 그대로 사용했다. 동한 때의 관청소재지는 음릉(陰陵)이었는데, 지금의 안휘성 봉양현(鳳陽縣) 남쪽에 해당한다.【吳】

12 삼년상을 치르고 난 뒤에 : 원문은 '삼년복결(三年服闋)'로, 3년이 지나 상복을 벗는 것을 의미한다.【吳】

事) 일을 대신하며[13] 홀로 무덤 옆에서 잠을 자고 처음처럼 상을 지켰으니 아직 슬픔이 끝나지[14] 않은 듯했다. 군에서 숙구를 지효(至孝)로 천거해 중사(中司)[15]와 구장(勾章)[16]의 수령에 임명되었으나 병이 나는 바람에 관직에서 물러났다. 또 박사로 초징되었으나 형이 죽는 바람에 나아가지 않았다.[17]

---

13 대신하며 : 원문은 '체(替)'로, 대신한다는 뜻이다. 숙구 자신이 상사(喪事)를 대신함을 이르는 말이다.【吳】

14 끝나지 : 원문은 '헐(歇)'이다.【吳】

15 중사(中司) : 당(唐)나라 때 어사중승(御史中丞)을 중사라 했는데 동한 때는 이런 호칭조차 없었으니, 이 글자는 잘못된 것이다.【吳】

16 구장(勾章) : 회계군(會稽郡)의 속현으로 옛 지역은 지금의 절강성(浙江省) 자계현(慈溪縣) 서남쪽에 있다.【吳】

17 형이 죽는 바람에 나아가지 않았다 : 원문은 '형우불행(兄憂不行)'이다. 이 구절은 형이 죽거나 부모상을 당하면 박사로 초징되어도 응하지 않음을 이르는 말이다.【吳】

사도 양국 사람 성윤(司徒梁國盛允)

사도 성윤(盛允)[1]은 양국(梁國) 사람으로 자가 자편(子翩)이다. 의랑(議郎)으로 있을 때 맹박(孟博 : 范滂)의 덕을 흠모하여 예를 지키는 사람의 명성을 세워주고 싶어[2] 그에게 말했다.

---

1 성윤(盛允) : 『찰이(札迻)』에 다음 구절이 보인다. "『후한서 · 환제기』 이현의 주에 따르면 '성윤은 자가 자대'인데, 본문의 내용과 다르다. 『수경주(水經注) · 획수주(獲水注)』에 '노성의 성 동쪽에 한나라 사도 성윤의 묘비가 있는데 성윤의 자는 백세(伯世)이며 양국(梁國) 우(虞) 땅 사람이다'고 되어 있다. [이 문장은] 역도원이 비문(碑文)을 인용한 것이니 가장 근거로 삼을 만하다. 『후한서』에서는 '세(世)'를 '대(代)'라고 주를 달았는데, 이것은 당나라 사람이 태종을 피휘하여 고쳤을 따름이다.' 여기에서 '편(翩)'은 '사(嗣)' 자로 써야하고 '사(嗣)'는 '세(世)'와 음이 아주 비슷하다[按『後漢書 · 桓帝紀』李注云, '允字子代.' 與此不同. 『水經注 · 獲水注』云 : '盧城城東有漢司徒盛允墓碑, 允字伯世, 梁國虞人也.' 酈引碑文, 最爲可據. 『後漢書』注'世'作'代'者, 唐人避太宗諱改耳. 此作'翩'實當爲'嗣'字, '嗣'與'世'音正相近也]." 이 말은 매우 옳은 것으로 이에 근거하여 바로잡는다. 아래 문장도 마찬가지이다. 성윤은 환제 연희(延喜) 3년(160) 7월에 사도(司徒)가 되었다가 4년(161) 2월에 파직되었다. 이 내용은 『후한서 · 환제기』에 보인다.【吳】

2 예를 지키는~싶어 : 원문은 '탐수어유례(貪樹於有禮)'이다. 『국어(國語) · 주어(周語)』에

"어르신[3]께서 성품이 진실되셔서[4] 대신으로 뫼시고 싶어 마을 사람들에게 천거[5]토록 했습니다."

맹박이 성난 목소리로 말했다.

"부친[6]께서는 연세가 많으시고, 세상사[7]에 관심이 없습니다. 또 세상에서 고매하다고 하는 사람 가운데 권력자[8]는 한명도 없습니다."

맹박이 물러나 다른 사람에게 말했다.

"자편(子翩 : 盛允)이 덕을 베풀고자 했으나 내가 받아들이지 않았습니다."

자편도 그것을 유감스럽게 여겼으나[9] 결국 초징할 수 없었다. 맹박은 병이 완쾌되자 벼슬을 받아들였는데, 실은 진작부터 재상직을 맡고 싶어 했다.

내가 삼가 『예기』를 살펴보니 다음과 같았다.

"아버지는 선비였지만 아들은 천자가 되었다."[10]

서 내사흥(內史興)은 "예를 지키는 사람을 세워주면 그 사람은 반드시 흥성할 것이다[樹於有禮, 艾人必豐]"라고 했다.【吳】

3 어르신 : 원문은 '노부(老父)'이다. '부(夫)'는 『태평어람(太平御覽)』 권859에서 '부(父)'라고 했고, 『군서습보』에서도 '부(父)'로 고쳐 썼다. 사수청 선생은 "이 문장에서 '노부(老夫)'와 '가공(家公)'은 서로 바뀌어야 의미가 통한다[疑此文'老夫'與'家公'當互乙, 於義較順]"라고 했다.【吳】
이 문장은 원래 '가공'으로 되어 있으나, 사수청 선생의 견해가 타당하다고 생각되어 이에 따라 번역한다.【譯註】

4 진실되셔서 : 원문은 '구구(區區)'이며, 사랑한다는 의미이다.【吳】
오수평은 '구'를 '사랑한다'는 의미로 보았지만 여기서는 '성품이 진실되다'의 의미로 보았다.【譯註】

5 천거 : 원문은 '염천(廉薦)'이며, 현명함의 여부를 살펴서 등용한다는 의미이다.【吳】

6 부친 : 원문은 '가공(家公)'이다. 한(漢)나라 사람들은 자신의 부친을 일러 '가공'이라 했다.【吳】

7 세상사 : 원문은 '세사(世事)'이다. 『태평어람』에는 '세사(世仕)'로 인용되어 있지만, '세사(世事)'가 옳다.【吳】

8 권력자 : 원문은 '당로(當路)'이며 정권을 장악하고 권력을 잡는 것을 의미한다.【吳】

9 자편도 그것을 유감스럽게 여겼으나 : 원문은 '자편역이한(子翩亦以恨)'이다. 사수청 선생은 "'이' 자 아래 '위' 자가 빠진 것 같다['以'字下疑脫'爲'字]"라고 했다.【吳】

10 아버지는 선비였지만 아들은 천자가 되었다 : 원문은 '부위사, 자위천자(父爲士, 子爲

무왕(武王)이 주(周)나라를 세우고 대왕(大王)과 왕계(王季)를 추존한 것은[11] 왕업이 이들에게서 시작되었음을 말하기 위해서이다. 월상국(越裳國)[12]이 여러 차례 번역을 거쳐[13] 흰 꿩을 바치자 주공(周公)은 그것을 종묘에 바치며 "모두 선왕들의 덕입니다"[14]라고 했다. 이들이 천하를 가지

天子)'이다. 『예기·상복소기(喪服小記)』에 다음 구절이 보인다. "아버지는 선비이나 아들이 천자나 제후가 되면 천자제후의 예로써 상을 치를 수는 있지만 수의는 선비의 옷을 입는다[父爲士, 子爲天子·諸侯, 則祭以天子諸侯, 其尸服以士服]." 정현은 [이에 대해] 다음과 같이 주를 달았다. "천자나 제후의 예로써 제사를 받들고 자식의 도리로써 섬긴다[祭以天子諸侯, 養以子道也]." 이 두 구절의 의미가 완전하지 않아 응소는 『예기』에 근거하여 다음과 같이 보충하여 썼다. "아버지는 선비이나 아들이 천자가 되면 천자의 예로 제사를 지낸다[父爲士, 子爲天子, 則祭以天子]"라고 했다. 이 구절은 아래 문장인 "그 존귀함은 아버지에게 돌아가니 이것은 인간이 할 수 있는 최상의 도리이다[尊歸於父, 此人道之極]"라는 두 구절과 이어진다.【吳】

11 무왕(武王)이~추존한 것은: 『사기·주본기(周本紀)』에 무왕께서 즉위하시고 "고공을 태왕에, 공계를 왕계로 추존했는데, 왕업은 태왕에서부터 시작되었다[追尊古公爲太王, 公季爲王季, 蓋王瑞自太王興]"라는 구절이 보인다. 『사기정의(史記正義)』에서도 『예기·대전(大傳)』을 인용하여 "목야에서 무왕이 큰 업적을 이루고 물러나서 태왕(太王) 단보(亶父)·왕계(王季) 역(歷)·문왕(文王) 창(昌)을 왕으로 추대했다[牧之野武王成大事而退, 追王太王亶父·王季歷·文王昌]"라고 했다.【吳】

12 월상국(越裳國): 고대 나라 이름으로 옛 지역은 지금의 월남 국경에 있다.【譯註】

13 여러 차례 번역을 거쳐: 원문은 '중구역(重九譯)'이다. 먼 곳에 있는 국가는 중국과 말이 통하지 않아 여러 차례를 번역을 거쳐야 했다.【吳】

14 모두 선왕들의 덕입니다: 원문은 '선인지덕(先人之德)'이다. 『후한서·남만전(南蠻傳)』에 다음 구절이 보인다. "교지국의 남쪽에 월상국이 있다. 주공이 그곳에서 6년 동안 섭정할 때 예를 세우고 음악을 만드니 천하가 화평해졌다. 월상국은 주공의 삼상을 여러 차례 번역한 후에야 비로소 흰 꿩을 바치며 말하길 '길은 멀고 산천은 험난하며 사신도 왕래하지 않았기 때문에 거듭 번역을 고쳐서 이제야 알현합니다.' 성왕이 이 모든 것을 주공의 공으로 돌리자 주공이 말했다. '덕을 베풀지 않으면 군자는 사람의 본질에 만족하지 않고, 정치를 행하지 않으면 군자는 그 사람을 신하로 삼지 않으니, 제가 어찌 이 은혜를 받을 수 있겠습니까!'라고 했다. 사신이 청하며 말했다. '제가 명을 받고 오는데 본국의 한 노인이 말했습니다. '오래되었구나! 하늘에 세찬 바람과 뇌우가 없어진지. 이것은 중국에 성인이 있음을 뜻하는 것인가? 있다면 어찌 가서 알현하지 않는가? 라고 했습니다.' 주공은 그 공을 왕에게 돌리면서 선왕의 신정 덕분이라고 말하며 [흰 꿩을] 종묘에 바쳤다[交阯之南有越裳國. 周公居攝六年, 制禮作樂, 天下和平. 越裳以三象重譯而獻白雉, 曰:'道路悠遠, 山川阻深, 音使不通, 故重譯而朝.' 成王以歸周公, 公曰:'德不加焉, 則君子不饗其質, 政不施焉, 則君子不臣其人, 吾何以獲此賜也!' 其使請曰:'吾受命吾國之黃耇曰:'久矣! 天之無烈風雷雨. 意者中國有聖人乎? 有則盍往朝之?' 周公乃歸之於王, 稱先王之神致, 以薦於宗廟."

면 그 존귀함은 아버지에게 돌아가니 이것은 인간이 할 수 있는 최상의 도리이다.[15] 한나라 조서(詔書)에 다음 말이 있다.

"천하가 크게 어지러워지자 전쟁이 동시에 일어났다. 짐은 갑옷을 입고 투구를 쓰고 날카로운 무기를 든 채[16] 직접 사졸들을 이끌고 위험을 무릅쓰며 난을 평정시켰다. 그리하여 군사와 백성들을 쉬게 해 천하가 크게 안정되었는데 이것은 모두 태공(太公)의 가르침 덕분이다. 이에 지금 태공을 추존하여 태상황(太上皇)이라 할 것이다."

『춘추(春秋)』의 뜻에 따라 그를 칭찬할 만했기 때문에 칭찬했다.[17]

『효경(孝經)』에 다음 말이 있다.

"그 아버지를 공경하면 아들이 기뻐한다."[18]

숙구는 효와 공경을 모범으로 삼고[19] 몸과 마음을 다해[20] 예를 따르는데 거스름이 없었다. 그는 형제의 우애[21]를 규범으로 삼아 형을 칭찬하고 자신의 영화를 버리며 그 애절한 마음을 다했다. 그는 경예(經藝)[22]를

『상서대전(尙書大傳)』에도 그 일에 관한 기록이 있다.【吳】

15 아들이 천하를 가지면~도리이다 : 원문은 '유천하, 존귀어부, 차인도지극(有天下, 尊歸於父, 此人道之極)'이다. 이 세 구절은 한나라 고조(高祖) 6년(B.C.201) 5월 병오일에 태공(太公)을 태상황(太上皇)으로 추존하라는 조서에서 나온 말로, '한조왈(漢詔曰)' 아래에 있어야 한다. 또 『한서·고제기(高帝紀)』에 따라 '유천하(有天下)'는 '자유천하(子有天下)'가 되어야 한다.【吳】

16 갑옷을 입고~무기를 든 채 : 원문은 '피견집예(被堅執銳)'이다. '피견(被堅)'은 갑옷을 입고 투구를 쓰는 것을 의미하며, '집예(執銳)'는 날카로운 무기를 드는 것을 의미한다.【吳】

17 그를~칭찬했다 : 이 구절은 『공양전(公羊傳)·은공 원년(隱公元年)』에 보인다.【吳】

18 그 아버지를 공경하면 아들이 기뻐한다 : 이 구절은 『효경·광요도장(廣要道章)』에 보인다.

19 효와 공경을 모범으로 삼고 : 원문은 '즉기효경(則其孝敬)'이다. '즉(則)'은 '~으로써 규범으로 삼는 것'을 의미한다. '즉기효경(則其孝敬)'은 효와 공경을 원칙으로 삼는 것을 말한다. 아래 문장의 '즉기우우(則其友于)', '즉기학예(則其學藝)', '즉기정사(則其政事)'의 '즉(則)'은 뜻이 모두 동일하다.【吳】

20 몸과 마음을 다해 : 원문은 '죽신고사(粥身苦思)'이며, '죽신(粥身)'은 부지런히 힘쓴다는 의미이다.【吳】

21 형제의 우애 : 원문은 '우우(友于)'이다. 『상서·군진(君陳)』에 다음 구절이 있다. "왕약이 말했다. '군진은 당신이 덕과 효를 공경토록 하며 형제간의 우애를 본받아 정치에 매진하게 했다'[王若曰 : '君陳, 惟爾令德孝恭, 惟孝友于兄弟, 克施有政']."【吳】

규범으로 하여 가법을 두루 살펴서 사람 가르치는 것을 게을리 하지 않았다.[23] 또한 임지에서는 정사를 법칙으로 삼아 정치를 행해[24] 소홀히 하여 빠뜨린 것이 없었다. 군자의 모든 행동은 자산(子産)[25]이 말한 군자의 네 가지 도로 말할 수 있다. 다른 성을 가진 사람도 칭찬하는데, 그 아버지에게 있어서랴! 또한 [다른 사람도] 깊이 경의를 표하고 기뻐하는데,[26] 하물며 사랑하는 사람에 대해서랴! 합당치 않는 말[27]로 호의를 거절하고, 부모님을 낮춰가면서까지 자신을 높이고, 본심을 누른 채 독하게 홀로 그 영광을 누리는[28] 범방은 불순하고[29] 우둔한 사람으로 권세가에게 뇌물[30]을 주니 이 사람은 죄인이다. 전휘는 병을 핑계 댔으니 최고이고, 유

22 경예(經藝) : 원문은 '학예(學藝)'이며, 학문과 경학을 의미한다.【吳】

23 가법을 두루 살펴서~하지 않았다 : 원문은 '가법흡람, 회인불권의(家法洽覽, 誨人不倦矣)'이다. 이것은 범숙구(范叔矩)가 『예기』에 의거해 효에 대해 말한 일을 가리킨다. '흡람(洽覽)'은 두루 알고 많이 보는 것을 의미한다.【吳】

24 정치를 행해 : 원문은 '시어이시(施於已試)'이다. '이(已)'는 원래 '기(己)'로 잘못 쓰였으나 문장의 뜻에 따라 고쳐 바로잡는다. '시어이시(施於已試)'는 범방(范滂 : 范叔矩)이 구장(勾章)의 장(長)에 임명된 것을 가리킨다.【吳】

25 자산(子產) : 공손교(公孫僑)의 자는 자산이며 춘추시대(春秋時代) 정(鄭)나라 목공(穆公, B.C.649~606)의 손자로 정나라 간공(簡公, B.C.570~530)과 정나라 정공(定公, ?~B.C.514)의 대를 이어 22년 동안 집권했다. 『논어 · 공야장(公冶長)』에 다음 구절이 있다. "공자께서 자산에 말하기를 군자의 도에는 네 가지가 있다고 했다. 자신을 행하는 데 겸손하고, 윗사람을 섬기는 데 공경해야 하며, 백성을 거두는 데 은혜롭고 백성을 부리는 데 의로워야 한다[子謂子產有君子之道四焉. 其行己也恭, 其事上也敬, 其養民也惠, 其使民也義]."【吳】

26 기뻐하는데 : 원문은 '유용이열(猶用夷悅)'이다. 여기서 '용(用)'은 하다의 의미이고, '이열(夷悅)'은 기뻐하다의 의미이다.【吳】

27 합당치 않는 말 : 원문은 '상언(爽言)'이다.【譯註】

28 본심을 누른 채~누리는 : 원문은 '인태려연독향기영(忍能厲然獨享其榮)'이다. 『순자(荀子) · 유교(儒教)』에서 양경(楊倞)은 '인(忍)'에 대해 "그 본성을 바로잡다[矯其性也]"라고 주를 달았다. '능(能)'은 '태(態)'라고 읽는다. '인태(忍能)'는 강제로 본래의 성정과 모습을 누르는 것을 의미한다. '여연(厲然)'은 엄준한 모습을 의미한다.【吳】

29 불순하고 : 원문은 '불령(不令)'이다.【吳】

30 뇌물 : 원문은 '화재(貨財)'이다. '재(財)'는 『잔본(殘本)』에는 '뇌(賂)'로 쓰였고, 『군서습보』에서 "'재'는 『원각본』에 '회'로 되어 있다['財', 『元刻』'賄']"라고 했다. 노문초가 본 『원본(元本)』에서도 '회(賄)'로 되어 있다.【吳】

구는 몸을 굽혔으니 그 다음이고, 범방은 내가 본받을 게 없다.

太尉沛國劉矩叔方. 父字叔遼, 累祖卿尹, 好學敦整. 士名不休揚, 又無力援, 仕進陵遲. 而叔方雅有高問, 遠近偉之, 州郡辟請, 未嘗答命, 往來京師, 委質通門. 太尉徐防·太傅桓焉, 二公嘉其孝敬, 慰愍契闊, 爲之先後. 叔遼由此辟公府博士, 徵議郎. 叔方爾乃翻然改志, 以禮進退, 三登台衮, 號爲名宰.

陽翟令左馮翊田煇叔都, 兄字威都. 俱合純懿, 不隕洪祚. 叔都最爲知名, 郡常欲爲察授之. 煇恥越賢兄, 懼不得免. 因緣他疾, 遂託病瘖. 家人妻子, 莫知其情, 人數恐灼, 持之有度. 後在田舍, 天連陰雨, 友人張子平·吉仲考等, 密共穿踰, 奪取衣衾, 窮夜獨處, 迫切至矣, 然無聲響, 徒'喑喑'而已. 子平因前抱持曰: "我, 某公也. 謂汝避兄耳, 何意眞然耶? 天喪斯人, 吾儕將何效乎?" 相對歔欷, 哀動左右. 間積四歲, 威都果擧, 遷安定長史, 擄輜垂綏, 還歷鄕里, 薦祀祖考. 叔都沃醊神坐, 頻仰因語. 是月, 司隷·太尉·大將軍同時並辟, 爲侍御史, 擧茂才, 不幸早隕. 威都官至武都太守.

太尉掾汝南范滂孟博. 天資聰叡, 辯於持論, 擧孝廉·光祿主事. 京師歸德, 四方影附. 父字叔矩, 遭母憂, 旣葬之後, 饘粥不贍. 叔矩謂其兄弟: "『禮』不言事, 辨杖而起, 今俱匍匐號咷, 上闕奠酹, 下困餬口, 非孝道也." 因將人客於九江, 田種畜牧. 多所收獲, 以解債, 負土成冢, 立祀. 三年服闋, 二兄仕進, 叔矩以自替於喪紀, 獨寢墳側, 服制如初, 哀猶未歇. 郡擧至孝, 拜中司·勾章長, 病去官. 博士徵, 兄憂不行.

司徒梁國盛允字子翩. 爲議郎, 慕孟博之德, 貪樹於有禮, 謂孟博: "家公區區, 欲辟大臣, 宜令邑人廉薦之." 孟博厲聲曰: "老夫年尊, 絶意世事. 又海內淸高, 當路非一." 退而告人:"子翮欲德我, 我不受也." 子翮亦以恨, 遂不得辟. 孟博病去受事, 而常幹宰相之職.

謹按『禮』: "父爲士, 子爲天子." 武王建有周之號, 謚大王·王季, 言王業肇於此矣. 越裳重九譯獻白雉, 周公薦陳祖廟, 曰: "先人之德." 有天下, 尊歸於父, 此人道之極. 漢詔曰: "海內大亂, 兵革並起. 朕被堅執銳, 自率士卒, 犯危難, 平暴亂. 偃兵息民, 天下大安, 此皆太公之教訓也. 今上尊號曰太上皇." 『春秋』之義, 因其可褒而褒之. 『孝經』曰: "敬其父則子悅." 叔矩則其孝敬, 則粥身苦思, 率禮無違矣. 則其友于, 則褒兄委榮, 盡其哀情矣. 則其學藝, 則家法洽覽, 誨人不倦矣. 則其政事, 則施於已試, 靡有闕遺矣. 君子百行, 子產有四. 凡在他姓, 尙宜褒之, 況於父乎! 敬意之至, 猶用夷悅, 況於寵族乎! 抗爽言以拒厚旨, 抑所生以爲已高, 忍能厲然獨享其榮, 若乃不令之下愚, 流貨財於權嬖, 此罪人也. 田煇託疾, 上也. 劉矩屈體, 次也, 范滂吾無取焉耳.

파군태수 태산 사람 단망[巴郡太守太山但望]

파군태수(巴郡太守)[1] 태산(太山) 사람 단망(但望)은 자가 백개(伯闓)이다.[2] 그가 사도의 속관으로 있을 때 타향에 있던 조카가 사람을 죽여 감옥에 갇혔다.[3] 이에 단망은 유성이 떨어지고 번개가 치듯 신속하게[4] 직접 일을

1 파군태수(巴郡太守) : 관청소재지는 강주(江州 : 四川省 江津縣 동남쪽)로 지금의 중경시(重慶市)이다.【吳】

2 단망(但望)은~백개(伯闓)이다 : 원문은 '단망백문(但望伯門)'이다. 『태평어람』 권421에는 "임망은 자가 백개이다[任望字伯闓]"로 되어 있고, 『북당서초(北堂書鈔)』 권68에는 "백개가 조카를 대신하여 청했다[伯闓乞代弟子]"라고 했는데, 『태평어람』에 쓰인 자가 맞는 것 같다.【吳】

3 타향에~갇혔다 : 원문은 '동산자작객살인계옥(同産子作客殺人繫獄)'이다. 이 구절은 원래 '동산자작객살계(同産子作客殺繫)'라고 되어 있었는데 확실히 빠진 문장이 있다. 『태평어람』에는 "친조카가 사람을 죽여 감옥에 갇혔다[同産弟子殺人繫獄]"로 되어 있어, 지금 이에 근거해 '인(人)'과 '옥(獄)' 두 글자를 보충한다. 『후한서·명제기(明帝紀)』에 따르면 "직위가 공승(公乘 : 20등급 가운데 8급에 해당하는 직위)을 넘으면 아들이나 동생 혹은 친조카에게 그 직위를 넘겨줄 수 있다[爵過公乘, 得移與子若同産·同産子]"라고 했다. 이현은 이에 대해 "동산이란 같은 엄마에게서 나온 형제를 의미한다[同産, 同母兄弟也]"고 주를 달았다.【吳】

알아보러 갔다. 며칠 뒤에 단망은 관청으로 돌아와[5] 머리를 풀어헤치고 웃통을 벗은 채 태위(太尉) 이고(李固)[6]에게 죄를 청하고[7] 만나기를 청하더니,[8] 머리를 찧고 피를 흘리며 말했다.

"제 동생이 명이 짧아 일찍 죽는 바람에 제가 조카를 맡게 되었으나[9] [제가 조카에게] 도를 가르치지 않아[10] 조카가 죄악의 구렁텅이에 빠졌습니다. 아들 단천(但穿)이 사건의 내막을 알고 있고[11] 다행히 단천에게 후사[12]가 있으니 그 죗값을 대신 치르게 해주십시오."[13]

---

4 유성이 떨어지고 번개가 치듯 신속하게 : 원문은 '성행전정(星行電征)'이다. 유성이 지나가고 번개가 치듯이 빨리 다니는 것을 형용한 말이다.【吳】

5 며칠 뒤에~돌아와 : 원문은 '수일귀추예부(數日歸趨詣府)'이며, 『태평어람』에는 '편도예부(便道詣府)'로 썼다. '예부(詣府)'는 태산군 관청에 이른 것을 말한다.【吳】

6 태위(太尉) 이고(李固) : 원문은 '태수태위이고(太守太尉李固)'이다. '태위(太尉)' 두 글자는 『태평어람』에는 없고, 『자치통감(資治通鑑)』에는 있다. 순제(順帝) 영화(永和) 6년(141)에 이고는 형주자사(荊州刺史)에서 태산태수(太山太守)로 관직을 옮겼고, 한안 원년(漢安元年, 142)에 장작대장(將作大匠)으로 초징되었다. 단망이 태산부(太山府)에 이른 것은 이 시기에 해당한다. 『후한서 · 충제질제기(沖帝質帝紀)』의 기록에 따르면 이고는 건강 원년(建康元年, 144)에 태위가 되었고 본초 원년(本初元年, 146)에 파직되었다. 이고에 관한 일은 『후한서』 본전에 자세히 보인다.【吳】

7 죄를 청하고 : 원문은 '사사(謝辭)'이다.【吳】

8 만나기를 청하더니 : 원문은 '사여상견(謝與相見)'이다. '사(謝)'는 『태평어람』에는 '청(請)'으로 되어있고 『군서습보』에서 '청(請)'으로 고쳐 썼다.【吳】

9 조카를 맡게 되었으나 : 원문은 '이고위탁(以孤爲託)'이다. 『태평어람』에는 '고(孤)' 자 위에 '유(遺)' 자가 있다.【吳】

10 도를 가르치지 않아 : 원문은 '무의방지교(無義方之教)'이다. 『태평어람』에는 무(無)' 자가 '망실(望失)'로 되어 있는데 이 뜻이 더 낫다. 『국어 · 주어』에 "윗사람은 민심을 얻어 마땅히 행해야 하는 도리를 세운다[上得民心, 以殖義方]"라는 구절이 있으며 위소(韋昭)는 이에 대해 "방은 도이다[方, 道也]"라고 주를 달았다. '의방(義方)'은 마땅히 행해야하는 도리를 의미한다.【吳】

11 아들 단천(但穿)이 사건의 내막을 알고 있고 : 원문은 '식남천기여지정(息男穿旣與知情)'이다. '식(息)'은 원래 '자(自)'로 잘못 쓰였다. 이 구절은 『태평어람』에서 '식남국기예지정(息男國旣豫知情)'으로 적혀있는데 지금 이에 근거해 '자(自)'를 '식(息)'으로 고친다. '식남(息男)'은 자신의 아들을 뜻한다. 『후한서 · 공융전(孔融傳)』에서 공융이 말했다. "한나라 법률에 따르면 죄인을 삼일 이상 심문하면 사건의 내막을 모두 알게 된다[漢律, 與罪人交關三日已上, 皆應知情]."【吳】

12 후사 : 원문은 '윤(胤)'이다.【吳】

13 그 죗값을 대신 치르게 해주십시오 : 원문은 '걸이대지(乞以代之)'이다. 이 구절은

단망이 매우 애절하게 말하자 이공(李公 : 李固)은 사건의 원인을 찾아 살핀 뒤 단망의 조카를 살려 보내주었다.[14]

『태평어람』에는 '걸이자대(乞以自代)'로 되어 있으나 원문의 뜻이 비교적 낫다.【吳】

14 이공(李公)은~살려 보내주었다 : 원문은 '이공달어원도, 즉활출지(李公達於原度, 卽活出之)'이다. 이 두 구절은 『태평어람』에 '이공어시원활출지(李公於是原活出之)'로 되어 있다. '달(達)'은 훤히 알다의 뜻이고, '원도(原度)'는 원인을 추측하여 찾는다는 의미이다.【吳】

고당현령 낙안 사람 주구[高唐令樂安周璆]

고당현령 낙안(樂安)[1] 사람 주구(周璆)[2]는 자는 맹옥(孟玉)이다. 그가 대장

1 낙안(樂安) : 한나라 고조(高祖) 때 설치한 천승군(千乘郡)으로, 『한서 · 지리지』 안사고의 주에 따르면 "화제 때 낙안으로 개명했다[和帝更名樂安]."는 응소의 말을 인용하고 있다. 동한 때는 국(國)이 되었다가 군(郡)이 되기도 했으며 관청소재지는 임제(臨濟)에 있는데, 지금의 산동성(山東省) 고청현(高青縣) 서남쪽의 고원(高苑)에 해당한다.【吳】

2 주구(周璆) : 원문은 '주규(周糾)'이나 '주구(周璆)'라고 해야 하며 아래도 마찬가지이다. 『후한서 · 진번전(陳蕃傳)』에 "주구는 고결한 선비이다[周璆高潔之士]"라고 했으며, "구의 자는 맹옥이며 임제 사람으로 평판이 좋다[璆字孟玉, 臨濟人, 有美名]"라고도 했다. 이에 대해 왕선겸(王先謙)의 『후한서집해(後漢書集解)』에서 혜동(惠棟)의 다음 말을 인용했다. "위문제의 「견표상(甄表狀)」에서 '구는 품성이 맑고 순수했으며 행동은 고결했다. 그는 15번 정도 초징되었으나 모두 나가지 않았고 고당현령에 제수되었다'라고 했다[魏文帝「甄表狀」云:'璆體淸純之性, 蹈高潔之行. 前後十五辟, 皆不就, 除高唐令.']." 『태평어람』 권706에 따르면 사승(謝承)의 『후한서』에 다음 구절이 있다. "주구는 자가 맹옥이다. 진번이 태수였을 때 주구가 올 때 의자 하나를 가져왔는데, 갈 때는 그것을 매달아놓고 갔다[周璆字孟玉. 陳蕃爲太守, 璆來置一榻, 去則懸之也]." 이것이 모두 명확한 증거가 된다. '구(璆)'는 아름다운 옥이라는 의미인데, 옛날 사람들은 자(字)를 지을 때 이름과 그 뜻이 비슷하거나 상반되는 것으로 정했

군의 연(掾)[3]으로 있을 때 그의 조카[4]가 객을 시켜 사람을 죽이고는 체포되었다. 태수 성량(盛亮)이 몰래 옥사에 머물며[5] [주구가 그의 조카를 구명하러 올 것을 기다렸으나] 주구는 직접 관청에 가서 조카의 죄를 폭로했다. 성량이 그를 만났으나 그는 간청하거나 사죄하지도 않았다. 성량이 빈객에게 말했다.[6]

"주맹옥(周孟玉: 周璆)이 자신의 강직함[7]을 지키고자 친척을 구하지[8] 않으니 내가 어찌 법을 어길 수 있겠는가?"[9]

결국 그의 조카는 옥사했다.[10] 그의 제수도 죽은 아들을 위해 울지 않고[11] 되레 주맹옥을 위해 울었으니, 세상 사람들은 그것을 이상하게 여

다. 이름이 '규(糾)'가 되면 '맹옥(孟玉)'과는 아무런 관계가 없다. 『북당서초』 권68과 『태평어람』 권512에는 '기(玘)'로 되어 있는데 왼쪽 부수는 잘못 쓰이지 않았다.【吳】

3 대장군의 연(掾): 『북당서초』 권37에서 동일하게 인용하였고, 『태평어람』에는 '우장군연(右將軍掾)'으로 되어있다. 대장군 아래에 연(掾)과 속(屬) 29명이 있는데 그 기록은 『후한서·백관지』에 보인다.【吳】

4 조카: 원문은 '제자(弟子)'이다. 『북당서초』 권37에는 '혁(奕)' 자가 있으나, 권68과 『태평어람』에는 이 글자가 없다.【吳】

5 태수 성량(盛亮)이 몰래 옥사에 머물며: 원문은 '태수성량음위숙류(太守盛亮陰爲宿留)'이다. 이 구절은 낙안태수(樂安太守) 성량이 몰래 옥사에서 머물며 주맹옥이 재차 그의 조카를 살려줄 것을 간청하기를 기다렸음을 의미한다.【吳】

6 성량이 빈객에게 말했다: 원문은 '양고빈객(亮告賓客)'이다. 『북당서초』 권37에는 '객(客)' 자 아래에 '왈(曰)' 자가 있다.【吳】

7 강직함: 원문은 '항직(抗直)'이다. '항(抗)'은 『북당서초』 권37에는 '항(亢)'으로 되어 있는데 두 글자는 통용된다. 이 글자와 관련하여 『삼국지(三國志)·촉서(蜀書)·종예전(宗預傳)』에 "손권이 크게 웃으며 그의 강직함을 칭찬했다[權大笑, 嘉其抗直]"라는 문장이 보인다. 『위서(魏書)·두기전(杜畿傳)』에서 "강직함을 논의하다[論議亢直]"라는 구절이 보이는데, 근거로 삼을 만하다. '항직(抗直)'은 강직하여 굽힘이 없다는 의미이다.【吳】

8 구하지: 원문은 '휼(恤)'이다.【吳】

9 법을 어길 수 있겠는가: 원문은 '능왕헌호(能枉憲乎)'이다. 『북당서초』 권37에는 '왕헌(王憲)'으로 되어 있고, '호(乎)' 자가 없다. '헌(憲)'은 법령을 의미한다.【吳】

10 결국 그의 조카는 옥사했다: 원문은 '수폐우옥(遂斃于獄)'이다. 『북당서초』 권37에는 '수폐옥중(遂斃獄中)'으로 인용되었고, 『북당서초』 권68과 『태평어람』에는 '수구진어옥(遂俱盡於獄)'으로 되어 있다. 생각건대 원문은 틀리지 않았다.【吳】

11 그의 제수도~울지 않고: 원문은 '제부불곡사자(弟婦不哭死子)'이다. 이 구절은 『북당서초』 권68에는 '제처불곡기자(弟妻不哭其子)'로 되어 있다.【吳】

기고 오히려 주맹옥을 대단하다고 생각했다.[12]

내가 삼가 『춘추』를 살펴보니 다음과 같았다.

숙아(叔牙)가 경보(慶父)를 위해 자반(子般)을 죽이자 민공(閔公)은 이를 아주 꺼림칙하게 생각했다.[13] 그러나 계자(季子)[14]는 이 사건의 결론을 이미 내리고 있었기 때문에[15] 더 이상 사건의 자세한 정황도 살피지 않고[16]

---

12 주맹옥은~생각했다 : 원문은 '유이위고(猶以爲高)'이다. 이 구절은 『북당서초』 권68과 『태평어람』에는 '맹옥유차위고(孟玉由此爲高)'로 되어있다. 이것은 '유(猶)' 자 위에 '맹옥(孟玉)' 두 글자를 보충해 넣어야 하는 근거가 된다.【吳】

13 숙아(叔牙)가 경보(慶父)를~아주 꺼림칙하게 생각했다 : 원문은 '숙아위경보살반, 민공대악지심(叔牙爲慶父殺般, 閔公大惡之甚)'이다. 원래 문장은 '숙아위경부살반민공, 대악지심(叔牙爲慶父殺般·閔公, 大惡之甚)'으로 되어 있으나 숙아가 경보를 위해 자반과 민공을 죽였다는 말은 사실에 어긋난다. 따라서 의미가 통하지 않아 왕리기(王利器)가 교주한 '숙아위경부살반, 민공대악지심(叔牙爲慶父殺般, 閔公大惡之甚)'을 따라 번역한다.【譯註】

노(魯)나라 장공(莊公)에게 세 명의 동생이 있었는데 큰 동생은 경보(慶父)이며 공중(共仲)이라고도 했고, 숙아(叔牙)와 어머니가 같았다. 둘째 동생은 숙아로, 희숙(僖叔)이라고도 했으며, 막내 동생은 계우(季友)이다. 장공이 병이 나서 후사를 세우려고 숙아에게 묻자, 숙아가 "경보가 재목입니다[慶父材]"라고 대답했다. 장공이 계우에게 묻자 그는 목숨을 바쳐서라도 장공의 태자 자반(子般)을 옹립할 것이라고 했다. 계우는 숙아를 독살하고 장공이 죽자 마침내 자반(子般)을 노나라의 군주로 옹립했다. 얼마 지나지 않아 경보는 마부 등호락(鄧扈樂)을 시켜 자반을 시해한 뒤 장공의 아들 개(開)를 즉위시켜 군주가 되도록 했으니 그가 바로 민공(閔公)이다. 민공 2년(B.C.660)에 경보는 복기(卜齮)를 시켜 민공을 시해케 했다. 이 일은 『좌전·장공 32년』과 『사기(史記)·노주공세가(魯周公世家)』에 보인다.【吳】

14 계자(季子) : 계우(季友)를 가리킨다.【吳】

15 이 사건의 결론을 이미 내리고 있었기 때문에 : 원문은 '연옥유소귀(緣獄有所歸)'이다. 등호락(鄧扈樂)에게 죄를 물어 주살한 것을 의미한다.【吳】

16 사건의 자세한 정황도 살피지 않고 : 원문은 '불탐기정(不探其情)'이다. 『공양전·민공 원년(閔公元年)』에 다음 기록이 보인다. 경보는 군주를 시해했으나 주살되지 않았는데, "이 사건의 결론이 이미 나 있었기 때문에 사건의 정황은 자세히 살피지도 않고 다른 사람을 죽였는데, 이것이 바로 친족을 아끼는 도리이다. 그러니 어찌 그에게 죄를 돌리겠는가? 그래서 하인 등호락에게 그 죄를 씌웠다. 그들은 어찌하여 죄를 하인 등호락(마부 犖)에게 씌웠을까? 장공께서 살아계실 때, 등호락은 궁중에서 음란한 짓을 했고 자반이 그를 잡아 채찍으로 때렸다. 장공이 죽자 경보가 등호락에게 말하길 '자반이 그대를 욕보인 것은 온 나라의 사람들이 다 아는데 어찌 자반을 시해하지 않는가?'라고 했다. 경보는 등호락에게 자반을 시해하도록 한 후에

천천히 뒤쫓으며 경보가 달아날 수 있게 해주었는데, 이것이 바로 친족을 아끼는 도리[17]이다. 주우(州吁)가 군주를 시해하고 백성들을 가혹하게 다스리자 석작(石碏)이 그를 미워했으나 석작의 아들 석후(石厚)는 그와 잘 어울렸다. 석작이 대의를 위해 아들을 죽이자 군자들은 "충신의 도리를 갖춘 인물이구나"[18]라고 하면서 그의 인정에 대해서는 언급하지 않았다. 군주와 친족은 시해할 수 없는데,[19] 이들을 시해하려 한다면 그 사람은 주살되어야 마땅하다.[20] 지금 단망과 주구 두 집안의 아들은 다행히 원흉이 아니고,[21] 단망은 성심이 안에서 우러나고 애절한 감정이 밖으로

등호락을 주살하고는 죄를 그에게 돌렸다[因獄有所歸, 不探其情而誅焉, 親親之道也. 惡乎歸獄? 歸獄僕人鄧扈樂(卽圉人犖). 曷爲歸獄僕人鄧扈樂? 莊公存之時, 樂曾淫於宮中, 子般執而鞭之. 莊公死, 慶父謂樂曰 : '般之辱爾, 國人莫不知, 盍弑之矣? 使弑子般, 然後誅鄧扈樂而歸獄焉]."【吳】

17 천천히 뒤쫓으며~친족을 아끼는 도리 : 원문은 '완추일적, 친친지도(緩追逸賊, 親親之道)'이다. 경보가 마부 등호락을 시켜 자반을 죽이자 계우(季友 : 季子)는 진(陳)으로 도망쳤다. 민공이 해를 입자 계우는 민공의 동생 신(申)과 함께 주(邾 : 國名. 山東省 鄒縣 일대)나라에 가서 민공을 구해낼 계책을 모의하고 노나라로 돌아갔다. 노나라 사람들은 경보를 주살하고자 했으니 경보는 두려워하며 거(莒, 지금의 山東省 膠州市 서남쪽에 위치)로 도망쳤다. 이에 계우는 신을 모시고 노(魯)나라로 돌아갔으며 신이 노나라 임금에 즉위했다. '완추일적(緩追逸賊)'은 계우가 경보를 천천히 뒤쫓은 것을 말한다. 『공양전 · 민공(閔公) 2년』에 다음 평이 있다. "천천히 뒤쫓으며 달아날 기회를 주었으니 이것이 바로 친족을 아끼는 도리이다[緩追逸賊, 親親之道]."【吳】

18 충신의 도리를 갖춘 인물이구나 : 원문은 '순신지도비의(純臣之道備矣)'이다. 위(衛)나라 공자 주우는 장공(莊公)의 폐첩이 낳은 아들로 장공의 총애를 받았고 싸움을 좋아했다. 석작의 아들 석후가 그와 잘 어울려 놀았는데, 석작이 이를 막지 못했다. 환공(桓公)이 즉위한지 2년 되던 해에 주우가 환공을 시해하고 스스로 위나라의 군주로 나서자 정(鄭)나라에서 전쟁을 일으켜 그들의 백성을 학대했다. 석작은 위나라 사람과 진(陳)나라 복(濮) 땅에서 주우를 시해할 것을 모의했고 또한 그의 재상 우양견(獳羊肩)을 진나라로 보내어 아들 석후를 죽였다. 이 내용은 『좌전 · 은공(隱公) 4년』에 보인다. 이 일에 대해 『좌전』에서 이렇게 논했다. "석작은 순신으로, 그는 주우를 미워했지만 석후는 주우와 함께 했다. 석작은 대의를 위해 석후를 죽였으니 이것을 두고 순신이라 이르는 것인가[石碏, 純臣也, 惡州吁而厚與焉. 大義滅親, 其是之謂乎]."【吳】

19 군주와 친족은 시해할 수 없는데 : 원문은 '군친무장(君親無將)'이다. 이 구절은 『풍속통의 · 정실(正失)』 "회남왕안신선(淮南王安神仙)"의 주 참고.【吳】

20 주살되어야 마땅하다 : 원문은 '왕주의이(王誅宜耳)'이다. '왕(王)'은 문맥상 '장(將)'이 되어야 한다.【吳】

드러나, 그 의로움이 군자를 감동시켰고 그의 이러한 행동은 예에도 합당했다. 주구는 오직 과단성과 강직함을 지키고자 조카를 행인처럼 소홀히 대했다. 옛날에 악양(樂羊)[22]이 위(魏)나라를 위해 중산(中山)[23]을 칠 때 그 자식의 살점으로 끓인 국을 마시자[24] 문후(文侯)는 그의 공적은 높이 샀으나 그의 마음은 의심했다.[25] 진서파(秦西巴)는 명령을 어기고 새끼 사슴을 풀어 주었지만,[26] 맹씨(孟氏 : 孟孫)는 얼마 지나지 않아 그의 지위를

21 다행히 원흉이 아니고 : 원문은 '행비원악(幸非元惡)'이다. '원(元)'은 우두머리를 의미한다.【吳】

22 악양(樂羊) : 악의(樂毅)의 선조이며 위나라 문후(文侯)의 장군으로 위나라 문후는 그를 영수현(靈壽縣)에 봉했다. 그는 위나라 문후 17년(B.C.403)에 중산(中山)을 토벌했다.【吳】

23 중산(中山) : 춘추말년 선우(鮮虞) 사람이 세운 제후국으로, 전국시대에 지금의 하북성(河北省) 정현(定縣)이 활동의 중심지였다. 동쪽 경계는 지금의 형수(衡水)에서 시작하여 서쪽으로는 지금의 정형(井陘)까지이며, 북쪽은 지금의 보정(保定)에서 시작하여 남쪽으로는 지금의 영평(永平)까지이다. 중산은 주나라 난왕(赧王) 20년에 조(趙)・제(齊)・연(燕)에 의해 멸망당했다.【吳】

24 마시자 : 원문은 '철(歠)'이다.【吳】

25 문후(文侯)는~의심했다 : 원문은 '문후장기공이의기심(文侯壯其功而疑其心)'이다. 『전국책(戰國策)・위책(魏策)』에 다음 구절이 보인다. "악양이 위나라 장수가 되어 중산국을 공격했는데 그의 아들이 중산에 있었다. 중산국의 군주가 그의 아들을 삶여서 국으로 보내오자, 악양이 장막 아래에 앉아 그것을 단숨에 다 마셔버렸다. 문후가 도사찬(覩師贊)에게 말했다. '악양이 나 때문에 제 자식의 살점을 먹었구나.' 도사찬이 대답했다. '자식의 살점까지 먹었으니 그 누구의 살점인들 못 먹겠는가?' 악양이 중산을 격파하자, 문후는 그의 공에 대해서는 상을 내렸으나 그의 마음은 의심했다[樂羊爲魏將而攻中山, 其子在中山. 中山之君烹其子而遺之羹, 樂羊坐於幕下而啜之, 盡一杯. 文侯謂覩師贊曰 : '樂羊以我之故, 食其子之肉.' 贊對曰 : 其子之肉尙食之, 其誰不食? 樂羊旣罷中山, 文侯賞其功而疑其心]."【吳】

26 진서파(秦西巴)는~풀어 주었지만 : 원문은 '진서파촉명방수(秦西巴觸命放獸)'이다. '촉(觸)'은 원래 '촉(蜀)'이며, 『정본(程本)』과 『낭본』에는 '속(屬)'으로 되어 있으나 모두 잘못 쓰인 것이다. 『군서습보』에 다음 구절이 보인다. "'촉'은 '파' 자에 붙어서 잘못 쓰였는데 글자의 형태와 음을 알 수 없다. 『정본』에서는 억지로 '속' 자로 바꿨는데 이 글자의 어떤 뜻을 취했겠는가? 그래서 지금은 '위(違)'로 쓴다['蜀'因連'巴'字而誤寫, 非有形聲可求. 『程本』强改作'屬', 義何取乎? 今定作'違']." 이에 대해 『찰이』에서는 "'촉(蜀)'은 '촉(觸)'으로 되어야 한다. 『주례(周禮)・사형(司刑)』에서 정현은 『상서대전』을 인용하여 다음과 같이 말했다. '군자의 명을 어겼다.' 노문초의 교감이 틀렸다[按'蜀'當爲'觸', 『周禮・司刑』鄭注引『尙書大傳』云 : '觸易君命', 盧校非]." 지금 『찰이』에 근거하여 고친다. '수(獸)'는 '예(麑)'로 바꾸어야 한다. 『후한서・환영전(桓榮傳)』의

높여 주었다. 새끼 사슴을 보고도 불인지심을 가졌는데 친척에게 있어서랴! 맹자는 측은지심이 없음을 나무랐다.[27] 『전』에 다음 말이 있다.

"후대해야 할 사람을 박대한다면[28] 세상에 박대하지 않을 것이 없다."[29]

논(論)에 다음 구절이 보인다. "옛날에 악양은 아들의 살점을 먹고 공을 세웠지만 그의 마음은 의심받은 반면, 진서파는 새끼 사슴을 풀어주고 죄를 지었는데도 스승이 되었다[昔樂羊食子, 有功見疑, 西巴放麑, 以罪作傅]." 「공손술전(公孫述傳)」에서 "새끼 사슴을 풀어준 사람과 아들의 살점을 넣은 국을 마신 사람 중 누가 더 인자한가[觀放麑啜羹, 二者孰仁]?"라고 했다. 또한 '방예(放麑)'가 이미 성어가 되었음을 알 수 있다. 이 아래에서도 "예는 불인지심과 같다[麑猶不忍]"라고 했다. '수(獸)' 자가 '예(麑)' 자의 오기인 것은 의심의 여지가 없다. 『한비자·설림』에 다음 구절이 보인다. "맹손이 사냥을 해서 새끼 사슴을 잡고는, 진서파에게 그것을 가지고 돌아가도록 했으나 어미 사슴이 따라와 울어대자 진서파는 참지 못하고 새끼 사슴을 그 어미에게 주었다. 맹손이 돌아와 새끼 사슴을 찾자 '제가 참지 못하고 그 어미에게 주었습니다'라고 했다. 맹손이 대노하여 그를 파면시켰다. 3개월 후 그를 다시 불러 아들의 스승으로 삼았다. 그의 마부가 말하기를 '지난번에는 죄를 물었는데, 지금은 불러들여 아들의 스승으로 삼으니, 왜입니까?' 맹손이 말했다. '무릇 새끼 사슴을 보고도 불인지심을 가졌는데 또한 내 아들을 보고는 참아내지 않겠는가?'[孟孫獵得麑, 使秦西巴持之歸, 其母隨之而啼, 秦巴西弗忍而與之. 孟孫歸, 至而求麑, 答曰: '余弗忍而與其母.' 孟孫大怒, 逐之. 居三月, 復召以爲其子傅. 其御曰: '曩將罪之, 今召以爲子傅, 何也?' 孟孫曰: '夫不忍麑, 又且忍吾子乎?']" 『회남자·인간훈(人間訓)』과 『설원·귀덕(貴德)』에서도 이 일을 기록하고 있는데 글자가 조금 다르다. 『회남자』에서 고유(高誘)는 "맹손은 노나라 대부이다[孟孫, 魯大夫]"라고 주를 달았다.【吳】

27 맹자는 측은지심이 없음을 나무랐다: 원문은 '맹가기무측은지심(孟軻譏無惻隱之心)'이다. 『맹자(孟子)·공손추(公孫丑)』에서 말하길 "측은지심이 없으면 사람이 아니다[無惻隱之心, 非人也]"라고 했다. '측은(惻隱)'은 애통해하며 다른 사람의 불행에 대해 연민을 표하는 것을 말한다.【吳】

28 후대해야 할 사람을 박대한다면: 원문은 '어후자박(於厚者薄)'이다. '후자(厚者)'는 친근하게 대해야 하는 것을 이르는 말이다. '박(薄)'은 은혜와 사랑이 부족함을 이르는 말이다.【吳】

29 후대해야~없다: 원문은 '어후자박, 칙무소부박의(於厚者薄, 則無所不薄矣)'이다. 문맥으로 보아 빠진 문장이 있는 듯하다. 위문장에 '주구는 오직 과단성과 강직함을 지키고자 [조카를] 행인처럼 소홀히 대했다'라고 한 것으로 보아 빠진 문장은 주구에 대한 책망의 말인 듯하다. 이 두 구절은 맹자의 말이며 『맹자·진심(盡心)』에 다음 구절이 보인다. "맹자께서 말씀하셨다. '관두어서 안 되는 것을 그만두는 자는 그만두지 않을 것이 없으며, 후대해야 할 사람을 박대한다면, [세상에] 박대하지 않을 것이 없다'[孟子曰, '於不可已而已者, 無所不已. 於所厚者薄, 無所不薄也']."【吳】

巴郡太守太山但望伯門. 爲司徒掾, 同産子作客殺人繫獄. 望自劾去, 星行電征. 數日歸趨詣府, 露首肉袒, 辭謝太守太尉李固, 謝與相見, 頓頭流血, 自說 : "弟薄命早亡, 以孤爲託, 無義方之敎, 自陷罪惡. 息男穿旣與知情, 幸有微胤, 乞以代之." 言甚哀切, 李公達於原度, 卽活出之.

高唐令樂安周糾孟玉. 爲大將軍掾, 弟子使客殺人, 捕得. 太守盛亮陰爲宿留, 糾亦自劾去詣府. 亮與相見, 不乞請, 又不辭謝. 亮告賓客 : "周孟玉欲作抗直, 不恤其親, 我何能枉憲乎?" 遂斃于獄. 弟婦不哭死子, 而哭孟玉, 世人譏之, 猶以爲高.

謹按『春秋』: 叔牙爲慶父殺般, 閔公大惡之甚. 而季子緣獄有所歸, 不探其情, 緩追逸賊, 親親之道. 州吁旣殺其君, 而虐用其人, 石碏惡之, 而厚與焉. 大義滅親, 君子猶曰 : "純臣之道備矣." 於恩未也. 君親無將, 王誅宜耳. 今二家之子, 幸非元惡, 但望誠心內發, 哀情外露, 義動君子, 合禮中矣. 周糾苟執果毅, 忽如路人. 昔樂羊爲魏伐中山, 歠其子羹, 文侯壯其功而疑其心. 秦西巴觸命放麑, 而孟氏旋進其位. 麑猶不忍, 況弟子乎! 孟軻譏無惻隱之心. 傳曰 : "於厚者薄, 則無所不薄矣."

예장태수 여남 사람 봉기[豫章太守汝南封祈]

예장태수(豫章太守) 여남 사람 봉기(封祈)는 자가 무흥(武興)이고, 태산태수(泰山太守) 주승(周乘)[1]은 자가 자거(子居)인데, [두 사람 모두] 태수 이창(李倀)[2]의 추천을 받아 효렴이 되었지만[3] 공문이 발송되기 전에 이창이 병사했다.

---

1 주승(周乘) : 『세설신어(世說新語) · 상예(賞譽)』에서 "진중거가 일찍이 탄식하며 말했다. '주자거라면 나라를 다스릴 진정한 인재이다[陳仲擧嘗嘆曰 : '若周子居者, 眞治國之器']"라고 했다. 유효표(劉孝標)의 주에서 『여남선현전(汝南先賢傳)』을 인용하여 다음과 같이 말했다. "주승의 자는 자거이고 여남 안성 사람인데, 천성적으로 총명하고 재능이 출중해서 진중거와 황숙도 무리가 아니면 교류하지 않았다. 진중거가 탄식하며 말하길 '주자거야말로 나라를 다스릴 진정한 인재이다'라고 했다. 그는 태산태수가 되어 선정을 베풀었다[周乘, 字子居, 汝南安城人, 天資聰朗, 高峙嶽立, 非陳仲擧 · 黃叔度之儔則不交也. 仲擧嘗嘆曰 : '周子居者, 眞治國之器也.' 爲太山太守, 甚有惠政]."【吳】

2 이창(李倀) : '창(倀)'은 원래 '장(張)'으로 잘못 쓰였다.【吳】

3 태수 이창(李倀)의 추천을 받아 효렴이 되었지만 : 원문은 '위태수이창소거(爲太守李倀所擧)'이다. 이 구절은 원래 '위태이장소거(爲太李張所擧)'로 쓰였는데, 지금 도잠(陶潛)의 『군보록(羣輔錄)』에서 인용하고 있는 두예(杜預)의 『여계(女戒)』(『여기(女記)』라고 해야 함)에 근거하여 고친다. 위 세 구절은 『북당서초』 권79에 따르면 "예장태수 이장이 여남의 봉신과 태산의 일상 등을 효렴으로 천거했다[豫章太守李章擧汝南封新 · 太

이창의 부인이 관 옆에서 휘장을 드리우고 여섯 효렴을 보며 말했다.

"지금 이창은 나라의 은덕을 입어 중요 직책을 맡았었고,[4] 품행이 훌륭했으며[5] 1년에 한 번씩 효렴을 추천해,[6] 위로는 조정에 보답고자 했고 아래로는 백성[7]에게 은혜를 베풀고자 했습니다. 지금 이창은 천수를 누리다 죽음을 맞이했으나 여러분들은 각자의 거취만을 생각하느라 발인(發引)[8]조차 하지 않으려 하고 있습니다. 다행히 내게 세 아들이 있어 충분히 상[9]을 치를 수 있습니다. 그대들이 상여를 따르고 머리를 풀어헤친 채 힘써 무덤 옆에 측백나무를 심는다 한들[10] 어찌 조정의 덕을 빛내고 망자의 명성을 드러낼 수 있겠습니까? 망자에게 영혼이 있다면 [왕생에서] 정말 당신들을 믿고 의지할 것이니 죽어서도 그 명성이 사라지지 않는

山日爽等爲孝廉"고 되어 있다. 틀린 부분이 많지만 '이(李)' 자 위에 '수(守)' 자가 있어야 한다는 점은 근거로 삼을 만하다. 이때 이창이 태산태수로 있었는데 봉무흥(封武興)·주자거(周子居)·정백견(鄭伯堅)·황숙도(黃叔度)·질백향(郅伯嚮)·성공숙(盛孔叔) 여섯 사람을 효렴으로 천거했다.【吳】

4 맡았었고 : 원문은 '거(據)'이다. 『북당서초』에는 '수(授)'로 인용되었다.【吳】

5 품행이 훌륭했으며 : 원문은 '자가휴의(咨嘉休懿)'이다. 이 구절은 『북당서초』에 '욕가휴미(浴嘉休美)'로 인용되었다. '자가(咨嘉)'는 대단히 아름답다는 의미이고, '휴의(休懿)'는 매우 아름답다는 의미이다.【吳】

6 1년에 한 번씩 효렴을 추천해 : 원문은 '세공(歲貢)'으로, 한나라 때 효렴은 매년 한 번씩 천거되어 조정에 바쳐졌기 때문에 '세공'이라 했다.【吳】

7 백성 : 원문은 '맹례(氓隸)'이다. '맹(氓)'은 백성, '예(隸)'는 지위가 낮은 신하를 의미한다.【吳】

8 발인(發引) : 관을 실은 수레가 출발하는 것을 '발인(發引)'이라고 한다.【吳】

9 상 : 원문은 '상기(喪紀)'이며 상사(喪事)를 의미한다. 『예기·문왕세자(文王世子)』에 다음 말이 있다. "상사는 상복의 거칠고 부드러움에 따라 순서를 정한다[喪紀, 以服之輕重爲序]." 정현은 이에 대해 "기는 일과 같다[紀, 猶事也]"라고 주를 달았다.【吳】

10 그대들이 상여를~심는다 한들 : 원문은 '정상추수, 봉효분백(正相追隨, 蓬斆墳柏)'이다. 이 두 구절은 잘못된 부분이 있다. '정(正)'은 '군(君)'으로 써야한다. '효(斆)'는 『군서습보』에는 "양처소가 '발(敎)' 자인 것 같다[梁處素疑'敎'字]"고 되어 있다. '효(斆)'는 '본받는다'는 뜻이다. 『회남자·전언훈(詮言訓)』에서 "함께 사직을 지키고 자기 목숨을 다해 최선을 다한다면 백성이 떠나지 않는다[與之守社稷, 斆死而民弗離]"라고 했다. '효사(斆死)'는 자기 목숨을 바쳐 최선을 다한다는 뜻이다. 이 두 구절의 뜻은 제군들이 함께 상여를 따르고 머리를 풀어헤친 채 상사에 최선을 다하는 것을 의미한다.【吳】

다는 것은 바로 이런 것이 아니겠습니까?"

이에 주승은 좌우 사람들을 돌아보며 말했다.

"여러분께서 가겠다고 하시면 저 주승이 마땅히 남겠습니다. 제가 남으면 여러분들을 따라갈 수는 없지만, 저의 애통함은 다 표현할 수 있을 것입니다."[11]

주승과 정백견(鄭伯堅)은 그날로 인사를 하고 떠났고, 봉기 · 황숙도(黃叔度) · 질백향(郅伯嚮) · 성공숙(盛孔叔)[12]은 남아서 상여를 따랐다. 주승은 낭(郎)에 배수되었고 후에 능현(陵縣)[13]의 장(長)이 되었는데, 이렇다 할 치적도 없었고 정치에 대한 포부도 미약했다. 아무개 관리와 봉기는 그와 상반되게[14] 함께 시어사(侍御史)[15] · 공거령(公車令)이 되었고 상(相)의 지위를 누렸다.

---

11 여러분께서~것입니다 : 이 네 구절은 잘못되고 빠진 부분이 많은데 '근안(謹按)'에 "주승이 득의양양하게 동료들을 말리고 상가를 떠나 벼슬자리에 나아가면서 남다른 공적을 세울 수 있을 거라 말했다[乘囂然要勒同儕, 去喪卽寵, 謂能有功異也]"라는 구절이 보인다. 이 몇 마디 말에 큰 뜻이 있음을 짐작할 수 있다. 두예는 『여계』에서 이렇게 말하고 있다. "주자거 · 황숙도 · 애백견 · 질백향 · 봉무흥 · 성공숙 등 존귀한 여남 효렴 여섯 명은 태수 이창이 세공(歲貢)으로 뽑은 이들인데, 이들이 수판을 받기도 전에 이창이 죽었다. 주자거 등이 머물며 장례를 치르려고 하자 이창의 아내는 관 옆 휘장에서 그들에게 떠나라고 했다. 그러자 주자거는 '떠나는 사람이 없다면 공적을 세울 수 없고, 남는 자가 없다면 장례를 치를 수 없다'고 탄식하더니 애백견과 함께 그날로 떠나갔고, 봉무흥과 황숙도 네 명은 남아서 상여를 따랐다[周子居 · 黃叔度 · 艾伯堅 · 郅伯嚮 · 封武興 · 盛孔叔, 右汝南六孝廉, 太守李倀選此六人以應歲擧, 受版未行, 倀死. 子居等遂駐行喪, 倀妻於柩側下帷見之, 厲以宜行, 子居嘆曰 : '不有行者莫宣公, 不有止者莫衄居.' 於是與伯堅卽日辭行, 封 · 黃四人留隨柩居]." 이것은 『풍속통의』의 각 글자와 서로 맞지는 않으나 문장의 뜻은 거의 동일하니 참고할 만하다. '이(輀)'는 상여이다. '구(柩)'는 관이다.【吳】

12 황숙도 · 질백향 · 성공숙 : 황숙도의 이름은 헌(憲)이고 여남 신양 사람으로 『후한서』에 그의 전이 있으나, '질백향 · 성공숙'은 전이 없다. 이 구절은 『북당서초』에는 "황숙도 · 질백향 · 성공숙 등이 남아 상여 행렬을 따라 갔다[黃向孔等留隨輀柩之行也]"로 인용되었는데 틀리고 빠진 부분이 많다.【吳】

13 능현(陵縣) : 동한 때 각 군국에는 모두 능현(陵縣)이란 현이 없었다, '능(陵)' 자 위에 한 글자가 빠졌다.【吳】

14 아무개 관리와 봉기는 그와 상반되게 : 원문은 '모관여기상반(某官與祈相反)'이다. 『군서습보』에 따르면 "이 구절의 문장에는 빠진 부분이 있다[此句文有譌脫]". 이 구절과 아래 부분의 '구위시어사(俱爲侍御史)'는 『사고전서』에는 "이에 관직을 버리고 떠났는데 봉기는 이후에 시어사가 되었다[乃棄官去, 祈後爲侍御史]"로 되어 있다.【吳】

내가 삼가 『효경』을 살펴보니 다음과 같았다.

"부모를 섬기는 마음으로 군왕을 섬긴다.[16] 군주같이 부모같이 자애롭게 자식을 대하면 이보다 더 큰 사랑의 무게는 없다."[17]

『춘추국어(春秋國語)』에 다음 말이 있다.

"백성은 군주, 부모, 스승의 그늘에서 살면서 그들을 똑같이 모신다."[18]

『예기』에 다음 말이 있다.

"상을 당하니, 공(公)·사(士)·대부 신하들이 그 군주를 위해 상복을 입었다."[19]

---

15 시어사(侍御史) : 주나라 때의 주하사(柱下史)로, 진(秦)나라 때 '시어사(侍御使)'로 관명을 바꿨으며 불법을 감찰하는 관직이다.【譯注】

16 부모를 섬기는 마음으로 군왕을 섬긴다 : 원문은 '자어사부이사군(資於事父以事君)'이다. 『효경·사장(士章)』에 다음 말이 있다. "아버지를 섬기는 마음으로 어머니를 섬기니 그 사랑은 같고, 부모를 섬기는 마음으로 군왕을 섬기니 그 존경심은 같다[資於事父以事母而愛同, 資於事父以事君而敬同]." '자(資)'는 취한다는 의미이다.【吳】

17 군주같이~없다 : 『효경·성치장(聖治章)』에 다음 말이 있다. "부자지간의 도는 인류의 타고난 본성이고 군신간의 의도 그러하다. 부모가 자식을 낳고 대를 잇는 것보다 큰 것은 없다. 군주같이 부모같이 자식을 대하면 이보다 더 큰 사랑의 무게는 없다[父子之道, 天性也, 君臣之義也. 父母生之, 續莫大焉. 君親臨之, 厚莫重焉]." 당(唐)나라 현종(玄宗)은 이에 대해 "아버지가 군주처럼 아들을 대하니 이보다 더 큰 사랑의 무게는 없다[謂父爲君以臨於已, 恩義之厚, 莫重於斯]."라고 주를 달았다.【吳】

18 백성은~모신다 : 『국어·진어』에 다음 말이 있다. "난공자가 말했다. '내(成 : 난공자의 이름)가 듣기로 "백성들은 군주, 부모, 스승의 그늘아래서 살면서 그들을 똑같이 모신다"고 들었다. 부모는 그들을 낳고 스승이 그들을 가르치며, 군주가 그들을 먹여준다. 부모가 아니었다면 태어나지 않았고, 먹지 않았다면 자라지 않았고, 배우지 않았다면 가족을 알아보지 못할 것이다. 따라서 그들을 하나의 존재처럼 섬긴다[欒共子曰 : '成聞之 : "民生於三 事之如一." 父生之, 師教之, 君食之. 非父不生, 非食不長, 非教不知生之族也, 故壹事之]." 위소는 이에 대해 "세 가지는 군주, 부모, 스승을 가리키고, 여일은 죽을 때까지 그들을 똑같이 모신다[三, 君·父·師也, 如一, 服勤之死也]는 뜻이다"라고 주를 달았다.【吳】

19 상을 당하니~상복을 입었다 : 원문은 '참최, 공·사·대부중신위기군(斬衰, 公·士·大夫衆臣爲其君)'이다. '신(臣)'은 원래 '생(生)'으로 쓰였고, 『호본(胡本)』에는 '사(士)'로 쓰였으나, 모두 아니다. 『의례(儀禮)·상복(喪服)』 참최경(斬衰經)에서 말하길 "공·사·대부 모든 신하는 그들의 군주를 위해 무명띠를 하고 실로 엮은 신발을 신었다[公·士·大夫衆臣, 爲其君布帶繩屨]"라고 했다. 응소가 『예기』에서 인용한 문장은 바로 이 부분이기에 지금 이에 근거해 고친다. '참최(斬衰)'는 상복의 이름이고 오복에서 가장 중요한 것 중의 하나이다. 이 상복은 가장 거친 삼베로 짠 것이며 모

주승은 이창의 추천을 받아 효렴이 되었지만, 공문이 채 발송되지 않았기 때문에 배신(陪臣)의 자리를 벗어나지 못했고, 왕의 부름도 받지 못했다.[20] 이들은 각자의 군현과 신사[21]를 다스리는 사람으로 그 군현의 백성과 신의 주인이니, 도리상 근면하게 일하고[22] 군현의 제사에 참여해야 한다. 태수 부인의 간절한 가르침도 있었지만, 아들들은 명령에 따르는 것을 효라 여기지 않았다.[23] 게다가 주승은 득의양양하게 동료들을 말리고 상가를 떠나 벼슬자리를 찾아가면서 남다른 공적을 세울 수 있을 것이라 말했다. 그러나 그 공적을 살펴보니 이렇다 할 치적도 없었고 얼마 지나지 않아 관직에서 물러났으니, 어찌 군주와 부모의 미덕을 드러낼 수 있었겠는가!

豫章太守汝南封祈武興, 泰山太守周乘子居, 爲太守李倀所擧, 函封未發, 倀病物故. 夫人於柩側下帷, 見六孝廉, 曰:"李氏蒙國厚恩, 據重任, 咨嘉休懿, 相授歲貢, 上欲報稱聖朝, 下欲流惠氓隸. 今李氏獲保首領以天年終, 而諸君各懷進退, 未肯發引. 妾幸有三孤, 足統喪紀. 正相

서리를 꿰매지 않는다. 이에 대해 정현은 다음과 같이 주를 달았다. "사는 경사이다[士, 卿士也]." 이에 대해 가공언이 소에서 "'사는 경사이다[士, 卿士也]'라고 말하는 것은 그 지위가 공의 아래, 대부의 위에 있으니 높고 낮음이 경의 지위에 부합하기에 경사임을 알 수 있다[云'士, 卿士也'者, 以其在公之下, 大夫之上, 尊卑當卿之位, 故知是卿士也]"라고 했다.【吳】

20 왕의 부름도 받지 못했다: 이 구절은 고위직 사람의 빈객이 되지 못해, 즉 관직을 얻지 못해 여전히 하급 관리로 있음을 말하는 것이다.【吳】

21 군현과 신사: 원문은 '성사(城社)'이다. '성(城)'은 군현과 성읍을 의미한다. '사(社)'는 신에게 제사 지내는 곳이다. 이 구절은 각각 군현의 백성과 신사를 관장하고 다스림을 말하는 것이다.【吳】

22 근면하게 일하고: 원문은 '복근(服懃)'이다. '근(懃)'은 '근(勤)'과 같은 글자이다. '복근(服懃)'은 애써 부지런히 일에 종사하는 것을 말한다.【吳】

23 아들들은~효라 여기지 않았다: 『문선·영명구년책수재문(永明九年策秀才文)』의 이선 주에는 『풍속통의』를 인용하여 말했다. "아들이 명을 따르는 것을 효로 여기지 않자, 후주는 마땅히 이를 개혁하고자 했으나, 이것이 점차 풍속이 되고 말았으니 어찌 그릇되지 않는가[子不以從令爲孝, 後主固宜是革, 浸以爲俗, 豈不謬哉]!"【吳】

追隨, 蓬敹墳柏, 何若曜德王室, 昭顯亡者? 亡者有靈, 實寵賴之, 歿而不朽, 此其然乎?" 於是周乘顧謂左右 : "諸君欲行, 周乘當止者. 莫逮郎君, 盡其哀惻." 乘與鄭伯堅卽日辭行, 祈與黃叔度・郅伯嚮・盛孔叔留隨轜柩. 乘拜郎, 遷陵長, 治無異稱, 意亦薄之. 某官與祈相反, 俱爲侍御史・公車令, 享相位焉.

謹按『孝經』: "資於事父以事君. 君親臨之, 厚莫重焉." 『春秋國語』: "民生於三, 事之如一." 『禮』: "斬衰, 公・士・大夫衆臣爲其君." 乘雖見察授, 函封未發, 未離陪隷, 不與賓于王爵. 諸臨城社, 民神之主也, 義當服勤, 闕其祀紀. 夫人雖有懇切之敎, 蓋子不以從令爲孝. 而乘囂然要勒同儕, 去喪卽寵, 謂能有功異也. 明試無效, 亦旋告退, 安在其顯君父德美之有!

하내태수 여강 사람 주경[河內太守廬江周景]

하내태수(河內太守)[1] 여강(廬江) 사람 주경(周景)[2]은 자가 중향(仲嚮)[3]인데 매년 효렴을 천거하고 그들을 초대해 대청에서 잔치를 열어 가족처럼[4] 술을 마시고 놀게 하면서 온화하고 부드러운 분위기[5] 속에서 담소하게

---

1 하내태수(河內太守) : 원문은 '하내태수(河內太守)'이다. '수(守)' 자 아래에 '부(府)' 자가 있는데 쓸데없는 글자이다. 하내는 서한(西漢) 때 설치된 군으로, 동한 때 그대로 이어졌고 관할소재지는 회현(懷縣)이다. 회현은 지금의 하남성 무척현(武陟縣) 서남쪽에 해당한다.【吳】

2 주경(周景) : 『후한서 · 주경전(周景傳)』에 따르면 주경의 자는 중향이며 여강 서현(舒縣) 사람이다. 대장군 양익(梁冀)의 관청에 초징되어 벼슬을 지냈고 예주자사(豫州刺史)와 하내태수를 역임했다.【吳】

3 중향(仲嚮) : '향(嚮)' 자는 『삼국지(三國志) · 오서(吳書) · 주유전(周瑜傳)』에서 배송지(裴松之)가 주를 달며 인용한 사승(謝承)의 『후한서』의 기록과 동일하며, 범엽(范曄)의 『후한서』에는 '향(饗)' 자로 되어 있으나 '향(嚮)'과 통용된다.【吳】

4 가족처럼 : 원문은 '평(平)'이다. 동등한 자격으로 만나는 것을 말한다.【吳】

5 온화하고 부드러운 분위기 : 원문은 '연연(宴宴)'이다. 『유편본(遺編本)』 · 『낭본』 · 『명각본(明刻本)』 · 『초본』에는 '안안(晏晏)'으로 되어 있는데 두 글자는 통용된다.【吳】

했는데, 서너 차례 이렇게 했다. 효렴들이 떠날 때 중향(仲嚮 : 周景)은 그들에게 의복과 재물[6]을 주었는데, 모두 자기 수중에서 나온 것들이었다. 그의 아들과 처조카[7]가 관청에서 벼슬을 역임했는데, 지위가 기대했던 것보다 높았다. 그가 말했다.

"신하를 자식처럼 대하니 그들을 어찌 달리 대하겠는가!"[8]

---

6 의복과 재물 : 원문은 '의제(衣齊)'이다. 『군서습보』에는 '제(齊)' 자는 "'자' 자와 같다['資'同]"라고 되어 있다. 범엽의 『후한서』에 "옷가지와 생활용품을 주니 차고 넘쳤다[贈送什物, 無不充備]"라고 했다.【吳】

7 아들과 처조카 : 원문은 '자제중외(子弟中外)'이다. '중외(中外)'는 어머니 형제의 아들을 말한다. 『세설신어·언어(言語)』에 다음 말이 있다. "장현지와 고부는 고화의 처조카의 손자이다[張玄之·顧敷是顧和中外孫]."【王】

8 그들을 어찌 달리 대하겠는가 : 범엽은 『후한서』에서 이렇게 말했다. 주경이 효렴을 천거하고, 또 "그의 조카와 동생을 선발하여 일을 할 때는 특별 대우하면서 늘 '신하와 자식이 동일하니 어찌 관대하지 않겠는가!'라고 했다[選其父兄子弟, 事相優異, 常稱曰 : '臣子同貫, 若之何不厚!']."【吳】

하내태수를 역임한 사도 영천 사람 한연

[河內太守司徒潁川韓演]

하내태수(河內太守)를 역임한 사도(司徒) 영천(潁川) 사람 한연(韓演)[1]은 자가 백남(伯南)이었다. 그는 효렴을 추천하면 그들이 떠날 때 딱 한 번 만났고, [같은 가문에서 더 이상] 편애하여 선발하는 경우가 없었다. 그가 말했다.

"내가 이미 그대[2]를 추천했으니, 어찌 한 가문에만 은덕이 모이도록

1 한연(韓演) : '연(演)'은 『후한서』의 「한릉전(韓棱傳)」과 「환자선초전(宦者單超傳)」에는 동일하게 쓰였고, 「환제기」와 「황경전」에는 모두 '연(縯)'으로 되어 있는데, 두 글자는 많이 호환하여 쓴다. 『오행지(五行志)』에는 '인(寅)'으로 되어 있는데, 이는 잘못된 것이다. '한연(韓演)'은 영천 무양(武陽) 사람이다. 그는 순제(順帝) 때 단양태수(丹陽太守)가 되었고, 환제(桓帝) 영수 원년(永壽元年, 155)에 태상(太常)으로 있으면서 사공(司空)을 겸직했으며, 영수 3년(157)에 사도가 되었다. 그 후 연희(延熹) 2년(159)에 파직되었으며 연희 8년(165)에 사례교위(司隷校尉)에 올랐다. 한연이 하내태수가 된 것은 주경 이전의 일이다.【吳】

2 그대 : 원문은 '약(若)'이다. 오늘날의 '니(你)'에 해당한다.【吳】

하겠는가!"[3]

내가 삼가 『춘추좌씨전(春秋左氏傳)』을 살펴보니 다음과 같았다.

"관리를 천거할 때[4] 다른 기준은 없고,[5] 오직 선한 자만을 천거할 뿐이니 친하든 아니든 간에 똑같이 대했다."[6]

기해(祈奚)는 그의 원수를 천거했는데 이는 아첨이 아니고, 그의 아들을 세웠는데 이는 편애한[7] 것이 아니며, 자신의 속관[8]을 천거했는데 이는 편든 것이 아니다. 이것은 하나의 관직[9]으로 세 가지 일[10]을 잘 처리

---

3 어찌 한 가문에만~모이도록 하겠는가: 원문은 '기가령은편칭일가야(豈可令恩偏稱一家也)'이다. 『낭본』과 『후한서』에는 '편(偏)' 자가 '편(徧)'으로 되어 있다. 주경과 한연이 효렴을 천거한 일에 대해 배송지는 『삼국지·주유전』에서 장번(張璠)의 『한기(漢紀)』를 인용해 다음과 같이 주를 달았다. "처음에 주경이 목수를 지낼 때 그는 선한 자와 선비를 아껴서 매년 효렴을 천거할 때마다 [그들을] 초청해 대청에서 잔치를 열어 자신의 가족들과 함께 했는데 서너 차례 이와 같이 해주었으며, 마련한 것을 주기까지 했다. 또 자신의 아들과 동생을 등용하며 언제나 말했다. '신하를 자식처럼 대하니 정치에 있어서는 어떠하겠는가!' 이전에 사도 한연이 하내태수가 되자 공적인 일에는 사사로운 감정을 개입시키지 않았으며 한마디 말로써 천거할 뿐이었으며 뒤에 다시는 그 가문을 추천하지 않았다. 그가 말하기를 '내가 그대를 천거했으면 되었지 어찌 한 가문에만 은덕이 모이도록 하겠냐'라고 했다. 이에 대해 당시 논자들 사이에서 의견이 둘로 나뉘었다(初景歷位牧守, 好善愛士, 每歲擧孝廉, 延請入, 上後堂, 與家人宴會, 如此者數四, 及贈送既備. 又選用其子弟, 常稱曰: '移臣作子, 於政何有!' 先是, 司徒韓縯爲河內太守, 在公無私, 所擧一辭而已, 後亦不及其門戶. 曰: '我擧若可矣, 不令恩偏稱一家也.' 當時論者, 或兩議焉)."【吳】

4 천거할 때: 원문은 '거(擧)'이다.【吳】

5 다른 기준은 없고: 원문은 '무타야(無他也)'이다.【吳】

6 친하든 아니든 간에 똑같이 대했다: 원문은 '친소일야(親疎一也)'이다. 이 문장은 진(晉)나라 대부 성전(成鱄)이 위헌자(魏獻子)에게 답한 말인데, 『좌전·소공(昭公) 28년』에 그 기록이 보인다. '소(疎)'는 『좌전』에서는 '소(疏)' 자로 쓰였는데 두 글자는 같다.【吳】

7 편애한: 원문은 '비(比)'이다.【吳】

8 속관: 원문은 '편(偏)'이다.【吳】

9 하나의 관직: 원문은 '일관(一官)'이다. 이것은 당시 기해가 맡았던 중군위(中軍尉)를 말한다.【吳】

10 세 가지 일: 원문은 '삼물(三物)'로, 해호(解狐)를 천거한 일, 기오(祁午)를 등용한 일, 백화(伯華)가 관직을 얻은 일을 말한다.【吳】

한 경우이니,[11] 진(晉)나라에서는 그를 신뢰했고 군자는 그를 칭찬했다.[12] 대개 군주는 문과 창을 활짝 열어놓고 사방으로 귀를 열어,[13] 대성통곡하며 먼 곳까지 성현을 구하는데[14] 성현을 얻으면 상을 받은 듯하고, 좋은 말을 들으면 놀라는 시늉을 하면서, 한 가지만을 따르지도 부정하지도 않았다.[15] 주경[16]은 선악[17]을 두루 살피지도 않고[18] 오직 뽑고 임용하

---

11 이것은~경우이니 : 『좌전 · 양공(襄公) 3년』에 다음 말이 있다. "기해가 늙어 사직을 청하자 진후가 그를 대신할 사람을 물었다. 기해는 해호를 천거했는데 해호는 기해의 원수였다. 진후가 그를 등용하려 했으나 [해호가] 죽었다. 진후가 기해에게 묻자 대답하기를 '오(午 : 祁午. 기해의 아들)가 좋습니다'라고 했다. 양설직이 죽자 진후가 말했다. '누가 양설직을 대신할 수 있습니까?' '적(赤 : 羊赤. 양설직의 아들)이면 가능합니다.' 이에 기오를 중군위에 임명하고 양설적이 그를 보좌하도록 했다. 군자께서 말씀하시길 '이러하니 기해는 좋은 사람을 천거할 줄 알았다. 그는 원수를 칭찬했으나 이는 아첨한 것이 아니었다. 또한 자신의 아들을 천거했으나 이는 두둔한 것이 아니었다. 그는 부하를 등용했으나 사당을 만들지는 않았다. 『상서(商書)』에서 말하길 "편향되지도 않고 사당을 만들지도 않으면 왕도가 드높아지네"라고 했다. 이것은 기해를 두고 한 말이다. 해호는 천거되었고 기오는 등용되었으며 백화(伯華 : 羊舌赤)는 관직을 얻었으니, 이는 하나의 관직을 논의하면서 세 가지 일을 이룬 것이다. 이것은 그가 유능한 인재를 천거할 수 있음을 보여준 것이다!'[祁奚請老, 晉侯問嗣焉. 稱解狐, 其讎也. 將立之而卒. 又問焉, 對曰 : '午(奚子)也可.' 於是羊舌職死矣, 晉侯曰 : '孰可以 代之?' 對曰 : "赤(職子)也可.' 於是使祁午爲中軍尉, 羊舌赤佐之. 君子謂 : '祁奚於是能擧善矣. 稱其讎, 不爲諂. 立其子, 不爲比. 擧其偏, 不爲黨. 『商書』曰 : "無偏無黨, 王道蕩蕩." 其祁奚之謂矣. 解狐得擧, 祁午得位, 伯華(卽羊舌赤)得官, 建一官而三物成. 能擧善也夫!']" 【吳】

12 칭찬했다 : 원문은 '귀(歸)'이다.【吳】

13 군주는~열어 : 원문은 '개인군자벽문개창(蓋人君者闢門開窗)'이다. '창(窗)'은 『낭본』에 '창(牕)'으로 되어 있는데 두 글자는 같다. 『군서습보』에는 "'총(聰)'과 통용된다[與'聰'通用]"라고 했다. 『상서 · 순전(舜典)』에 "사방의 문을 열고 사방의 사정을 분명히 보이게 하시며 사방으로 귀를 열어두셨다[闢四門, 明四目, 達四聰.]" 공안국(孔安國)이 다음과 같이 전했다. "사방의 문 가운데 일찍이 연 적이 없는 문을 열어 많은 현인들을 널리 불러 들였다[開闢四方之門未開者, 廣致衆賢]." 또한 "사방에서 널리 보고 들으니 천하에 막힌 곳이 없다[廣視聽於四方, 使天下無壅塞]."【吳】

14 대성통곡하며~구하는데 : 원문은 '호도박구(號咷博求)'이다. '호도'는 '대성통곡하다'의 뜻이고, '박구'는 '널리 찾는다'는 의미이다. 즉 성현에 대한 절실함을 비유한 것이다.【吳】

15 한 가지만을 따르지도 부정하지도 않았다 : 원문은 '무적야, 무막야(無適也, 無莫也)'이다. 『논어 · 이인(里仁)』에 다음 말이 있다. "공자가 말씀하시길 '군자는 천하에 있어서 한 가지만을 따르지도 부정하지도 않고, 올바른 의만을 좇는다'[子曰 : '君子之於天下也, 無適也, 無莫也, 義之與比']"라고 했다. '무적(無適)'과 '무막(無莫)'에 대한 이

는 데만 힘썼고[19] 한연은 오직 선한 것에만 힘쓰는 것은 아니었으니 이들 모두 기준을 벗어났다.[20] 무릇 사람을 가리지 않고 억지로[21] 등용하거나 등용할 수 있는데도 내치는 것이나 그 죄는 모두 똑같다.

河內太守廬江周景仲嚮, 每擧孝廉, 請之上堂, 家人宴飮, 皆令平仰, 言笑宴宴, 如是三四. 臨發, 贈以衣齊, 皆出自中. 子旁中外, 過歷職署, 踰於所望. 曰: "移臣作子, 於之何有!"

河內太守司徒潁川韓演伯南. 擧孝廉, 唯臨辭一與相見, 無所寵拔. 曰: "我已擧若, 豈可令恩偏積於一門乎?"

謹按『春秋左氏傳』: "夫擧, 無他也, 唯善所在, 親疎一也." 祈奚稱其

전 사람들의 해석은 일치하지 않는다. 『후한서·이고전(李固傳)』에 이고의 아들 이섭(李燮)은 "교류하는 데 있어서 단점은 버리고 장점은 취하면서 그 사람의 장점만 좋아한다. 당시 영천 사람 순상과 가표는 유명했지만 서로 사이가 좋지 않았다. 이섭은 두 사람과 모두 교류하였으나 마음 씀에 있어서는 치우침이 없었으니 세상에서는 그것을 공평하다고 했다[所交皆舍短取長, 好成人之美. 時潁川荀爽·賈彪, 雖俱之名, 而不相能. 燮併交二子, 情無適莫, 世稱其平正]." 이것은 응소가 취한 뜻으로 사람을 대하는 데 있어서 지나치게 친하거나 소홀함이 없었으니 똑같이 인(仁)으로 대했다는 것을 말한다.【吳】

16 주경: 원문은 '주경(周景)'이다. '경(景)' 자는 원래 빠져있는데 『풍속통의』에 따르면, 사람의 경우 이름이나 자 한 글자로 표기하는 경우는 있으나, 성 한 글자로 표기하는 경우는 없었기 때문에 지금 '경' 자를 보충한다.【吳】

17 선악: 원문은 '장부(臧否)'이다.【吳】

18 두루 살피지도 않고: 원문은 '부종(不綜)'이다. '종(綜)'은 확실한 사실을 의미한다.【吳】

19 뽑고 임용하는 데만 힘썼고: 원문은 '무온숭지(務蘊崇之)'이다. 『좌전·은공(隱公) 6년』에 다음 말이 있다. "주임(周任: 周의 옛날 현인)이 말하기를 '위정자는 악을 보면 농부가 힘써 잡초를 모두 제거하는 것처럼 그것을 베어내고 뽑아 쌓아두었다'[周任有言曰: '爲國家者, 見惡如農夫之務去草焉, 芟夷蘊崇之']." 두예는 이에 대해 "온은 쌓다, 숭은 모으다[蘊, 積也, 崇, 聚也]"라고 주를 달았다.【吳】

20 이들 모두 기준을 벗어났다: 원문은 '월차일개(越此一槩)'이다. 이 구절은 주경과 한연이 상술한 현자의 천거 기준을 모두 벗어났음을 말한다.【吳】

21 억지로: 원문은 '강(疆)'이다. '강(疆)'은 '강(彊)'으로 읽는다.【吳】

讎, 不爲諂, 立其子, 不爲比, 擧其偏, 不爲黨. 建一官而三物成, 晉國賴之, 君子歸焉. 蓋人君者闢門開窗, 號咷博求, 得賢而賞, 聞善若驚, 無適也, 無莫也. 周景不綜臧否, 而務蘊崇之, 韓演不唯善是務, 越此一槩. 夫不擇而彊用之, 與可用而敗之, 其罪一也.

안정태수 여남 사람 호이[安定太守汝南胡伊]

안정태수 여남 사람 호이(胡伊)[1]는 자가 백건(伯建)이고, 건평(建平)의 장(長) 번소(樊紹)는 자가 맹건(孟建)으로, 두 사람 모두 사공(司公) 우방(虞放)[2]의 속관이었다. 우방[3]이 자리에서 물러나 스스로를 탄핵하며 집으로 돌아갔다. 군에서 호이를 주부로 삼고 신임 태수를 맞이하게 하자 호이가 말했다.

1 호이(胡伊) : 사수청 선생이 말했다. "'호이(胡伊)'는 안정태수의 이름이며, 이어지는 문장인 '건평장(建平長)'은 번소의 직책인데 '백(伯)' 자 위 아래로 한 문장이 빠졌다['胡伊'當是安定太守之名, '建平長'連文, 爲樊紹職稱, '伯'字上下必脫一文]." 살펴보건대 '백(伯)' 자 아래에 '건(建)' 자가 빠진 것 같은데, 『풍속통의』에는 때때로 빠진 글자가 있는 문장이 많다. '건평(建平)'은 패국(沛國)에 속한 현이며, 옛 지역은 지금의 하남성 영역현(永城縣) 서남쪽에 있다.【吳】

2 우방(虞放) : 『후한서 · 환제기』에 따르면 우방은 연희(延熹) 3년(160) 7월에 태상에서 사공이 되었고 이듬해 4년(161) 5월에 파면되었다.【吳】

3 우방 : 원문은 '방(放)'으로 원래 '고(故)'로 되어 있었는데, 자형이 비슷해 잘못 쓴 것이다. 『유편본』, 『호본』에는 '방(放)'으로 되어 있어 지금 이에 근거해 고친다.【吳】

"나는 재사(宰士)[4]로, 어찌 두 명의 태수에게 경의를 표할 수 있겠습니까!"

그는 집을 떠나 적(籍)을 옮겨 진(陳)나라에 자리를 잡았다.[5] 그러자 번소는 "유하혜(柳下惠)는 부모의 나라를 떠나지 않았고 군자께서는 하급 관직을 마다하지 않으셨네"[6]라고 하면서 홀로 나아가 직무를 처리했다. 후임으로 온 사공 황경(黃瓊)[7]이 이를 매우 한스러워하며 여남의 담당 관리에게 공문서를 보내어 번소의 문서를 없애고 호이를 다시 불러들였다.

내가 삼가 『춘추』를 살펴보니 사공을 높여 재(宰)라 하고, 그의 하급관리를 사(士)라고 하는데[8] 이는 사해 안에 다스리지 않는 곳이 없음을 말

---

4 재사(宰士): 삼공 태위(太尉), 사도(司徒), 사공(司空)을 옛날에는 '재(宰)'라 했고, '재'의 속관[掾屬]을 '사(士)'라 했다. 호이는 사공 우방의 속관이었기 때문에 "나는 재사이다[我是宰士]"라고 했다. 『한서·적방진전(翟放進傳)』에서 안사고는 다음과 같이 주를 달았다. "승상의 속관을 재사라고 하는 것은 그가 재상의 하급 관리이고, 그 지위가 사에 해당했기 때문이다[謂丞相掾史爲宰士者, 言其宰相之屬官, 而位爲士也]."【吳】

5 그는~자리를 잡았다: 원문은 '인출문명호, 점계진국(因出門名戶, 占繫陳國)'이다. 『사고전서』본에는 "인출문원둔, 핵계진국(因出門遠遁, 劾繫陳國)"으로 되어 있는데 억지로 고친 것이다. '점계(占繫)'의 '점(占)'은 호적을 가졌다는 의미이고, '계(繫)'는 명부를 만드는 것을 의미한다.【吳】

6 하급 관직을 마다하지 않으셨네: 원문은 '불사하위(不辭下位)'이다. 이에 대해 『맹자·만장(萬章)』에는 "유하혜는 혼군을 부끄러워하지 않았고, 하급 관직을 마다하지 않았다[柳下惠不羞汙君, 不辭小官]"라고 했다.【吳】

7 후임으로 온 사공 황경(黃瓊): 원문은 '후공황경(後公黃瓊)'이다. 우방이 사공의 직무에서 파직된 후 황경이 대신하여 사공이 되었으므로 '후공황경'이라 한 것이다.【吳】

8 사공을 높여 재(宰)라 하고, 그의 하급관리를 사(士)라고 하는데: 원문은 '존공왈재, 기리위사(尊公曰宰, 其吏爲士)'이다. 『공양전·희공(僖公) 9년』에 다음 말이 있다. "희공이 주왕실의 주공, 제나라의 후작, 송나라 군주의 아들, 위나라의 후작, 정나라의 백작, 허나라의 남작, 조나라의 백작과 규구에서 회합했다. 재주공이 누구인가? 천자의 정치를 담당한 사람이다[公會宰周公·齊侯·宋子·衛侯·鄭伯·許男·曹伯於葵丘. 宰周公者何? 天子之爲政者也]." 하휴(何休)는 『춘추공양전해고(春秋公羊傳解詁)』에서 "재는 다스린다는 의미이니, 삼공의 직책을 높여 부른 것이다[宰猶治也, 三公職號尊名也]"라고 했는데 이것은 바로 "공을 높여 재라 한다[尊公曰宰]"는 문장이다. 또한 「은공 원년(隱公元年)」에 "천자께서 재(宰)인 훤(咺)에게 혜공과 중자의 죽음에 대한 예물을 드리게 했다. 재란 무엇인가? 관이다. 훤은 무엇인가? 이름이다. 관직과 씨를 붙여 썼는가? 재사이기 때문이다[天王使宰咺來歸惠公仲子之賵. 宰者何? 官也. 咺者何? 名也. 曷爲以官氏? 宰士也]." 이에 대해 하휴는 『춘추공양전해고』에서

한 것이다. 맹자는 1척도 굽히지 않고 8척을 곧게 할 수 있는데, 하물며 8척을 굽혀 1척을 곧게 하겠는가라고 하셨다.[9] 유하혜는 도를 굽히지 않고 다른 사람을 섬겼기 때문에 세 번 내쳐지고도 떠나지 않았고, 공자는 그것을 두고 조신하지 않다고 했다.[10] 지금 번소는 내쳐질[11] 때 마땅히 예에 따라 그 직책을 떠났어도,[12] 그 의미는 이것과 다르다. 호이는 성정이 밝고 신중해 스스로 많은 복을 추구했다.[13] 근자에 영제(靈帝) 말엽 사

"천자의 상사는 명사, 중사는 관록으로 통하고, 하사는 인으로 줄여서 부른다[天子上士以名士通, 中士以官祿, 下士略稱人]"라고 했다. 『후한서·주영전(周榮傳)』에서 왕선겸(王先謙)이 『집해』를 달며 "혜진이 왕응린의 말을 인용해 다음과 같이 말했다. '『주관』에서 상사와 하가사 태재의 하급관리라고 했고, 『공양전』에서는 그것을 재사라고 했다[『周官』太宰之屬有上士, 下士, 『公羊』所云宰士]'"라고 했는데 이것은 '그의 하급관리는 사이다[其吏爲士]'라는 문장이다.【吳】

9 맹자는~하겠는가라고 하셨다: 『맹자·등문공(滕文公)』에 다음 말이 있다. "진대가 말했다. '제후를 안 만나시는 것은 절개가 작아서이신 듯합니다. 지금 제후를 한번 만나보셔서 그가 큰 인물이면 왕자로 만드시고, 그가 작은 인물이며 패자로 만드시면 될 것입니다. 또한 『지』에서는 "1척을 굽혀서 8척을 곧게 한다"고 했으니, 선생께서는 가히 해볼 실 수 있을 것입니다.' 맹자가 말했다. '옛날에 제나라 경공께서 사냥을 나갔다가 깃발을 가지고 우인을 불렀는데 오지 않자 그를 죽이려 했었다. 뜻이 있는 자는 개천과 구렁에 버려질 것을 잊지 않고, 용기 있는 자는 자신의 목을 잃는 것을 잊지 않는다고 했는데 공자께서는 무엇을 취하신 것이겠는가? 그를 부르지 않으면 가지 않는 것을 취하신 것이니 그를 부르는 것을 기다리지도 않고 갔다면 어찌 되었겠는가? 무릇 1척을 굽혀 8척을 곧게 한다는 것은 이익을 두고 한 말인데, 만약 8척을 굽혀 1척을 곧게 한다면 그래도 하겠는가?'[陳代曰: '不見諸侯, 宜若小然. 今一見之, 大則以王, 小則以霸. 且『志』曰: "枉尺而直尋", 宜若可爲也.' 孟子曰: '昔齊景公田, 招虞人以旌, 不至, 將殺之. 志士不忘在溝壑, 勇士不忘喪其元, 孔子奚取焉? 取非其招不往也, 如不待其招而往, 何哉? 且夫枉尺而直尋者, 以利言也. 如以利, 則枉尋直尺而利, 亦可爲與?']" '심(尋)'은 8척을 의미한다. 이 두 구절은 1척도 굽히지 않고 8척을 곧게 할 수 있는데, 하물며 8척을 굽혀 1척을 곧게 하려는가를 의미한다.【吳】

10 공자는~않다고 했다: 원문은 '공자위지부공(孔子謂之不恭)'이다. '공(恭)'은 근엄하고 조신한 것을 의미한다. 『논어·미자』에서 공자는 다음과 같이 말했다. "유하혜와 소련은 뜻을 굽혀 몸을 욕되게 하였으나, 말이 윤리에 맞고, 행실이 생각에 맞으니 바로 이 같은 사람이구나[柳下惠·少連, 降志辱身矣, 言中倫, 行中慮, 其斯而已矣]"【吳】

11 내쳐질: 원문은 '견편(見編)'이다. '편(編)'은 『사고전서』본에는 '폄(貶)'으로 되어 있는데 맞는 것 같다.【吳】

12 마땅히 예에 따라~떠났어도: 원문은 '회이례유인이(會以禮遊引耳)'이다. '회(會)'는 『사고전서』본에 '당(當)'으로 되어 있다. '회(會)'는 본래 '당(當)'의 뜻이 있으나 글자를 고칠 필요는 없다.【吳】

도연(司徒掾) 동군(董君)은 홍농(弘農) 사람으로 선대의 전적을 고찰하다가 군주를 섬기지 못하면 스스로 관직에서 물러나야 한다는 사실을 알고 잠시 휴가를 얻어 집으로 갔다.[14] 태수 계숭(季崇)이 만나기를 청하자 동군은 몸을 굽혀 공조직을 받아들인 뒤 그와 함께 백성들에게 봉록을 나누어 주고[15] 비로소 떠났다. 이때 사도 원외(袁隗)[16]는 그 일이 옳지 않다고 여겼지만 그래도 동군을 탄핵하지는 않았다.[17] 그 이후로 이런 일이 더욱 많이 일어나 군에서는 종사(從事)[18]를 등용했고 현에서는 부리(府吏)[19]를 등용해 상하가 뒤섞이게 되었으니 진실로 세상이 어지러워졌다고할 만하다.

『시경』에 다음 말이 있다.

"비록 노년에 덕을 이룬 성인은 없지만 예로부터 내려오는 법전은 있기 마련이다."

그 법전은 나라의 대강(大綱)이니, 작은 잘못을 벌하여 큰 경계로 삼지 않을 수 있겠는가?[20]

---

13 스스로 많은 복을 추구했다 : 원문은 '자구다복(自求多福)'이다. 이 문장은 『시경・대아(大雅)・문왕(文王)』에 기록된 것이다.【吳】

14 잠시 휴가를 얻어 집으로 갔다 : 원문은 '잠이가급가(暫以家急假)'이다.【吳】

15 그와 함께~나누어 주고 : 원문은 '여구반록흘(與俱班錄訖)'이다. 『초사(楚辭)・천문(天問)』에 다음 말이 있다. "어찌하여 반록을 얻어 돌아왔는가[何往榮班錄, 不但還來]." 왕일은 이에 대해 "반은 두루 미치다의 뜻이다. 탕임금이 사냥을 가서 전국을 누비다가 돌아왔다는데 사냥에서 얻은 금수를 백성들에게 녹으로 나누어 주었다[班, 徧也. 言湯往田獵, 不但驅馳往來也, 還輒以所獲得禽獸徧施祿惠於百姓也]"라고 주를 달았다. '반(班)'은 나누다이다. '반록(班祿)'은 백성들에게 녹을 나누어 주는 것을 말한다.【吳】

16 원외(袁隗) : 원외의 자는 차양이고 두 번 사도에 제수되었는데 한번은 희평 원년(熹平元年, 172) 12월부터 5년 19월 사이이며 한 번은 광화(光和) 5년(182) 4월부터 중평(中平) 2년(185) 2월 사이이니 그를 '공(公)'이라고 칭했다.【吳】

17 동군을 탄핵하지는 않았다 : 원문은 '연탄규(然彈糾)'이다. 이 문장의 아래 위 부분의 뜻을 살펴보면 이 구절은 '연불탄규(然不彈糾)'가 되어야 한다.【吳】

18 종사(從事) : 주와 군에는 모두 종사(從事)가 있는데 여기에서는 주종사(州從事)를 가리킨다. 주종사는 자사의 귀와 눈으로 주의 불법을 감찰하여 관리한다.【吳】

19 부리(府吏) : 군의 부리를 가리킨다.【吳】

安定太守汝南胡伊伯・建平長樊紹孟建, 俱爲司空虞放掾屬. 放遜位, 自劾還家. 郡以伊爲主簿, 迎新太守, 曰: "我是宰士, 何可委質於二朝乎!" 因出門名戶, 占繫陳國. 紹曰: "柳下惠不去父母之國, 君子不辭下位." 獨行服事. 後公黃瓊大以爲恨, 移書汝南, 論正主者吏, 絶紹文書, 而更辟伊.

謹按『春秋』尊公曰宰, 其吏爲士, 言於四海無所不統焉. 孟軻稱不枉尺以直尋, 況於枉尋以直尺. 柳下惠不枉道以事人, 故三黜而不去, 孔子謂之不恭. 今紹見編, 會以禮遊引耳, 其義不同於此. 伊心明審, 自求多福. 近靈帝之末, 司徒掾弘農董君考上名典, 君事不得自劾, 暫以家急假. 太守季崇請乞相見, 頗領功曹, 與俱班錄訖, 乃謝遣. 時公袁隗意亦非之, 然彈糾. 自是之後, 彌以滋甚, 郡用從事, 縣用府吏, 上下溷淆, 良可穢也. 『詩』云: "雖無老成人, 尙有典刑." 國之大綱也, 可不申勑小懲而大戒哉?

20 작은 잘못을 벌하여 큰 경계로 삼지 않을 수 있겠는가: 원문은 '가부신래소징이대계재(可不申勑小懲而大戒哉)'이다. 『역경・계사』에 다음 말이 있다. "공자께서 말씀하시길 '소인은 인자하지 않음을 수치스러워하지 않고, 의롭지 않음을 두려워하지 않으며, 이익을 보지 않으면 노력하지 않고, 벌하지 않는 것을 두려워하지 않으니, 작은 잘못을 벌하여 큰 경계로 삼는데, 이것이 소인의 복이다[子曰: '小人不恥不仁, 不畏不義, 不見利不權, 不威不懲, 小懲而大誡, 此小人之福也']." 이 문장은 응소가 [『역경』의] 이 구절을 근거로 삼았다.【吳】

종정 남양 사람 유조[宗正南陽劉祖]

종정(宗正)[1]을 지낸 남양(南陽) 사람 유조(劉祖)는 자가 봉(奉)으로[2] 군의 속관인 조리(曹吏)로 있고, 좌기교위(左騎校尉)[3] 설승(薛丞)은 자가 군탁(君卓)

1 종정(宗正) : 진나라 때 설치되어 한나라 때로 이어졌으며 대부분 황족 출신이 담당했다. 황족의 사무를 주관하고 구경(九卿 : 9명의 장관으로 시대에 따라 관직명이 다르다) 가운데 하나이다. 『후한서 · 백관지』에 다음 말이 있다. "종정은 구경의 한 사람이며 2천 석에 해당한다. 본주에 따르면 관리 목록은 왕국의 적자와 서자의 순서 그리고 모든 종실과 친족과의 멀고 가까움에 따라 관리하며, 군에서 해마다 호적을 계산해서 올렸다. 만약 머리를 깎는 이상의 범법자가 종실 내부에 있다면 먼저 모든 종정에게 알리고 종정이 이를 듣고 결정한다[宗正, 卿一人, 中二千石. 本注曰 : 掌序錄王國嫡庶之次, 及諸宗室親屬遠近, 郡國歲因計上宗室名籍. 若有犯法當髡以上, 先上諸宗正, 宗正以聞, 乃報決]."【吳】

2 유조(劉祖)는 자가 봉(奉)으로 : 원문은 '유조봉(劉祖奉)'이다. 『군서습보』에 다음 말이 있다. "'조'는 이름이고, '봉'은 그의 자인데 위 또는 아래에 빠진 글자가 있다['祖'是其名, '奉'必是其字, 或上或下必有脫文]." 사수청 선생은 다음과 같이 말했다. "『풍속통의』의 목록에는 '유조'로 되어 있는데, '봉'은 그의 자 가운데 한 글자인 것 같다. '봉' 자의 위나 아래에 한 글자가 빠져있다[本書目錄作'劉祖', 疑'奉'是其字中之一字. '奉'字上下必脫一文]." 【吳】

으로 호조리(戶曹吏)[4]로 있을 때 태수 공손경(公孫慶)이 장릉(章陵)[5]에서 제사를 준비하고 있었다. 옛 풍습에 따르면 귀족자제[6]나 용모와 행동거지가 단정하고 엄정한 사람,[7] 학문에 통달한 사람[8]이나 고문을 맡을 수 있는 사람을 어사[9]로 삼았다. 그때 공조(功曹)가 유조를 어사로 등용하자고 아뢰자 유조가 말했다.

"저는 종실의 먼 친척[10]이고, 일찍이 전인들의 가르침을 받은 바 보좌관[11]의 소임을 행할 수 없고, 또 제왕의 곁에서 배승(陪乘)하고 채찍을 들

3　좌기교위(左騎校尉):『한관의』에 "우림좌기는 녹봉이 6백 석이고 우림(羽林: 고대에 수도나 궁전을 호위하던 군대)을 다스렸으며 속관은 광록훈이다[羽林左騎, 秩六百石, 領羽林, 屬光祿勳]"라는 기록이 보인다.【吳】
교위(校尉): 변방을 관리하던 무관이다.【譯註】

4　호조리(戶曹吏): 원문은 '호조사(戶曹史)'이다. 호조사(戶曹史)는 민가, 제사, 농업과 양잠을 관리하며 속관으로는 연(掾)과 사(史)가 있다. 이 기록은『후한서·백관지』에 보인다.【吳】

5　장릉(章陵): 한나라 광무제 조고(祖考)의 묘이며 남양군(南陽郡) 장릉현(章陵縣)에 위치해 있다.【吳】

6　귀족자제: 원문은 '의관자손(衣冠子孫)'이다. 벼슬이 높은 집안의 자손을 의미한다.【吳】

7　용모와 행동거지가 단정하고 엄정한 사람: 원문은 '용지단엄(容止端嚴)'이다.【吳】

8　학문에 통달한 사람: 원문은 '학문통람(學問通覽)'이다.【吳】

9　어사: 원문은 '어사(御史)'이다. '사(史)' 자에 대해『군서습보』에서는 "군더더기인 듯하다[疑衍]"고 했다. 생각건대 '어사'는 어사대부의 속관이 아니라 시종을 담당하는 속관이다. 따라서 '사' 자는 잘못 들어간 것이 아니다.【吳】

10　먼 친척: 원문은 '폐부(肺腑)'이다.『한서·유향전(劉向傳)』에서 유향의 말을 다음과 같이 적고 있다. "신은 다행히도 중신에게 의탁할 수 있습니다[臣幸得託肺附]." 안사고는 이에 대해 "옛날에는 폐부는 간과 폐가 서로 붙어있음을 이르는 것으로 해석했으니, 신임을 받는 사람을 말하는 것과 같다. 일설에는 폐는 베어낸 나무의 아래 조각을 말하는데 이것은 본래 황실이 잘린 나무 조각이 큰 재목에 붙어있는 것과 같음을 말하는 것이다[舊解云肺附謂肝肺相附著, 猶言心膂也. 一說肺謂斫木之肺札也, 自言於帝室猶肺札附於大材木也]." 생각건대 후자의 말이 옳다. '폐(肺)'는 '시(柿)'를 가차했는데『설문해자』에서 "시는 목재를 자르는 것을 의미한다[柿, 削木札樸也]"라는 구절이 보인다. '부(腑)'는 '부(附)'를 가차했다. 이 문장에서 '폐부(肺腑)'는 유조 스스로 자신이 황실의 작은 신임을 받는 존재임을 이르는 겸사이다.【吳】

11　보좌관: 원문은 '서부(胥附)'이다. '서(胥)'는 '소(疏)'의 옛 글자와 통용된다.『시경·대아·면(緜)』에서는 "나는 멀고 가까움이 있다고 말한다[予曰有疏附]"라고 했고『모형전(毛亨傳)』에는 "아랫사람을 거느려 윗사람을 가까이하게 하는 것을 소부라고 한다[率下親上曰疏附]"라는 말이 있다. 이 구절은『풍속통의·십반』'사우(四友)' 참고【吳】

고 고삐를 잡아야 하는 일은 죽음을 각오해야만 하니, 저는 이 소임을 감당할[12] 수 없습니다."

그러자 설승이 앞으로 나서며 말했다.

"지금 태수께서 출타하셔야 하는데,[13] 마부가 없으니 제가 비록 불민하기는 하지만[14] 감히 부족한 일손[15]을 맡고자 합니다."

설승이 남들과 교제하며 때때로 모자란 것을 도와 살피며 자신의 의견을 드러내자,[16] 태수는 그를 매우 존경했으며, 또한 유조를 뛰어나다고 생각했다. 두 사람 모두 그 해 말에 효렴으로 천거되었다.

내가 삼가 살펴보니 다음과 같았다.

『주례(周禮)』에 따르면 보씨(保氏)가 육예의 가르침을 관장했다고 하는데 그 가운데 하나가 말을 모는 일이다[17].

『논어(論語)』에 다음 말이 있다.

---

12 감당할 : 원문은 '위역(爲役)'으로, '역(役)'은 부리다의 의미이다.【吳】

13 출타하셔야 하는데 : 원문은 '수출(垂出)'이다. '수(垂)'는 『유편본』, 『명각본』, 『초본』, 『도광본』에는 '승(乘)'으로 되어 있다. 살펴보건대 원문은 틀리지 않았다.【吳】

14 불민하기는 하지만 : 원문은 '불민(不敏)'이다.【吳】

15 부족한 일손 : 원문은 '핍(乏)'이다. '핍(乏)'은 원래 '지(之)'로 잘못 쓰여서 뜻을 해석할 수 없었다. 『좌전 · 성공(成公) 2년』에 한궐(韓厥)이 "감히 여쭙건대 제가 불민하기는 하기만, 직무를 맡아 부족한 일손을 담당하겠습니다[敢告不敏, 攝官承乏]"라고 말했는데, 이 구절에 근거하여 지금 바르게 고친다. 이 구절은 마부가 없어 부족한 인력을 보충한다는 의미이다.【吳】

16 드러내자 : 원문은 '모(謨)'이다. 모색하다는 의미이다. 『상서』「대우모(大禹謨)」와 「도요모」에서 나온 '모(謨)'의 의미와 동일하다.【吳】

17 『주례(周禮)』에~일이다 : 『주례 · 지관(地官) · 보씨(保氏)』에 다음 말이 있다. "보씨는 왕의 나쁜 점을 간언하는 것을 주관하고 왕자를 도리에 따라 키우니, 육예를 그에게 가르쳤다. 첫 번째는 오례, 두 번째는 육악이며, 세 번째는 오사, 네 번째는 오어, 다섯 번째는 육서이며, 여섯 번째는 구수(九數 : 황제가 예수에게 명하여 만들었다는 수학상의 아홉 가지 법식)이다[保氏掌諫王惡, 而養國子以道, 乃教之六藝. 一曰五禮, 二曰六樂, 三曰五射, 四曰五馭, 五曰六書, 六曰九數]"이다. 정현이 주를 달며 말했다. "보라는 것은 몸가짐을 조신하게 하여 임금을 보좌하는 것이며, 도에 귀속되는 것이다[保也者, 愼其身以輔翼之, 而歸諸道者也]."【吳】

"내가 무엇을 맡아야 할까? 수레 모는 일을 맡을까?"[18]

공자가 위(衛)나라로 갈 때 염유(冉有)가 수레를 몰았다.[19] 염유는 정사에 뛰어난 선비로 사우(四友)[20]에 포함된다. 그런데도 수레를 몰았으니 소임에 맞지 않는 것이었다. 『춘추좌씨전』에 따르면 진(晉)나라 도공(悼公)이 즉위하자 정정(程鄭)은 승마어(乘馬御)에 임명되어 말을 훈련시켜 예를 가

18 내가 무엇을~맡을까: 『논어·자한(子罕)』에 다음 말이 있다. "달항 고을 사람들이 말했다. '위대하도다, 공자여! 널리 배우고도 이름을 내지 않았구나.' 공자가 이를 듣고 제자들에게 말했다, '내가 무엇을 잡아야 할까? 수레 모는 일을 할까? 활 쏘는 일을 할까? 나는 수레 모는 일을 하리라'[達巷黨人曰: '大哉孔子! 博學而無所成名.' 子聞之, 謂門弟子曰: '吾何執? 執御乎? 執射乎? 吾執御矣']." '집어(執御)'는 오늘날 수레를 모는 것을 말하는 것과 같으며 육예의 하나이니, 아래 문장에서 '불우 역야(不爲役也)'라고 한 것이다.【吳】

19 공자가 위(衛)나라로 갈 때 염유(冉有)가 수레를 몰았다: 『논어·자로』에 다음 말이 있다. "공자가 위나라에 갈 때 염유가 수레를 몰았다. 공자께서 말씀하시길 '많구나!'[子適衛, 冉有僕. 子曰: '庶矣哉!']" '염유'는 염구(冉求)이며 자는 자유(子有)이다. 공자의 제자로 계씨의 재상을 지냈는데 공자는 그를 칭찬했다. "구(求: 염유)는 천 가구의 읍이나 백승을 부리는 경대부의 집에서 군사업무는 볼 수 있을 것이다[千室之邑, 百乘之家, 求也可使治其賦]."【吳】
수레를 몰았다: 원문은 '복(僕)'으로, 수레 모는 사람을 의미한다.【吳】

20 사우(四友): 『논어·선진(先進)』에 다음 말이 있다. "덕행에는 안연, 민자건, 염백우, 중궁이다. 언어에는 재아, 자공이다. 정사는 염유와 계로가 적합하다. 문학은 자유와 자하가 적합하다[德行, 顔淵, 閔子騫, 冉伯牛, 仲弓. 言語, 宰我, 子貢. 政事, 冉有, 季路. 文學, 子游, 子夏]." '사우(四友)'는 덕행, 언어, 정사, 문학 네 방면에 각각 적합한 사람들을 나열한 것이다. 그런데 『상서대전』에 다음 말이 있다. "문왕의 서부(胥附: 소원했던 사람이 친해지다), 분주(奔輳: 먼 지방의 선비가 오게 되다), 선후(先後: 앞뒤로 빛나다), 어모(禦侮: 나쁜 말이 들리지 않다)을 사린(四鄰)이라고 했는데 그들로 인해 유리의 해를 피했다. 의자가 말했다. '공자께서도 사린이 있으십니까?' 공자가 말했다. '문왕이 사신(四臣)을 얻었는데, 나 또한 사우(四友)를 얻었다. 내가 회(回: 顔回)를 얻어서 문인들이 나에게 더욱 친절해졌으니 서부가 아니겠는가? 내가 유(由: 子路)를 얻어서 날마다 먼 곳에서 선비들이 이르니, 이것이 분주 아니겠는가? 내가 사(賜: 子長)를 얻어서 앞에 빛이 있고 뒤도 빛나니 이것이 선후가 아니겠는가? 문왕이 네 명의 신하가 있어서 호랑이 굴을 피했다면 나도 네 명의 벗이 있어 나쁜 말을 듣지 않았다'[文王胥附, 奔輳, 先後, 禦侮謂之四鄰, 以免乎牖里之害. 懿子曰: '夫子亦有四鄰乎?' 孔子曰: '文王得四臣, 丘亦得四友焉. 自吾得回也, 門人加親, 是非胥附邪? 自吾得賜也, 遠方之士日至, 是非奔輳邪? 自吾得師也, 前有光, 後有輝, 是非先後邪? 自吾得由也, 惡言不至於門, 是非禦侮邪? 文王有四臣以免虎口, 丘亦有四友以禦侮']" 『상서대전』에서는 염유를 사우에 넣지 않고 있다.【吳】

르쳤다[21]고 한다. 지금 나라의 수레[22]는 대복(大僕)[23]이 직접 몰고, 다른 일로 나갈 때는 봉거도위(奉車都尉)[24]가 모니 채찍과 고삐 잡는 일에 대해 말하며 사양할 수 있겠는가? 백성들은 모두 오제(五帝)의 자손인데, 어찌 황실 측근이라 하여 특별대우[25]를 받겠는가! 왕가의 친척이라고 해도 어떤 이는 밭[26]을 갈고 있으니 인간의 지위란 언젠가 변하기 마련이다. 옛

---

21 『춘추좌씨전』에~가르쳤다 : 『좌전 · 성공 18년』에 다음 말이 있다. "2월 을유 초하루에 진나라 도공이 조정에서 즉위하여 백관을 임명하기 시작했다[二月乙酉朔, 晉悼公卽位於朝, 始命百官]", "정정을 승마어에 임명하고 제후들의 말을 모두 돌보게 해 말을 훈련시켜 예의를 알게 했다[程鄭爲乘馬御, 六騶屬焉, 使訓羣知禮]." 이에 대해 두예는 "정정은 순씨의 다른 종족이다. 승마어는 수레를 모는 마부를 말한다. 육추는 여섯 칸의 마구간에 있는 말이다. 『주례』에 따르면 제후들에게는 여섯 칸의 마구간에 네 마리의 말이 있다. 수레를 탈 때도 예를 중시했기 때문에 모든 말을 훈련시켜 예를 알게 했다[程鄭, 荀氏別族. 乘馬御, 乘車之僕也. 六騶, 六閑之騶. 『周禮』諸侯有六閑馬. 乘車尙禮容, 故訓羣騶使知禮]." '추(騶)'는 말과 수레를 담당하는 관리이다.【吳】

22 나라의 수레 : 『후한서 · 여복지(輿服志)』에 다음 말이 있다. "낙양에서는 대행할 때만 대가를 탔다[東都唯大行乃大駕]." 또한 "대가에는 수레가 81대 따르며 법가에는 그 반만이 따른다[大駕屬車八十一乘, 法駕半之]."【吳】

23 대복(大僕) : '대(大)'는 '태(太)'와 같다. '대복'은 구경(九卿) 가운데 하나이며, 황제의 수레를 책임지고 관리한다.【吳】

24 봉거도위(奉車都尉) : 살펴보건대 문장의 의미상 '위(尉)' 자 아래에는 '어(御)' 자가 있어야 하기에, 『군서습보』에 근거해 보충한다. '봉거도위'는 광록훈에 속하며 녹봉은 2천 석, 황제가 탄 수레를 관리하고 몬다. 『후한서 · 백관지』에 다음 말이 있다. 태복경은 '천자가 출행할 때마다 수레 위에서 의장행렬을 모아 다스리며, 대가에서는 그것을 몰았다[天子每出, 奏駕上鹵簿, 用大駕則執馭].' 「여복지」에서는 "황제가 대가를 탈 때는 공경이 이끌고 태복이 수레를 몰고 대장군이 오른쪽에서 호위했다. 거기에 배속된 수레가 81대였으니 천승기병이 갖추어졌다고 말했다[乘輿大駕, 公卿奉引, 太僕卿, 大將軍參乘. 屬車八十一乘, 備千乘萬騎]." 또한 다음 말도 있다. "황제가 법가를 탈 때는 공경은 의장행렬대에서 빠졌다. 이때에는 하남윤, 집금오, 낙양현령이 앞에서 수레를 이끌었고 봉거랑이 몰고 시중이 호위했으며, 수레 36대가 따랐다[乘輿大駕, 公卿不在鹵簿中. 河南尹 · 執金吾 · 雒陽令奉引, 奉車郎御, 侍中參乘, 屬車三十六乘]."【吳】

25 특별대우 : 원문은 '우이(優異)'이다.【譯註】

26 밭 : 원문은 '견무(甽畝)'이다. '견(甽)'은 『호본』에서 '畎'으로 되어 있으며, 『군서습보』에서도 '畎'로 고쳐 썼다. 생각건대 두 글자는 같은 글자로 '견(甽)' 자이다. '畎'은 밭 사이에 있는 도랑이다. 『상서 · 익직(益稷)』 공안국 전(傳)에 다음 말이 있다. "밭 한 무 사이의 넓이 1척과 깊이 1척을 견이라고 한다[一畝之間, 廣尺深尺曰甽]." '견무(甽畝)'는 밭 사이이다. 여기에서는 하층 민중을 의미한다.【吳】

날의 높은 관리는 꾸민데 없이 수수하고, 그의 아들들은 모두 마부였기에 자손들이 노역을 대신한다[從皃]고 말한 것이다. 군신과 부자의 도[27]는 하나이다. 신하가 수레 모는 일을 하지 않으려 하니 그 자식들[28]이 어찌 그것을 하려 하겠는가? 공손경[29]은 편히 누워 쉬며 일을 하지 않아서[30] 아랫사람이 윗사람을 능욕하고 윗사람은 자리를 빼앗겼으니[31] 어찌 변란이 없을 수 있겠는가! 유조는 운 좋게 사면에다 포상까지 받게 되었지만 공손경은 정사와 형벌의 형평성을 잃었구나!

宗正南陽劉祖奉, 爲郡屬曹吏, 左騎校尉薛丞君卓爲戶曹吏, 太守公孫慶當祠章陵. 舊俗常以衣冠子孫, 容止端嚴, 學問通覽, 任顧問者以爲御史. 時功曹白用劉祖, 祖曰: "旣託帝王肺腑, 過聞前訓, 不能備光輝胥附之任, 而當側身陪乘, 執策握革, 有死而已, 無能爲役." 薛丞因前自白: "今明公垂出, 未有御者, 雖云不敏, 敢充人乏." 周旋進對, 補察時闕, 言出成謨, 大見敬重, 亦以祖爲高. 歲盡, 俱擧孝廉.

謹案『周禮』: 保氏掌六藝之教, 其一曰御. 『論語』曰: "吾何執? 執御乎?" 子適衛, 冉子僕. 有, 政事之士, 列于四友. 然猶御者, 不爲役也.

---

27 도: 원문은 '규(揆)'이다.【吳】

28 자식들: 원문은 '자(子)'이다. 원래 '호(乎)'로 잘못되어 있었는데 『군서습보』에도 '자(子)'로 되어 있고, 『고금합벽사류비요(古今合璧事類備要)』본에도 이미 교정되어 있어 지금 이에 근거하여 고친다.【吳】

29 공손경: 원문은 '공손(公孫)'이다. '손(孫)'은 원래 '자(子)'로 되어 있는데, 『군서습보』에는 "'손'인 것 같다[疑'孫']"라고 했다. 살펴보건대 아래 문장에서 "공손은 이에 정사와 형벌의 형평성을 잃었다[公孫於是失政刑矣]"라는 구절이 있는데 '손(孫)'으로 쓰는 것이 옳음을 증명할 수 있으니 지금 이에 근거해 고친다.【吳】

30 편히 누워 쉬며 일을 하지 않아서: 원문은 '언건(偃蹇)'이다.【吳】

31 아랫사람이~빼앗겼으니: 이 두 구절은 『좌전·소공(昭公) 18년』 민자마(閔子馬)의 말이다. 이에 대해 공영달은 다음과 같이 소를 달았다, "아랫사람이 윗사람을 능욕하고, 윗사람은 자리를 빼앗겨 상하 관계가 무너지니 변란이 없을 수 있겠는가[在下者陵侮其上, 在上者替廢其位, 上下失分, 能無亂乎]!" '능(陵)'은 능욕하다의 의미이다. '체(替)'는 무너지다의 의미이다.【吳】

『春秋左氏傳』: 晉悼公卽位, 程鄭爲乘馬御, 訓羣騶知禮. 今國家大駕, 大僕親御, 他出, 奉車都尉, 寧可復言執策握革, 而辭讓之乎? 凡黔首皆五帝子孫, 何獨今之肺腑當見優異也! 宗廟之人, 或在甽畝, 人之化也, 何日之有. 舊時長吏質樸, 子皆駕御, 故曰從兒. 君臣父子, 其揆一也. 臣不肯御, 子豈可然? 公孫遂偃蹇不使, 下陵上替, 能無亂乎! 劉祖幸免罪戾, 而見褒賞, 公孫於是失政刑矣!

빙사 팽성 사람 강굉[聘士彭城姜肱]

빙사(聘士)[1] 팽성(彭城) 사람 강굉(姜肱)은 자가 백회(伯淮)[2]이고 경조(京兆) 사람 위저(韋著)[3]는 자가 휴명(休明)이다. 영제(靈帝)가 즉위하고[4] 두태후(竇

1 빙사(聘士) : 조정의 부름에도 나아가지 않는 선비를 말한다.【譯註】

2 백회(伯淮) : 원래 '백아(伯雅)'로 되어 있었다. 『후한서 · 강굉전(姜肱傳)』에 "강굉의 자는 백회이며, 팽성 광척 사람이다[姜肱字伯淮, 彭城廣戚人也]"라는 구절이 보인다. 이 문장 아래에 또한 강굉의 동생으로 "중해와 계강[仲海 · 季江]"이 있다고 되어 있다. '백(伯)', '중(仲)', '계(季)'는 형제의 서열이고, '회(淮)', '해(海)', '강(江)'은 의미가 서로 연결된다. 『후한서집해(後漢書集解)』에 실린 혜동의 말에서 「강백회비(姜伯淮碑)」를 인용했는데, 여기에도 '백회(伯淮)'로 되어 있어 '백아(伯雅)'가 더더욱 아님을 알 수 있어 지금 바르게 고친다. 『초학기(初學記)』 권6에는 '백유(伯維)'로 되어 있으나 이것 또한 잘못 쓰인 것이다.【吳】

3 위저(韋著) : 위표(韋豹)의 아들이며 경조(京兆) 두릉(杜陵 : 陝西省 西安市) 사람으로 질병과 재앙을 물리치기 위해 불경을 외우면서 거리를 돌아다니는 것으로 당시 유명했으나, 관직에는 응하지 않았다. 『후한서 · 위표전(韋彪傳)』의 부록으로 위저(韋著)의 전이 있다.【吳】

4 영제(靈帝)가 즉위하고 : 이 문장은 위 문장의 뜻과 서로 연결되지 않기 때문에 빠진 문장이 있는 듯하다. 영제는 건녕 원년(建寧元年, 168) 정월 경자일에 즉위했다.【吳】

太后)[5]가 조정에 오르자 진번(陳蕃)과 두무(竇武)는 두태후에게 충성을 다하다 해를 당했다.[6] 중상시(中常侍)[7] 조절(曹節)[8]은 정권을 잡고 크게 권력을 행사하며 명현을 중용하여[9] 자신에 대한 비방을 수습하기 바랐다.[10] 이에 집안에 있던 강굉[11]을 건위(犍爲)[12] 태수로 임명하고 위저를 동해왕(東海王)의 상(相)[13]으로 등용했다. 강굉이 주변 사람들에게[14] 말했다.

---

5 두태후(竇太后) : 원문은 '태후(太后)'이다.【吳】

6 진번(陳蕃)과 두무(竇武)는~해를 당했다 : 원문은 '진두이충견해(陣竇以忠見害)'이다. '진(陳)'은 '진번'이고, '두(竇)'는 '두무'이다. 『후한서』에 진번과 두무의 전이 실려 있는데 두태후가 정사를 돌보자 진번과 두무는 살육을 행하며 그녀의 정치를 보좌했고, 중상시 조절과 왕보가 태후에게 아첨하자 진번과 두무는 그들을 주살하고자 했으나 일이 누설되어 조절이 조서를 거짓으로 꾸며 진번과 주무를 주살했다.【吳】

7 중상시(中常侍) : 『후한서 · 주목전(朱穆傳)』에서 이현은 『한관의』를 인용해 다음 주를 달고 있다. "중상시는 진나라 관직이다. 한나라가 흥기하여 간혹 사인을 등용했는데, 그들은 관 앞에 은고리를 달고 담비꼬리를 관 왼쪽에 장식했다. 광무제 이후 환관이 된 자들은 관 앞에 금고리를 달고 담비꼬리를 오른쪽에 장식했다(中常侍, 秦官也. 漢興或用士人, 銀璫左貂. 光武以後, 專任宦者, 右貂金璫." 『후한서』에 주목의 다음 말이 적혀 있다. "신이 한나라의 옛 전적을 듣건대 시중과 중상시 각각 한 명씩을 두고 상서의 일을 살피게 했고, 황문시랑 한명은 서신과 상주문을 담당하게 했는데, 모두 명망 있는 가문의 출신들을 등용했습니다. 화희태후가 여황후로서 정사를 돌본 이후부터 공경을 거치지 않고 내시가 상시를 맡아 보았고 소황문(小黃門 : 황문시보다 한 단계 낮은 환관)이 황제와 태후 사이의 명을 서로 전달했다. 이후부터 권력이 여황후로 기울었으니, 천하가 곤궁해졌다(臣聞漢家舊典, 置侍中 · 中常侍各一人, 省尙書事, 黃門侍郎一人, 傳發書奏, 皆用姓族. 自和熹太后以女主稱制, 不接公卿, 乃以閹人爲常侍, 小黃門通命兩宮. 自此以來, 權傾人主, 窮困天下)."【吳】

8 조절(曹節) : 조절의 자는 한풍(漢豊)이며 남양(南陽 : 湖北省 襄陽縣) 신야(新野) 사람으로 『후한서 · 환자전(宦者傳)』에 그에 관한 상세한 기록이 있다.【吳】

9 중용하여 : 원문은 '기총(冀寵)'이다. '기(冀)' 자는 『명각본』, 『초본』, 『도광본』에서 '익(翼)'으로 되어 있다. 생각건대 원문은 틀리지 않았다. '기'는 희망한다는 의미이다.【吳】

10 수습하기 바랐다 : 원문은 '미(弭)'이다.【吳】

11 집안에 있던 강굉 : 원문은 '기가굉(起家肱)'이다, '가(家)'는 『유편본』, 『호본』, 『낭본』, 『명각본』, 『초본』, 『도광본』에는 모두 '강(姜)'으로 되어 있다. 생각건대 '가'는 잘못 쓰인 것이 아니다. '기가(起家)'는 집에서 지내는 사람을 등용하는 것을 의미한다. 『후한서 · 위저전(韋著傳)』의 "백제(白帝 : 懿王 劉祉)가 집에서 지내던 위저를 동해의 상에 배수했다(白帝就家拜著東海相"는 구절에서도 '기가(起家)'의 뜻을 볼 수 있다.【吳】

12 건위(犍爲) : 관할지는 무양(武陽)이며 지금의 사천성 팽산현(彭山縣)에 속한다.【吳】

13 위저를 동해왕(東海王)의 상(相) : 한나라 광무제 건무(建武) 19년(43)에 광무제는 자

"나는 아무 이유 없이 관직을 얻었으니 결국[15] 진정한 명성과 지위는 파묻혔네. 태평시절에도 도리어 관직을 얻지 못했는데 하물며 지금의 정치는 환관의 손에 달려있구나."[16]

결국 강굉은 뗏목[17]을 타고 바다를 떠다녔는데, 그가 어디로 갔는지 알 수 없었다.[18] 위저는 기꺼이 명을 받들어 말을 타고[19] 밤에 나갔다.[20] 백성들은 그 덕정을 보지 못하고 오직 그가 자행한 살육만을 들었는데, 결국 나중에 문제가 되어 좌교(左校)[21]로 내쳐져 벌을 받았다.

신의 아들 유강(劉彊)을 동해왕에 봉했고 4대 후에 의왕(懿王) 유지(劉祗)가 물려받았다. 위저는 바로 지(祉 : 劉祉)의 상이 되었다.【吳】

14 주변 사람들에게 : 원문은 '인(人)'으로 '인'도 『군서습보』에서는 '우(友)'로 고쳐 썼다. 『후한서 · 강굉전』에 "강굉은 조서를 받자 곧 그의 친구에게 그 사실을 몰래 말했다[肱得詔, 乃私告其友曰]"라는 구절이 보인다. '인(人)'은 '우(友)'가 손상된 글자이니 고쳐서 바로잡아야 한다.【吳】

15 결국 : 원문은 '온(蘊)'이다. 『후한서 · 강굉전』에 따르면 '수(遂)'로 써야 한다.【吳】

16 나는~달려있구나 : 이 구절은 『초학기』에는 "지금의 정치는 한 권문세가의 손아귀에 있으니 무릇 어찌 하겠는가[今政在私門, 夫何爲哉]!"로 인용되어 있다. 『후한서 · 강굉전』에서 강굉은 다음과 같이 말했다. "나는 헛된 명성으로 관직을 얻었으니 나의 명성과 지위가 가려졌네. 황실에서 그들의 뜻을 굳건히 해야 하건만, 지금의 정치가 환관들의 [손아귀에] 있으니 무릇 어찌하겠는가[吾以虛獲實, 遂藉聲價. 明明在上, 猶當固其本志, 況今政在閹豎, 夫何爲哉]! 『풍속통의』의 문맥과 다소 다르다. '가(家)'는 권문세가를 의미한다.【吳】

17 뗏목 : '부(桴)'는 대나무를 엮어 배를 대신한다는 의미로, 큰 것은 벌(筏), 작은 것은 '부(桴)'라고 한다.【吳】

18 그가 어디로 갔는지 알 수 없었다 : 『초학기』에는 이 구절 아랫부분에 "시인이위비범(時人以爲非凡)"이라는 한 구절이 있다.【吳】

19 말을 타고 : 원문은 '가언(駕言)'이다. '언(言)'은 어조사이다. 『시경 · 패풍(邶風) · 천수(泉水)』에 다음 말이 있다. "말 타고 나가 노니니 내 근심 사라졌나니[駕言出遊, 以寫我憂]."【吳】

20 밤에 나갔다 : 원문은 '소정(宵征)'이다. 『시경 · 소남(召南) · 소성(小星)』에 "총총걸음으로 밤에 나가 조석으로 공직에 있네[肅肅宵征, 夙夜在公]"라는 구절이 보인다.【吳】

21 좌교(左校) : 이에 대해서는 『풍속통의 · 과예(過譽)』 「도료장군황보규(度遼將軍皇甫規)」의 주에 보인다. 『후한서 · 위저전』에서 위저가 "폭건(幅巾 : 유학자들이 평소 즐겨 사용하는 두건)을 풀어놓고 관직에 나아가 폭정을 행하고 엄벌을 행했다. 형벌을 받은 사람들의 상주에 의해 결국 좌교에 처해져 벌을 받았다[解巾之郡, 政任威刑. 爲受罰者所奏, 坐論輸左校]"라고 했다.【吳】

내가 삼가 『역경』을 살펴보니 다음과 같았다.

"군자의 도는 나가기도 하고 머무르기도 하며 침묵하기도 하고 말하기도 한다."[22]

『전』에 다음 말이 있다.

"조정의 대신들은 조정에 들어가면 나올 줄 모르고, 산림에 은둔하는 선비는 속세를 떠나면 돌아올 줄 모른다."[23]

이것은 각각 장점이 있음을 말한 것이다. 공자는 우중(虞仲)과 이일(夷逸) 등 은자 7인[24]을 칭찬했는데, 이들은 결국 자신들을 드러내지 않고 조용히 지냈다. 강굉은 자기의 소임을 소중히 여기고,[25] 이익을 보면 그것이 의리에 부합하는지 아닌지를 생각하니,[26] 어찌 여유가 있고 침착하지[27] 않겠는가! 위저는 힘써 덕을 길렀기에[28] 그나마 보완할 수 있었다.

---

22 군자의 도는~말하기도 한다 : 이에 대해서는 『풍속통의 · 건례(愆禮)』 「남양장백대(南陽張伯大)」의 주 참고.【吳】

23 조정의 대신들은~모른다 : 이에 대해서는 『풍속통의 · 건례(愆禮)』 「남양장백대(南陽張伯大)」의 주 참고.【譯註】

24 은자 7인 : 『논어 · 헌문(憲問)』에 다음 말이 있다. "공자께서 말씀하셨다. '현자는 세상을 피하고, 그다음은 사는 곳을 피하고 그다음은 색을 피하고 그다음은 말을 피하니라.' 공자께서 말씀하셨다. '이를 실천에 옮긴 사람이 7인이다'[子曰, '賢者辟世, 其次辟地, 其次辟色, 其次辟言.' 子曰, '作者七人矣']." 형병(邢昺)은 왕필(王弼)의 다음 말을 인용해 소(疏)를 달고 있다. "7인은 백이, 숙제, 우중, 이일, 주장, 유하혜, 소련이다[伯夷 · 叔齊 · 虞仲 · 夷逸 · 朱張 · 柳下惠 · 少連]."【吳】

25 강굉은 자기의 소임을 소중히 여기고 : 『역경 · 민괘(蠱卦)』의 상구(上九) 효사(爻辭)에 다음 말이 있다. "왕후를 섬기지 않고 자기의 소임을 중히 여긴다[不事王侯, 高尙其事]."【吳】

26 이익을~생각하니 : 원문은 '견득사의(見得思義)'로 공자의 '아홉 가지 생각[九思]' 가운데 하나이며, 『논어 · 계씨(季氏)』에 실려 있다. 이득을 보면 내가 얻을 것인지 말 것인지를 고려해야 한다는 의미이다.【吳】
구사(九思) : 『논어 · 계씨』에 다음 말이 있다. "공자가 말씀하셨다. '군자에게 아홉 가지 생각함이 있으니, 보는 것은 밝음을 생각하고, 듣는 것은 귀가 밝음을 생각하며, 얼굴빛은 온화함을 생각하고, 모양은 공손함을 생각하며, 말은 충을 생각하고, 일은 공경함을 생각하며, 의심은 물음을 생각하고, 분은 어려움을 생각하며, 이득을 보면 의를 생각함이니라'[孔子曰, '君子有九思, 視思明, 聽思聰, 色思溫, 貌思恭, 言思忠, 事思敬, 疑思問, 忿思難, 見得思義']."【譯註】

27 침착하지 : 원문은 '작작연유여유(綽綽然有餘裕)'로, 느긋하고 여유 있는 모양을 의미

모진 형벌을 함부로 행하면 백성들은 원통해 한다. 옛사람들은 덕은 없는데 지위가 높고 역량은 안 되는데 소임이 막중한 사람, 이런 사람들을 두려워했는데,[29] 이들 중 화를 입지 않는 자가 드물다.[30]

聘士彭城姜肱伯淮, 京兆韋著休明. 靈帝踐祚, 太后臨朝, 陳·竇以忠見害. 中常侍曹節秉國之權, 大作威福, 冀寵名賢, 以弭己謗. 於是起姜肱爲犍爲太守, 著東海相. 肱告其人: "吾以虛獲實, 蘊藉聲價. 盛明之際, 尙不委質, 況今政在家哉." 遂乘桴浮海, 莫知其極. 而著驪以承命, 駕言宵征. 民不見德, 唯戮是聞, 論輸左校.

謹按『易』稱: "君子之道, 或出或處, 或默或語." 『傳』曰: "朝廷之人, 入而不能出, 山林之士, 往而不能返." 言各有長也. 孔子嘉虞仲·夷逸

한다. 『맹자·공손추(公孫丑)』에 다음 말이 있다. "나는 관직을 지켜야 할 책임도 없고, 말을 해야 할 책임도 없으니, 내가 나아가고 물러가는 것이 어찌 느긋하고 여유가 있지 않겠는가[我無官守, 我無言責也, 則吾進退, 豈不綽綽然有餘裕哉]." 응소의 말은 여기에서 나왔다.【吳】

28 위저는 힘써 덕을 길렀기에: 『좌전·장공(莊公) 8년』에 다음 말이 있다. "『상서·하서(夏書)』에 '고요가 힘써 덕을 쌓으니, 덕이 사람들을 굴복시켰다[「夏書」曰: '皐陶邁種德, 德乃降].'" 이에 대해 두예는 다음과 같이 주를 달았다. "매는 힘쓰다[邁, 勉也]." 공영달은 이에 대해 다음과 같이 소를 달았다. "고요가 힘써 노력하여 공덕을 세울 수 있었음을 말한다[言皐陶能勉力種樹功德]."【吳】

29 옛사람들은~두려워했는데: 『논어·계씨(季氏)』에서 공자가 주임(周任)의 말을 인용한 것을 다음과 같이 적고 있다. "힘을 다해 관직에 나아가더라도 능히 할 수 없다면 그만두어라[陳力就列, 不能則止]." 『역경·계사』에서 공자가 다음과 같이 말했다. "덕은 보잘것없는데 지위가 높고, 지식은 적은데 도모함이 크고, 능력은 작은데 소임이 막중하면 거의 이룰 수 없다[德薄而位尊, 知小而謀大, 力小而任重, 鮮不及矣]." 응소는 바로 이것을 근거로 삼은 것이다.【吳】

30 화를 입지 않는 자가 드물다: 원문은 '선능불급의(鮮能不及矣)'이다. 『군서습보』에서 '능(能)'은 "쓸데없는 글자인 듯하다[疑衍]"라고 했다. 사수청 선생이 말했다. "생각건대 노문초는 '능' 자의 틀리고 맞음에 대해 말했는데, 『중용』에 실린 '민선능구의(民鮮能久矣)'는 바로 『논어』의 '민선구의(民鮮久矣)'라는 구절이다[按盧說非是, '能'字語詞, 『中庸』: '民鮮能久矣'. 卽『論語』: '民鮮久矣]." 덕은 작은데 지위가 높고 능력은 작은데 소임은 막중한 사람은 화를 입지 않을 가능성이 적다라는 것을 의미한다.【吳】

作者七人, 亦終隱約. 姜肱高尙其事, 見得思義, 豈不綽綽然有餘裕哉! 韋著邁種其德, 少有云補可也. 虐刑以逞, 民心怨痛. 德薄位尊, 力小任重, 古人懼旃, 鮮能不及矣.

조 땅의 상 여남 사람 이통[趙相汝南李統]

조(趙) 땅의 상(相)[1] 여남 사람 이통(李統)은 기주자사(冀州刺史) 완황(阮況)[2]에게 연로하여 귀와 눈이 어둡다는 이유로 탄핵 당했다. 그를 보좌하던 속관들이 이 때문에 모두[3] 격분하여 입궐해서 직접 그 일을 처리하려고

1 조(趙) 땅의 상(相) : 『후한서 · 조효왕량전(趙孝王良傳)』에 따르면 건무(建武) 5년(29) 유량(劉良)이 조왕에 봉해졌는데 건무 17년(31)에 사망했다. 그의 아들 유허(劉栩)가 그 자리를 계승하여 14년간 재위했다 죽었는데, 그때가 장제(章帝) 건초(建初) 6년(82)이었다. 또한 다시 유허의 아들 유상(劉商)이 계승했는데, 그때가 화제(和帝) 영원(永元) 16년(104)이었다. 그는 23년 동안 재위했는데 이통이 장제시기에 조 땅의 상이 되었을 때를 미루어 계산하면 이통은 유허 또는 유상 때의 상이었을 것으로 추정된다. 조 땅의 관할지는 한단(邯鄲)인데 지금의 하북성 한단시 서남쪽에 해당된다.【吳】

2 기주자사(冀州刺史) 완황(阮況) : 원문은 '기주자사완황(冀州刺史阮況)'이다. '사(史)' 자 아래에 원래 한 글자가 비어있고 '완(阮)' 자가 없었는데, 『태평어람』 권640의 다음 구절을 인용하고 있다. "기주 목사 완황이 조 땅의 상 여남 사람 이통에 대해 상소를 올렸다. '이통은 눈과 귀가 어두우니 직책을 파면해야 합니다'[趙相汝南李統爲冀牧阮況奏 : '統耳目不聰, 宜免職任']." 지금 이에 근거하여 '완(阮)' 자를 보충한다.【吳】

3 이 때문에 모두 : 원문은 '함용(咸用)'이다. '용(用)'은 '~때문에'의 뜻이다.【吳】

했다. 이통이 그 사실을 듣고는[4] 그들을 일일이 집으로 불러들이고 관리를 보내 말했다.

"나[5]는 외람되게도 오래도록 중임을 맡고 있으면서 공밥을 먹었고, 나이도 70이 되어가니 예법에 따라 관직에서 물러나야 하네.[6] 내가 최근에 병이 들어 귀향하고 싶어서[7] 돌아가기를 청했을 때에 왕께서 윤허하지 않으셨네. 다행히 기주자사 완황[8]이 상소를 올린 덕에 내가 떠날 수 있

4 듣고는 : 원문은 '문지(聞知)'이다. 『군서습보』에서 '지(知)' 자는 "쓸데없는 글자이다[衍]"라고 했다.【吳】

5 나 : 원문은 '상(相)'으로 『유편본』에는 동일하고, 『정본』, 『하본』, 『낭본』에는 '통(統)'으로 되어 있으며 아래 문장도 동일하다. 『낭본』의 미주(眉注)에 따르면 다음 말이 있다. "'통구'는 다른 본에는 '상구'로 되어 있다['統久'一本作, '相久']." 『풍속통의교정(風俗通義校正)』에서는 『하본』의 '통' 자를 '상'으로 고치고 다음과 같이 말했다. "지금의 『풍속통의교정』본에서는 '상'이 '통'으로 되어 있고 관리들이 '상'이라 칭하는 것이 맞기 때문에 『대덕본』을 따라 바르게 고친다[今本'相'作'統, 蓋自吏口稱'相'爲是, 從『大德本』改正]."【吳】

6 예법에 따라 관직에서 물러나야 하네 : 『백호통의(白虎通義)·치사(致仕)』에 다음 말이 있다. "신하는 나이 70이 되면 수레를 걸어놓고 관직에서 물러나야 한다. 신하는 분주히 뛰어다니며 정무를 집행하는데, 나이 70이 되면 양기가 쇠하고 눈과 귀는 어둡고, 다리는 절뚝거리게 된다. 이 때문에 관직에서 물러나 유능한 사람에게 길을 터주어 스스로 염치를 살리고 수치를 멀리해야 한다. 그래서 수레를 매달아놓는다는 것은 등용될 일이 없음을 나타낸다. 벼슬을 그만 둔다는 것은 임금을 모시는 일을 그만두는 것이기에 임금께서는 [연로한 신하를] 억지로 물러나게 하지 않고 스스로 그만두게 했는데, 이것은 현자를 존중해서이다. 그래서 『예기·곡례』에서는 '대부는 70세가 되면 벼슬에서 물러난다'라고 했고 『예기·왕제』에서는 '70세에는 정치를 그만둔다'라고 했다[臣年七十懸車致事者. 臣以執事趨走爲職, 七十陽道極, 耳目不聰明, 跂踦之屬. 是以退老去避賢者路, 所以長廉遠恥也. 懸車示不用也. 致仕者, 致其事於君, 君不使退而自去者, 尊賢者也. 故「曲禮」曰 : '大夫七十而致仕.' 「王制」曰 : '七十致政']."

7 귀향하고 싶어서 : 『예기·단궁』에 다음 말이 있다. "옛날 사람들이 이렇게 말이 있다. '여우는 죽을 때 머리를 자기가 살던 굴을 향해 둔다.' 이것이 인이다[古之人有言曰 : '狐死正丘首', 仁也]." 공영달은 다음과 같이 소를 달았다. "동굴은 여우가 자신이 살던 구멍의 근본으로 삼던 곳인데, 비록 낭패를 당해 죽더라도 그의 마음은 이 구를 향하는 것과 같다[丘是狐窟穴根本之處, 雖狼狽而死, 意猶嚮此丘]." 『회남자·설림훈(說林訓)』에 다음 말이 있다. "새는 죽을 때 날아서 고향으로 돌아가고, 토끼는 죽을 때 뛰어서 자기가 살던 동굴로 돌아가고, 여우는 죽어서 구멍을 향해 머리를 둔다[鳥飛返鄕, 兎走歸窟, 狐死首丘]." 이 때문에 후세 사람들은 사망한 후 고향으로 돌아가서 장례를 치르는 것을 귀정수구(歸正首丘)라고 했다.【吳】

게 되었으니 정말이지 내가 원했던 바이네."[9]

그러나 얼마 지나지 않아 이통은 다시 초징되었다. 마침 기주에 미제 사건이 생겨 장제가 이통을 불러 의뢰했는데 그는 사건의 정황을 자세히 살피고 깔끔하게 처리해[10] 장제의 마음에 부합할 수 있었다.[11] 장제[12]가 말했다.

"그대는 여전히 아주 총명한데[13] 자사가 그대를 모략했구려."[14]

이통이 말했다.

"신은 나라의 성은을 입어 관직도 높고 녹봉도 많이 받았지만 그간 이를 갚을 길이 없었는데[15] 다행히 이로써 보답할 수 있게 되었습니다. 오랫동안 중병을 앓아 기력은 쇠해졌고[16] 귀와 눈은 어두워지고 마음은 약해지고[17] 뜻은 꺾였습니다.[18] 기꺼이 죽기를 바랐지만[19] 외람되게[20] 다시

---

8 기주자사 완황: 원문은 '주가(州家)'이다. 『유편본』에서는 '주(州)' 자로 되어 있고, 『정본』과 『낭본』에는 '황(皇)'으로 쓰여 있는데 『낭본』의 디주에 다음 말이 있다. "'황가'는 다른 본에 '주가'로 되어 있다['皇家', 一本作'州家']." 생각건대 '주(州)'라고 하는 것이 옳은데 '주가(州家)'는 기주자사 완황을 가리킨다.【吳】

9 정말이지 내가 원했던 바이네: 원문은 '실상원야(實上願也)'이다. 『정본』, 『하본』, 『낭본』, 『백자전서』본에서 '상(上)'은 모두 '지(至)'로 되어 있다.【吳】

10 장제가~처리해: 원문은 '장제견문통, 통처당상평(章帝見問統, 統處當詳平)'이다. 이 두 구절은 『태평어람』에는 "장제문통, 통처당[章帝問統, 統處當]"으로 되어 있다. '처당(處當)'은 처리한다는 의미이다.【吳】

11 부합할 수 있었다: 원문은 '극염(克厭)'이다. '극(克)'은 할 수 있다는 의미이고 '염(厭)'은 부합한다는 의미이다. 『국어·주어』에 "능히 천심에 부합할 수 있다[克厭天心]"라는 구절이 보인다.【吳】

12 장제: '제(帝)' 자는 원래 빠져있는데 지금 『태평어람』에 근거해 보충한다.【吳】

13 총명한데: 원문은 '총명(聰明)'으로 귀와 눈이 밝은 것을 의미한다. 이것은 완황이 황제에게 이통의 "눈과 귀가 어둡다[耳目不聰明]"라 상소를 올린 것을 겨냥한 말이다.【吳】

14 자사가~모략했구려: 이 구절은 『태평어람』에는 "자사가 그대를 좋아하지 않을 뿐이다[刺史不親君耳]"로 인용되어 있다.【吳】

15 갚을 길이 없었는데: 원문은 '갈(竭)'이다.【吳】

16 기력은 쇠해졌고: 원문은 '이로(羸露)'이다. '이(羸)'는 병의 뜻이고, '로(露)'는 쇠하다는 의미이다.【吳】

17 마음은 약해지고: 원문은 '수허(守虛)'이다.【吳】

18 꺾였습니다: 원문은 '운월(隕越)'이다.【吳】

19 기꺼이 죽기를 바랐지만: 원문은 '자분엄홀전학(自分奄忽塡壑)'이다. '자분(自分)'은

성은을 입어 직접 뵙게 되니 정말이지 너무 기쁩니다. 사직한 후 잠시[21] 병세가 호전되어[22] 원래의 모습을 회복했을 뿐, 자사가 신을 모략한 것은 아닙니다."

황제는 그의 겸손함에 기뻐하며 그날로 완황을 파면하고 이통을 시중으로 등용했다.

趙相汝南李統少幼, 爲冀州刺史阮況所奏耳目不聰明. 股肱掾史, 咸用忿憤, 欲詣闕自理. 統聞知之, 歷收其家, 遣吏追還曰 : "相久忝重任, 負於素餐, 年漸七十, 禮在懸車. 頃被疾病, 念存首丘, 比自乞歸, 未見聽許. 州家幸能爲, 相得去, 實上願也." 居無幾, 果徵. 時冀州有疑獄, 章帝見問統, 統處當詳平, 克厭上心. 帝曰 : "君大聰明, 刺史侵君." 統曰 : "臣受國厚恩, 官尊祿重, 不能自竭, 有以報稱. 久抱重疾, 氣力羸露, 耳聾目眩, 守虛隕越. 自分奄忽塡壑, 猥得承望闕廷, 親見御座, 不勝其喜. 權時有瘳, 辭出之後, 必復故也, 刺史不侵臣也." 上悅其遜, 卽日免況, 拜統侍中.

자기 스스로 예상하고 기꺼이 원한다는 의미이다. '엄홀(奄忽)'은 죽는다는 의미이다. 『후한서 · 조기전(趙岐傳)』에 다음 말이 있다. "7년을 자리에 누워있으니, 스스로 죽기를 바란다[自蓐七年, 自慮奄忽]." 이 문장은 바로 그 예이다.【吳】

20 외람되게 : 원문은 '외(猥)'이다. 유기(劉淇)의 『조자변략(助字辨略)』 권3에서 "외는 과분하다는 것을 말한다[猥, 猶云謬也]"와 같은 구절이 보인다. 생각건대 스스로 '외(猥)'라고 한 것은 모두 겸어이다.【吳】

21 잠시 : 원문은 '권시(權時)'이다.【吳】

22 병세가 호전되어 : 원문은 '유추(有瘳)'이다.【吳】

사도 구강 사람 주창[司徒九江朱倀]

사도 구강(九江) 사람 주창(朱倀)[1]은 사례(司隸) 우후(虞詡)[2]에게 연로하여 눈과 귀가 어둡다고 탄핵당하자, 자신의 속관[3]을 보며 대노하여 말했다.

"넘어질 때 부축해주지 않는다면 저 사람을 어디에다가 쓰겠느냐![4] 임

---

1 주창(朱倀) : 『후한서 · 순제기(順帝紀)』에 따르면, 영건 원년(永建元年, 126) 2월에 주창은 사도에 임명되었다가 이듬해 7월에 면직되었다. 이현의 주에 따르면 다음과 같다. "주창은 자가 손경이고, 수춘 사람이다[朱倀, 字孫卿, 壽春人也]."【吳】

2 우후(虞詡) : 자는 승경(升卿)이다. 『수경 · 과수주(渦水注)』에 따르면, 무평현(武平縣) 서남쪽 7리에 「우후비(虞詡碑)」가 있는데, "자는 정안이다[字定安]"라고 적혀 있다. 우후는 진국(陳國) 무평현 사람으로, 영건 원년에 진선(陳禪)을 대신해 사례교위(司隸校尉)가 되었다. 그가 상소를 올려 탄핵하는 일을 주로 했기 때문에 백관들은 그를 두려워하며 정면으로 바라보지 못하고, 그를 '가각(苛刻)'이라 불렀다. 『후한서』에 그 전이 있다.【吳】

3 속관 : 원문은 '연속(掾屬)'이다. 한(漢)나라 때 삼공(三公)에서 군현(郡縣)에 이르기까지 모두 속관을 두었는데, 담당관리가 조정의 명 없이 직접 선발할 수 있었다.【譯註】

4 넘어질 때 부축해주지 않는다면 저 사람을 어디에다가 쓰겠느냐 : 원문은 '전이불부, 언용피상(顚而不扶, 焉用彼相)'이다. 이 두 구절은 원래 공자가 한 말로, 『논어 · 계씨』에 실려 있다. 이 말은 장님이 위험한 상황을 만났는데도 가서 부축해주지 않는

금이 고생하고 신하가 욕을 먹는다면 저들을 등용해 무엇하겠는가!"

그러자 동합좨주(東閤祭酒)[5] 주거(周擧)[6]가 말했다.

"옛날의 성군들은 모두 일월성신의 운행을 관측하여[7] 모든 일을 경계했습니다. 근래에 화성[8]이 변고를 일으켰는데 어찌 능히 직접 글을 써서

다면 뭐 때문에 조수를 쓰겠는가!라는 의미이다.【吳】

5 동합좨주(東閤祭酒) : 『한서 · 공손홍전(公孫弘傳)』에 "동쪽 쪽문을 열어 현자들을 불러들였다[開東閤以延賢人]"라는 구절이 있는데, 안사고는 이렇게 주를 달고 있다. "합은 쪽문이다. 동쪽으로 문을 내어 정문(庭門)을 피해 현자를 불러들였는데, 다른 속관들과 구분하기 위해서이다[閤者, 小門也. 東向開之, 避當庭門而引賓客, 以別於掾史官屬也]." 왕선겸은 『한서보주(漢書補注)』에서 요내(姚鼐)의 말을 인용하고 있다. "여기서 합은 쪽문으로, 현자들을 하급관리처럼 취급하지 않고 따로 문을 내어 그들을 모셨다. 후한 때 여남태수 한숭(韓崇)은 채순(蔡順)을 동합좨주로 모셨는데, 바로 그 예이다. 그 뒤로 위 · 진에서부터 양 · 진에 이르기까지 동합좨주라 불리는 자들이 더욱 많아졌다. 여기서는 바로 속관[參佐]의 의미이다[此閤是小門, 不以賢者爲吏屬, 別開門延之. 若後漢汝南太守韓崇召蔡順爲東閤祭酒. 其後魏 · 晉至梁 · 陳稱東閤祭酒者甚多. 此則正是參佐耳]."【吳】

6 주거(周擧) : 자는 선광(宣光)으로 여남 여양(汝陽) 사람이다. 박학다식하여 당시 유학자들에게 존경받았는데, 당시에 '오경에 두루 통달한 주선광[五經從橫周宣光]'이란 말도 있었다. 그 행적은 『후한서』 본전에 상세히 나와 있다.【吳】

7 일월성신의 운행을 관측하여 : 원문은 '역상일월성신(歷象日月星辰)'이다. 『상서 · 요전(堯典)』에 다음 말이 있다. "이에 희씨(羲氏)와 화씨(和氏)에게 명하시어 넓은 하늘을 경건히 따르게 하시고, 일월성신의 운행법칙을 관측하여 삼가 백성들에게 때를 알려주게 하시었다[乃命羲 · 和, 欽若昊天, 曆象日月星辰, 敬授民時]." 『사기 · 오제본기(五帝本紀)』에도 다음 말이 보인다. "이에 희씨와 화씨에게 명하시어 넓은 하늘을 경건히 따르게 하시고 일월성신의 운행법칙을 계산하여 삼가 백성들에게 때를 알려주게 하시었다[乃命羲 · 和, 敬順昊天, 數法日月星辰, 敬授民時]." 또 『사기색은(史記索隱)』에는 다음과 같이 적혀 있다. "『상서』에서 말하는 '역상일월(曆象日月)'은 바로 '역법[數法]'으로, '역상' 두 글자에 대한 해석이다. 즉 희씨와 화씨에게 명해 역법으로 일월성신의 운행시간을 관찰하게 해서 삼가 사람들에게 때를 알려주게 하시었다는 뜻이다[『尙書』作'曆象日月', 則此言'數法', 是訓'曆象'二字. 謂命羲 · 和以曆數之法觀察日月星辰之早晚, 以敬授人時也]."【吳】
희씨(羲氏)와 화씨(和氏) : 희씨와 화씨는 부족 이름으로, 두 부족은 대대로 계절과 월령(月令)을 관장했다. 그래서 요임금은 이들에게 일월성신의 운행법칙을 관찰해 역법을 제정하게 하고 사람들이 절기에 따라서 일할 수 있게 했다.【譯註】

8 화성 : 원문은 '형혹(熒惑)'으로, 화성(火星)을 말하며 '태백성'이라고도 불린다.【吳】 여기서 오수평(吳樹平)은 화성과 태백성을 동일하게 보고 있는데 이는 잘못된 것이다. 태백성은 샛별 곧 금성이다.【譯註】

비밀리에 황제께 알리지 않습니까?"

주창이 말했다.

"내 직접 하겠소이다."

주거가 그를 위해 초고를 잡아주자 주창이 글을 썼다.

"신이 듣건대 『역경』에서 '하늘이 징조를 나타내 보이고 길흉을 드러낸다',[9] '천문을 관찰하여 시간의 변화를 살핀다'[10]라고 했습니다. 제가 사사로이 9월 경진일과 이번 달 병진일에 하늘을 살펴보니 화성이 동정(東井)[11]을 지나 달과 태백성이 합쳐지더니[12] 잠시 뒤에 다시 나타났습니다. 신[13]은 경술(經術)에 대한 지식도 얕고 천문(天文)[14]도 모르지만, 그 현상은 정말이지 예사롭지 않았습니다. 또 확실하게 다시 그 현상이 나타나는 것을 보고 속으로[15] 정말 이상하다고 생각했고 진실로[16] 화가 났습

---

9 하늘이~길흉을 드러낸다 : 원문은 '천수상, 견길흉(天垂象, 見吉凶)'으로, 『역경·계사』에 나오는 말이다.【吳】

10 천문을~살핀다 : 원문은 '관호천문, 이찰시변(觀乎天文, 以察時變)'으로, 『역경·분괘(賁卦)·단전(彖傳)』에 나오는 말이다.【吳】

11 동정(東井) : 바로 정수(井宿)로, 별자리 28수 가운데의 하나이다. 주작(朱雀) 7수 가운데의 첫 번째 별자리로 8개의 별로 이루어져 있으며, 쌍둥이자리에 속한다. 『진서(晉書)·천문지』에는 "남쪽의 동정 여덟 개 별은 하늘의 남문에 해당한다[南方東井八星, 天之南門]"고 되어 있고, 『한서·천문지』에는 다음과 같이 적혀 있다. "동정은 치수와 관련된 별이다. 화성이 동정에 침입하면 동정의 한 별이 화성 주위에 있게 되는데, 천자가 장차 화성으로 인해 패망한다[東井爲水事. 火入之, 一星居其左右, 天子且以火爲敗]."【吳】

12 달과 태백성이 합쳐지더니 : 원문은 '벽금광휘합병(辟金光輝合幷)'이다. '벽' 자는 '벽(璧)'으로 해야 마땅하다. '벽'은 달을 가리킨다. '금(金)' 자는 금성(金星) 즉 태백성이다. 『사기·천관서(天官書)』에 따르면 태백성과 달이 부딪치면 어지러운 일이 일어난다고 되어 있다.【吳】

13 신 : 원문은 '신(臣)'이다. '신' 자는 원래 빠져 있었으나, 『군서습보』에는 들어가 있다. 문맥상 있는 것이 맞는 것 같아 지금 보충한다.【吳】

14 천문(天文) : 원문은 '천관(天官)'이다.【譯註】

15 속으로 : 원문은 '절(竊)'이다. '절(竊)' 자는 원래 '절(切)' 자로 잘못되어 있었다. '절(竊)' 자는 간혹 '절(窃)'이라고도 쓰는데, '절(切)' 자는 바로 '절(窃)' 자의 파자(破字)이다.【吳】

16 진실로 : 원문은 '성(誠)'이다. 『군서습보』에는 '성' 자 위에 '신(臣)' 자가 있는데, 이래야 문장의 의미가 더 매끄럽다.【吳】

니다. 무릇 달은 태음(太陰)에 속하고 형혹(熒惑)은 화성으로, 서로 침범해서는[17] 안 됩니다. 신이 듣건대 성군이라 하더라도 변고가 없을 수는 없고, 화성의 운행을 바꿔야 한다면 공물을 바쳤다고 합니다. 공자도 '성명한 천자라 하더라도 화성의 소재는 반드시 살펴야 한다'고 했습니다.[18] 따라서 화복의 징후는 신중하게 살펴야 합니다.[19] 효선황제(孝宣皇帝)[20] 지절 원년(地節元年, B.C.69)에 달이 화성을 가렸는데, 이듬해 곽씨(霍氏)의 난이 일어났습니다.[21] 공자께서 '화성의 출현은 파악할 수 없고, 화성은 계속해서 변화하니 기록을 멈춰서도 안 되며, 황제는 끝없이 화성을 연구해야 한다'고 하셨습니다. 이 말은 화성이 불의 정기이기 때문에 특히 사관들은 반드시 관찰해야 함을 말하는 것입니다. 초(楚)나라 장왕(莊王)이 '기이한 현상이 나타나지 않는 것을 보니 과인은 장차 망할 것이다'[22]라

17 침범해서는 : 원문은 '간(干)'이다.【吳】

18 공자도~했습니다 : 지금 세상에 전해 오는 양한(兩漢)시대의 기타 서적에도 모두 이 말은 실려 있지 않다. 아래의 공자의 '화성의 출현은 파악할 수 없고[火上不可握]' 등의 말도 마찬가지이다.【吳】

19 따라서~살펴야 합니다 : 원문은 '화복지징, 신찰용지(禍福之徵, 愼察用之)'이다. 『한서·천문지』에 다음 말이 있다. "형혹은 천자의 법을 집행하는 관리이다. 그런 까닭에 성명한 천자라 하더라도 반드시 형혹의 소재는 살펴야 한다고 했다[熒惑, 天子理也. 故曰雖有明天子, 必視熒惑所在]."【吳】

20 효선황제(孝宣皇帝) : 한(漢)나라 선제(宣帝) 유병이(劉病已, B.C.91~48)의 시호로, 서한의 제10대 황제이다. 그는 무제 유철(劉徹)의 적증손(嫡曾孫)이다. 17살 때 유병이는 상관태후(上官太后)에 의해 양무후(陽武侯)에 봉해졌다가 한 시간 뒤에 황제로 옹립되었다. B.C.64년에 유순(劉詢)이라 개명했는데, '병(病)' 자와 '이(已)' 자가 너무 많이 상용되어 신하와 백성들이 피휘(避諱)하기가 쉽지 않았기 때문이다. 선제 유순은 어린 시절에 민간에 떠돌면서 생활했기 때문에 백성들의 힘든 실정을 잘 알고 있었다. 따라서 황제 등극 후에 몸소 근검절약할 수 있었고 여러 차례 세금을 감면해주었다. 유순은 총명하고 강직했으며 뛰어난 학식을 겸비하고 배우기를 좋아했다. 또한 힘써 정치를 돌봐 한나라를 중흥시켰다.【譯註】

21 이듬해 곽씨(霍氏)의 난이 일어났습니다 : 원문은 '명년유곽씨란(明年有霍氏亂)'이다. 『한서·천문지』의 기록에 따르면, [효선황제] 지절 원년(地節元年, B.C.69) 정월 무오일 밤 이경(二更 : 乙夜)에 달이 화성을 가렸다. 지절 4년(B.C.66)에 옛 대장군 곽광(霍光)의 부인 현(顯), 장군 곽우(霍禹 : 霍光의 아들), 봉거(奉車) 곽산(霍山 : 霍去病의 손자) 등이 모반을 일으키다 피살되었는데, 「선제기(宣帝紀)」의 내용과 부합한다. 여기서는 곽씨의 난이 지절 2년(B.C.68)에 일어났다고 되어 있는데, 잘못된 것이다.【吳】

고 했습니다. 그런데 지금 기이한 현상이 누차 나타나고[23] 있으니, 이는 하늘이 한나라 왕실을 보호하고 천자를 깨우치기 위한 것입니다. 신은 사관들이 천자를 두려워해 감히 직언을 올리지 않을까 걱정됩니다. 그러나 폐하께서는 잘 생각해보십시오. 하도(河圖)와 낙서(洛書)[24]에 적힌 글을 찾아보시고 고금의 가르침을 살피십시오. 정직한 사람[25]을 불러들여 거리낌 없이 직언하고[26] 어진 이를 가까이하여 충언을 받아들이고, 성심으로 대하면 하늘이 사람에게 응답을 내립니다.[27] 그것은 몸에 그림자가 있고 두드리면 소리가 나는 것과 같습니다. 송(宋)나라 경공(景公)도 좋은 말을 해서 화성이 삼사(三舍)만큼 옮겨갔고 수명을 연장했는데[28] 하물며

22 기이한 현상이~망할 것이다: 원문은 '재이불견, 과인기망(災異不見, 寡人其亡)'이다. 『춘추번로(春秋繁露)·필인차지(必仁且智)』에 따르면 다음과 같다. "초나라 장왕은 하늘이 이상 현상을 보이지 않고 대지가 재앙을 일으키지 않자 산천에 기도하며 말했다. '하늘이 장차 나를 망하게 하려는 것인가? 내 허물을 말해주지 않고 내 죄를 끝내려는구나'[楚莊王以天不見災, 地不見孼, 則禱之於山川曰 '天其將亡予邪? 不說吾過, 極吾罪也']" 이 내용은 『설원·군도(君道)』와 『논형·견고(譴告)』에도 보인다.【吳】

23 나타나고: 원문은 '진(臻)'으로, 이르다의 뜻이다.【吳】

24 하도(河圖)와 낙서(洛書): 원문은 '도서(圖書)'이다. 이에 대해 『후한서·반표전(班彪傳)』에서는 "도서는 하도와 낙서이다[圖書, 河圖·洛書也]"라고 주를 달고 있고, 「환담전(桓譚傳)」에서는 "도서는 바로 참위나 하늘의 징조 같은 것이다[圖書, 卽讖緯符命之類也]"라고 주를 달고 있다. 『한서·예문지(藝文志)』 천문가(天文家)에 『도서비기(圖書秘記)』 17편이 있다.【王】

25 정직한 사람: 원문은 '방직(方直)'이다.【吳】

26 직언하고: 원문은 '극(極)'이다.【吳】

27 성심으로 대하면 하늘이 사람에게 응답을 내립니다: 원문은 '추성응인(推誠應人)'이다. 『군서습보』에 따르면, '성(誠)' 자 아래에 "네 글자가 빠진 것 같은데, 그 가운데 두 글자는 앞 구절에 붙어야 하고, 나머지 두 글자는 '천지(天之)'가 되어야 맞다[疑脫四字, 二字屬上句, 又二字當是'天之']"고 되어 있는데, 이 견해가 맞다. 그래야만 아래 문장과 뜻이 연결된다. '하늘이 사람에게 응답을 주는 것은 마치 그림자가 몸에서 벗어날 수 없고 소리가 메아리쳐 울리는 것과 같다[天之應人, 猶影響也]'는 상용구로, 하늘의 인간에 대한 보응은 마치 그림자가 몸에서 벗어날 수 없고 소리가 메아리쳐 울리는 것과 같다는 뜻이다.【吳】

28 송(宋)나라 경공(景公)도~수명을 연장했는데: 송나라 경공은 이름은 두만(頭曼)이고 송(宋)나라 원공(元公) 좌(佐)의 아들이다. 『논형·변허(變虛)』에 따르면 다음과 같다. "송나라 경공 때 화성이 심성(心星)의 자리에 나타나자, 경공은 두려워하며 자위(子韋: 춘추 말기 송나라의 太史)를 불러 물었다. '화성이 심성의 자리에 나타났는

지존이야 채 하루도 되지 않아 감응하겠지요! 『상서』에서 '하늘은 참된 사람을 돕는다'[29]라고 했는데, 이것은 하늘의 은덕이 성실한 사람을 돕는

데, 어째서인가?' 자위가 대답했다. '화성은 천벌이고, 심성은 송나라에 해당하는 위치이니, 화가 주군께 미칠 것입니다. 그렇기는 하지만, 그 화를 재상에게 옮길 수 있습니다.' 그 말에 경공은 '재상은 명을 받아 나라를 다스리는 자인데 죽음을 그에게 옮기는 것은 상서롭지 못하다'라고 했다. 다시 자위가 '그 화를 백성에게 옮길 수 있습니다'라고 하자 경공이 말했다. '백성이 죽으면 과인이 장차 누구를 다스리겠는가? 차라리 혼자 죽겠노라.' 다시 자위가 '한 해의 농작물에 옮길 수 있습니다'라고 하자, 경공이 말했다. '백성이 굶주리면 죽고 만다. 군주가 되어서 자기 백성을 죽이고 자신만 살려고 한다면 그 누가 나를 군주라고 여기겠는가? 이것은 과인의 명이 다한 것이니 그대는 더 이상 말하지 말라.' 그러자 자위는 자리에서 물러나 왕을 향해 두 번 절하며 말했다. '신은 감히 주군께 감축드리고자 합니다. 하늘은 높은 데 있으면서 낮은 곳에서 일어나는 일들에 귀 기울이십니다. 주군께서는 주군으로서 하셔야 할 말을 세 마디 하셨기 때문에 하늘에서 틀림없이 주군께 세 번 상을 내릴 것입니다. 오늘 저녁에 화성은 반드시 1사(舍)씩 세 번 자리를 옮길 것이고, 그러면 주군의 수명도 21년 늘어날 것입니다.' 경공이 '공이 그것을 어찌 아는가?'라고 하자 자위가 대답했다. '주군께서 세 번 선한 말씀을 하셨기 때문에 세 번 상을 받을 것입니다. 화성은 세 번 자리를 옮길 것이고 한 번 이동할 때마다 7개의 별을 지나가는데, 별자리 1개가 1년에 해당합니다. 세 번 7개의 별자리를 지나면 21개의 별자리를 지나게 되니, 주군의 수명은 21년 연장될 것입니다. 청컨대 궁궐에서 이를 지켜보게 해 주십시오. 화성이 움직이지 않으면 신을 죽여주시옵소서.' 그날 저녁에 화성은 자위의 말대로 1사씩 세 번 자리를 옮겼고, 그런즉슨 정말로 수명이 21년 연장되었다[宋景公之時, 熒惑守心, 公懼, 召子韋而問之曰:'熒惑在心, 何也?' 子韋曰:'熒惑, 天罰也, 心, 宋分野也, 禍當君. 雖然, 可移於宰相.' 公曰:'宰相所使治國家也, 而移死焉, 不祥.' 子韋曰:'可移於民', 公曰:'民死, 寡人將誰爲也? 寧獨死耳.' 子韋曰:'可移於歲', 公曰:'民饑必死. 爲人君而欲殺其民以自活也, 其誰以我爲君者乎? 是寡人命固盡也, 子毋復言.' 子韋退走, 北面再拜曰:'臣敢賀君. 天之處高而耳卑. 君有君人之言三, 天必三賞君. 今夕星必徙三舍, 君延命二十一年.' 公曰:'奚知之?', 對曰:'君有三善, 故有三賞. 星必三徙, 三(衍文)徙行七星, 星當一年. 三七二十一, 故君命延二十一歲. 臣請伏於殿下以伺之. 星必不徙, 臣請死耳.' 是夕也, 火星果徙三舍, 如子韋之言, 則延年審得二十一歲矣)." 이 문장은 『여씨춘추·제악(制樂)』, 『회남자·도응(道應)』, 『신서(新序)·잡사(雜事)』, 『사기·송미자세가(宋微子世家)』에도 실려 있다.【吳】

29 하늘은 참된 사람을 돕는다: 원문은 '천위비심(天威棐諶)'이다. 이 구절은 『사고전서』본에는 '천외비심(天畏棐諶)'이라 되어 있다. 『상서·강고(康誥)』에는 '천외비침(天畏棐忱)'으로 되어 있다. 『군서습보』에 따르면 '위(威)' 자는 "'외(畏)' 자와 통한다[與'畏'通]." 『설문해자』에 따르면, "비는 돕는다[棐, 輔也]"의 뜻이다. 또 『이아·석고(釋詁)』에 따르면 "심은 성실하다, 진실되다[諶, 誠也, 信也]"의 뜻이고, '심(諶)' 자는 '침(忱)' 자와 통한다. 즉 하늘의 위엄과 덕망은 참된 사람을 도와준다는 뜻이다.【吳】

다는 말입니다. 주공(周公)은 임종 전에 성왕(成王)과 성왕의 근신인 상백(常伯)・상임(常任)・준인(準人)・철의(綴衣)・호분(虎賁)에게 훈계했는데,[30] 이 다섯 관직은 나라의 존망과 관계되는 직책으로, 신중하지 않으면 안 된다는 것을 말한 것입니다. 원컨대 폐하께서는 주공단(周公旦 : 周公)의 말씀을 잘 헤아려 궁궐 내의 근신들을 살피시고 제사를 받드는 관리를 정중하게 대하며, 숙위군(宿衛軍)을 엄격하게 살피시고, 또한 주공의 가르침을 누차 살피시고 힘써 삼가 경계하셔서 아직 싹트지 않은 화근을 물리쳐 무강하시길 바랍니다. 이에 삼가 엎드려 직접 글을 써 비밀리에 아뢰는 바입니다."

황제는 주창이 올린 표를 보고는 그 충성스러운 견책을 칭찬했다. 주창은 여러 번 눈병이 났지만, 손으로 작은 글씨를 쓸 수 있었다.[31] 우후는 대신들을 조사할 때 정말 자기 멋대로 했기 때문에 결국 상서를 올려 사죄했고, 주창은 위로를 받았다.

내가 삼가 『논어』를 살펴보니 다음과 같았다.

"능히 예와 겸양으로 나라를 다스릴 수 있는가? 무슨 문제가 있겠는가?[32] 선생님께서는 온화하고 선량하고 공손하고 검소하며 양보를 잘 하시기에 나라의 정치를 들으실 수 있습니다."[33]

30 주공(周公)은~훈계했는데 : 주공 단(旦)이 성왕(成王)에게 훈계했다는 말은 『상서・입정(立政)』에 보인다. '좌우(左右)'는 성왕의 측근으로 다음 다섯 관리를 가리킨다. 상백(常伯)은 늘 일을 책임지는 이른바 삼공(三公)이고, 상임(常任)은 늘 일을 위임받아하는 육경(六卿)이다. 준인(準人)은 법을 집행하는 사람 즉 옥관(獄官)이고, 철의(綴衣)는 의복을 담당하는 사람으로 태복(太僕)이고, 호분(虎賁)은 무력(武力)으로 왕을 모시는 사람이다. 이 견해는 공영달(孔穎達)의 소에 근거한 것이다.【吳】

31 작은 글씨를 쓸 수 있었다 : 원문은 '세서(細書)'이다.【譯註】

32 능히~있겠는가 : 『논어・이인』에 다음 문장이 보인다. "공자께서 말씀하셨다. '능히 예와 겸양으로 나라를 다스릴 수 있는가? 무슨 문제가 있겠는가? 예와 겸양으로 나라를 다스릴 수 없다면 예는 무엇하겠는가?'[子曰 : '能以禮讓爲國乎? 何有? 不能以禮讓爲國, 如禮何?']" 여기서 '하유(何有)'는 어떤 곤란한 점이 있겠는가? 즉 아무 곤란한 점이 없음을 말하는 것이다.【吳】

『좌전(左傳)』에 다음 말이 있다.

"마음에서 진실로 다투지 않는다면 무엇 때문에 다른 사람에게 굴욕당할까 두려워하겠는가?"[34]

주창은 신하로서 최고의 위치에 있으면서 정사를 돌보는 몇 년 동안 잘못된 시책에 대한 대안은 한마디도 하지 않았다. 또한 주창은 곧 아흔이라 정신이 흐릿해질 수도 있고, 유능한 후배들에게 길을 내주기[35] 위해서라도 스스로 물러나야 마땅하다. 또한 설령 억울한 일이 있다하더라도 기쁜 마음으로 명을 기다려야[36] 한다. 그런데 어찌 능히[37] 발분하여 자신의 처지를 호소하려 했는가. 주거는 술수를 잘 부리고 불충한 위인

---

33 선생님께서는~정치를 들으실 수 있습니다 : 『논어 · 학이(學而)』에 다음 문장이 있다. "자금이 자공에게 물었다. '선생님께서 이 나라에 이르셔서 반드시 그 나라의 정치에 대해 질문을 받게 되는데, 이것은 선생님께서 요청하신 것입니까? 아니면 저들이 선생님께 [자발적으로] 요청한 것입니까?' 자공이 말했다. '선생님은 온화하고 선량하고 공손하고 검소하며 양보를 잘하시기에 나라의 정치에 대해 들으실 수 있습니다. 선생님께서 한 나라의 정치를 듣게 되는 것은 다른 사람이 한 나라의 정치를 듣게 되는 것과는 다른 것인져!'[子禽問於子貢曰 : '夫子至於是邦也, 必聞其政, 求之與? 抑與之與?' 子貢曰 : '夫子溫良恭儉讓以得之. 夫子之求之也, 其諸異乎人之求之與!]" 여기서 '온량공검양(溫良恭儉讓)'은 온화, 선량, 엄숙, 검소, 겸손함을 말하는 것이다.【吳】

34 마음에서~두려워하겠는가 : 원문은 '심구불경, 하탄어병(心苟不競, 何憚於病)'이다. 여기서 '경(競)'은 다투다의 뜻이다. 『좌전 · 양공(襄公) 26년』에 보면, "신하들은 마음으로 다투지 않고 힘으로 다투고 있으며[臣不心競而力爭]"라는 문장과 『장자 · 제물론(齊物論)』에 보면, "구별이 있으면 변론이 있게 되고, 다툼이 있으면 경쟁이 있기 마련이다[有分有辯, 有競有爭]"라는 문장이 있는데, 여기서 '경'과 '쟁'은 같은 뜻임을 증명할 수 있다. 이 두 구절은 마음속으로 다른 사람과 다투지 않으면 무엇 때문에 다른 사람에게 굴욕당할까 걱정하겠는가의 뜻이다. 『좌전 · 희공(僖公) 7년』에 공숙(孔叔)의 다음 말이 있다. "속담에 '마음속으로 경쟁하지 않는데, 무엇 때문에 다른 사람에게 굴욕당할까 걱정하겠습니까?'라는 말이 있습니다[諺有之曰 : '心則不競, 何憚於病']." 『주서(周書) · 악손전(樂遜傳)』에 보면 악손이 올린 상소가 실려 있다. "『시경』에서 '덕이 있으면 다투지 않게 되니 무엇 때문에 다른 사람에게 굴욕당할까 걱정하겠습니까?'라고 했습니다[『詩』云 : '德則不競, 何憚於病?']." 이를 통해 볼 때 이 두 구절은 고인들의 상용어임을 알 수 있다.【吳】

35 유능한 후배들에게 길을 내주기 : 원문은 '피현로(避賢路)'로, 옛날 관리들이 사직할 때 주로 사용한 말이다.【譯註】

36 명을 기다려야 : 원문은 '사명(俟命)'이다.【吳】

37 능히 : 원문은 '능(能)'으로, 『군서습보』에서도 덧붙여진 문장이라 보고 있다.【吳】

이라 꾀를 내 주창에게 억울함을 호소하게 했지만,[38] 이는 스스로의 안위를 도모하기 위해서 나온 것이다. 무릇 의를 받들고 따르는 것을 일러 예(禮)라 하기에, 다른 사람을 사랑함에 덕으로 대하지 않으면 인이라 할 수 없다. 신의가 본심[39]에서 나오지 않았다면 글은 써서 무엇 하겠는가? 설령 선제(宣帝)나 명제(明帝) 때의 법을 적용한다 해도 그 죄를 구원해줄 겨를이 없으니 어디에서 위로받을 수 있겠는가?[40] 이통은 안으로 자신을 성찰하니 허물이 없고, 윗사람을 알현하고 응대함에 온화하고 우아했다. 현명한 군주가 이것을 잘 살펴 헤아렸기에 결국 그는 장자(長者)가 되었다.

司徒九江朱倀, 以年老爲司隸虞詡所奏耳目不聰明, 見掾屬大怒. 曰: "顚而不扶, 焉用彼相! 君勞臣辱, 何用爲!" 於是東閣祭酒周擧曰 "昔聖帝明王, 莫不歷象日月星辰, 以爲鏡戒. 熒惑比有變異, 豈能手書密

38 억울함을 호소하게 했지만: 원문은 '유흘광진(維訖匡陳)'이다. 『군서습보』에서도 '유흘' 두 글자에 대해 "이상하다[二字疑]"고 했다. 생각건대 이 두 글자로는 문장이 안 된다. '흘(訖)' 자는 '계(計)' 자의 오기일 수도 있다. '유(維)' 자는 '유(惟)' 자와 통하기 때문에 생각하다[思], 헤아리다[度]의 뜻이다. 이는 다음 구절에서 말하고 있는 주거가 주창에게 억울함을 호소하게 한 것은 바로 그의 생각에서 나왔다는 말과 연결된다.【吳】

39 본심: 원문은 '중(中)'으로, 속마음[衷]이다.【吳】

40 설령~있겠는가: 원문은 '향우중종·영평지정, 구죄불하, 하위로지유(向遇中宗·永平之政, 救罪不暇, 何慰勞之有)'이다. 중종(中宗)은 한나라 선제(宣帝)인 유순(劉詢)을 말한다. 『한서·선제기찬(宣帝紀贊)』에 보면 다음과 같다. "효선제시절의 정치는 공이 있는 자에게는 상을 주고, 죄가 있는 사람에게는 벌을 주었으며 명분과 실질을 조사하고 평가해 정치, 문학, 법률에 종사하는 선비들이 모두 그 재능을 다 드러냈다[孝宣之治, 信賞必罰, 綜核名實, 政事文學法理之士咸精其能]." 영평(永平)은 한나라 명제(明帝) 유장(劉莊)의 연호이다. 『후한서·명제기논(明帝紀論)』에 보면 다음과 같다. "명제가 법률을 잘 이해하고 있었기 때문에 법령이 분명해졌다. 또한 날이 저물도록 조정에 앉아 정사를 돌보면서 억울한 일이 있으면 반드시 알리게 했다. 조정 안팎으로 사사로이 편애하지 않으면서 황제로서 도도하게 구는 기색이 없었다. 정황에 맞게 사건을 판결했기 때문에 [억울한 옥살이도 줄어들고 유죄판결을 받은 사람이 전대의 10분의 2밖에 되지 않아서] '전대십이(前代十二)'라 불렀다[明帝善刑理, 法令分明. 日晏坐朝, 幽枉必達. 內外無倖曲之私, 在上無矜大之色. 斷獄得情, 號居'前代十二']." 선제와 명제는 모두 법령을 분명히 한 사람으로 이름났기 때문에, 선제나 명제 때의 법을 주거에게 적용한다 해도 주거를 구원해줄 방법이 없으니 어디에서 위로받을 수 있겠는가라고 했던 것이다.【吳】

以上聞?" 侲曰 : "可自力也." 擧爲創草 : "臣聞『易』曰 : '天垂象, 見吉凶.' '觀乎天文, 以察時變.' 臣竊見九月庚辰, 今月丙辰, 過熒惑於東井, 辟金光輝合幷, 移時乃出. 臣經術淺末, 不曉天官, 見其非常. 昭昭再見, 誠竊怪之, 誠濇憒. 夫月者, 太陰, 熒惑, 火星, 不宜相干. 臣聞盛德之主, 不能無異, 但當變改有以供御. 孔子曰 : '雖明天子, 熒惑必謀.' 禍福之徵, 愼察用之. 孝宣皇帝地節元年, 月蝕熒惑, 明年有霍氏亂. 孔子曰 : '火上不可握, 熒惑班變不可息志, 帝應其修無極.' 此言熒惑火精, 尤史家所宜察也. 楚莊曰 : '災異不見, 寡人其亡.' 今變異屢臻, 此天以佑助漢室, 覺悟國家也. 臣誠懼史官畏忌, 不敢極言. 惟陛下深留聖思. 按圖書之文, 鑒古今之戒. 召見方直, 極言而靡諱, 親賢納忠, 推誠應人. 猶影響也. 宋景公有善言, 熒惑徙舍, 延年益壽, 況乎至尊, 感不旋日! 『書』曰 : '天威棐諶.' 言天德輔誠也. 周公將沒, 戒成王以左右常伯・常任・準人・綴衣・虎賁, 言此五官, 存亡之機, 不可不謹也. 臣願陛下思周旦之言, 詳左右淸禁之內, 謹供養之官, 嚴宿衛之身, 申勑屢省, 務知戒愼, 以退未萌, 以此無疆. 謹匍匐自力手書密上." 上覽侲表, 嘉其忠謨. 侲目數病, 手能細書. 詡案大臣, 苟肆私意. 詡坐上謝, 侲蒙慰勞.

謹按『論語』: "能以禮讓爲國乎? 何有? 夫子溫良恭儉讓以得之." 『傳』曰 : "心苟不競, 何憚於病?" 朱侲位極人臣, 視事數年, 訖無一言彌縫時闕. 又侲年且九十, 足以惛憒, 義當自引, 以避賢路. 就使有枉, 欣以俟命耳. 何能乃發忿, 欲自提理. 周擧爲人謀而不忠, 維訖匡陳, 起自營衛. 夫奉義順之謂禮, 愛人而不以德, 不可謂仁. 信不由中, 文辭何爲! 向遇中宗・永平之政, 救罪不暇, 何慰勞之有? 李統內省不疚, 進對溫雅. 明主是察, 終爲長者.

촉군태수 영천 사람 유승[蜀郡太守潁川刘勝]

촉군태수(蜀郡太守) 영천(潁川) 사람 유승(劉勝)은 자가 계릉(季陵)으로 사직한 채 집에 머물면서 문을 닫아걸고 빈객을 물리쳤다.[1] 그는 세시(歲時)가 되면 군현에 가서 경의를 표하면서 묻는 말에만 대답할 뿐 어떤 포폄도 하지 않았고 자신의 친척이라 하더라도 힘써 끌어주지 않았다.[2] 태복(太僕) 두밀(杜密)[3]은 자가 주보(周甫)로 그 역시 북해(北海)[4]의 상(相)에서 물

1 빈객을 물리쳤다: 원문은 '각소(却埽)'이다. 이 구절은 『후한서·두밀전(杜密傳)』에는 '문을 닫아걸고 수레바퀴 자국을 쓸어내다[閉門埽軌]'로 되어 있다. '각소'는 바로 수레바퀴 자국을 쓸어낸다는 의미로 즉 빈객을 사절한 채 왕래하지 않는다는 것이다.【吳】

2 자신의 친척이라 하더라도 힘써 끌어주지 않았다: 원문은 '수자지엽막력(雖自枝葉莫力)'이다. 이 구절은 『사고전서』본에는 '수자지엽, 막긍위력(雖自枝葉, 莫肯爲力)'이라 되어 있다. 『군서습보』에 '막' 자 아래에 "'위치(爲致)' 두 글자가 빠진 것 같다[疑脫'爲致'二字]"고 했는데, 이것이 옳다. '지엽(枝葉)'은 친척을 가리킨다. 이 구절은 자신의 친척이라 하더라도 힘써 끌어주지 않으려 함을 말한다.【吳】

3 두밀(杜密): 『후한서·두밀전』에 따르면, 두밀은 자가 주보(周甫)이고 영천 양성(陽城) 사람으로 사도 호광(胡廣)에게 초징되었다가 대군태수(代郡太守)가 되었다. 다시 부름

러나 집에 있었는데, 매번 군현에 가면 자주 자신의 견해를 펼치고 전(牋)과 기(記)를 올려 부탁했다.[5] 태수 왕욱(王昱)은 이를 아주 괴로워하고 싫어해 이야기 중에[6] 이렇게 말했다.

"듣자하니 도성에 올라온 상소들에 따르면 공경대신들이 옛날 대신 유계릉(劉季陵 : 劉勝)을 고결한 선비라 추천한다 하니, 틀림없이 빨리 초빙될 것입니다."

두밀은 왕욱이 이 말로 자신을 자극시키려는 것을 알아채고 말했다.

"태수께서 구중(九重)[7]에 계시니, 벼슬아치들이 그 위엄[8]을 두려워해 감히 진정을 드러내지 못하는 것입니다. 유승은 대부의 반열에 있으면서[9]

을 받아 세 번 태산태수, 북해의 상을 지냈고 후에 관직에서 물러나 귀향했다.【吳】

4 북해(北海) : 봉국(封國)명으로 서한 경제(景帝) 때 처음 설치되어서 동한 때에도 이어졌는데, 관할소재지는 영릉(營陵)으로 지금의 산동성 창락현(昌樂縣) 동남쪽에 위치해 있다.【吳】

5 전(牋)과 기(記)를 올려 부탁했다 : 원문은 '전기괄속(牋記括屬)'이다. '괄(括)' 자는 『군서습보』에서는 "'괄(聒)' 자인 것 같다[疑'聒']"고 했고, 사수청 선생은 "생각건대 '괄' 자는 '상' 자가 잘못 쓰인 것 같다[按'括'疑是'相'字之譌]"라고 했다. 『광박물지(廣博物志)』 권17에 따르면 '탁(託)' 자로 되어 있다. 『문심조룡(文心雕龍)·서기(書記)』에 다음 말이 있다. 동한시대에 "공부(公府)에서 올리는 글을 기(記)라 하고, 군장(郡將)에서 올리는 글은 전(牋)이라고 했다. 기는 지(志)의 의미로 자신의 의견을 진언한다는 것이다. 전은 표(表)로 심경을 드러내 기록하는 것이다[公府奏記, 而郡將奏牋. 記之言志, 進已志也. 牋者, 表也, 表識其情也]."【吳】

군장(郡將) : 한 군의 장관인 군수(郡守) 가운데 군사 업무를 겸하고 있는 사람을 지칭한다.【譯註】

6 이야기 중에 : 원문은 '어차(語次)'이다.

7 구중(九重) : 본래는 군주의 거처를 가리키는 말로, 『초사·구변(九辯)』에 다음 문장이 있다. "어찌 마음이 울적하여 임을 그리워하지 않으리오? 임 계신 집 문이 아홉 겹이니[豈不鬱陶而思君兮? 君之門以九重]" 여기서 구중이라 한 것은 왕욱을 존중해서이다.【吳】

8 위엄 : 원문은 '천위(天威)'이다. 일반적으로는 제왕의 위엄을 가리키나 여기서는 태수를 높여 말한 것이다.【譯註】

9 대부의 반열에 있으면서 : 원문은 '위고대부(位故大夫)'이다. 『후한서·두밀전』에는 '위고대부'가 '위위대부(位爲大夫)'로 되어 있고, 『자치통감·한기』 47 환제(桓帝) 연희(延熹) 9년(166)에도 같은 내용이 실려 있다. 호삼성(胡三省)은 "대부의 반열에 있다는 것은 조정 대신의 반열에 있음을 말한다[位爲大夫, 謂在朝列也]"라고 주를 달고 있다.【吳】

상빈의 대우를 받고 있는데도[10] 무슨 자라나 고슴도치[11]처럼 웅크려 있고, 민달팽이[12]처럼 꽉 막혀 군수와 능히 왕래하지 않으니, 이 사람은 죄인입니다. 고결한 선비가 큰 뜻을 품은 채 은거하면서 학문에 힘쓰는데도 시대가 그를 제대로 평가하지[13] 않는 것 같아 제가 천거한 것입니다. 반면 원한을 품고 있는 사람이 공훈이 있고 재능이 있는 사람을 의심해 성(成)·진(陳)과 같은 죄를 지었다고 모욕하기에[14] 제가 그 죄상을 알린 것입니다. 태수께서 상과 벌을 주심에 마땅함을 얻어 훌륭한[15] 명성[16]을 드날리고 계시는데, 이는 타고난 자질 때문에 그럴 수도 있지만, 제 공도 만분의 일은 있습니다. 『시경』에서 '공전을 적시고, 사전도 적시네'[17]라고 하지 않았습니까? 감정이 있는 사람이라면 모두 자신에게 흠이 없기를 바랄 것입니다. 저의 이러한 행동을 좋지 않게 보는 이상 비판받을

10 상빈의 대우를 받고 있는데도: 원문은 '견례상빈(見禮上賓)'이다. 『자치통감』에서 호삼성은 "상빈의 대우를 받고 있다는 것은 군수가 그를 그렇게 대접하고 있다는 것이다[見禮上賓, 謂郡守接遇之也]"라고 주를 달고 있다.【吳】

11 고슴도치: 원문은 '위(蝟)'이다.【吳】

12 민달팽이: 원문은 '한연(寒蜒)'이다. 연(蜒)은 『이아·석충(釋蟲)』에서는 '인연(螾衙)'이라고 했는데, 지금은 '유연(蚰蜒)'이라고 부른다. '유연'은 나무나 돌의 그늘지고 축축한 곳에 서식하면서 항상 밤에만 나타나 움직인다.【吳】

13 평가하지: 원문은 '종(綜)'으로, 사실을 종합해 평가하고 심사한다의 뜻이다.【吳】

14 성(成)·진(陳)과 같은 죄를 지었다고 모욕하기에: 원문은 '성진지죄소절(成陳之罪所折)'이다. 이 구절은 뭔가 잘못되고 빠져있다. 앞 구절의 예만 봐도 8글자가 되어야 하고, 그래야 두 구절로 읽을 수 있다. '성진지죄(成陳之罪)' 한 구절에서 '성(成)' 자가 지칭하는 이가 누구인지 모르겠다. '진(陳)'은 '진희(陳豨)'일지도 모르겠다. 진희는 한나라 고조(高祖)를 섬기면서 낭중(郎中)으로 열후(列侯)에 봉해져 조(趙) 땅과 대(代) 땅의 변방 군대를 감독했다. 후에 한나라를 배반하고 스스로 대왕(代王)이 되었으나, 결국 일이 탄로나 피살되었다. 이 일은 『한서·고제기』에 보인다. '소절(所折)' 앞뒤로 두 글자가 빠져 있다.【吳】

15 훌륭한: 원문은 '휴(休)'이다.【吳】

16 명성: 원문은 '영문(令問)'이다. '문(問)'은 『유편본』·『호본』·『낭본』·『명각본』·『초본』·『도광본』에는 모두 '문(聞)'으로 되어 있는데, 두 글자는 통한다.【吳】

17 공전을 적시고, 사전도 적시네: 원문은 '우아공전, 수급아사[雨我公田, 遂及我私]'로, 『시경·소아·대전(大田)』에 보인다. 여기서 '우(雨)'는 동사처럼 사용되어 비가 내리다의 뜻이다. '사(私)'는 개인 소유의 땅인 사전(私田)을 가리킨다.【吳】

게 뻔한데 무릇 무엇 때문에 하겠습니까!"[18]

그러자 왕욱은 아주 기뻐하며 그에게 탄복해 더욱더 그를 후하게 대했다.

내가 삼가 『논어』를 살펴보니 다음과 같았다.

"담대멸명(澹臺滅明)은 공무가 아니면 일찍이 제 방에 오지 않았습니다.[19] 군자는 생각함에 있어서 자신의 자리를 벗어나지 않습니다."[20]

맹자 역시 뜻을 얻으면 함께 천하를 구제하고, 뜻을 얻지 못하면 그 몸을 잘 닦아야 한다고 생각했다.[21] 유승은 검소하게 지내면서 순수함을 생각했기에 아주 조용히 지낼 수 있었다. 이렇다 보니 당시 사람들의 생각도 편안하게 말할 수 있었고 말도 적절하게 할 수 있어 어떤 행동도

---

18 태수께서~하겠습니까: 『후한서』에 두밀의 다음 말이 실려 있다. "유승은 대부의 반열에 있으면서 상빈의 대우를 받고 있는데도, 선인을 알면서도 천거하지 않고 나쁜 사람의 이야기를 들어도 말을 하지 않은 채 자신의 감정을 숨기고 자신만을 아끼면서 스스로 매미처럼 행동하니 이 사람은 죄인입니다. 제가 지금 지조와 절개를 지키면서 힘써 행동하는 현인은 천거하고, 도에 어긋나고 지조를 잃어버린 선비는 규탄한 덕분에 태수께서 상과 벌을 주심에 마땅함을 얻어 훌륭한 명성을 드날리고 계시는데, 역시 만분의 일은 제 공이 아니겠습니까[劉勝位爲大夫, 見禮上賓, 而知善不薦, 聞惡無言, 隱情惜己, 自同寒蟬, 此罪人也. 今志義力行之賢而密達之, 違道失節之士而密糾之, 使明府賞刑得中, 令問休揚, 不亦萬分之一乎]?" 그 상세함과 간략함은 『풍속통의』와 다르지만, 그 의미는 다르지 않다.

19 담대멸명(澹臺滅明)은~않았습니다: 담대멸명은 자가 자우(子羽)로, 무성(武城) 사람이며 공자보다 39살 어렸다. 언(偃)은 언언(言偃)으로 자는 자유(子游)이고 오(吳)나라 혹은 노(魯)나라 사람이라 하며 공자보다 45살 어렸다. 두 사람은 모두 『사기·중니제자열전』에 보인다. 『논어·옹야』에 다음 말이 있다. "자유가 무성의 읍재가 되었다. 공자가 '사람을 얻었느냐?'라고 묻자, 자유가 '담대멸명이란 자가 있는데, 걸어갈 때는 지름길로 가지 않고 공무가 아니면 일찍이 제 방에 들어오지 않았습니다'라고 말했다[子游爲武城宰. 子曰: '女得人焉耳乎?', 曰: '有澹臺滅明者, 行不由徑, 非公事, 未嘗至於偃之室也']."【吳】

20 군자는 생각함에 있어서 자신의 자리를 벗어나지 않습니다: 이 구절은 증자(曾子)의 말로 『논어·헌문』에 실려 있다.【吳】

21 맹자 역시~생각했다: 이 구절은 맹자가 송(宋)나라 구천(勾踐)에게 한 대답으로, 원래는 '뜻을 얻지 못하면 그 몸을 잘 닦고, 뜻을 얻으면 함께 천하를 구제한다[窮則獨善其身, 達則兼善天下]'로 되어 있다. 『맹자·진심』에 실려 있다.【吳】

무방했다. 두밀은 분주하게 부현(府縣)을 드나들면서[22] 왕정을 간섭했다. 설사 그가 말한 대로라 해도 공과 사는 있다. 두밀은 태수에게 한 소리 듣자 그 자리에서 실수를 사과하지 않은 채 도리어 자기 자랑을 떠벌리며 자기 힘 때문이라 생각했으니, 얼굴이 두껍고 잡스럽고 용속한 선비이다.

蜀郡太守潁川劉勝季陵去官在家, 閉門却掃. 歲時致敬郡縣, 答問而已, 無所褒貶, 雖自枝葉莫力. 太僕杜密周甫亦去北海相在家, 每至郡縣, 多所陳說, 牋記括屬. 太守王昱頗厭苦之, 語次: "聞得京師書, 公卿擧故大臣, 劉季陵, 高士也, 當急見徵." 密知以見激, 因曰: "明府在九重之內, 臣吏惶畏天威, 莫敢盡情. 劉勝位故大夫, 見禮上賓, 俯伏甚於鱉蝟, 冷澀比如寒蜒, 無能往來, 此罪人也. 淸雋就義, 隱居篤學, 時所不綜, 而密達之. 冤疑勳賢, 成・陳之罪所折, 而密啓之. 明府賞刑得中, 令問休揚, 雖自天然之姿, 猶有萬分之一. 『詩』不云乎: '雨我公田, 遂及我私?' 人情所有, 庶不爲闕. 旣不善是, 多見譏論. 夫何爲哉!" 於是昱甚悅服, 待之彌厚.

謹按『論語』: "澹臺滅明非公事, 未嘗至於偃之室也. 君子思不出其位." 孟軻亦以爲達則兼濟天下, 窮則獨善其身. 劉勝在約思純, 其靜已甚. 若時意宴及, 言論折中, 亦無嫌也. 杜密婆娑府縣, 干與王政. 就若所云, 猶有公私. 旣見譏切, 不蹴坐謝負, 而多伐善, 以爲己力, 惟顔之厚, 博而俗矣.

22 드나들면서: 원문은 '파사(婆娑)'로, 왕래하는 모습을 말한다.【吳】

풍속통의 권6*

성음(聲音)[1]

본 편에서는 음악의 효용과 역대 왕조의 음악, 그리고 '훈(壎)', '생황[笙]', '경(磬)', '슬(瑟)', '축(柷)' 등 각종 악기의 유래와 의미, 모양과 연주법 및 제작자에 대해 자세하게 서술하고 있다. 또한 음률을 바로잡고 올바른 소리를 구분해내는 방법에 대해서도 설명하고 있다. 나아가 주대(周代) 이래 무너진 예악제도를 통해 음악이 주는 폐해에 대해 밝히고 있다.

『역경(易經)』에 다음 말이 있다.

"선왕들은 음악을 만들어 그 공덕을 찬미하고, 성대한 음악을 연주해

* 권6 : 소송(蘇頌)은 다음과 같이 말했다. "「성음」 권6은 『자초(子抄)』에서는 권13으로 적고 있다[「聲音」六, 『子抄』云 : '十三']."

1 본 편은 완전한 한 편이 아니다. 다른 책에 실린 내용을 근거해볼 때 「상(相)」·「아(雅)」 등의 조목이 빠져 있는데, 『풍속통의 · 일문(佚文)』에 자세히 보인다.【吳】

상제께 제를 올리면서 선조들도 함께 배향케 했다."[2]

『시경(詩經)』에 다음 말이 있다.

"종과 북이 둥둥 울리고 경(磬)과 관(管) 연주하니, 많은 복 내려주시네."[3]

『상서(尚書)』에 다음 말이 있다.

"내가 석경(石磬)[4]을 치고 두드리니, 온갖 짐승들이 춤을 추더이다."[5]

길짐승과 날짐승 또한 도리어 감응하는데, 하물며 사람에게 있어서랴! 하물며 귀신에게 있어서랴!

무릇 음악이란, 성인은 음악을 이용해 천지를 움직이고 귀신을 감동시키며 만민을 편안하게 하고 살아있는 생명체들을 성장시킨다.[6] 그래서

---

2 선왕들은~배향케 했다 : 이 구절은 『역경·예괘(豫卦)』 상전(象傳)에 보인다. 이 중 '은천지상제, 이배조고(殷薦之上帝, 以配祖考)'는 성대한 음악을 이용해 상제께 제사를 올리면서 선조들도 함께 배향(配享)케 했음을 말한다.【吳】

3 종과 북이 둥둥 울리고~복 내려주시네 : 원문은 '종고굉굉, 경관쟁쟁, 강복양양(鐘鼓鍠鍠, 磬管鎗鎗, 降福穰穰)'이다. 『시경·주송(周頌)·집경(執競)』에 보인다. 금본 『시경』에 '관(管)'은 '관(筦)'으로 되어 있는데, 두 글자는 같다. '굉굉(鍠鍠)'은 '황황(喤喤)'으로 되어 있고, '쟁쟁(鎗鎗)'은 '장장(將將)'으로 되어 있다. 옛사람들은 '조화[和]'로서 '황황(喤喤)'을 풀이하고, '성(盛)'으로 '쟁쟁(鎗鎗)'을 풀이했는데, 사실 양자는 모두 의성어이다. '양양(穰穰)'은 풍성하고 많은 것을 형용한 말이다.【吳】

4 석경(石磬) : 원문은 '석(石)'이다. 석경은 상고시대에 '석', '경(磬)' 또는 '명구(鳴球)'라 불렸는데, 그 역사가 아주 오래되었다. 모계사회 당시 수렵생활을 할 때 노동 후, 각종 동물 분장을 한 뒤에 돌을 두드리면서 춤을 추고 즐겼다고 한다.【譯註】

[석경]

5 내가~추더이다 : 이 말은 『상서·익직(益稷)』에 나오는 기(夔)의 말이다.【吳】

6 무릇 음악이란~생명체들을 성장시킨다 : 『한서(漢書)·예악지(禮樂志)』에 "그런 까닭에 성인은 음악을 통해 천지를 감동시키고, 신명과 통하며, 만민을 편안하게 하고, 살아있는 생명체들을 성장시킨다[故樂者, 聖人之所以感天地, 通神明, 安萬民, 成性類者也]"란 말이 있는데, 응소는 바로 이에 근거했다. 『사기(史記)·악서(樂書)』에 다음 말이 있다. "무릇 사람이란 혈기와 지각의 본성을 가지고 있어, 희노애락의 감정이 정해진 때도 없이 서로 감응하여 사물에 따라 움직이고, 그런 연후에 마음에 드러난다. 그런 까닭에 곡조가 섬세하고 미약하며 초조하고 슬픈 음악이 연주된다는 것은 백성들이 근심에 젖어 있다는 것을 나타낸다. 곡조가 온화하고 느리며 화려하고 박자가 간결한 음악이 연주된다는 것은 백성들이 편안하고 즐겁다는 것을 나타낸다. 곡조가 아주 빠르고 맹렬하며 몸을 흔들게 하고 사기가 격앙된 음악이 연주된다는 것은 백성들이 굳세고 의지가 강하다는 것을 나타낸다. 청렴하고 바르며 경건한 음악이 연주된다는 것은 백성들이 공손하다는 것을 나타낸다. 곡조가 여유롭고 아름

황제(黃帝)는 「함지(咸池)」[7]를 만들었고, 전욱(顓頊)은 「육경(六莖)」[8]을 만들었고, 제곡(帝嚳)은 「오영(五英)」[9]을 만들었고, 요(堯)임금은 「대장(大章)」[10]을

다우며 조용하고 온화한 음악이 연주된다는 것은 백성들이 자애롭다는 것을 나타낸다. 곡조가 방탕하고 산만하며 곡조가 빨리 바뀌고 빨리 끝나는 음악이 연주된다는 것은 백성들이 방탕하다는 것을 나타낸다[夫人有血氣心知之性 而無哀樂喜怒之常, 應感起物而動, 然後心術形焉. 是故志微焦衰之音作, 而民思憂. 嘽緩慢易繁文簡節之音作, 而民康樂. 粗厲猛起奮末廣賁之音作, 而民剛毅. 廉直經正莊誠之音作, 而民肅敬. 寬裕肉好順成和動之音作, 而民慈愛. 流辟邪散狄成滌濫之音作, 而民淫亂]." 이것이 바로 "백성을 편안하게 하고 살아있는 생명체를 성장시킨다[按萬民, 成性類]"는 의미이다.【吳】

7 「함지(咸池)」: 『주례(周禮)』에는 「대함(大咸)」이라 되어 있다. 『여씨춘추(呂氏春秋)·고악(古樂)』에 따르면, 황제(黃帝)가 영윤(伶倫)과 영장(榮將)에게 명령하여 만든 것이라고 한다. 『예기(禮記)·악기(樂記)』의 정현(鄭玄) 주에 따르면 다음과 같다. "「함지」는 황제시절에 만든 악곡명인데, 요임금이 다듬고 고쳐서 사용했다. 함(咸)은 모두의 뜻이고, 지(池)는 베풀다의 뜻으로, 덕이 널리 베풀어졌음을 말한다[黃帝所作樂名也, 堯增修而用之. 咸, 皆也, 池之言施也, 言德無不施也]." 『백호통의(白虎通義)·예악(禮樂)』에는 다음과 같이 적혀 있다. "황제 때의 음악인 「함지」는 천하의 도가 크게 베풀어져 실행되어 하늘이 낳고 땅이 싣고 있는 모든 것이 그 덕을 입었음을 말하는 것이다[黃帝曰「咸池」者, 言大施天下之道而行之, 天之所生, 地之所載, 咸蒙德施也]." 이는 다음 문장에서 내리고 있는 '함지'에 대한 해석과 같다.【吳】

8 「육경(六莖)」: 『고미서(古微書)』에 수록된 『악협도징(樂叶圖徵)』에는 "전욱 때의 음악을 「오경」이라 한다[帝顓頊曰「五莖」]"고 되어 있다. 이로 보아 「육경」은 「오경」이라 부르기도 했음을 알 수 있는데, 전해오는 바에 따르면 고대의 음악 명칭이다. 『백호통의·예악』에 보면 다음과 같다. "전욱 때의 음악인 「육경」은 율려(律呂)가 화음을 이룸으로써 음양을 조화시켜 줄기에 만물이 드러나게 하는 것을 말하는 것이다[顓頊曰「六莖」者, 言和律呂以調陰陽, 莖著萬物也]." 이는 다음 문장에서 말하는 "「육경」은 근경까지 미친다[「六莖」, 及根莖也]"와 뜻이 같다. '급근경(及根莖)'은 바로 은택이 만물의 뿌리까지 미친다는 뜻이다. 『여씨춘추·고악』에는 전욱이 "비룡에게 팔방의 바람을 본떠 음악을 만들게 하고는 「승운(承雲)」이라 명명했다[令飛龍作效八風之音, 命之曰「承雲」]"고 되어 있다. 대개 전해오는 견해가 서로 다르다.【吳】
팔풍(八風): 『여씨춘추·유시(有始)』에 보면 다음과 같다. "무엇을 팔풍이라 하는가? 동북쪽의 바람은 염풍, 동쪽은 도풍, 동남쪽은 훈풍, 남쪽은 거풍, 서남쪽은 처풍, 서쪽은 요풍, 서북쪽은 여풍, 북쪽은 한풍이라 한다[何謂八風? 東北曰炎風, 東方曰滔風, 東南曰熏風, 南方曰巨風, 西南曰淒風, 西方曰飂風, 西北曰厲風, 北方曰寒風]."【譯註】

9 「오영(五英)」: 『여씨춘추·고악』과 『악협도징』에는 「육영(六英)」이라 되어 있다. 『백호통의·예악』에 다음 말이 있다. "제곡 때의 음악인 「오영」은 오성(五聲)을 조화시켜서 만물을 양성하고 그 정수를 어울리게 할 수 있음을 말한다[帝嚳曰「五英」者, 言能調和五聲, 以養萬物, 調其英華也]."【吳】

10 「대장(大章)」: 『여씨춘추·고악』에 다음 문장이 있다. "요임금이 등극해 질(質)에게 음악을 만들게 했다. 그러자 질은 곧장 산림계곡에서 나는 소리를 본떠 노래를 만들

만들었고, 순(舜)임금은 「소(韶)」[11]를 만들었고, 우(禹)임금은 「하(夏)」[12]를 만들었고, 탕왕(湯王)은 「호(護)」[13]를 만들었고, 무왕(武王)은 「무(武)」[14]를 만

고, 사슴의 가죽을 장군에 덧대 두들기고, 석경을 치고 두들기면서 천제의 옥경(玉磬) 소리를 본떠 연주해 온갖 짐승들이 춤을 추게 했다. 고수(瞽叟)는 오현슬(五弦瑟)을 나누어 15현으로 된 슬을 만들어내고는 [이를 이용해 연주한 음악을] 「대장」이라 명명했다[帝堯立, 乃命質爲樂. 質乃效山林谿谷之音以歌, 乃以麋鞈置缶而鼓之, 乃拊石擊石, 以象上帝玉磬之音, 以致舞百獸. 瞽叟乃拌五弦之瑟, 作以爲十五弦之瑟, 命之曰「大章」]." 『예기·악기』에 "「대장」은 요임금의 덕을 드러낸다[大章, 章之也]"라는 문장이 있는데, 이에 대해 정현은 다음과 같이 주를 달았다. "「대장」은 요임금 때의 악곡명으로, 요임금의 덕을 드러내 밝힘을 말한다[堯樂名也, 言堯德章明也]." 『백호통의·예악』에서는 이렇게 적고 있다. "요임금 때의 음악인 「대장」은 천지인의 도를 크게 밝힌다는 뜻이다[堯曰「大章」者, 大明天·地·人之道也]."【吳】
질(質) : 전설상의 인물로 요순시대의 악관이다.【譯註】

11 「소(韶)」 : 『한서·예악지』에 보면, "순임금이 「소(招)」를 만들었다[舜作「招」]", "소는 요임금을 계승한다[招, 繼堯也]"로 되어 있다. '소(招)'는 '소(韶)'로 읽는다. 『예기·악기』에 "소는 계승하다의 뜻이다[韶, 繼也]"란 문장이 있는데, 정현은 이에 대해 다음과 같이 주를 달고 있다. "순임금 때의 악곡 이름이다. '소(韶)'는 '소(紹)'로, 순임금이 요임금의 덕을 이어나갈 수 있음을 말하는 것이다[舜樂名也. '韶'之言'紹'也, 言舜能繼紹堯之德]." 『백호통의·예악』에 실린 설명도 같다.【吳】

12 「하(夏)」 : 『여씨춘추·고악』에 따르면, 우임금이 고요(皐陶)에게 「하」를 만들게 했다고 한다. 『한서·예악지』에 "우임금이 「하」를 만들었다[禹作「夏」]", "「하」는 두 성왕을 크게 계승한다[「夏」, 大承二帝也]"라고 적혀 있는데, 여기서 두 성왕은 바로 요임금과 순임금을 가리킨다. 『백호통의·예악』에 보면, "우임금 때의 음악인 「대하」는 우임금이 두 성왕의 도를 따라 이행할 수 있기에 「대하」라고 했다[禹曰「大夏」者, 言禹能順二聖之道而行之, 故曰「大夏」也]."【吳】

13 「호(護)」 : 『낭본(郎本)』의 미주(眉注)에 "'호(護)'는 속본(俗本)에 '호(濩)'로 되어 있는데, 지금 여기서는 송본(宋本)을 따른다['護', 俗本作'濩', 今從宋本]"고 되어 있다. 『묵자(墨子)·삼변(三辯)』에 다음 문장이 있다. "탕왕은 대수(大水)에서 걸왕을 죽인 뒤 천하를 돌며 스스로 왕으로 등극했다. 또한 대사를 이루고 공업을 세운 뒤 큰 후환이 없게 되자 선왕의 음악을 이어 또 스스로 음악을 만들고는 「호」라 명명했으며 또 「구소」를 연마하게 했다[湯放桀於大水, 環天下自立以爲王. 事成功立, 無大後患, 因先王之樂, 又自作樂, 命曰「護」, 又修「九招」]." 『여씨춘추·고악』에 다음 문장이 있다. "은나라 탕왕이 즉위했을 때 하나라는 무도해 만백성들을 잔혹하게 대했고 제후들을 침범해 약탈하는 등 법도에서 벗어난 행동을 해대는 통에 천하에서는 이를 우환거리로 여겼다. 그리하여 탕왕은 육주(六州)의 제후들을 이끌고 걸왕의 악행을 토벌해 공명을 크게 이루니 백성들은 편안해졌다. 이에 탕왕은 이윤(伊尹)에게 「대호(大護)」를 만들게 했다[殷湯卽位, 夏爲無道, 暴虐萬民, 侵削諸侯, 不用軌度, 天下患之. 湯於是率六州以討桀罪, 功名大成, 黔首安寧. 湯乃命伊尹作爲「大護」]." 『백호통의·예악』에서는 다음과 같이 말하고 있다. "탕왕 때의 음악인 「대호」는 탕왕이 쇠락한 하

들었으며, 주공(周公)은 「작(勺)」을 만들었다. 「작」은 선조[文王과 武王]의 도를 짐작할 수 있음을 뜻한다.[15] 「무」는 공을 세워 천하를 안정시켰음을 말한다.[16] 「호」는 하 왕조에서 백성을 구해냈음을 말한다. 「하」는 우임금이 두 성왕[堯, 舜]의 도를 크게 계승했음을 말한다. 「소」는 요임금의 도를 계승했다는 뜻이다.[17] 「대장」은 [천·지·인의 도를] 크게 밝혔다는 뜻이다.[18] 「오영」은 그 정수를 크게 드러낸다는 뜻이다.[19] 「육경」은 은택이

나라를 이어 백성들의 위급함을 보호할 수 있다는 뜻이다[湯曰「大濩」者, 言湯承衰能護民之急也].”【吳】

대수(大水) : 지명으로 사용된 것 같으나, 그 정확한 소재지는 알 수 없다.【譯註】

육주(六州) : 고대 구주(九州) 가운데 육주를 지칭한다.【譯註】

14 「무(武)」 : 『여씨춘추·고악』에 다음 말이 있다. “무왕은 즉위한 뒤 육군(六軍)의 병사를 이끌고 은(殷)나라를 정벌하려 했다. 육군의 병사가 채 도착하기 전에 정예병으로 목야(牧野)에서 은나라를 물리치고, 돌아와서는 도성의 태실(太室 : 太廟)에 포로를 바치고 곧 이어 주공(周公)에게 명해 「대무(大武)」를 짓게 했다[武王卽位, 以六師伐殷. 六師未至, 以銳兵克之於牧野, 歸乃薦俘馘于京太室, 乃命周公爲作「大武」].” 『묵자·삼변』에 실린 내용은 이 기록과 다르다. “무왕이 은나라를 이긴 뒤 주왕(紂王)을 죽이고 천하를 돌며 스스로 왕으로 등극했다. 또한 대사를 이루고 공업을 세운 뒤 큰 후환이 없게 되자 선왕의 음악을 이어 또 스스로 음악을 만들고는 「상」이라 명명했다[武王勝殷殺紂, 環天下自立以爲王. 事成功立, 無大後患, 因先王之樂, 又自作樂, 命曰「象」].”【吳】

15 「작」은~뜻한다 : ‘작(勺)’은 『의림(意林)』에는 ‘작(酌)’이라 되어 있는데, 두 글자는 통한다. 『백호통의·예악』에는 다음과 같다. “주공의 음악 「작」은 주공이 성왕을 보좌해 문왕과 무왕의 도를 짐작해 완성할 수 있음을 말한다[周公曰「酌」者, 言周公輔成王能斟酌文·武之道而成之也].”【吳】

16 「무」는~말한다 : 원문은 ‘무, 언이공정천하야(武, 言以功定天下也)’이다. 『군서습보(羣書拾補)』에는 ‘공(功)’ 자 위에 ‘무(武)’ 자가 더 있고, “『의림』에도 있다[『意林』有]”고 밝히고 있다. 『의림』에 인용된 바를 살펴보니, “무왕의 음악을 「무」라고 하는데, 무왕의 공으로 천하를 안정시켰다[武王樂曰「武」, 武功定天下也]”고 되어 있다. 확실히 『의림』에서 인용하고 있는 것은 『풍속통의』를 전적으로 존중하고 있지 않다. 응소가 기술하고 있는 각 제왕들의 음악은 『한서·예악지』에 근거한 것이다. 지금 이 구절은 「예악지」의 문장과 완전히 같기 때문에 ‘무(武)’ 자를 굳이 브충할 필요는 없다.【吳】

17 「소」는~계승했다는 뜻이다 : 『한서·예악지』와 그 내용이 같다. 『의림』에는 “「소」는 요임금의 도를 계승했다는 뜻이다[「紹」者, 紹堯也].”로 되어 있다.【吳】

18 「대장」은~밝혔다는 뜻이다 : 『한서·예악지』와 그 내용이 같다. 『의림』에는 “장은 밝히다의 뜻이다[章者, 彰也].”라고 되어 있다.【吳】

19 「오영」은~뜻이다 : 『한서·예악지』와 그 내용이 같다. 『의림』에는 “영은 정수의 뜻이다[英者, 華也].”라고 되어 있다.【吳】

만물의 뿌리까지 미친다는 뜻이다. 「함지」는 다 갖추었다는 뜻이다.

그 뒤로 주(周)나라 왕실이 쇠미해지자 예와 악은 무너지고 제후들은 방자하게 굴면서 자기가 중시하는 것만 다투어 좇아, 상간(桑間)·복상(濮上)·정(鄭)·위(衛)·송(宋)·조(趙)나라의 음악[20]이 더욱더 널리 퍼져 사람들의 마음을 뒤흔들고 사람들의 귀를 막았다. 그리하여 평화로운 음악소리는 잊어버리고, 정치는 어지럽고 백성들은 다치게 되었으며 결국 병이 들고 수명까지 줄어들게 되었다. 다시 난폭한 진(秦)나라가 나와 결국 성인의 음악은 사라지고 잊혔다. 한(漢)나라가 일어난 뒤 제씨(制氏)[21]가 대

---

20 상간(桑間)·복상(濮上)·정(鄭)·위(衛)·송(宋)·조(趙)나라의 음악 : 『한서·예악지』에 다음 문장이 보인다. "주 왕실이 크게 무너지자 제후들이 방자하게 굴면서 양관(兩觀)을 세우고 대로(大路 : 大輅)를 타고 다녔다. 배신(陪臣) 관중(管仲)은 세 번 장가들고 계씨(季氏) 일족들은 「옹(雍)」시를 읊어 제사를 끝내고, 뜰에서 팔일무(八佾舞)를 추는 등, 예악제도는 무너져 쇠락해 되돌아올 줄 모르고, 상간·복상·정·위·송·조나라의 음악까지 세상에 함께 쏟아져 나왔다. 그리하여 안으로는 병이 들고 수명까지 줄어들게 되었으며 밖으로는 정치가 어지럽고 백성들이 다치게 되었다[周室大壞, 諸侯恣行, 設兩觀, 乘大路. 陪臣管仲·季氏之屬, 三歸「雍」徹, 八佾舞庭, 制度遂壞, 陵夷而不反, 桑間·濮上·鄭·衛·宋·趙之聲並出. 內則致疾損壽, 外則亂政傷民]." 이에 대해 안사고(顔師古)는 다음 주를 달았다. "응소가 말했다. '상간은 위나라 땅이고 복상은 복수의 위쪽으로 이 지역에서는 모두 새로운 음악을 좋아한다.' 정, 위, 송, 조나라에도 음란한 음악이 있다[應劭曰 : '桑間, 衛地, 濮上, 濮水之上, 皆好新聲'. 鄭, 衛, 宋, 趙諸國, 亦皆有淫聲]." 『사기·악서』에 다음 문장이 보인다. "정나라, 위나라의 음악은 난세의 음악으로 지나친 방종에 비유된다. 상간, 복상의 음악은 망국의 음악으로, 그 정치가 어지럽고 백성이 떠돌아다니게 되며, 윗사람을 기만하고 사욕을 도모하는데도 멈출 수 없다[鄭·衛之音, 亂世之音也, 比於慢矣. 桑間·濮上之音, 亡國之音也, 其政散, 其民流, 誣上行私而不可止]."【吳】

양관(兩觀) : 궁문 앞 양쪽에 세워져 있는 망루(望樓)를 말한다.【譯註】

배신(陪臣) : 고대 천자들은 제후(諸侯)들을 신하로 삼았고, 제후들은 대부(大夫)들을 신하로 두었으며, 대부들에게도 자신의 가신(家臣)이 있었다. 그리하여 대부들은 천자에 대해, 대부의 가신은 제후들에 대해 모두 한 등급을 사이에 두고 있었기 때문에 이를 '중신(重臣)'이라 하고 이 모두를 일러 '배신'이라 했다.【譯註】

「옹(雍)」 : 「옹(雝)」이다. 『시경·주송(周頌)』에 실려 있는 시로, 무왕이 문왕을 제사 지낼 때 불렀던 노래이다. 훗날에는 천자가 종묘에 제사를 올리고 끝낼 때 이 노래를 불렀다고 한다.【譯註】

21 제씨(制氏) : 『한서·예악지』의 안사고 주에 따르면 복건(服虔)이 말했다. "제씨는 노(魯)나라 사람으로 음악에 관련된 일에 뛰어났다[魯人也, 善樂事也]"고 되어 있다.【吳】

대로 대악(大樂)을 관장해 자못 울려 퍼지는 금속 악기의 소리만 기록할 수 있었을 뿐, 그 함의는 설명할 수 없었다.[22] 그러다 구제(武帝) 때 와서 비로소 교사(郊祀)[23]의 예를 정하고, 각 지방을 돌면서 제후들을 살피고,[24] 봉(封)제사를 올렸다. 이때 악관들이 대부분 음악을 보충하고 꾸몄지만 바르고 전아하지 않았기[25] 때문에 나는 훌륭한 성인의 음악을 계승하고 이것을 「성음」이라고 한다.

옛날에 황제(皇帝)[26]가 영윤(伶倫)[27]을 시켜 대하(大夏)[28]의 서쪽, 곤륜산(崑

22 제씨(制氏)가~그 함의는 설명할 수 없었다:『한서・예악지』에 다음 문장이 보인다. "한나라가 일어나자 제씨라는 음악가가 대대로 대악관(大樂官)의 자리에 있으면서 아악(雅樂)과 성률(聲律)을 다스렸는데, 그저 울려 퍼지는 금속악기의 소리만 기록할 수 있었을 뿐 그 함의는 설명할 수 없었다[漢興, 樂家有制氏, 以雅樂聲律世世在大樂官, 但能紀其鏗鎗鼓舞, 而不能言其義." 이 문장은『한서・예문지』에도 실려 있다.

23 교사(郊祀):고대에는 교외에서 천지에 제사 지냈는데, 남교(南郊)에서는 하늘에다 제사 지내고 북교(北郊)에서는 땅에 제사 지냈다고 한다.【譯註】

24 각 지방을 돌면서 제후들을 살피고:원문은 '순성(巡省)'이다. '성(省)'은『하본(何本)』에 '수(狩)'라 되어 있다.【吳】

25 그러다 무제(武帝) 때 와서~전아하지 않았기:『한서・예악지』에 다음 문장이 보인다. "무제가 교사의 예를 정하고, 감천궁(甘泉宮)에서 태일(太一)에게 제사 지냈는데, 바로 도성의 서북쪽에 해당한다. 또한 분음(汾陰)에서 후토(后土)에게 제사 지냈는데, 이것이 바로 택중방구이다. 이에 악부(樂府)를 세우고 시를 수집하여 밤새 읽었는데, 조, 대, 진, 초 땅의 노래도 있었다[武帝定郊祀之禮, 祠太一於甘泉, 就乾位也. 祭后土於汾陰, 澤中方丘也. 乃立樂府, 采詩夜誦, 有趙・代・秦・楚之謳."【吳】

건위(乾位):건괘(乾卦)가 상징하는 방위는 서북쪽이다.『한서・예악지』에 실린 위의 문장에 대해 안사고는 "도성의 서북쪽에 해당한다[言在京師之西北也]"고 주를 달고 있다.【譯註】

택중방구(澤中方丘):방구(方丘)는 옛날에 지신(地祇)에게 제를 올리던 곳을 말한다. 한 나라 무제 때 분하(汾河)가 황하(黃河)로 흘러들어가던 곳에 후토의 사당을 세우고 그곳에서 제사를 지냈는데, 바로 이것을 지칭하는 말이다.【譯註】

26 황제(皇帝):'황(皇)'은『오본(吳本)』과『강희본(康熙本)』에는 '황(黃)'으로 되어 있다. '황제'는 바로 '황제(黃帝)'이다.『여씨춘추・고악』,『설원(說苑)・수문(修文)』,『한서・율력지(律曆志)』에는 모두 '황제(黃帝)'로 되어 있다.【吳】

27 영윤(伶倫):전설에 따르면 황제(黃帝) 때의 신하이다.【吳】

28 대하(大夏):『한서』 안사고의 주에 따르면 응소는 "대하는 서융의 나라이다[大夏, 西戎之國也]"라고 했고,『여씨춘추』에서 고유(高誘)는 "대하는 서방에 있는 산이다[大夏, 西方之山]"라고 주를 달고 있다.【吳】

崙山)의 북쪽에 있는 해곡(嶰谷)[29]에서 자란 대나무를 가져와 내경의 두께가 고른 것을 다듬은 뒤[30] 양쪽 마디 두 개를 자르고 불면서 이것을 황종률(黃鐘律)의 궁음(宮音)[31]으로 삼았다. 봉황의 울음소리를 듣고 12개의 대통[32] 즉 십이율려(十二律呂)를 만들었는데, 그 수컷이 우는 소리가 여섯이고, 암컷이 우는 소리가 여섯 개였다.[33] 천지간의 절기가 정상적이면 십이율이 안정되고, 오성도 이로부터 생겨나고, 팔음도 이로부터 만들어

29 해곡(嶰谷) : 골짜기 이름이다. 『한서·율력지』 안사고의 주에 따르면 다음과 같다. "맹강(孟康)이 말했다. '해(解)는 탈(脫)이고, 곡(谷)은 대나무 통으로, 즉 대나무 가운데 마디가 없는 것을 가져왔다는 뜻이다. 일설에는 곤륜의 북쪽에 있는 골짜기 이름이라고 한다.' 진작(晉灼)이 말했다. '골짜기의 이름이 맞다'[孟康曰 : '解, 脫也, 谷, 竹溝也, 取竹之脫無溝節者也. 一說昆侖之北谷名也.' 晉灼曰 : '谷名是也']." 『문선(文選)·오도부(吳都賦)』에서 유연림(劉淵林) 역시 "곤륜의 북쪽 골짜기이다[崐崙北谷]"라고 주를 달고 있다.【吳】

30 내경의 두께가 고른 것을 다듬은 뒤 : 원문은 '생기규후균자(生其竅厚均者)'이다. 『한서·율력지』의 안사고 주에 따르면 응소는 "생은 다듬는다. 규는 구멍이다[生者, 治也. 竅, 孔也]"라고 주를 달고 있고, 진작은 다음과 같이 말하고 있다. "골짜기에서 자란 대나무를 가져와 내경의 안팎 두께가 천연적으로 고른 것을 다듬고 잘라 이것으로 울림통을 만들었는데, 더 이상 깎을 필요가 없었다[取谷中之竹, 生而肉孔外內厚薄自然均者, 截以爲筩, 不復加削刮也]."【吳】

31 궁음(宮音) : 원문은 '관(管)'이다. '관'은 『여씨춘추·고악』, 『설원·수문』, 『한서·율력지』에는 모두 '궁(宮)'으로 되어 있다. 심흠한(沈欽韓)은 『한서소증(漢書疏證)』에서 이안계(李安溪)의 말을 인용해 이렇게 말했다. "여기서 말하는 관(管)은 또 다른 악기이지, 십이율(十二律)의 황종(黃鐘)이 아니다. 경방(京房)의 '준(準 : 瑟과 비슷하게 생긴, 13弦으로 된 定律器)'과 양제(梁帝)의 '통(通)'과 비슷하다. 길이도 9촌이고, 삼분법으로 구멍 옆으로 바람을 불어넣어 소리를 내는데, 지금의 소수(簫篴)와 같다. '관'을 기준으로 삼아 여러 율(律)을 만들 수 있기 때문에 육률 육려라 했고, 이 악기로 십이율을 만들 수 있기 때문에, 이것이 율(律)의 근본이 되었다[此管另爲一器, 非十二律中之黃鐘. 與京房之'準', 梁帝之'通', 正相似耳. 長亦九寸, 而以三分之法穴其旁吹之, 若今簫篴之類. 可據以爲準而定諸律, 故六律六呂, 此器皆可以生之, 而爲律本也]."【吳】

32 대통 : 원문은 '통(筩)'으로, '통(筒)' 자와 같다. 『여씨춘추·고악』 고유의 주에 따르면 다음과 같다. "육률 육려는 각각 관이 있기 때문에 12개의 대통이라 했다[六律六呂各有管, 故曰十二筒]."【吳】

33 봉황의 울음소리를~소리가 여섯 개였다 : 즉 궁음을 기준으로 해서 십이율을 만들었는데, 봉황 가운데 수놈인 봉(鳳)의 울음소리에 어울리는 6개의 음으로 육률(六律)을 삼고, 암놈인 황(凰)의 울음소리에 어울리는 6개의 음으로 육려(六呂)를 삼아 십이율 즉 십이율려(十二律呂)를 만들었다는 의미이다.【譯註】

진다. 성(聲)에는 궁(宮)·상(商)·각(角)·치(徵)·우(羽)가 있고, 음(音)에는 흙으로 만든 훈(塤), 박으로 만든 생(笙), 가죽으로 만든 고(鼓), 대나무로 만든 관(管), 실로 만든 현(絃), 돌로 만든 경(磬), 금속으로 만든 종(鐘), 나무로 만든 축(柷)이 있다.

『시경』에 "학이 깊은 못[34]에서 우니, 소리가 하늘까지 퍼지네"[35]라는 구절이 있고, 『상서』에 "팔음이 잘 어우러져 서로 순서를 잃지 않게 되면"[36]이라는 구절이 있는데, 이로부터 말하면 성이 본(本)이고 음이 말(末)이다.

『易』稱: "先王作樂崇德, 殷薦之上帝, 以配祖考." 『詩』云: "鐘鼓鍠鍠, 磬管鏘鏘, 降福穰穰." 『書』曰: "擊石拊石, 百獸率舞." 鳥獸且猶感應, 而況於人乎! 況於鬼神乎!

夫樂者, 聖人所以動天地, 感鬼神, 按萬民, 成性類者也. 故黃帝作「咸池」, 顓頊作「六莖」, 嚳作「五英」, 堯作「大章」, 舜作「韶」, 禹作「夏」, 湯作「護」, 武王作「武」, 周公作「勺」. 「勺」, 言能斟勺先祖之道也. 「武」, 言以功定天下也. 「護」, 言救民也. 「夏」, 大承二帝也. 「韶」, 繼堯也. 「大章」, 章之也. 「五英」, 英華茂也. 「六莖」, 及根莖也. 「咸池」, 備矣.

其後周室陵遲, 禮樂崩壞, 諸侯恣行, 競悅所習, 桑間·濮上, 鄭·衛·宋·趙之聲, 彌以放遠, 滔湮心耳. 乃忘平和, 亂政傷民, 致疾損壽. 重遭暴秦, 遂以闕忘. 漢興, 制氏世掌大樂, 頗能紀其鏗鏘, 而不能說其義. 武帝始定郊祀·巡省·告封. 樂官多所增飾, 然非雅正, 故繼其條暢曰「聲音」也.

---

34 못: 원문은 '고(皐)'이다.【吳】

35 학이 깊은 못에서 우니, 소리가 하늘까지 퍼지네: 원문은 '학명구고, 성문우천(鶴鳴九皐, 聲聞于天)'이다. 금본 『시경·소아(小雅)·학명(鶴鳴)』에는 '명(鳴)' 자 아래에 '우(于)' 자가 있다. 살펴보니 한(漢)나라와 당(唐)나라 사람들이 인용한 『시경』에는 모두 '우' 자가 없다.【吳】

36 팔음이 잘 어우러져 서로 순서를 잃지 않게 되면: 『상서·순전(舜典)』에 보인다.【吳】

昔皇帝使伶倫自大夏之西, 崑崙之陰, 取竹於嶰谷, 生其竅厚均者, 斷兩節而吹之, 以爲黃鐘之管. 制十二筩, 以聽鳳之鳴, 其雄鳴爲六, 雌鳴亦爲六. 天地之風氣正, 而十二律定, 五聲於是乎生, 八音於是乎出. 聲者, 宮·商·角·徵·羽也, 音者, 土曰塤, 匏曰笙, 革曰鼓, 竹曰管, 絲曰絃, 石曰磬, 金曰鐘, 木曰柷. 『詩』曰 : "鶴鳴九皐, 聲聞于天." 『書』 : "八音克諧, 無相奪倫." 由是言之, 聲本音末也.

상(商)

내가 살펴 유흠(劉歆)의 『종률서(鐘律書)』를 살펴보니 다음과 같았다.

"'상(商)'은 '가늠하다[章]'의 뜻으로, 만물이 다 자라면[1] 가늠해 수확할 수 있다는 의미이다. 상은 오행에서는 금(金)에 해당하고, 오상(五常)에서는 의(義)에 해당하고, 오사(五事)에서는 언(言)에 해당하니, [君·臣·民·事·物의 五等 가운데] 대개 신(臣)에 합치한다."[2]

1 다 자라면 : 원문은 '성숙(成熟)'이다. '숙(熟)'은 『도광본(道光本)』에는 '취(就)'로 되어 있고, 『의림』에도 그렇게 인용되어 있다. 생각건대 '숙'으로 해야 옳다. 『한서·율력지』에는 '숙(孰)'으로 되어 있는데, '숙(孰)'은 '숙(熟)' 자와 같다.【吳】

2 '상(商)'은~합치한다 : 『백호통의·예악』에 다음 문장이 있다. "상은 펼치다의 뜻으로, 음기가 펼쳐지기 시작하고 양기가 내려가기 시작한다[商者, 張也, 陰氣開張, 陽氣始降也]." 한대(漢代) 유행하던 음양오행설에서는 오행 가운데 금(金)과 가을이 오성의 상(商)에 부합하고, 목(木)과 봄이 각성(角聲)에 부합하고, 화(火)와 여름이 치성(徵聲)에 부합하고 수(水)와 겨울이 우성(羽聲)에 부합하며, 토(土)는 오행에서 가장 존귀하기 때문에 오행의 중앙에 위치하고 사시와도 부합하지 않으며 오성 가운데 궁(宮)음에 합치된다. 『풍속통의』와 『백호통의』에서 정의 내리고 있는 상·각·궁·치·우의 내용은 조금씩 차이점이 있지만 모두 음양오행설의 기초위에서 나왔으며, 단지

謹按劉歆『鐘律書』: "'商'者, '章'也, 物成熟可章度也. 五行爲金, 五常爲義, 五事爲言, 凡歸爲臣."

풀이방법에 있어서 모두 해성자(諧聲字)를 이용해 에둘러 부회하고 있다.【吳】

각(角)

내가 삼가 유흠의 『종률서』를 살펴보니 다음과 같았다.

"'각(角)'은 '부딪치다[觸]'의 뜻으로, 사물이 땅에 부딪쳐 솟아 나와 싹을 틔운다는 의미이다.[1] 각은 오행에서는 목(木)에 해당하고 오상에서는 인(仁)에 해당하고 오사에서는 용모[貌]에 해당하니, [君·臣·民·事·物의 五等 가운데] 대개 민(民)에 합치한다."

謹按劉歆『鐘律書』: "'角'者, '觸'也, 物觸地而出, 戴芒角也. 五行爲木, 五常爲仁, 五事爲貌, 凡歸爲民."

---

1 사물이 땅에 부딪쳐 솟아 나와 싹을 틔운다는 의미이다: 이 두 구절은 『의림』에서는 '사물이 땅에 부딪치면 싹을 가지고 나와 틔우다[物觸地載芒角而生也]'로 되어 있다. 『백호통의·예악』에 "각이란 명칭은 무엇인가? '각'은 뛰어오르다의 뜻으로, 양기가 움직여 뛰어오른다는 의미이다[所以名爲角何? 角, 躍也, 陽氣動躍]"라는 문장이 있는데, 그 뜻이 『풍속통의』의 내용과 대체로 같다.【吳】

궁(宮)

내가 삼가 유흠의 『종률서』를 살펴보니 다음과 같았다.

"'궁(宮)'은 '가운데[中]'의 뜻으로, 중앙에 위치하고 사방에 통하면서 처음으로 만물을 만들어내니, 사성[상·각·치·우성]의 중심이 된다는 의미이다.[1] 궁은 오행에서는 토(土)에 해당하고, 오상(五常)에서는 신(信)에 해당하고, 오사에서는 생각[思]에 해당하니, [君·臣·民·事·物의 五等 가운데] 대개 군(君)에 합치된다.

謹按劉歆鐘律書: "'宮'者, '中'也, 居中央, 暢四方, 倡始施生, 爲四聲綱也. 五行爲土, 五常爲信, 五事爲思, 凡歸爲君."

---

1 '궁(宮)'은~의미이다: 『백호통의·예악』에는 "궁은 담다, 머금다의 뜻으로, 사계절을 품어 담고 있는 것을 말한다[宮者, 容也, 含也, 含容四時也]"라고 쓰고 있는데, 그 뜻이 『풍속통의』의 내용과는 다르다.【吳】

치(徵)

내가 삼가 유흠의 『종률서』를 살펴보니 다음과 같았다.

"'치(徵)'는 '복[祉]'의 뜻으로, 작물이 아주 많아 복이 넘친다는 의미이다.[1] 치는 오행에서는 화(火)에 해당하고, 오상에서는 예(禮)에 해당하고, 오사에서는 보는 것[視]에 해당하니, [君·臣·民·事·物의 五等 가운데] 대개 사(事)에 합치된다."

謹按劉歆『鐘律書』: "'徵'者, '祉'也, 物盛大而繁祉也. 五行爲火, 五常爲禮, 五事爲視, 凡歸爲事."

1　'치(徵)'는~의미이다: 『백호통의·예악』에는 "치는 그치다의 뜻으로, 양기가 그친다는 의미이다[徵者, 止也, 陽氣止]"라고 적고 있는데, 그 뜻이 『풍속통의』와는 다르다.【吳】

우(羽)

내가 삼가 유흠의 『종률서』를 살펴보니 다음과 같았다.

"'우(羽)'는 '가린다[宇]'는 뜻으로, 사물을 모아 집에 저장하고는 그것을 덮어 가린다는 의미이다.[1] 오행에서는 수(水)에 해당하고, 오상에서는 지(智)에 해당하고, 오사에서는 듣는 것[聽]에 해당하니,[2] [君・臣・民・事・物의 五等 가운데] 대개 물(物)에 합치된다."[3]

---

1 '우(羽)'는~의미이다 : 원문은 '우자, 우야, 물취장우복지야(羽者, 宇也, 物聚藏宇覆之也)'이다. '취(聚)'는 『하본』에는 '시(始)'로 되어 있다. 『백호통의・예악』에는 "우는 얽히다의 뜻으로, 음기가 위에 있고, 양기가 아래에 있다[羽者, 紆也, 陰氣在上, 陽氣在下]"라고 되어 있는데, 그 뜻이 『풍속통의』와 다르다.【吳】

2 오사에서는 듣는 것에 해당하니 : 원문은 '오사위덕(五事爲德)'이다. 『풍속통의교정(風俗通義校正)』에는 "'덕' 자는 '청'이 되어야 한다['德', 當作'聽']"고 되어 있다. 사수청(史樹靑) 선생이 말했다. "생각건대 오사는 용모, 말, 보는 것, 듣는 것, 생각이다. 따라서 여기서 '덕' 자는 틀림없이 '청' 자의 오기이다[按五事者, 貌言視聽思也. 此'德'字必是'聽'字之譌]." 『상서・홍범(洪範)』에 "오사는 첫째는 용모, 두 번째는 말, 세 번째는 보는 것, 네 번째는 듣는 것, 다섯 번째는 생각이다[五事, 一曰貌, 二曰言, 三曰視, 四曰聽, 五曰思]"에 근거해볼 때 '덕(德)' 자는 마땅히 '청(聽)' 자로 고쳐야 한다.【吳】

그런 까닭에 오성 가운데 궁성을 들으면 사람이 온화해지고 가슴이 탁 트이게 되며, 상성을 들으면 사람이 정직해지고 의를 좋아하게 된다. 각성을 들으면 사람이 단정해지고 예절을 좋아하게 되며, 치성을 들으면 사람이 다른 사람을 동정하고 널리 사랑하게 되며, 우성을 들으면 사람이 선을 행하고 베풀기를 좋아하게 된다. 궁성이 어지러워진 경우는 임금이 교만해졌기 때문일 것이고, 상성이 어지러워졌을 경우는 신하가 제 소임을 다하지 못했기 때문일 것이고, 각성이 문란해진[4] 경우는 백성이 원망하고 있기 때문일 것이며, 치성이 넘쳐나는 경우는 일이 용이치 않기 때문일 것이고, 우성이 바르지 않은 경우는 만물이 어지럽기 때문일 것이다. 춘궁(春宮)에 추률(秋律)이면 온갖 꽃이 떨어질 것이고, 추궁(秋宮)에 춘률(春律)이면 만물이 왕성할 것이고, 하궁(夏宮)에 동률(冬律)이면 비와 우박이 내릴 것이고, 동궁(冬宮)에 하률(夏律)이면 천둥이 칠 것이다. 무릇 음악이 지극히 중요한 것은 [음악으로 인해] 감응하는 바가 크기 때문이다. 그래서 다음과 같이 말했다.

"예악의 본질을 아는 사람이 [새로운 예악을] 만들 줄 알고, 예악의 표현 방법을 아는[5] 사람이 [전대의 예악을] 전술할 수 있다. 새로운 예악을 만드는 사람을 일러 성(聖)이라 칭하고 전대의 예악을 전술하는 사람을 일러 명(明)이라 하니, 명성(明聖)이란 전대의 예악을 전하고 새로운 예악을 만들어 내는 것을 말한다.[6]

謹按劉歆『鐘律書』: "'羽'者, '宇'也, 物聚藏宇覆之也. 五行爲水, 五

---

3 '우(羽)'는~합치된다: 이상에서 인용하고 있는 유흠의 『종률서』의 내용은 『한서·율력지』에도 보이는데, 자구가 약간 다르다.【吳】

4 문란해진: 원문은 '무(繆)'이다. '무' 자는 『하본』과 『호본(胡本)』에는 '유(謬)'로 되어 있는데, 두 글자는 옛날에는 통했다.【吳】

5 아는: 원문은 '식(識)'이다. '식' 자는 『태평어람(太平御覽)』 권27에 '식(識)' 자로 되어 있으나, 『태평어람』 권565와 『천중기(天中記)』 권46에는 모두 '지(知)' 자로 되어 있다. 『예기·악기』에는 '식' 자로 되어 있는데, 『풍속통의』와 같다.【吳】

6 그래서 다음과 같이~만들어 내는 것을 말한다: 이 구절은 『예기·악기』에 보인다.【吳】

常爲智, 五事爲德, 凡歸爲物." 故聞其宮聲使人溫潤而廣大, 聞其商聲使人方正而好義. 聞其角聲使人整齊而好禮, 聞其徵聲使人惻隱而博愛, 聞其羽聲使人善養而好施. 宮聲亂者則其君驕, 商聲錯者則其臣壞, 角聲繆者則其民怨, 徵聲洪者則其事難, 羽聲差者則其物亂. 春宮秋律, 百卉必彫, 秋宮春律, 萬物必榮, 夏宮冬律, 雨雹必降, 冬宮夏律, 雷必發聲. 夫音樂至重, 所感者大. 故曰 : "知禮樂之情者能作, 識禮樂之文者能述. 作者之謂聖, 述者之謂明, 明聖者, 述作之謂也."

훈(塤)[1]

내가 삼가 『세본(世本)』을 살펴보니 다음과 같았다.

“포신공(暴辛公)[2]이 훈을 만들었다.”

『시경』에 다음 말이 있다.

“하늘이 백성들을 인도하심이 훈과 지처럼 잘 어우러지네.”[3]

---

1 훈(塤) : 표제자 아래에 원래 “‘훈(壎)’이라고도 하는데, 고금자이다[一作‘壎’者, 古今字也]”라는 8자가 있었으나, 『강희본(康熙本)』에는 없다. 이것은 후인들이 단 방주(旁注)이기에 지금 없앤다.

2 포신공(暴辛公) : 『풍속통의 · 씨성(氏姓)』에는 “포신공은 주나라 제후이다[暴辛公, 周諸侯也].”라는 문장이 있고, 『태평어람』 권581에는 “『세본』에 따르면, ‘훈은 포신공이 만든 것인데, 그 역시 어디 사람인지 모른다. 주나라 경내에 포국(暴國)이란 곳이 있는데, 그 당시 사람인가?[『世本』曰 : ‘塤, 暴辛公所造, 亦不知何人. 周畿內有暴國, 豈其時人乎?]”라는 문장이 있다. 또 송균(宋均)의 다음 주에서도 “포공은 주나라 평왕(平王) 때의 제후이다[暴公, 周平王諸侯也].”라고 하고 당나라 서경안(徐景安)의 『악서(樂書)』에서도 주나라 평왕 때의 사람이라고 확언하고 있다.【吳】

3 하늘이 백성들을~잘 어우러지네 : 원문은 ‘천지유민, 여훈여지(天之誘民, 如塤如篪)’이다. 금본 『시경 · 대아(大雅) · 판(板)』에는 ‘유(誘)’가 ‘유(牖)’로 되어 있고, 『한시외

훈은 흙을 구워 만든 것으로[4] 둘레는 5촌 반이고, 길이는 3촌 반이며, 구멍이 4개가 있고, 나머지 2개의 구멍이 서로 통해 있어서 모두 6개의 구멍으로 이루어져 있다.[5]

[훈]

謹按『世本』: "暴辛公作塤." 『詩』云: "天之誘民, 如塤如篪." 塤, 燒土爲之, 圍五寸半, 長三寸半, 有四孔, 其二通, 凡爲六孔.

전(韓詩外傳)』과 『예기・악기』에서는 『시경』을 인용하면서 '유(誘)'로 쓰고 있다. 훈과 지는 소리가 서로 잘 어우러지는데, 여기서 "여훈여지"라고 한 것은 하늘이 백성들을 인도하심이 마치 훈지처럼 잘 어울린다는 뜻이다.【吳】

지(篪): 고대의 대나무로 만든 관악기이다. 다른 관악기들이 하나의 관에 적당히 취구를 판 것과 달리, 지는 뚫어놓은 취공에 또 다른 취구를 붙여 놓았다. 춘추전국시대에 널리 사용되었다고 하며, 궁정아악과 함께 쇠락했다.【譯註】

[지]

4 흙을 구워 만든 것으로: 원문은 '소토위야(燒土爲也)'이다. '위(爲)' 자는 원래 빠져 있었는데, 지금 『태평어람』 권581에 근거해 보충한다.【吳】

5 모두 6개의 구멍으로 이루어져 있다: 원문은 '범위육공(凡爲六孔)'이다. 이 구절은 『태평어람』에는 '범육공야(凡六孔也)'라 되고 있고, 그 아래에 또 "'훈'은 '훈(壎)'이라고도 한다('塤', 一作'壎'字也)"는 6글자가 있다. 표제자 아래에 억지로 집어넣은 글 같은데, 『태평어람』에는 이 6글자가 문장 끝에 있다.【吳】

생황[笙]

내가 삼가 『세본』을 살펴보니 다음과 같았다.

“수(隨)가 생을 만들었다.”[1]

길이는 4촌이고 12개의 황(簧 : 리드)[2]으로 이루어졌으며, 봉황의 몸체를

1 수(隨)가 생을 만들었다 : 『송서(宋書)·악지(樂志)』에 다음 문장이 있다. “생은 수가 만든 것인데, 그가 어느 시대의 사람인지는 모르겠다[笙, 隨所造, 不知何代人.”【吳】

2 12개의 황(簧) : 원문은 ‘십이황(十二簧)’이다. ‘이(二)’는 생각건대 ‘삼(三)’이 되어야 맞다. 『설문해자(說文解字)』에 보면, “생은 13의 황으로 이루어졌으며, 봉황의 몸체를 본떴다. 생은 정월의 소리를 내는데, 정월은 만물이 탄생하는 시기이기 때문에 이를 일러 생이라 했다. 큰 생황은 ‘소(簫)’라 하고 작은 생황은 ‘화(和)’라 한다. 뜻은 대나무이고 음은 생이다. 옛날에 수라는 사람이 생을 만들었다[笙, 十三簧, 象鳳之身. 笙, 正月之音, 物生故謂之笙. 大者謂之簫, 小者謂之和. 從竹生聲. 古者隨作笙].” 『풍속통의』에서 서술하고 있는 생황과 『설문해자』에서 말하고 있는 생황은 대체적으로 같고, 황(簧)의 숫자도 어느 정도 일치한다. 『이아(爾雅)·석악(釋樂)』의 곽박(郭璞) 주에는 생황 가운데 “큰 것은 19개의 황으로 이루어졌고[大者十九簧]” 작은 것은 “13개의 황으로 이루어졌다[十三簧].”로 되어 있고, 『송서·악지』에는 “19개의 황부터 13개의 황으로 이루어진 것을 생이라 했다[十九簧至十三簧曰笙]”고 되어 있으며, 『통지(通志)·악략(樂略)』에서도 이 견해를 따르고 있는데, 모두 ‘이(二)’가 ‘삼(三)’의 오기

본떴고, 정월의 소리를 내는데, 정월은 만물이 탄생하는 시기이기 때문에 '생'이라 한다. 『시경』에 다음 말이 있다.

"내게 좋은 손님이 오셔, 슬(瑟) 뜯고 생황 부네."[3]

큰 생황은 '소(簫)'라 하고, 작은 생황은 '화(和)'라고 한다.[4]

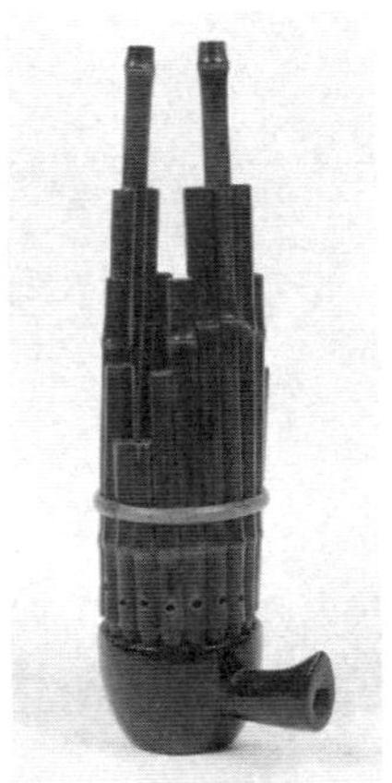
[생황]

謹按『世本』: "隨作笙." 長四寸, 十二簧, 像鳳之身, 正月之音也, 物生故謂之笙. 『詩』云: "我有嘉賓, 鼓瑟吹笙." 大笙謂之簫, 小者謂之和.

임을 증명할 수 있다.【吳】

3 내게~생황 부네: 『시경 · 소아 · 녹명(鹿鳴)』에 보인다.【吳】

4 큰 생황은~'화(和)'라고 한다: 19개의 황으로 이루어진 생황을 '소'라 하고, 13개의 황으로 이루어진 생황을 '화'라고 하는데, 이것은 『이아 · 석악』의 곽박 주에 보인다.【吳】

북[鼓]

내가 삼가 『역경』을 살펴보니, "천둥으로 그들을 일깨우다"[1]란 구절이 있는데, 성인들은 이를 법칙으로 삼았다. 북은 누가 만들었는지[2] 모른다. 북[鼓]은 '열다[郭]'[3]의 뜻으로, 춘분(春分)의 소리이다. 춘분이 되면 만물이 껍질을 깨고 나오기[4] 때문에 '고'라고 한다. 『주례(周禮)』에는 여섯 개의

1 천둥으로 그들을 일깨우다 : 『역경 · 계사(繫辭)』에 보인다.【吳】

2 만들었는지 : 원문은 '작(作)'이다. '작'은 『송서 · 악지』와 『태평어람』 권582에는 모두 '조(造)'라 되어 있다. 『통지 · 악략』에는 "『세본』에는 '이(夷)'가 고를 만들었다[『世本』 : '夷'作鼓]"라고 되어 있다.【吳】

3 열다 : 원문은 '곽(郭)'으로, '곽'은 '곽(廓)' 자와 같다. 『방언(方言)』에 다음 말이 있다. "작은 것을 펼쳐 크게 하는 것을 곽이라 한다[張小使大謂之廓]."【吳】

4 만물이 껍질을 깨고 나오기 : 원문은 '만물곽피갑이출(萬物郭支甲而出)'이다. 이 구절은 『초학기(初學記)』 권16에는 '만물개고갑이출(萬物皆鼓甲而出)'로 되어 있고, 『태평어람』과 『기찬연해(記纂淵海)』 권78에는 '곽(郭)' 자 위에 모두 '개(皆)' 자가 있다. 『설문해자』에는 "고는 열다의 뜻으로, 춘분의 소리이다. 춘분이 되면 만물이 껍질을 깨고 나오기 때문에 고라 한다[鼓, 郭也, 春分之音也. 萬物郭皮甲而出, 故謂之鼓]"로 되어 있는데, 그 해석이 『풍속통의』와 같다.【吳】

북이 있는데,[5] 그 가운데 뇌고(雷鼓)는 북면이 8면이고,[6] 노고(路鼓)는 북면이 4면이며, 역고(睪鼓)와 진고(晉鼓)는 모두 북면이 2면이다.[7]

『시경』에 다음 말이 있다.

"북소리 둥둥 울리니."[8]

『논어(論語)』에 다음 말이 있다.

"너희들은 북을 치며 그를 공격해도 좋다."[9]

---

5 『주례(周禮)』에는 여섯 개의 북이 있는데 : 『주례·지관(地官)·고인(鼓人)』에 다음 문장이 있다. "고인(鼓人)은 육고(六鼓)와 사금(四金)의 교육을 담당했는데, 이것으로 음악의 박자를 맞추었고, 군대를 소집하고, 노역을 바로잡았다. 고인은 북을 가르치고 북의 소리와 쓰임새를 분별해, 천신(天神)에게 제사 지낼 때는 뇌고(雷鼓)를 치고, 토지신에게 제사 지낼 때는 영고(靈鼓)를 치고, 종묘에서 제사 지낼 때는 노고(路鼓)를 치고, 군사(軍事)에 관련된 일을 할 때는 분고(鼖鼓)를 치고, 노역을 할 때는 고고(鼛鼓)를 치고, 문묘제례악 때 진고(晉鼓)를 쳤다[鼓人掌教六鼓四金之音聲, 以節聲樂, 以和軍旅, 以正用役. 教爲鼓而辨其聲用, 以雷鼓鼓神祀, 以靈鼓鼓社祭, 以路鼓鼓鬼享, 以鼖鼓鼓軍事, 以鼛鼓鼓役事, 以晉鼓鼓金奏]." 이에 대해 정현은 다음 주를 달았다. "뇌고는 북면이 8면이고[雷鼓, 八面鼓也]", "영고는 북면이 6면이고[靈鼓, 六面鼓也]", "노고는 북면이 4면이다[路鼓, 四面鼓也]." "대고는 분고라고 하는데, 분고는 길이가 8척이고[大鼓謂之鼖, 鼖鼓長八尺]", "고고는 길이가 1장 2척이고[鼛鼓長丈二尺]", "진고는 길이가 6척 6촌이다[晉鼓長六尺六寸]."【吳】
사금(四金) : 금속으로 제작한 4종의 악기로, 순(錞), 탁(鐲), 요(鐃), 탁(鐸)을 가리킨다.【譯註】

6 뇌고(雷鼓)는 북면이 8면이고 : 원문은 '뇌고팔면(雷鼓八面)'이다. 『풍속통의』에서 『주례』에서 서술하고 있는 여섯 가지 북을 인용한 이상, 상하 문장을 볼 때 이 구 아래에 '영고육면(靈鼓六面)' 4글자가 있어야 맞다.【吳】

7 역고(睪鼓)와 진고(晉鼓)는 모두 북면이 2면이다 : 이 구절 위에 '분고(鼖鼓)' 두 글자가 있어야 맞다. 이렇게 해야 이른바 '『주례』의 여섯 개의 북[『周禮』六鼓]'과 부합한다. '역고'는 바로 '고고(鼛鼓)'이다. '역(睪)'은 '고(鼛)'와 음이 같기 때문에, '고'로 가차되었다.【吳】

8 북소리 둥둥 울리니 : 원문은 '격고기당(擊鼓其鏜)'으로, 『시경·패풍(邶風)·격고(擊鼓)』에 보인다. '당(鏜)'은 북이 울리는 소리이다.【吳】

9 너희들은 북을 치며 그를 공격해도 좋다 : 『논어·선진(先進)』에 다음 구절이 있다. "계씨가 주공보다 부유했는데도 염구가 계씨를 위해 재물을 거두어 들여 그의 재산을 더 늘려주었다. 그러자 공자가 말했다. '[구는] 내 제자가 아니다. 너희들은 북을 치며 그를 공격해도 좋다'[季氏富於周公, 而求也爲之聚斂而附益之. 子曰 : 非吾徒也. 小子鳴鼓而攻之可也]."【吳】

謹按『易』稱:“鼓之以雷霆”, 聖人則之. 不知誰所作也. ‘鼓’者, ‘郭’也, 春分之音也. 萬物郭皮甲而出, 故謂之‘鼓’. 『周禮』六鼓, 雷鼓八面, 路鼓四面, 鼖鼓・晉鼓皆二面. 『詩』云: “擊鼓其鏜.” 『論語』: “小子鳴鼓而攻之可也.”

관(管)

내가 삼가 『시경』을 살펴보니 다음과 같았다.

"삐삐 관 소리 나고, 퉁소 소리 관 소리 함께 울려 퍼지네."[1]

『예기·악기』에 다음 말이 있다.

"관은 칠죽(漆竹)으로 만들었는데 길이가 1척이고 구멍이 6개이며, 12월의 소리이다. 만물이 땅을 뚫고 나와 발아하는 것을 본떴기[2] 때문에 이를 일러 관이라 한다."[3]

1 삐삐 관 소리~울려 퍼지네 : 원문은 '혜혜관성, 소관비거(嘒嘒管聲, 簫管備擧)'이다. '혜혜관성'은 『시경·상송(商頌)·나(那)』에 보인다. '혜혜(嘒嘒)'는 관악기 소리를 형용한 것이나 모형(毛亨)의 『모씨전(毛氏傳)』에서는 "혜혜는 조화로운 모습이다[嘒嘒然和也]"라고 보고 있다. '소관비거'는 『시경·주송·유고(有瞽)』에 보인다.【吳】

2 만물이 땅을 뚫고 나와 발아하는 것을 본떴기 : 원문은 '상물관지이아(象物貫地而牙)'이다. '상(象)' 자는 원래 없었는데, 『북당서초(北堂書鈔)』 권112, 『태평어람』 권580, 『기찬연해』 권78에는 모두 '상' 자가 있어 지금 이에 근거해 보충한다. '아(牙)' 자는 『기찬연해』에는 '아(芽)' 자로 되어 있는데, 이 두 글자는 통한다.【吳】

3 관은~관이라 한다 : 『풍속통의』에서 인용하고 있는 『예기』의 문장은 모두 금본 『예

『상서대전(尙書大傳)』에 다음 말이 있다.

"순임금 때 서왕모(西王母)가 와서 백옥으로 된 피리를 바쳤다."

옛날 장제(章帝) 때 영릉(零陵) 사람인 문학(文學) 해경(奚景)[4]이 영도현(泠道縣)[5]에 있는 순임금의 사당[6]아래에서 생(笙)[7]을 얻었는데, 바로 백옥으로 된 관이었다. 이를 통해 볼 때 옛날에는 옥으로 관을 만들다가 후에 옥 대신 대나무로 바꾸었음을 알 수 있다. 무릇 옥으로 소리를 내기 때문에 신과 사람이 화합하고, 봉황이 날아든다.

謹按『詩』云: "嘒嘒管聲, 簫管備擧." 『禮·樂記』: "管, 漆竹. 長一尺, 六孔, 十二月之音也. 象物貫地而牙, 故謂之管." 『尙書大傳』: "舜之時, 西王母來獻其白玉琯." 昔章帝時, 零陵文學奚景於泠道舜祠下得笙, 白玉管. 知古以玉爲管, 後乃易之以竹耳. 夫以玉作音, 故神人和, 鳳皇儀也.

기·악기』에는 보이지 않는다. 유향(劉向)이 교감할 당시 『악기(樂記)』 23편을 입수해서 「별록(別錄)」에 수록해 놓았다. 현재 『악기』는 그 가운데 11편만 취한 채 나머지 12편은 이미 사라지고 없으나, 편명은 여전히 남아 있는데 그 가운데 「악기(樂器)」 제13이 있다. 『풍속통의』에서 인용하고 있는 『예기·악기』는 바로 「악기(樂器)」에서 나왔다. 『한서·율력지』에서 안사고는 맹강의 다음 말을 인용해 주를 달고 있다. "『예기·악기』에 보면, '관은 칠죽으로 만들었으며 길이는 1척이고 구멍이 6개이다[管, 漆竹, 長一尺, 六孔].'" 바로 이것이 확실한 증거이다. 『풍속통의』에서의 관(管)에 대한 기록과 『설문해자』의 기록도 같다.【吳】

4 해경(奚景): 『문선·한거부(閑居賦)』의 이선 주에는 "해경중(奚景仲)"이라 되어 있고, 『노사(路史)·여론(餘論)』 권9의 「서왕모」조에서는 『집선록(集仙錄)』에 수록된 이 사건을 인용한 뒤 『풍속통의』에서도 '구비하고 있다[備言之]'고 언급하면서 '해경'이라 인용했고, 『태평광기』 권203에서도 『풍속통의』를 인용하면서 '허경'이라 쓰고 있다.【吳】

5 영도현(泠道縣): '영(泠)' 자는 원래 '냉(冷)'으로 잘못되어 있어서 『문선』 주에 근거해 바로 고쳤다. 『한서·지리지(地理志)』와 『후한서·군국지(郡國志)』에는 모두 영릉군(零陵郡)의 속현으로 영도현이 있다고 적고 있는데, 옛 땅은 지금의 호남성(湖南省) 영원현(寧遠縣) 동쪽에 있다.【吳】

6 순임금의 사당: 원문은 '순사(舜祠)'로 구의산(九疑山) 아래에 위치해 있다. 전설에 따르면 순임금이 남쪽으로 순행을 나갔다가 죽어 구의산에 장사지냈다고 한다.【吳】

7 생(笙): '생' 자는 원래 '생(生)' 자로 되어 있었는데, 『태평광기』에는 '생(笙)'으로 되어 있다. '관(管)' 자 아래에 이 일을 기록하고 있는 『설문해자』와 『태평어람』 권580에도 '반고왈(班固曰)'을 인용하고 있는데 모두 '생(笙)' 자로 되어 있어, 지금 이에 근거해 고친다.【吳】

슬(瑟)

내가 삼가 『세본』을 살펴보니, 다음과 같았다.

"복희(宓羲)가 슬을 만들었다."[1]

슬은 길이가 8척 1촌이고[2] 45개의 현이 있다. 『황제서(黃帝書)』[3]에 다음 말이 있다.

"태제(泰帝)[4]가 소녀(素女)[5]에게 슬을 뜯게 했는데 그 소리가 슬퍼서 태제

1 복희(宓羲)가 슬을 만들었다: 『송서·악지』에는 "슬은 마융(馬融)의 「적부(笛賦)」에는 '신농이 슬을 만들었다[神農造瑟]'고 되어 있고, 『세본』에는 '복희가 만든 것이다[宓羲所造]'라고 되어 있으며, 『이아』에는 '슬 가운데 27현으로 된 것을 쇄라 한다[瑟二十七絃者曰灑]'로 되어 있는데, 오늘날 이 악기는 없다."【吳】

2 8척 1촌이고: 『군서습보』에는 이 구절 위에 '슬장(瑟長)' 두 글자가 더 있다.【吳】

3 『황제서(黃帝書)』: 『한서·예문지』에 저록된 『황제』 16편인 것 같다.【吳】

4 태제(泰帝): 전설에 나오는 임금의 이름으로, 바로 태호(太昊) 복희씨를 말한다. 『사기·효무본기(孝武本紀)』에 보면, "태제가 소녀에게 50현으로 된 슬을 뜯게 했는데 [그 소리가] 슬퍼서 태제가 슬픔을 이기지 못했다. 그래서 그 슬을 없애고 25현의 슬을 만들었다[泰帝使素女鼓五十弦瑟, 悲, 帝禁不止. 故破其瑟爲二十五弦]"고 되어 있다. 이에 대해 장수절(張守節)은 "태제는 바로 태호 복희씨이다[泰帝謂太昊伏羲氏]"

가 슬픔을 이기지 못했다. 그래서 그 슬을 없애고 25현의 슬을 만들었다."

『춘추(春秋)』[6]에 따르면 사광(師曠)이 진(晉)나라 평공(平公)을 위해 청치지음(淸徵之音)을 연주하자,[7] 검은 학 16마리가 남쪽에서 날아와 낭문(廊門)의 용마루[8]에 모여들었다.[9] 사광이 다시 청치지음을 연주하자 학들이 줄지어 섰고, 세 번째로 연주하자 학들이 목 빼 울면서 날개를 펼쳐 춤을 추었다. 궁음(宮音)과 상음(商音)이 울려 퍼지자 그 소리가 하늘까지 들렸다. 평공은 크게 기뻐했고, 좌중에 있던 사람들도 모두 기뻐했다. 평공은 술잔을 들고 일어나 사광의 장수를 빌고 다시 자리에 앉더니 물었다.

"청치지음보다 슬픈 것은 없는가?"

사광이 대답했다.

"청각(淸角)이 더 슬픕니다."

평공이 말했다.

"청각은 들어볼 수 있겠는가?"

사광이 말했다.

"안 됩니다. 옛날에 황제(黃帝)께서는 코끼리 장식을 단 수레를 타며 교룡[10]에게 수레를 끌게 했습니다. 필방(畢方)[11]이 함께 모시고, 치우(蚩尤)가

라고 정의를 달고 있다.【譯註】

5 소녀(素女) : 고대 전설에 나오는 신녀(神女)로, 황제와 동시대 인물로 알려져 있고, 음악에 뛰어났다고 전해온다.【譯註】

6 『춘추(春秋)』 : 이것은 쓸데없이 잘못 들어간 문장으로, 아래에 서술된 사광의 일은 『춘추』에 보이지 않는다.【吳】

7 사광(師曠)이~연주하자 : 이 일은 『한비자(韓非子)·십과(十過)』, 『사기·악서(樂書)』, 『논형』「감허편(感虛篇)」과 「기요편(紀妖篇)」에 보이고, 『태평어람』 권767에서 인용한 『장자(莊子)』의 일문(佚文)에도 간략하게 기술되어 있다.【吳】

8 용마루 : 원문은 '위(危)'이다. '위' 자는 원래 '호(扈)' 자로 잘못 기록되어 있었다. 『한비자』에는 '궤(垝)' 자로 되어 있고, 『논형』에는 '위(危)' 자로 되어 있었는데, 두 글자는 통한다. 지금 이 두 책에 근거해 고친다.【吳】

9 모여들었다 : 원문은 '진(進)'이다. '진' 자는 『한비자』, 『사기』, 『논형』에 모두 '집(集)' 자로 되어 있다.【吳】

10 교룡 : 원문은 '교룡(交龍)'이다. 『한비자』, 『논형·기요편』에 실린 바에 따르면 '교룡' 위에 '육(六)' 자가 있어야 한다. 『문선·칠발(七發)』에 따르면, "6마리의 교룡이 수레

앞에서 길을 트고, 풍백(風伯)이 앞에서 길을 쓸고 우사(雨師)가 길을 청소했습니다. 범과 이리는 뒤에 있고,[12] 벌레와 뱀은 땅에 엎드려 있으며,[13] 태산(太山)으로 귀신들을 대대적으로 불러 모은 뒤 청각을 지었습니다. 지금 주군께서는 덕이 옅으시니 들으실 수 없습니다. 만일 들으셨다가 장차 나쁜 일이 있을까 두렵습니다.'

평공이 말했다.

"과인은 이미 늙었소. 좋아하는 것은 음악뿐이니 꼭 들었으면 하오."

사광은 어쩔 수 없이 청각을 연주했는데, 한번 청각을 연주하자 구름이 서북쪽에서 일어났고, 다시 연주하자 폭풍이 불어 닥치면서 비가 세차게 내렸다. 그 바람에 휘장은 찢어지고 그릇은 깨졌으며, 회랑의 기와가 떨어지니 무릇[14] 그 자리에 있던 사람들이 흩어져 달아났다. 평공은 무서운 나머지 낭실 옆에 몸을 숨겼지만 결국 몸은 병들었으며,[15] 진나라는 큰 가뭄이 들고 3년 동안 풀 한포기 자라지 않았다. 그래서 덕치(德治)에 힘쓰지 않고 오

[슬]

를 끄네[六駕交龍]"라는 문장이 있는데, 역시 그 증거가 된다.【吳】

11 필방(畢方):『문선·동경부(東京賦)』에서 설종(薛綜)은 "필방은 보로신이다[畢方, 父老神也]"라고 주를 달고 있고,『회남자(淮南子)·범론훈(氾論訓)』에서 고유는 "필방은 나무 요정이다[畢方, 木之精也]"로 주를 달았는데, 서로 다르다.【吳】

12 범과 이리는 뒤에 있고: 원문은 '호랑재후(虎狼在後)'이다. 이 구절은『한비자』와『논형·기요편』에는 모두 "범과 이리는 앞에 있고, 귀신이 뒤에서 따르고 있다[虎狼在前, 鬼神在後]."라고 되어 있다.『풍속통의』에 빠진 문장이 있는 것 같다.【吳】

13 벌레와 뱀은 땅에 엎드려 있으며: 원문은 "충사복지(蟲蛇伏地)"이다. '충(蟲)' 자는『한비자』에는 '등(騰)' 자로 되어 있다. 이 구절 아래에 또 "봉황이 하늘에 가득하다[鳳凰覆上]" 한 구절이 있다.【吳】

14 무릇: 원문은 '범(凡)'이다. 사수청(史樹青) 선생이 말했다. "'범(凡)' 자는 앞 구절 '회랑의 기와가 떨어지자[墮廊瓦]'의 '와(瓦)' 자와 형태와 비슷해 잘못 쓴 것이다.『한비자·십과』에도 이런 글자는 없다['凡'字因與上句'墮廊瓦'之'瓦'字形近而誤衍.『韓非子·十過』正無此字]."【吳】

15 병들었으며: 원문은 '질통(疾痛)'인데,『한비자』와『논형·기요편』에는 모두 '융병(癃病)'으로 되어 있다.【吳】

음(五音)만을 좋아하면 자신을 망치게 된다고 말한 것이다. 지금 보이는 슬은 길이가 5척 5촌인데, 표준 악기가 아니다.

謹按『世本』: "宓羲作." 八尺一寸, 四十五絃. 『黃帝書』: "泰帝使素女鼓瑟而悲, 帝禁不止. 故破其瑟爲二十五絃." 『春秋』師曠爲晉平公奏淸徵之音, 有玄鶴二八從南方來, 進於廊門之危. 再奏之而成列, 三奏之則延頸而鳴, 舒翼而舞. 音中宮商, 聲聞于天. 平公大說, 坐者皆喜. 平公提觴而起, 爲師曠壽, 反坐而問曰: "音莫悲於淸徵乎?" 師曠曰: "不如淸角." 平公曰: "淸角可得聞乎?" 師曠曰: "不可. 昔黃帝駕象車交龍. 畢方並轄, 蚩尤居前, 風伯進掃, 雨師灑道. 虎狼在後, 蟲蛇伏地, 大合鬼神於太山之上, 作爲淸角. 今主君德薄, 不足以聽之. 聽之將恐有敗." 平公曰: "寡人老矣. 所好者音也, 願遂聞之." 師曠不得已而鼓之, 一奏之有雲從西北起, 再奏之暴風亟至, 大雨灃沛. 裂帷幕, 破俎豆, 墮廊瓦, 凡坐者散走. 平公恐懼, 伏于室側, 身遂疾痛, 晉國大旱, 赤地三年. 故曰不務德治而好五音, 則窮身之事也. 今瑟長五尺五寸, 非正器也.

경(磬)

내가 삼가 『세본』을 살펴보니, 다음과 같았다.

"무구(毋句)가 경을 만들었다."[1]

『상서』에 다음 말이 있다.

"예주(豫州)에서 경을 가는 숫돌을 바쳤다."[2]

『시경』에 다음 말이 있다.

1 무구(毋句)가 경을 만들었다 : 원문은 '무구작경(毋句作磬)'이다. '무구'는 『옥편(玉篇)』에는 '무구(毋勾)'로 되어 있고, 혜림(慧琳)의 『일체경음의(一切經音義)』 권43에는 '무구씨(毋勾氏)'로 되어 있다. 생각건대 '구(句)'와 '구(勾)'는 같다. 『통지·악략』에 보면, "경은 『세본』에 따르면 숙(叔)이 만들었다고 하는데, 어느 시대 사람인지 모르겠다. 또 무구가 경을 만들었다고도 한다[磬, 『世本』云叔所造, 不知何代人. 又曰無句作磬]."【吳】

2 예주(豫州)에서 경을 가는 숫돌을 바쳤다 : 원문은 '예주석공경착(豫州錫貢磬錯)'이다. 이 문장은 『상서·우공(禹貢)』에 보인다. '석(錫)'은 '공(貢)' 자와 뜻이 같다. 공안국(孔安國)의 전(傳)에는 "옥석을 다듬는 것을 착이라 하는데, 경을 다듬는 숫돌을 말한다[治玉石曰錯, 治磬錯]."고 되어 있다.【吳】

"생과 경도 같은 소리를 내네."[3]

『논어』에 다음 말이 있다.

"공자께서 위(衛)나라에 계실 때 경을 두드리자, 삼태기[4]를 메고 지나가던 한 사람이 말했다. '품은 뜻이 있는 사람인저!'"[5]

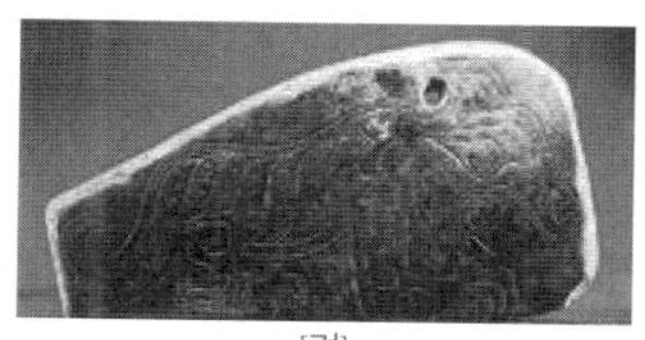

[경]

謹按『世本』: "毋句作磬." 『尙書』: "豫州錫貢磬錯." 『詩』云: "笙磬同音." 『論語』: "子擊磬於衛, 有荷蕢而過者, 曰: '有心哉!'"

---

3 생과 경도 같은 소리를 내네 : 이 구절은 『시경·소아·종고(鍾鼓)』에 보인다.【吳】

4 삼태기 : 원문은 '괴(蕢)'로 풀로 엮어 만든 그릇이다.【吳】

5 공자께서~품은 뜻이 있는 사람인저 : 『논어·헌문(憲問)』에 보이는데, 문자가 약간 다르다.【吳】

종(鐘)

내가 삼가 『세본』을 살펴보니, 다음과 같았다.

"수(垂)가 종을 만들었다."[1]

종은 추분(秋分)의 소리이다.

『시경』에 다음 말이 있다.

"궁에서 종을 치면 궁 밖까지 그 소리가 들리네."[2]

『논어』에 다음 말이 있다.

"악(樂)이다 악(樂)이다 하지만 종과 북만을 이르겠느냐?"[3]

주나라 경왕(景王)이 큰 종을 주조하려 하자[4] 선(單)나라 목공(穆公)[5]이

1 수(垂)가 종을 만들었다: 『송서·악지』에 다음 말이 있다. "종은 『세본』에 따르면 '황제 때의 장인 수가 만들었다'고 되어 있다[鐘者, 『世本』云: '黃帝工人垂所造']." 【吳】

2 궁에서 종을 치면 궁 밖까지 그 소리가 들리네: 이 구절은 『시경·소아·백화(白華)』에 보인다. 【吳】

3 악(樂)이다 악(樂)이다 하지만 종과 북만을 이르겠느냐: 이 구절은 『논어·양화(陽貨)』에 보인다. 【吳】

이렇게 간했다.

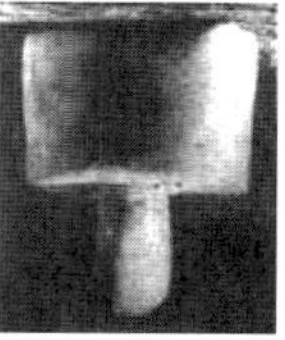
[종]

"무릇 선왕들께서 종을 만들 때 소리의 크기는 균(均)을 벗어나지 않았고, 무게는 1석(石 : 120근)을 넘지 않았습니다.[6] 그래서 율(律), 도(度), 양(量), 형(衡)이 종에서 생겨나고,[7] 크고 작은 표준 용기가 종에서 생겨나기에[8] 성인들은 종을 소중하게 여겼습니다. 지금 왕께서 종을 만드심에 귀로는 들을 수 없고,[9] 소리의 크기나 돌의 무게를 비교해보아도 법도에 갖지

---

4 주나라 경왕(景王)이 큰 종을 주조하려 하자 : 주나라 경왕 23년에 무역(無射)음의 종을 주조하기 위해 먼저 대림(大林)음의 종을 주조했다. 큰 종을 주조한다는 것은 바로 이것을 가리킨다. 이 일은 『국어(國語)·주어(周語)』에 상세히 보인다.【吳】

5 선(單)나라 목공(穆公) : 춘추시대 임금으로 이름은 기(旗)이다.【譯註】

6 무릇 선왕들께서~넘지 않았습니다 : 『국어』 위소(韋昭)의 주에 따르면, "균은 음의 높이를 조절하는 악기이다. 7척 나무에 현을 달아 소리를 조율한다. 120근을 1석이라 한다[鈞, 所以鈞音之法也. 以木長七尺者弦繫之以爲鈞法. 百二十斤爲石]." 균(均)은 균(鈞)과 통한다.【吳】

7 그래서 율(律), 도(度), 양(量), 형(衡)이 종에서 생겨나고 : 『국어』의 위소 주에 따르면 다음과 같다. "율(律)은 오성과 음양(陰陽)의 표준이다. 도(度)는 장, 척을 단위로 하는 길이의 단위이다. 양(量)은 용량의 단위이다. 형은 저울게 올리다[上衡]이다. 형에는 근(斤), 양(兩)의 단위가 있는데 황종(黃鐘)에서 생겨났다. [음을 조율할 때는 기본이 되는 황종률의 관악기] 황종관(黃鐘管)은 기장 1천 2백 알이 들어간다. 기장 1백 알을 1수(銖)라 하는데 이것이 바로 1작(龠)이다. 1작이 두 개이면 1홉(合)이고, 홉이 두 개이면 1냥(兩)이 된다. 그런 까닭에 '율, 도, 양, 형이 종에서 생겨났다'고 한 것이다[律, 五聲陰陽之法也. 度, 丈尺也. 量, 斗斛也. 衡, 稱上衡. 衡有斤兩之數, 生於黃鐘. 黃鐘之管容秬黍千二百粒. 粒百爲銖, 是爲一龠. 龠二爲合, 合重一兩. 故曰'律度量衡於是乎生'也]."【吳】

8 크고 작은 표준 용기가 종에서 생겨나기에 : 『국어』의 위소 주에 따르면 다음과 같다. "종에서 나왔다. 『역경』에서 말했다. '용기를 만드는 사람은 [『역경』의] 상(象)을 받들었다.' 용기 가운데 작은 것은 치, 수, 푼, 촌이라 하고, 큰 것은 근, 양, 장, 척이라 한다[出於鐘也. 『易』曰 : '制器者, 尙其象.' 小, 謂錙銖分寸, 大, 謂斤兩丈尺也]."【吳】

9 들을 수 없고 : 원문은 '청지불급(聽之弗及)'이다. 주나라 경왕이 무역음의 종을 주조하기 위해 먼저 대림음의 종을 주조해 무역음을 덮자, 그 음율이 대림음에 닭았다. 선나라 목공은 '종은 합주할 때 가락을 조정해 팔음을 따르게 하는 역할을 하는데, 무역음의 종에서 대림음이 나면 무역음을 들을 수 없다[鐘不過以動聲, 若無射有林, 耳弗及也]'고 생각했기 때문에 여기서 '청지불급'이라고 한 것이다.【吳】
대림음은 낮고 큰 소리이고 무역음은 높고 가는 소리이기 대문에, 무역음이 대림음에 묻혀 들리지 않게 되는 것을 말한다.【譯註】

않습니다.[10] 또한 종소리가 조화로운지도 알 수 없고,[11] 율, 도, 양, 형의 법도[12]를 만들어낼 수도 없으며, 음악에도 보탬이 되지 않고 백성들의 재물만 축내는데,[13] 장차 그것을 어디에 쓰려 하십니까?"

謹按『世本』: "垂作鐘." 秋分之音也. 『詩』: "鼓鐘于宮, 聲聞于外." 『論語』云: "樂云樂云, 鐘鼓云乎哉?" 周景王將鑄大鐘, 單穆公諫: "夫先王之制鐘也, 大不出均, 重不過石. 律度量衡於是乎生, 小大器用於是乎出, 故聖人愼之. 今王作鐘, 聽之弗及, 比之不度. 鐘聲不可以知和, 制度不可以出節, 無益於樂, 而鮮民財, 將焉用之?"

동성(動聲): 합주곡을 연주할 때는 종(鐘)이나 박(鎛)으로 가락을 조정해야 팔음이 따르는데, 이를 동성이라 한다.【譯註】

10 법도에 맞지 않습니다: 원문은 '부도(不度)'로, 소리의 크기는 균을 벗어나지 않았고, 무게는 1석을 넘지 않았다는 규정에 맞지 않음을 말한다.【吳】

11 종소리가 조화로운지도 알 수 없고: 원문은 '종성불가이지화(鐘聲不可以知和)'이다. '성(聲)' 자는 원래 '경(磬)' 자로 되어 있었는데, 형태가 비슷해서 잘못 적은 것으로, 지금 『국어』에 근거해 바로 고친다. 선나라 목공이 말했다. "귀가 조화로운 소리를 알아들을 수 있는 것은 그 음이 청음과 탁음 사이에 있기 때문입니다[耳之察和也, 在淸濁之間]." 주 경왕이 종을 주조할 때 법도에서 벗어났기 때문에 귀로 조화로운 소리를 들어낼 수 없게 되어서, 여기서 '종소리가 조화로운지도 알 수 없고'라고 한 것이다.【吳】

12 율, 도, 양, 형의 법도: 원문은 '절(節)'이다.【吳】

13 축내는데: 원문은 '선(鮮)'이다.【吳】

축(柷)

내가 삼가 『예기·악기』를 살펴보니 다음과 같았다.

“축은 검은 칠을 한 통처럼 생겼고 네모반듯하며 나무로 꾸며 만들었다. 둘레는 3척 5촌이고 높이는 1척 5촌이며 한가운데에 방망이가 있다.[1] 연주를 시작할 때에 축과 지(止)로 소리를 내 박자를 맞추었다.”[2]

1 축은~한가운데에 방망이가 있다: 『통지·악략』에 보면 다음과 같다. “축은 검은 칠을 한 통처럼 생겼다. 둘레는 2척 4촌이고 깊이는 1척 8촌이며, 한가운데 방망이가 있고 바닥 옆에 구멍이 나 있는데, 그 안으로 손을 넣어 방망이를 쳐서 연주했다[柷如漆筩. 方二尺四寸, 深一尺八寸, 中有椎柄, 底旁開孔, 內手於中, 擊之以舉樂].”【吳】

2 연주를 시작할 때에 축과 지(止)로 소리를 내 박자를 맞추었다: 원문은 ‘상용축지음위절(上用柷止音爲節)’이다. 『군서습보』에 다음 말이 있다. “‘지’ 자는 마땅히 ‘지기명야(止其名也)’로 해야 하는데, 문장에 빠지고 잘못된 것이 있는 것 같다. 『이아』에 ‘축을 치는 것을 일러 지라 한다’는 문장이 있고, 이에 대해 ‘지는 방망이의 이름이다’라고 곽주(郭注)를 달고 있는데, 이에 근거해 보충한다[疑‘止’字, 當云‘止其名也’, 文有脫誤. 按『爾雅』:‘所以鼓柷謂之止’. 郭注:‘止者, 其椎名也’ 當依此補之].” 『이아의소(爾雅義疏)』에는 “‘용(用)’ 자는 ‘통(通)’ 자로 해야 옳은 것 같다[疑‘用’當作‘通’]”고 되어 있다. 생각건대 ‘용(用)’ 자는 ‘통(通)’ 자로 해야 옳은 즉, ‘상통(上通)’으로 해야 한 구절이 된다.【吳】

『서경』에 다음 말이 있다.

[축]

"축으로 연주의 시작을 알리고 어(敔)로 연주의 끝을 알렸으며 중간에 생과 용(鏞)[3]을 연주했다."[4]

성이 다섯 가지인 것은 오행과 관련이 있고, 음이 여덟 가지인 것은 팔풍(八風)과 관계가 있다.[5] 경전에 다음 말이 전해온다.

"팔음의 변화는 [무궁무진해] 이루 다 들을 수가 없다. 그것은 마치 오경(五經)과 육예(六藝)의 가지가 뻗어나가고 잎이 자라 끝없이 번성해나가는 것과 같다.[6]

謹按『禮·樂記』: "柷, 漆桶, 方, 畫木. 方三尺五寸, 高尺五寸, 中有椎. 上用柷止音爲節." 『書』曰: "合止柷敔, 笙鏞以間." 聲所以五者, 繫五行也, 音所以八者, 繫八風也. 傳曰: "八音之變, 不可勝聽也. 由經五藝六而其枝別葉布繁華無已也."

---

3 용(鏞) : 큰 종을 말한다.【吳】

4 축으로~연주했다 : 원문은 '합지축어, 생용이간(合止柷敔, 笙鏞以間)'으로, 『상서·익직』에 보인다. 음악을 연주할 때는 축을 이용하고, 연주를 끝낼 때는 어로 했다. 『백호통의·예악』에 보면 "축은 시작을 맡는다. 어는 끝을 맡는다[柷, 始也. 敔, 終也]"라는 문장이 있는데, 축과 어를 나누어 사용해 연주의 시작과 끝을 조절했음을 말한다.【吳】

5 성이 다섯 가지인 것은~관계가 있다 : 『백호통의·예악』에 다음 문장이 있다. "성이 다섯 가지이고 음이 여덟 가지인 것은 왜인가? 성은 근본으로 오행에서 생겨났기 때문이고 음은 말단으로 팔풍을 본떴기 때문이다[聲五音八何? 聲爲本, 出于五行, 音爲末, 象八風]."【吳】

6 같다 : 원문은 '유(由)'로, 마치~같다의 뜻이다.【吳】

금(琴)

내가 삼가 『세본』을 살펴보니 다음과 같았다.

"신농씨(神農氏)가 금을 만들었다."[1]

『상서』[2]에 다음 말이 있다.

"순임금이 오현금(五絃琴)을 연주하고 「남풍(南風)」의 노래를 부르니[3] 천

---

1 신농씨(神農氏)가 금을 만들었다 : 『신론(新論) · 금도(琴道)』에 다음 말이 있다. "옛날 신농씨가 복희를 계승하여 천하에서 왕 노릇할 때 역시 하늘을 우러러 천문을 살폈고, 땅을 굽어보며 그 결을 살폈으며, 가까이로는 자신의 몸에서 취하고 멀리로는 외물에서 취했다. 그리하여 비로소 오동나무를 깎아 금을 만들고 실을 묶어 현을 만드니 신명의 도가 통하게 되었고 천지와 조화롭게 되었다[昔神農氏繼宓羲而王天下, 亦上觀法于天, 下取法于地, 近取諸身, 遠取諸物. 于是始削桐爲琴, 繩絲爲絃, 以通神明之道, 合天地之和焉]." 『문선 · 적부(笛賦)』에는 "포희가 금을 만들었다[庖羲作琴]"라고 했다. 대개 전해오는 설이 다르다.【吳】

2 『상서』 : 『상서대전』을 가리킨다.【吳】

3 순임금이 오현금(五絃琴)을 연주하고 「남풍(南風)」의 노래를 부르니 : 『문선 · 금부서(琴賦序)』의 이선 주에 다음 말이 있다. "『시자(尸子)』에서 말했다. '순임금이 오현금을 만들어 「남풍」을 노래했다. 남풍의 훈훈함이여! 우리들의 쌓인 화를 풀어주네.'

하가 잘 다스려졌다."

『시경』에 다음 말이 있다.

"귀한 손님 오셨으니 슬을 뜯고 금을 뜯자."[4]

아금(雅琴)은 음악의 통칭으로, 팔음(八音)과 함께 언급된다.[5] 그런데 군자가 항상 지니고 다니는 것 중에[6] 금이 가장 친숙한 물건이기에 자신의 몸에서 떼어놓지 않았고, 그래서 굳이 종묘와 마을에 놓을 필요도 없었고, 종과 북처럼 나무 선반에 매달아 놓지도 않았다.[7] 비록 궁벽하고 누추한 마을이나 심산유곡에 있다 해도 오히려 손에서 금을 놓지 않았다. 적당한 크기의 금을 얻으면 소리가 조화로워, 큰 소리는 떠들썩하지[8] 않으면서도 퍼지고 작은 소리는 파묻히지 않으면서도 들리는 듯 안 들리는 듯해, 사람의 뜻에 화합할 수 있고 사람[9]의 착한 마음에 감동을 줄 수

「남풍」은 순임금이 만든 노래이다[『尸子』曰:'舜作五絃之琴, 以歌「南風」: 南風之薰兮! 以解吾人之慍.' 是舜歌也]."【吳】

4 귀한~뜯자:『시경·소아·녹명』에 보인다.【吳】

5 아금(雅琴)은~언급된다: 원문은 '아금자, 악지통야, 여팔음병행(雅琴者, 樂之統也, 與八音並行)'이다. '아금자, 악지통야'는『초학기』권16에는 "금은 음악의 수레이다[琴者, 樂之輿]"라고 쓰고 있고 '여팔음병행'에는 '여(與)' 자가 없다. '악지통야, 여팔음병행'은『북당서초』권109에는 '음악의 벼리로 팔음(八音)과 함께 언급된다[樂之紀, 與八音兼行]'라고 되어 있다.【吳】

6 군자가 항상 지니고 다니는 것 중에: 원문은 '군자소상어자(君子所常御者)'이다. 이 문장은『초학기』와『태평어람』권579에는 '군자가 항상 지니고 다니는 것이다[君子所常御]'라고 쓰고 있고『예문유취(藝文類聚)』권44와『태평어람』권579의 다른 조에는 또 '군신이 서로 지니고 다니는 것이다[君臣以相御也]'라고 쓰고 있으며『북당서초』에는 '군신이 서로 지니고 다니는 것이다[由君臣之相得]'라고 쓰고 있다.【吳】

7 굳이 종묘와 마을에~않았다: 원문은 '비필진설어종묘향당, 비약종고나열어거현야(非必陳設於宗廟鄕黨, 非若鐘鼓羅列於虡懸也)'이다. 이 두 문장은『초학기』와『태평어람』에는 모두 '종과 북 같이 종묘에 두거나 나무 선반에 걸어놓는 것도 아니다[非若鐘鼓陳於宗廟, 列於虡懸也]'라고 쓰고 있다. '거현(虡懸)'은 종과 북을 매달아놓는 나무 선반이다.【吳】

8 떠들썩하지: 원문은 '화인(譁人)'이다.『초학기』,『태평어람』,『천중기』권42에는 모두 '훤화(諠譁)'라고 쓰고 있다.【吳】

9 사람: 원문은 '인(人)'으로,『초학기』,『태평어람』,『천중기』에는 모두 '발(發)'로 되어 있다.【吳】

있다고 생각했다. 그러므로 금(琴)은 금(禁)이라 표현되어지고 아(雅)는 정(正)이라 일컬어지는데, 이는 군자가 정도를 지키고 스스로를 제어할 수 있음을 말하는 것이다.[10] 무릇 바른 소리를 가지고 바른 뜻을 행하므로 착한 마음이 승리하고 사악한 마음이 금지된다. 그런 까닭에 옛날의 성인군자는 자신의 감정에 신중했고 이에 근거해 사악한 마음을 조절했기 때문에 금을 가까이했다. 한가롭게 거할 때는 금을 연주해서 생각을 모았다. 만약 곤궁해져 그 도가 모두 닫히고 막혀 시행할 수 없거나 또 현달하여 정사를 돌보는 경우에, 모두 금에 기탁해 자신의 뜻을 펼쳐서 후대 사람에게 드러내었다. 그 도가 행해지고 화락한 상태에서 곡이 만들어지면 그 곡을 「창(暢)」이라 했다. 「창」이라는 것은 그 도가 아름답고 잘 통하는 것을 말하는 것으로 마치 감히 스스로 편안해 하지 않고, 교만하거나 넘치지도 않으며, 예를 좋아하고 그침이 없으며[11] 그 뜻이 시원하게 드러나는 것과 같다. 그 도[12]가 닫히고 막혀 근심스러운 상태에서 곡이 만들어지면 그 곡을 「조(操)」라고 했다. 「조」라는 것은 재난을 만나 곤궁한 상태로 비록 원망하고 실의하지만 오히려 예의를 지키고 두려워하지 않으며 도에 즐거워하며 그 절조를 잃지 않는 것을 말한다.

10 금(琴)은~말하는 것이다: 『백호통의 · 예악』에서 "금은 금지하다의 뜻이다. 지나치고 사악한 것을 금지하여 사람의 마음을 바르게 하는 것이다[琴者, 禁也. 所以禁止淫邪, 正人心也]"라고 했는데, 억지로 갖다 붙인 것이 『풍속통의』와 같다.【吳】

11 예를 좋아하고 그침이 없으며: 원문은 '호례불이(好禮不以)'이다. 『군서습보』에는 '불(不)' 자 아래에 "밑에 한 글자가 빠져 있다[下脫一字]"고 했다. 따라서 '이(以)' 자는 아래 문장과 연결해 읽어야 한다. 살펴보건대 '이(以)' 자는 마땅히 위 문장과 연결해 읽어야 '이(已)' 자와 통하며 그친다는 뜻이 된다. '이(以)'는 중복된 글자로 후대 사람이 '이(以)'와 '이(已)'가 통하는 의미인 줄 모르고 함부로 '이(以)' 자를 삭제한 것이다. 지금 보충해 넣으니 아래 문장과 연결해 읽어야 한다.【吳】

12 도: 원문은 '우(遇)'이다. '우'는 『사기 · 송미자세가집해(宋微子世家集解)』에는 '도(道)'라 되어 있다. 사수청 선생이 말했다. "생각건대 '그 도가 행해지고 화락한 상태에서 곡이 만들어지면 그 곡을 「조」라 한다'까지에서 '기우폐색(其遇閉塞)'이란 말의 '우(遇)' 자는 '도(道)' 자의 오기인 것 같다. 『사기집해(史記集解)』에서 '도'라고 쓴 것이 바로 그 증거이다[按上言'其道行和樂而作者, 命其曲曰「操」', 此言'其遇閉塞', 疑'遇'是'道'字之譌. 『史記集解』引作'道'是其證]."【吳】

백자아(伯子牙 : 백아)[13]가 금을 뜯자, 종자기(鍾子期)는 연주를 듣고 그 의미가 높은 산에 있음을 알아차리고는 말했다.

"좋구나! 태산처럼 우뚝하도다."

그 사이에 물이 흘러간다는 뜻을 알아채고 종자기가 또 말했다.

"좋구나! 장강과 황하처럼 세차게 흘러가는구나."

종자기가 죽자 백아는 금을 부수고 현을 끊어 평생 동안 다시는 연주하지 않았는데, 세상에 음을 충분히 아는 사람이 없다고 여겼기 때문이다. 오늘날의 금은 길이가 4척 5촌[14]으로 사계절과 오행을 본받은 것이다. 칠현은 북두칠성[15]을 본받은 것이다. 대현(大絃)은 임금이고[16] 소현(小絃)은 신하인데 문왕(文王)과 무왕(武王)은 이 두 개의 현을 더해서 임금과 신하의 은혜에 부합했다.

謹按『世本』: "神農作琴." 『尙書』: "舜彈五絃之琴, 歌「南風」之詩, 而天下治." 『詩』云: "我有嘉賓, 鼓瑟鼓琴." 雅琴者, 樂之統也, 與八音並行. 然君子所常御者, 琴最親密, 不離於身, 非必陳設於宗廟鄕黨, 非若鐘鼓羅列於虡懸也. 雖在窮閻陋巷, 深山幽谷, 猶不失琴. 以爲琴之大小得中而聲音和, 大聲不譁人而流漫, 小聲不湮滅而不聞, 適足以和人意氣, 感人善心. 故琴之爲言禁也, 雅之爲言正也, 言君子守正以自禁也. 夫以正雅之聲, 動感正意, 故善心勝, 邪惡禁. 是以古之聖人君子, 愼所以自感, 因邪禁之適, 故近之. 閒居則爲從容而致思焉. 如有所窮困, 其道閉塞, 不得施行, 及有所通達而用事, 則著之於琴, 以杼其

13 백자아(伯子牙) : 그 사적이 『열자(列子)·탕문(湯問)』에 실려 있다.【吳】

14 촌 : 원문은 '촌(寸)'으로 그 아래는 『초학기』와 『태평어람』 권577에는 '자(者)'를 쓰고 있지만 『고금합벽사류비요전집(古今合璧事類備要前集)』 권57에는 '자' 자가 없다.【吳】

15 북두칠성 : 북두성의 천추(天樞), 천선(天璇), 천기(天璣), 천권(天權), 옥형(玉衡), 개양(開陽), 요광(搖光) 7개의 별을 가리킨다.【吳】

16 대현(大絃)은 임금이고 : 이 문장 이하의 몇 문장은 원래 빠져 있었으나 『태평어람』 권577·『기찬연해』 권78에 근거해 보충한다.【吳】

意, 以示後人. 其道行和樂而作者, 命其曲曰「暢」. 「暢」者, 言其道之美暢, 猶不敢自安, 不驕不溢, 好禮不以, 暢其意也. 其遇閉塞憂愁而作者, 命其曲曰「操」. 「操」者, 言遇菑遭害, 困厄窮迫, 雖怨恨失意, 猶守禮義, 不懼不懾, 樂道而不失其操者也. 伯子牙方鼓琴, 鍾子期聽之, 而意在高山, 子期曰 : "善哉乎! 巍巍若太山." 頃之間而意在流水, 鍾子又曰 : "善哉乎! 湯湯若江 · 河." 子期死, 伯牙破琴絶絃, 終身不復鼓, 以爲世無足爲音者也. 今琴長四尺五寸, 法四時五行也. 七絃者, 法七星也. 大絃爲君, 小絃爲臣. 文王 · 武王加二絃, 以合看臣之恩.

공후(空侯)[1]

내가 삼가 『한서』를 살펴보니 다음과 같았다.

효무황제(孝武皇帝)가 남월(南越)에서 감사의 제를 올릴 때[2] 태일(太一)[3]과

1 공후(空侯) : 제목 아래에 원래 '우감후(又坎侯)' 세 글자가 오른쪽에 작은 글씨로 적혀 있었다. 『예문유취(藝文類聚)』 권44, 『기찬연해』 권78, 『천중기』 권43에는 모두 "공후는 일명 감후이다[箜篌, 一名坎侯]"라고 인용되어 있다. 『백공육첩(白孔六帖)』 권62에는 "공후는 일명 감후이다[箜篌, 一名坎篌]"라고 인용되어 있고 『초학기』 권16에는 "공후는 일명 감후이다[箜篌, 一名坎侯]"라고 인용되어 있으며 『서서지남(書敍指南)』 권9에는 "공후는 감후라고 한다[箜篌曰坎侯]"라고 인용되어 있다. 『풍속통의』의 문장 예문에 따르면 제목 아래에 방주를 달고 있지 않은데, 제목 아래에 있는 세 글자와 각 서적에서 인용한 것은 모두 후세 사람들이 본문에 근거하여 넣은 주석으로 생각되어 지금 삭제한다.【吳】

2 효무황제(孝武皇帝)가~올릴 때 : 원문은 '효무황제새남월(孝武皇帝賽南越)'이다. 이 일은 『한서 · 교사지(郊祀志)』에 기록되어 있고 『사기 · 봉선서(封禪書)』에도 보인다. '새(賽)' 자는 『사기』와 『한서』에는 모두 '새(塞)'로 쓰여 있다. 먼저 구하는 바가 있으면 기도하고, 그 후에 제사를 지내어 그 은혜에 보답하는 것을 '새(賽)'라고 한다. 이 글자는 원래 '새(塞)'라 되어 있었으나 후세 사람이 '새(賽)'로 고쳤다.【吳】

3 태일(太一) : 원문은 '태을(太乙)'이다. 『잔본(殘本)』에는 '태일(太一)'이라 적혀 있다. 『북당서초』 권110에는 똑같이 인용되고 있고 진한(秦漢) 시기 전적 중에는 간혹 '태

후토(后土)께 제사 지냈다. 이때 처음으로 악공 후조(侯調)를 등용해 금의 형태에 의거해 감후(坎侯)라는 악기[4]를 만들었다. 공후는 감후로 박자를 맞추고[5] 후씨 성을 따서 이름을 붙였음을 말한다. 혹자는 공후는 악기의 가운데가 빈 데서 나온 이름이라고 했다. 금(琴)과 슬(瑟)도 모두 속이 비었는데 어찌 감후(坎侯)만 공후라고 하겠는가! 이 논리는 옳다.

『시경』에 다음 말이 있다.

"둥둥둥[坎坎] 북을 치고."[6]

이 문장이 그 예이다.[7]

謹按『漢書』: 孝武皇帝賽南越, 禱祠太乙后土. 始用樂人侯調依琴作坎坎之樂. 言其坎坎應節奏也, 侯以姓冠章耳. 或說空侯取其空中. 琴瑟皆空, 何獨坎侯耶! 斯論是也. 『詩』云: "坎坎鼓我." 是其文也.

일(泰一)'이라 적혀 있다. 태일은 북극신(北極神)의 다른 명칭이다. 『한서·교사지』에는 유기(謬忌)의 다음 말을 기록하고 있다. "천신 가운데 존귀한 신이 태일이다[天神貴者泰一]." 또 신군(神君)을 기록하면서 "신군 가운데 가장 귀한 신이 태일이다[神君最貴者曰太一]"고 적고 있다.【吳】

4 감후(坎侯)라는 악기: 원문은 '감감지악(坎坎之樂)'으로, 잘못된 글자가 있다. 『예문유취』, 『초학기』, 『기찬연해』, 『사물기원(事物紀原)』 권2, 『천중기』에는 모두 '감후(坎侯)'라 인용되어 있고 『북당서초』에는 '감후(坎篌)'라 인용되어 있어 이에 근거하여 고친다. 아래 문장에서는 바로 '감후(坎侯)'에 대해 설명하고 있다. 『백공육첩』에는 '감(坎)'이라 인용되어 있고 '후(侯)'는 빠져 있다.【吳】

5 박자를 맞추고: 원문은 '응절주(應節奏)'이다. 『예문유취』, 『북당서초』, 『초학기』, 『기찬연해』에는 모두 '주(奏)' 자가 없다.【吳】

6 둥둥둥 북을 치고: 『시경·소아·벌목(伐木)』에 보인다. 나를 위해 북을 둥둥 친다는 의미이다.【吳】

7 이 문장이 그 예이다: 『송서·악지』에 다음 말이 있다. "공후는 처음에 감후라 불리었다. 한나라 무제가 남월을 멸망시키기를 기원하여 태일과 후토께 제사를 지낼 때 음악을 사용했다. 악공 후휘(侯暉)에게 금을 본떠 감후를 만들게 했더니 둥둥 박자를 맞췄다고 한다. 후(侯)라는 글자는 악공의 성일 따름이다. 이후에 공(空)이라 말한 것은 그 음이 잘못된 것이다. 옛날에는 교묘(郊廟)와 아악(雅樂)을 연주할 때 사용했는데 근래에는 초(楚)나라 음악에만 사용한다[空侯, 初名坎侯. 漢武帝賽滅南越, 祠太一·后土用樂. 令樂人侯暉依琴作坎侯, 言其坎坎應節奏也. 侯者, 因工人姓爾. 後言空, 音譌也. 古施郊廟雅樂, 近世來專用於楚聲]."【吳】

쟁(箏)

내가 삼가 『예기·악기』를 살펴보니 다음과 같았다.

"쟁은 현이 5개이고 몸체는 축과 같다."[1]

오늘날의 병주(幷州)와 양주(涼州)의 쟁이 슬(瑟)과 비슷하게 생겼는데, 누가 이렇게 고쳐 만들었는지 알 수 없다. 어떤 사람은 진(秦)나라 때 몽염(蒙恬)이 만든 것이라고 했다.[2]

---

1 쟁은 현이 5개이고 몸체는 축과 같다: 원문은 '쟁, 오현축신야[箏, 五絃筑身也]'이다. '쟁(箏)'은 원래 빠져 있었으나 지금 『예문유취』 권44, 『초학기』 권16, 『태평어람』 권576, 『사물기원』 권2, 『기찬연해』 권78에 근거하여 보충한다. 이 구절은 『송서·악지』에는 "축과 같은 몸체에 슬과 같은 현을 가지고 있다[筑身而瑟絃]"고 되어 있다.【吳】

2 쟁은~만든 것이라고 했다: 이 조목은 쟁에 관련된 서술로 빠진 구절이 많다. 지금 기타 서적에 인용된 주요 내용을 골라 아래에 기록한다. 『자치통감(資治通鑑)』 권60 호삼성(胡三省)의 주에 다음 말이 있다. "『풍속통의』에 다음 말이 있다. '쟁은 진(秦)나라의 소리로 현이 5개이고 몸체는 축과 비슷하다. 쟁은 위로는 하늘을 본뜨고자 했고 아래로는 땅을 닮아 평평하며 중간에는 텅 비어 있어 육합(六合)과 맞아떨어진다. 현의 기둥 12개는 12개월을 의미하는 것으로 인의와 지혜의 악기이다. 오늘날의 병주와 양주의 쟁은 슬과 비슷하게 생겼는데, 누가 고쳐 만들었는지 모른다[『風俗

謹按『禮・樂記』: "箏, 五絃筑身也." 今并・涼二州箏形如瑟, 不知誰所改作也. 或曰秦蒙恬所造.

通』: 箏, 秦聲, 五絃, 筑身. 箏者, 上圓象天, 下平象地, 中空準六合, 絃柱十二擬一二月, 乃仁智之器也. 今并・涼二州箏形如瑟, 不知誰所改作也]." 『사물기원』 권2에 다음 말이 있다. "『풍속통의』에 다음 말이 있다. '쟁은 진(秦)나라의 소리로 [본래는] 현이 5개였는데, 지금은 13개의 현이 되었으니, 누가 만들었는지 모르겠다['風俗通』: 箏, 秦聲也, 而五絃, 今十三絃, 不知誰作也]." 『태평어람』 권576에는 "『풍속통의』에 다음 말이 있다. 내가 삼가 「악기」를 살펴보니 다음과 같았다. '쟁은 현이 5개이고 몸체는 축과 같다' 오늘날의 병주와 양주의 쟁은 슬과 비슷하게 생겼는데, 누가 만들었는지 모른다. 살펴보건대 경방이 오음을 정할 때 오직 슬에 13개의 현을 더했는데, 이것이 바로 쟁이다. 지금 아악에서 사용되는 쟁은 12현이고 기타 음악에서 사용하는 쟁은 모두 13현이다. 예를 들면 쟁보다 약간 작은 것을 운화(雲和)라고 하는데 악부(樂府)에서는 사용하지 않는다['風俗通』曰: 謹按「樂記」: '箏, 五絃, 筑身也.' 今并涼州箏形如瑟, 不知誰作也. 按京房制五音, 唯加瑟十三弦. 此乃箏也. 今雅樂箏十二弦也, 他樂皆十三弦. 如箏稍小曰雲和, 樂府不用]."라고 되어 있다. 『기찬연해』 권78에서도 『태평어람』과 똑같은 내용을 인용하고 있으나, 『풍속통의』의 내용만 문장 끝에 싣고 있다.【吳】

축(筑)

내가 삼가 『태사공기(太史公記)』를 살펴보니 다음과 같았다.[1]

연(燕)나라 태자 단(丹)이 형가(荊軻)를 보내어 서쪽의 진왕(秦王)을 암살하고자 하여 손님과 함께 역수(易水)[2]에서 배웅하고 제사[3]를 지냈다. 고점리(高漸離)가 축을 타자 이에 맞추어 형가가 노래로 화답했는데 처량한 변치(變徵) 곡조의 음이어서[4] 문사들은 모두 눈물[5]을 뚝뚝 흘리며 울었다.

---

1 내가~같았다: 『사기 · 자객열전(刺客列傳)』에 보인다. 아래에 인용한 문장과 『사기』의 문장은 약간 다르다.【吳】

2 역수(易水): 역수는 연나라 남쪽 경계에 있고, 그 발원지는 지금의 하북성(河北省) 역현(易縣) 경계에 있다. 역수는 동쪽 내수(淶水)로 흘러 들어가는데, 바로 지금의 거마하(拒馬河)이다.【吳】

3 제사: 원문은 '조도(祖道)'로, 길을 떠나기 전에 길의 신에게 제사 지내는 것을 말한다.【吳】

4 처량한 변치(變徵) 곡조의 음이어서: 원문은 '위변치지음(爲變徵之音)'이다. 이 문장은 원래 '위복상음(爲濮上音)'이라 되어 있었으나 지금 『사기』에 의거하여 고친다.【吳】

5 눈물: 원문은 '발(髮)'로, 『사기』에는 '루(淚)'로 되어 있다.【吳】

또한[6] 강개한 우성(羽聲)의 곡을 노래하자 문사들이 모두[7] 눈을 부릅뜨고 머리카락이 관까지 뻗칠 정도였다. 형가는 진나라에 들어가 일이 실패하자 죽었고 고점리는 성과 이름을 바꾸고 날품팔이꾼이 되어 송자읍(宋子邑)[8]에 숨어 지냈다. 시간이 한참 흘러 고점리가 고생하고 있을 때 집안에서 손님이 축을 타는 소리를 들었다.[9] 고점리는 자기의 재주를 드러내고 싶어 근질댔지만[10] 차마 말을 꺼내지 못하고 있다가[11] 말했다.

"저 연주에는 장점과 단점이 모두 있군요."

시종[12]이 주인에게 고했다.

"저 날품팔이꾼이 음을 아는지 잘잘못을 말하고 있는데요."

주인[13] 이 악기를 연주하다가 그를 불러 축을 타게 하니 좌중에 있던

---

6 또한 : 원문은 '복(復)'이다. '복'은 원래 '후(後)'로 되어 있었는데 형태가 비슷해 잘못 쓴 것이다. 이에 지금 『사기』에 의거하여 고친다.【吳】

7 문사들이 모두 : 원문은 '사개(士皆)'이다. 원래 '색(索)'이라 잘못되어 있었으나 의미가 통하지 않는 것으로 보아 틀림없이 오류가 있다. 이에 지금 『사기』에 의거하여 고친다.【吳】

8 송자읍(宋子邑) : 전국시대 조(趙)나라의 읍이었으나, 서한시대에 현(縣)이 되었고 거록군(鉅鹿郡)에 속한다. 옛 땅은 지금의 하북성(河北省) 조현(趙縣) 북쪽에 있다.【吳】

9 집안에서 손님이 축을 타는 소리를 들었다 : 이 문장은 『안씨가훈(顔氏家訓) · 서증(書證)』에는 '문기가당객유격축(聞其家堂客有擊筑)'이라 인용되어 있다.【吳】

10 고점리는 자기의 재주를 드러내고 싶어 근질댔지만 : 원문은 '기양(伎癢)'이다. '양(癢)'은 『문선 · 사치부(射雉賦)』 서원(徐爰)의 주에는 '양(養)'이라 인용되어 있는데 두 글자는 똑같은 것이다. 고점리가 자신의 재주를 드러내고 싶어 근질대는 것을 '기양'이라 말한 것이다. 『안씨가훈』에는 "생각건대 기양이 자신이 품고 있는 재주를 드러내고 싶어 근질대는 것을 말한다[按伎癢者, 懷其伎而腹癢也]"라고 했다.【吳】

11 말을 꺼내지 못하고 있다가 : 원문은 '불능무출언(不能毋出言)'이다. '무(毋)' 자는 원래 빠져 있었으나 『문선 · 사치부』 서원의 주에는 인용되어 있어 지금 이에 근거해 고친다. 『풍속통의교정(風俗通義校正)』에는 다음과 같이 말하고 있다. "『안씨가훈』에는 이 문장을 '기양불능무출언(伎癢不能無出言)'이라 쓰고 있는데, 이에 근거하면 '무' 자를 덧붙여야 한다[『顔氏家訓』引此作'伎癢不能無出言', 據此應增'無'字]."
'출(出)'은 『초본』에는 '지(止)'라 되어 있는데 베낀 사람이 억지로 고친 것이다.【吳】

12 시종 : 『사기색은(史記索隱)』에는 "주인의 측근을 말한다[謂主人家之左右也]"고 되어 있다.【吳】

13 주인 : 원문은 '가장인(家丈人)'이다. 『사기색은』에는 위소(韋昭)의 다음 말을 인용하고 있다. "옛날에는 남자를 장부라고 했고, 아녀자를 존중해 장인이라 했다. 그러므

사람들이 칭찬하며 술을 내렸다. 고점리는 두려움에 자신을 단속하고[14] 궁핍하게 지낸 지 오래되었다는 생각이 들자, 물러나 상자 속에 넣어둔 축과 좋은 옷을 꺼내고 모습을 바꾸어 사람들 앞에 나왔다. 그러자 모두 깜짝 놀라며 아래로 내려와 예의를 갖추고 상객으로 모셨다. 그에게 축을 타고 노래를 부르게 하자[15] 모두 눈물을 흘리며 떠나갔다. 송자읍의 손님 중에서 그 일을 전해[16] 진시황(秦始皇)에게까지 소문이 들렸다. 진시황이 그를 불러들이자 사람들 중에 그를 아는 사람이 고점리라고 했다. 진시황은 그가 축을 잘 타는 것을 아깝게 여겨 죽이지[17] 않고 그의 눈동자에 말똥연기를 쐬어 눈을 멀게 했다.[18] 그리고 그에게 축을 타게 하니 훌륭하다고 칭찬하지 않는 사람이 없었다. 점차 진시황과 가까워지자 고점리는 납을 축의 중간 부분에[19] 놓았고, 다시[20] 더 가까이 다가가게 되자 축을 들어 진시황에게 던졌지만[21] 결국 맞추지 못하고 처형되었다.

로 『한서 · 선원육왕전』에서 말하는 장인은 회양헌왕의 외조모로 곧 장박의 어머니를 말한다. 그러므로 「고시」에서 '3일 동안 5필을 끊자, 어머니가 참 더디구나 하셨네'라고 했는데, 바로 그 예이다[古者名男子爲丈夫, 尊婦嫗爲丈人. 故『漢書 · 宣元六王傳』所云丈人, 謂淮陽憲王外王母, 卽張博母也. 故「古詩」曰'三日斷五疋, 丈人故言遲'是也]."【吳】

14 두려움에 자신을 단속하고 : 원문은 '외약(畏約)'이다. 『사기색은』에 다음 말이 있다. "'약은 빈천하여 절약하는 것을 말한다. 날품팔이꾼이 되어 늘 다른 사람을 두려워했기 때문에 '두려움에 자신을 단속했다'라고 말한 것이다['約'謂貧賤儉約. 旣爲庸保, 常畏人, 故云'畏約']."【吳】

15 그에게 축을 타고 노래를 부르게 하자 : 원문은 '사격축가(使擊筑歌)'이다. 『사기』에 따르면 '축(筑)' 자 아래에 '이(而)' 자가 있다.【吳】

16 손님 중에서 그 일을 전해 : 원문은 '객전(客傳)'이다. 『사기』에는 '객전'이 '전객(傳客)'으로 되어 있는데, 의미는 모두 통한다.【吳】

17 죽이지 : 원문은 '살(殺)'이다. '살' 자는 『사기』에는 '사(赦)'로 되어 있는데, 의미로 보면 더 낫다.【吳】

18 눈을 멀게 했다 : 원문은 '학(矐)'으로 눈을 멀게 한다는 의미이다. 『사기색은』에는 "논자들의 말에 따르면 말똥을 태운 연기를 쐬어 눈을 멀게 했다고 한다[說者云以馬屎燻令失明]."【吳】

19 축의 중간 부분에 : 원문은 '축목중(筑木中)'이다. 『사기』에는 '목(木)' 자가 없다.【吳】

20 다시 : 원문은 '후(後)'이다. 『사기』에는 '복(復)'이라 되어 있다.【吳】

21 던졌지만 : 원문은 '박(朴)'이다. 원래 '복(扑)'이라 잘못되어 있었으나 『오본(吳本)』,

謹按『太史公記』: 燕太子丹遣荊軻欲西刺秦王, 與客送之易水, 而設祖道. 高漸離擊筑, 荊軻和歌, 爲變徵之音, 士皆垂髮涕泣. 後爲羽聲慷慨, 而士皆瞋目, 髮盡上指冠. 荊軻入秦, 事敗而死, 漸離變名易姓爲人庸保, 匿作於宋子. 久之, 作苦, 聞其家堂上客擊筑. 伎癢, 不能毋出言, 曰: '彼有善不善.' 從者告其主曰: '彼庸乃知音, 竊言是非.' 家丈人作樂, 召前使擊筑, 一坐稱美, 賜酒. 而漸離念久畏約無窮已時, 乃退, 出裝匣中筑與其善衣, 更容貌而前. 莫不驚愕, 下與亢禮, 以爲上客. 使擊筑歌, 無不涕泣而去者. 宋子客傳之, 聞於秦始皇. 始皇召見, 人有識者, 乃高漸離. 始皇惜其善擊筑, 重殺之, 乃矐其目. 使擊筑, 未嘗不稱善. 稍益近之, 漸離乃以鉛置筑木中, 後進得近, 擧筑朴始皇, 不中, 於是遂誅.

『유편본(遺編本)』, 『명각본(明刻本)』, 『초본』에는 모두 '박'이라 되어 있어 지금 이에 근거하여 고친다. 『사기』에도 '박'이라 되어 있고 『사기색은』에는 "박은 덮친다는 뜻이다[朴, 擊也]"라고 했다.【吳】

부(缶)

내가 삼가 『역경』을 살펴보니 다음과 같았다.

"해가 기울어 떨어지려 하는데, 부를 치지 않고 노래하네."[1]

『시경』에 다음 말이 있다.

"동이를 두드리며 완구(宛丘) 길에서 놀고 있네."[2]

부는 와기(瓦器)[3]로, 진(秦)나라 사람들은 부에 술[4]을 가득 담고 그것을 두드리며 박자에 맞추어 노래를 불렀다. 『태사공기』에 다음 말이 있다.

조나라 혜문왕(惠文王)이 진(秦)나라 소왕(昭王)과 민지(澠池)에서 회합을

1 해가~노래하네 : 『역경 · 이괘(離卦)』 상전(象傳)에 보인다.【吳】

2 동이를 두드리며 완구(宛丘) 길에서 놀고 있네 : 『시경 · 진풍(陳風) · 완구(宛丘)』에 보인다. 사방이 높고 중앙이 낮은 곳을 '완구'라고 한다.【吳】

3 와기(瓦器) : 진흙으로 만들어 잿물을 바르지 않고 구운 그릇을 말한다.【譯註】

4 술 : 원문은 '주장(酒漿)'이다. '주(酒)' 자는 원래 빠져 있었으나 『사기 · 인상여열전집해(藺相如列傳集解)』와 『북당서초』 권111에 인용되어 있어 지금 이에 근거하여 보충한다.【吳】

가졌는데[5] 진나라 왕이 술이 거나하게 취하여 말했다.

"과인은 조나라 왕이 음악을 좋아한다고 들었습니다. 슬 연주를 청합니다."

조나라 왕이 슬을 타자 진나라 어사(御史)가 앞으로 나와 말했다.

"아무 일에 진나라 왕이 조나라 왕과 만나 술을 마시면서 조나라 왕에게 슬을 타게 했다."

인상여(藺相如)가 앞으로 나와 말했다.

"저는 진나라 왕께서 진나라의 소리를 잘하신다고 들었습니다. 부를 연주하여 흥을 돋우기를 청합니다."

진나라 왕이 화를 내며 허락하지 않았다.

그러자 인상여가 앞으로 나서면서 말했다.

"다섯 걸음을 걷기 전에 제 목의 피를 대왕께 뿌리고자 합니다!"

주위 사람들이 칼을 들이대자[6] 인상여가 눈을 부릅뜨고 꾸짖으니 모두 물러섰다. 그리하여 진나라 왕은 불쾌해하며 부를 한 번 연주했다. 인상여가 어사를 돌아보며 불러서 다음과 같이 적게 했다.

"진나라 왕이 조나라 왕을 위해 부를 연주했다."

謹按『易』稱: "日昃之離, 不鼓缶而歌." 『詩』云: "坎其擊缶, 宛丘之道." 缶者, 瓦器, 所以盛酒漿, 秦人鼓之以節歌. 『太史公記』: 趙惠文王與秦昭王會於澠池, 秦王飮酒酣, 曰: "寡人竊聞趙王好音. 請奏瑟." 趙王鼓瑟, 秦御史前曰: "某日秦王與趙王會飮, 令趙三鼓瑟." 藺相如前

5 조나라 혜문왕(惠文王)이~가졌는데: 진나라와 조나라가 민지에서 회합을 가졌는데, 이것은 조나라 혜문왕 20년, 진나라 소양왕(昭襄王) 28년 때의 일이다. 이 일은 『사기·인상여열전』에 실려 있다. '민지'는 전국시대에는 처음에 한나라의 읍이었으나 후에 진(秦)나라에 귀속되었고 옛 땅은 지금의 하남성(河南省) 민지현(澠池縣)에 있다.【吳】

6 주위 사람들이 칼을 들이대자: 원문은 '좌우욕인(左右欲刃)'이다. 이 문장은 『사기』에는 "주위 사람들이 인상여를 베고자 했다[左右欲刃相如]"라고 쓰여 있다.【吳】

曰 : “竊聞秦王善爲秦聲. 請奏缶以相樂.” 秦王怒, 不許. 於是相如進曰 : “五步之內, 相如請得以頸血濺大王矣!” 左右欲刃, 相如張目叱之, 皆靡. 於是秦王不懌, 爲一擊缶. 相如顧召御史書曰 : “秦王爲趙王擊缶也.”

적(笛)[1]

내가 삼가 『예기 · 악기』[2]를 살펴보니 다음과 같았다.

적은 무제(武帝) 때 구중(丘仲)이 만든 것이다.[3] '적'은 '씻는다[滌]'는 뜻으

1 적(笛) : '적' 자 아래에는 원래 '단동(邃同)' 두 글자가 있었는데, 후인들이 방주를 달아 표제 아래에 제멋대로 삽입한 것으로 지금 삭제한다.【吳】

2 『예기 · 악기』 : 원문은 '『예 · 악기』(『禮 · 樂記』)'이다. '예(禮)' 자는 원래 빠져 있었으나 『풍속통의』에서 관(管), 축(筑), 쟁(箏), 뢰(籟)를 기술하면서 여러 차례 『예기 · 악기』를 인용하고 있다. 여기에서도 다른 곳과 마찬가지로 일률적으로 『예기 · 악기』로 써야 한다.【吳】

3 무제(武帝) 때 구중(丘仲)이 만든 것이다 : 이 문장은 『태평어람』 권580, 『사류부(事類賦)』 권11에는 모두 "한나라 무제 때 장인 구중이 만든 것이다[漢武帝時工人丘仲之所造也]"라고 인용되어 있다. 이 문장 아래에는 두 권 모두 "본래 강족에게서 나왔다[本出羌中]"라는 네 글자를 인용하고 있다. 『송서 · 악지』에 다음 말이 있다. "마융의 「장적부」에 따르면 적은 근세에 만들어진 것으로 강족에게서 나왔다. 후에 경방은 오음을 갖춘 적을 만들었다. 구중이 적을 잘 다루었다고도 하지만, 구중이 만들었다고 말하지는 않았다. 『풍속통의』에서는 무제 때 사람 구중이 적을 만들었고, 그 후에 또 강적이 나왔다고 말하고 있다. 세 가지 설이 다르니 누가 맞는지 알 수 없다[笛, 按馬融「長笛賦」, 此器起近世, 出於羌中. 京房備其五音. 又稱丘仲工其事, 不言

로, 사악하고 더러운 것[4]을 씻어버리고 바른 것으로 채우는 것이다. 길이는 1척 4촌[5]이고 구멍은 7개이다. 후에 또 강적(羌笛)이 생겼다. 마융(馬融)의 「적부(笛賦)」에 다음 말이 있다.

"근대에 쌍적(雙笛)이 강족에게서 나왔다. 강족이 대나무를 채[6] 치기도 전에 물속에서 용의 울음소리만 들리고 용의 모습[7]은 보이지 않았는데, 강족이 대를 잘라 불어보았더니 그 소리가 [용의 울음소리와] 비슷했다. 그래서 대나무 위를 깎고[8] 구멍을 내어 원래의 대나무관과 통하게 하고, 이것을 다듬어 말채찍처럼 만들어 휴대하기 편하게 했다.[9] 경군명(京君明)은 음률을 잘 알았으므로[10] 본래 구멍이 4개였는데 1개를 더 뚫었다. 경

仲所造. 『風俗通』則曰丘仲造笛, 武帝時人, 其後更有羌笛爾. 三說不同, 未詳孰實]."【吳】

4 더러운 것 : 원문은 '예(穢)'이다. 『문선 · 장적부서(長笛賦序)』 이선의 주에는 '지(志)'라 인용되어 있다.【吳】

5 1척 4촌 : 원문은 '일척사촌(一尺四寸)'이다. '일(一)'은 원래 '이(二)'라 쓰여 있었으나 『초학기』 권16에는 '일'이라 인용되어 있어 지금 이에 근거하여 고친다. 『예문유취』 권44, 『북당서초』 권111, 『태평어람』, 『사물기원』 권2에는 모두 '일' 자가 없으니, 역시 이 문장도 '일척사촌(一尺四寸)'이라 써야 옳다.【吳】

6 채 : 원문은 '미(未)'로 원래 글자가 훼손되어 '목(木)' 자로 잘못 쓰여 있었으나 『사고전서(四庫全書)』본에는 '미'로 쓰여 있고 『문선 · 장적부』에도 '미'라 쓰여 있어 지금 이에 근거하여 고친다.【吳】

7 모습 : 원문은 '기(己)'이다. 원래 '후(後)'로 잘못 쓰여 있었으나 지금 『문선 · 장적부』에 근거하여 고친다. 이선의 주에는 "기는 용을 말하는 것이다[己, 謂龍也]"라고 했다.【吳】

8 깎고 : 원문은 '섬(剡)'이다.【吳】

9 이것을 다듬어 말채찍처럼 만들어 휴대하기 편하게 했다 : 원문은 '재이당과편역지(材以當檛便易持)'이다. '과(檛)'는 원래 '과(撾)'라 잘못 쓰여 있었으나 『오본』, 『유편본』, 『정본』에는 '과(檛)'로 쓰여 있어 지금 이에 근거하여 고친다. '지(持)'는 원래 '특(特)'이라 잘못 쓰여 있었으나 『호본』, 『사고전서』본, 『백자전서(百子全書)』본에는 '지(持)'라 쓰여 있어 지금 이에 근거하여 고친다. 이 문장은 『문선 · 장적부』에는 '재이당과변역지(裁以當簻便易持)'라 쓰여 있다. 이선의 주에는 "굵은 것을 과라 하고 가는 것을 매라 한다. 적을 다듬어 말채찍처럼 만들었기 때문에 휴대하기 편해졌다고 말하고 있다. 과는 말채찍이다. 재는 간혹 재라고도 쓴다[粗者曰檛, 細者曰枚. 言裁笛而當簻, 故便而易持也. 簻, 馬策也. 裁, 或爲材]."【吳】

10 경군명(京君明)은 음률을 잘 알았으므로 : 이 문장은 『문선 · 장적부』에는 "『역경』에는 경군명이 음률을 잘 안다[『易』京君明識音律]"로 쓰여 있다. '경군명(京君明)'은 경방(京房)으로 자가 군명인데, 한나라 무제 때 사람으로 『역경』을 연구하여 스스로

군명이 구멍을 더 뚫은 오공적(五孔笛)이 나와서 [商聲이 생겨났기에] 상성과 오음이 갖추어졌다고 말하는 것이다."[11]

謹按『禮・樂記』: 武帝時丘仲之所作也. '笛'者, '滌'也, 所以蕩滌邪穢, 納之於雅正也. 長一尺四寸, 七孔. 其後又有羌笛. 馬融「笛賦」曰: "近世雙笛從羌起. 羌人伐竹未及已, 龍鳴水中不見已, 截竹吹之音相似. 剡其上孔通洞之, 材以當檛便易持. 京君明賢識音律, 故本四孔加以一. 君明所加孔後出, 是謂商聲五音畢."

일가를 이루었고 또한 음률에 뛰어났다. 『한서・유림전(儒林傳)』에 그의 사적이 대략 실려 있다.【吳】

11 상성과 오음이 갖추어졌다고 말하는 것이다: 원문은 '시위상성오음필(是謂商聲五音畢)'이다. '필(畢)' 자는 원래 빠져 있었으나, 『사고전서』본에는 있고 『문선・장적부』에도 마찬가지로 쓰여 있기에 지금 이에 근거하여 보충한다. 「장적부」 이선의 주에는 "적은 본래 구멍이 4개였으나 경방이 아래에 구멍 하나를 더 뚫어 상성을 냈기 때문에 오음이 갖추어졌다고 말하는 것이다[笛本四孔, 京加一孔於下, 爲商聲, 故謂五音畢]."【吳】

비파(批把)[1]

내가 삼가 살펴보니 다음과 같았다.

이것은 근래에 악공이 만든 것인데 누가 만들었는지는 모른다.[2] 손으로 밀고 당기기 때문에 그렇게 이름 지은 것이다.[3] 길이는 3척 5촌으로

---

1 비파(批把):『의림』,『송서·악지』,『예문유취』 권44,『북당서초』 권110,『초학기』 권16,『태평어람』 권583,『사물기원』 권2,『기찬연해』 권78에는 모두 '비파(琵琶)'라고 인용되어 있다.【吳】

2 누가 만들었는지는 모른다: 원문은 '불지수야(不知誰也)'이다. 이 문장은『초학기』,『태평어람』,『백공육첩』 권62,『천중기』 권43에는 '부지소기(不知所起)'라고 인용되어 있고『사물기원』에는 '부지기시(不知其始)'라고 되어 있으며『예문유취』,『북당서초』에는 '부지수작야(不知誰作也)'라 인용되어 있다.『송서·악지』에는 부현(傅玄)의「비파부(琵琶賦)」를 인용해 다음과 같이 말하고 있다. "한나라는 오손공주를 곤미에게 시집보냈는데, 가는 길에 그녀가 고국을 그리워할 것을 생각해서 장인들에게 쟁과 축을 만들게 해서 말 위에서의 오락거리로 삼았다(漢遣烏孫公主嫁昆彌, 念其行道思慕, 故使工人裁箏·筑, 爲馬上之樂)."【吳】

3 손으로 밀고 당기기 때문에 그렇게 이름 지은 것이다:『초학기』 권16에는『석명(釋名)』을 인용해 다음과 같이 말했다. "비파는 본래 호(胡) 땅에서 마상에서 연주하던 것이다. 손을 앞으로 미는 것을 '비'라고 하고 손을 뒤로 끄는 것을 '파'라고 해서 그

천 · 지 · 인과 오행을 본떠 만들었으며, 4현은 사계절을 본떠 만든 것이다.

謹按此近世樂家所作, 不知誰也. 以手批把, 因以爲名. 長三尺五寸, 法天地人與五行, 四絃象四時.

렇게 이름 지은 것이다[琵琶, 本胡中馬上所鼓也. 推手前曰琵, 引手却曰琶, 因以爲名]."【吳】

우(竽)

내가 삼가 『예기 · 악기』[1]를 살펴보니 다음과 같았다.
"우[2]는 36개의 리드로 되어 있고 길이는 4척 2촌이다."
지금은 23개의 관으로 되어 있다.

謹按『禮 · 樂記』: "管, 三十六簧也, 長四尺二寸." 今二十三管.

---

1 『예기 · 악기』: 원문은 '『예 · 악기』(『禮 · 樂記』)'이다. '악(樂)' 자는 원래 빠져 있었으나 여기에서 인용한 것도 『악기』 일문(佚文)으로 마땅히 '악' 자가 있어야 한다. 이에 지금 보충한다.【吳】

2 우: 원문은 '관(管)'이나, '우(竽)'라 써야 맞다. 『주례(周禮) · 춘관(春官)』 생사(笙師) 정현(鄭玄)의 주에는 "우는 36개의 리드가 있다[竽, 三十六簧]."라고 되어 있다. 이 문장은 『태평어람』 권581에 "우는 죽황(竹簧)이다[竽, 竹簧]"라고 인용되어 있다.【吳】

황(簧)

내가 삼가 『세본』을 살펴보니 다음과 같았다.
"여와(女媧)가 황을 만들었다."
황은 생황 중의 황이다.
『시경』에 다음 말이 있다.
"생을 불고 황을 치며 폐백 상자 바치나니."[1]

謹按『世本』: "女媧作簧." 簧, 笙中簧也. 『詩』云: "吹笙鼓簧, 承筐是將."

1 생을~바치나니 : 원문은 '취생고황, 승광시장(吹笙鼓簧, 承筐是將)'이다. 이 문장은 『시경·소아·녹명』에 보인다. '광(筐)'은 예물을 담는데 사용한 광주리이고, '장(將)'은 선물한다는 뜻이다. '승광시장'은 예물을 가득 담은 광주리를 받는다는 말이다.【吳】

약(籥)

내가 삼가 『주례』를 살펴보니 다음과 같았다.

"약사씨(籥師氏)는 공경대부의 자제에게 약을 부는 법을 가르치는 일을 맡았다."

『시경』에 다음 말이 있다.

"피리[籥] 소리 잘 어우러지네."[1]

약은 3개의 구멍이 난 죽관악기이기 때문에[2] 다른 소리와 잘 어울린다.

---

1 피리 소리 잘 어우러지네 : 『시경 · 소아 · 고종(鼓鐘)』에 보인다. 『송서 · 악지』에는 "약은 누가 만들었는지 모른다[籥, 不知誰所造]"고 되어 있다.【吳】

2 약은 3개의 구멍이 난 죽관악기이기 때문에 : 원문은 '악지기죽관삼공(樂之器竹管三孔)'이다. '지(之)' 자는 『군서습보』에는 덧붙여진 글자라고 보았는데, 즉 '악기(樂器)' 두 글자라야 문장이 된다고 여겼다. 생각건대 '기(器)' 자는 잘못 들어간 것 같은데 『설문해자』에 보면 "약은 3개의 구멍이 난 죽관악기이기 때문에 다른 소리와 잘 어울린다[籥, 樂之器竹管三孔, 所以和衆聲也]"라고 한 것으로 보아 '기' 자는 잘못 들어간 것 같다. 『이아 · 석악(釋樂)』 곽박(郭璞)의 주에는 다음과 같이 적혀 있다. "약은 적과 비슷하며, 3개의 구멍이 있지만 구멍이 짧고 작다. 『광아』에는 구멍이 7개라고

謹按『周禮』: "籥師氏掌教國子吹籥." 『詩』云: "以籥不僭." 籥, 樂之器竹管三孔, 所以和衆聲也.

되어 있다[籥如笛, 三孔而短小. 『廣雅』云七孔]." 약의 구멍수는 그것의 용도에 따라 결정된다. 합주할 때는 3개의 구멍으로 된 것을 사용하고 춤출 때는 6개의 구멍이나 7개의 구멍으로 된 것을 사용한다. 이에 대한 설명은 『이아·의소(義疏)』에 상세히 보인다.【吳】

지(篪)[1]

내가 삼가 『세본』을 살펴보니 다음과 같았다.

"소성공(蘇成公)이 지를 만들었다."[2]

지는 관악기로 10개의 구멍이 있고 길이는 1척 1촌이다.

『시경』에 다음 말이 있다.

"맏이는 훈(壎)을 불고 둘째는 지를 부네."[3]

1 지(篪) : 표제 아래에는 원래 '지(䶵)는 지(箎)와 같다[䶵, 箎同]'라는 세 글자가 있었으나 『호본』에는 '지(篪)는 지(池)와 음이 같다[篪, 與池同]'라 되어 있고 『유편본』에는 '지(箎)와 음이 같다[箎同]'라 되어 있으며 『초본』에는 '지(篪)와 같다[篪同]'라 되어 있는데, 모두 후대인들이 방주를 달면서 억지로 표제 아래에 넣은 것이기 때문에 지금 삭제한다.【吳】

2 소성공(蘇成公)이 지를 만들었다 : 『태평어람』 권580에 다음 말이 있다. "『세본』에서 말했다. '소성공이 지를 만들었다. 취구는 대추처럼 생겼다. 소성공은 평왕 때의 제후이다[蘇成公造篪. 吹孔有觜如酸棗. 蘇成公, 平王時諸侯].'" 『고사고(古史考)』에 다음 말이 있다. "옛날에는 지를 즐겼다. 소성공이 지를 잘 불어서, 기록하는 사람이 이 때문에 그가 만들었다고 했지만, 이는 잘못된 것이다[古有篪尙矣. 蘇成公善篪, 而記者因以爲作, 謬也]." 이 두 가지 설이 다르다.【吳】

謹按『世本』: "蘇成公作篪." 管樂, 十孔, 長尺一寸. 『詩』云: "伯氏吹塤, 仲氏吹篪."

3 맏이는 훈(塤)을 불고 둘째는 지를 부네 : 『시경 · 소아 · 하인사(何人斯)』에 보인다.【吳】

소(簫)[1]

내가 삼가 『상서』를 살펴보니 다음과 같았다.

순임금이 만들었다.[2]

"소로 「소(韶)」를 9번 연주하니 봉황이 날아와 춤추었다."[3]

1 소(簫) : 『풍속통의교정』에 주석경(朱錫庚)의 다음 말이 실려 있다. "제목 사이의 '소' 자는 마땅히 아래 문장 '소, 근안 『상서』, 순작'이라는 문장과 이어 써야 그 의미가 분명하게 된다[題間之'簫'字當連下文作'簫, 謹按『尙書』, 舜作'爲句, 其義自明]."【吳】

2 순임금이 만들었다 : 원문은 '순작(舜作)'이다. 『사물기원』 권2에는 '순작' 아래에 '죽소(竹簫)' 두 글자가 더 있다. 『송서 · 악지』에 다음 말이 있다. "소는 『세본』에 '순임금이 만든 것이다'라고 했다[簫, 『世本』云 : '舜所造']."【吳】

3 소로 「소(韶)」를~춤추었다 : 원문은 '소소구성, 봉황래의(簫韶九成, 鳳凰來儀)'이다. 이 두 문장은 『상서 · 익직(益稷)』에 보인다. 공안국(孔安國)의 전(傳)에 다음 말이 있다. "「소」는 순임금이 만든 악곡명이다. 소가 출현하면서 세기(細器)가 갖추어졌다고 한다. 수컷은 봉이라고 하고 암컷은 황이라 하는데 길조이다. 의는 자태이다. 음악이 연주되자 봉황이 날아들었고, 다른 새들도 연주가 되기 전에 와서 춤추었다[「韶」, 舜樂名. 言簫見細器之備. 雄曰鳳, 雌曰凰, 靈鳥也. 儀, 有容儀. 備樂九奏而致鳳凰, 則餘鳥不待九而率舞]." 공영달의 소에 다음 말이 있다. "정현이 말했다. '성은 끝난다는 뜻이다. 매 곡의 연주가 한 번 끝나면 반드시 곡조를 바꿔 다시 연주했기 때

소는 들쑥날쑥한 것이 봉황의 날개처럼 생겼고, 관이 10개이며 길이는 1척이다.[4]

謹按『尙書』: 舜作. "簫韶九成, 鳳凰來儀." 其形參差, 像鳳之翼, 十管, 長一尺.

문에 『경』에서는 구성이라고 했고 『전』에서는 구주라고 했다. 『주례』에는 이를 구변이라고 했는데 사실은 똑같은 것이다[鄭云: '成, 猶終也. 每曲一終, 必變更奏, 故『經』言九成, 『傳』言九奏. 『周禮』謂之九變, 其實一也]." 【吳】

4 관이~1척이다: 원문은 '십관, 장일척(十管, 長一尺)'이다. '일척(一尺)'은 『시경·주송(周頌)·유고(有瞽)』 공영달 소, 『태평어람』 권581, 『사물기원』 권2, 『기찬연해』 권78, 『옥해(玉海)』 권110, 『천중기』 권43에는 모두 '척이촌(尺二寸)'이라 인용되어 있고 『북당서초』 권111에는 '이척(二尺)'이라 되어 있으며, 『예문유취』 권44, 『광박물지』 권35에는 '삼척(三尺)'이라 인용되어 있다. 소의 관수와 길이는 역대로 다를 뿐만 아니라 크기도 다르다. 『이아·석악』에는 "큰 소는 언(言)이라고 하고 작은 것은 효(筊)라고 한다[大簫謂之言, 小者謂之筊]"라고 했다. 곽박(郭璞)의 주에는 언은 "23개의 관으로 엮은 것이고 길이는 1척 4촌이다[編二十三管, 長尺四寸]"라고 했고 효는 "16개의 관으로 되었고 길이는 1척 2촌이다[十六管, 長尺二寸]"라고 했다. 『예문유취』에는 『삼례도(三禮圖)』의 다음 말을 인용하고 있다. "아소는 길이가 1척 4촌이고 20개의 관으로 되어 있으며, 송소는 길이가 1척 2촌이고 16개의 관으로 되어 있다[雅簫長尺四寸, 二十彄, 頌簫長尺二寸, 十六彄]." 구(彄)는 관(管)이다.【吳】

뢰(籟)

내가 삼가 『예기 · 악기』를 살펴보니 다음과 같았다.

"구멍이 3개인 피리이다. 큰 것을 산(産)이라고 하고 중간 것을 중(仲)이라고 하며 작은 것을 약(箹)이라고 한다."[1]

---

1 구멍이 3개인~약(箹)이라고 한다 : 이것은 『이아 · 석악』의 내용과 같다. 『설문해자』에 다음 말이 있다. "뇌는 3개의 구멍을 가진 피리인데, 큰 것을 생(笙)이라고 하고 중간 것을 뢰(籟)라고 하며 작은 것을 약(箹)이라고 한다[籟, 三孔籥也, 大者謂之笙, 其中謂之籟, 小者謂之箹]." 장용(臧庸)의 「배경당문집상시독학사노소궁서(拜經堂文集上侍讀學士盧召弓書)」에 다음 말이 있다. "'산' 자는 『설문해자』에는 '생'이라고 쓰였는데 형태가 비슷하여 잘못 쓴 것이다. 이선이 주를 단 『문선』 반안인의 「생부」에는 『이아』를 인용해 '큰 약은 생이라고 한다'라고 쓰고 있다. 『설문해자』에 의하면 '중'은 '뢰'라고 써야 한다. 위 제목의 '뢰' 자가 본문에서 없는 것으로 보아 '중' 자는 후대인들이 『이아』에 의거하여 고친 것임을 알 수 있다['産'字當從『說文』作'笙', 因形近譌. 李善注『文選』潘安仁「笙賦」引『爾雅』亦作'大籥謂之笙'. 據『說文』'仲'當作'籟'. 上目題'籟'字, 而正文無之, 可見'仲'字爲後人依『爾雅』改也]." 『군서습보』의 설도 이것과 똑같다. 생각건대 '산' 자는 잘못된 게 아니다. 『광운』에는 "산은 낳는다는 뜻이다. 또 큰 약은 구멍 세 개의 피리와 비슷하나 좀 짧다[産, 生也. 又大籥, 似笛三孔而短]"라고 했다. '중(仲)'은 응당 장용의 설에 따라서 '뢰'로 고친다.【吳】

謹按『禮・樂記』: “三孔籥也. 大者謂之産, 其中謂之仲, 小者謂之箹.”

고(菰)

내가 삼가 『한서』 구주(舊注)를 살펴보니 다음과 같았다.
“고는 취편(吹鞭)이다.”[1]
‘고’는 ‘생각난다[憮]’는 뜻으로 리듬이 위엄 있는 모습을 떠올리게 한다.

謹按『漢書』舊注 : “菰, 吹鞭也.” ‘菰’者, ‘憮’也, 言其節憮威儀.

1 고는 취편(吹鞭)이다 : 원문은 ‘고, 취편야(菰, 吹鞭也)’이다. ‘고(菰)’는 ‘고(箛)’라고도 쓴다. 『송서 · 악지』에 다음 말이 있다. “가는 두지의 「가부」에는 ‘이백양이 서융에 갔다가 만든 것이다’라고 되어 있다. 『한서』구주에는 ‘고는 취편이라고도 한다’라고 했다. 『진선잠의주(晉先蠶儀注)』에는 ‘황제의 수레를 멈출 때는 소고를 불고 수레가 출발할 때 대고를 분다’라고 했는데 ‘고’는 바로 ‘하’이다.[葭, 杜摯「笳賦」云 : ‘李伯陽入西戎所造.’ 『漢』舊注曰 : ‘箛, 號曰吹鞭.’ 『晉先蠶儀注』 : ‘車駕往, 吹小箛, 發, 吹大箛.’ 箛卽葭也].” 또 응소는 『한로부도(漢鹵薄圖)』에서 “오직 기마병이 고를 가지고 있는데 고는 가이다[唯有騎執箛, 箛卽笳]”라고 했다.【吳】

추(萩)[1]

내가 삼가 『한서』 주를 살펴보니 다음과 같았다.
"추는 대통[2]이다."
추추 하는 소리가 난다고 해서 이름을 그렇게 정했다.

謹按『漢書』注 : "萩, 筩也." 言其聲音萩, 名自定也.

1 추(萩) : 원래 '적(荻)'이라 잘못되어 있었다. 다음 문장도 '적(荻)'이라 잘못 되어 있어 모두 고친다. 『설문해자』에는 "추는 대통을 부는 것이다. 뜻은 죽(竹)이고 음은 추(秋)이다[篍, 吹筩也, 從竹秋聲]"라고 했다. '추(萩)'와 '추(篍)'는 통한다.【吳】

2 대통 : 원문은 '용(筩)'이다. 원래 '각(筩)'이라 잘못 쓰여 있었으나 『정본』, 『하본』, 『호본』, 『명각본』, 『초본』에는 모두 '용'이라 되어 있어 지금 이에 의거하여 고친다.【吳】

풍속통의 권7*

궁통(窮通)

본 편에서는 공자(孔子), 맹자(孟子)부터 진번(陳蕃)에 이르기까지 당시 명사(名士)들이 겪었던 곤란한 상황을 열거하면서 이를 극복하고 성공하는 과정을 서술하고 있다. 곤경을 겪는 동안에 명사의 어려움을 알아주는 사람들이 있는가 하면 그들의 역경을 비웃거나 무시하는 사람들도 있는데, 결국 명사들에게 도움을 주었던 사람들도 함께 신분이 상승되는 결과를 낳고 있어 사람들에게 교훈을 주고 있다.

『역경(易經)』에 다음 말이 있다.

"하늘에 걸린 사물 중에서 해와 달보다 더 밝게 빛나는 것은 없다."[1]

---

* 권7 : 소송(蘇頌)은 다음과 같이 말했다. "「궁통」 권7은 『자초(子抄)』에서는 권15로 적고 있다[「窮通」七, 『子抄』云 : '十五']."

1 해와 달보다~없다 : 원문은 '막대호어일월(莫大乎於日月)'이다 『유편본(遺編本)』·『정

그러나 가끔 어두울 때도 있다.

『시경(詩經)』에서 다음과 같이 찬미했다.

"도도하게 흐르는 장강(長江)과 한수(漢水)는 남쪽 나라 살리는 젖줄이라네."[2]

그러나 가끔 막힐 때[3]도 있다.

『논어(論語)』에 다음 말이 있다.

"선생님은 진실로 하늘이 낸 분이지만 성인보다 훌륭하지는 않습니다."[4]

그러나 가끔 곤경을 당할 때도 있다. 해와 달은 그 형체를 잃지 않기 때문에 가려졌다가도 다시 밝아진다. 장강과 한수는 그 근원을 잃지 않으므로 막히더라도 다시 통하게 된다. 성인[5]은 그 덕을 잃지 않으므로 사라졌다가도 다시 일어나게 된다. 단지 성인만이 한결같고 두터울 뿐만 아니라[6] 무릇 변치 않는 원칙을 지닌 자도 신실함에 이른다.[7] 그러므로

본(程本)』·『낭본(郎本)』·『도광본(道光本)』에는 '어(於)' 자가 모두 없다. 여기서 인용한 것은 『역경·계사(繫辭)』에 보이는데 역시 '어' 자가 없다.【吳】

2 도도하게~젖줄이라네: 원문은 '도도강한, 남북지기(滔滔江漢, 南北之紀)'이다. '북(北)'은 금본 『시경·소아(小雅)·사월(四月)』에는 '국(國)'이라 쓰여 있다. 『군서습보(羣書拾補)』에는 "'국' 자의 오기이지 다른 글자는 아닌 것 같다['國'之誤, 似非異文]"라고 했다. 이 두 문장은 끊이지 않고 도도하게 흐르는 장강과 한수는 남국(南國) 여러 강물의 벼리임을 말하는 것이다.【吳】

3 막힐 때: 원문은 '곤부(困否)'이다. 곤경에 빠져 통하지 않는다는 뜻이다.【吳】

4 진실로~않습니다: 『논어·자한(子罕)』에 다음 말이 있다. "태재가 자공에게 물었다. '공자는 성인이신가? 어쩌면 그리도 능한 것이 많으신가?' 자공이 말했다. '선생님은 진실로 하늘이 내신 성인이실 것이요. 또 다재다능하시오'[太宰問於子貢曰: '夫子聖者與? 何其多能?' 子貢曰: '固天縱之將聖, 又多能也']." 응소는 바로 이 문장을 인용한 것이다.【吳】

5 성인: 원문은 '성인(聖人)'이다. '인(人)'은 원래 '구(久)'로 잘못 쓰여 있었으나 지금 『유편본』·『정본』·『낭본』·『명각본(明刻本)』·『도광본』에 근거하여 고친다.【吳】

6 한결같고 두터울 뿐만 아니라: 원문은 '비이단후(俾爾亶厚)'이다. 금본 『시경·소아·천보(天保)』에는 "님의 정성 한결같고 두터우시니[俾爾單厚]"라고 했다. '비(俾)'는 '하도록 한다[使]'는 의미이다. '단(亶)'은 '단(單)' 자와 통한다. 『시경·주송(周頌)·호천유성명(昊天有成命)』에는 "그 마음을 다하여[單厥心]"라고 했다. 『국어(國語)·주어(周語)』에는 "그 마음을 다하여[亶厥心]"라고 했다. 『이아(爾雅)·석고(釋詁)』에는 "단은 두텁다는 뜻이다[亶, 厚也]"라고 했다.【吳】

7 무릇~이른다: 원문은 '부유항자역윤진의(夫有恒者亦允臻矣)'이다. '항(恒)'은 변치 않는 원칙이다. 『주례(周禮)·고공기(考工記)·율씨(㮚氏)』에는 부기명문(鬴器銘文)

군자는 곤경을 당하면서도 근심하지[8] 않으며 모욕을 당하면서도 구차하게 행동하지[9] 않으며 낙천적이고 천명을 알아 원망하거나 탓하지 않는다. 그러므로 처음에 곤경에 빠졌다가 후에 기뻐하게 되는 것을 기록하고 「궁통」이라고 한다.

『易』稱 : "懸象著明, 莫大乎於日月." 然時有昏晦. 『詩』美 : "滔滔江漢, 南北之紀." 然時有壅滯. 『論語』: "固天縱之, 莫盛於聖." 然時有困否. 日月不失其體, 故蔽而復明. 江漢不失其源, 故窮而復通. 聖人不失其德, 故廢而復興. 非唯聖人俾爾亶厚, 夫有恒者亦允臻矣. 是故君子厄窮而不閔, 勞辱而不苟, 樂天知命, 無怨尤焉. 故錄先否後喜曰「窮通」也.

에 "신실함이 지극함에 이른다[允臻其極]"라고 기록했다. 정현은 "윤은 신실하다는 뜻이다. 진은 이른다는 뜻이다[允, 信也. 臻, 至也]"라고 주를 달고 있다.【吳】

8 근심하지 : 원문은 '민(閔)'이다.【吳】

9 구차하게 행동하지 : 원문은 '구(苟)'이다. 예법을 따르지 않는 것을 말한다.【吳】

공자(孔子)

공자는 진(陳)나라와 채(蔡)나라의 사이에서 곤경을 당하여[1] 7일 동안

1 공자는~곤경을 당하여:『논어』에는 공자가 진나라와 채나라 사이에서 당한 곤경을 간략하게 기록하고 있지만『사기(史記)·공자세가(孔子世家)』에는 그 일을 상세히 기록하고 있다. "공자가 채나라로 옮겨간 지 3년째 되던 해에 오나라는 진나라를 공격했다. 초나라는 진나라를 구하기 위해 성보에 군대를 주둔시켰다. 초나라에서는 공자가 진나라와 채나라의 중간 지역에 있다는 말을 듣고 사람을 보내어 공자를 초빙했다. 공자가 가서 예를 갖추려고 하자, 진나라와 채나라의 대부들이 의논하여 말했다. '공자는 현자로 그가 비난하는 바는 모두 제후의 잘못과 들어맞소. 지금 그가 진나라와 채나라의 중간에 오래 머물고 있는데, 그간 여러 대부들이 한 행실은 모두 공자의 뜻에 맞지 않소. 지금 초나라는 큰 나라인데 공자를 초빙하려고 합니다. 공자가 초나라에 등용되면 우리 진나라와 채나라에서 일하는 대부들은 모두 위험해질 것이오.' 이에 [진나라와 채나라의 대부들은] 각각 일꾼들을 보내어 들판에서 공자를 포위했다. 그래서 공자는 초나라로 가지 못하고 식량마저 떨어졌다. 따르는 제자들은 굶고 병들어 잘 일어서지도 못했다. 그러나 공자는 조금도 흐트러짐 없이 학술강의도 하고 책도 낭송하고 거문고도 타면서 지냈다. 자로가 화가 나서 공자에게 말했다. '군자도 이처럼 곤궁할 때가 있습니까?' 공자가 말했다. '군자는 곤궁해도 절조를 지키지만 소인은 곤궁해지면 망가진다'[孔子遷於蔡三歲, 吳伐陳. 楚救陳, 軍於城父. 聞孔子在陳·蔡之間, 楚使人聘孔子. 孔子將往拜禮, 陳·蔡大夫謀曰:'孔子賢者, 所刺

밥을 먹지 못하고 죽에 쌀알이 없었는데도[2] 오히려 방 안에서 금을 연주했다. 안회(顔回)가 집 밖에서 채소를 고르고 있자[3] 자로(子路)와 자공(子貢)이 함께 말했다.

"선생님께서는 노(魯)나라에서 쫓겨났고[4] 위(衛)나라에서 등용되지 않았으며[5] 송(宋)나라에서는 나무가 뽑혔고[6] 지금 여기에서 또 곤경을 당했습

譏皆中諸侯之疾. 今者久留陳・蔡之間, 諸大夫所設行者皆非仲尼之意. 今楚, 大國也, 來聘孔子. 孔子用於楚, 則陳・蔡用事大夫危矣.' 於是乃相與發徒役圍孔子於野. 不得行, 絶糧. 從者病, 莫能興. 孔子講誦弦歌不衰. 子路慍見曰: '君子亦有窮乎?' 孔子曰: '君子固窮, 小人窮斯濫矣'."【吳】

2 7일 동안 밥을 먹지 못하고 죽에 쌀알이 없었는데도: 원문은 '칠일불상립, 여갱불삼(七日不嘗粒, 藜羹不糝)'이다. 이 문장은 『순자(荀子)・유좌(宥坐)』, 『묵자(墨子)・비유(非儒)』에는 '여갱불삼(藜羹不糂)'이라 적혀 있다. '삼(糝)'은 쌀알이다.【吳】

3 고르고 있자: 원문은 '석(釋)'이다. 『정본(程本)』에는 '택(擇)'이라 적혀 있고 『장자(莊子)・양왕(讓王)』, 『여씨춘추(呂氏春秋)・신인(愼人)』에도 '택(擇)'이라 적혀 있다. 생각건대 두 글자는 고대에는 차용할 수 있었다. 『한비자(韓非子)・오두(五蠹)』에는 "심(尋: 여덟 자)과 상(常: 尋의 두 배) 길이의 베나 비단이 있어도 사람들은 그것을 그대로 내버려 두지 않는다(布帛尋常, 庸人不釋)"라고 했다. 『논형(論衡)・비한(非韓)』에서는 이 구절을 인용하면서 '석(釋)'을 '택(擇)'이라 적고 있다.【吳】

4 선생님께서는 노(魯)나라에서 쫓겨났고: 공자가 노나라에서 쫓겨난 일은 『논어・미자(微子)』, 『맹자(孟子)・고자(告子)』, 『사기・공자세가』에 상세히 나오고 있다. 공자가 쫓겨난 구체적인 연대는 『사기』의 「노세가(魯世家)」와 「십이제후연표(十二諸侯年表)」에서는 노나라 정공(定公) 12년(B.C.498)이라고 하고 「공자세가」에는 노나라 정공 14년(B.C.496)이라고 한다. 「위세가(衛世家)」 영공(靈公) 38년에는 '공자가 왔을 때 노나라에서 받은 봉록과 똑같은 봉록을 그에게 주었다(孔子來, 祿之如魯)"라고 했다. 영공 38년은 노나라 정공 13년(B.C.497)에 해당한다.【吳】

5 위(衛)나라에서 등용되지 않았으며: 공자가 위나라에 갔을 때 위나라 영공은 그를 받아주기는커녕 도리어 공손여가(公孫余假)를 시켜 무장한 채 공자를 위협하게 했다. 공자는 죄를 덮어쓸까 두려워하며 10개월을 머물다가 위나라를 떠났다. '삭적어위(削跡於衛)'는 곧 이것을 가리킨다. 『사기・공자세가』에 보인다.【吳】

6 송(宋)나라에서는 나무가 뽑혔고: 『사기・공자세가』에 다음 말이 있다. "공자가 조나라를 떠나 송나라로 가서 제자들과 함께 큰 나무 아래에서 예의에 대해 강습했다. 송나라 사마 환퇴가 공자를 죽이려 하면서 그 나무를 뽑아버렸다. 이에 공자는 그곳을 떠날 수밖에 없었다. 제자들이 말했다. '빨리 떠나는 것이 좋겠습니다.' 공자가 말했다. '하늘이 나에게 덕을 주셨는데 환퇴가 나를 어찌하겠는가!'(孔子去曹適宋, 與弟子習禮大樹下. 宋司馬桓魋欲殺孔子, 拔其樹. 孔子去. 弟子曰: '可以速矣.' 孔子曰: '天生德於予, 桓魋其如予何!')" 『논어・술이(述而)』와 『맹자・만장(萬章)』에도 이 일이 대략적으로 기록되어 있다. 『사기・십이제후연표』에 따르면 공자가 송나라를 지나

니다. 선생님을 죽이려는 자는 무죄가 되었고 선생님을 모욕하는[7] 자도 막을 수 없는데, 선생님은 노래를 부르고 춤을 추시면서[8] 일찍이 음악을 끊는 일이 없었습니다. 대개 군자가 부끄러워하지 않는 것이[9] 이와 같은지요!"

안연(顔淵)[10]은 이에 뭐라 대꾸하지 못하고 공자에게 이 사실을 고했다. 그러자 공자는 슬며시 금을 밀어내고 한숨을 내쉬며 말했다.

"유(由)[11]와 사(賜)[12]는 소인이다. 부르거라. 내가 말하겠다."

자로와 자공이 들어오더니, 자로가 말했다.[13]

"이와 같다면 가히 곤궁하다 할 수 있습니다."

선생님이 말했다.

"유야, 도대체 무슨 말이냐? 군자는 도에 통하면 통한다고 하고 도에 막히면 궁하다고 한다. 지금 나는 인의의 도를 안고 난세[14]의 근심을 만났는데 어찌하여 궁하다고 하느냐?[15] 그런 까닭에 안으로 반성하여 도리에 거리끼지 않으면[16] 난리를 만나도 그 덕을 잃지 않는다. 큰 추위가 오

갈 때가 바로 노나라 애공(哀公) 3년(2)이다.【吳】

7 모욕하는 : 원문은 '적(籍)'이다.【吳】

8 춤을 추시면서 : 원문은 '무(儛)'로 『낭본』에는 '무(舞)'라 되어 있는데 두 글자는 같은 글자이다.【吳】

9 대개 군자가 부끄러워하지 않는 것이 : 원문은 '개군자지무치야(蓋君子之無恥也)'이다. 이 문장은 『여씨춘추』에는 "대개 군자는 부끄러워하는 바가 없다[蓋君子之無所醜也]"라고 되어 있다. '치(恥)'는 '추(醜)'와 의미가 같다.【吳】

10 안연(顔淵) : 위 문장에 따르면 마땅히 '안회(顔回)'로 써야 한다.【吳】

11 유(由) : 자로(子路)로, 자로는 중유(仲由)의 자(字)이다.【吳】

12 사(賜) : 자공(子貢)으로, 자공은 단목사(端木賜)의 자(字)이다.【吳】

13 자로가 말했다 : 원문은 '자로왈(子路曰)'이다. 『장자·양왕』에도 똑같이 되어 있고 『여씨춘추』에는 "자공이 말했다[子貢曰]"라고 되어 있다.【吳】

14 난세 : 원문은 '난세(亂世)'이다. 원래 '난성(亂性)'이라 잘못 쓰여 있었으나 지금 『잔본(殘本)』, 『사고전서(四庫全書)』본에 의거해 고쳤는데 『장자』, 『여씨춘추』와도 부합한다. 『하본(何本)』, 『호본(胡本)』, 『낭본』, 『명각본』, 『초본(抄本)』, 『도광본』에도 '난성(亂性)'이라 되어 있지만 역시 한 글자가 잘못된 것이다.【吳】

15 하느냐 : 원문은 '위(爲)'로 『여씨춘추』에는 '위(謂)'라 되어 있는데 두 글자는 의미가 통한다.【吳】

고 서리와 눈이 내리고 나서야 나는 송백이 무성함을 알았다.[17] 옛날 환공(桓公)은 거(莒)에서 야망이 생겼고[18] 진(晉)나라 문공(文公)은 조(曹)에서 패업을 생각했으며[19] 월(越)나라는 회계(會稽)에서 패업이 시작되었으니[20]

---

16 안으로 반성하여 도리에 거리끼지 않으면: 원문은 '내성불구어도(內省不疚於道)'이다. 『장자』, 『여씨춘추』에는 '성(省)' 자 아래에 모두 '이(而)' 자가 있다. 이 문장은 아래 문장의 예와 서로 같은 경우이니 '이(而)' 자를 보충해야 한다.【吳】

17 큰 추위가~알았다: 『여씨춘추』 고유(高誘)의 주에 다음 말이 있다. "나무는 서리와 눈을 맞으면 시들기 마련인데, 이는 소인이 난세를 만나면 스스로 벗어나지 못함을 보여주는 것이다. 송백이 스스로 무성해질 수 있는 것처럼 군자도 그렇게 스스로를 세울 수 있음을 비유하고 있다[衆木遇霜雪皆凋, 喩小人遭亂世無以自免. 松柏喩君子而能茂盛也]." 『논어·자한』에 "공자가 말했다. '날씨가 추워지고 난 후에야 송백이 나중에 시들게 됨을 알게 된다[子曰: '歲寒, 然後知松柏之後彫也]"'라는 문장이 있는데, 여기에서 말한 의미와 같다.【吳】

18 옛날 환공(桓公)은 거(莒)에서 야망이 생겼고: 환공은 제(齊)나라 환공 소백(小白)이다. 『좌전』 장공(莊公) 8년에 따르면, 제나라의 연칭(連稱)과 관지보(管至父)가 공손무지(公孫無知)와 연합하여 난을 일으켜 제나라 양공(襄公)을 죽이자 공손무지가 스스로 제나라 임금에 즉위했다. 제나라 양공이 처음 즉위했을 때 포숙아(鮑叔牙)는 공자 소백을 모시고 나와 거 땅으로 달아났다. 제나라에 내란이 일어나자 관중(管仲)과 소홀(召忽)은 제나라 공자 규(糾)를 모시고 노나라로 달아났다. 다음해 봄에 옹름(雍廩)이 공손무지를 죽였다. 여름에 노나라 장공(莊公)이 제나라를 정벌하고 공자 규를 제나라에 불러들이려 했는데 소백이 거에서 먼저 들어가 노나라 군대를 격파하여 공자 규를 죽이고 제나라 임금의 지위를 얻었고 이후에 일세를 호령하는 맹주가 되었다. '환공득지거(桓公得之莒)'는 제나라 환공의 야망이 거 땅에서부터 시작되었음을 말한다. 이 일은 『사기·제태공세가(齊太公世家)』에도 실려 있다.【吳】

19 진(晉)나라 문공(文公)은 조(曹)에서 패업을 생각했으며: '진(晉)' 자는 『군서습보(羣書拾補)』에는 "쓸데없는 글자이다[衍]"라고 했다. 살펴보건대 『여씨춘추』에는 '진' 자가 없고 위아래 문장의 예로 보아도 없는 것이 맞다. '진문공(晉文公)'은 바로 공자(公子) 중이(重耳)이다. 진(晉)나라 혜공(惠公) 7년(B.C.602)에 혜공이 사람을 시켜 중이를 죽이려 하자 중이는 적(狄)땅을 떠나 제나라로 갔다. 제나라에서 거한 지 5년 뒤에 중이는 제나라를 떠나 각국을 주유하기 시작하면서 외세의 힘을 구하여 진나라로 돌아왔으며 임금의 자리를 탈환했다. 이전에 중이가 조(曹)나라를 지나갈 때 조나라 공공(共公)이 그의 갈빗대가 붙어 있다는 소문을 듣고 중이가 목욕할 때에 가까이 다가가서 구경하며 예로써 대하지 않았다. 후에 중이는 진(秦)나라의 힘을 빌려 진(晉)나라의 임금으로 즉위했고 마침내 패업을 달성했다. '진문공득지조(晉文公得之曹)'는 패자에 대한 진나라 문공의 생각이 조나라에서 곤궁당할 때부터 시작되었음을 말한다. 이 일은 『좌전·희공(僖公)23년』과 『사기·진세가(晉世家)』에 상세히 보인다.【吳】

20 월(越)나라는 회계(會稽)에서 패업이 시작되었으니: 노나라 애공 원년(哀公元年,

진나라와 채나라에서 곤경을 겪는 것은 나에게는 행운인 것이다!"[21]

공자는 위(衛)나라에서 노나라로 돌아와 『시경』과 『서경(書經)』을 간추리고[22] 예악을 정했으며 『춘추』의 뜻을 만들었고 소왕(素王)[23]의 법을 드

B.C.494)에 오(吳)나라 왕 부차(夫差)가 부초(夫椒)에서 월(越)나라 왕 구천(句踐)을 격파하고 월나라 땅에 들어간 뒤 구천은 회계 땅에서 곤욕을 치렀다. 부차는 오원(伍員 : 伍子胥)의 간언을 듣지 않고 월나라와 화친하고 병사를 물려 돌아갔다. 구천은 국내에서 경제개혁과 정치개혁을 감행해 국세가 날로 강화되자, 결국 노나라 애공 22년(B.C.473) 11월에 오나라를 멸망시키고 월나라 병사는 장강과 회수 지역을 횡행하며 일시에 패업을 이루었다. '월득지회계(越得之會稽)'는 구천의 패업에 대한 시도가 회계 땅에서 시작되었음을 말한다. 이 일은 『좌전』, 『사기』의 「구천세가(句踐世家)」와 「오태백세가(吳太伯世家)」에 상세하다.【吳】

21 진나라와 채나라에서~행운인 것이다 : 공자가 한 말이 『순자 · 유좌』에 다음과 같이 실려 있다. "공자가 말했다. '유야! 거기 있거라. 내가 너에게 말하겠다. 옛날 진나라 공자 중이는 조나라에 있을 때 패업에 대한 야망이 생겼고 월나라 왕 구천은 회계 땅에서 야망을 품었으며 제나라 환공 소백은 거 땅에서 패업에 대한 야망이 생겼다. 그러므로 숨어 지내보지 않았던 자는 생각이 원대하지 못하고 달아나 보지 않았던 자는 뜻이 광대하지 못하다. 내가 어려운 처지라 하더라도 얻지 못하는 것이 없으리라는 것을 네가 어찌 알 수 있겠느냐!'[孔子曰 : '由! 居. 吾語女. 昔晉公子重耳霸心生於曹, 越王句踐霸心生於會稽, 齊桓公小白霸心生於莒. 故居不隱者思不遠, 身不佚者志不廣. 女庸安知吾不不得之桑落之下!']"【吳】

22 『시경』과 『서경(書經)』을 간추리고 : 공자가 『시경』을 간추렸다는 설은 『사기 · 공자세가』에 가장 먼저 보인다. "옛날에는 『시경』에 수록된 시가 3천여 편이었으나 공자에 이르러 그 중복된 것을 빼고 예의에 응용할 수 있는 것만 취하였다. 위로는 설과 후직에서부터, 중간은 은나라와 주나라의 성대함을 서술한 시, 아래로는 유왕과 여왕의 실정에 관한 시에까지 이르렀고 시의 내용은 임석 등 비교적 이해하기 쉬운 것으로부터 시작하였다. 그래서 '「풍」은 「관저」편으로 시작하고, 「소아」는 「녹명」편으로 시작하고, 「대아」는 「문왕」편으로 시작하고, 「송」은 「청묘」편으로 시작한다'라고 말하였다. 이렇게 정리한 305편의 시에 공자는 모두 곡조를 붙여 노래로 부름으로써 「소」, 「무」, 「아」, 「송」의 음악에 맞추려고 했다[古者詩三千餘篇, 及至孔子, 去其重, 取可施於禮義. 上采契後稷, 中述殷周之盛, 至幽厲之缺, 始於衽席. 故曰'「關雎」之亂以爲「風」始, 「鹿鳴」爲「小雅」始, 「文王」爲「大雅」始, 「淸廟」爲「頌」始.' 三百五篇孔子皆弦歌之, 以求合「韶」「武」「雅」「頌」之音]." 그러나 『논어 · 위정(爲政)』에 다음 말이 있다. "공자가 말했다. '『시』 3백 편의 뜻을 한마디로 표현하자면 생각에 간사함이 없다라는 말이다'[子曰 : '『詩』三百, 一言而蔽之, 曰思無邪']." 또 「자로」에 다음 말이 있다. "공자가 말했다. 『시경』 3백 편을 외우면서도 정치를 맡겼을 때에 제대로 해내지 못하고, 사방에 사신으로 나가 혼자서 처결하지 못한다면, 비록 많이 외운다한들 어디에 쓰겠는가?'[子曰 : '誦詩三百, 授之以政, 不達, 使於四方, 不能專對, 雖多亦奚以爲?']" 그 의미를 살펴보면 당시 『시』는 곧 3백편이었고 결코 공자가 간추린 것

러내어 다시 정공(定公)을 보좌하여 협곡(夾谷)[24]에서 회맹할 때 예를 바로 잡아 옛것을 밝게 드러내고 모욕을 거부하며 항의하니, 제(齊)나라 사람이 사죄하고 운(鄆)과 환(讙)과 구음(龜陰)의 땅을 돌려주었다.[25]

이 아니다. 『묵자·공맹(公孟)』에도 단지 이렇게 말했다. "『시』 3백 편을 외우고 『시』 3백 편을 연주하며 『시』 3백 편을 노래하고 『시』 3백 편으로 춤을 추었다[誦『詩』三百, 弦『詩』三百, 歌『詩』三百, 舞『詩』三百]." 『좌전』에 인용된 『시(詩)』는 일실된 것이 매우 적은데, 이 모두는 공자가 『시경』을 간추렸다는 설이 성립될 수 없음을 보여주고 있다. 공자가 『서경』을 간추렸다는 설은 공안국(孔安國)의 「상서서(尙書序)」로부터 시작되는데 「상서서」에 다음 말이 있다. 공자는 "『삼분(三墳)』, 『오전(五典)』을 이야기하면서 요순에서부터 시작해 주(周)나라에 이르기까지 번잡한 것들은 쳐내버리고 쓸데없는 말을 잘라내어 그 커다란 벼리를 뽑고 그 요체를 취하니 세상에 교훈이 될 만한 「전」, 「모」, 「훈」, 「고」, 「서」, 「명」의 문장이 모두 백 편이었다[討論『墳』·『典』, 斷自唐·虞以下, 訖於周, 芟夷煩亂, 剪截浮辭, 擧其宏綱, 撮其機要, 足以垂世立敎, 典謨訓誥誓命之文, 凡百篇]." 『사기·공자세가』에는 단지 공자는 "3대의 예를 추적하여 『서전』의 편차를 정하되, 위로는 요(堯)와 순(舜)임금의 시대부터, 아래로는 진(秦)나라 목공(繆公)에 이르기까지 그 사적을 순서에 따라 정리하였다[追迹三代之禮, 序『書傳』, 上紀唐·虞之際, 下至秦繆, 編次其事]"라고 말했다. 『한서·예문지(藝文志)』에도 단지 "『서경』의 기원은 아주 오래되었지만, 공자대에 와서 편찬되었다. 위로는 요임금에서부터 아래로는 진나라에 이르기까지 총 백 편이며, 서를 써서 그 서술의도를 밝혔다[『書』之所起遠矣, 至孔子簒焉. 上斷於堯, 下訖於秦, 凡百篇, 而爲之序, 言其作意]"라고 말했다. 이 모두에서 『서경』을 간추렸다는 말은 없다.【吳】

23 소왕(素王): 왕의 덕은 가졌으나 왕의 자리에 나아가지 못한 사람을 말한다.【吳】

24 협곡(夾谷): 제나라의 땅으로 지금의 강소성(江蘇省) 공유현(贛楡縣)의 서쪽에 있다. 혹은 지금의 산동성 내무현(萊蕪縣) 남쪽의 협곡협(夾谷峽)이라고 한다.【吳】

25 제(齊)나라 사람이~돌려주었다: 『사기·공자세가』에 다음 말이 있다 "정공 10년 봄, 제나라와 화친을 맺었다. 그해 여름, 제나라의 대부 여서(黎鉏)가 경공(景公)에게 말했다. '노나라가 공자를 중용했으니 그 세가 반드시 제나라를 위태롭게 할 것입니다.' 이에 노나라에 사자를 보내 친목을 도모하기로 하고 협곡에서 만나기로 했다. 노나라 정공은 장차 수레를 타고 편안히 그곳에 가려고 하였다. 그때 재상의 일을 임시로 보고 있던 공자가 말했다. '신이 듣기에 문사(文事)에는 반드시 무(武)를 갖추어야 하며, 무사(武事)에는 반드시 문(文)을 갖추어야 한다고 했습니다. 옛날에는 제후가 국경을 나설 때 반드시 문무백관에게 수행케 했다고 합니다. 좌우사마(左右司馬)를 대동하고 가십시오.' 정공이 '그렇게 하겠소'라고 말하고 좌우사마를 데리고 갔다. 정공이 협곡에서 제나라 경공을 만났다. 제사에 쓸 고대(高臺)를 마련하고 흙 제단을 3단으로 만든 뒤 제나라 경공과 노나라 정공은 예에 따라 상견례를 한 뒤, 서로 읍하고 사양하면서 대 위에 올랐다. 술잔을 주고받는 예가 끝나자 제나라의 관리가 앞으로 달려 나와 말했다. '사방의 음악을 연주하게 하옵소서.' 경공이 말

孔子困於陳·蔡之間, 七日不嘗粒, 藜羹不糝, 而猶絃琴於室. 顔回釋菜於戶外, 子路·子貢相與言曰: "夫子逐於魯, 削跡於衛, 拔樹於宋, 今復見厄於此. 殺夫子者無罪, 籍夫子者不禁, 夫子絃歌鼓儛, 未嘗絶

했다. '좋다.' 그랬더니 깃발과 우발(羽祓), 창갈과 방패를 든 무리가 북을 치고 시끄럽게 떠들면서 나왔다. 공자가 빨리 앞으로 나와 한 발에 한 계단씩 빠른 걸음으로 대에 오르더니 마지막 한 계단을 오르지 않고 긴 소매를 쳐들고 말했다. '두 군주께서 친목을 위해서 만나셨는데 어찌하여 여기서 이적(夷狄)의 음악을 연주하는가! 물러가게 명하시오!' 관리가 그들을 물러나게 했지만 그들이 물러가지 않자, 좌우의 수행원들이 안자(晏子)와 경공의 눈치를 살폈다. 경공은 마음속으로 부끄러워하면서 그들을 물러가게 했다. 조금 후 제나라의 관리가 앞으로 달려 나와 말했다. '청컨대 궁중의 음악을 연주하게 하옵소서.' 경공이 말했다. '그렇게 하라.' 광대와 난쟁이가 재주를 부리며 앞으로 나왔다. 공자가 빨리 달려 나아가 한 발에 한 계단씩 빠른 걸음으로 대에 오르더니 마지막 한 계단을 오르지 않고 말했다. '필부로서 제후를 현혹게 하는 자는 죽어 마땅합니다! 아무쪼록 처형을 명하시기 바랍니다!' 관리가 그들의 허리를 두 동강을 내고 말았다. 공자의 이와 같은 모습을 보자 경공은 도의나 이론 면에서 상대방에 미치지 못한다는 사실을 알고 두려워하면서도 감탄했다. 돌아와서는 크게 두려워하며 군신들에게 말했다. '노나라의 신하는 군자의 도로써 그 군주를 보필하는데, 그대들은 오로지 이적(夷狄)의 도로써 과인을 가르쳐서 노군(魯君)에게 죄짓게 만들었으니, 이를 어찌하면 좋겠소?' 한 관리가 나와서 말했다. '군자는 과오를 범하면 실질적인 물증으로써 사죄하는데, 소인은 과실을 저지르면 허례적인 말로만 사죄한다고 합니다. 군주께서 그 일로 마음이 편치 않으시거든 실질적인 물건을 내놓고 사죄하십시오.' 이에 제나라 경공은 곧 노나라로부터 빼앗은 운, 문양, 구음의 땅을 반환함으로써 노나라에 사죄했다[定公十年春, 及齊平. 夏, 齊大夫黎鉏言於景公曰: '魯用孔丘, 其勢危齊.' 乃使使告魯爲好會, 會於夾谷. 魯定公且以乘車好往. 孔子攝相事, 曰: '臣聞有文事者必有武備, 有武事者必有文備. 古者諸侯出疆, 必具官以從. 請具左右司馬.' 定公曰: '諾.' 具左右司馬. 會齊侯夾谷. 爲壇位, 土階三等, 以會遇之禮相見, 揖讓而登. 獻酬之禮畢, 齊有司趨而進曰: '請奏四方之樂.' 景公曰: '諾.' 於是旍旄羽祓矛戟劍撥鼓噪而至. 孔子趨而進, 歷階而登, 不盡一等, 擧袂而言曰: '吾兩君爲好會, 夷狄之樂何爲於此! 請命有司!' 有司卻之, 不去, 則左右視晏子與景公. 景公心怍, 麾而去之. 有頃, 齊有司趨而進曰: '請奏宮中之樂.' 景公曰: '諾.' 優倡侏儒爲戲而前. 孔子趨而進, 歷階而登, 不盡一等, 曰: '匹夫而營惑諸侯者罪當誅! 請命有司!' 有司加法焉, 手足異處. 景公懼而動, 知義不若. 歸而大恐, 告其羣臣曰: '魯以君子之道輔其君, 而子獨以夷狄之道敎寡人, 使得罪於魯君, 爲之奈何?' 有司進對曰: '君子有過則謝以質, 小人有過則謝以文. 君若悼之, 則謝以質.' 於是齊侯乃歸所侵魯之鄆·汶陽·龜陰之田以謝過." 응소가 '다시 정공(定公)을 보좌하여[復相定公]'라고 운운한 것은 바로 이것을 가리킨다. 그 일은 『좌전·정공 10년』에도 보인다. '운과 환과 구음의 땅(鄆·讙·龜陰之田)'에 대해서 『사기색은(史記索隱)』에는 "세 땅은 모두 문양에 있다[三田皆在汶陽也]"라고 했다. 민양은 곧 산동성 영양현(寧陽縣)의 동북쪽이다.【吳】

音. 蓋君子之無恥也, 若此乎!" 顔淵無以對, 以告孔子. 孔子恬然推琴, 喟然而嘆曰 : "由與賜, 小人也. 召. 吾語之." 子路與子貢入, 子路曰 : "如此可謂窮矣." 夫子曰 : "由, 是何言也? 君子通於道之謂通, 窮於道之謂窮. 今丘抱仁義之道, 以遭亂世之患, 其何窮之爲? 故內省不疚於道, 臨難而不失其德. 大寒旣至, 霜雪旣降, 吾是以知松柏之茂也. 昔者桓公得之莒, 晉文公得之曹, 越得之會稽, 陳·蔡之厄, 於丘其幸乎!" 自衛反魯, 刪『詩』·『書』, 定禮樂, 制『春秋』之義, 著素王之法, 復相定公, 會于夾谷, 昭舊以正其禮, 抗辭以拒其侮, 齊人謝過, 來歸鄆·讙·龜陰之田焉.

맹가(孟軻)

맹가(孟軻)는 자사(子思)에게 수업을 받고[1] 이미 의리에 통달하게 되어 제후들에게 유세를 했다. 그가 한 말은 모두 현실과 동떨어져 실제에 부합하지 않는 것으로 생각되었지만 결국 도를 왜곡하여 영합하거나 1척 자[2]를 구부려서 8척 자를 구하지 않았다. 그는 일찍이 제나라에서 벼슬살이를 하다가 경(卿)의 지위에 이르렀으나[3] 후에는 등용되지 않았다. 맹

1 맹가(孟軻)는 자사(子思)에게 수업을 받고 : 『사기 · 맹자열전(孟子列傳)』에 다음 내용이 있다. "맹자는 추 땅 사람으로 자사의 제자에게 수업을 받았다[孟軻, 騶人也, 受業子思之門人]". 맹자는 대략 주(周)나라 안왕(安王) 17년(B.C.385) 전후에 태어났는데, 공자가 죽은 지 이미 백 년이 지났다. 『사기 · 공자세가』 등 관련 자료를 고찰해 보면 자사가 죽었을 때 맹자는 출생 전이기 때문에 자사에게 수업을 받을 수 없음을 알 수 있다. 『맹자 · 이루(離婁)』에는 맹자가 "나는 공자의 제자는 되지 못했지만 사숙과 여러 사람에게 가르침을 배웠다[予未得爲孔子徒也, 予私淑諸人也]"라고 했다. '사숙(私淑)'이 어떤 사람인지 설명이 없지만 아마도 명망이 없는 사람이었을 것이다. 이로부터 보면 『사기 · 맹자열전』의 기록은 비교적 믿을 만하다.【吳】

2 1척 자 : 여기서 1척 자는 맹자 자신을 가리키는 말이다.【譯註】

3 그는 일찍이 제나라에서~이르렀으나 : 『맹자 · 공손추(公孫丑)』에도 "맹자는 제나라

자가 제나라를 떠나자[4] 윤사(尹士)가 말했다.[5]

"왕이 탕왕(湯王)과 무왕(武王)같이 될 수 없음을 알지 못했다면 맹자는 현명하지 못하다. 그가 왕이 탕왕과 무왕같이 될 수 없음을 알면서도 또한 이곳에 왔다면 녹봉[6]을 구하기 위해서이다. 천 리 길을 와서 왕을 알현하고 뜻이 맞지 않아[7] 떠나가면서 3일 동안 머문 뒤에야 주(晝)[8] 땅을 나갔는데, 무엇 때문에 머문 것인지?"[9]

맹자가 말했다.

"무릇 윤사가 어찌 나를 알겠는가! 천 리 길을 와서 왕을 알현한 것은 내가 원해서 한 것이지만, 뜻이 맞지 않아 떠나가는 것이 어찌 내가 원해서이겠는가! 나는 부득이해서 그런 것이다. 내가 3일을 머물다가 주 땅을 나온 것은 내 마음에는 그래도 빠르다고 생각하지만, 혹시나 왕께서 생각을 바꾸실까 해서이다.[10] 왕께서 만약 생각을 바꾸신다면 반드시 나를 되돌아오게 할 것이다.[11] 무릇 주 땅을 나왔는데도 왕께서 나를 좇

에서 경을 지냈다[孟子爲卿於齊]"라고 했다. 바로 제나라 선왕(宣王)의 경이다.【吳】

4 맹자가 제나라를 떠나자 : 제나라 선왕 5년(B.C.315)에 제나라가 연(燕)나라를 쳐서 빼앗아 버렸다. 2년 후에 제후들이 모의하여 연나라를 구하려 했다. 맹자는 제나라 선왕에게 연나라의 포로를 돌려보내고 귀중한 기물[왕실의 寶鼎]을 반환하며 연나라에 임금을 세우고 연나라에 있는 제나라 군대를 철수할 것을 권유했으나, 선왕이 이를 듣지 않았다. 이듬해에 연나라와 제후들이 힘을 합쳐 제나라를 공격했고 제나라가 크게 패했다. 그래서 맹자는 경 자리를 사직하고 제나라를 떠났다. 이 일은 『맹자』의 「양혜왕(梁惠王)」과 「공손추」에 상세히 보인다.【吳】

5 윤사(尹士)가 말했다 : 아래의 윤사와 맹자가 한 말은 모두 『맹자 · 공손추』에 기록되어 있다. '윤사'에 대해 조기(趙岐)는 "제나라 사람이다[齊人也]"라고 주를 달았다.【吳】

6 녹봉 : 원문은 '녹(祿)'이다. 『맹자』에는 '택(澤)'이라 쓰고 있는데 이 두 글자는 의미가 같다.【吳】

7 뜻이 맞지 않아 : 원문은 '불우(不遇)'이다. '우(遇)'는 의기투합하다, 융합하다의 뜻이다.【吳】

8 주(晝) : 고을 이름으로 제나라 임치현(臨淄縣)의 서남쪽이다.【吳】

9 머문 것인지 : 원문은 '유체(濡滯)'로 머무르다, 체류하다의 뜻이다.【吳】

10 혹시나 왕께서 생각을 바꾸실까 해서이다 : 원문은 '서기개제(庶幾改諸)'이다. '서기'는 희망을 나타내는 부사이다. 이 문장은 제나라 선왕이 혹시 결정을 바꿀지도 모른다는 말이다. '제(諸)' 자는 『맹자』에는 '지(之)'라 쓰여 있고 아래 문장의 '지(之)'는 '제(諸)'라 쓰여 있다.【吳】

지 않으니[12] 이에 단호히[13] 나온 것이다."

노(魯)나라 평공(平公)이 수레를 몰고 장차 맹자를 만나려고 하자 시신(侍臣)[14] 장창(臧倉)이 말했다.

"무슨 이유이십니까? 왕께서 이른바[15] 자신을 가벼이 여겨 필부를 먼저 찾아가십니까? 현명한 사람이라 여겨서입니까?"

악정자(樂正子)[16]가 말했다.

"제가 평공께 여쭈어서 평공께서 장차 오셔서 맹자를 만나려 하신 것입니다.[17] 시신 장창이 평공을 저지하는[18] 바람에 평공께서 오시지 못했습니다."[19]

맹자가 대답했다.

"가는 것도 누군가가 시켜서 그렇게 할 수 있고, 그만두는 것도 누군가가 막아서[20] 그럴 수 있다. 가는 것도 그만두는 것도 사람이 할 수 있

11 나를 되돌아오게 할 것이다 : 원문은 '반여(反予)'이다.【吳】

12 나를 좇지 않으니 : 원문은 '불추여(不追予)'이다.【吳】

13 단호히 : 원문은 '호연(浩然)'으로 주희(朱熹)의 『맹자집주(孟子集註)』에는 "물이 흐르는 것처럼 멈추지 않는 것이다[如水之流不可止也]"라고 했다.【吳】

14 시신(侍臣) : 원문은 '폐인(嬖人)'이다. 총애 받는 사람으로 때로는 첩을 가리키나 여기서는 총애 받는 하급 관리를 가리킨다.【吳】

15 이른바 : 원문은 '소위(所謂)'이다. 『맹자 · 양혜왕』에 장창의 말이 실려 있는데, 거기에는 '위(謂)' 자가 '위(爲)'로 되어 있는데 이 두 글자는 통용할 수 있다.【吳】

16 악정자(樂正子) : 맹자의 학생으로 이름은 극(克)이다.【吳】

17 평공께서 장차 오셔서 맹자를 만나려 하신 것입니다 : 원문은 '군장위래견야(君將爲來見也)'이다. 『맹자 · 양혜왕』에 악정자의 말이 실려 있는데, 거기에는 '장(將)' 자가 없다.【吳】

18 저지하는 : 원문은 '저(沮)'이다.【吳】

19 평공께서 오시지 못했습니다 : 이 문장은 『맹자』에는 '그대는 성과 없이 오신 겁니다[君是以不果來也]'라고 되어 있다. 양수달(楊樹達)의 『사전(詞詮)』에는 "모든 일이 예상과 맞아떨어지는 것을 과라고 하고 맞아 떨어지지 않는 것을 불과라고 한다[凡事與豫期相合者曰果, 不合者曰不果]"라고 했다. 이 문장은 노나라 임금이 오지 않은 이유를 말하고 있다.【吳】

20 막아서 : 원문은 '니(尼)'이다. 이것은 위 문장과 연결되는데 어떤 일이 진행되는 것도 힘의 지배를 받아 그런 것이고, 어떤 일을 하지 못하는 것도 저지를 받아서 그렇게 된 것임을 말하고 있다.【吳】

는 바가 아니다. 내가 평공을 만나지 못하는 것은 다 하늘의 뜻이다. 장씨(臧氏)의 자식 따위가 어찌 나로 하여금 평공을 만나지 못하게 할 수 있겠는가!"

또 맹자는 추(鄒)나라,[21] 설(薛)나라[22]에서 식량이 끊어지고 대단히 곤궁하고 위태롭게 되자 마침내 물러나 만장(萬章)[23]의 무리들과 『시경』, 『서경』, 공자의 뜻을 서술하고 『맹자』 내외편 11편을 지어[24] 다음과 같이 생각했다.

"성왕(聖王)은 나오지 않고 제후는 방자하게 행동하며 처사(處士)[25]는 마음대로 의론을 남발하고 양주(楊朱)와 묵적(墨翟)의 말이 세상에 가득 차게 되었다. 세상의 말이 양주의 그것으로 돌아가지 않으면 묵적의 그것으로 돌아갔다. 양주는 나만을 위하기 때문에 군왕이 없고[26] 묵적은 겸애하기

---

21 추(鄒)나라 : 즉 춘추(春秋)시대의 주(邾)나라로 국토가 아주 협소하다. 지금의 산동성 추현(鄒縣) 동남쪽에 주성(邾城)이 있는데, 바로 옛날 추 땅이다.【吳】

22 설(薛)나라 : 주나라 초기의 작은 나라로 임씨(任氏) 성을 가졌으며 춘추시대에는 존재했으나 언제 제나라에 멸망당했는지 알 수 없다. 옛 땅은 지금의 산동성 등현(滕縣) 동남쪽에 있다.【吳】

23 만장(萬章) : 만(萬)이 성이고 장(章)이 이름이다. 맹자의 학생으로 많은 변론을 주고받았으며 『맹자』에 자주 보인다.【吳】

24 『맹자』 내외편 11편을 지어 : 『한서 · 예문지』에도 "『맹자』는 11편이다[『孟子』十一篇]"라고 했다. 그러나 『사기 · 맹자열전』에서는 다음과 같이 말했다. "물러나 만장의 무리와 『시경』, 『서경』을 서술하고 공자의 뜻을 저술하며 『맹자』 7편을 지었다[退而與萬章之徒序『詩』·『書』, 述仲尼之意, 作『孟子』七篇]." 이 두 가지 설의 출입이 비교적 크다. 조기의 『맹자제사(孟子題辭)』에 의거하면 다음 말이 있다. "또 「외서」 4편이 있는데 「성선변」, 「문설」, 「효경」, 「위정」이다. 그 문장의 뜻은 크고 깊지 않고 「내편」과도 비슷하지 않으며, 『맹자』 본래의 면모와도 다른데, 후세 사람이 모방하여 기탁한 것이다[又有「外書」四篇, 「性善辯」, 「文說」, 「孝經」, 「爲正」. 其文不能弘深, 不與內篇相似, 似非『孟子』本眞, 後世依放而託之者也]." 조기는 『외서』 4편에는 각주를 달지 않았고 후세에 마침내 없어졌으므로 금본 『맹자』는 7편만이 있다.【吳】

25 처사(處士) : 『한서 · 이성제후왕표(異姓諸侯王表)』 안사고(顏師古)의 주에는 "조정에서 벼슬 하지 않고 집에 기거하는 자를 말한다[謂不官於朝而居家者也]"라고 했다.【吳】

26 양주는~군왕이 없고 : 『여씨춘추(呂氏春秋) · 불이(不二)』에는 "양생은 자기를 귀히 여긴다[陽生貴己]"라고 했다. 양생은 곧 양주(楊朱)이다. 『맹자 · 진심(盡心)』에 다음 말이 있다. "양자는 자신만을 위하기 때문에 털 하나를 뽑아 세상을 이롭게 한다 해도 하지 않는다[楊子取爲我, 拔一毛而利天下, 不爲也]." 그러므로 여기에서 "양주는

때문에 아버지가 따로 없다.[27] 아버지가 없고 군왕이 없다면 이는 금수와 같다. 양주와 묵적의 도는 없어지지 않고 공자의 도가 드러나지 않으니, 사악한 말이 백성을 미혹하고 인의를 막아버렸다. 인의가 막히게 되면 짐승을 몰아다가 사람을 잡아먹게 하고, 사람이 장차 서로를 잡아먹게 된다. 나는 이것을 두려워하여 선왕의 도를 지키고[28] 양주와 묵적을 멀리 하며 음란한 말을 몰아내서[29] 사람의 마음을 바로잡고 사악한 말을 없애 삼성(三聖)[30]을 잇고자[31] 한다. 내가 어째서 논쟁하기를 좋아하겠는가? 나는 부득이해서 그런 것이다."[32]

양(梁)나라 혜왕(惠王)이 다시 그를 초빙하여 상경(上卿)으로 삼았다.

孟軻受業於子思, 旣通游於諸侯. 所言皆以爲迂遠而闊於事情, 然終不屈道趣舍, 枉尺以直尋. 嘗仕於齊, 位至卿, 後不能用. 孟子去齊, 尹士曰 : "不識王之不可以爲湯武, 則是不明也. 識其不可, 然且至, 則是

나만을 위하기 때문에 군왕이 없었고[楊氏爲我, 是無君也]"라고 말한 것이다.【吳】

27 묵적은~아버지가 따로 없다 : 묵적은 "서로 사랑하고 서로 이롭게 한다[兼相愛, 交相利]." "어진 이를 상주고 폭력배를 벌주며 친척과 형제들이 아부하지 않게 하고[賞賢罰暴, 勿有親戚弟兄之所阿]", "비록 농업이나 상공업에 종사하는 백성이라 할지라도 유능하면 등용하고 벼슬을 높여주고 봉록을 많이 주었으며[雖在農與工肆之人, 有能則擧之, 高予之爵, 重予之祿]", "관리라고 해서 늘 귀하지 않고 백성이라고 해서 끝까지 천하지는 않게 해라[官無常貴, 而民無終賤]"고 주장했다. 이것은 분명히 공자, 맹자의 친지를 사랑하고, 친구를 친하게 여기며 귀인을 존대하는 사상과는 모순된다. 그러므로 맹자는 "묵적은 겸애하기 때문에 아버지가 따로 없습니다[墨氏兼愛, 是無父也]"라고 말한 것이다.【吳】

오수평(吳樹平)은 '관리라고 항상 상을 받는 것은 아니고[官無常賞]'라고 했으나 원문에 의거하면 '관리라고 항상 귀한 것은 아니고[官無常貴]'라고 해야 옳다.【譯註】

28 지키고 : 원문은 '한(閑)'으로 『곡량전(穀梁傳)』 환공(桓公) 2년에 범영(范甯)은 "한은 지키다, 저항하다의 뜻이다[閑, 謂扞禦]"라고 주를 달았다.【吳】

29 몰아내서 : 원문은 '방(放)'이다.【吳】

30 삼성(三聖) : 하(夏)나라 우(禹)임금, 주공(周公), 공자이다.【吳】

31 잇고자 : 원문은 '승(承)'이다.【吳】

32 성왕(聖王)은 나오지 않고~부득이해서 그런 것이다 : 이 문장은 맹자가 공도자(公都子)의 물음에 대답할 때 한 말로 『맹자·등문공(滕文公)』에 실려 있다. 여기에 실린 것은 『맹자』보다 간략하다.【吳】

干祿也. 千里而見王, 不遇故去, 三宿而後出晝, 是何濡滯也?" 軻曰: "夫尹士烏知予哉! 千里而見王, 是予所欲也, 不遇故去, 豈予所欲哉! 予不得已也. 予三宿而出晝, 於予心猶以爲速, 王庶幾改諸. 王如改之, 則必反予. 夫出晝, 而王不予追也, 予然後浩然有歸志."

魯平公駕, 將見孟子, 嬖人臧倉請曰: "何哉? 君所謂輕身以先於匹夫者? 以爲賢乎?" 樂正子曰: "克告於君, 君將爲來見也. 嬖人有臧倉者沮君, 君是以不果." 曰: "行, 或使之, 止, 或尼之. 行止, 非人之所能也. 吾不遇於魯侯, 天也. 臧氏之子焉能使予不遇哉!"

又絶糧於鄒・薛, 困殆甚, 退與萬章之徒序『詩』・『書』・仲尼之意, 作書中外十一篇. 以爲"聖王不作, 諸侯恣行, 處士橫議, 楊朱・墨翟之言盈於天下. 天下之言不歸楊, 則歸墨. 楊氏爲我, 是無君也, 墨氏兼愛, 是無父也. 無父無君, 是禽獸也. 楊・墨之道不息, 孔子之道不著, 是邪說誣民, 充塞仁義也. 仁義充塞, 則率獸食人, 人將相食也. 吾爲此懼, 閑先王之道, 距楊・墨, 放淫辭, 正人心, 熄邪說, 以承三聖者. 予豈好辯哉? 予不得已也." 梁惠王復聘請之, 以爲上卿.

손황(孫況)

손황(孫況).[1] 제나라 위왕(威王)과 선왕(宣王) 시절에는 천하의 현사들을 직하(稷下)[2]에 모아 놓고 그들을 총애했다.[3] 추연(鄒衍),[4] 전병(田駢),[5] 순우곤

1 손황(孫況) : 바로 '순황(荀況)'이다. '손(孫)'과 '순(荀)'은 발음이 변화된 것으로 예를 들면 맹묘(孟卯)가 망묘(芒卯)가 되고 사도(司徒)가 신도(申徒)가 된 것과 같다. 유향(劉向)의 『손경신서서록(孫卿新書叙錄)』에 근거하면 "난릉 사람들은 자(字)에 경(卿)자를 쓰기 좋아했는데 대개 손경을 모방한 것이다[蘭陵人喜字爲卿, 蓋以法孫卿也]"라고 했다. 이로부터 손황의 자가 경임을 알 수 있다. 그러나 『사기・순경열전색은(荀卿列傳索隱)』에는 "경이라는 것은 당시 사람들이 존중하여 경이라 부른 것이다[卿者, 時人相尊而號爲卿也]"라고 했다.【吳】

2 직하(稷下) : 제나라 수도 임치(臨淄) 서문 직문(稷門) 근처의 지역을 가리키는데, 제나라 위왕과 선왕은 일찍이 여기에 학관을 세워 놓고 문인학자와 유세객을 널리 초빙하여 강의와 의론을 맡겼으며 각각 학파의 활동 중심지가 되어 전국(戰國)시대 학술 번영에 긍정적인 작용을 했다. 『사기・전경중완세가색은(田敬仲完世家索隱)』에는 유향의 『칠략별록(七略別錄)』을 인용하여 "제나라에는 직문이 있는데 이것은 제나라의 성문으로, 유세객들이 그 아래에서 모이기로 약속했다[齊有稷門, 齊城門也, 談說之士期會於其下]"라고 했다.【吳】

3 총애했다 : 원문은 '존총지(尊寵之)'이다. '지(之)' 자는 원래 빠져 있어 그 의미가 명

(淳于髡)[6]과 같은 무리가 매우 많아 열대부(列大夫)라고 불렸는데, 모두 세상에서 칭송받는 사람들로 그들은 글을 지어 세상을 풍자했다.[7] 이때 손경(孫卿 : 孫況)은 수재로 15세에 처음 유학을 왔는데,[8] 제자백가의 학설이 모두 선왕의 법도는 아니라고 생각했다. 손경은 『시경』·『예기』·『역

확하지 않았다. 유향의 『손경신서서록』에는 "제나라 선왕과 위왕 때에 천하의 현사들을 직하에 모아 놓고 그들을 총애했다[齊宣王威王之時, 聚天下賢士於稷下, 尊寵之]"라고 했다. 『풍속통의』에서 기록하고 있는 것과 『손경신서서록』의 내용이 대체적으로 같으므로 지금 이에 근거하여 '지(之)' 자를 보충한다.【吳】

4 추연(鄒衍) : 전국시대 말기의 제나라 사람으로 음양가(陰陽家)의 대표인물이다. 위(魏)나라, 연(燕)나라, 조(趙)나라 등의 나라를 돌아다니면서 제후들의 존중을 받았다. 그는 '음양의 변화를 깊이 관찰하여[深觀陰陽消息]' '오덕종시(五德終始)'설을 처음 제창했다. 『사기·맹가열전』에 수록된 「추연전(鄒衍傳)」에 근거하면 추연은 「종시(終始)」, 「대성(大聖)」편을 지었다고 한다. 『한서·예문지』 음양가에는 「추자(鄒子)」 49편, 「추자종시(鄒子終始)」 56편을 기록하면서 아울러 다음과 같이 말했다. 추연은 "연나라 소왕의 스승이 되어 직하에 거하면서 담천연이라 불렸다[爲燕昭王師, 居稷下, 號談天衍]."【吳】

5 전병(田駢) : 『한서·예문지』 도가(道家)에는 "제나라 사람으로 직하를 돌아다녔기에 천구병이라 불렸다[齊人, 游稷下, 號天口駢]"라고 했다. 그의 저서로는 『전자(田子)』 25편이 있다.【吳】

6 순우곤(淳于髡) : 제나라의 데릴사위이다. 익살스럽고 말재주가 뛰어났으며 제나라 위왕과 선왕 두 왕을 섬겼는데 『사기·골계열전(滑稽列傳)』에 그의 행적이 상세히 실려 있다.【吳】

7 추연(鄒衍)~풍자했다 : 『사기·전경중완세가』에 다음 말이 있다. "선왕이 문인학자와 유세객을 좋아했는데 추연·순우곤·전병·접여·신도·환연과 같은 무리 76명에게 모두 저택을 하사하고 상대부로 삼았지만, 그들이 정치는 하지 않고 의론만을 했기 때문에 제나라 직하의 학사가 부흥하게 되었는데, 그 수가 수천 명에 이르렀다[宣王喜文學遊說之士, 自如騶衍·淳于髡·田駢·接予·愼到·環淵之徒七十六人, 皆賜列第, 爲上大夫, 不治而議論, 是以齊稷下學士復盛, 且數百千人]."【吳】

8 손경(孫卿 : 孫況)은~유학을 왔는데 : 『사기·순경열전』에는 "나이 50세에 비르소 제나라에 유학왔다[年五十始來遊學於齊]"라고 했다. 위아래 문장의 의미를 살펴보면 손황은 만학도라 할 수 있다. 만약 '나이 15세(年十五)'라고 썼다면 '비로소 유학 왔다[始來遊學]'라는 말은 부합하지 않으니 아마도 『사기』의 기록이 맞는 것 같다. 『안씨가훈(顔氏家訓)·면학(勉學)』에도 "순경은 50세가 되어서 유학하러 와서 오히려 뛰어난 유학자가 되었다[荀卿五十始來遊學, 猶爲碩儒]"라고 했다. 그러나 『군서습보』에도 "『사기』에 '오십'이라 되어 있는데 당시 상황을 고려하면 이 말이 옳은 것 같다[『史』作'五十', 以所當之世考之, 似此是]"라고 여겼으니 곧 응소의 말에 찬성한 것이다.【吳】

경』·『춘추(春秋)』에 뛰어났다. 양왕(襄王) 시절에 이르러 손경은 최고의 선생이 되었다.[9] 이때 제나라에서는 아직도 열대부의 자리가 비면 채워 넣었는데[10] 손경은 3번이나 좨주가 되었다.[11] 손경은 제나라의 어떤 사람이 자신을 헐뜯자 초(楚)나라로 갔는데, 초나라 승상 춘신군(春申君)[12]이 그를 난릉현령(蘭陵縣令)[13]으로 삼았다. 어떤 사람이 춘신군에게 말했다.

"탕왕(湯王)은 70리 땅으로 왕 노릇했고 문왕(文王)은 1백 리로 왕 노릇했습니다.[14] 손경은 현자이기는 하지만 지금 그에게 1백 리 땅을 준다면 초나라가 위태롭지 않을까요?"

---

9 손경은 최고의 선생이 되었다 : 원문은 '이손경최위노사(而孫卿最爲老師)'이다. '이(而)' 자는 『손경신서서록』에는 없다.【吳】

10 채워 넣었는데 : 원문은 '순(循)'이다. 『사기·순경열전』과 『손경신서서록』에 따라 '수(修)'로 써야 맞다.【吳】

11 손경은 3번이나 좨주가 되었다 : 『사기·순경열전색은』에 다음 말이 있다. "예법에 따르면 음식을 먹을 때는 반드시 선조에게 제사 드려야 하는데, 술을 마실 때도 마찬가지이다. 반드시 좌중에 있는 존귀한 사람이 제사를 맡아 지냈기 때문에 후에 좨주라는 관직명이 만들어 졌다. 그러므로 오왕 비가 유씨를 좨주로 삼은 것이 바로 그런 예이다. 손경은 3번 좨주가 된 자인데 순경이 3차례 대부와 같은 존경받는 위치에 있으면서 모두에게 존경받았기 때문에 3번 좨주가 되었다고 말한 것이다[禮食必祭先, 飮酒亦然. 必以席中之尊者一人當祭耳, 後因以爲官名. 故吳王濞爲劉氏祭酒是也. 而卿三爲祭酒者, 謂荀卿出入前後三度處列大夫康莊之位, 而皆爲其所尊, 故云三爲祭酒也]."【吳】

12 춘신군(春申君) : 『사기·춘신군열전(春申君列傳)』에 다음 말이 있다. 초나라 고열왕(考烈王) 원년에 황헐(黃歇)을 재상으로 삼고 춘신군으로 봉했다. "춘신군이 초나라에서 재상이 된 지 8년째 되던 해에 초나라를 위해 북쪽으로 노나라를 쳐서 멸망시키고 순경을 난릉현령으로 삼았다[春申君相楚八年, 爲楚北伐滅魯, 以荀卿爲蘭陵令]."【吳】

13 난릉현령(蘭陵縣令) : 난릉은 옛 땅이 지금의 산동성(山東省) 조장시(棗莊市) 동남쪽 옛날 역현(嶧縣)의 동쪽에 있다.【吳】

14 탕왕(湯王)은~왕 노릇 했습니다 : 이 두 문장은 탕왕은 사방 70리의 땅으로 왕업을 이루었고 주나라 문왕은 사방 1백 리의 땅으로 왕업을 세웠음을 말하는 것이다. 『맹자·공손추』에 다음 말이 있다. "맹자가 말하길, '힘으로 인을 가장하는 자는 패자이고 패자는 반드시 큰 나라를 차지하게 된다. 덕으로 인을 행하는 자는 왕이고, 왕은 땅이 큰 것을 바라지 않기에 탕은 70리 땅으로 왕이 되었고 문왕은 1백 리로써 왕이 되었다'[孟子曰 : '以力假仁者霸, 霸必有大國. 以德行仁者王, 王不待大, 湯以七十里, 文王以百里]." 이 말은 『순자·중니』, 『한시외전(韓詩外傳)』 권4, 『사기·평원군열전(平原君列傳)』에도 보인다.【吳】

춘신군이 그에게 사직하게 하자, 손경은 초나라를 떠나 조나라를 떠돌다가[15] 진나라의 부름에 응했다.[16]

이 당시는 7국이 서로 다툴 때라 권모술수를 숭상했으나, 손경은 예의를 지키고 유가(儒家)의 학술 서적[17]을 귀하게 여겼다. 그는 비록 곤궁하고 배척당했지만 그래도 자신의 뜻은 바꾸지 않았다. 그는 수십 편의 글을 지었는데,[18] 정치가 혼탁해지면 망국과 혼군이 얽혀 나와[19] 대도를 좇지[20] 않고 무당에게 영합하며 길흉화복의 징조를 믿는 것을 싫어했다. 소진(蘇秦)과 장의(張儀)는 사악한 도리를 가지고[21] 제후를 설득하여 크게 현달했다. 이에 손경은 그들을 비웃으며 말했다.[22]

---

15 손경은 초나라를 떠나 조나라를 떠돌다가 : 『순자·의병(議兵)』에는 "임무군과 손경이 조나라 효성왕 앞에서 용병을 의논했다[臨武君與孫卿子議兵於趙孝成王前]"라고 했다. 『전국책(戰國策)·초책(楚策)』에는 "손자가 초나라를 떠나 조나라로 가자 조나라에서는 그를 상경으로 삼았다[孫子去之趙, 趙以爲上卿]"라고 했다. 『한시외전』 권4에도 "조나라에서는 그를 상경으로 삼았다[趙以爲上卿]"라고 했다. 이를 통해 볼 때 손경이 조나라를 떠돌았다는 사실을 알 수 있다. 상경이 되었는지의 여부에 대해서 요굉(姚宏)의 『전국책』주석에는 "순자는 일찍이 상경을 지낸 적이 없고 『춘추후어(春秋後語)』에서는 '상객'이라 쓰고 있으니 맞는 것 같다[荀子未嘗爲上卿, 「後語」作'上客', 當是]"라고 논하고 있다.【吳】

16 진나라의 부름에 응했다 : 원문은 '응빙어진(應聘於秦)'이다. 『순자·유효(儒效)』에는 "진나라 소왕이 손경에게 물었다[秦昭王問孫卿子]"라고 했다 「강국(彊國)」에도 "응후가 손경에게 물었다. '진나라에 들어가 어떻게 알현했는가?'[應侯問孫卿子曰: '入秦何見?']"라고 했다. 『손경신서서록』에도 "손경은 제후국의 초빙에 응하여 진나라 소왕을 알현했다[孫卿之應聘於諸侯, 見秦昭王]"라고 했다. 이 모두는 손경이 일찍이 진나라에 간 적이 있음을 증명하는 것이다.【吳】

17 유가(儒家)의 학술 서적 : 원문은 '술적(術籍)'이다.【吳】

18 그는 수십 편의 글을 지었는데 : 『한서·예문지』 유가(儒家)에는 "손경자는 33편이다[『孫卿子』三十三篇]"라고 적혀 있다.【吳】

19 망국과 혼군이 얽혀 나와 : 원문은 '국란군위상속(國亂君危相屬)'이다. 이 문장은 『손경신서서록』과 『사기·순경열전』에는 모두 '망국와 혼군은 얽혀 나온다[亡國亂君相屬]'라고 쓰여 있다. '상속(相屬)'은 서로 얽혀 나온다는 뜻이다.【吳】

20 좇지 : 원문은 '준(遵)'으로 『손경신서서록』과 『사기』에는 모두 '수(遂)'라 쓰여 있다.【吳】

21 가지고 : 원문은 '이(以)'이다.【吳】

22 이에 손경은 그들을 비웃으며 말했다 : 원문은 '수이소지왈(隨而笑之曰)'이다. 이 문장은 『손경신서서록』에는 "손경이 물러나 그들을 비웃으며 말했다[孫卿退而笑之曰]"라고 쓰여 있다.【吳】

"무릇 그들의 사악한 도리를 출세의 도구로 삼지 않는 자는 사악한 도리 때문에 신세를 망치는 일[23]은 없을 것이다."

또 손경은 오백(五伯 : 春秋五霸)을 폄하하면서 공자의 문하생들이 오백의 공로를 칭찬하는 것을 부끄러워했다고 생각했다.[24]

이후 논객 중에서 어떤 사람이 춘신군에게 말했다.

"이윤(伊尹)이 하(夏)나라를 떠나 은(殷)나라로 들어가자[25] 은나라가 왕노릇을 하고 하나라가 쇠퇴했습니다. 관중(管仲)이 노나라를 떠나 제나라로 들어가자[26] 노나라가 약해지고 제나라가 강대해졌습니다.[27] 그러므로

---

23 신세를 망치는 일 : 원문은 '사(士)'이다. 『손경신서서록』에는 '망(亡)'이라 쓰여 있고 『군서습보』에도 '망(亡)'이라 쓰여 있다.【吳】

24 손경은 오백(五伯 : 春秋五霸)을~생각했다 : 손경은 왕도(王道)를 숭상하여 오패(五霸)에 대해 비판적인 태도를 취했다. 『순자 · 중니』에 다음 말이 있다. "공자의 문인들은 어린아이들까지도 오패에 관해 얘기하는 것을 부끄럽게 여긴다. 어째서인가? '그렇다. 그들은 정치과 교화를 근본으로 한 것이 아니었으며, 숭고한 이념을 추구한 것도 아니고 사회의 형식과 조리를 잘 정리한 것도 아니며, 사람들의 마음을 따르게 한 것도 아니다. 오직 방법과 책략을 잘 쓰고, 백성들의 수고로움과 편안함을 잘 살피면서, 물자를 저축하고 싸울 군비를 잘 갖추어 적을 쓰러뜨릴 수 있는 사람이다. 마음을 속여 승리한 것이니, 전쟁을 겸양으로 치장하고 인을 가장해 이익을 추구한 소인 중에서 뛰어난 자였다. 그들을 어찌 대군자의 문 안에서 얘기할 수 있겠는가!'[仲尼之門, 五尺之豎子, 言羞稱乎五伯. 是何也? 曰 : '然, 彼非本政教也, 非致隆高也, 非綦文理也, 非服人之心也. 鄉方略, 審勞佚, 畜積, 修鬪, 而能顚倒其敵者也. 詐心以勝矣, 彼以讓飾爭, 依乎仁而蹈利者也, 小人之傑也. 彼固曷足稱乎大君子之門哉!']"【吳】

25 이윤(伊尹)이~들어가자 : 『상서』의 「여구(汝鳩)」 · 「여방서(汝方序)」에 다음 말이 있다. "이윤이 박 땅을 떠나 하나라로 갔는데 이미 하나라에 추함이 드러나 있어 박 땅으로 되돌아 왔다[伊尹去亳適夏, 旣醜有夏, 復歸於亳]." 이것은 『사기 · 은본기(殷本紀)』에도 보인다. 유향의 『신서(新序) · 자사(刺奢)』에는 그 일을 덧붙여 다음과 같이 말했다. "이윤은 천명이 떠남을 알고 술잔을 들고 걸왕에게 고했다. '군왕이 신하의 말을 듣지 않으면 하루도 되지 않아 멸망할 것입니다.' 걸왕은 책상을 치고 일어나 웃으면서 말했다. '그대는 어찌 요망한 말을 하는가? 내가 천하를 가지고 있음은 하늘에 해가 있는 것과 같다. 해가 없어질 수 있는가? 해가 없어지면 나도 없어지는 것이다.' 그리하여 이윤은 신발이 엇갈릴 정도로 달려서 마침내 탕왕에게 가니 탕왕이 그를 승상으로 삼았다. 그러므로 이윤이 하나라를 떠나 은나라로 들어가자 은나라가 왕 노릇하고 하나라가 망했다[伊尹知天命之去, 擧觴而告桀曰 : '君王不聽臣之言, 亡無日矣.' 桀拍然而作, 啞然而笑曰 : '子何妖言? 吾有天下, 如天之有日也. 日有亡乎? 日亡吾亦亡矣.' 於是接履而趣, 遂適湯, 湯立爲相. 故伊尹去夏入殷, 殷王而夏亡]." 이것은 『한시외전』 권2에도 실려 있다.【吳】

현자가 있는 곳은 임금이 존귀하고 나라가 안정되었습니다. 지금 손황은 천하의 현자이니, 그가 가는 나라가 안정되지 않겠습니까!"

춘신군이 사람을 보내 손황을 초빙하자, 손황이 춘신군에게 글을 보내[28] 조나라를 비판하고 노래를 지어 춘신군에게 주었다.[29] [춘신군이 한스러워하면서 진심으로 사죄하자] 손황은 어쩔 수 없이 조나라로 가서[30] 다시 난릉현령이 되었다.

孫況. 齊威·宣王之時, 聚天下賢士於稷下, 尊寵之. 若鄒衍·田駢·淳于髡之屬甚衆, 號曰列大夫, 皆世所稱, 咸作書刺世. 是時孫卿有秀才, 年十五始來遊學, 諸子之事皆以爲非先王之法也. 孫卿善

---

26 관중(管仲)이~들어가자 : 노(魯)나라 장공(莊公) 8년(B.C.693)에 제나라에 내란이 일어나 양공(襄公)이 살해되고 관중과 소홀(召忽)이 공자 규(糾)를 모시고 노나라로 달아났다. 9년(B.C.692)에 노나라 장공이 제나라를 치고 공자 규를 제나라의 임금으로 세우고자 했으나 제나라 환공(桓公)에게 패해 관중이 포로가 되었다. 관중은 후에 제나라 환공의 재상이 되어 환공을 보좌하여 패자로 칭해졌다. '관중거노입제(管仲去魯入齊)'는 바로 이것을 가리킨다. 그 일은 『좌전(左傳)』, 『사기·제태공세가(齊太公世家)』에 상세히 보인다.【吳】

27 강대해졌습니다 : 원문은 '강(疆)'이다. 『손경신서서록』에는 '강(强)'이라 쓰여 있다. 생각건대 '강(疆)'은 '강(彊)'과 통용된다. '강(彊)'은 '강(强)'과 똑같은 뜻이다.【吳】

28 손황이 춘신군에게 글을 보내 : 손경이 춘신군에게 글을 보낸 일은 『전국책·초책』과 『한시외전』 권4에 보인다.【吳】

29 노래를 지어 춘신군에게 주었다 : 손경이 춘신군에게 노래를 지어 준 일에 대해 『순자·부편(賦篇)』에서 다음과 같이 말했다. "붉은 옥 아름다운 진주가 있어도 찰 줄 모르고, 잡된 마포와 비단이 어떻게 다른 줄 모르네. 여추(고대의 미녀)나 자사(고대의 미남) 같은 아름다운 남녀를 아무도 중매 서지 않고, 모모(고대의 추녀)나 역보(고대의 추남)를 보고 좋아한다네. 장님을 눈이 밝다 하고 귀머거리를 귀가 밝다 하며, 위태로운 것을 안락하다 하고 길한 것을 흉하다 하네. 아아! 신이여! 내 어찌 그들과 함께하리요![琁玉瑤珠, 不知佩也, 雜布與錦, 不知異也. 閭娵·子奢, 莫之媒也, 嫫母·力父, 是之喜也. 以盲爲明, 以聾爲聰, 以危爲安, 以吉爲凶. 嗚呼上天! 曷維其同!]" 『전국책·초책』과 『한시외전』 권4에도 보이는데 자구가 다르다.【吳】

30 노래를~조나라로 가서 : 이 두 문장은 『손경신서서록』에는 다음과 같이 쓰여 있다. "노래를 지어 춘신군에게 주었더니 춘신군이 한스러워하며 다시 진심으로 손경에게 사죄하자 이에 손경이 초나라로 갔다[因爲歌賦以遺春申君. 春申君恨, 復固謝孫卿, 孫卿乃行]."【吳】

爲『詩』·『禮』·『易』·『春秋』. 至襄王時, 而孫卿最爲老師. 齊尙循列大夫之缺, 而孫卿三爲祭酒焉. 齊人或讒孫卿, 乃適楚, 楚相春申君以爲蘭陵令. 人或謂春申君 : “湯以七十里, 文王以百里. 孫卿, 賢者也, 今與之百里地, 楚其危乎?” 春申君謝之, 孫卿去之, 游趙, 應聘於秦.

是時七國交爭, 尙於權詐, 而孫卿守禮義, 貴術籍. 雖見窮擯, 而猶不黜其志. 作書數十篇, 疾濁世之政, 國亂君危相屬, 不遵大道而營乎巫祝, 信禨祥. 蘇秦·張儀以邪道說諸侯, 以大貴顯. 隨而笑之曰 : “夫不以其道進者, 必不以其道士.” 又小五伯, 以爲仲尼之門羞稱其功.

後客或謂春申君曰 : “伊尹去夏入殷, 殷王而夏衰. 管仲去魯入齊, 魯弱而齊彊. 故賢者所在, 君尊國安. 今孫況, 天下賢人, 所去之國, 其不安乎!” 春申君使請孫況, 況遺春申君書, 刺楚國, 因爲歌賦以遺春申君. 因不得已乃行, 復爲蘭陵令焉.

우경(虞卿)

우경(虞卿)[1]은 유세객이다. 처음 조(趙)나라 효성왕(孝成王)을 알현했을 때는 황금 백 일(鎰)[2]과 백옥 한 쌍을 하사받았다. 그다음 효성왕을 알현하고 나서 상경(上卿)이 되었기 때문에 그를 우경이라 불렀다. 그 후에 범수(范雎)[3]의 원수 위제(魏齊)가 도망쳐서 평원군(平原君)에게 의탁하자, 진(秦)나

1 우경(虞卿) : 사적은 『사기』 본전에 상세히 나와 있다.【吳】

2 일(鎰) : 옛날에는 1일(鎰)은 1금(金), 1일은 24냥(兩)이라고 했다.【吳】

3 범수(范雎) : 위(魏)나라 사람으로 자는 숙(叔)이다. 위나라 소왕(昭王) 때에 범수가 중대부(中大夫) 수고(須賈)와 제나라에 사신으로 갔는데, 제나라 양왕(襄王)이 범수에게 금 10근과 소와 술을 하사했다. 수고는 범수가 위나라의 기밀을 몰래 제나라에 누설했다고 여겨 귀국하여 이 일을 위나라 재상 위제에게 알렸다. 위제는 대노하여 범수에게 태형을 내렸다. 범수는 거짓으로 죽은 체 했다가 후에 진(秦)나라에 도착하여 진나라 소왕(昭王)의 신임을 얻었고 소왕 41년(B.C.265)에 재상이 되었다. 같은 해에 수고는 진나라에 사신으로 갔는데 범수가 수고를 시켜 위나라 안리왕(安釐王)에게 위제의 머리를 가져오지 않으면 위나라를 공격하겠다는 말을 전하게 했다. 위제는 두려워하며 조나라로 도망쳐 평원군의 저택에 숨었다. 이 일은 『사기·범수열전(范雎列傳)』에 상세히 보인다.【吳】

라 소왕(昭王)이 평원군을 초빙하여 친구로 지낼 것을 희망하며 여러 날 동안 술을 마시고는 이렇게 요청했다.

"주나라 문왕은 여상(呂尙)을 만나 태공(太公)으로 삼았고[4] 제나라 환공은 관이오(管夷吾)를 만나 중보(仲父)[5]로 삼았는데 지금 범수도 과인의 숙부입니다. 범수의 원수가 그대의 집에 있으니 원컨대 사람을 시켜 얼른 그의 머리를 가져오도록 하십시오. 그렇지 않으면 내가 그대를 함곡관(函谷關)[6]에서 나오지 못하게 하겠소."

평원군이 말했다.

"귀할 때 사귀는 자는 빈천할 때를 위한 것이고 부유할 때 사귀는 자는 가난할 때를 위함입니다.[7] 무릇 위제는 저의 친구[8]입니다. 그가 집에 있다고 해도 진실로 나오게 할 수 없는데 하물며 지금 또 저의 집에 없습니다."

진나라 소왕이 조나라 효성왕에게 서신을 보냈다.

"범수의 원수 위제가 평원군의 집에 있으니 왕께서는 사람을 시켜 빨리 그의 머리를 가져오게 하십시오. 그렇게 하지 않는다면 나는 군대를 일으켜 조나라를 칠 것이고 또 왕의 동생을 함곡관에서 나오지 못하게

---

4 주나라 문왕은~삼았고 : 『사기 · 제태공세가』에 다음 말이 있다. 주나라 문왕이 "위수(渭水)의 북쪽에서 태공망을 만나 그와 말하면서 크게 기뻐하며 말했다. "나의 선친인 태공께서 '마땅히 성인이 주나라로 가니 주나라가 흥성할 것이다'라고 하셨다. 그대가 진실로 그 사람이 맞는가? 나의 선군께서 그대를 오랫동안 바랐도다." 이에 그를 태공망이라 부르며 수레에 태우고 함께 돌아와 스승으로 삼았다[遇太公於渭之陽, 與語大說, 曰 : "自吾先君太公曰 : '當有聖人適周, 周以興'. 子眞是邪? 吾太公望子久矣." 故號之曰太公望, 載與俱歸, 立爲師]."【吳】

5 중보(仲父) : 숙부로 존칭이다.【吳】

6 함곡관(函谷關) : 원문은 '관(關)'이다.【吳】

7 귀할 때~가난할 때를 위함입니다 : 이 말은 『사기 · 범수열전』에는 "귀할 때 사귀는 자는 빈천할 때를 위한 것이고 부유할 때 사귀는 자는 가난할 때를 위함입니다[貴而爲交者, 爲賤也, 富而爲交者, 爲貧也]"라고 했다. 『사기색은』에는 "부귀할 때 깊이 사귄 친구를 빈천하게 되었을 때 잊어서는 안 된다는 말이다[言富貴而結交情深者, 爲有貧賤之時, 不可忘之也]."【吳】

8 친구 : 원문은 '교(交)'로 『사기』에는 '우(友)'라 쓰여 있다.【吳】

할 것입니다."

조나라 효성왕이 병사를 보내어 평원군의 집을 포위하자 상황이 다급해진 위제는 밤에 도망가다가 조나라 재상 우경을 만났다. 우경은 조나라 왕과 끝내 말이 통하지 않을 것을 알고 자신의 재상 인장을 풀고는 위제와 함께 기회를 틈타 도망갔다.[9] 또한 진(秦)나라에 빨리 대항할 수 있는[10] 제후가 없음을 생각해 다시 대량(大梁)으로 도망갔다가 신릉군(信陵君)에 의지하고자 해 초나라에 갔다. 신릉군은 그 소식을 듣자 진나라를 두려워하며 오히려 주저하고[11] 만나려 하지 않으면서 말했다.

"우경은 어떤 사람인가?"

그때 후영(侯嬴)[12]이 옆에 있다가 말했다.

"사람은 진실로 알기 쉽지 않고 사람을 제대로 아는 것도 쉽지 않습니다. 무릇 우경은 처음 조나라 왕을 알현하고 백옥 한 쌍과 황금 백 근을 하사받고 그다음에 알현하여 상경 벼슬을 받았으며 세 번째 알현하여 결국 재상의 인장을 받고 만호후(萬戶侯)에 봉해졌습니다.[13] 당시에 사람들은 다투어 그를 알고자 했습니다. 무릇 위제가 곤경에 빠져 우경을 찾아가자 우경은 벼슬과 봉록의 귀함을 중시하지 않고 재상의 인장을 풀고 만호후도 내던진 채 틈을 타서 함께 떠났습니다. 곤경에 처한 위제의 상황이 급해 공자에게 의탁하려 하는데, 공자께서는 '어떤 사람이냐'고 말씀하시니 사람을 알기는 진실로 쉽지 않습니다."[14]

---

9 기회를 틈타 도망갔다: 원문은 '간행(間行)'이다.【吳】

10 대항할 수 있는: 원문은 '부급(赴急)'이다. 『사기』에는 '급저(急抵)'로 되어 있는데 그 의미는 같다.【吳】

11 주저하고: 원문은 '유여(猶與)'이다. 『사기』에는 '유예(猶豫)'로 쓰여 있는데, '여(與)'와 '예(豫)' 두 글자는 통용된다. '유여(猶與)'는 주저하는 모양이다.【吳】

12 후영(侯嬴): 위(魏)나라의 은사로 처음에 대량성(大梁城: 지금의 河南省 開封. 전국시기 위나라의 도성) 이문(夷門: 동문)의 문지기였다가 후에 신릉군(信陵君) 두기(無忌)의 상객이 되었는데, 그의 행적은 『사기·위공자열전(魏公子列傳)』에 보인다.【吳】

13 세 번째 알현하여~봉해졌습니다: 이 두 문장은 『사기』에는 '세 번째 알현하여 마침내 재상의 인장을 받고 만호후에 봉해졌다[三見卒受相印, 封萬戶侯]'라고 쓰여 있다. '평(平)' 자는 '졸(卒)' 자의 형태상의 오기로, 이에 근거하여 고친다.【吳】

신릉군이 크게 부끄러워하며 수레를 야외로 보내 그를 맞이했다. 위제는 신릉군이 처음에 자신을 만나려 하지 않았다는 사실을 알고[15] 크게 분노하며 자결했다. 조나라 효성왕이 그 사실을 듣고 마침내 위제의 머리를 취하여 진나라에 주자, 진나라는 바로 평원군을 보내 주었으며 우경은 마침내 위나라에 머물게 되었다. 위나라와 조나라는 진나라를 두려워해 다시는 우경을 등용하지 않았으며, 우경은 곤경에 처하고 뜻을 얻지 못하게 되자 8편의 글을 쓰고 그것을 『우씨춘추(虞氏春秋)』[16]라고 했다.

虞卿, 游說之士也. 一見趙孝成王, 賜黃金百鎰, 白璧一雙. 再見拜爲上卿, 故號爲虞卿. 其後范雎之仇魏齊亡過平原君, 於是秦昭王請平原君, 願爲布衣之交, 與飮數日, 請曰 : "周文王得呂尙而以爲太公, 齊桓得管夷吾而以爲仲父, 今范君亦寡人之叔父也. 范君之仇在君之家, 願使人取其頭. 不然, 吾不出君於關." 平原君曰 : "貴而交者, 爲賤也, 富而友者, 爲貧也. 夫魏齊者, 勝之交也. 在, 固不出, 況今又不在臣所乎!" 昭王乃遺趙王書曰 : "范君之仇魏齊在平原君家, 王使人疾持其頭來. 不然, 吾擧兵而伐趙, 又不出王之弟於關." 趙孝成王乃發卒圍平原

---

14 사람을 알기는 진실로 쉽지 않습니다 : 이 문장은 『사기』에는 "사람은 진실로 알기 쉽지 않고 사람을 아는 것도 쉽지 않다[人固不易知, 知人亦未易也]"라고 쓰여 있다.【吳】

15 위제는~알고 : 원문은 '위제문신릉군지초중견지(魏齊聞信陵君之初重見之)'이다. '문(聞)'은 원래 '간(間)'이라 잘못 쓰여 있었으나 『낭본』, 『초본(抄本)』, 『사고전서(四庫全書)』본에는 '문(聞)'이라 쓰여 있었고 『사기』에도 똑같이 쓰여 있어 지금 이에 근거하여 고친다. '중(重)'은 『사기』에는 '난(難)'이라 쓰여 있는데 그 의미가 똑같다.【吳】

16 『우씨춘추(虞氏春秋)』 : 『한서 · 예문지』 유가(儒家)에는 "『우씨춘추』는 15편이다[『虞氏春秋』十五篇]"라고 했다. 『사기 · 우경열전(虞卿列傳)』에 다음 말이 있다. "우경은 일찍이 위제 때문에 만호후 재상의 인장을 중시하지 않고 위제와 틈을 타서 떠났고 마침내 조나라로 갔다가 대량에서 곤경을 당했다. 위제가 죽고 난 뒤에 우경은 뜻을 얻지 못하자, 책을 썼는데 위로는 『춘추』에서부터 아래로는 근세까지 관찰하여 「절의」, 「칭호」, 「췌마」, 「정모」 총 8편을 지었다. 국가의 득실을 풍자했기 때문에 세상에서 그것을 일러 『우씨춘추』라 했다[虞卿旣以魏齊之故, 不重萬戶侯卿相之印, 與魏齊間行, 卒去趙, 困於梁. 魏齊已死, 不得意, 乃著書, 上採『春秋』, 下觀近世, 曰「節義」·「稱號」·「揣摩」·「政謀」, 凡八篇. 以刺譏國家得失, 世傳之曰『虞氏春秋』]."【吳】

君家, 急, 魏齊夜亡出, 見趙相虞卿. 虞卿度趙王終不可說, 乃解其印, 與魏齊間行. 念諸侯莫可以赴急者, 乃復走大梁, 欲因信陵以至楚. 而信陵君聞之, 畏秦, 猶與未肯見, 曰: "虞卿何如人哉?" 時侯嬴在傍, 曰: "人固未易知, 知人亦未易也. 夫虞卿一見趙王, 賜白璧一雙, 黃金百斤, 再見拜爲上卿, 三見平受相印, 萬戶侯. 當是之時, 天下爭知之. 夫魏齊窮困過虞卿, 虞卿不敢重爵祿之尊, 解相印, 捐萬戶侯而間行. 以急士窮而歸公子, 公子曰 '何如人', 知人固未易也." 信陵君大慚, 駕如野迎之. 魏齊聞信陵君之初重見之, 大怒而自刎. 趙王聞之, 卒取其頭與秦, 秦乃遣平原君, 虞卿遂留於魏. 魏趙畏秦, 莫復用, 困而不得意, 乃著書八篇, 號『虞氏春秋』焉.

맹상군(孟嘗君)

맹상군이 제나라에서 쫓겨났다가[1] 돌아오게 되었을 때[2] 담자(譚子)[3]가

1 맹상군이～쫓겨났다가 : 원문은 '맹상군축어제(孟嘗君逐於齊)'이다. 맹상군은 두 번 제나라에서 쫓겨났다. 『사기·맹상군열전』에 따르면 첫 번째는 "제나라 민왕 25년에 다시 결국 맹상군을 진나라로 보냈다[齊泯王二十五年, 復卒使孟嘗君入秦]"라고 되어있는데, 이때 사신으로 갔다고 하지만 실제로는 "맹상군의 명성이 왕보다 높아 제나라에서 권력을 휘두르다가[孟嘗君名高其主而擅齊國之權]" 쫓겨난 것이다. 두 번째는 제나라 민왕 38년에 송나라를 멸한 뒤인데, 이때 쫓겨난 것은 맹상군이 죽기 몇 년 전이었다. 맹상군이 제나라로 돌아왔을 때 가서 맞이한 사람이 『풍속통의』에는 담자로 되어 있지만, 『사기』에는 풍환(馮驩)이라 되어 있고 아울러 풍환이 제나라와 진나라에서 유세한 과정이 자세히 서술되어 있으며 마지막에는 제나라 민왕으로 하여금 "맹상군을 불러 다시 재상의 자리에 앉혔다[召孟嘗君而復其相位]"라고 되어있다. 「육국년표(六國年表)」에는 맹상군이 진에서 돌아와 제나라에서 재상을 지낸 일은 제나라 민왕 26년이라고 기재하고 있다. 여기에서 말한 "맹상군이 제나라에서 쫓겨난[孟嘗君逐於齊]"일은 바로 첫 번째 쫓겨난 때를 가리킨다.【吳】

2 돌아오게 되었을 때 : 원문은 '견반(見反)'으로, 『전국책·제책(齊策)』에는 '이부반(而復反)'으로 쓰였다. '반(反)'은 '돌아오다[返]'와 같다.【吳】

3 담자(譚子) : 『전국책』에는 '담습자(譚拾子)'로 되어있다.【吳】

주(澅)[4] 땅에서 그를 맞이하며 말했다.

"군께서는 제나라 대부들을 원망하십니까?"

맹상군이 대답했다.

"그렇소."

담자가 말했다.

"군의 뜻대로 하려면 그들을 죽여야 하겠지요?[5] 대저 부귀하면 사람들이 다투어 모여들고 빈천하면 사람들이 다투어 떠납니다. 이것은 사물의 필연적인 현상이며 당연한 이치이니 군께서는 원망하지 마십시오. 시장으로 논하자면 아침에는 사람이 많고 저녁이면 텅비는데, 이것은 아침을 좋아하고 저녁을 싫어해서가 아니라, 사려는 물건이 있기 때문에 가는 것이고 사려는 물건이 없기 때문에[6] 시장을 떠나는 것입니다."

맹상군이 말했다.

"삼가 가르침을 받들겠소."

그리고는 원망하는 사람의 이름을 깎아 지워버렸다.[7]

---

4 주(澅):『군서습보』에는 "마땅히 홰(澅)로 써야한다. 적청강(翟晴江)이 말하길 『수경주(水經注)·치수(淄水)』에서 홰수(澅水)는 시수(時水) 동쪽에서 나와 임치성(臨淄城) 18리로 흘러간다라고 되어있다. 『곤학기문(困學紀聞)』에는 주(澅)로 전사했는데, 일찍이 주자로 쓰인 적이 없다. 이것은 바로 맹자가 화(畫) 땅에서 머물렀다에서 나온 화자로, 금본에서도 주(晝) 자로 잘못 썼다[當作'澅'. 翟晴江云:'『水經注·淄水』云, 澅水出時水東, 去臨淄城十八里. 『困學紀聞』傳寫作澅, 字書未嘗有澅字也. 此卽孟子宿于畫之畫, 今本亦誤作晝]"라고 되어있다.【吳】

5 군의 뜻대로~죽여야 하겠지요: 원문은 '여의즉살지호(如意則殺之乎)'이다. 이 구절 아래에 『전국책』에는 "맹상군이 '그렇다'라고 말하자 담습자가 말했다[孟嘗君曰:'然', 譚拾子曰]"라는 몇 구절이 있는데, 아마도 위에서 말한 "담자가 말했다[譚子曰]"에 빠진 부분이 있는 듯하다.【吳】

6 사려는 물건이 없기 때문에: 원문은 '망(亡)'으로 '무(無)'의 뜻이다. 사려는 물건이 없음을 말한다.【吳】

7 그리고는 원망하는 사람의 이름을 깎아 지워버렸다:『전국책』에는 "맹상군이 이에 원망하는 사람 5백 명을 적은 서판을 가져다가 모두 깎아 지워버리고는 감히 말하지 않았다[孟嘗君乃取所怨五百牒削去之, 不敢以爲言]"라고 되어있다.【吳】

孟嘗君逐於齊, 見反, 譚子迎於澅, 曰 : "君怨於齊大夫乎?" 孟嘗君曰 : "有". 譚子曰 : "如意則殺之乎? 夫富貴, 則人爭歸之, 貧賤, 則人爭去之. 此物之必至, 而理之固然也, 願君勿怨. 請以市論, 朝而盈焉, 夕而虛焉, 非朝愛之而夕憎之也, 求在故往, 亡故去." 孟嘗君曰 : "謹受命." 於是削所怨者名而已.

한신(韓信)

한신(韓信)[1]은 늘 남창정장(南昌亭長)[2]에게 가서 밥을 먹었다. 이렇게 몇 개월이 지나자 남창정장의 아내는 그를 싫어해 새벽에 일찍 밥을 먹어 버렸다. 밥 먹을 때 한신이 와도 그를 위해 밥을 차려주지 않았다. 한신 역시 그녀의 뜻을 알고 결국 발길을 끊었다. 한신이 성 아래에서 낚시를

1 한신(韓信) : 회음(淮陰) 사람으로 출신이 미천했으나 후에 한나라의 장군이 되었다. 한나라가 초나라를 멸망시킨 것은 대부분 그의 공로였으며 역대로 제왕(齊王), 초왕(楚王), 회음후(淮陰侯)에 봉해졌다. 자세한 사적은 『사기』와 『한서』 본전에 전한다.【吳】

2 남창정장(南昌亭長) : 남창(南昌)은 회음현(淮陰縣) 하향(下鄕)의 정(亭)의 하나이다. 『풍속통의』 일문(佚文)에 다음 말이 있다. "한나라도 진(秦)나라를 따라 대체로 10리마다 정(亭) 하나씩을 두었다. 정은 '머물다'의 뜻이다. 요즘에 정대(亭待)라는 말이 있는데, 대개 여행객들이 묵고 먹는 곳이다. 정(亭)에 평결하다의 뜻도 있는데, 백성 간에 분쟁이 생기면 관리가 백성들을 그곳에 잡아두고 평결하던 곳으로 그 바름을 잃지 않았다. 정리(亭吏)는 과거에는 부노(負弩)라 불리다가 정장(亭長)이라 고쳐졌으며 간혹 정보(亭父)라고도 한다[漢家因秦, 大率十里一亭. 亭, 留也. 今語有亭待, 蓋行旅宿食之所館. 亭亦平也, 訟諍, 吏留辨處, 勿失其正也. 亭吏舊名負弩, 改爲亭長, 或謂亭父]."【吳】

하고 있을 때, 어떤 빨래하던[3] 할멈이 한신이 배가 고픈 것을 보고 그에게 밥을 먹여주었는데, 결국 수십 일 뒤에 빨래 빠는 일이 끝났다. 한신이 말했다.

"내가 반드시 두 배로 갚아드리겠습니다."

할멈이 화를 내며 말했다.

"대장부가 제 밥도 먹지 못하고 있기에 내가 자네[4]를 가엽게 여겨 준 것이지 어찌 보답을 바라겠는가!"

회음(淮陰)[5]의 젊은이 중에 한신을 업신여기는 자가 말했다.

"너는 비록 멋지게 생기고 긴 검을 차는 것을 좋아하지만 겁쟁이일 뿐이다. 죽일 수 있으면 나를 찌르고 죽일 수 없으면 내 가랑이 아래로 지나가라."

이에 한신이 한참을 보고 있다가 머리를 숙이고 가랑이 아래를 기어서 나오자 온 시장 사람들이 모두 비웃으며 한신을 겁쟁이로 여겼다. 후에 한신은 유방을 보좌하여 한나라를 세우고 그 공이 천하에 으뜸이어서 초왕(楚王)에 봉해졌다.[6] 한신은 밥 먹여준 할멈에게는 1천 금을 하사했고 남창정장에게는 1백 전을 주며 말했다.[7]

"그대는 소인배로 덕을 행함에 끝을 잘 맺지 못했다."

---

3 빨래하던 : 원문은 '표(漂)'로 물에서 솜 빠는 일을 말한다.【吳】

4 자네 : 원문은 '왕손(王孫)'으로 공자(公子)와 비슷한 칭호이다. 『사기 · 회음후열전색은(淮陰侯列傳索隱)』에서는 유덕(劉德)의 다음 말을 인용하고 있다. "진나라 말기에는 나라를 잃은 사람들이 많아 왕손이나 공자 등의 말로 상대방을 높여주었다[秦末多失國, 言王孫 · 公子, 尊之也]."【吳】

5 회음(淮陰) : 옛 땅은 지금의 강소성(江蘇省) 회음시(淮陰市) 동남쪽에 위치한다.【吳】

6 후에 한신은~초왕(楚王)에 봉해졌다 : 한나라 고조 5년(B.C.202) 정월에 제왕 한신은 초왕에 봉해져 하비(下邳)를 다스렸으나 같은 해에 파면되었다. 이 일은 『사기』와 『한서』 본전에 보인다.【吳】

7 한신은~말했다 : 『사기』에는 "한신은 나라에 도착하자 밥을 먹여주었던 빨래하는 할멈을 불러 천 금을 하사했다. 하향에 이르러 남창정장에게는 1백 전을 하사하며 말했다. '그대는 소인배로 덕을 베풀면서 끝을 잘 맺지 못했다'[信至國, 召所從食漂母, 賜千金. 及下鄕南昌亭長, 賜百錢, 曰 : '公, 小人也, 爲德不卒']"라고 되어있는데, 이에 근거하면 '전(錢)' 자 아래에 마땅히 '왈(曰)' 자가 있어야 한다.【吳】

한신은 자신을 모욕했던 젊은이를 중위(中尉)[8]로 삼으며 제후장상(諸侯將相)들에게 말했다.

"이 사람은 장사(壯士)이다. 그가 나를 모욕할 때 어찌 그를 죽일 수 없었겠는가? 그를 죽일 명분이 없었고 그 덕분에 참고 이 자리까지 온 것이다."[9]

韓信常從南昌亭長食. 數月, 亭長妻患之, 乃晨早食. 食時信往, 不爲具食. 信亦知意, 遂絶去. 釣城下, 有一漂母見信饑, 飯之, 竟漂數十日. 信曰 : "吾必重報母." 母怒曰 : "大丈夫不能自食, 吾哀王孫耳, 豈望報乎!" 淮陰少年有侮信者, 曰 : "君雖姣麗, 好帶長劍, 怯耳. 能死, 刺我, 不能, 則出我跨下." 於是信熟視之, 俛出跨下, 匍匐, 一市人皆笑, 以爲信怯. 後佐命大漢, 功冠天下, 封爲楚王. 賜所食母千金, 及亭長與百錢 : "公, 小人也, 爲德不竟." 召辱信之少年以爲中尉, 告諸侯將相曰 : "此人壯士也. 方辱我時, 豈不能殺之? 殺之無名, 故忍至於此也."

---

8 중위(中尉) : 본래 진(秦)나라의 관직이었으나 한나라에도 계승되어 바뀌지 않았다. 성을 순찰하고 도둑 잡는 일을 관장했다.【吳】

9 참고 이 자리까지 온 것이다 : 원문은 '고인지어차야(故忍至於此也)'이다. '인(忍)'은 참다의 뜻이다. '이 자리까지 온 것이다[至於此]'라는 말은 공적을 세웠음을 말한다.【吳】

한안국(韓安國)

한안국(韓安國)[1]은 양(梁)나라의 중대부(中大夫)였는데, 그가 법을 어기고 죄를 받게 되자 몽현(蒙縣)[2]의 옥리(獄吏) 전(田) 아무개[3]가 한안국을 모욕했

1 한안국(韓安國) : 자는 장유(長孺)로 양나라 성안(成安) 사람이다. 양나라 효왕(孝王) 유무(劉武)를 모셔 중대부(中大夫)가 되었으나, 법을 어겨 죄를 받았다. 그러나 얼마 지나지 않아 양나라의 내사(內史)가 되었다. 한나라 무제(武帝) 건원(建元) 3년(B.C.138)에 대사농(大司農)에 임명되었고 6년(B.C.135)에 어사대부(御史大夫)가 되었다. 흉노가 변경으로 들어오자 한안국은 재관장군(材官將軍)이 되어 흉노를 무찔렀으나 권세를 잃고 우북평(右北平 : 지금의 遼寧省 淩源市 西南)에 머물게 되었다. 원삭(元朔) 2년(B.C.127)에 죽었다. 그의 사적은 『사기』와 『한서』의 본전에 상세히 전한다.【吳】

2 몽현(蒙縣) : 양나라의 속현(屬縣)으로, 옛 땅이 지금의 하남성 상구현(商丘縣) 동북쪽에 있다.【吳】

3 전(田) 아무개 : 원문은 '전갑(田甲)'이다. 고염무(顧炎武)가 말했다. "『사기·만석군전(萬石君傳)』에 '첫째 아들은 건(建), 둘째 아들은 갑(甲), 셋째 아들은 을(乙), 넷째 아들은 경(慶)이다'라는 말이 있는데, 갑과 을은 이름이 아니다. 그 이름을 잊어버렸기에 빌려다 갑을 등으로 썼다. 「한안국전」에서 옥리를 전갑이라 했고, 「장탕전(張湯傳)」에서 장탕의 손님을 갑이라 했으며, 『한서·고오왕전(高五王傳)』에서 제나라 관리를 서갑(徐甲)이라고 하고 「엄조전(嚴助傳)」에서 민월왕(閩越王)의 동생을 갑이라

다. 한안국이 말했다.

"사그라진 불씨가 어찌[4] 다시 피어날 수 없겠느냐?"

전 아무개가 말했다.

"살아나면 오줌을 눠 끄지요."

얼마 되지 않아 양나라의 내사(內史)[5] 자리가 비게 되자 효경황제(孝景皇帝 : 漢 景帝)가 사신을 보내 바로 한안국을 내사로 임명하니 죄를 받던 중에 2천 석을 받는 관리가 되었다. 전 아무개가 도망가자[6] 한안국이 말했다.

"전 아무개가 관직에 돌아오지 않으면 내가 너의[7] 종족을 멸하겠다."

전 아무개가 웃통을 벗고 사죄하자[8] 한안국이 웃으며 말했다.

"자네 같은 사람을 치죄할 만하겠는가?"[9]

그리고는 결국 잘 대해주었다.

韓安國爲梁中大夫, 坐法抵罪, 蒙獄吏田甲辱安國. 安國曰 : "死灰獨不復燃乎?" 田甲曰 : "燃則溺之." 居無幾, 梁內史缺. 孝景皇帝遣使者

한 것도 모두 이와 같다[『史記 · 萬石君傳』, '長子建, 次子甲, 次子乙, 次子慶', 曰乙非名也. 失其名而假以名之也. 「韓安國傳」獄吏曰田甲, 「張湯傳」湯之客曰甲, 『漢書 · 高五王傳』齊宦者徐甲, 「嚴助傳」閩越王弟甲, 疑亦同此]."【王】

4 어찌 : 원문은 '독(獨)'이다.【譯註】

5 내사(內史) : 한나라 고조 초에 제후왕(諸侯王 : 황제가 임명한 왕)을 세우면서 태부(太傅)를 두어 왕을 보좌하게 했고 내사를 두어 백성을 다스리게 했으며 중위(中尉)를 두어 무관(武官)의 일을 관장하게 했고 승상(丞相)을 두어 관리를 총괄하게 했다. 성제(成帝) 수화 원년(綏和元年, B.C.8)에 내사를 없애고 재상에게 백성을 다스리게 했다. 『한서 · 백관공경표(百官公卿表)』에 보인다.【吳】

6 도망가자 : 원문은 '망(亡)'이다.【吳】

7 너의 : 원문은 '내(乃)'로, 『사기』와 『한서』에는 모두 '이(而)'로 되어 있는데, 두 글자는 뜻이 같다. 『한서』 안사고 주에서 "이는 너의 뜻이다[而, 汝也]"라고 풀이하고 있다.

8 웃통을 벗고 사죄하자 : 원문은 '육단사(肉袒謝)'이다. 중국 고대에 사죄하는 방식 중 하나로 웃통을 벗고 사죄하는 것을 말한다.【譯註】

9 자네 같은 사람을 치죄할 만하겠는가 : 원문은 '공등가여치호(公等可與治乎)'이다. '가(可)'는 『사기』와 『한서』에서 모두 '족(足)'으로 쓰였다. 『사기색은』에는 "치죄하기에도 부족하다는 말이다[謂不足與繩治之]"라고 되어 있는데, '치(治)'는 바로 치죄하다[繩治]의 뜻이다.【吳】

卽拜安國爲內史, 起徒中爲二千石. 田甲亡, 安國曰 : "甲不就官, 我滅乃宗." 甲肉袒謝, 安國笑曰 : "公等可與治乎?" 卒善遇之.

이광(李廣)

이광(李廣)[1]은 운중태수(雲中太守)를 사직하고 남전(藍田)[2]의 남산(南山)에서 사냥하며 지냈다. 한번은[3] 밤에 기병 한 명을 데리고 나가 밭에서 술을 마시다가 돌아오는데, 패릉현위(霸陵縣尉)[4]가 이광을 꾸짖으며 막아섰

1 이광(李廣) : 농서(隴西) 성기(成紀 : 지금의 甘肅省 靜寧 서남쪽) 사람으로 용맹하고 활을 잘 쏘았다. 한나라 문제 때 흉노를 물리친 공으로 무기상시(武騎常侍)가 되었다. 경제(景帝) 때에 상군(上郡), 농서, 북지(北地), 안문(雁門), 대군(代郡), 운중(雲中) 등의 군을 두루 다스리며 힘껏 싸워 이름이 났다. 무제(武帝) 때 장군이 되어 흉노와 싸우다 패배하여 참수될 뻔 했으나 속량하고 서인(庶人)이 되었다. 몇 년 후에 대장군 위청(衛青)을 따라 흉노를 치다가 길을 잃고 작전을 그르쳐 죄를 짓고 자살했다. 이 일은 『사기・이장군열전(李將軍列傳)』, 『한서・이광전(李廣傳)』에 상세히 보인다.【吳】

2 남전(藍田) : 진대(秦代)에 설치한 현으로 한대(漢代)에도 이를 따랐다. 옛 터는 지금의 섬서성(陝西省) 남전현(藍田縣) 서쪽에 있다.【吳】

3 한번은 : 원문은 '상(常)'으로 원래 '당(當)'으로 되어 있었으나 지금 『잔본(殘本)』에 의거해 고친다. 『사기』와 『한서』에는 모두 '상(嘗)'으로 되어 있다. 고대에는 '상(常)'과 '상(嘗)' 두 글자가 많이 혼용되어 사용되었다. '상(常)'은 일찍이라는 뜻으로 쓰였다.【吳】

다. 이광의 기병이 말했다.

"전임 이장군(李將軍)이십니다."

패릉현위가 말했다.

"현역 장군도 밤에 돌아다니지 못하는데, 하물며 전임 장군임에랴!"

그리하여 이광은 정자 아래에서 묵었다. 얼마 지나지 않아 흉노(匈奴)가 요서(遼西)를 침입하여[5] 변방이 크게 위험해졌다. 이에 효무황제(孝武皇帝 : 漢 武帝)가 이광을 불러 북평태수(北平太守)[6]로 삼자, 이광은 패릉현위도 함께 부를 것을 청했다. 패릉현위가 군중에 도착하자 이광은 그를 참수하고는 상소를 올려 사죄했다. 효무황제가 대답했다.

"장군은 나라의 손톱과 어금니 같은 중요한 사람이다. 『사마법(司馬法)』[7]에 이런 말이 있다. '수레에 올라서는 예를 행하지 않고[8] 상을 당해

---

4 패릉현위(霸陵縣尉) : '패릉(霸陵)'은 현 이름으로 남전현(藍田縣)의 서쪽에 있으며 지금의 섬서성 장안현(長安縣) 동쪽이 바로 그 옛 터이다. 『사기 · 이장군열전색은(李將軍列傳索隱)』에서는 『백관지(百官志)』를 인용하여 다음과 같이 말했다. "위는 큰 현에 두 사람을 두었고 도적 잡는 일을 했다. 무릇 도적이 일어나면 그들을 찾아내어 심문하고 조사했다[尉, 大縣二人, 主盜賊. 凡有賊發, 則推索尋案之也]." 작은 현에서는 위를 한 사람만 두었다. 위와 승(丞)은 현의 장리(長吏)로 녹봉이 4백 석에서 2백 석에서 정도였다.【吳】

5 흉노(匈奴)가~침입하여 : 『자치통감(資治通鑑) · 한기(漢紀)』 10의 무제 원삭 원년(元朔元年, B.C.128)에 다음 내용이 실려 있다. "가을에 흉노 2만 기병이 한으로 들어와 요서태수(遼西太守)를 죽이고 약 2천여 명이 한안국(韓安國)의 성벽을 둘러쌌다. 또 어양(漁陽), 안문(雁門)으로 들어와 각각 천여 명의 사람을 죽였다[秋, 匈奴二萬騎入漢, 殺遼西太守, 略二千餘人, 圍韓安國壁. 又入漁陽 · 雁門, 各殺略千餘人]." 『한서 · 무제기(武帝紀)』에도 이 일이 간략하게 실려 있다. '요서(遼西)'는 진대(秦代)에 설치한 군으로 한대에도 그대로 따랐으며 관할지는 양락(陽樂)으로 지금의 하북성(河北省) 무녕현(撫寧縣) 서쪽이다.【吳】

6 북평태수(北平太守) : '북평(北平)'은 『사기』와 『한서』에는 모두 '우북평(右北平)'이라 되어있다. 이 군은 진대에 설치되어 한대에도 이어졌으며 관할지는 평강(平剛)으로, 지금의 하북성(河北省) 능원현(凌源縣)이다. 『한서 · 이광전』에는 "흉노가 요서로 들어와 태수를 죽였고 한 장군을 격파했다. 한 장군은 후에 우북평으로 폄적되어 살다가 그곳에서 죽었다. 이에 황제는 이광을 불러 우북평태수로 삼았다[匈奴入遼西, 殺太守, 敗韓將軍. 韓將軍後徙居右北平, 死. 於是上乃召拜廣爲右北平太守]"라고 되어있고 『자치통감』도 마찬가지이다. 한안국이 원삭(元朔) 2년(B.C.127)에 죽었으므로 이광이 우북평태수가 된 것도 바로 이해이다.【吳】

서는 복상(服喪)하지 않으며,[9] 군사를 진작시키고 위로하며 전쟁에서는 굴복하지 말아야한다. 삼군(三軍)의 마음을 거느리고 전사들의 힘을 모으는 까닭에 장군의 성낸 모습에 천리가 놀라야 하고[10] 위엄을 떨치면 만물이 복종해야한다. 그래야 명성은 오랑캐 지역까지 전해지고 위세[11]는 이웃나라를 떨게 한다.'[12] 대저 분함을 갚고 해를 제거하고 잔인한 자들을 없애고 사형 제도를 폐지하는 것[13]이 짐이 장군에게 바라는 바이다. 예컨대 맨발에 관을 벗고[14] 머리를 숙이고[15] 사죄하는 것이 어찌 짐의 뜻[16]에 맞는 것이겠느냐!"

---

7 『사마법(司馬法)』: 중국 고대의 저명한 병법서이다. 사마양저(司馬穰苴)가 지었다고 하나, 전국시대에 이미 실전되었다.【譯註】

8 예를 행하지 않고: 원문은 '불식(不式)'이다. '식(式)'은 '식(軾)'과 같은 뜻으로 수레 앞에 가로놓인 나무를 말한다. 여기에서는 동사로 쓰여 가로놓인 나무를 잡고 몸을 굽혀 예를 행하는 것을 말한다.【吳】

9 상을 당해서는 복상(服喪)하지 않으며: 원문은 '조상불복(遭喪不服)'이다. 심흠한(沈欽韓)은 다음과 같이 말했다. "『사마법』에는 '병거(兵車)를 타서는 예를 행하지 않고 성에서는 종종걸음 치지 않는다'라고 되어있고 '상을 당해서는 복상하지 않는다'는 말이 없다『司馬法』:'兵車不式, 城上不趨', 無'遭喪不服'語]."【王】
왕리기(王利器)의 교주본에 따르면 이 구절까지만 『사마법』에 나온 말로 처리하고 있는데, 이것이 맞다.【譯註】

10 놀라야 하고: 원문은 '송(竦)'으로 『한서』의 안사고 주에 따르면 "송은 놀라다는 뜻이다[竦, 驚也]"라고 되어있다.【吳】

11 위세: 원문은 '위릉(威稜)'으로, '릉(稜)'은 '위(威)'와 뜻이 같다.【吳】

12 떨게 한다: 원문은 '담(憺)'으로 두려워하다의 뜻이다. 『한서』의 안사고 주에서는 소림(蘇林)의 다음 말을 인용해 쓰고 있다. "진류(陳留) 사람들은 공(恐)이란 말을 담(憺)이라고 말한다[陳留人語恐言憺之]."【吳】

13 잔인한 자들을 없애고 사형 제도를 폐지하는 것: 원문은 '손잔거살(損殘去殺)'이다. 『논어 · 자로(子路)』에 "착한 사람이 백 년 동안 나라를 다스리면 역시 잔인한 자들을 눌러 이기고 사형 제도를 없앨 수 있다[善人爲邦百年, 亦可以勝殘去殺矣]"라는 문장이 있다.【王】

14 맨발에 관을 벗고: 원문은 '면관도선(免冠徒跣)'이다. '도선(徒跣)'은 맨발로 걷는 것을 말한다. '면관도선'은 처벌을 기다리는 행동이다.【吳】

15 머리를 숙이고: 원문은 '계상(稽顙)'이다. '상(顙)'은 이마이다. '계상'은 머리를 숙인다는 뜻이다.【吳】

16 뜻: 원문은 '지(指)'로 『한서』의 안사고 주에서 "지는 뜻을 말한다[指, 意也]"라고 설명했다.【吳】

李廣去雲中太守, 屛居藍田南山中射獵. 常夜從一騎出, 飮田間, 還, 霸陵尉呵止廣. 廣騎曰 : "故李將軍." 尉曰 : "今將軍尙不得夜行, 何故也!" 宿亭下. 居無何, 匈奴入遼西, 大爲邊害. 於是孝武皇帝乃召廣爲北平太守, 廣請霸陵尉與俱. 至軍斬之, 上書謝罪. 上報曰 : "將軍者, 國之爪牙也. 『司馬法』曰 : '登車不式, 遭喪不服, 振旅撫師, 以征不服. 率三軍之心, 同戰士之力, 故怒形則千里竦, 威振則萬物伏. 是以名聲暴於夷貊, 威稜憺乎鄰國.' 夫報忿除害, 捐殘去殺, 朕之所圖於將軍也. 若乃免冠徒跣, 稽顙請罪, 豈稱朕之指哉!"

태위 패국 사람 유구[太尉沛國劉矩]

태위(太尉)[1] 패국(沛國) 사람 숙방(叔方) 유구(劉矩)는 상서령(尙書令)[2]으로 있을 때 장군 양기(梁冀)의 뜻을 어겨 상산(常山)의 상(相)으로 좌천되었다가[3]

1 태위(太尉) : 『후한서 · 광무기(光武紀)』의 주에서는 『한관의』를 인용하여 "태위는 진(秦)나라 때의 관직이다. 무제 때에 대사마로 이름을 바꾸었다[太尉, 秦官也. 武帝更名大司馬]"라고 설명하고 있다.【王】

2 상서령(尙書令) : 소부(少府)의 속관이다. 『후한서 · 백관지(百官志)』에는 "상서령 1인의 녹봉은 1천 석이다. 본주(本注)에 따르면 진(秦)나라의 관직을 그대로 이은 것이고, 무제 때는 환관을 등용하고 그 명칭을 중서알자령(中書謁者令)으로 바꾸었다. 성제(成帝) 때는 선비를 등용하고 다시 옛 명칭으로 바꾸었다. 무릇 부서를 나누고 상서조(尙書曹)에 문서를 하달하는 등 다양한 일을 맡아보았다[尙書令一人, 千石. 本注曰 : 承秦所置, 武帝用宦官, 更爲中書謁者令. 成帝用士人, 復故. 掌凡選署及奏下尙書曹文書衆事]"라고 설명하고 있다.【吳】

3 상산(常山)의 상(相)으로 좌천되었다가 : 원문은 '천상산상(遷常山相)'이다. 『후한서 · 회양왕유병전(淮陽王劉昞傳)』에 따르면 한나라 명제(明帝) 영평(永平) 5년(62)에 유병이 상산왕(常山王)에 봉해졌고 후손 유측(劉側), 유후장(劉侯章), 유의(劉儀)를 거쳐 순제(順帝) 건강 원년(建康元年, 144)에 유표(劉豹)가 이어받았다. 유표는 옹립된 지 18년 만에 죽었는데, 이때가 환제(桓帝) 연희(延熹) 7년(164)이었으며, 상산왕의

파직당했다. 양기의 처형인 손례(孫禮)[4]가 패(沛) 땅의 상(相)이 되었기 때문에 유구는 감히 고향으로 돌아오지 못하고 친구인 팽성(彭城)[5] 사람 환옥도(環玉都)[6]를 찾아갔다. 환옥도는 평소에 유구를 존경하면서 그의 뜻을 얻고자 했기에 그가 자신에게 의탁함을 기뻐하며 그의 거처를 마련했고 아주 세심하게 마음을 썼다.[7] 어떤 사람이 환옥도에게 말했다.[8]

"화가 어느 때에 닥칠지 모르는데, 어찌하여 그의 주인이 되려고 하십니까?"

이에 환옥도는 일을 핑계로 멀리 나가버렸고 집안사람들도 더 이상 유구를 보살피지[9] 않았다. 유구는 여름이면 찌는 더위에 겨울이면 얼어붙을 추위에 떨며 때로는 배를 주리고 때로는 목말라하면서 이렇게 1년을 보냈다. 유구는 본디 정직하고 믿음직했던[10] 터라 솔직하고 사사로움 없이 사람들과 이야기를 나누었으며, 다른 사람들이 걱정하는 것을 함께 걱정했다.[11] 양기 또한 느낀 바가 있어 그를 천대하던 태도를 바꾸어 후

직위는 헌제(獻帝) 건안(建安) 11년(206)까지 이어지다가 없어졌다. 또한 「순제기(順帝紀)」, 「환제기(桓帝紀)」의 기록에 따르면 양기는 순제 영화(永和) 6년(350)에 대장군이 되었고 환제 연희 2년(159)에 주살되었다. 이로써 추정해보건대 유구는 상산왕 유표의 재상이었다. '상산(常山)'은 13개의 성을 거느렸고 관할지는 원지(元氏)로, 지금의 하북성(河北省) 원지현(元氏縣)이다.【吳】

4 손례(孫禮): '예(禮)' 자는 『후한서 · 유구전』에는 '지(祉)'로 되어있고 왕선겸(王先謙)의 『후한서집해(後漢書集解)』에는 "관본(官本)에는 '지(祉)'가 '사(社)'로 쓰였다[官本'祉'作'社']"라고 되어있다.【吳】

5 팽성(彭城): 팽성국(彭城國)의 관청소재지로, 옛 땅은 지금의 강소성(江蘇省) 서주시(徐州市)에 있다.【吳】

6 환옥도(環玉都): 역사서에는 그의 전이 없다.【吳】

7 마음을 썼다: 원문은 '의기(意氣)'로 마음의 상태를 말한다. 『사기 · 관안열전(管晏列傳)』에 "의기양양하여 매우 득의한 모습이었다[意氣揚揚, 甚自得也]"라는 말이 있는데, 여기에서는 사람과 사물을 대하는 태도를 가리킨다.【吳】

8 말했다: 원문은 '청(請)'이다. 『광박물지(廣博物志)』 20에서는 '청(請)'을 '위(謂)'로 인용했다.【王】

9 보살피지: 원문은 '점문(占問)'으로, '점(占)'은 보다의 뜻이다. 『방언(方言)』에 "무릇 징조를 살피는 것을 점이라고 한다[凡相侯謂之占]"란 문장이 있다.【吳】

10 믿음직했던: 원문은 '양(亮)'으로, '양(諒)'과 뜻이 같다. 『설문해자(說文解字)』에서는 "양은 믿다의 뜻이다[諒, 信也]"로 풀이하고 있다.【吳】

대했는데, 이때 황제가 유구를 종사중랑(從事中郞)[12]으로 앉혔다. 유구가 다시 상서령(尙書令)이 된 뒤 오경(五卿)과 삼공(三公)의 자리에까지 오르며[13] 나라의 빛나는 기둥이 되자, 환옥도는 후회하며 자결했다.

太尉沛國劉矩叔方爲尙書令, 失將軍梁冀意, 遷常山相, 去官. 冀妻兄孫禮爲沛相, 矩不敢還鄕里, 訪友人彭城環玉都. 玉都素敬重矩, 欲得其意, 喜於見歸, 爲除處所, 意氣周密. 人有請玉都者. "禍至無日, 何宜爲其主乎?" 玉都因事遠出, 家人不復占問. 暑則鬱蒸, 寒則凜凊, 且饑且渴, 如此一年. 矩素直亮, 衆談同愁. 冀亦擧寤, 轉薄爲厚, 上補從事中郞. 復爲尙書令, 五卿三公, 爲國光鎭, 玉都慚悔自絶.

11 사람들과~걱정했다 : 원문은 '중담동수(衆談同愁)'이다. '중담(衆談)'은 사람들과 이야기를 나눌 때 솔직하고 사사로움이 없음을 말하고, '동수(同愁)'는 사람들이 걱정하는 바를 걱정한다는 뜻이다.【吳】

12 종사중랑(從事中郞) : 『풍속통의·과예(過譽)』의 「강하태수 하내 사람 조중양(江夏太守河內趙仲讓)」의 주에 보인다.【吳】

13 오경(五卿)과 삼공(三公)의 자리에까지 오르며 : 원문은 '오경삼공(五卿三公)'이다. 유구는 일찍이 상서령에서 종정(宗正), 태상(太常)으로 자리를 옮겨 신분이 경(卿)의 자리에 있었다. 또 환제 연희 4년(161)과 영제(靈帝) 건녕 원년(建寧元年, 168)에 두 번 태위(太尉)가 되어 신분이 공(公)의 자리에 있었다. 그러므로 여기에서 그가 '오경과 삼공'이 되었다고 말한 것이다.【吳】

사도 중산 사람 축염[司徒中山祝恬]

사도(司徒) 중산(中山) 사람 축염(祝恬)은 자가 백휴(伯休)로[1] 공거(公車)에 초징되어 가던 중에 염병[2]을 앓았다. 축염은 업현(鄴縣)[3] 현령으로 있는 친구 사저(謝著)[4]를 찾아갔으나 사저가 거절하며 맞아들이지 않자 아픈 채로 수레에 실려 떠났다. 급현(汲縣)[5]에 이르렀을 때 이미 병을 앓은 지

1 자가 백휴(伯休)로 : 원문은 '자백휴(字伯休)'이다. 『군서습보』에서 '자(字)' 자는 "쓸데없는 글자이다[衍]"라고 했다. 『풍속통의』의 문장체례에 따르면 이름과 자를 이어서 쓸 때 '자(字)'를 붙이지 않기 때문에, 여기서는 삭제하는 것이 맞다. 『후한서·환제기』의 기록에 따르면 연희(延熹) 2년(159) 8월에 축염이 광록대부(光祿大夫)에서 사도(司徒)가 되었으며 다음 해 6월에 죽었다고 한다. 이현(李賢)은 "축염은 자가 백휴이고 노노(盧奴) 사람이다[恬字伯休, 盧奴人]"라고 주를 달고 있다. 노노(盧奴)는 중산국(中山國)의 관청소재지로 지금의 하북성 정현(定縣)이다.【吳】

2 염병 : 원문은 '온병(溫病)'으로, '온(溫)'은 『의림(意林)』에서 '질(疾)'로 되어 있다. '온(溫)'은 '온(瘟)' 자와 통한다.【吳】

3 업현(鄴縣) : 위군(魏郡)의 관청소재지로 옛 땅은 지금의 하북성 임장현(臨漳縣) 서쪽에 있다.【吳】

4 사저(謝著) : 역사서에는 그의 전이 없다.【吳】

6~7일이 되어 객사에 머물렀다. 여러 제자가 말했다.

"지금 선생님은 병이 중한데도[6] 의사도 없이 괴로워하고 있습니다. 듣기에 급현현령이 사람을 잘 도와준다고 하니[7] 한번 가서 말해보겠습니다."

축염이 말했다.

"사저는 내 오랜 친구인데도 나를 보살펴 주지 않았거늘. 이곳 현령은 애당초 친분도 없는데, 말을 한들 무슨 도움이 되겠느냐? 죽고 사는 것은 운명이니[8] 의약(醫藥)이 무슨 소용이란 말이냐?"[9]

제자들은 사태가 급해져 그의 옆에 앉아서 간호하다가 길흉을 예측할 수 없게 되자 모두 곧바로 관서로 찾아가서 아뢰었다.[10] 그때 여남현령(汝南縣令)으로 있던 의고(義高) 응융(應融)이 그 소식을 듣고 매우 놀라하며 바로 옷을 갖춰 입고[11] 나왔다. 응융은 곧장 축염의 병상으로 가서는 손수 어루만졌고[12] 그를 보고는 눈물을 흘리며 말했다.

---

5 급현(汲縣) : 하내군(河內郡)의 속현으로 옛 땅은 지금의 하남성 급현(汲縣) 서남쪽에 있다.【吳】

6 중한데도 : 원문은 '침결(沈結)'로 깊이 가라앉아 가슴에 맺혔다는 뜻이다.【吳】

7 사람을 잘 도와준다고 하니 : 원문은 '호사(好事)'로, 다른 사람들을 열심히 돕는다는 뜻으로 쓰였다.【譯註】

8 죽고 사는 것은 운명이니 : 원문은 '사생명야(死生命也)'이다. 『논어·안연(顔淵)』에 "자하가 말했다. '내가 듣건대, 죽고 사는 것은 운명에 달려있고 부유하고 귀한 것은 하늘에 달려있다고 한다'[子夏曰 : '商聞之矣 : 死生有命, 富貴在天']"라는 문장이 있는데, '사생명야'는 여기에 근거한 것이다.【吳】

9 의약(醫藥)이 무슨 소용이란 말이냐 : 원문은 '의약갈위(醫藥曷爲)'이다. 이 구절은 『의림』에서 '의약이 소용없다[不須醫藥]'로 인용되었다.【吳】

10 제자들은~아뢰었다 : 이 네 구절은 『의림』에서 "제자들은 몰래 급현 현령에게 알렸다[諸生潛告汲令]"로 인용되었으나 『풍속통의』의 구본(舊本)과는 다르다. 『풍속통의』 일문(佚文)에는 "시(寺)는 관사이다. 여러 관리가 머무는 곳을 모두 시라고 한다[寺, 司也. 諸官府所止皆曰寺]"라고 되어있다.【吳】

11 옷을 갖춰 입고 : 원문은 '엄(嚴)'으로, 의장(衣裝)을 말한다. 원래 판본에는 '장(裝)'으로 쓰였으나 '장(莊)'으로도 쓸 수 있다. 한대에는 명제(明帝) 유장(劉莊)을 피휘하여 '장(莊)'을 '엄(嚴)'으로 고쳐 썼다.【吳】

12 어루만졌고 : 원문은 '문모(抆摸)'이다. '문(抆)'은 원래 '수(收)'로 쓰였으나 『군서습보』에서 의거한 『원본(元本)』에는 '문(抆)'으로 쓰였다. 사수청(史樹青) 선생은 "'수(收)'는 '문(抆)'의 오자이다['收'是'抆'字之譌]"라고 했는데, 이 말이 맞다. 『풍속통의·

"백휴(伯休 : 祝恬)는 세상에 없는 뛰어난 인재로 마땅히 나라의 기둥이 되어야하거늘. 생전에 알고 지내던 사람은 어디다 두고 묵묵히 객사에 머물면서 남들에게 알리지 않고 있다가 자칫 잘못되기라도 하면 어찌 한답니까! 우리 집에는 위로 노인이 계시고 아래로 어린아이들이 있으니 저를 따라서 함께 관서[13]로 가십시다."

백휴가 사양했으나 응욱은 끝내 듣지 않고 돌아가 옷과 수레를 가져와서는 깔개를 두껍게 깔고 직접 말을 몰고 갔다. 응욱은 손수 환약을 만들고 직접 죽을 맛보았으며 자신의 몸으로 축염의 몸을 데우기도 했다.[14] 3~4일 사이에 그의 병이 더욱 심해지자 응욱은 곧 상복과 관 등 장례에 필요한 도구를 준비하게 했다. 후에 병이 조금 나아지자[15] 응욱은 또 백휴에게 말했다.

"길흉은 피할 수 없고, 근심 반 두려움 반이라 몰래[16] 간단하게 장례 물품을 준비해두었습니다."

이에 서로 바라보니 희비가 교차했다. 관사에서 머문 지 수십 일 뒤에 백휴가 건강해지자 관사의 뒷방에서 연회를 즐긴 뒤 헤어졌다. 백휴는 시중(侍中)에 제수된 후 상서복야(尙書僕射)·상서령·예장태수(豫章太守)·대장군종사중랑(大將軍從事中郞)을 거쳤다.[17] 의고(義高 : 應融)는 여강태수(廬

괴신(怪神)』의 「세상에는 붉고 흰 빛이 변고를 일으키는 경우가 많다[世間人家多有見赤白光爲變怪者]」에서 '손으로 그것을 만지니[手抆摸之]'라는 구절이 있는데, 여기서도 '문(抆)'이 '수(收)'로 잘못 쓰였다. '문(抆)'은 닦다[拭]의 뜻이다.【吳】

13 관서 : 원문은 '해전(解傳)'이다. '해(解)'는 '해(廨)'로 읽는다. '해전'은 관사를 말한다.【吳】

14 자신의 몸으로 축염의 몸을 데우기도 했다 : 원문은 '신자분열(身自分熱)'이다. '분열(分熱)'은 자기 몸의 열기로 남의 몸을 따뜻하게 데워주는 것으로, 아주 세심하게 보살펴주는 것을 형용한다.【吳】

15 나아지자 : 원문은 '가손(加損)'이다. '손(損)'은 덜다[減]의 뜻이다. 이 구절에서는 나중에 병이 조금 가벼워졌음을 말한다.【吳】

16 몰래 : 원문은 '간(間)'이다. 『후한서·초현전(譙玄傳)』에 "몰래 도망쳐 집으로 돌아갔다[間竄歸家]"라는 문장이 있는데, '간(間)' 자는 여기에서 쓰인 뜻과 같다.【吳】

17 백휴는~대장군종사중랑(大將軍從事中郞)을 거쳤다 : 소부(少府)의 속관에는 상서령(尙書令) 1인과 상서복야(尙書僕射) 1인이 있다. 상서복야는 녹봉이 6백 석으로 상서의 일을 관리하고 상서령이 없을 경우 여러 일을 대신 맡아본다. 여기에서 말한 '영

江太守)[18]가 된 지 8년 후에 모친상을 당했는데, 관을 관사에 잠시 두고 백여 차례 상소를 올린 후에야 상을 치를 수 있었다.[19] 의고가 삼년상을 마치기도 전에[20] 축염이 사례교위(司隸校尉)[21]에 제수되었는데, 축염이 의고에게 자신의 직위를 대신하게 하였기에 의고는 다섯 군을 두루 관장하게 되었고 명성이 원근에 자자했다. 사저는 업현 현령에서 물러난 후 사람이 천박하다는 소문이 퍼져 다시는 관에 등용되지 못했다.

司徒中山祝恬字伯休, 公車徵, 道得溫病. 過友人鄴令謝著, 著拒不通, 因載病去. 至汲, 積六七日, 止客舍中. 諸生曰: "今君所苦沈結, 困無醫師. 聞汲令好事, 欲往語之." 恬曰: "謝著, 我舊友也, 尙不相見視. 汲令初不相知, 語之何益? 死生命也, 醫藥曷爲?" 諸生事急, 坐相守, 吉凶莫見, 收擧便至寺門口白. 時令汝南應融義高聞之驚愕, 卽嚴便出. 徑詣牀蓐, 手自抆摸, 對之垂涕, 曰: "伯休不世英才, 當爲國家幹輔. 人何有生相知者, 默止客舍, 不爲人所知, 邂逅不自貞哉! 家上有尊老, 下

(令)'은 상서령을 가리킨다. '예장(豫章)'은 한나라 고조가 설치한 군으로 동한(東漢)에도 이어졌다. 관할지는 남창(南昌)으로, 지금의 강서성(江西省) 남창시(南昌市)이다. 이 두 구절은 백휴가 조정에 온 후 시중(侍中)에 제수되고 상서복야, 상서령, 예장태수, 대장군종사중랑을 역임했음을 말한다.【吳】

18 여강태수(廬江太守): 여강(廬江)은 서한 문제 때 설치되었고 동한 때도 그대로 이어졌다. 관할지는 서(舒)이며 지금의 안휘성(安徽省) 여강현(廬江縣) 서남쪽이다.【吳】

19 상을 치를 수 있었다: 원문은 '득청행복(得聽行服)'이다. 동한의 제도에는 공경(公卿), 자사(刺史), 군수(郡守)와 녹봉 2천 석의 관리들은 삼년상을 치를 수 없었다. 오직 안제(安帝) 원초(元初) 3년(116)에 처음 대신 가운데 2천 석의 관리들에게는 삼년상을 치를 수 있게 했다가 환제(桓帝) 영흥(永興) 2년(154)에 다시 삼년상을 치를 수 있게 했다. 응융은 여강태수였기 때문에 상을 치를 수 없었다. 이 때문에 응융이 백여 차례 상소를 올린 후에야 비로소 받아들여져 '상을 치를 수 있었던[得聽行服]' 것이다.【吳】

20 삼년상을 마치기도 전에: 원문은 '미결(未闋)'로 3년의 기간을 다 채우지 못했음을 말한다.【吳】

21 사례교위(司隸校尉): 원문은 '사례(司隸)'로 사례교위를 말한다. 『풍속통의·고예』의 「강하태수 하내 사람 조중양[江夏太守河內趙仲讓]」 주에 보인다. 『후한서·황경전(黃瓊傳)』에 따르면 축염은 환제(桓帝) 원가 연간(元嘉年間, 424~453)에 사례교위였다.【吳】

有弱小, 願相隨俱入解傳." 伯休辭讓, 融遂不聽, 歸取衣車, 厚其薦蓐, 躬自御之. 手爲丸藥, 口嘗饘粥, 身自分熱. 三四日間, 加甚劣極, 便制衣棺器送終之具. 後稍加損, 又謂伯休:"吉凶不諱, 憂怖交心, 間粗作備具." 相對悲喜. 宿止傳中數十餘日, 伯休彊健, 入舍後室家酣宴乃別. 伯休到拜侍中, 尚書僕射·令·豫章太守·大將軍從事中郎. 義高爲廬江太守, 八年, 遭母喪, 停柩官舍, 章百餘上, 得聽行服. 未闋, 而恬拜司隸, 薦融自代, 歷典五郡, 名冠遠近. 著去鄴, 淺薄流聞, 不爲公府所取.

사도 영천 사람 한연[司徒潁川韓演]

사도(司徒) 영천(潁川) 사람 백남(伯南) 한연(韓演)이 단양태수(丹陽太守)[1]였을 때, 남양태수(南陽太守)였던 사촌형 계조(季朝)가 상서(尙書)의 기밀을 캐내어 사사로이 기록한 사건[2]에 연루되었다. 한연은 죄수용 수레를 타고

1 단양태수(丹陽太守) : 단양(丹陽)은 진(秦)나라 때의 장군(鄣郡)으로, 한나라 무제(武帝) 때 단양으로 바뀌었다. 동한 때의 관할지는 완릉(宛陵)으로 지금의 안휘성(安徽省) 선성현(宣城縣)이다.【吳】

2 기밀을 캐내어 사사로이 기록한 사건 : 원문은 '자탐(刺探)'으로 글을 쓰는 것을 '자(刺)'라고 한다. 『주례·추관(秋官)』 사구(司寇)의 속관[士師]인 가공언(賈公彦)의 소(疏)에 따르면 "한나라 때는 상서가 기밀을 관장[漢尙書掌機密]"했기 때문에 '기밀을 캐내 기록하는[刺探]' 것을 금지했다. '자탐'은 기밀을 캐내 사사로이 기록하는 것을 말한다. 『후한서·유림양윤전(儒林楊倫傳)』의 "상서가 양윤이 기밀을 캐내 기록한 사실을 상주하자 임금이 강력히 진실을 밝혀 불경죄를 내리고 귀신(鬼薪) 벌을 내렸다[尙書奏倫探知密事, 激以求直, 坐不敬, 結鬼薪]"는 기록으로 보아 동한 시기에 상서의 일을 염탐하여 기록하는 것에 관한 법률 조항이 있었음을 알 수 있다.【吳】
귀신(鬼薪) : 진나라, 한나라 때의 형벌로, 처음에는 종묘에서 땔감 캐는 일을 했기 때문에 이렇게 칭했다. 대부분 관아에서 잡일을 하거나 수공업 등 생산에 관련된 노동을 했다.【譯註】

끌려갔으나 자신이 지은 죄[3]가 아니었기에 끌려가는 내내 그가 하고 싶은 대로 하게 해 주었다. 소현(蕭縣)[4]으로 가서 보았더니 그곳 현령 오빈(吳斌)은 한연과 같은 해에 효렴에 천거된 사이[5]였다. 그래서 한연은 소현에 도착하기 전에 그의 수행원들에게 소현에 가기만 하면 위로받을 수 있을 거라[6] 말했지만,[7] 오빈은 도리어 그를 감옥에 가두고[8] 자물쇠[9]를 단단히 채우고는 몸소 군마를 몰아 그를 경계 밖으로 쫓아냈다. 종사(從事)[10]인 여남(汝南) 사람 염부(閻符)[11]는 저추(杼秋)[12]에서 그를 맞이했는데, 서로 마음이 잘 맞아[13] 관사에 머물게 하면서 그의 족쇄와 수갑을 풀어

---

3 죄 : 원문은 '흔(舋)'으로 '흔(釁)' 자와 같다. 『좌전 · 선공(宣公) 12년』에 "상대방의 약점을 살피고 기회를 엿보아 움직인다[觀釁而動]"라는 말이 있는데, 두예(杜預)의 주에서 "흔은 약점, 흠이다[釁, 罪也]"라고 설명하고 있다.【吳】

4 소현(蕭縣) : 서한 때 처음 설치되어 동한 때까지 그대로 이어졌다. 패국(沛國)의 속현으로 옛 땅은 지금의 안휘성 소현(蕭縣) 서북쪽에 있다.【吳】

5 같은 해에 효렴에 천거된 사이 : 원문은 '동세(同歲)'이다.【吳】

6 위로받을 수 있을 거라 : 원문은 '노(勞)'이다.【吳】

7 한연은~말했지만 : 이 두 구절은 소현에 채 도착하지 않았을 때에 한연이 그의 수행원들에게 한 말이다.【吳】

8 감옥에 가두고 : 원문은 '내지폐안(內之狴犴)'이다. '내(內)'는 '납(納)'과 통한다. 양신(楊愼)의 『승암전집(升菴全集)』 권81에 다음 문장이 있다. "세속에서 전하길 용이 낳은 아홉 마리의 새끼가 용이 되질 못했다. …… 넷째를 폐안이라고 하는데, 모습은 호랑이같이 생겼고 위력이 있기에 옥문에 세워뒀다[俗傳龍生九子不成龍. ……, 四曰狴犴, 形似虎有威力, 故立於獄門]." 옥문 위에 폐안을 그려 넣기 때문에 감옥을 대신 칭하는 말로 쓰인다.【吳】

9 자물쇠 : 원문은 '환정(鐶挺)'으로 '환(鐶)'은 '환(環)'과 통한다. 『찰이(札迻)』에는 "생각건대 '정(挺)'은 마땅히 '건(楗)'이어야 한다. 『설문해자』 목부(木部)에서는 '건은 문을 잠그는 것이다'라고 설명하고 있다[按'挺'疑當作'楗'. 『說文』木部云 : '楗, 限門也']"라는 문장이 있는데, 바로 문에 채워놓는 세로 나무를 말한다.【吳】

10 종사(從事) : 삼공(三公) 및 주군(州郡)의 자사(刺史), 태수(太守)는 모두 직접 관료를 뽑을 수 있었는데, 종사라고 부르는 관료의 종류가 매우 많았다. 예를 들면 종사사(從事史), 종사중랑(從事中郎), 별가종사(別駕從事), 치중종사(治中從事) 등이 있다.【吳】

11 염부(閻符) : 역사서에는 그의 전이 전하지 않는다.【吳】

12 저추(杼秋) : 패국의 속현으로 소현의 서북쪽에 위치하고 있어 두 현이 붙어 있다. 옛 땅은 지금의 안휘성 탕산현(碭山縣) 동쪽이다.【吳】

13 서로 마음이 잘 맞아 : 원문은 '상득(相得)'으로, 『군서습보』에는 이 구절 아래에 "마땅히 '심환(甚懽)' 두 자가 있어야 한다[疑當有'甚懽'二字]"라고 하고 있다. '상득'은 서

주었다. 염부는 그를 불러 만나면서 진수성찬을 차려주며[14] 말했다.

"태수께서는 임지에서 칭송이 자자하셨으니[15] 지금 비록 끌려가신다 해도 도성에 가시면 곧 사면될 것입니다.[16] 그러니 깊이[17] 개의치 마십시오."

그의 의리는 한연이 기대했던 것보다 더했으며 한연은 도성에 도착하자마자 사면되었다. 얼마 지나지 않아 한연은 패(沛) 땅의 상(相)이 되었고[18] 오빈은 파직당했다. 한연은 사도(司徒)에 배수되자마자[19] 먼저 염부

로 마음이 잘 맞는다는 말이다.【吳】

14 진수성찬을 차려주며 : 원문은 '위치효필(爲致餚畢)'이다. '필(畢)'은 원래 '이(異)'로 되어 있었으나 지금 『호본』, 『낭본』, 『도광본』에 의거해 고친다.【吳】

15 칭송이 자자하셨으니 : 원문은 '유칭(流稱)'으로 명성이 널리 퍼짐을 말한다.【吳】

16 사면될 것입니다 : 원문은 '원제(原除)'로 그 정황을 살펴 그 죄를 면하게 한다는 뜻이다.【吳】

17 깊이 : 원문은 '심입(深入)'으로, '입(入)' 자는 『군서습보』에서 "쓸데없는 글자이다[衍]"라고 하면서 삭제했다. 이를 따르는 것이 옳다.【吳】

18 한연은 패(沛) 땅의 상(相)이 되었고 : 원문은 '연위패상(演爲沛相)'이다. 『후한서·패헌왕유보전(沛獻王劉輔傳)』과 여러 제기(帝紀)에 따르면 건무(建武) 15년(39)에 유보(劉輔)가 우익공(右翊公)이 되었고 20년(44)에 패왕(沛王)에 봉해졌으며 장제(章帝) 원화 원년(元和元年, 84) 6월에 죽었다. 유보의 아들 유정(劉定)이 계승했으나 화제(和帝) 영원(永元) 7년(95) 6월에 죽었다. 유정의 아들 유정(劉正)이 계승했으나 안제(安帝) 영초(永初) 3년(109) 5월에 죽었다. 유정의 아들 유광(劉廣)이 계승했으나 순제(順帝) 건강 원년(建康元年, 144) 3월에 죽었다. 유광의 아들 유영(劉榮)이 계승했다. 순제 때에는 유광이 패왕이었으며 유영이 계승한 지 반년도 못되어 순제가 죽었다. 『후한서·한릉전(韓棱傳)』의 "한릉의 손자 한연은 순제 때에 단양태수가 되었다[棱孫演, 順帝時爲丹陽太守]"는 말과 또 『풍속통의』의 "백남 한연이 단양태수였을 때, …… 얼마 지나지 않아 한연은 패땅의 상이 되었다[韓演伯南爲丹陽太守, …… 其間無幾, 演爲沛相]"의 말로 증명해보건대 한연은 유광의 상이었음을 알 수 있다.【吳】

19 한연은 사도(司徒)에 배수되자마자 : 원문은 '급림중태(及臨中台)'이다. '급(及)'은 원래 '내(乃)'로 잘못 쓰였으나 지금 『군서습보』에 의거해 고친다. 한연이 '사도에 배수된[臨中台]' 일과 위 문장의 '오빈이 파직당한[斌去官]' 일은 인과관계가 아니므로 '내(乃)'를 쓰면 안 된다. 별에는 상태(上台), 중태(中台), 하태(下台)가 있는데, 이를 합쳐 삼태(三台)라고 한다. 유심주의 신학관에서는 사람의 일을 삼태로 해석하는데, 사도는 중태에 해당된다. 『후한서·낭의전(郎顗傳)』에 따르면, 흰 무지개가 해를 지나가는 일이 있었는데, 이 현상이 "갑을(甲乙 : 봄)에 나타난 것은 허물이 중태에 있기 때문입니다. …… 의당 사도를 내쫓아 하늘의 뜻에 따라야 합니다[以甲乙見者, 則譴在中台. …… 宜黜司徒以應天意]"라고 하고 있는데, 중태가 바로 사도임을 증명할 수 있다.【吳】

를 등용했다.[20]

司徒潁川韓演伯南爲丹陽太守, 坐從兄季朝爲南陽太守刺探尙書. 演法車徵, 以非身中贓釁, 道路聽其從容. 至蕭, 蕭令吳斌, 演同歲也. 未至, 謂其賓從, 到蕭乃一相勞, 而斌內之狴犴, 堅其鐶挺, 躬將兵馬, 送之出境. 從事汝南閻符迎之於杼秋, 相得, 令止傳舍, 解其桎梏. 入與相見, 爲致餚畢, 曰: "明府所在流稱, 今以公徵, 往便原除. 不宜深入以介意." 意氣過於所望, 到亦遇赦. 其間無幾, 演爲沛相, 斌去官. 及臨中台, 首辟符焉.

---

20 먼저 염부를 등용했다: 한연이 환제(桓帝) 영수(永壽) 3년(157)에 사도가 되었다가 연희(延熹) 2년(159)에 면직됐기 때문에 염부를 등용한 것은 이 기간 동안이다.【吳】

태부 여남 사람 진번[太傅汝南陳蕃]

태부(太傅) 여남(汝南) 사람 중거(仲擧) 진번(陳蕃)이 광록훈(光祿勳)에서 물러나[1] 임영현(臨穎縣) 거릉정(巨陵亭)[2]으로 돌아올 때 그의 수행원이 정졸(亭卒) 몇 명을 때렸다. 이에 정장(亭長)은 문을 닫아걸고 그의 문하생과 빈객[3]을 가두었는데, 그들은 모두 심한 고초를 당했다.[4] 정장이 다시 진번까지 가두려고 하자 진번이 말했다.

---

1 진번(陳蕃)이~물러나 : 아래 문장의 "이듬 해 환제(桓帝)가 갑작스럽게 다섯제후와 등씨(鄧氏)를 주살했다[其明年, 桓帝赫然誅五侯·鄧氏]"에서 "등씨와 다섯 제후를 주살[誅五侯·鄧氏]"한 일은 연희(延熹) 8년(165)에 발생한 일로, 진번이 광록훈(光祿勳)에서 물러난 것은 연희 7년(164)임을 알 수 있다.【吳】

2 임영현(臨穎縣) 거릉정(巨陵亭) : 임영현은 영천군(潁川郡)의 속현으로 옛 땅은 지금의 하남성 임영현 동남쪽에 있다. 『수경주·이수(濦水)』에 따르면 경상번(京相璠)은 다음과 같이 말했다. "영천군 임영현의 동북쪽 25리에는 옛 거릉정(巨陵亭)이 있는데, 옛날의 대릉성(大陵城)이다[潁川臨穎縣東北二十五里, 有故巨陵亭, 古大陵也]."【吳】

3 문하생과 빈객 : 원문은 '제생빈객(諸生人客)'이다.【吳】

4 그들은~당했다 : 원문은 '개염독통(皆厭毒痛)'으로 '염(厭)'은 실컷, 충분히의 뜻이다. 이 구절은 문하생과 빈객이 모두 심한 고초를 당했음을 말한다.【吳】

"나는 옛 대신으로, 죄가 있다면 당연히 주군(州郡)의 장관이 먼저 조정에 물어봐야 한다. 내가 지금 문하생과 빈객을 평소에 잘 가르치지 못해[5] 모두 벌을 받고 있는데 어찌하여[6] 나까지 잡아들이려 하느냐!"

한참을 대치하고 있을 때 마침 행정연(行亭掾)[7]이 와서 곤경에서 벗어날 수 있었다. 당시 현령이었던 범백제(范伯弟)는 곧바로 정장을 죽여 버렸다.

진번은 본래 소릉(召陵) 사람[8]으로 아버지는 양보현령(梁父縣令)[9]이었고, 그는 따로 평여(平輿)에서 벼슬살이를 했다.[10] 그의 할아버지는 하동태수

5 내가~못해 : 원문은 '금약칙아객무소(今約勅兒客無素)'이다. 『한서·강충전(江充傳)』에 다음 말이 있다. "강충이 황제를 모시고 감천궁(甘泉宮)으로 가던 중에 태자 집에서 부리는 관리가 수레를 타고 치도(馳道 : 오늘날의 國道로, 무제 당시는 무제의 전용도로였음)로 가고 있는 것을 보고는 담당 관리에게 넘겨 처리하게 했다. 태자가 그 소식을 듣고 사람을 보내 강충에게 사죄하며 말했다. '수레가 아까워서가 아니라 진실로 황제께 알리고 싶지 않아서 그러니, 제가 평소에 잘 가르치지 못했다고 여기시고, 강군(江君 : 강충)께서 너그러이 용서해주십시오'[充從上甘泉, 逢太子家使乘車馬行馳道中, 充以屬吏. 太子聞之, 使人謝充曰 : '非愛車馬, 誠不欲令上聞之, 以教敕亡素者, 唯江君寬之']." '이교칙망소자(以教敕亡素者)'에 대해 안사고(顔師古)는 "평소 좌우 사람들을 잘 가르치지 못했음을 말한다[言素不教敕左右]"라고 주를 달고 있다. 여기에서 '약칙아객무소(約勅兒客無素)'는 문하생과 빈객을 평소에 잘 가르치지 못했음을 말한다. '아객(兒客)'은 윗 문장의 '제생인객(諸生人客)'을 말하는데, 문하생들이 자식뻘이기 때문에 '아(兒)'라 칭했다.【吳】

6 어찌하여 : 원문은 '하위(何謂)'로 '위(謂)'는 『군서습보』에서 "'위(爲)'인 듯하다[疑'爲']"라고 했다. 생각건대 '위(謂)'는 '위(爲)'와 같다. 『좌전·장공(莊公) 22년』에 "이것을 두고 나라의 광영을 살핀다고 하는 것이다[是謂觀國之光]"란 말이 있고, 『사기·진기세가(陳杞世家)』에는 "이것은 나라의 광영을 살피는 것이다[是爲觀國之光]"라고 되어 있다. 또 『여씨춘추(呂氏春秋)·정유(精諭)』에 "어찌 안 된다 하는가[胡爲不可]?"라는 말이 있고, 『회남자(淮南子)·도응(道應)』에 "어찌 안 된다고 하는가[胡謂不可]?"라는 말이 있다. 이를 통해 볼 때 '위(謂)'와 '위(爲)'가 서로 호환되어 쓰였음을 알 수 있다.【吳】

7 행정연(行亭掾) : 군현(郡縣)의 속관이다.【譯註】

8 소릉(召陵) 사람 : 원문은 '소릉(召陵)'이다. 『군서습보』에서는 '능(陵)' 자 아래에 "'인(人)' 자가 탈락된 듯하다[疑脫'人'字]"라고 되어있다. 소릉(召陵)은 여남군(汝南郡)의 속현으로 옛 땅은 지금의 하남성 탑하시(漯河市) 동쪽에 있다.【吳】

9 양보현령(梁父縣令) : '양보(梁父)'는 '양보(梁甫)'라고도 쓰는데, 태산군(泰山郡)의 속현으로 옛 땅은 지금의 산동성 태안현(泰安縣) 남쪽에 있다.【吳】

10 평여(平輿)에서~했다 : 이 구절 아래에 『군서습보』에는 "'인가언(因家焉)' 세 글자가

(河東太守)를 지냈고 할아버지의 무덤은 소릉에 있었다. 그는 해마다 제사 드리러 갔는데, 조상들이 태어난 곳이었기 때문에 관사[11]에 머물기가 더욱 난처해 무덤 옆 초가에서 머물렀다. 당시 현령[12]이던 유자흥(劉子興) 역시 본래 용속한 사람이라 진번을 마중 나오려 하지 않다가 좌우사람들이 권하자 그제야 무덤으로 진번을 만나러 왔다. 진번이 홀[13]을 들고 그를 맞이하면서 무릎을 꿇었다. 현령은 천천히 수레에서 내려와 앉으면서 진번에게 홀을 거두게 하지도 않았고 말 또한 겸손하지[14] 않았기에 진번은 매우 화가 났다. 현령이 떠나자 진번은 빈객들을 돌아보며 말했다.

"평여 땅의 늙은이가 소릉현령을 어찌 하겠는가![15] 제사만 지내면[16] 그뿐 아니겠는가? 어린놈[17]에게 무시[18]만 당했구나. 공자가 '나에게 몇 년 만 더 주어진다면'이라고 말하지 않았던가!"[19]

이듬 해 환제가 갑작스럽게 다섯 제후와 등씨(鄧氏)를 주살하자[20] 천하

있어야 한다[或當有'因家焉'三字]"라고 되어있다. '평여(平輿)'는 여남군(汝南郡)의 관청소재지로 옛 땅은 지금의 하남성 여남현 동남쪽에 있다.【吳】

11 관사 : 원문은 '해정(解亭)'이다.【吳】

12 현령 : 여기서는 소릉현령을 말한다.【吳】

13 홀 : 원문은 '판(板)'이다.【吳】

14 겸손하지 : 원문은 '겸각(謙恪)'으로 겸허하고 공손함을 말한다.【吳】

15 하겠는가 : 원문은 '욕(欲)'으로 『군서습보』에는 "의심스럽다[疑]"라고 되어있다. 사수청 선생도 "'욕(欲)'을 '구(求)' 자로 풀고 있는데, 이는 노문초(盧文弨)의 교감이 잘못되었다['欲'作'求'字解, 盧校失考]"라고 말했다.【吳】

16 제사만 지내면 : 원문은 '제가(諸家)'로, 『군서습보』에서는 "'예총(詣冢)'인 듯하다[疑'詣冢']"라고 되어있다. 생각건대 '제가'로 쓰면 문장의 뜻이 통하지 않으므로 뒤 문장의 "해마다 제사 드리러 갔다[歲時往祠]"와 연결시켜 '사총(祠冢)'으로 써야 한다.【吳】

17 어린놈 : 원문은 '소수자(小豎子)'로, '수자(豎子)'는 어리석고 무능한 사람을 지칭하는 욕이다. 『사기·평원군열전(平原君列傳)』에 "백기는 어린놈일 뿐이다[白起, 小豎子耳]"라는 말이 있다.【吳】

18 무시 : 원문은 '만(慢)'으로 홀대하다, 경시하다의 뜻이다.【吳】

19 공자가~않았던가 : 『논어·술이(述而)』에 다음 말이 있다. '공자가 말했다. '나에게 몇 년이 더 주어져 나이 쉰에 『역경』을 배운다면 큰 잘못이 없을 것이다'[子曰 : '加我數年, 五十而學『易』, 可以無大過矣]." 진번이 인용한 말은 이를 근거한 것이다. 이 구절은 나에게 수명을 몇 년 늘려달라는 말이다.【吳】

20 환제가~주살하자 : 환제 연희 2년(159)에 대장군(大將軍) 양기(梁冀)를 주살한 공으

의 사람들은 이 바람이 풀[다섯 제후와 등씨 일족]을 다 쓸어버리길 바랐다.[21] 유자홍은 뇌물죄[22]로 탄핵당해 세상에서 잊혀졌다. 진번은 집에 있다가 조정의 부름을 받고 나가 상서복야·태중대부(太中大夫)·태위에 임명되었다.[23]

太傅汝南陳蕃仲擧去光祿勳, 還到臨穎巨陵亭, 從者擊亭卒數下. 亭

로 중상시(中常侍) 선초(單超)를 신풍후(新豐侯)에, 서황(徐璜)을 무원후(武原侯)에, 구원(具瑗)을 동무양후(東武陽侯)에, 좌관(左琯)을 상채후(上蔡侯)에, 당형(唐衡)을 여양후(汝陽侯)에 봉했다. 다섯 사람이 같은 날에 봉해졌기 때문에 세상에서는 이들을 '오후(五侯)'라고 칭했다. 오후는 권력을 휘두르며 함부로 행동했기 때문에 당시 사람들은 이렇게 말했다. "좌관은 하늘도 돌릴 수 있고 구원은 [상공과 앉기 싫어] 혼자 앉아있으며 서황은 누워있는 호랑이이고 당형은 자기 마음대로 한다[左回天, 具獨坐, 徐臥虎, 唐兩墮]." 오후 중에 단지 좌관만이 연희 8년(165)에 사례교위(司隸校尉) 한연(韓演)에게 탄핵당해 죄를 받고 자살했다. 그 나머지 4명은 모두 주살 당하지 않았다. 이 일은 『후한서·환자선초전(宦者單超傳)』에 자세히 보인다. 『자치통감·한기(漢紀)』 47에도 환제 연희 8년의 일이 기재되어있다. "환제는 첩실이 많아 궁녀가 5천~6천 명에 이르렀고 이들이 부리는 관리들도 그 수의 배나 되었다. 등황후가 높은 지위를 믿고 질투하며 환제의 총애를 받던 곽귀인(郭貴人)과 서로 헐뜯었다. 계해년(183)에 등황후를 폐위하고 폭실(暴室 : 옷감을 염색하던 일을 하던 방)로 보내자 등황후는 우울증으로 죽었다. 하남윤(河南尹) 등만세(鄧萬世)와 호분중랑장(虎賁中郎將) 등회(鄧會)도 모두 하옥되어 주살되었다[帝多內寵, 宮女至五六千人, 及驅役從使復兼倍於此. 而鄧后恃尊驕忌, 與帝所幸郭貴人更相譖訴. 癸亥, 廢皇后鄧氏, 送暴室, 以憂死. 河南尹鄧萬世, 虎賁中郎將鄧會皆下獄誅]." '등씨를 주살했다[誅鄧氏]'는 바로 이 일을 가리킨다.【吳】

21 천하의 사람들은~바랐다 : 이 말은 『논어·안연(顔淵)』의 "군자의 덕은 바람과 같고 소인의 덕은 풀과 같으니 풀은 바람이 부는 대로 눕습니다[君子之德風, 小人之德草, 草上之風必偃]"에서 나왔다.【王】

22 뇌물죄 : 원문은 '장질(贓疾)'이다. '장(贓)'은 원래 '장(臟)'으로 잘못 쓰였으나 지금 『군서습보』에 의거해 고친다. '질(疾)'은 『군서습보』에 "오자인 듯하다[似誤]"라고 되어있다. 생각건대 '장질'은 위 조의 '장흔(贓釁)'과 같은 뜻이다.【吳】

23 진번은~임명되었다 : 『후한서·진번전』에 다음 말이 있다. "진번이 광록훈이 되어 오관중랑장(五官中郎將) 황완(黃琬)과 함께 관리 선발을 맡았는데, 권세와 부에 휘둘리지 않았다. 이에 권세가들이 그들을 참소하여 파직당했다. 얼마 후에 상서복야로 초빙되었다가 태중대부가 되었다. 8년(165)에 양병(楊秉)을 대신해 태위가 되었다[自蕃爲光祿勳, 與五官中郎將黃琬共典選擧, 不偏權富. 而爲勢家郎所譖訴, 坐免歸. 頃之, 徵爲尙書僕射, 轉太中大夫. 八年, 代楊秉爲太尉]."【吳】

長閉門, 收其諸生人客, 皆厭毒痛. 欲復收蕃, 蕃曰: "我故大臣, 有罪, 州郡尙當先請. 今約勑兒客無素, 幸皆坐之, 何謂乃欲相及!" 相守數時, 會行亭掾至, 困乃得免. 時令范伯弟亦卽殺其亭長.

蕃本召陵, 父梁父令, 別仕平輿. 其祖河東太守, 冢在召陵. 歲時往祠, 以先人所出, 重難解亭, 止諸冢舍. 時令劉子輿亦本凡庸, 不肯出候, 股肱爭之, 爾乃會其冢上. 蕃持板迎之, 長跪. 令徐乃下車, 卽坐, 不命去板, 辭意又不謙恪, 蕃深忿之. 令去, 顧謂賓客: "平輿老夫, 何欲召陵令哉! 不但爲諸家故耶? 而爲小豎子所慢. 孔子曰: '假我數年乎!'" 其明年, 桓帝赫然誅五侯·鄧氏, 海內望風草偃. 子輿以贓疾見彈, 埋於當世矣. 蕃起於家爲尙書僕射·太中大夫·太尉.

근안(謹按)[1]

삼가 『상서』를 살펴보니 다음과 같았다.

"사람은 옛사람을 찾는다."[2]

『시경』에 다음 말이 있다.

"비록 형제가 있어도 친구만 못하다."[3]

『논어』에 다음 말이 있다.

"오랫동안 곤궁해도 평소의 말을 잊지 말아야 한다."[4]

1 근안(謹按):『풍속통의』의 형식을 살펴보면 대부분 한 조의 이야기 뒤에 '근안'을 붙였지만 여기서는 권7 전체 내용에 대한 '근안'을 붙였기에 따로 떼어냈다.【譯註】

2 사람은~찾는다:『상서(尙書)·반경(盤庚)』에 다음 말이 있다. "지임(遲任)이 말했다: '사람은 옛사람을 찾지만 그릇은 옛것을 찾지 않고 새로운 것을 찾는다'[遲任有言曰:'人惟求舊, 器非求舊, 惟新']." '인유구신(人惟求舊)'은 옛사람을 등용함을 말한다.【吳】

3 비록~못하다:『시경·소아·상체(常棣)』에 보인다.【吳】

4 오랫동안~잊지 말아야 한다:『논어·헌문(憲問)』에 다음 말이 있다. "자로가 완전한 사람에 대해 묻자 공자께서 말씀하셨다. '장무중(臧武仲)의 지혜와 맹공작(孟公綽)의 청렴함, 변장자(卞莊子)의 용기와 염구(冉求)의 재주에다가 예악으로 외적인 것도 갖

『주례(周禮)』의 백성을 다스리는 아홉 가지 방법 가운데 [여덟 번째에] "같은 밭을 경작하는 사람[友]이 서로 믿게 함으로써 백성을 귀의하게 한다"가 있다.[5] 이 때문에 수회(隋會)는 자신의 일을 도모하면서도 그 친구를 버리지 않았고,[6] 포숙(鮑叔)은 관자(管子)의 덕행을 헤아려 한사코 그를

춘다면 또한 완전한 사람이라 할 수 있다.' 다시 말씀하셨다. '오늘날의 완전한 사람은 어찌 이렇게까지 할 필요가 있겠는가? 이익을 보면 의로움을 생각하고 위태로움을 보면 목숨을 바치며 오래도록 곤궁해도 평소의 말을 잊지 않는다면 또한 완전한 사람이라고 할 수 있다'[子路問成人, 子曰：'若臧武仲之知, 公綽之不欲, 卞莊子之勇, 冉求之藝, 文之以禮樂, 亦可以爲成人矣.' 曰：'今之成人者何必然? 見利思義, 見危授命, 久要不忘平生之言, 亦可以爲成人矣']." '요(要)'는 '약(約)'의 가차자로 곤궁하다는 뜻이다. 이 구절은 오랫동안 곤궁해도 평소의 약속을 잊지 않음을 말한다.【吳】

5 『주례(周禮)』의 백성을~있다: 원문은 '주례구량 우이임득민(周禮九兩 友以任得民)'이다. '우(友)'는 원래 '교(交)'로 잘못 쓰였으나 『유편본』, 『낭본』, 『명각본』, 『초본』, 『도광본(道光本)』에 '우(友)'로 쓰여 지금 이에 근거해 고친다. 『주례·천관대재(天官大宰)』에 다음 말이 있다. "구량(九兩：백성을 다스리는 아홉 가지 방법)으로써 백성을 다스리는데, 첫 번째가 목(牧)으로, 한 주(州)마다 주목(州牧)을 두어 그곳의 땅을 다스려 백성을 안정시킨다[得]. 두 번째는 장(長)으로, 일국의 존귀함으로 백성들을 귀의하게 한다. 세 번째는 사(師)로, 사씨(師氏：고대 귀족자제나 조정의 의례에 대해 교육시키는 관원)를 두어 그 현명함으로 학생[民]들을 귀의하게 한다. 네 번째는 유(儒)로, 보씨(保氏：고대 예의로서 군왕을 바로잡고 귀족자제를 교육시키는 관원으로, 바로 儒를 말함)를 두어 도덕으로써 학생들을 귀의하게 한다. 다섯 번째는 종(宗)으로, [장손이 일가친척과 모여 음식을 진설할 때 항렬에 따라 자리의 순서를 매겼는데 이처럼] 가문[族]을 두어 친척[民]들을 귀의하게 한다. 여섯 번째는 주(主)로, 대부[主]는 정치를 행하고 교화를 베풀어 식읍지의 백성[民]들을 귀하하게 한다. 일곱 번째는 이(吏)로, 민간에 관리를 두어 다스림으로써 백성을 얻는다. 여덟째는 우(友)로, 같은 밭을 경작하는 사람[友]이 서로 믿게 함으로써 백성을 귀의하게 한다. 아홉 번째는 수(藪)로, 대택(大澤：藪)에는 목재와 물품이 풍부하기 때문에 벅성을 그곳에 살게 해 그 풍부함으로써 백성을 귀의하게 한다[以九兩繫邦國之民, 一曰牧, 以地得民. 二曰長, 以貴得民. 三曰師, 以賢得民. 四曰儒, 以道得民. 五曰宗, 以族得民. 六曰主, 以利得民. 七曰吏, 以治得民. 八曰友, 以任得民. 九曰藪, 以富得民]." 정현(鄭玄)은 "양은 우(耦：짝)와 같다[兩猶耦也]"고 주를 달았다. 가공언(賈公彦)은 이렇게 소를 달고 있다. "왕은 나라의 가운데에서 법을 세워 제후와 백성을 화합하고 이어주어 서로 떨어져 흩어지지 않게 하기 위해 아홉 가지 법칙을 만든 까닭에 구량으로 나라의 백성들을 이어준다고 말한 것이다[謂王者於邦國之中立法, 使諸侯與民相合耦而聯綴, 不使離散有九事, 故云以九兩繫邦國之民也]." 정현의 주에는 '우(友)'란 "정전(井田)에서 짝을 이루어 함께 밭을 가는 사람을 말한다[謂同井相合耦鋤作者]"고 하였다. 여기에서 보듯이 구량 중의 하나인 '우(友)'는 정전제(井田制)에서 함께 일하던 사람을 가리킨다. '임(任)'은 신임하다의 뜻이다.【吳】

추천했다.[7] 그 이후로 덕이 쇠퇴하고 점점 우정도 시들해지니[8] 「벌목(伐木)」에서는 새의 울음으로 풍자했고,[9] 「곡풍(谷風)」에서는 나를 버린다는 말로 원망했다.[10] 진여(陳餘)와 장이(張耳)는 손을 잡고 진(秦)나라에서 도망칠 때 그 우정[11]이 부자지간 같았다. 그러나 나라를 차지하고 권력을 다

---

6 이 때문에~버리지 않았고 : 이 일은 『좌전 · 문공(文公) 7년』에 자세히 보인다.【吳】

7 포숙(鮑叔)은~추천했다 : 포숙(鮑叔)과 관중(管仲)은 사이가 좋았는데, 제(齊)나라 환공(桓公) 소백(小白)과 공자(公子) 규(糾)가 나라를 다투게 되자 포숙은 소백을 섬기고, 관중은 규를 섬겼으나 규가 실패함으로써 관중이 하옥되었다. 포숙이 소백에게 관중을 추천하자 소백이 관중을 대부로 삼았다. "포숙은 그의 덕행을 헤아려 한사코 관자(管子)를 추천했다[鮑叔度其德而固推管子]"는 말은 이를 가리킨다. 이 일은 『사기』 「관중열전」과 「제태공세가」에 자세히 보인다.【吳】

8 시들해지니 : 원문은 '조완(凋翫)'으로, '완(翫)'은 자주 보다 보니 주의를 기울이지 않는다는 뜻이다. '조완'은 쇠락하여 버려지는 것을 말한다.【吳】

9 「벌목(伐木)」에서는~풍자했고 : 『시경 · 소아 · 벌목(伐木)』 제1장에 다음 말이 있다. "나무를 탕탕 베니 새가 꾀꼴꾀꼴 우네. 깊은 골짜기에서 나와 높은 나무로 옮겨가네. 꾀꼴꾀꼴 우는 건 친구를 찾는 소리구나. 저 새를 보니 오히려 친구 찾는 소리를 내는데, 하물며 이 사람은 친구를 찾지 않는구나. [친구를 찾으면] 신이 그 말 들어주어 마침내 화평하게 된다네[伐木丁丁, 鳥鳴嚶嚶. 出自幽谷, 遷于喬木. 嚶其鳴矣, 求其友聲. 相彼鳥矣, 猶求友聲, 矧伊人矣, 不求友生. 神之聽之, 終和且平]." 명확히 이 시는 친구를 초대하는 한 편의 노래이지만 한나라 사람들은 오히려 부족한 친구의 도를 풍자하고 있다고 보고 있다. 예를 들면 『문선(文選) · 유서지시(游西池詩)』의 이선(李善) 주에서는 『한시(韓詩)』를 인용해 "「벌목」이 끊기면 친구의 도리도 사라진다[「伐木」廢, 朋友之道缺]"라고 했고 또 채옹(蔡邕)의 「정교론(正交論)」에서도 "주나라의 덕이 쇠해지자 칭송하는 노래가 잦아들었다. 「벌목」에서는 새의 울음으로 풍자했고, 「곡풍」에서는 나를 버린다는 말로 원망했다. 이런 노래가 나온 것은 잘못된 정치 때문이다[周德始衰, 頌聲旣寢. 「伐木」有鳥鳴之刺, 「谷風」有棄予之怨. 其所由來, 政之缺也]"라는 내용이 있다.【吳】

10 「곡풍(谷風)」에서는~원망했다 : 『시경 · 소아 · 곡풍(谷風)』 제1장에 다음 말이 있다. "살랑이는 곡풍이여, 바람과 비로구나. 두렵고 힘들 때엔 나와 너뿐이었네. 편안하고 즐거우니 네가 도리어 나를 버리는구나[習習谷風, 維風及雨. 將恐將懼, 維予與女. 將安將樂, 女轉棄予]." 『후한서 · 주목전(朱穆傳)』의 「숭후론(崇厚論)」에는 "거짓이 성행하고 믿음이 사라지며 각박함이 더해지고 돈독함이 드물어졌다. 이에 아마도 「곡풍」에서 나를 버린 탄식이 생기고 「벌목」에서 새가 우는 슬픔이 생겼을 것이다[虛華盛而忠信微, 刻薄稠而純篤稀. 斯蓋「谷風」有棄予之歎, 「伐木」有鳥鳴之悲矣]." 「곡풍」을 친구가 버렸다고 해석하는 것은 한대의 보편적인 생각이었다.【吳】

11 우정 : 원문은 '우(友)'로 『군서습보』에서는 "아마도 '교(交)'인 듯하다[疑'交']"라고 했다.【吳】

툴 때에는 도리어 승냥이와 호랑이 같았다.[12] 한나라부터 이야기해보면 왕길(王吉)과 공우(貢禹)는 함께 관을 털었고,[13] 소육(蕭育)과 주박(朱博)은 함께 인끈을 묶었지만 주박과 소육은 결국 사이가 틀어져,[14] 비로소 우정

12 나라를~같았다 : 장이와 진여는 모두 위(魏)나라 대량(大梁) 사람으로 진여가 나이가 어려 장이를 아버지로 모시고 문경지교(刎頸之交)를 맺었다. 진(秦)나라가 위나라를 멸하자 현상금을 걸어 장이와 진여를 찾았다. 장이와 진여는 이름을 바꾸고 진(陳) 땅으로 도망갔다가 나중에 진나라에 반대하는 농민기의에 참여했다. 장이가 거록(鋸鹿)에 있을 때 진나라 군대가 포위했는데, 진여의 군대가 거록의 북쪽에 있으면서도 구해주지 않자 두 사람의 사이가 벌어졌다. 한왕(漢王) 원년(B.C.206)에 항우(項羽)가 장이를 상산왕(常山王)으로 세우면서 진여에게는 남피현(南皮縣) 브근의 세 현을 주며 후(侯)로 삼았다. 진여가 노하여 장이를 습격하자 장이는 패하여 한나라로 도망갔다. 진여는 조(趙) 땅을 차지하고 조왕(趙王) 헐(歇)을 대(代) 땅에 세워 조왕으로 삼고 진여는 대왕(代王)이 되었다. 한왕 3년(B.C.204)에 장이와 한신을 보내 조나라를 공격하여 진여를 참수하고 조왕 헐을 죽인 후에 장이를 조왕에 봉했다. 이 일은 『사기 · 장이진여열전(張耳陳餘列傳)』에 상세히 보인다.【吳】

13 왕길(王吉)과 공우(貢禹)는 함께 관을 털었고 : 원문은 '왕공탄관(王貢彈冠)'이다. '왕(王)'은 왕길로 자는 자양(子陽)이고 낭야(琅邪) 고우(皐虞) 사람이다. '공(貢)'은 공우로 자는 소옹(少翁)이고 낭야 사람이다. 『한서』에 그의 전이 있다. 「왕길전(王吉傳)」에 다음 말이 있다. "왕길과 공우는 친구로 세상에서는 '왕양이 자리에 있으면 공우는 관을 턴다'라고 했는데 이 말은 관직에 나아가고 물러남을 같이 한다는 뜻이다[吉與貢禹爲友, 世稱'王陽在位, 貢公彈冠', 言其取舍同也]." 안사고는 "관을 턴다는 말은 관직에 나아가는 것이다[彈冠者, 且入仕也]"라고 주 달고 있다.【吳】

14 소육(蕭育)과 주박(朱博)은~사이가 틀어져 : 원문은 '소주결수, 박육복극기종(蕭朱結綬, 博育復隙其終)'이다. '종(終)'은 『군서습보』에 따르면 "마땅히 '말(末)'이 되어야 한다. '장이와 진여는 그 끝이 안 좋았고 소육과 주박은 막판에 사이가 벌어졌다'는 말은 왕단(王丹)의 말로 후대 사람들이 '주박과 소육은 다시 틀어졌다'로 잘못된 구절을 만들었기에 '말'을 '종'으로 고쳐 아래 문장의 '시(始)' 자와 서로 통하게 했다[當本是'末'字. '張陳凶其終, 蕭朱隙其末', 是王丹語, 後人誤以'博育復隙'爲句, 因改'末'爲'終', 以與下'始'字連文耳]." 생각건대 여기에서는 '종'으로 써도 뜻이 통하므로 교정할 필요는 없다. '소(蕭)'는 소육으로 자는 차군(次君)이고 소망(蕭望)의 아들이다. '주(朱)'는 주박으로 자는 자원(子元)이고 두릉(杜陵) 사람이다. 모두 『한서』에 전이 있다. 「소육전(蕭育傳)」에 따르면 소육은 "젊어서부터 진함(陳咸), 주박과 친구가 되어 세상에 유명했다. 이전에 왕양과 공공이 있었기 때문에 장안(長安)에는 '소육과 주박은 인끈을 묶고 왕길과 공우는 관을 턴다'는 말이 있었는데, 서로 추천하여 관직에 올랐다는 말이다. 처음 소육과 진함은 모두 공경의 아들로 이름을 날리다가 진함이 먼저 관직에 나아갔는데 18세에 좌조(左曹)가 되고 20여 세에 어사중승(御史中丞)이 되었다. 당시 주박은 여전히 두릉의 정장(亭長)이었는데, 진함과 소육이 추천하여 왕씨(王氏)에게 들어갔다. 후에 자사(刺史), 군수(郡守), 재상을 두루 거치고 구경(九卿)

을 유지하는 것이 어렵다고 생각하게 되었으니, 하물며 기쁜 낯으로 어쩌다 만난 사람들이 어찌 그 우정을 굳게 지켜나갈 수 있겠는가! 그래서 장평후(長平侯)의 관리들이 관군(冠軍)에게 갔고[15] 위기후(魏其侯)의 빈객들이 무안후(武安侯)에게 갔으며[16] 정당시(鄭當時)[17]와 급암(汲黯)[18] 역시 얼마

이 되었으며 주박이 먼저 장군(將軍), 상경(上卿)에 올라 진함과 소육보다 많은 관직을 거쳐 결국 승상(丞相)이 되었다. 소육은 주박과 후에 사이가 틀어져 끝이 좋지 않았기에 세상에서는 사귐이 어렵다고 여겼다[少與陳咸·朱博爲友, 著聞當世. 往者有王陽·貢公, 故長安語曰:'蕭朱結綬, 王貢彈冠', 言其相薦達也. 始育與陳咸俱以公卿子顯名, 咸最先進, 年十八爲左曹, 二十餘爲御史中丞. 時朱博尙爲杜陵亭長, 爲咸育所攀援, 入王氏. 後遂並歷刺史郡守相, 及爲九卿, 而博先至將軍上卿, 歷位多於咸育, 遂至丞相. 育與博後有隙, 不能終, 故世以交爲難."【吳】

15 장평후(長平侯)의 관리들이 관군(冠軍)에게 갔고:'장평(長平)'은 위청(衛青)으로, 한나라 무제 원삭(元朔) 2년(B.C.127)에 흉노를 격파한 공적으로 장평후에 봉해졌다. '관군(冠軍)'은 곽거병(霍去病)으로, 곽거병 역시 흉노를 격파한 공적으로 관군후에 봉해졌다. 원수(元狩) 4년(B.C.119) 봄에 무제는 대장군 위청과 표기장군(驃騎將軍) 곽거병에게 각각 기병 5만을 이끌고 흉노를 치라고 했는데, 곽거병은 대군(代郡)에서 출발했고 위청은 정양(定襄)에서 출발했다. 곽거병이 위청보다 흉노를 죽이고 사로잡은 공적이 많아 식읍 5천8백 호에 더 봉해졌고 수하의 관리들도 포상을 받았다. 위청은 더 이상 봉해지지 못했고 수하 관리 중에 후(侯)로 봉해진 자가 없었다. 무제는 결국 곽거병의 녹봉을 대장군 위청과 똑같이 했다. 그 후로 위청은 점점 세력을 잃고 곽거병은 날로 총애를 받자 위청 문하의 사람들 중 많은 사람들이 떠나 곽거병을 모셨다. 이 일은 『사기』와 『한서』의 「위청곽거병전(衛青霍去病傳)」에 자세히 보인다.【吳】

16 위기후(魏其侯)의 빈객들이 무안후(武安侯)에게 갔으며:한 경제(景帝) 3년(B.C.154)에 두영(竇嬰)이 위기후에 봉해지자 열후들 중 감히 그에게 예를 표하지 않는 사람이 없었고 유사(游士)나 빈객들이 다투어 두영에게 갔다. 7년(B.C.150)에 율태자(栗太子)를 옹립하는 일로 경제의 미움을 받아 날로 사이가 소원해졌다. 경제 후원(後元) 3년(B.C.141)에 전분(田蚡)이 무안후(武安侯)로 봉해지고 경제의 총애를 받자 유사와 빈객들이 두영을 떠나 전분의 문하로 들어갔다. 이 일은 『사기』와 『한서』의 「두영본전(竇嬰本傳)」, 「전분본전(田蚡本傳)」에 자세히 보인다.【吳】

17 정당시(鄭當時):원문은 '정당(鄭當)'으로 바로 정당시이다. 『군서습보』에는 "시(時)자를 생략한 것은 진중이(晉重耳)를 진중(晉重)이라고 말하는 것과 같다[省一時字, 如晉重耳之言晉重]"라고 설명하고 있다. 자는 장(莊)이고 진(陳) 땅 사람으로 한나라 무제 때에 노중위(魯中尉), 제남태수(濟南太守), 강도상(江都相)을 지낸 적이 있으며 또 우내사(右內史)가 되어 구경(九卿)에 올랐다.【吳】

18 급암(汲黯):자는 장유(長孺)로 복양(濮陽) 사람이다. 무제 때에 형양현령(滎陽縣令)이었다가 동해태수(東海太守)로 자리를 옮겼고 또 주작도위(主爵都尉)에 임명되어

지나지 않아 또 그렇게 되었다. 적공(翟公)은 이러한 풍조를 원망하며 자신의 집 문에 이렇게 썼다.[19]

"한 사람이 죽고 한 사람이 살아 있어 봐야 그 우정을 알 수 있다. 한 사람이 부귀해지고 한 사람이 빈천해져봐야 그 우정이 드러난다."[20]

예로부터 사람들은 이러한 일을 걱정했으니 비단[21] 오늘날만의 일은 아니다. 한신(韓信)이 총신의 자리까지 오른 것[22]은 가랑이 아래로 기어가는 치욕을 참았기 때문인데, 이는 하기 힘든 일이었다. 한안국(韓安國)은 옛 원수를 생각하지 않았기 때문에 예에 합당할 수 있었다.[23] 이광(李廣)은 위세에 기대어 분을 풀었으니 의로운 도리는 아니다. 공자(孔子)[24]와

구경(九卿)의 자리에 올랐다. 『사기 · 급정열전(汲鄭列傳)』에는 "정장과 급암은 처음 구경에 올랐을 때부터 청렴하고 사생활이 깨끗했다. 이 두 사람이 중도에 파면되자 집이 가난하여 빈객들이 점차 흩어졌다. 또 군을 다스렸으나 죽은 후에 남긴 재산이 없었다[鄭莊 · 汲黯始列爲九卿, 廉, 內行修絜. 此兩人中廢, 家貧, 賓客益落. 及居郡, 卒後家無餘貲財]"라고 기록되어 있다.【吳】

19 이렇게 썼다 : 원문은 '내서(乃書)'로 『잔본(殘本)』에는 '대명(大銘)'이라 되어있다.【吳】

20 한 사람이~드러난다 : 『사기 · 급정열전찬어(汲鄭列傳贊語)』에는 다음과 같이 기재되어 있다. "대저 급암이나 정당시 같은 현자도 권세가 있으면 빈객이 10배로 늘어났다가도 권세가 없으면 그렇지 않은데, 하물며 보통사람들이야 어떠하겠는가! 하규(下邽)의 적공(翟公)이 말하길 처음 적공이 정위(廷尉)가 되었을 때는 빈객들이 문을 메웠다. 그가 벼슬을 그만두자 문밖은 참새 잡는 그물을 칠 수 있을 정도로 휑했다. 적공이 다시 정위가 되어 빈객들이 그를 찾아오려 하자 적공이 대문에 다음과 같이 크게 써 붙였다. '한 사람이 죽고 한 사람이 살아있어야 그 우정을 알 수 있다. 한 사람이 가난하고 한 사람이 부유해야 그 태도를 알 수 있다. 한 사람이 부귀해지고 한 사람이 빈천해져봐야 그 우정이 드러난다'[夫以汲 · 鄭之賢, 有勢則賓客十倍, 無勢則否, 況衆人乎! 下邽翟公有言, 始翟公爲廷尉, 賓客闐門. 及廢, 門外可設雀羅. 翟公復爲廷尉, 賓客欲往, 翟公乃大署其門曰 : '一死一生, 乃知交情. 一貧一富, 乃知交態. 一貴一賤, 交情乃見']." 여기에 기재된 적공의 일은 『한서 · 급정전(汲鄭傳)』에서도 보인다.【吳】

21 비단 : 원문은 '비직(非直)'으로 '직(直)'은 특(特), 단(但)의 뜻이다.【吳】

22 총신의 자리까지 오른 것 : 원문은 '총질(寵秩)'이다.【吳】

23 예에 합당할 수 있었다 : 원문은 '합례중평(合禮中平)'이다. 『군서습보』에는 '평(平)'자를 '호(乎)'로 고치면서 "'평(平)' 자는 잘못 쓰였다['平'譌]"라고 설명하고 있다.【吳】

24 공자(孔子) : 원문은 '선니(宣尼)'이다. 『한서 · 평제기(平帝紀)』에는 원시 원년(元始元年, 1) 6월에 "공자를 포성선니공(褒成宣尼公)으로 추존했다[追謚孔子曰褒成宣尼公]"라고 기재되어있다.【吳】

진번(陳蕃)[25]은 모두 추락했다가 다시 올라섰기 때문에 천하를 두루 구제할 수 있었다. 오직 우경(虞卿)만이 강한 진(秦)나라에 핍박당하면서도 몸을 잘 건사했기 때문에 서적에 기록되어[26] 후손들[27]에게 교훈을 준다. 옛날에 자하(子夏)는 마음이 복잡해지자 야위었다가 도를 얻자 살이 쪘으니,[28] 어찌 높은 자리에 앉는 것만이 좋은 일[29]이겠는가.

謹按『尙書』曰 : "人惟求舊." 『詩』云 : "雖有兄弟, 不如友生." 『論語』 : "久要不忘平生之言." 『周禮』九兩, "友以任得民." 是以隋會圖其身而不遺其友, 鮑叔度其德而固推管子. 厥後陵遲, 彌已凋翫, 「伐木」有鳥鳴之刺, 「谷風」有棄予之怨. 陳餘·張耳携手遯秦, 友猶父子. 及據國爭權, 還爲豺虎. 自漢所稱, 王·貢彈冠, 蕭·朱結綬, 博·育復隙其終, 始以交爲難, 況容悅偶合而能申固其好者哉! 故長平之吏移於冠軍, 魏其之客移於武安, 鄭當·汲黯亦旋復然. 翟公疾之, 乃書其門 : "一死一生, 乃知交情. 一貴一賤, 交情乃見." 自古患焉, 非直今也. 韓信寵秩, 出跨下之人, 斯難能也. 安國不念舊惡, 合禮中平. 李廣因威歸忿, 非義

---

25 진번(陳蕃) : 원문은 '진(陳)'이다.【譯註】

26 기록되어 : 원문은 '찬술(纘述)'이다.【吳】

27 후손들 : 원문은 '후곤(後昆)'이다.【吳】

28 자하(子夏)는~살이 쪘으니 : 『회남자·원도훈(原道訓)』에 다음 말이 있다. "내가 말하는 즐거움이란 사람들이 얻고자 하는 바를 얻는 것이다. 그러나 대저 그 얻고자 하는 바를 얻는 다는 말은 사치로서 즐거워하는 것도 아니고 검소한 것으로써 슬퍼하지 않으며 처지가 안 좋으면 함께 피하고 처지가 좋으면 함께 나아가는 것이다. 그래서 자하는 마음이 복잡해지자 야위었다가 도를 얻자 살이 쪘다[吾所謂樂者, 人得其得者也. 夫得其得者, 不以奢爲樂, 不以廉爲悲, 與陰俱閉, 與陽俱開. 故子夏心戰而臞, 得道而肥]." 고유(高誘)의 주에는 "자하는 이름이 상(商)으로 공자의 제자이다. 배우러 들어가서는 선왕의 도를 듣고 기뻐했고 또 나와서는 부귀의 즐거움을 보자 누리고 싶어 했다. 두 가지가 서로 다투었기에 마음이 복잡해져 야위었다. 선왕의 도가 이기자 더 생각할 것도 없었기에 살이 쪘다[子夏, 名商, 孔子弟子. 入學見先王之道而說之, 又出見富貴之樂而欲之. 二者交爭, 故戰而臞也. 先王之道勝, 無所復思, 故肥也]"라고 설명하고 있다. '구(癯)'는 '구(臞)'와 같은 글자로 야위다는 뜻이다. '여(如)'는 이(而)의 뜻이다.【吳】

29 좋은 일 : 원문은 '융의(融懿)'이다.【吳】

之理. 宣尼曁陳, 皆降而復升, 兼濟天下. 唯虞卿逼於彊秦, 獨善其身, 纘述篇籍, 垂訓後昆. 昔子夏心戰則癯, 道勝如肥, 何必高位豐爵以爲融懿也.

찾아보기

인명

/ ㅈ /

/ ㅊ /

서명

서명